厚德博學
經濟匡時

匡时 金融学系列

|第3版|

证券投资分析

张祖国　编著

上海财经大学出版社

图书在版编目(CIP)数据

证券投资分析 / 张祖国编著. —3 版 . —上海：上海财经大学出版社，2019.8
(匡时 · 金融学系列)
ISBN 978 - 7 - 5642 - 3211 - 5/F · 3211

Ⅰ. ①证… Ⅱ. ①张… Ⅲ. ①证券投资-投资分析 Ⅳ. ①F830.91

中国版本图书馆 CIP 数据核字(2019)第 038728 号

责任编辑：李宇彤
封面设计：张克瑶
版式设计：朱静怡

证券投资分析(第 3 版)

著 作 者：张祖国　编著
出版发行：上海财经大学出版社有限公司
地　　址：上海市中山北一路 369 号(邮编 200083)
网　　址：http://www.sufep.com
经　　销：全国新华书店
印刷装订：上海华教印务有限公司
开　　本：787mm×1092mm　1/16
印　　张：35
字　　数：684 千字
版　　次：2019 年 8 月第 3 版
印　　次：2024 年 8 月第 3 次印刷
定　　价：68.00 元

第三版前言

由笔者编著的《证券投资分析》(第二版)，自 2014 年 8 月出版发行后又过去了四年，上海财经大学出版社希望笔者对第二版进行适当的修订再出第三版。考虑到中国证券市场的快速发展以及投资者对证券投资分析知识的需求增长，再加上高等院校财经类专业证券投资方面的课程建设也是欣欣向荣，笔者深感义不容辞，决定修订后由上海财经大学出版社出版《证券投资分析》一书的第三版。

第三版增加了第十章"基于股票的金融衍生商品的投资分析"，主要是因为近年来随着我国证券市场改革和开放的不断深入，金融产品日趋丰富和多样化，尤其是股票作为证券市场的最重要的投资品，在其基础上已经衍生出很多新的投资品种和交易方式，比如股价指数期货交易、股票型的期权和权证、股票的融资融券交易(信用交易)、股票型指数基金、股票的存托凭证、可转换成普通股票的证券等。根据笔者在证券投资方面的教学经验，很多本科生甚至研究生对这方面的知识知之甚少，亟须通过课程教育和学习得到普及。在新增加的这一章中，根据与时俱进的原则，除了介绍相关的基础知识以外，也对我国证券市场相关产品和交易方式的现状做了分析和说明。比如，在证券市场开放方面，即将出台的沪伦通就与股票的存托凭证有关，在沪伦通的东向业务中，将会发行中国存托凭证(CDR)，而在西向业务中，将会发行全球存托凭证(GDR)。

此外，这四年来，中国及全球的经济形势和经济环境发生了深刻的变化。一方面，我国经济已经从原来的粗放型高速增长向质量型中高速增长进行转型，产业结构也在不断升级，高端制造业和新兴服务业开始快速成长。与此同时，资本市场也在经历着前所未有的改革开放的洗礼，各种制度创新和新的开放措施层出不穷，多层次的资本市场体系也在不断完善。另一方面，国际经济环境发生了对我国经济发展构成严峻挑战的变化，贸易保护主义和单边主义甚嚣尘上，多边贸易体制受到严重冲击。这些变化很显然会对我国的证券市场产生重大影响，因此在第三版中的基本面分析部分，根据上述形势的变化，也都做了相应的调整和修改。同样，第二版中的个别章节中会有少量的错漏，在第三版中也都进行了修正和补充。

衷心希望《证券投资分析》(第三版)的出版可以满足广大读者对证券市场和证券产品的知识需求，在此也衷心感谢上海财经大学出版社对本书的出版发行给予的支持。

张祖国

2019 年 7 月于上海

第二版前言

日月如梭，由笔者编著、上海财经大学出版社出版的《证券投资分析》一书，自2010年6月第一版出版发行以来，已经过去了四年。在这四年中，承蒙读者的厚爱，第一版也曾多次重印。根据读者的反馈意见，他们对本书按证券投资分析四个流派进行体例安排表示赞赏，从中可以系统地学习到技术分析、基本分析、心理分析和学术分析的相关知识，并运用到实际的证券投资工作中去；笔者也对该书的出版所能够起到的金融知识的传播以及高等院校财经类专业的教学促进作用感到欣慰，并对使用该书的读者和相关教学单位表示由衷的感谢！

此次，上海财经大学出版社根据形势发展的需要以及相关教学单位的要求，希望笔者对该书进行修订并出版发行第二版，笔者欣然同意。第二版主要在以下几个方面进行了改进：

第一，在每章后面，增加了练习题。练习题的题型分为名词解释、单项选择题、多项选择题、问答题和计算题五种题型，主要目的是帮助读者系统地掌握各章的主要知识点和理解一些关键性的问题，同时也便于有关教学单位布置课后练习以及进行考核。

第二，在某些章节中进行了内容的补充，使其更加完整。

第三，对个别章节中论述过于繁琐的地方进行了删节，使其更加精炼。

第四，对书中个别地方的错漏进行了修正，使其更加准确。

笔者希望第二版的出版能够更好地满足广大读者的需要，为我国证券投资事业的发展作出新的贡献。

第二版也配有教学课件，需用者可登录上海财经大学出版社网站索取。

张祖国

2014年5月30日于上海

第一版前言

投资是我们日常生活中经常使用的一个概念，一般将其理解为投入一定的金钱以期获得某种需要或达到某种目的。但是，在经济学上，投资是与储蓄、消费、收益、风险等概念密不可分的。从投资的来源看，进行投资必须要有一定数量的资金，投资的来源是储蓄，所以投资是与储蓄相对应的一种经济行为。从投资的本质来看，投资是一种为了将来更多的消费而牺牲眼前消费的行为。从投资的结果来看，投资是一种将来可能获得的价值具有不确定性的风险性行为。而证券投资是投资中的一种类型，它是指投资者用资金购买股票、债券、基金单位凭证等有价证券以及这些有价证券的衍生产品，以期获得股息、红利、利息、资本利得等收益的行为。证券投资作为人类的一种经济活动是一个过程，这个过程可以分成若干阶段，每个阶段又可分为若干步骤。其具体过程大致可以分为准备阶段、了解阶段、分析阶段和决策管理阶段，每一阶段中的步骤和次序并非一成不变，都是交叉进行的。其中，准备阶段的首要任务是筹集投资所需要的资金；了解阶段的主要任务是掌握证券市场的组织和机制，买卖证券的程序和手续，管理证券交易的法规条例等。接下去就进入非常重要的分析阶段，在分析阶段要依据由政府机构、证券研究机构、证券发行机构、证券交易机构所发布的各种资料和信息，运用各种分析工具或手段，深入地分析市场环境、入市时机以及投资对象的投资价值与收益和风险情况。然后在深入分析的基础上，根据自己的投资目标、对收益和风险的偏好态度、资金和财务状况、市场环境的变化趋势等因素进行投资决策和管理。

从整个证券投资的过程来看，证券投资分析影响着证券投资决策与管理的正确与否，从而也决定着证券投资的结果，很显然建立在良好分析基础上的证券投资决策才能够给投资者带来优厚的投资回报。所以，证券投资分析是人们运用各种专门方法，对影响证券价格或价值的各种信息进行综合分析，以判断证券的投资价值和证券市场价格变动趋势的行为，是证券投资过程中不可或缺的一个重要环节。证券投资分析的意义主要体现在以下几个方面：

第一，有利于提高证券投资决策的科学性。投资决策贯穿于整个投资过程，其正确与否关系到投资的成败。尽管不同的投资者投资决策的方法可能不同,但是科学的投资决策无疑有助于保证投资决策的正确性。由于资金拥有量及其条件的不同,不同的投资者会拥有不同的风险承受能力、不同的收益要求和不同的投资周期。同时,由于受到各种相关因素的作用,每一种证券的风险和收益的特性并不是一成不变的,因此,在进行投资决策的时候,投资者应该正确认识每一种证券在风险性、收益性、流动性和时间性方面的特点,借此选择与自己的要求相匹配的投资对象,并制定相应的投资策略。只有这样,投资者的投资决策才具有科学性,从而保证投资决策的正确性,以使投资获得成功。而进行证券投资分析是投资者正确认识证券的风险性、收益性、流动性、时间性的有效途径,是投资者科学决策的基础。

第二,有利于正确评估证券的投资价值。投资者之所以对证券进行投资,是因为证券具有一定的投资价值。证券的投资价值受各种因素的影响,并随着这些因素的变化而变化。比如债券的投资价值受市场利率水平的影响,并随着市场利率水平的变化而变化;影响股票投资价值的因素更加复杂,宏观经济形势、产业发展趋势、公司经营业绩的变化都会导致股票投资价值的变化。所以,投资者在决定投资某种证券的时候,必须认真评估该证券的投资价值,只有当证券处于投资价值区域时,投资该证券才是有的放矢,否则就会导致证券投资失败。而证券投资分析有助于投资者正确把握影响证券投资价值的各种因素,正确评估在不同情况下各种证券的投资价值。

第三,有利于降低投资者的投资风险。投资者从事证券投资是为了获得投资回报,但是获得回报是以承担风险为代价的。从总体上来说,收益与风险之间存在着正相关的关系,然而每一证券都有自己的风险—收益特性,这种特性又会随着各相关因素的变化而变化。对于某些具体的证券而言,由于判断失误,投资者在承担较高风险的时候,却未必获得较高的收益。投资者通过证券投资分析来考察每一具体证券的风险与收益特性,可以比较准确地判断哪些证券是风险比较大的证券,哪些证券是风险比较小的证券,从而避免承担不必要的风险。

第四,有利于投资者实现证券投资的目标。证券投资的目的是证券投资净效用的最大化,所谓净效用就是收益带来的正效用减去风险带来的负效用之差。因此,投资收益的最大化和投资风险的最小化是证券投资的两大目标,证券投资的成功与否往往要看这两个目标的实现程度。但是,影响证券投资收益和风险的因素很多,作用机制也很复杂,需要通过全面、系统的证券投资分析,才能够把握这些因素和作用机制。

证券投资分析作为一个金融领域的具体行业,起源于英、美等金融发达的国家,在证券市场起步的初期,证券投资分析师并没有受到足够的重视,社会地位也不是很高。

1929～1933年发源于美国的世界经济大萧条，推动证券投资分析走上了职业化的道路。随着资本市场在经济中的地位不断上升，证券投资分析已经发展成为一个相当成熟的行业。目前，证券投资分析行业的业务范围不断拓展，呈现以下几个特点：第一，证券投资分析的业务分工不断细化，分别服务于企业、基金管理公司和证券公司等不同的社会部门。第二，证券投资分析的对象不断扩大，从微观的企业、中观的产业到宏观的国民经济，从国内证券到国际证券，从国内证券市场到国际证券市场。第三，证券投资分析的方法不断创新，从技术分析和基本分析等传统的分析方法到心理分析和学术分析等现代投资分析方法。

从理论的观点来看，证券投资分析是一门帮助政府、机构以及个人进行证券投资的应用性学科。目前世界的财富大约有20%是以股票的形式存在的，股市以其神奇的魅力吸引了全球数以亿计的投资者。很多人认为，股票投资是人类社会生活中最难把握的活动之一。甚至有人开玩笑说，世界上有三件事最难猜：一是停着的青蛙将会朝哪个方向跳；二是少女的心；三是股价的走势。正因为难猜，所以吸引了千百万聪明的人参加到这场智力竞猜中来，并且形成了不同的流派，产生了不同的学说。现在学术界公认的是，以1896年查尔斯·亨利·道发表道琼斯指数为标志，意味着证券投资分析理论和方法正式诞生。目前，证券投资分析已经形成了界限分明的四个基本的分析流派，即技术分析流派、基本分析流派、心理分析流派、学术分析流派，这四个流派的理论和方法构成了证券投资分析理论的完整体系。其中，技术分析流派和基本分析流派已经成为完全体系化的分析流派，是投资界的主流派别；而心理分析流派和学术分析流派还没有完全体系化，是非主流派别，目前还不能完全据以形成完整的投资决策。但是，心理分析流派在市场重大转折点的心理把握上，往往有其独到之处；而学术分析流派在大型投资组合的组建与管理、风险的评估与控制等方面，具有不可替代的地位。

所以，本书在体系结构上由四篇组成：第一篇为技术分析，主要介绍主观型技术分析、客观型技术分析和混合型技术分析这三大类技术分析的理论和方法；第二篇为基本分析，主要介绍宏观经济分析、行业分析、公司分析以及投资价值分析等基本分析的理论和方法；第三篇为心理分析，主要介绍个体心理分析和群体心理分析等心理分析的理论和方法；第四篇为学术分析，主要介绍有效市场假说理论、投资组合理论、资本资产定价理论和套利定价理论等学术分析的理论和方法。由于不同的证券投资分析流派在假设的前提、投资目标的设定、分析的方法和工具、投资对象的适用性等方面具有很大的差异性，因此它们对于不同的证券投资问题的分析也会具有各自的长处与短处。所以，作为证券投资的分析人员，如果能够全面地掌握各种分析流派的理论和方法，就能够灵活地根据证券投资中的各种具体情况，做出符合实际需要的分析判断，从而在证券投资中获得较好的投资回报。

本书的主要特点是：第一，系统、全面。全书基于上述四大流派的划分，对各个分析流派的主要分析理论和方法进行了细致的梳理和介绍，使读者通过学习能够掌握系统性的证券投资分析的相关知识。第二，实用、易懂。由于证券投资分析是一门应用性很强的学科，所以本教材力求实用与易懂，为此使用了大量的图解和表格，并列举了大量的具体事例或案例，从而有利于读者对证券投资理论和方法的理解与运用。

本书的读者范围应该是广泛的，除了适用于高等院校经济学、金融学、工商管理等财经类专业及非财经类专业的本专科师生以及工商管理硕士（MBA）师生作为"证券投资分析"课程的教材之外，也适合于社会上普通的证券投资者阅读。编著者相信，读者通过系统性的学习，会感受到证券投资分析的有趣之处，并在证券投资分析的实际运用中感受到其可爱之处，这也是编著者的最大期盼。

本教材还配有教学课件（Powerpoint），需用者可登录上海财经大学出版社网站索取。

张祖国

2010 年 4 月 1 日于上海

目　录

第二篇 证券投资基本分析

第三篇 证券投资心理分析

第四篇 证券投资学术分析

第一篇

证券投资技术分析

第一章　技术分析概论

第一节　技术分析简介

一、技术分析的定义

所谓技术分析，就是以图形和统计方法，对过去和当前证券市场上的价格、成交量、价和量的变化，以及完成这些变化所经历的时间和扩展的空间等市场行为的不同方面进行记录和加工，总结证券市场的价格运行规律，并在此基础上对证券价格走势进行预测的证券投资分析方法。

二、技术分析的历史沿革和影响

技术分析的历史最早可以追溯到18世纪中叶日本大米期货交易中使用的日式烛棒图，不过现代技术分析方法的形成一般都公认以道氏理论的创立为标志。从发展的眼光来看，技术分析流派经历了直觉化决策方式、图形化决策方式、指标化决策方式、模型化决策方式以及正在研究开发中的智能化决策方式等演进历程，始终遵循定量化、客观化和系统化的发展道路。

技术分析流派的形成，主要是投资者对市场运作规律长期经验的积累和总结，一代又一代的投资者在提炼和总结经验的基础上，逐步归纳出市场运行的若干规律，并逐步形成了各种具体的投资分析理论和方法。由于技术分析的理论和方法经过了几十年甚至上百年的实践检验，所以在投资分析领域具有极大的影响力，不仅在股票交易，而且在债券交易、期货交易、外汇交易等众多的金融交易活动中被广泛运用。证券市场上的绝大多数投资者都带有投机的动机，希望通过低买高卖获取差价的形式获益，因此对当前价格所处的位置和未来价格变动的方向进行判断就显得极为重要，而要做到这一点，在一定程度上可以借助于技术分析方法。

三、技术分析的主要特点

技术分析的主要特点可以概括为以下几点：

第一，技术分析是以价格为核心的市场行为来作为投资分析的对象和投资决策的基础，因此，在分析的数据采用方面，只使用市场内的数据，对市场以外的数据一概不采用。所谓市场内的数据，主要是指价格和成交量方面的信息。

第二，技术分析在对待市场的态度上始终认为，市场永远是正确的，当全世界都在发疯的时候，过早清醒的人是不幸的。因此，技术分析强调证券市场的价格已经充分反映了相关的信息，分析的侧重点在于以价格判断为基础，以正确的投资时机抉择为目标。所以，技术分析的理论和方法常为短期投机者们所信奉。

第三，技术分析是应用图形和统计等方法对过去和现在的市场行为数据进行记录和加工，然后在记录和加工的基础上总结和归纳出一些典型的、有规律的形态，这些形态可以用图形或指标表示出来，并将图形或指标作为基本工具来预测证券市场未来的变化趋势。因为技术分析认为，尽管投资大众是由各种各样的人所组成，他们之间对行情的判断永远不可能一致，任何人都不可能了解所有市场参与者的想法，但是股价的走势却遵循一定的统计规律，通过统计图表和有关的计算，可以了解大众的投资心理及其变化。英国著名经济学家兼成功投资者凯恩斯对技术分析作了“选股如选美”的概括，他以当时英国流行的报刊美女评选为例来加以说明。在这种评选中，只有把选票投给最终得票最多的人才能得奖。因此，选美者个人对美丑的判断标准并不重要，不能作为自己的投票依据，关键是要了解社会大众对美丑的看法，这样才能够使自己的选择与票数最多的选择保持一致。凯恩斯的理论更是被后人发展成为“妻子要选自己中意的，股票要选别人喜欢的”。

第四，技术分析的信条是，一样东西值多少钱取决于人们认为它值多少钱，股票价格波动的根本原因是市场对供求均衡状态偏离的调整。因此，股价无所谓高低，会涨的股票就是好股票，投资成功的关键在于分析出价格变化的趋势，并且在大众采取行动之前抢先行动。所以，技术分析还被人们称为更大傻瓜理论。因为他们认为，不论买了价格怎样高的股票，都不一定是傻瓜，关键是要看后面还有没有比你更傻的人愿意用更高的价格买进你手中的股票。

第五，技术分析虽然可以使投资者从市场行为的微妙状态中获得有价值的信息，从而帮助投资者进行投资决策。但是，技术分析只是一种经验的判断和规律的总结，并不强调对因果关系的探寻，它虽有一定的科学性，但又有一定的艺术性，所得出的判断或结论带有某种程度的主观性。因此，技术分析比较适合于战术性的投资。

四、技术分析的理论基础——三大假设

技术分析的理论是建立在三项假设基础之上的，尽管这三项假设并没有在理论上得到完全的证明，但是从历史和经验的角度来看具有一定的合理性。

1. 市场行为包含一切信息

该假设认为，证券市场中的任何一个因素，比如外在的、内在的、基础的、政策的、心理的因素等都已经在市场行为中得到了反映，市场永远是正确的，市场行为的基本表现是价格和成交量。技术分析人员只需要关心各种因素对市场行为的影响效果，而不必对影响市场行为的具体因素是什么做过多的关心。影响市场行为的因素是多种多样的，包括政治和经济环境，也包括供求关系、投机情况以及市场情绪等；但人们不可能将这些因素按其对市场行为影响大小进行排序，也不可能知道哪个因素对市场行为产生了多大的推动力量，各种因素对市场的综合影响导致了市场行为的变化。所以技术分析强调，各种因素对市场的影响已经通过市场行为的变化反映出来，分析的重点应该是各种因素作用的结果，而不必去探究这些因素究竟是什么。

2. 价格沿趋势变动并保持趋势

该假设认为，股票价格的变动按一定规律进行，并具有保持原来运动方向的惯性。如果一段时间内股票价格一直是持续上涨或下跌，那么在今后的一段时间里，只要股价没有调头的内部或外部因素，股票价格就会按这一方向继续上涨或下跌，没有理由改变这一既定的运动方向。因此，技术分析的任务就是要尽量找出股价变动的趋势，并按照趋势指导证券投资的实践活动。“顺势而为”是技术分析的信条。

3. 历史会重演

该假设认为，证券市场的历史信息包含着对市场未来趋势的某种提示，投资者可以根据对过去市场的分析得出未来市场运动趋势的某种预期。因为，在证券市场上，一个人在某种情况下按一种方法进行操作并取得成功，那么在以后遇到相同或相似情况时，就会按同一方法进行操作。所以，在进行证券投资分析时，一旦遇到与过去某一时期相同或相似的情况，应该与过去进行比较，过去的结果是已知的，这个已知的结果应该作为现在预测未来的参考，因为历史会重演。

以上三项假设是相辅相成的，为技术分析奠定了理论基础。第一项假设使技术分析的对象得到了明确，一切分析全部围绕以价格为中心的市场行为，使用的分析数据全部是市场内的数据。第二项假设使技术分析的任务得到了明确，分析的最终目标是发现价格运行的趋势。第三项假设使技术分析的手段得到了明确，即用图形和统计的方法对已经过去的市场历史资料进行记录和加工，从中找出能够发现趋势的蛛丝马迹。

第二节　技术分析的基本要素和分类

一、技术分析的基本要素:价、量、时、空

证券的成交价、成交量、时间和空间是进行技术分析的基本要素。技术分析的第一个假设是市场行为涵盖一切信息,而市场行为的最基本表现就是成交价和成交量,所以成交价和成交量就成为技术分析的基本要素。此外,技术分析的第二和第三个假设是价格沿趋势变动以及历史会重演,在从历史中寻找趋势的过程中,必然涉及时间和空间问题,时间关系到趋势的长短,空间关系到趋势的方向,所以时间和空间也是技术分析的基本要素。

1. 成交价

技术分析中使用的成交价包括过去和当前的成交价。在连续交易的市场里,由于成交价在每个时点上都发生变化,所以为了便于分析,通常都选用最有代表性的成交价数据作为分析的对象。最有代表性的成交价数据主要包括开盘价、收盘价、最高价、最低价四种,这四种数据的采用可以分别以日、周、月、年为时间单位,也可以用某一自定的周期作为时间单位。通常在图形分析中以日、周、月、年为时间单位的居多,比如K线图中根据数据采用的时间单位不同,可以分为日K线、周K线、月K线和年K线,而在指标分析中经常会采用自定的周期为时间单位,比如以5日、10日、20日等为周期进行指标的计算。此外,如果要对大盘进行技术分析,那么其相对应的成交价数据应该是股价指数,因为股价指数代表市场的平均价格水平,代表性的数据理所当然就是开盘指数、收盘指数、最高指数、最低指数四种,其数据采用的时间单位与对个股进行技术分析时完全相同。

2. 成交量

技术分析中使用的成交量同样也包括过去和当前的成交量。成交量通常有三种代表性的数据,即成交股数、成交金额、成交笔数,这三种数据的采用也同样可以根据分析的需要选用不同的时间单位,如一日的成交量、一周的成交量或一月的成交量。通常在分析个股行情的时候,采用成交股数的较多;而在分析大盘行情的时候,采用成交金额的较多。

成交量之所以成为技术分析的基本要素,是因为证券市场的参与者对证券价格的认同程度是通过成交量的大小表现出来的。如果买卖双方对证券价格的认同程度低、分歧大,那么成交量将会很大;如果对证券价格的认同程度高、分歧小,那么成交量将

会很小。比如,当价格持续上升时,通常会伴随成交量的扩大,而一旦成交量达到所谓的“天量”水平时,就意味着买卖双方的分歧在加大,尽管买方还在认同价格上升而继续买进,但是卖方已经不再认同价格会继续上升所以拼命出货,“天量”的出现往往是价格上升的趋势将要发生变化的信号。反之,在价格持续下跌时,通常会伴随成交量的萎缩,而一旦成交量萎缩到所谓的“地量”水平时,就意味着买卖双方的分歧在缩小,卖方已经不再认同价格会继续下跌而开始停止出货,而买方尽管也同样不认同价格会继续下跌从而想买入,但由于卖方停止出货,在目前的价位上已经买不到,所以只能暂时维持很低的成交量水平。因此,“地量”的出现往往也是价格下跌的趋势将要发生变化的信号。总之,某一时点上的成交量反映了买卖双方对该时点价格水平的态度,成交量的变化会导致市场均衡不断发生变化,这就是分析成交量以及价、量关系的合理性所在。

3. 时间

技术分析中使用的时间要素是指完成某一趋势所需要经过的时间长度,通常是指一个波段或一个升降周期所经过的时间长度。时间要素在技术分析中同样占有重要地位,因为无论是上涨还是下跌,每一轮趋势都要经过一段时间才会结束;而且,从一个趋势开始到另一个趋势结束的时间长短,与证券价格下一步的变动幅度会有密切的关系。一个已经形成的趋势在短时间内不会根本改变,中途出现的反方向波动对原来的趋势不会产生大的影响;一个形成了的趋势又不可能永远不变,经过一段时间又会出现新的趋势。在技术分析理论中,道氏理论和循环周期理论对时间要素给予了更多的关注。道氏理论通过对趋势类型的划分,提出了不同类型的趋势具有不同时间长度的观点。循环周期理论则提出了时间窗口的概念,力图找出股价运行过程中从一个低点到下一个低点或者从一个高点到下一个高点时间变化的规律性。

4. 空间

技术分析中的空间要素通常是指证券价格波动的方向和范围,或者说是价格上下波动所能够达到的低点和高点的极限。如果说时间要素主要是解决价格有可能在何时出现上升或下降的问题,那么空间要素主要是解决价格有可能上升或下降到什么位置的问题。如果说时间要素主要反映市场波动周而复始的周期性特征,那么空间要素主要反映市场波动中能量变化的规律性。我们可以看到寻找阻力位或支撑位的方法贯穿在各种技术分析方法之中,这是因为证券价格在波动中可能上升或下降到什么位置是证券投资决策中必须了解的问题。

二、技术分析方法的分类

技术分析方法经过近一百年的发展和演变已经形成了众多的学派和门类,但是如果按照分析原则来划分，可以分为三大类，即主观型技术分析方法、客观型技术分析方法和混合型技术分析方法。用历史的眼光来看，技术分析方法正呈现出一种由主观型技术分析方法向客观型技术分析方法逐步转变的趋势。

1. 主观型技术分析方法

主观型技术分析方法，是指对目标分析模式的定义不建立100%的客观定义标准而依靠主观的界定方法。早期(20世纪初～50年代)的技术分析方法主要是主观型技术分析方法，擅长用图表的方法来进行分析。主观型技术分析方法的代表性理论主要有道氏理论、切线理论、形态理论、K线理论等。

2. 客观型技术分析方法

客观型技术分析方法，是指对目标分析模式的定义建立100%的客观定义标准，完全排斥主观的界定方法。过渡期(20世纪50年代～80年代初)的技术分析方法，对分析的客观化的努力已经明显加强，一些客观化的技术分析方法也已经形成。近期(20世纪80年代以来)的技术分析方法，其客观化的进程明显加快，已成为技术分析流派的主导型方法，这是因为电脑技术的发展为其创造了良好的条件。客观型技术分析方法主要包括各种技术指标分析理论。

3. 混合型技术分析方法

混合型技术分析方法是指介于主观型和客观型两者之间的分析方法，既有一定的客观定义标准，也不排斥主观界定方法。混合型技术分析方法主要包括循环周期理论、波浪理论等。

三、运用技术分析方法时应注意的问题

如前所述，技术分析方法虽然有一定的科学性，但它不是一门纯粹的科学，不能对其过于迷信。在运用技术分析方法的时候，应该注意以下几个问题：

第一，技术分析必须与基本面的分析结合起来才能提高其准确程度，单纯的技术分析是不全面的。从理论上来看，技术分析方法和基本分析方法虽然分析的侧重点有很大不同，有些分析的出发点甚至是相反的，但是实际上大多数分析家都同时运用这两种方法进行预测活动。基本分析方法是预测的基础，技术分析方法往往不能够取代它，只能作为它的补充。

第二，注意多种技术分析方法的综合判研，切忌片面使用某一技术分析方法和结论。每种技术分析方法都是从不同角度去分析和预测市场发展趋势的，它们都具有一定的合理性和有效性，但同时也具有各自的不足之处和局限性，偏信某一种方法就会容易出错。实践证明，单独使用一种技术分析方法有相当的局限性和盲目性，如果多种方法都得出相同的结论，一般来说出错的可能性就比较小。另外，在同时使用不同

的技术分析方法时，可能会得到大相径庭、互相矛盾的预测结果，在这种情况下，做判断应该特别谨慎。

第三，任何一种技术分析方法的买入或者卖出信号的临界值是因时因地因对象而异的，投资者应根据市场环境的变化及时加以修正。修正的时机和幅度更多地依赖于投资者的经验，不同的投资者运用同样的技术分析方法有时候会对股价趋势做出截然不同的判断，使用的效果不同也是屡见不鲜的。所以，投资者个人经验的积累在技术分析中也是至关重要的。

第四，技术分析并非灵丹妙药，不是万能的，不可过分崇拜这一方法，也不应迷信它的分析结论，特别是不能走火入魔。任何一种技术分析方法的准确性都是有限的，任何图形和指标都不可能对未来的股价变动全部做出精确的预测。如果真的有一种能够准确预言未来股价的图形或指标，那么股票投资的风险就荡然无存了，股票投资也就因此失去了它的魅力。

练习题

一、名词解释

技术分析　　主观型技术分析　　客观型技术分析　　混合型技术分析

二、单项选择题

下列选项中只有一项是正确的，请将正确选项的符号填在括号内。

1. 技术分析的历史最早可以追溯到(　　)。

A. 道氏理论　　B. 日式烛线图　　C. 切线分析理论　　D. 形态分析理论

2. 技术分析对待市场的态度是(　　)。

A. 市场是永远正确的　　B. 市场是永远错误的

C. 市场有时是正确的，有时是错误的　　D. 无所谓

3. 技术分析所使用的数据是(　　)。

A. 市场外的数据

B. 既可以是市场外的数据，也可以是市场内的数据

C. 市场内的数据

D. 无所谓

4. 图形分析中通常以(　　)为时间单位的居多。

A. 日、周、月、年　　B. 自定的周期

C. 季度　　D. 日、周、月、年或自定的周期

5. 如果买卖双方对证券价格的认同程度低、分歧大，那么成交量将会(　　)。

A. 很小　　B. 很大　　C. 无变化　　D. 有时大、有时小

6. 以下假设中属于技术分析流派假设的是(　　)。

A. 市场永远是错误的　　B. 历史会重演
C. 证券价格由内在价值决定　　D. 市场行为与市场信息无关

三、多项选择题

下列选项中有两项(含两项)以上是正确的，请将正确选项的符号填在括号内。

1. 技术分析方法可以使用的领域有(　　)。

A. 股票交易　　B. 期货交易　　C. 债券交易　　D. 外汇交易
E. 开放式基金交易

2. 技术分析是用(　　)作为基本工具来预测市场未来变化的。

A. 数学模型　　B. 图形　　C. 指标　　D. 文字表达
E. 财务数据

3. 最具有代表性的成交价数据是(　　)。

A. 开盘价　　B. 收盘价　　C. 中间价　　D. 最低价
E. 最高价

四、问答题

1. 技术分析有哪些主要特点?
2. 技术分析三大假设的具体内容是什么?
3. 为什么技术分析认为只需要关心各种因素对市场行为的影响效果，而不必对影响证券价格的具体因素做过多的关心?
4. 为什么技术分析的三大假设是相辅相成的，并为技术分析奠定了理论基础?
5. 技术分析的基本要素有哪些?
6. 在应用技术分析方法时应注意哪些问题?

第二章　主观型技术分析

第一节　道氏理论

一、道氏理论的形成过程

道氏理论是技术分析的基础，该理论的创始人是美国人查尔斯·亨利·道(Charles H. Dow)。道氏曾在1900～1902年担任过《华尔街日报》的编辑，他与另一位投资分析家爱德华·琼斯一起创立了著名的道琼斯指数。道氏理论开创了股票技术分析的先河，当代技术分析的各种渊源都直接或间接地起源于道氏理论，所以至今道氏理论仍为人们津津乐道。

道氏在《华尔街日报》任职期间曾撰写过一系列有关股票价格变动的文章，却从未真正提出过一种理论。道氏于1902年去世，他的继任编辑威廉·彼得·汉密尔顿(William Peter Hamilton)进一步发展并正式提出了现在大家都熟知的道氏理论这一概念。汉密尔顿不仅是一位证券分析师，也是一位出版商，他著名的《股票市场晴雨表》一书于1922年出版。书中基本上确立了道氏理论的框架，但仍然没有形成系统的理论。直到1932年，罗伯特·雷亚(Robert Rhea)著的《道氏理论》一书出版，才形成了较为完整和正式的道氏理论体系。技术分析方法的崇拜者一般都承认道氏理论是技术分析的基础。

二、道氏理论的主要内容

从证券投资操作的角度来看，在迄今为止的众多证券投资理论中，道氏理论占有最重要的地位。因为道氏理论首先是一种关于投资的哲学，其次才是一种技术分析方法体系。道氏理论的主要内容可以概括为以下几个方面：

(一)单个股票与市场整体关系的理论

在道氏理论提出以前，投资人普遍认为，股票价格的波动没有相关性，是个别股票的个体行为。因此，投资人只关心作为投资对象的个别股票的背景分析，而不关心整个股票市场的动向。道氏理论提出了与当时流行的观点截然相反的观点，认为个别股票的价格波动将受到整个市场状况的强烈影响，这个看法是道氏理论对证券市场的重大贡献。道氏理论关于单个股票与市场整体关系的理论观点主要有如下几点：

(1)个别股票的价格波动与整体股票市场的价格波动密切相关，绝大多数股票的价格总是跟随市场整体走势而波动。尽管个别股票的股价会逆势而动，但从中长期看，仍然会受市场整体走势的影响。

(2)个别股票的投机性越高，它与整体股票市场的关联性就越低；个别股票的投机性越低，它与整体股票市场的关联性就越高。投机性与整体股票市场的关联性呈反比关系。

(3)股价指数可以解释和反映整体股票市场的大部分行为，因此可以采用股价指数作为衡量股票市场整体波动的尺度。道氏通过科学地建立道琼斯指数体系，为衡量整体市场波动提供了一套科学的方法。目前，世界上所有的证券交易所都采用一个本地市场的价格指数，目的就是为了给投资者提供一个衡量本地市场整体状况的指标，各种指数的计算方法大同小异，都源于道氏理论。

(4)股价指数是国民经济的晴雨表，股价指数的重大变化领先于国民经济的重大变化。这一观点目前已成为证券市场公认的真理，显然它来源于道氏理论。这一观点的重要性在于我们可以根据股价指数来预判国民经济的变化，而国民经济的变化又将影响到股票市场的整体趋势，最终影响到个别股票的走势。

单个股票与市场整体的关系，是由道氏最先正确提出并成为当代投资理论家继续深入探讨的重大理论问题，同时也是一个事关正确投资决策的实务问题。

(二)市场波动的三种趋势理论

市场波动的三种趋势理论是道氏理论中最精华的部分。该理论认为，价格波动尽管表现不同，但是最终可以将它们划分成三种趋势，即主要趋势、次要趋势和短暂趋势。这三种趋势既互相独立又互相影响，构成了完整的市场走势。

1. 主要趋势

主要趋势也可称为基本趋势或原始波动，是指股价的长期趋势可以持续十多个月甚至几年之后才会改变原来的波动方向。主要趋势可以分为两种形态，即多头市场形态和空头市场形态，前者一般称为牛市，后者一般称为熊市。牛市是上升趋势，熊市是下降趋势。判断主要趋势是上升还是下跌的基本标准就是，只要下一个高点超过前一个高点，且次级回档的低点也上移，即高于前一个低点，那么主要趋势是上升的；反之，只要下一个低点低于前一个低点，且次级反弹的高点也下移，即低于前一个高点，那么主要趋势是下跌的。道氏理论认为，投资者分析的目的和重点应该是判定市场中主要趋势的变动，因为一旦主要趋势形成，就会在较长的时间里继续下去，直至发生反转为止。所谓反转，是指主要趋势发生了方向性的改变，与反弹或回档有本质的区别。反弹和回档是主要趋势发展过程中与主要趋势方向相反的次级波动。不管是上升趋势还是下降趋势，都可以把它们分为转折、发展、结束这三个阶段。

(1)多头市场(牛市)的三个阶段。

第一阶段，转折阶段。之所以称为转折阶段，是因为多头市场的形成往往是与空头市场的结束阶段相重叠的，实际上，在空头市场的结束阶段已经开始酝酿向多头市场转折的萌芽。上升趋势的开始阶段有三个显著特征：①虽然股票价格已经比较低迷，但是一般的投资者极度悲观，大多数投资者由于先前股票价格的不断下跌而对股市兴趣索然；②少数敏感的、有远见的投资者已经感到股票价格太低，预感市场将会转折，开始进场收集筹码，买入那些超跌的、价值被严重低估的股票；③大部分时间交易都十分清淡，股价止跌并开始缓慢上涨，成交量略有放大。这三个特征出现，就表明股市已经开始处于由空头市场向多头市场转折的阶段，不久就会迎来黎明。在转折阶段，那些严重超跌的低价股会被少数先知先觉的投资者所青睐。

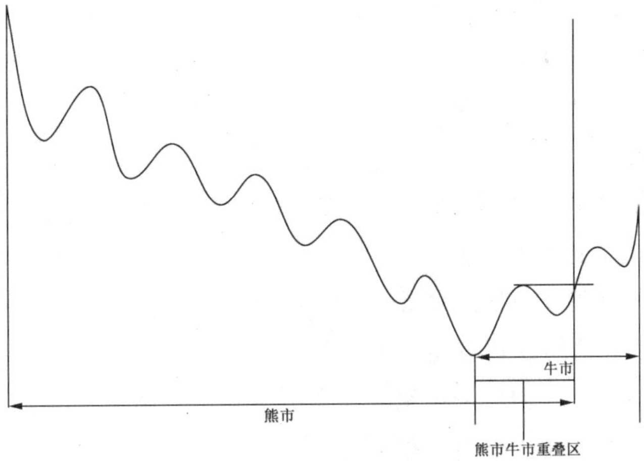

图 2—1　熊市牛市重叠示意

第二阶段，发展阶段。这个阶段也有三个显著特征：①股票投资的人气开始恢复，乐观的商业和金融新闻在逐渐增多，大多数后知后觉的投资者又开始重新关注起股市；②由于大多数投资者已经开始注意到股价的回升和当时股票价位所具有的投资价值，开始分批吸进筹码，因此股价稳步上升，股价指数的增长惊人；③虽然最佳的进货时机已经失去，但是后知后觉者开始积极把握机遇，一遇到股市回调都将其作为绝好的进货时机，从而导致股市交投活跃，成交量日渐放大，而一些被轧空的投资者则不断唉声叹气。在发展阶段，绩优的蓝筹股票和具有扩张能力的含权股票是最为活跃的股票。

第三阶段，结束阶段。结束阶段是一个投机泛滥阶段。这个阶段的特征是：①股市人气开始鼎沸，公众对股票市场信心十足，全民谈论股票，股票成为时尚的热门话题；②由于股价不断上涨使大多数投资者获得了丰厚的账面利润，获利投资者的财富效应以及炫耀后所引起的示范效应使一些原本对股市毫不关心的新投资者也纷纷介入，在发展阶段一直犹豫不决、彷徨徘徊的最后一批观望者也忍不住全线杀入，从而导致股市的成交量屡创新高，不断刷新纪录；③尽管股价已居高位，但是由于大多数投资者好像已经忘记股价涨升已有好长时间，尚未注意到股价高企可能带来的风险，投机气氛十分高涨，所以股价仍在高位徘徊，但是少数先知先觉者已经开始悄悄地利用各种手段掩护撤退。在结束阶段，即使是冷门股票或者是没有投资价值的绩差股票也会被人利用各种题材进行恶炒，而一些绩优股票反而会因为股价相对较高而被拒之门外。

(2)空头市场(熊市)的三个阶段。

第一阶段，转折阶段。空头市场的开始阶段同样是与多头市场的结束阶段相重叠的，也就是说，在多头市场的末期实际上已经开始酝酿下跌趋势的萌芽。在下跌趋势刚开始的转折阶段，其特征是：①股价虽然仍有上升，成交量也还比较高，但是升幅已经变小；②次级波动的每一次弹升已经难以超过前次高点，而且在弹升时成交量明显缩减；③在多数投资者还沉浸在拉升的狂热气氛时，少数先知先觉者已经开始出逃。

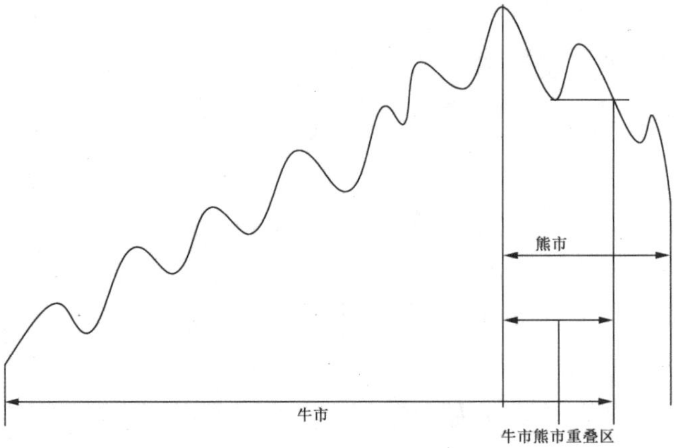

图 2—2 牛市熊市重叠示意

第二阶段，发展阶段。发展阶段是空头市场趋势中的恐慌期。其特征是：①由于主力投资者的不断派发，股价开始普遍下跌，成交量也开始萎缩；②大多数后知后觉的投资者也开始意识到灾难将要来临，不惜忍痛“割肉”，争相出货，在买涨不买跌的气氛中，只有少数勇敢的买方在大跌之后进行试探性的买入，捕捉反弹的机会；③由于想出货的人都急于脱手以免遭受更大的损失，所以股价下跌速度很快，下跌曲线几乎达到垂直程度，股价不断创出新低。

第三阶段，结束阶段。结束阶段是一个长期滑坡阶段，通常在恐慌结束以后，会有一段较长时间的横向低位整理过程。这个阶段的特征是：①由于股价下跌太快，会出现一些反弹，但每出现一次反弹都被当作出货良机，纷纷斩仓出局，落荒而逃；②虽然下跌趋势已经趋于平缓不再加速，但是市场充满悲观气氛，原本唱多的人也开始加入唱空行列，阴跌的行情好像看不见尽头；③由于股价在较长时期里逐步下跌，当跌到足够低的时候，虽然市场上大多数后知后觉的投资者并没有意识到下跌趋势快要结束，还是一有机会就出逃，利多也当利空，大量资金退出场外观望，但是少数先知先觉者又开始建仓积累股份了。所以，下降趋势的结束阶段往往又成为上升趋势的转折阶段的开端，这样不断地进行周而复始的循环。

2. 次要趋势

次要趋势又称中期趋势或次级波动，是指在多头市场或空头市场期间分别提供矫正和复苏的趋势，是对主要趋势做反向的修正。具体来说，就是在上升趋势中出现的中期性回档调整行情和在下降趋势中出现的中期性反弹上涨行情，所以次级波动的力度通常被称为中级行情。对次级波动的看法主要有三点：①次级波动的周期一般在三个星期至几个月的时间，任何逆主要趋势而行的三星期以上的价格变化都被认为是次要趋势。当然，次级波动的周期不具有绝对性，显然它不会长于主要趋势，通常为前一段主要趋势时间的 1/3 或 1/2。②波动的幅度或者力度，通常在多头市场趋势中回档调整会跌去涨升部分的 1/3、1/2 甚至是 2/3，但以 1/2 为最多，反弹情况的比例也基本相似。上述比例并非一成不变，通常弱型逆势为 1/3 左右，强型逆势为 2/3 左右。如果波动的力度过头，就要怀疑主要趋势是否发生了变化。③通常在一个多头或空头市场中会出现好多次次级波动，但究竟会出现多少次，事先无法断定。

在主要趋势中出现逆向的次级波动的修正，与投资者的心理和市场供求平衡的特点有明确的关系。在多头或空头趋势维持一段时间以后，就会有越来越多的人认为上涨或下跌得差不多了，因而有人获利回吐，有人捕捉反弹，于是就会出现上涨趋势中的回档和下跌趋势中的反弹。此外，从供求关系来说，上涨趋势需要更多新资金的推动，下跌趋势需要更多抛售筹码的打压，但是无论上涨还是下跌趋势，新进入资金和新抛出筹码不可能无限增大或无限缩小，达到平衡以后又会出现新的不平衡，这也是产生逆向次级波动的原因。

次要趋势虽然对长线投资者无关紧要，但是对于中短线的投机者来说非常重要，他们可以利用次要趋势的变化进行高抛低吸或低吸高抛的波段操作，从中获取可观的超额利润。不过，由于判断很难，真要抓住机会也并非容易。

3. 短暂趋势

短暂趋势也叫日常波动，相当于通常所说的短期行情，一般在三五天至一两个星期。道氏理论认为，短暂趋势都是因各种偶然因素所致，如传闻、市场情绪、机构操纵等。由于短暂趋势的干扰因素太多、偶然性太大，再加上可操纵性，因而很难找出规律性的东西。日常波动就像大海的细浪一样，本身并无重要性可言，但是集中起来就形成了次要趋势。在现实的证券市场，短期波动很难预测，因而带有一些神秘色彩，也会经常扰乱人们的判断，所以有远见的投资者不应对短暂趋势予以过多关注。

道氏理论把三种趋势比喻为大海中的潮涨潮落，原始波动就像大海中的海潮，长久而稳定；次级波动就像大海中的海浪，十分壮观，但是没有节奏和方向感；日常波动就像平静海面中的涟漪，小而不定。其中，多头市场好比是涨潮，一浪高过一浪，而空头市场好比是退潮，一浪低于一浪。三种趋势的理论是道氏理论的精华，它揭示了股市运动的基本规律，对股市运动作了比较正确的概括，开创了技术分析的先河，为后来出现的很多技术分析方法奠定了基础。

（三）趋势确认的方法

1. 高点和低点的相互位置

如果一系列涨势的高点不断抬高，回档走势的低点也高于前期低点，表示市场处于多头走势；反之，一系列的高点和低点不断降低，是空头市场信号。图 2—3 中的(a)和(b)显示理论上的多头走势，中间包含着次级折返走势。在图 2—3(a)中，指数的走势形成 3 个高峰和谷底，每一波的高峰和谷底都高于前期，但第四波的涨势未能超过第三个高峰，而且在随后的跌势中，指数跌破前期的谷底，在 X 点确认进入空头走势。在图 2—3(b)中，紧接多头走势第三高峰的下跌走势，指数跌破前一个次级走势的谷底，发出空头市场信号。在这种情况下，前一个次级走势属于多头行情的一部分，但第三个高峰之后的谷底则属于空头市场。对于图 2—3(b)中的走势，许多道氏理论专家认为 X 点的向下突破并不一定是进入空头市场的信号，他们倾向于采取较为保守的立场，等待下一波反弹后的下跌走势，在 Y 点跌破前期的低点时确认空头信号出现。对上例 X 点的判断，确实应该谨慎一些。如果此时成交量形态也显示空头信号，而且行情刚刚经过多头市场明显的狂热投机阶段，则可以较为可靠地假定该空头信号是有效的；反之，如果行情缺乏这些特征，则应该对空头市场信号的判断有所保留，采取较为保守的态度。图 2—3(c)和图 2—3(d)则刚好相反，显示在空头市场底部反转信号的类似情形。

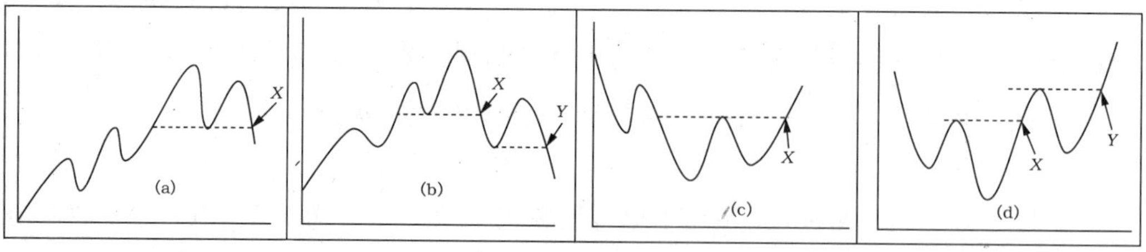

图 2—3　趋势确认示意

2. 成交量的运用

趋势的反转是确定投资时机的关键，而成交量提供的信息有助于确认趋势。正常的量价关系应该是“价涨量增”和“价跌量缩”，如果股价在上涨过程中成交量萎缩，或者在下跌过程中成交量放大，就意味着目前的趋势有可能发生反转。但是，这种量价关系的原则应该仅作为一个参考因素，股价指数的变动轨迹是决定趋势是否反转的决定性因素。

3. 收盘价的运用

道氏理论认为，在所有的价格信息中收盘价最重要，甚至认为只需使用收盘价，可以不用别的价格。因为收盘价是 1 天、1 周乃至 1 个月最终交易的结果，是多空双方力量对比后的最终结果，所以投资者可以不必理会瞬间出现的高低价，应该注重收盘价所指示的趋势。目前，很多技术分析方法都采纳了这一观点，使用收盘价作为判断上升、下跌、有效破位的依据。

4. 窄幅盘整及其突破

两种股价指数在牛皮状态中波动或者产生突破，也是观察和确定趋势的重要方法之一。所谓牛皮状态是指股票价格在一个狭窄的范围内涨跌，延续几个星期而无重大的变化。道氏理论将窄幅盘整定义为一种持续 2 至 3 周以上的股价走势，在此期间，两种指数的波动范围是围绕均值上下 5%。通常，窄幅盘整走势表示趋势的整固，是进货或出货的信号。在强势的多头行情中应该买入，而在弱势的空头行情中应该卖出。因为如果股价向上突破窄幅整理区间，表示多头取得优势，股价将进一步走高；反之亦然。而且，窄幅盘整延续的时间越长，突破的力量就越强，其显示的上升或下降的趋势也越强。但是，在趋势的末期，有时候窄幅盘整也会成为趋势反转的信号。图 2—4 的(a)和(b)显示了峰位和谷底的窄幅盘整。

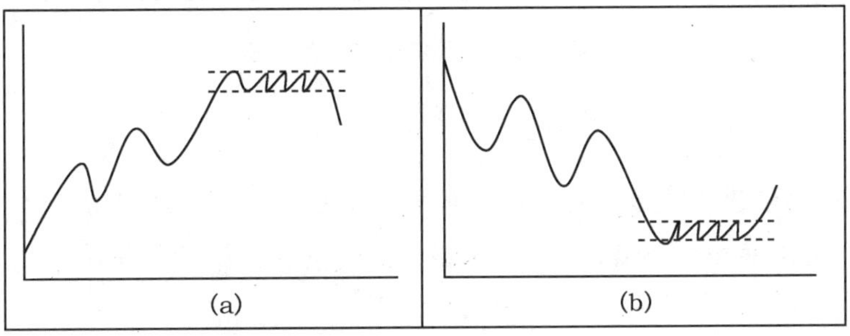

图 2—4　窄幅盘整示意

5. 两种股价指数的互证

道氏理论认为，股市的一个主要或次要趋势，只有当两种股价指数互证时才能肯定地表示出来，即两种股价指数必须互相配合，如果一个上升、一个下降就没有重要性可言，只有当两种股价指数向相同的方向变动，得到互证，才能确认趋势。在道氏理论中，一个重要的原则就是必须同时考虑道琼斯工业指数和道琼斯运输指数，两种指数必须相互确认。两种指数相互确认的原则基本符合逻辑，因为如果股票市场是未来经济运行情况的晴雨表，那么在经济扩张时期，投资者既应该买进制造业的股票，也应该买进运输业的股票。这是因为制造业的产品应该运输到市场中去销售。在图2—5(a)中，道琼斯工业指数在A点首先发出空头趋势信号，但直到道琼斯运输指数在B点确认后，市场才进入真正的空头市场。在图2—5(b)中，经过大幅的下跌之后，工业指数创下新低，然后是一波反弹行情，但随后的回档并未跌破前期的低点，当工业指数在A点突破前期反弹的高点时，发出多头信号，然而运输指数还在创下新低。这种情形引发了一个问题——哪一种指数能更为准确地代表当前的趋势？因为技术分析假定，价格沿趋势运动，直到有足够的证据显示趋势反转为止。所以，在这种情形下，运输指数代表真正的趋势。只有当运输指数在B点突破前期次级走势的高点时，两种指数才确认新的多头市场开始，发出买入信号。如果某种指数不支持另一种指数，那么发出的信号往往就是错误的。道氏理论并没有明确指出两种指数相互确认的时间间隔的有效性，但以后的研究表明，相互确认的时间间隔越短，随后的反转走势就越强劲。

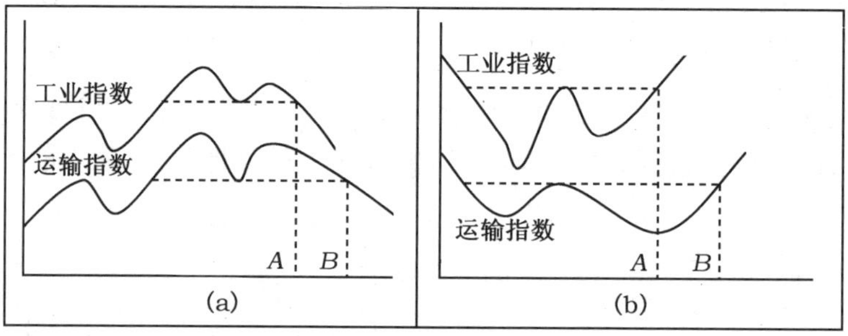

图2—5 两种股价指数的互证

6. 市场气氛

如果市场已经进入主要趋势的第三阶段，即在主要的上升波中，充满投机气氛和过高的期望，或在主要的下降波中，充斥着悲观气氛和持续性的卖压，则反转的可能性就很大。

三、道氏理论的缺陷和在运用时应注意的问题

第一，道氏理论是以重视长期趋势而著称的，对于大趋势的判断有较大的作用，但是对于短暂波动甚至是次级波动的判断作用不大。道氏理论的核心在于主要趋势，对于次级趋势关心较少，日常变动更是无足轻重，因此适用于中长期分析，对中长期投资者帮助较大，对于短期投资者的帮助很小。

第二，道氏理论的可操作性比较差，判断信号滞后，落后于价格变化，使投资者在

进行行情判断时会因为得不到明确的信号而产生困惑。比如，道氏理论强调要通过两种股价指数的互证来确认主要趋势，但是实际上两种股价指数的互证有不确定性，当一种股价指数显示一浪高过一浪的运动，此时人们可能要等几天甚至几个月才能得到另一个股价指数的验证。尤其是买入和卖出信号通常发生在指数到达峰位或谷底后的 20%～25%的位置，丧失了最佳的获利机会。

第三，三种趋势在理论上很容易被人接受，但是实际划分时非常困难，很容易混淆，导致判断错误。

第二节　K 线理论

一、K 线的来历

K 线图流行于世界，它简洁、准确地反映了股市的供求关系，是一切形态分析的基础。K 线是日本人发明的，它诞生于日本的德川幕府时代。K 线的发明人是本间宗久(1724－1803)，K 线可能产生于 1750 年左右。K 线分析方法也叫酒田战法，这是因为发明者本间宗久出生于日本山形县酒田市。在日本德川幕府时代，酒田是日本大米的批发中心，本间宗久专注于观察大米市场，最后在大米期货市场上相当有名气，成为巨富。当然，当时日本并没有证券市场，本间宗久是用 K 线记录大米期货市场每日米价的涨跌情况，通过使用 K 线分析方法成为一个出色的米市成功交易者。据说他判研、预测米市行情的准确率很高，使大阪、京都、江户(现为东京)一带的商人对他又敬又畏，成为日本当时知名度很高的商人，后来被幕府聘为首席财政官，享尽了荣华富贵。后人根据《本间宗久翁秘录》中 100 多条有关的条文式的记录(当时并未附上图谱)，经过一百多年的研究、总结和演变，终于在 1949 年发表了第一本附有图谱的专著《证券买卖秘宝》。

《证券买卖秘宝》共有 78 条，其中图形部分 70 条，非图形部分 8 条，这种简单、准确、易学的图解方法问世后，经过证券分析人士把它引用到股票和期货市场，收到了很好的效果。K 线这种图谱一下子就在世界上流传开来，可以说是世界证券业最通行的符号。由于使用广泛，从而成为股市、期市、汇市技术分析的基础，在证券技术分析中占有极其重要的地位。

从思维的特点来看，西方思想富于逻辑，东方思想富于技巧；西方思想富于理性，而东方思想富于感性。这些在技术分析中也可窥见一斑。以 K 线图为代表的东方式的技术分析方法注重于价格运动的形态分析，在研判过程中，经验和直觉占有相当重要的成分，即使在量化方法广泛使用的情况下，仍然具有不可替代的作用。

二、K线的画法和表示方式

K线图的画法首先是以纵轴表示价格，横轴表示时间。K线图也叫阴阳烛线图，它由影线和实体两部分构成，实体部分反映开盘价和收盘价的价格水平和相互关系，影线反映最高价和最低价的价格水平和相互关系。就影线而言，在实体上方的部分叫上影线，在实体下方的部分叫下影线。实体根据开盘价和收盘价的相互关系，又分成阳线和阴线两种。收盘价高于开盘价的叫阳线，用白色表示；收盘价低于开盘价的叫阴线，用黑色表示。总之，K线图是根据开盘价、收盘价、最高价、最低价这四个价格来进行绘制的，K线总体的大小代表一天、一周或一个月股价的波动幅度。每天的开盘价一般是指当天第一笔成交价格，这是传统的开盘价定义，但是为了克服机构和庄家故意人为地制造一个不符合实际的开盘价，目前中国的证券交易所通过集合竞价的方式产生开盘价；最高价和最低价是每个交易日成交股票的最高价格和最低价格，它反映当天股票价格上下波动的幅度大小；收盘价一般是指每个交易日最后一笔成交价格，是多空双方在经过一天争斗之后所达成的共识，是一个比较重要的价格指标。为了防止对收盘价的操纵，中国的证券交易所是按照当天最后一笔交易前一分钟所有交易价格的加权平均来确定收盘价。要注意的是，在四个价格中，收盘价是最重要的价格，很多技术分析方法都采用收盘价。比如，移动平均线是用收盘价计算的，一般讲起某一天的股价时都是指那一天的收盘价。图2—6(a)和图2—6(b)分别是K线中阳线和阴线的画法和表示方法。

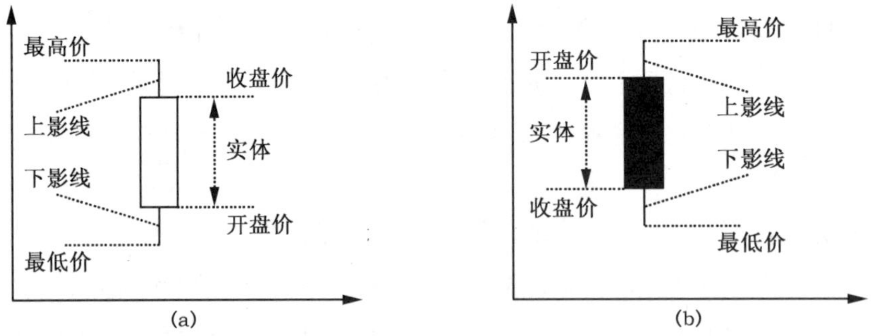

图2—6　K线图

K线图通常有日K线、周K线和月K线三种。日K线是以日为计算单位，将一天的四个价格用K线表示出来；周K线是以周为时间单位，将一周内的四个价格用K线表示出来；月K线是以月为时间单位，将一个月内的四个价格用K线表示出来。通常为了防止庄家故意制造K线形态，提高K线判断的准确性，应该参考周K线或月K线。从K线图中我们可以看出买卖双方力量的强弱，以此判断股价未来的发展趋势，把握买进或卖出时机。K线图经过长时期的整理，已经形成一套比较完整的分析理论，当出现某些经典的图形后，就可以预测未来股价的涨落。

三、K线分析的基本要素

K线图分析中有三个基本的要素，即阴阳关系、实体大小和影线长短。

1. 阴阳关系

按照开盘价和收盘价的相互位置，可以确定某天、某周或某月的K线是阴线还是阳线，它们代表了一天、一周或一个月的总体趋势方向，阴线表示总体的趋势方向为下跌，阳线表示总体的趋势方向为上升。

2. 实体大小

开盘价至收盘价之间的距离，在K线图上是用蜡烛形来表现的，这是它的另一名称——烛线图——的来历，这一段距离被称为实体。实体距离的大小反映了市场内的供求关系，通过实体距离的大小可以判断某天、某周或某月总体趋势的程度。阴线实体越大，表明供过于求，越有利于下跌；阳线实体越大，表明供不应求，越有利于上涨。比如在多头市场上，K线的图谱就会连连拉出阳线，资金入市越强烈，市场动能就越大，大阳线就拉得越长。

3. 影线长短

K线的上下影线代表了趋势是否受阻以及阻力的大小，可以作为一种转折信号。影线越长，代表转折信号越强烈。一般来说，指向一个方向的影线越长，表明往该方向受到的阻力越大，越不利于股价今后朝这个方向变动。比如在多头市场上，阳线上的上影线越长，代表多头市场的转折信号越强烈。在实践中，一般以两倍于实体以上的上影线代表强烈见顶信号，以两倍于实体以上的下影线代表强烈的见底信号。由于影线越短，转折的可能性越小，影线越长，转折的可能性越大，所以在同一条K线的上下影线中，应该重点考察参考那条较长的影线，它代表了趋势的走向，这样可以简化K线判研。

根据上述三个基本要素，K线的阴阳转换、实体的大小变化、影线的长短变化是无限丰富的，所以K线的变化也是无限丰富的。虽然K线的变化是无限丰富的，但是只要从以上三个基本要素出发进行理解和分析，一些复杂的问题就能够迎刃而解。

四、K线的种类和各自的意义

1. 光头光脚小阳线

光头光脚小阳线是指开盘价与最低价一样，收盘价与最高价一样，同时上下波动很小，在图形上没有上下影线，而且实体部分比较短，参见图2—7。光头光脚小阳线的意义有以下几点：

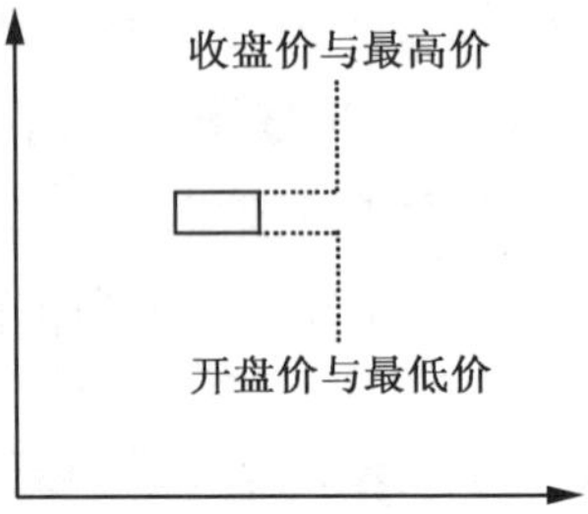

图2—7 光头光脚小阳线

(1)光头光脚小阳线经常出现在盘整时期，虽然涨幅不大，但因为是以最高价收盘，所以它表示买方力量在增强。不过，因为涨幅较小，所以只是多方力量略大于空方力量，多方稍占优势。因为大举向上突破的时机并不成熟，多方不敢大举进攻，所以只是试探性地将价格小幅度地向上推升。

(2)如果前一天是大涨，今天再一次上涨，出现光头光脚小阳线，表明多方踊跃入场，市场呈现高涨的气氛。

(3)如果前一天大跌，今天再一次下跌，但是出现光头光脚小阳线，表明买方在抵抗空方的打压，但是抵抗没有取得决定性成果，多方还将接受考验，结果难以预料。

2. 光头光脚小阴线

光头光脚小阴线是指收盘价与最低价一样，开盘价与最高价一样，同时上下波动幅度很小，在图形上没有上下影线，而且实体部分比较短，参见图2—8。光头光脚小阴线的意义有以下几点：

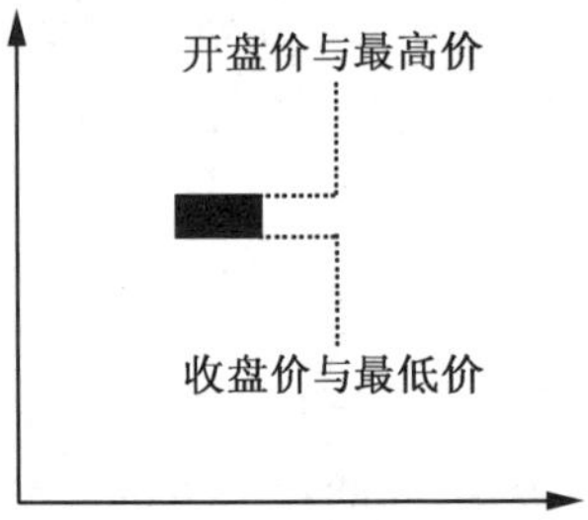

图2—8 光头光脚小阴线

(1)光头光脚小阴线出现在盘整时期，虽然跌幅不大，但是因为是以最低价收盘，所以表明卖方力量在增强。不过，因为跌幅较小，所以只是空方力量略占优势。因为大举向下突破的时机并不成熟，空方还不敢贸然大举杀跌，只是试探性地将价格小幅度地往下压低。

(2)如果前一天大跌，今天再一次下跌，出现光头光脚小阴线，表明空方纷纷离场，市场呈现低潮。

(3)如果前一天大涨，今天再一次上涨，但是出现光头光脚小阴线，说明卖方在抵抗多方的拉抬，但是抵抗没有取得决定性的成功，空方还将接受考验，结果难以预料。

3. 光头光脚大阳线

光头光脚大阳线，俗称长红。它也是收盘价与最高价一样，开盘价与最低价一样，在图形上没有上下影线，但是开盘价与收盘价的波动幅度很大，实体部分很长，参见图2—9。光头光脚大阳线的出现，是股市上涨力量的最大表现，也是多方力量的充分展示，其意义有以下几点：

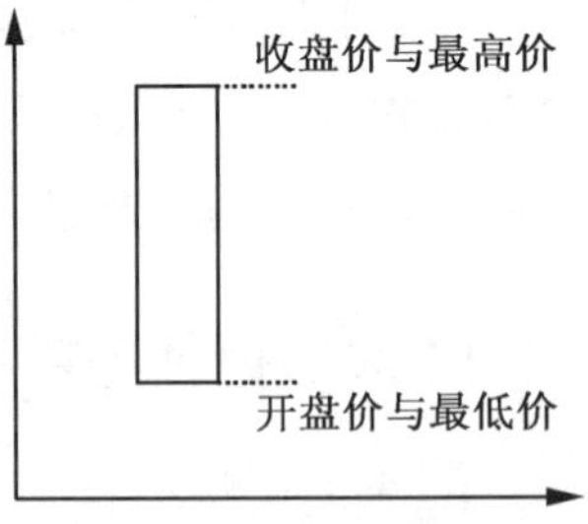

图2—9 光头光脚大阳线

(1)盘整形态中出现光头光脚大阳线，意味着多方将展开向上突破。

(2)下跌行情中出现光头光脚大阳线,表示多方将展开反弹行情。

(3)上涨形态中出现光头光脚大阳线,表示加速上涨,意味着多方主力要进行冲刺。

(4)底部形态中出现光头光脚大阳线,意味着可能要反转向上。

4. 光头光脚大阴线

光头光脚大阴线,俗称大黑棒。它也是收盘价与最低价一样,开盘价与最高价一样,在图形上也没有上下影线,开盘价与收盘价的波动幅度也很大,实体部分也是很长,参见图2—10。光头光脚大阴线的出现,说明空方占据绝对优势,多方一败涂地,其意义主要表现在以下几个方面:

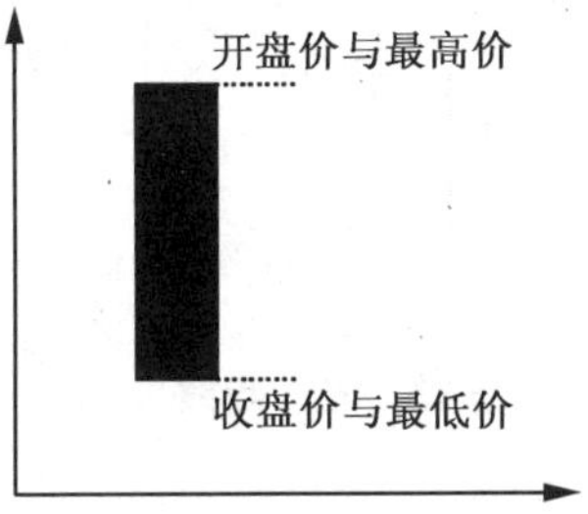

图2—10　光头光脚大阴线

(1)盘整形态中出现光头光脚大阴线,意味着空方将要展开向下突破行情。

(2)下跌行情中出现光头光脚大阴线,表示将要加速下跌,疯狂出逃。

(3)上涨行情中出现光头光脚大阴线,表示空方将要展开调整行情。

(4)头部形态中出现光头光脚大阴线,意味着可能要反转向下。

5. 光头阳线

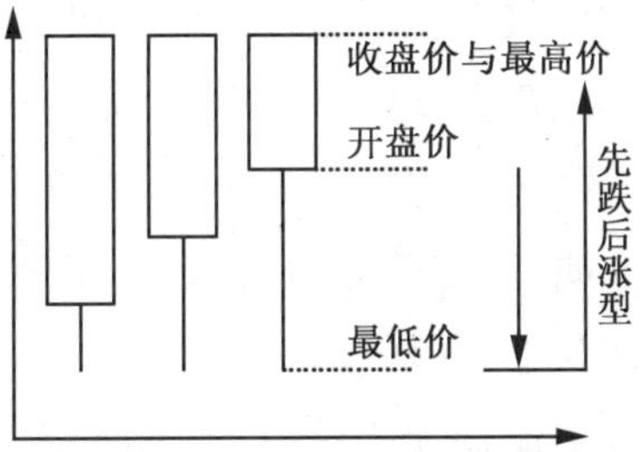

图2—11　光头阳线

光头阳线也称下影阳线,属于先跌后涨型的K线。多方在开始失利的情况下,后来扭转局势,使整个形势转为多方占优。多方的优势大小与下影线和实体的长度有关。这种图形如果出现在大跌行情以后,表示市场将有一波反弹行情;如果出现在大涨以后,虽然买方占优,但显示卖压已高,应该有逢高出货的准备。依据买方的实力大小,可以将光头阳线分为三种K线形态:(1)阳线实体比下影线长,表明买方力量强大,卖方受到制压;(2)阳线实体与下影线等长,表明买方力量占较大优势;(3)阳线实体比下影线短,表明买方略占优势。三种K线请参见图2—11。

6. 光头阴线

光头阴线也称下影阴线,是一种下跌抵抗型的K线,表明卖方力量虽然强大,却遭到买方力量的顽强抵抗。在下跌途中出现,表示跌势方兴未艾;在大跌之后出现,且下影线长于实体数倍,则表明后市将有反弹。根据买方的抵抗程度,可将光头阴线分为三种K线形态:(1)阴线实体比下影线长(抵抗较弱);(2)阴线实体与下影线等长

(抵抗一般)；(3)阴线实体短于下影线(抵抗较强)。三种K线请参见图2—12。

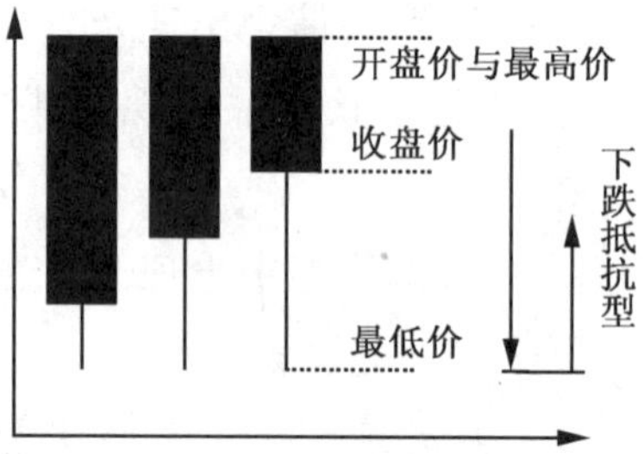

图2—12 光头阴线

7. 光脚阳线

光脚阳线也称上影阳线，是一种上升抵抗型的K线，表明买方力量虽然占有优势，但是受到卖方力量的顽强抵抗。抵抗的程度与上影线和实体的长度有密切关系，上影线越长，实体越短，表明抵抗越强，越不利于多方，多方占据优势相对较小。如果在上涨途中出现，表示涨势方兴未艾，但是市场可能要盘整一段时间后才能继续挺升；如果出现在大涨之后，且上影线长于实体好几倍，则预示后市可能走低。根据卖方的抵抗程度，可以将光脚阳线分为三种K线形态：(1)阳线实体比上影线长(抵抗较弱)；(2)阳线实体与上影线等长(抵抗一般)；(3)阳线实体短于上影线(抵抗较强)。三种K线可参见图2—13。

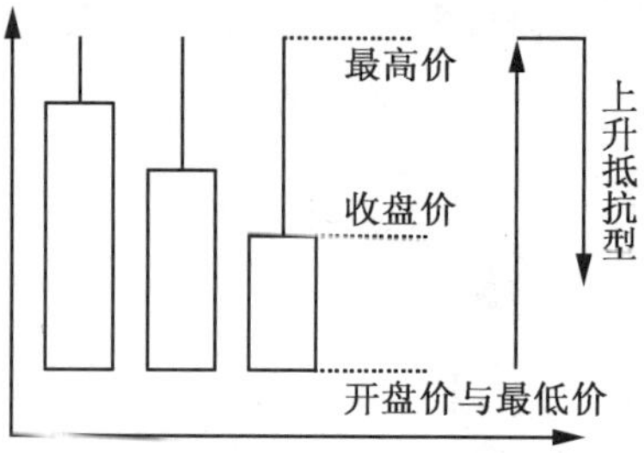

图2—13 光脚阳线

8. 光脚阴线

光脚阴线也称上影阴线，属于先涨后跌型的K线形态。与光头阳线相反，象征空方反败为胜。这种图形如果出现在大涨行情以后，表示市场将有一段回落行情；如果出现在大跌以后，虽然卖方占优，但是显示买方支撑力已强，应该有逢低吸货的准备。根据卖方力量的大小，可以将光脚阴线分为三种K线形态：(1)阴线实体远远大于上影线，表明卖方力量强大，买方受到制压；(2)阴线实体与上影线等长，表明卖方力量占较大优势；(3)阴线实体短于上影线，表明卖方略占优势。三种K线可参见图2—14。

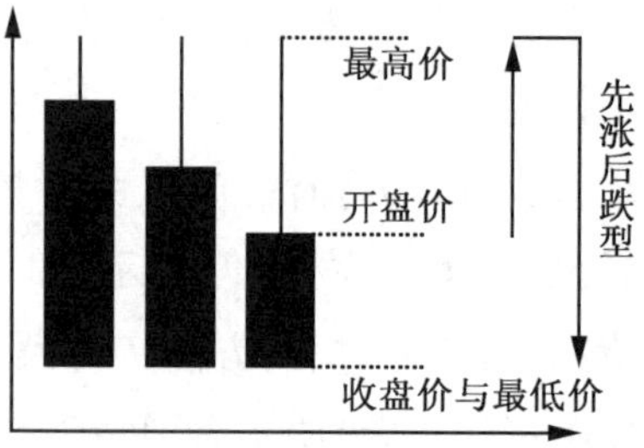

图2—14 光脚阴线

9. 有上下影线的阳线

这是一种比较普遍的K线形态，说明多空双方争斗比较激烈，虽然出现最高价和最低价，但是都被双方拉回，最后多方保住优势。对多方和空方力量优势的衡量，可以通过上下影线和实体的长度来确定。一般来说，上影线越长、下影线越短、实体越短，表明多方的优势越不明显，不利于多方今后占优势，参见图2—15(a)；上影线越短、下影线越长、实体越长，表明多方优势越明显，越有利于多方今后占优势，参见图2—15(b)。

有上下影线阳线的运用应注意以下几点：

(1)上下影线较短的大阳线，是买方力量尽力发挥的表现。出现在大跌之后，表示

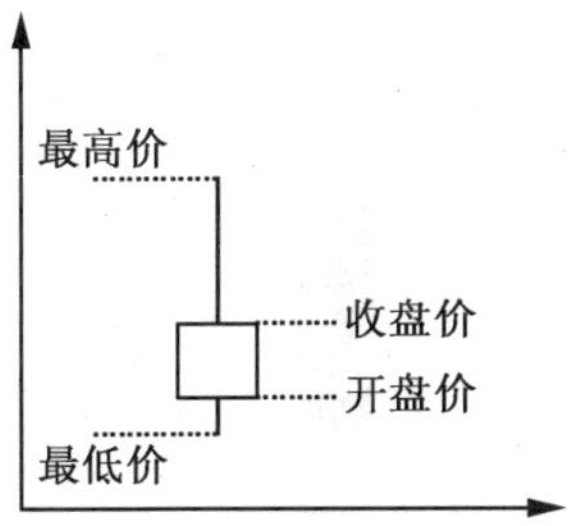

(a)多方优势不明显

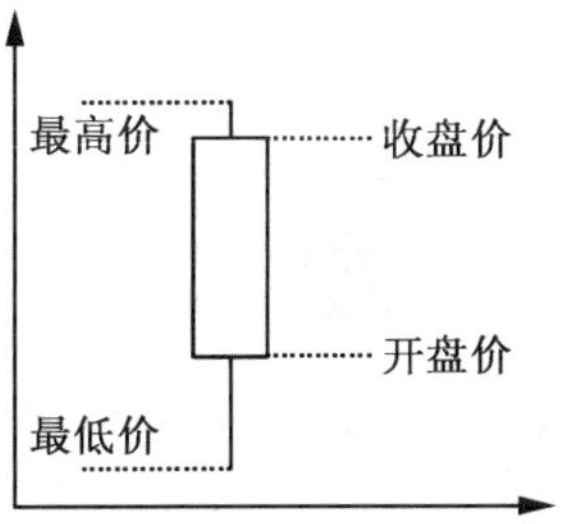

(b)多方优势明显

图 2—15　有上下影线的阳线

行情强劲反弹;出现在盘局之后,表示买方力量已经明显占据优势,后市必有一段较大的升幅;出现在大涨之后,表明市场有可能太乐观,买方力量将耗竭,股市有可能进入整理或反转。

(2)上下带很长影线的阳线,表明当日股价大幅度波动,买卖双方争斗激烈,双方均没有能够控制住局面,只是在收盘前买方力量处于上风。此图形在大涨之后出现,要特别小心,因为可能要反转。

(3)小阳线和中阳线的出现大多在盘局中,只是表明买方虽然处于优势,但是优势并不十分明显,买方力量略大于卖方力量。具体来说,中阳线因为实体大于小阳线,所以买方力量显得更强一些;上影线短于下影线的小阳线或中阳线,也显得买方力量更强一些;上影线长于下影线的小阳线或中阳线,买方力量虽有优势但不明显。总之,小阳线和中阳线用单个图形往往无法判断后市。

(4)实体特别小的叫做极阳线。带上下影线的极阳线的出现,表明行情混乱,买卖双方的力量相对比较均衡,从当天的涨跌中一般无法判断后市,但这是一个双方大战前的信号,如果极阳线的上下影线都很长,是多空搏杀前的一个强有力的信号。

10. 有上下影线的阴线

这也是一种比较普遍的 K 线形态,说明多空双方争斗比较激烈,虽然出现最低价和最高价,但是都被双方拉回,最后空方保住优势。对空方和多方力量优势的衡量,可以通过上下影线和实体的长度来确定。一般来说,下影线越长、上影线越短、实体越短,表明空方的优势越不明显,不利于空方今后占优势,参见图 2—16(a);下影线越短、上影线越长、实体越长,表明空方优势越明显,有利于空方今后占优势,参见图 2—16(b)。

有上下影线阴线的运用正好与有上下影线阳线相反,应该把握以下几点:

(1)上下影线较短的大阴线,是卖方力量尽力发挥的表现。出现在大涨之后,表示行情将有较大的回落;出现在盘局之后,表示卖方力量已经明显占据优势,后市必有一

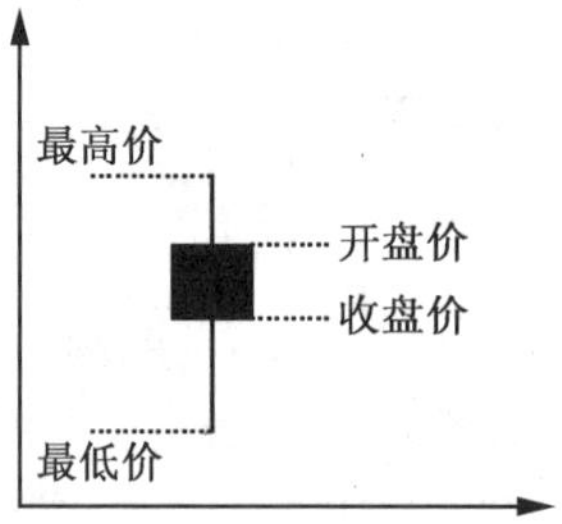

(a)空方优势不明显

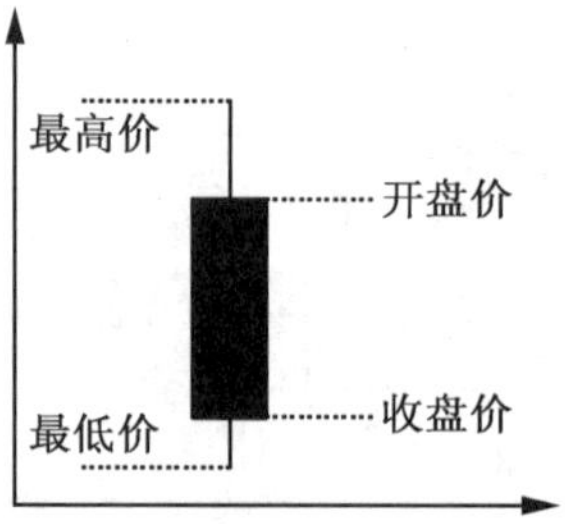

(b)空方优势明显

图 2—16　有上下影线的阴线

段较大的跌幅；出现在大跌之后，表明市场有可能太悲观，卖方力量将耗竭，股市有可能进入整理或反转。

(2)上下带很长影线的阴线，表明当日股价大幅度波动，买卖双方争斗激烈，双方均没有能够控制住局面，只是在收盘前卖方力量处于上风。此图形在大跌之后出现，要特别小心，因为可能要反转。

(3)小阴线和中阴线的出现大多在盘局中，只是表明卖方虽然处于优势，但是优势并不十分明显，卖方力量略大于买方力量。具体来说，中阴线因为实体大于小阴线，所以卖方力量显得更强一些；上影线长于下影线的小阴线或中阴线，也显得卖方力量更强一些；上影线短于下影线的小阴线或中阴线，卖方力量有优势但不明显。总之，小阴线和中阴线用单个图形往往无法判断后市。

(4)实体特别小的叫做极阴线。带上下影线的极阴线的出现，表明行情混乱，买卖双方的力量相对比较均衡，从当天的涨跌中一般无法判断后市。但这是一个双方大战前的信号，如果极阴线的上下影线都很长，是多空搏杀前的一个强有力的信号。

11. 十字形(十字星)

当收盘价与开盘价相同时，就会出现十字形的 K 线，它的特点是没有实体。这种形态一般不太容易出现。十字形有两种，一种是上下影线很长的，另一种是上下影线较短的，前者称为大十字形，后者称为小十字形。大十字形表示多空争斗激烈，最后回到原处；小十字形表明窄幅盘整，交易清淡。多空双方虽然势均力敌，但是双方的优势还是有一点区别，可以从上下影线的长度来判断。如果上影线长于下影线，表明空方力量强一点，参见图 2—17(a)；反之，如果下影线长于上影线，则表明多方的力量强一些，参见图 2—17(b)。

十字形在 K 线分析中占有重要地位，应该引起充分注意。其要点如下：

(1)十字形在上升行情中出现，说明抛压已大，近期升高无望；在下跌行情中出现，说明股价已经得到买盘支撑，近期欲跌不能。

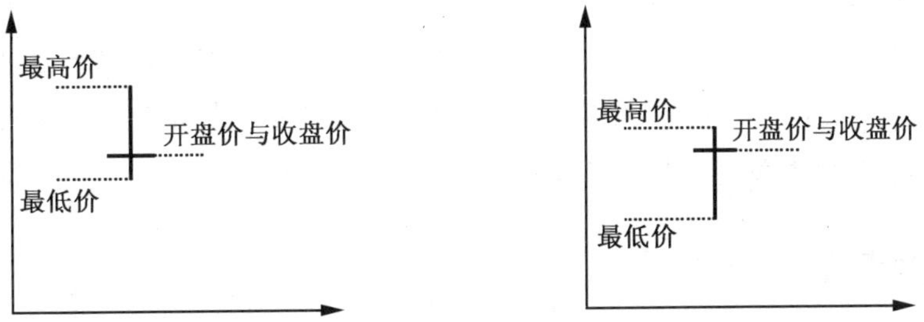

(a)空方力量较强　　(b)多方力量较强

图 2—17　十字形 K 线

(2)十字形 K 线的出现，往往具有转向信号的作用。股价在高价位出现十字形，意味着回档将要开始；而在低价位出现十字形，则意味着上升行情将要开始；在大涨或大跌后出现，也往往是市场反转的征兆，如果是在跳空开盘后形成十字形，则可靠性更大。

12. T 字形

T 字形分为正 T 字形和倒 T 字形两种。正 T 字形是最高价与开盘价和收盘价都是一样的，在图形上没有实体，只有下影线，参见图 2—18(a)。而倒 T 字形是最低价与开盘价和收盘价是一样的，在图形上也是没有实体，只有上影线，参见图 2—18(b)。T 字形的运用要点如下：

(1)从多空双方力量的优势对比来看，正 T 字形是多方占优，而且下影线越长，多方的优势越大；倒 T 字形是空方占优，上影线越长，空方的优势越大。

(2)正 T 字形表示卖方力量有限，从而升势力量较足；倒 T 字形表示买方力量有限，从而上升暂时乏力。

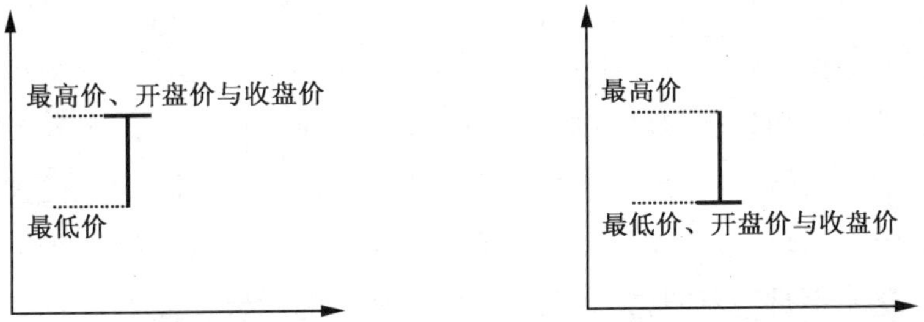

(a)正 T 字形：多方力量占优　　(b)倒 T 字形：空方力量占优

图 2—18　T 字形 K 线

13. 一字形

一字形也叫四价合一形，即开盘价、收盘价、最低价、最高价是一样的，都在一个价位上。这种情况非常罕见。

有两种情况会出现一字形：(1)在交易特别冷清的行情中偶尔会出现一字形，以前B股交易很清淡的时候曾经出现过；(2)在涨跌停板中有时也会出现一字形，这是由于行情极端看好或看淡而造成的。

五、K线组合

一根K线有很多的变化，K线通过它的组合会进一步产生更多的变化。股票市场是千变万化的，K线组合也是千变万化的。买卖双方天天争斗，在K线组合图上就会留下一组争斗的痕迹，通过对K线组合的观察，有助于对股价变化趋势的把握。

1. K线的相对位置

研究和观察K线组合，首先可以从多条K线的相对位置来进行判研。K线组合的情况非常之多，除了要综合考虑各根K线的阴阳关系、实体大小、影线长短以外，还要考察K线之间的相对位置。无论是多少根K线，都要以各根K线的相对位置来推测行情。一根完整的K线，可以把它分成五个区域，上影线以上为第一区域，上影线到实体上端为第二区域，整个实体部分为第三区域，实体下端到下影线为第四区域，下影线以下为第五区域，参见图2—19。

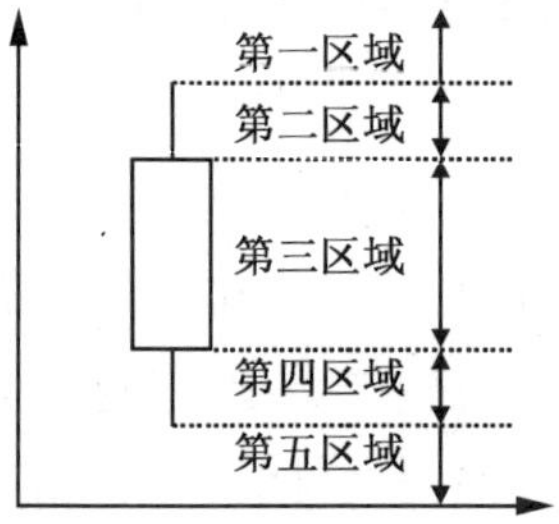

图2—19 K线的五个区域

对于两条K线的组合来说，第二条K线的相对位置是很重要的。第二条K线多空双方争斗的区域越高，越有利于上涨；越低，越有利于下跌。K线组合无论怎样复杂，考虑的问题都是相同的，即由最后一根K线相对于前面K线的位置来判断行情。

在两根K线组合的位置关系中，一般来说，前一根K线是阳线，后一根继续是阳线，表明趋强；如果前面一根是大阳线，后面一根继续是大阳线，强势更加突出。但是这不是绝对的，关键要看后面阳线的位置。如果后面一根阳线在前面阳线实体的一半以下位置，表明上涨的趋势有可能难以继续；如果后面一根阳线是在下影线以下位置收盘，说明后市很不妙，空方已经开始大举反攻。同样道理，前面一根是阴线，后面一根继续是阴线，表明趋弱；如果前面一根是大阴线，后面一根继续是大阴线，更是处于弱势。但是，这也不是绝对的，关键也要看后面阴线的位置。如果后面一根阴线收在前面一根阴线的上影线位置以上，很有可能多方已经拉开上攻的序幕。

2. 特殊K线的组合

特殊K线主要是指像十字形和T字形等不太容易出现的K线，这些K线与其他K线进行组合有特殊的意义，不仅可以起到修复技术指标的作用，还可以起到帮助投资者比较容易地分析和掌握转折信号的作用。

（1）假如第一根 K 线是中阴线，第二天经过激烈的搏杀后，收出一根十字星，表明多空双方力量平衡，说明空方进攻到这里，优势已经消失，多空双方已经势均力敌。这时，推测谁胜谁败还为时过早，这就要看第三根 K 线如何走。如果第三根 K 线继续开出一根中阴线，而且位置比较下面，表明空方加强攻势，多空平衡再次被打破，局势对空方有利。如果第三根线是中阳线，甚至超过第一根阴线，则应该看好后市。第二根的十字星俗称“希望之星”。参见图 2—20(a)和图 2—20(b)。

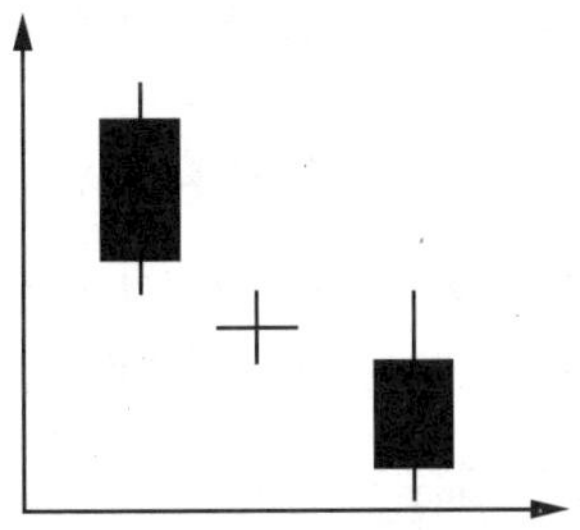

图 2—20(a)　空方加强攻势 后市对多方不利

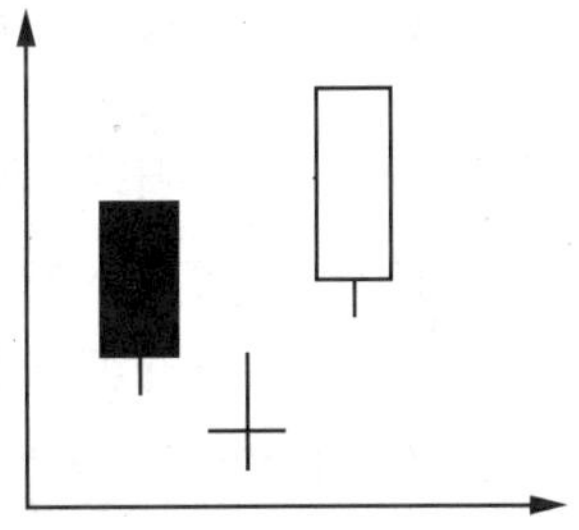

图 2—20(b)　“希望之星”

（2）假如第一根 K 线是阳线，第二根 K 线是跳空十字星，第三根 K 线继续开出向上攻击的阳线，说明多方完全掌握主动，形势对多方有利。如果第一根 K 线为阳线，第二根 K 线为十字星，第三根 K 线为阴线，则后市看淡，这时的十字星俗称为“黄昏之星”，属于见顶回落 K 线的一种。参见图 2—21(a)和图 2—21(b)。

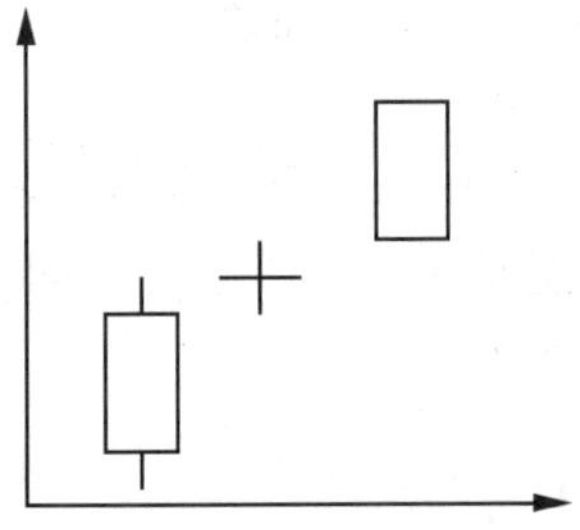

图 2—21(a)　多方加强攻势 后市对多方有利

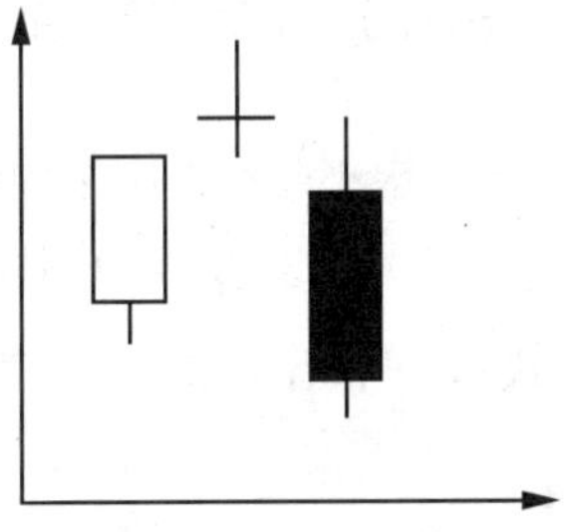

图 2—21(b)　“黄昏之星”

（3）如果第一根 K 线为大阳线，第二根 K 线为实体很小的光头阳线，俗称吊首线，第三根线多数为阴线。第二根线看似是多头上攻，但力量已经竭尽，形势马上要急转直下，有经验的投资人应该沽出筹码，持币等待。相反，如果第一根 K 线为大阴线，第二根 K 线同样为吊首线，即光头的、实体很小的阴线，但是放在第一根阴线的收盘价下方，表明多方在下面阻止空方的进攻，因此，第三根 K 线多数为阳线。所以，有经验的投资者一般在吊首线出现的时候就跟进买入，至少可以有一把短差可做。参见图 2—22(a)和图 2—22(b)。

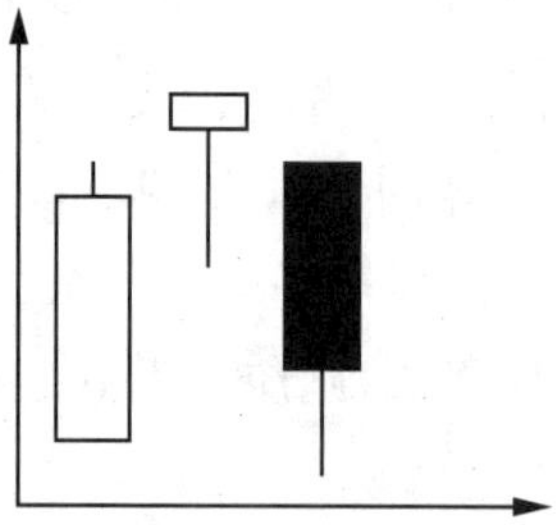

图 2—22(a) 多转空的吊首线

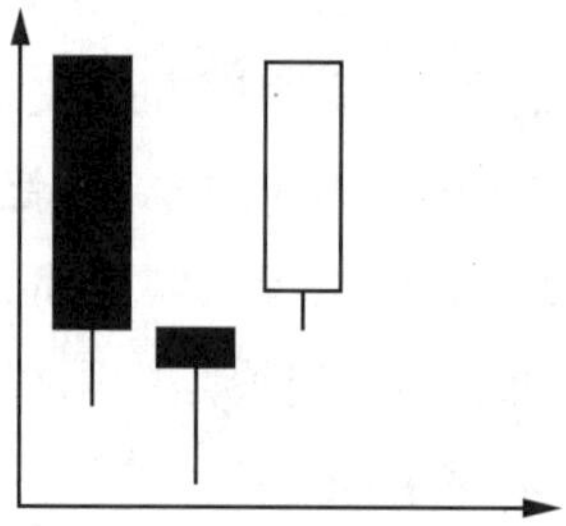

图 2—22(b) 空转多的吊首线

(4)如果第一根 K 线为阳线,第二根 K 线为超长的倒 T 字形 K 线,从位置关系来判断后市,则应看淡后市,这是一种典型的见顶回落信号。空方的反击已经开始,多方只能步步后退,第三根 K 线有可能是阴线,也有可能是阳线,但是它们的位置肯定会收在第二根 K 线收盘价之下。参见图 2—23(a)和图 2—23(b)。

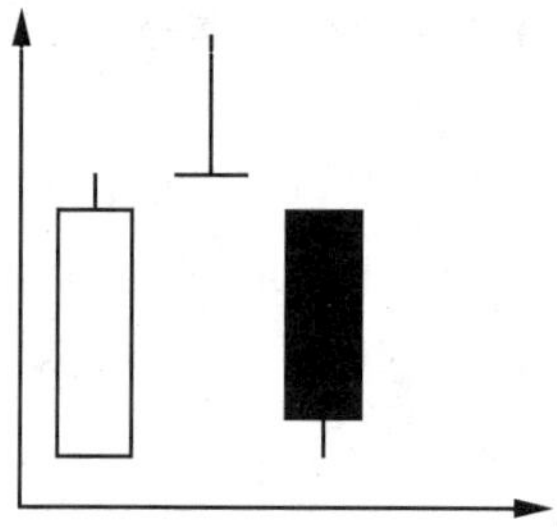

图 2—23(a) 见顶回落 T 字形

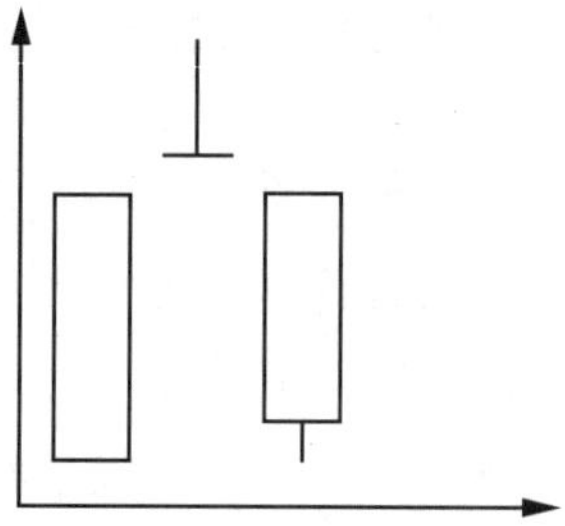

图 2—23(b) 见顶回落 T 字形

(5)如果第一根 K 线为阴线,第二根 K 线为正 T 字形 K 线,从位置关系来判断,属于底部信号,第三根 K 线有可能是阳线,也有可能是阴线,但是它们的位置多数会收在第二根 K 线的收盘价之上。参见图 2—24(a)和图 2—24(b)。

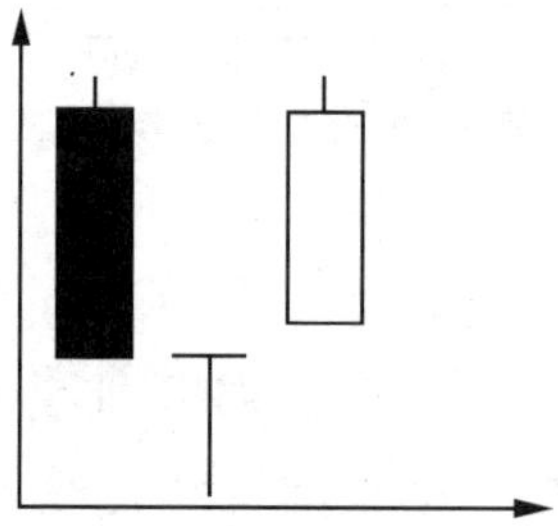

图 2—24(a) 见底反弹 T 字形

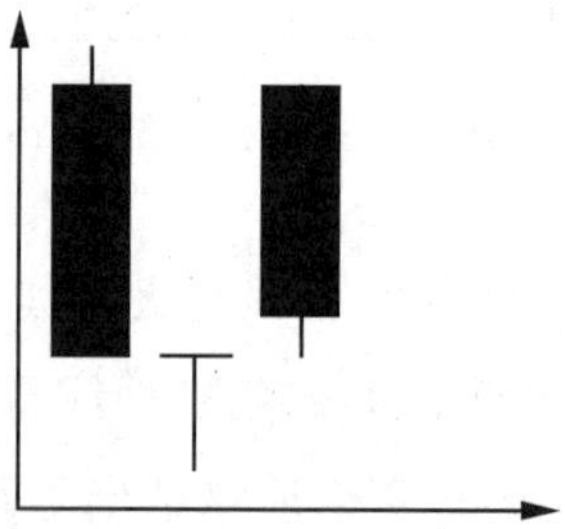

图 2—24(b) 见底反弹 T 字形

除了以上讲的特殊 K 线以外,还有极阴线和极阳线等,也可以根据具体位置进行判断,与上述含义基本相同。比如,我们可以将有上下影线的极阳线或极阴线当作十字线看待，或者将只有一边影线的极阳线或极阴线当作 T 字形 K 线来看待。

3. 阴阳线的包含组合关系

（1）虽然出现两根阳线，但是第二根阳线收盘价没有超过第一根阳线，位置在第一根阳线的实体之内，被第一根阳线所包含，这说明买方力量有限，失去主动，空方将乘机反击。如果第一根是阳线，第二根是阴线，第二根阴线又是在第一根阳线的实体之内，被第一根阳线所包含。这表明卖方虽然抵抗，但力量比不上买方，买方将会继续上攻，股价再创新高，此种情况通常被称为多头孕育线。参见图 2—25(a)和图 2—25(b)。

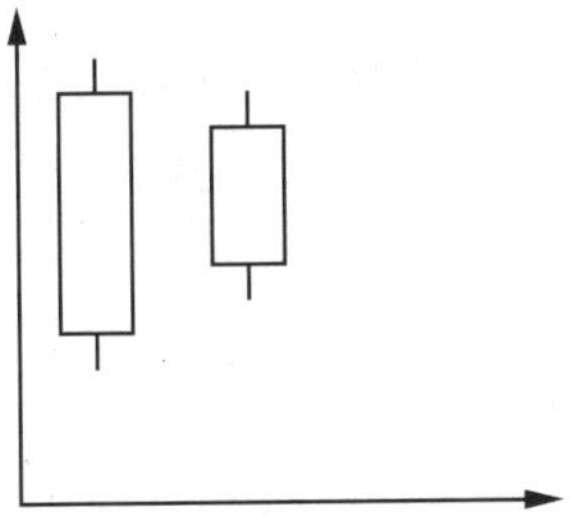

图 2—25(a) 买方力量有限

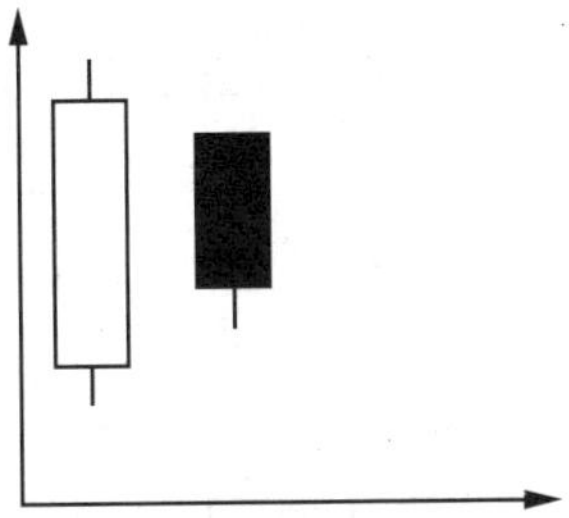

图 2—25(b) 多头孕育线

（2）第一根是大的阴线，第二根虽然是阳线，但却是较小的阳线，位置在第一根阴线的实体之内，被第一根阴线所包含，这表明买方虽然抵抗下跌，但是力量比不上卖方，卖方将会继续进攻，股价再创新低，这种情况通常被称为空头孕育线。如果第二根继续是阴线，而且被第一根阴线所包含，这说明卖方力量有限，失去主动，多方将会乘机反攻。参见图 2—26(a)和图 2—26(b)。

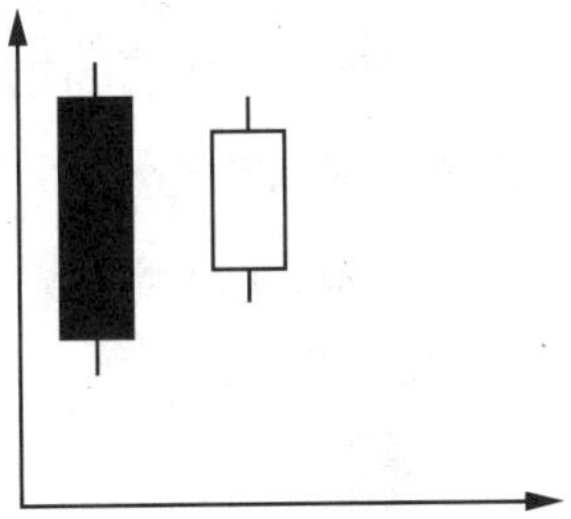

图 2—26(a) 空头孕育线

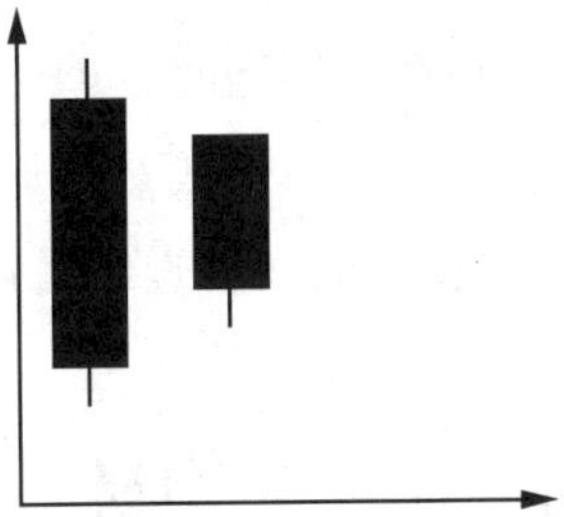

图 2—26(b) 卖方力量有限

（3）第一根是阳线，如果第二根阴线将第一根阳线一举吞吃，表明空方来势凶狠，多方的进攻完全受制于空方。反过来，如果第一根是阴线，第二根阳线完全包含第一根阴线，说明买方力量得到真正发挥，卖方力量被瓦解。以上两种情况通常被称为吞没线或怀抱线，为看跌或看涨行情的信号。参见图 2—27(a)和图 2—27(b)。

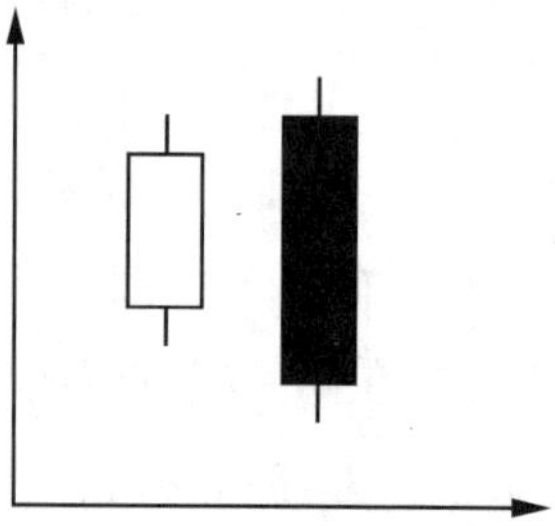

图 2—27(a) 空头吞没线(空头怀抱线)

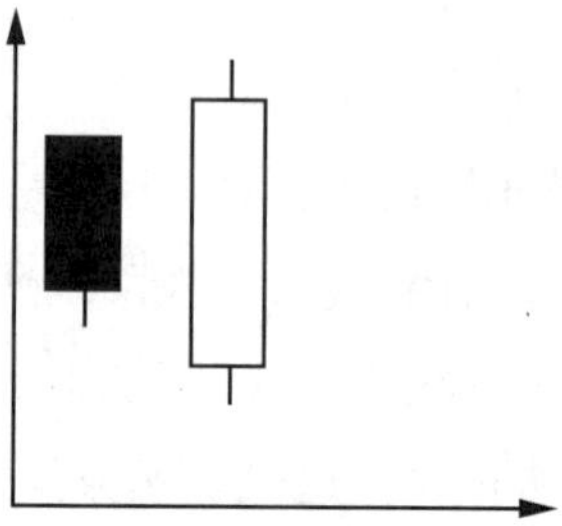

图 2—27(b) 多头吞没线(多头怀抱线)

如果第一根是阳线,第二根阳线进一步包含了第一根阳线,这表明买方力量进一步加强。如果第一根是阴线,第二根阴线进一步包含了第一根阴线,这说明卖方的力量在进一步加强。参见图 2—28(a)和图 2—28(b)。

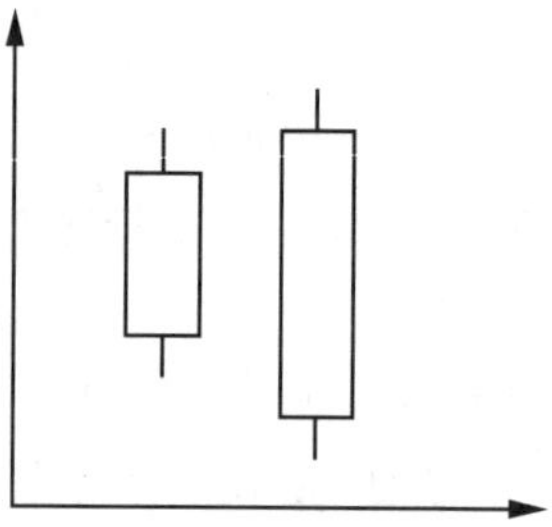

图 2—28(a) 买方力量进一步加强

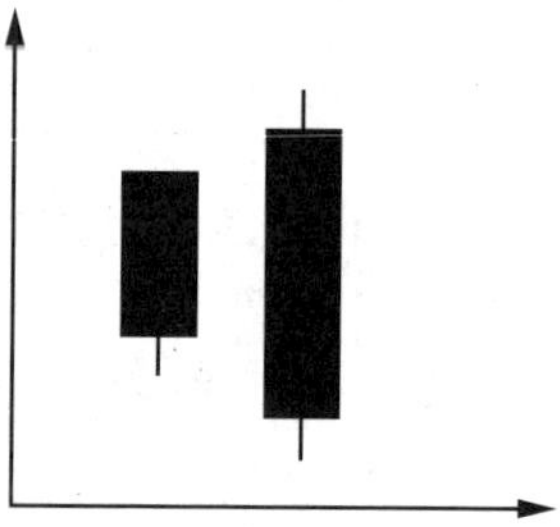

图 2—28(b) 卖方力量进一步加强

4. 持续形态的典型 K 线组合

(1)肩带线。肩带线实质上是股价的回档,因其形态看起来像绑住袖子的布条而得名。肩带线是在市场当时的趋势方向上出现跳空缺口,缺口出现后的第二天股价回档而形成的。典型的肩带线乃是运行趋势中的暂时回档。肩带线分为上肩带缺口与下肩带缺口,是相对的两种连续阴阳形态,参见图 2—29(a)和图 2—29(b)。

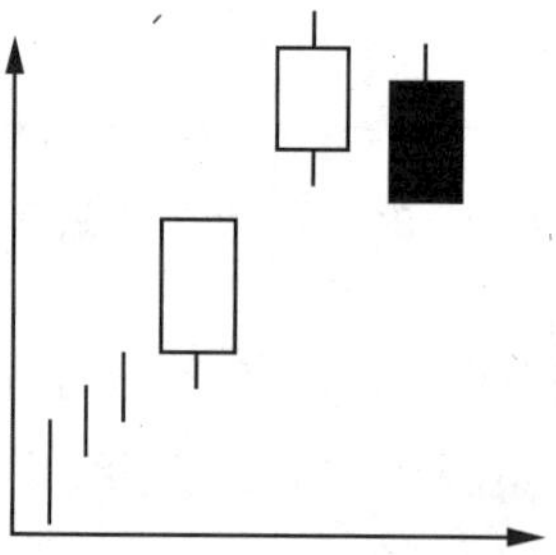

图 2—29(a) 上肩带缺口

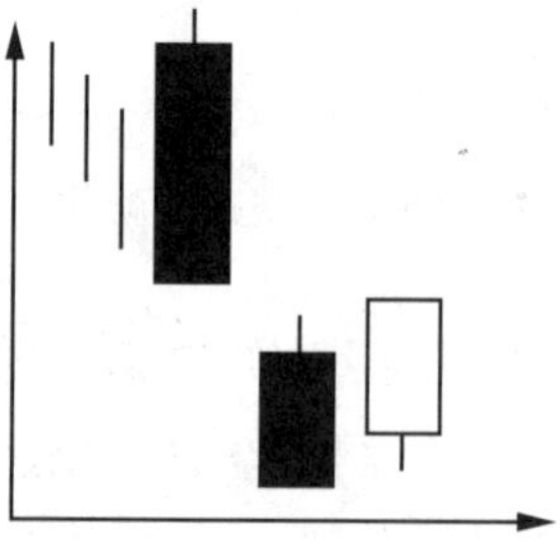

图 2—29(b) 下肩带缺口

上肩带缺口一般形成于涨势中，在图形上是第一根大阳线，接着是向上跳空的阳线，第三根是阴线，阴线的收盘价低于前一天的最低价。上肩带的出现通常是因为前期股价上涨过猛，获利盘的出现造成的。从图形上看，上肩带缺口有两个显著的特征：一是缺口上面是一根小阳线与一根小阴线的组合；二是由于小阴线不长，所以股价的回档压力并不大，阴线的收盘价位是在前面的跳空缺口之内，跳空缺口并没有被填补掉。因此，出现上肩带缺口所包含的心理状态十分单纯，就是随着跳空的趋势而行动，投资者应该做多。由于第三日的调整并没有填补缺口，所以先前的趋势会持续发展，而阴线的出现可以看成暂时的获利回吐。

而下肩带缺口一般形成于跌势中，在图形上是第一根大阴线，接着是向下跳空的阴线，第三根是阳线，阳线的收盘价高于前一天的最高价。下肩带的出现通常是因为前期股价下跌过猛，空头回补造成的。从图形上看，下肩带缺口也有两个显著的特征：一是缺口下面是一根小阴线与一根小阳线的组合；二是由于小阳线不长，所以股价的反弹力度并不大，阳线的收盘价位是在前面的跳空缺口之内，跳空缺口也并没有被填补掉。因此，出现下肩带缺口的心理状态十分单纯，就是随着跳空的趋势而行动，投资者应该做空。由于第三日的调整并没有填补缺口，所以先前的趋势会持续发展，而阳线的出现可以看成暂时的空头回补。

肩带线形态的确立主要取决于跳空后回探的力度。当股价跳空走高或跳空走低之后通常会回探，如果回探幅度比较大，甚至将前一天的缺口补上，且伴随有成交量的放大，那么股价的运行趋势将受到挑战。如果回探幅度不大，成交量萎缩比较快，说明前一天的跳空有效，将支撑股价按原来趋势运行。

肩带线的识别标准是：①在趋势的进行中，在两根同样颜色的 K 线之间出现跳空缺口，两根 K 线的颜色代表了当时的趋势；②第三天的 K 线是相反的颜色，其开盘价位于前一天 K 线的实体之内；③第三天 K 线的收盘价位于跳空缺口内，但没有完全填补该跳空缺口。

(2)并肩阳线。并肩阳线是肩带线的变形，它们不仅外形极为相似，而且意义也基本相同。唯一的差别就是第二天和第三天的 K 线不管是涨势还是跌势都是两根阳线。根据所处的位置，并肩阳线可以分为多头并肩阳线和空头并肩阳线，前者属于多头连续形态，后者属于空头连续形态。参见图 2－30(a)和图 2－30(b)。

多头并肩阳线是在一根阳线之后出现向上跳空缺口，而且有连续两根长度相似的阳线，其长度不仅相似，而且开盘价也十分接近，所以称为上缺口并肩阳线。由于市场处于上升趋势，所以长阳线使市场的多头气氛进一步强化，第二天开盘向上跳空，收盘更为走高，但是第三天股价低开，大约在前一天的开盘价附近，导致开盘走低的卖压迅速消失，价格再度回升，这表示买盘有相当的力量，涨势应该继续发展。

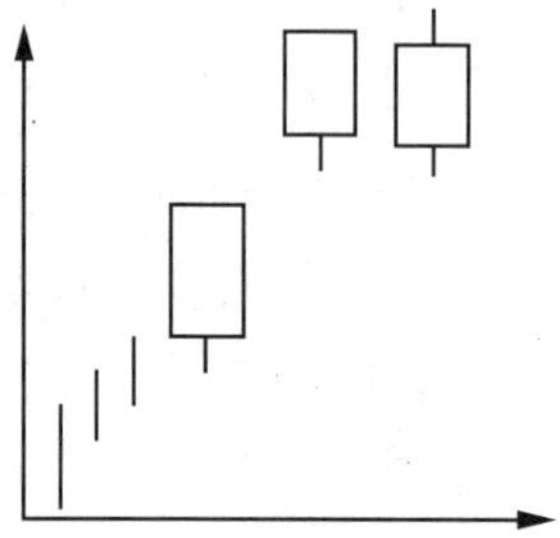

图 2—30(a) 多头并肩阳线

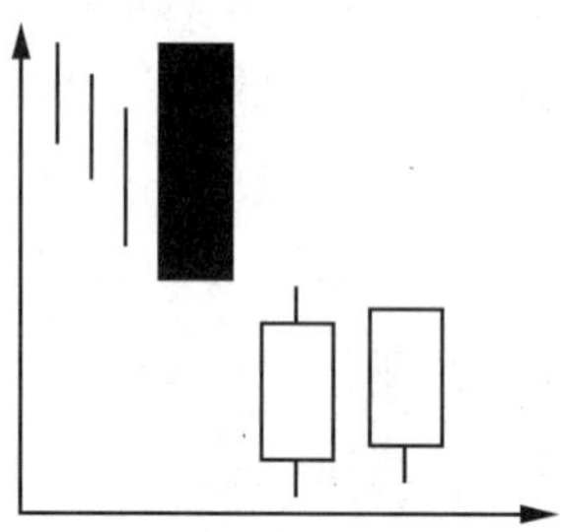

图 2—30(b) 空头并肩阳线

空头并肩阳线十分罕见，也称为下缺口并肩阳线。它是在一根大阴线以后，出现向下跳空缺口，而且也有连续两根长度相似的阳线。这两根阳线应该看成空头回补。长阴线使下降趋势更为强烈，第二天开盘大幅度向下跳空，当天市场价格不断回升，但是仍然不足以弥补跳空缺口。第三天股价低开，其价格大约在前一天的开盘价附近，由于价格进一步下挫的阻力很强，空头回补导致第三天价格涨升，但仍然不足以填补先前的跳空缺口，这种情况表明下降趋势仍然会继续延续。在这种连续形态中，如果出现并肩阴线，更是代表了下降趋势的延续。

多头并肩阳线在涨势中跳空后连续出现两根阳线，其多头意义比较容易理解，也无须继续确认。但是对空头并肩阳线在跌势中的跳空之后连续出现两根阳线，其空头连续意义似乎不太好理解，常常会出现误解。在跌势中，如果长阴线之后出现跳空的两根阴线，其空头之意是非常明显的，如果出现两根并肩阳线，虽然会使下跌的趋势得到缓解，但是由于两根阳线长度比较短，再加上第三天的阳线没有能够回补前面的缺口，这意味着多头反弹力量有限，股价仍然会继续原来的下跌趋势。

并肩阳线的识别标准是：①在趋势方向上出现跳空缺口；②第二天的 K 线为阳线；③第三天也是一根相似长度的阳线，其开盘价大致与第二天的开盘价相同。

(3)三法线。三法线是最常见的 K 线连续形态之一，根据所处的位置不同，可以将其分为上升三法和下降三法。三法线表示价格趋势暂时中断，但是其力量太弱还不足以造成趋势反转，三法线通常是趋势延续过程中的喘息时间，这种情况一般不会改变原有运行趋势。这种走势的心理背景是市场对于趋势的持续力产生怀疑，当市场出现窄幅波动的盘整走势后，怀疑会递增，然而一旦多头或空头觉察价格无法创新低或新高时，多头或空头就会恢复原来的气势，价格也会创新高或新低。

上升三法是在上升趋势中出现一根长阳线，在此长阳线之后，出现一群实体短小的 K 线，显示先前趋势面临一些压力。一般而言，这些盘整的 K 线大多为阴线，但最重要的是这些 K 线的实体都必须是在第一天的长阳线的高、低价范围内，包括影线在内，最后一根 K 线的开盘价位于前一天的收盘价之上，并且收盘价创出新高。下降三法为上升三法的对应形态，市场处于下降趋势，一根长阴线的出现使其跌势得到加强，随后三天是实体短小的K线，其走势与既定趋势相反，如果这些盘整K线是阳线，则情况更佳。同样必须注意，这些短小的实体全部位于第一根长阴线的高低价范围内，最后一天的开盘价应该在前一天的收盘价附近，收盘价则创出新低。参见图2—31(a)和图2—31(b)。

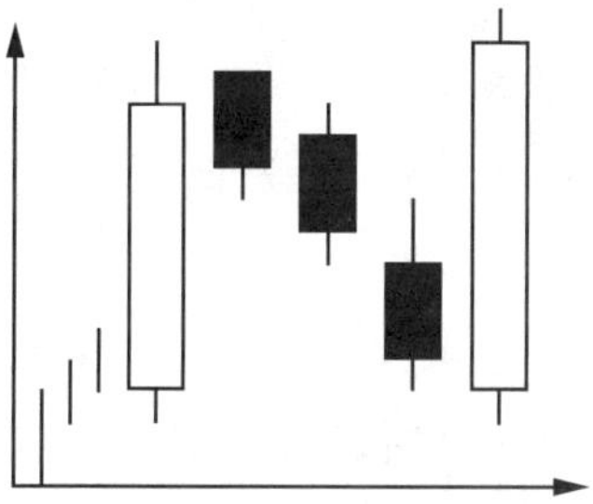

图2—31(a) 上升三法

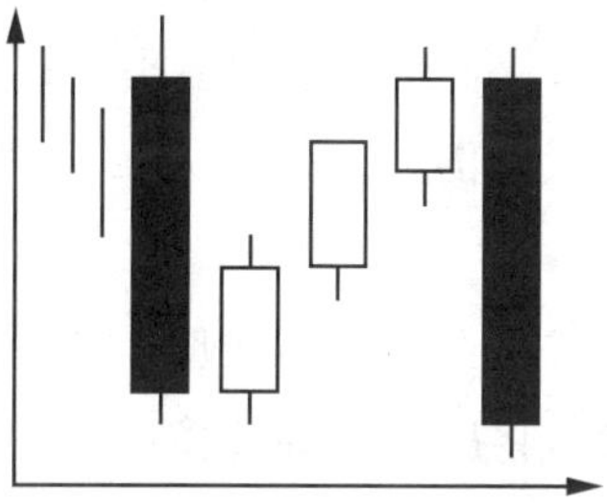

图2—31(b) 下降三法

在三法线的形态中，投资者应注意两点：一是形态中间三根小的K线。如果上升三法中的三根小阴线击穿了第一根长阳线的最低价，或者下降三法中的三根小阳线击穿了第一根长阴线的最高价，形态即告失败。二是第五根K线的长度。原则上第五根K线越长越好，收盘价最好能创出新高或新低，如果第五根K线的收盘价不能够突破第一根K线的收盘价，则形态也难以成立。

三法线的识别标准是：①一根长的阴阳K线反映出当前的趋势；②在此长的阴阳K线之后，出现一群实体短小的K线，这些K线最好颜色与第一根K线的颜色相反；③这群短小的K线呈逆势走势，而且位于第一天K线的高、低价范围之内；④最后一天出现强劲的走势，其方向顺着原来的趋势，其收盘价超越第一天的收盘价。

(4)执垫线。执垫线是一种上升连续形态，它没有对应的下降连续形态。从形态来看，执垫线是上升三法的变形，但又不完全相同，因为执垫线中的三根小K线的最低价要比上升三法的最低价高。执垫形态所展示的连续信号比上升三法更强烈、更具有多头意义。市场持续上扬出现了一根长阳线进一步确认了多头走势，第二天开盘向上跳空后，价格陷入窄幅整理，收盘小跌。收盘价虽然走低，但仍然为本波段的最高收盘价。多头暂时休整却引来空头的希望，出现连续下跌走势，这几天每一天的开盘价大都与前一天的收盘价相当，收盘价则稍微走低。虽然出现连续三天的盘整走势，但市场价格仍然在第一天的开盘价之上，反转趋势并没有出现。第五天价格再度扬升，收盘价超过前三天的最高价创出新高。参见图2—32。

执垫线与上升三法一样，形态是否确立关键看两点：一是执垫中间的三根小K线，这三根小K线的位置相对而言比较高，完全突破了第一根长阳线的最高价，有一种上浮的感觉，而且三根K线的最低价也比较高，一般不会突破第一根长阳线的开盘价，否则形态难以成立；二是最后一根长阳线的长度，一般来讲，最后一根长阳线越长越好，其相对位置也比较高，开盘价一般在第一根阳线的中间部位，收盘价则创出新高。

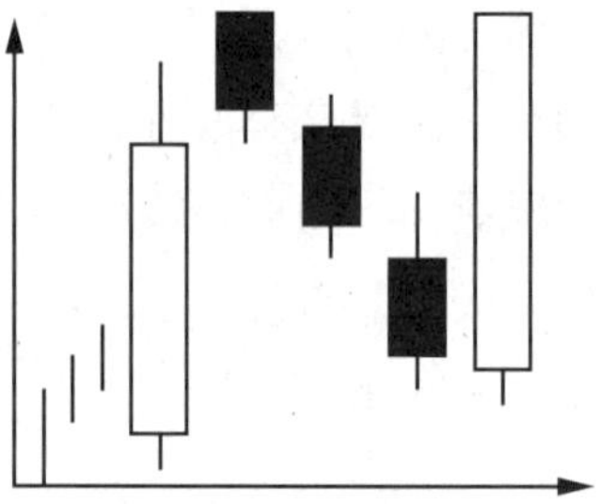

图2—32　执垫线

执垫线的识别标准是：①在上升趋势中出现长阳线；②第二天出现向上跳空的小阴线；③随后几天为盘跌走势，但是最低价仍然在第一天长阳线的开盘价之上；④第五天为长阳线，收盘价创出新高。

(5)三线反击线。三线反击线由四根K线组成，它或是在连续三根阴线之后出现一根长阳线，将股价大幅度拉高，或是在连续三根阳线之后出现一根长阴线，将股价大幅度拉低。此形态是一种市场整理或趋势暂停形态，股价在经过长阴线或长阳线整理之后，缩短了整理时间。一般来讲，市场的适当整理总是有利于趋势的延伸，投资者不要被一天的行情所蒙蔽。有时候，本形态的空头情形被称为三鸦骗线，多头情形则被称为三兵骗线。同样，根据所处的位置不同，三线反击也可以分为多头三线反击和空头三线反击。多头三线反击属于多头连续形态，空头三线反击属于空头连续形态，参见图2—33(a)和图2—33(b)。

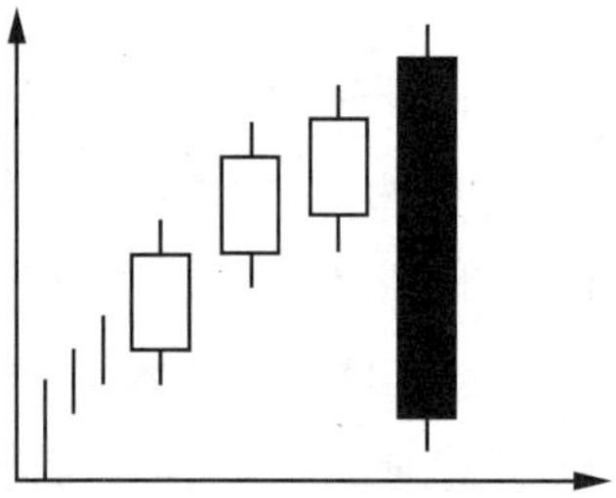

图2—33(a)　多头三线反击

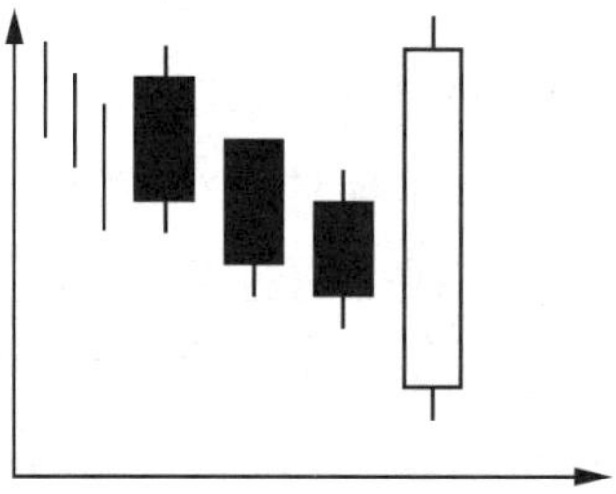

图2—33(b)　空头三线反击

多头三线反击是在最高价不断升高的连续三根阳线之后，出现了一条长阴线。长阴线的开盘价创新高，随后价格急挫，其最低价比第一根阳线的最低价还要低，从而完全抹去了前三天的涨势。如果先前的涨势十分强劲，就应该视为获利回吐的拉回，最后一天应该以整理盘对待，它将提供上升趋势所需要的动力。空头三线反击使得最低价连续递减的三根阴线的下降趋势更加强化，第四天以新低价开盘，盘中价格大幅度弹升，收盘价超越第一根阴线的最高价，长阳线完全抹去了前三根阴线的走势。但是，这根阳线应该以空头回补来对待，下降趋势会持续发展。一般来讲，三线反击形态形成以后，股价会逐步走高或走低，而且在几天之内就会创出新高或新低。所以，对于三线反击形态而言，后几天的确认非常重要。如果长阴线以后,股价继续下跌,或者长阳线以后股价继续上涨,则三线反击就难以确立,很可能成为一种反转形态。

三线反击线的识别标准是:①在上升趋势中连续出现三根阳线或者在下降趋势中连续出现三根阴线;②第四天股价收出一根长阴线或长阳线;③长阴线或长阳线的实体包含了前三根阳线或阴线。

(6)隔离线。在上升趋势中,突然收出了一根长阴线,或在下降趋势中突然收出一根长阳线,表明市场运行趋势受到挑战,但第二天股价并没有沿第一根 K 线的方向发展,而是大幅度高开或低开,将股价拉回到原有的趋势,说明前一天收出的长阴(阳)线只是股价运行趋势的暂时受挫,第二天的阴(阳)线完全收复第一天的阴(阳)线,意味着股价将继续原有的趋势。隔离线形态由两根颜色相反的 K 线组成,而且两根 K 线具有完全相同的开盘价。这一点与我们后面将要介绍的反转形态的遭遇线完全相反,遭遇线是具有完全相同的收盘价。在隔离线中,第一根 K 线反趋势运行,第二根 K 线又延续了原有的运行趋势,因而具有连续的意义。根据所处的位置不同,隔离线可以分为多头隔离线和空头隔离线。多头隔离线是多头连续形态,空头隔离线是空头连续形态,参见图 2—34(a)和图 2—34(b)。

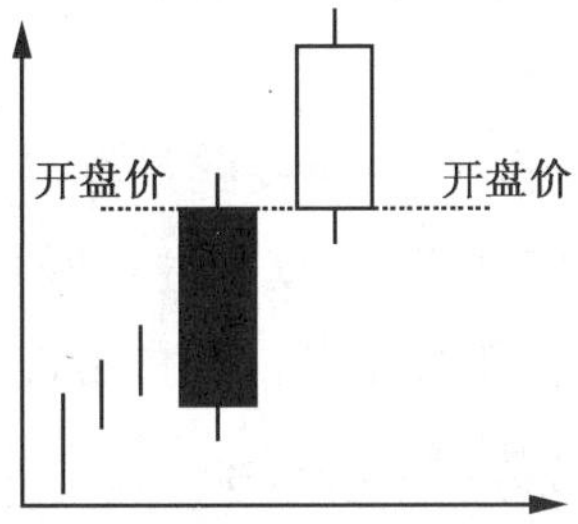

图 2—34(a)　多头隔离线

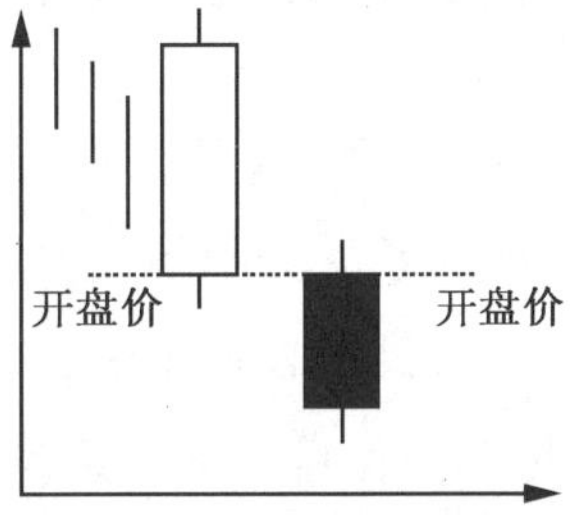

图 2—34(b)　空头隔离线

如图 2—34(a)所示,长阴线出现时,市场正处于上升趋势,这个现象引起市场的疑惑。然而第二天开出高盘,其开盘价等于前一天的开盘价,盘中不断走高,并以高价收盘,显示了先前的上升趋势应该持续发展,这就是多头隔离线。如图 2—34(b)所示,长阳线出现时,市场正处于下降趋势,这个现象也引起市场的疑惑。然而第二天开出低盘,其开盘价等于前一天的开盘价,盘中不断走低,并以低价收盘,显示了先前的下降趋势应该持续发展,这就是空头隔离线。

隔离线由两根颜色完全相反的 K 线组成,形态是否确立需要注意两点:一是 K 线的长度,一般来说,这两根 K 线都比较长,第二根 K 线越长越有效,当第二根 K 线很长而且长于第一根 K 线时,形态就可以确立。二是成交量,一般而言,第一根 K 线对应的成交量比较小,而第二根 K 线对应的成交量比较大。

隔离线的识别标准是：①第一天 K 线的颜色与股价运行的趋势相反；②第二天 K 线的颜色又与第一天 K 线的颜色相反；③两根 K 线的开盘价都相同。

5. 反转形态的典型 K 线组合

(1)遭遇线。遭遇线可分为多头遭遇与空头遭遇两种形态，它因相邻两根不同颜色 K 线的收盘价相等，含有相遇之意而得名，参见图 2－35(a)和图 2－35(b)。该形态的关键是一根长阴线与一根长阳线或一根长阳线与一根长阴线的遭遇。这种形态在正常情况下很少出现，在突发事件或消息面突然发生变化的时候，常有可能出现，所以投资者对这种形态的判研，一定要结合消息面进行。遭遇线也可以叫做汇合线。

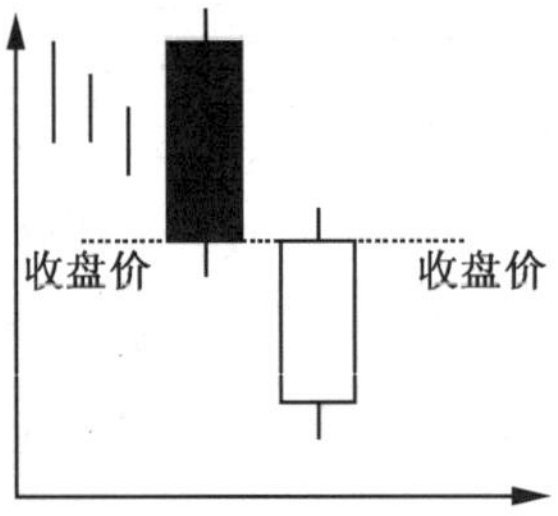

图 2－35(a)　多头遭遇

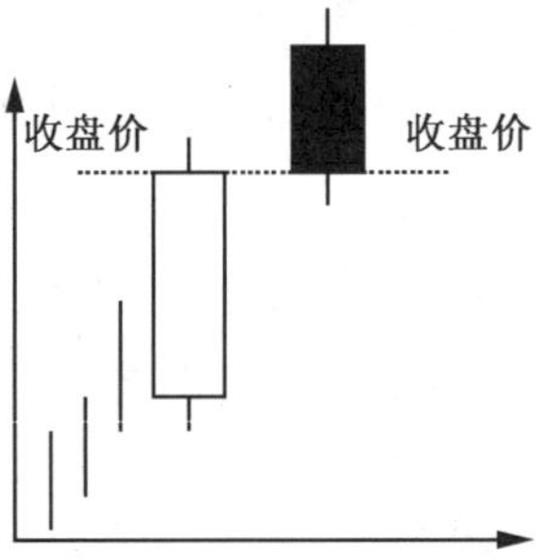

图 2－35(b)　空头遭遇

如图 2－35(a)、(b)所示，股价沿着既定的趋势运行，遭遇线就是在某一天股价突然低开或高开，问题的关键是股价在大幅度低开或高开以后，没有继续低走或高走，而是朝反方向运行，最后收报于前日收盘价。这种大起大落及大幅度反方向运行的背后肯定隐藏有更多的信息。多头遭遇线通常出现于劣势，形态的第一天是长阴线，第二天以极低的价格开盘但是后来转为反弹。多头遭遇线类似于后面将要介绍的多头贯穿线，唯一的差别在于第二天的反弹高度：遭遇线仅回升到第一天的收盘价，而贯穿线第二天的收盘价则超过了第一天实体的 1/2。由于第二天阳线的反弹力度不是太大，因而多头遭遇线表示出来的反转意义没有多头贯穿线来得明确。空头遭遇线是多头遭遇线的对应形态，它与后面将要介绍的空头贯穿线(乌云罩顶)相似，只是空头遭遇线跳空高开后，收盘价收在前一天的收盘价上，而空头贯穿线的收盘价收在前一天实体的中点以下。

由于遭遇线的背后含有一定的突发性因素，所有突发性因素的强弱常常是影响遭遇线后期走势的关键，是否反转需要确认。如果在多头遭遇后，股价继续高开高走，收出一根中阳线，在空头遭遇后股价继续低开低走，收出一根中阴线，那么遭遇形态的反转就能得到确认。

遭遇线的识别标准是：①第一天 K 线反映股价既定趋势，下降趋势为阴线，上升趋势为阳线；②第二天的K线与第一天的K线颜色相反，两天均为长K线，即长阴线和长阳线；③前后两天的收盘价相同。

(2)缺口三法线。缺口三法线是一个比较简单的形态，通常发生在某一强劲趋势的市场中，形状类似于上肩带线。两根相同颜色的K线之间有跳空缺口，隐含了强劲的市场趋势，但第三天股价出现了反趋势的走势，不仅开盘价位置在第二天的实体内，而且收盘价深入第一天的实体内，将跳空缺口完全补上。跳空缺口的迅速回补使市场原有的运行趋势受到挑战，市场反转的意味增加。一般而言，跳空缺口出现以后，经过一段时间的休整，此缺口会成为很好的支撑和压力。但在本形态中，此缺口在一天之内即被填补，所以还必须作其他的考虑。如果这是趋势的第一个缺口，则第三天的整理可以看成是获利了结，否则应该考虑是否是趋势的反转。根据所处位置的不同，缺口三法线可以分为上缺口三法和下缺口三法。上缺口三法是一种多头反转形态，下缺口三法是一种空头反转形态，参见图2—36(a)和图2—36(b)。

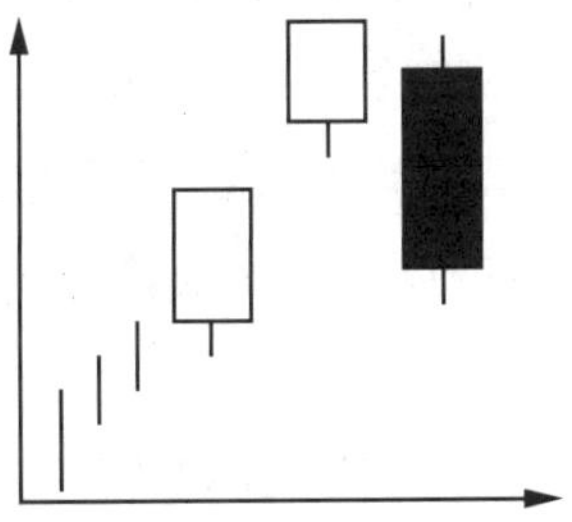

图2—36(a)　上缺口三法

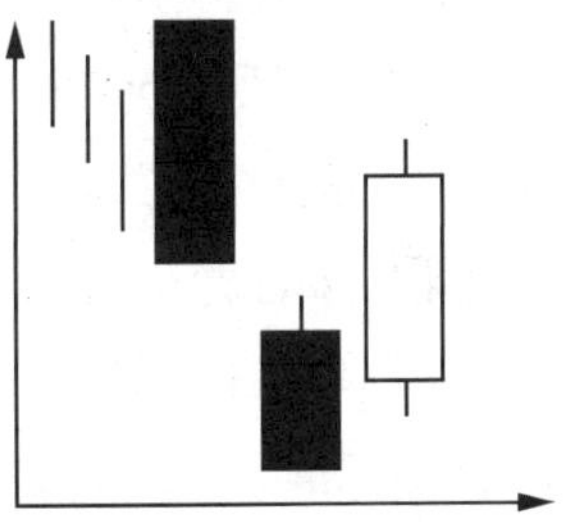

图2—36(b)　下缺口三法

缺口三法线形态的市场意义介于连续和反转之间，第三天的K线实体越长，其反转的意味就越浓。如果第三天的K线收出了长K线后，股价继续朝反方向运行，则该形态将向反转形态发展。

缺口三法线的识别标准是：①两条同样颜色的K线之间出现缺口，趋势强劲发展；②第三天填补缺口，其K线颜色与前两天相反。

(3)执带线。执带线也叫收盘实线，即在实体的收盘价末端留有影线。市场顺势而为，突然顺势跳空开盘，股价低开或高开后，不是朝原来方向运行，而是迅速被拔高或压低，强烈表现出逆市方向的发展趋势。当天市场的独特表现，必然引起投资者的注意和担心，一些空头或多头可能都会采取相应的措施，从而进一步强化该反转趋势。根据反转含义的不同，可以将执带线分为多头执带和空头执带。参见图2—37(a)和图2—37(b)。

多头执带经常发生在下降趋势中，为一根阳线的收盘实线，也就是光脚阳线。它以当天的最低价开盘，然后一路逆市大幅度上升，最后在最高价附近收盘。空头执带

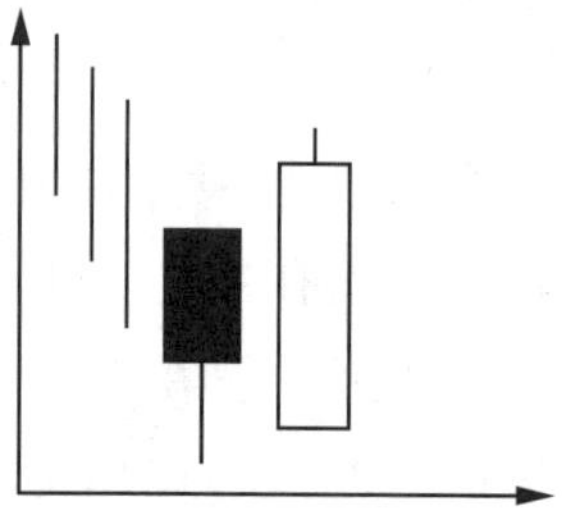

图 2—37(a) 多头执带

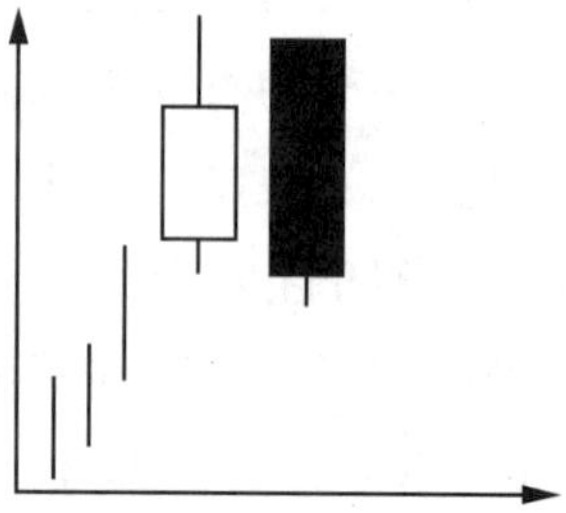

图 2—37(b) 空头执带

是多头执带的相反形态,通常发生在上升趋势中,为一根阴线收盘实线。它以最高价开盘,然后一路走低,最后在最低价附近收盘。一般来讲,执带线的实体越长,显示趋势反转的力度越大。

执带线的出现多半是基本面发生改变的结果,如果盘中伴随成交量的放大,则该形态基本可以确立。从形态本身来看,如果影线过长,则形态的反转意义就会大打折扣。由于形态留有收盘影线,所以形态的进一步确认也是必要的。在多头执带以后,如果股价继续大幅度上扬,或者在空头执带以后,如果股价继续大幅度下跌,则形态的反转之意就已经确立。这里需要注意的是,如果是在尾市很短的时间内急拉或打压而形成的执带线,就很难构成真正反转的执带线。

执带线的识别标准是:①K 线的实体比较长,一端没有影线;②多头执带以最低价开盘,无下影线;③空头执带以最高价开盘,无上影线。

(4)颈上线、颈内线、戳入线、贯穿线。在恐慌性下跌行情中,经常会遇到股价大幅低开的情形,由于股价大幅低开使空头能量在短时间内得到了快速释放。相应的,多头就比较容易组织力量进行反攻。多头力量的大小决定了反攻的高度。如果第二天反攻力量比较大,使收盘价超过了前一天的长阴线实体的中部,则形态可能出现反转,成为贯穿线(见图 2—38(a))。如果第二天多头反攻力量稍弱,使收盘价深入了前一天的长阴线,但是没有超过实体的中部,则形态变成了戳入线(见图 2—38(b))。如果第二天多头的反攻力量再弱一点,使收盘价稍微进入前一天的实体,在前一天的收盘价附近,则形态变成颈内线(见图 2—38(c))。如果第二天多头反攻力量很弱,使收盘价只能收于前一天最低价的附近,则形态就演变成了颈上线(见图 2—38(d))。

颈上线:通常出现在跌势中,第一根长阴线强化了空头走势,第二天向下跳空开盘,但盘中价格不断回升,使股价收于前一天的最低价。这种情况使当天抢反弹的人感到不舒服,因为它意味着下降的趋势可能会立即恢复。

颈内线:颈内线也是反弹未充分发展的形态,第二根阳线的反弹力度比颈上线要大,它的收盘价十分接近前一天阴线的收盘价,但是依然在阴线实体的下端附近。严

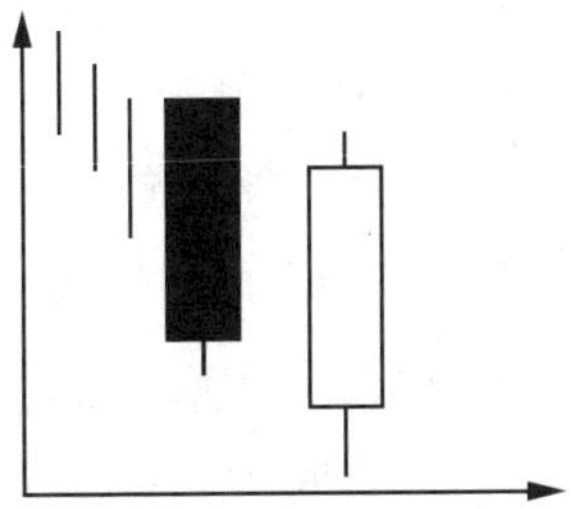

图 2—38(a)　贯穿线

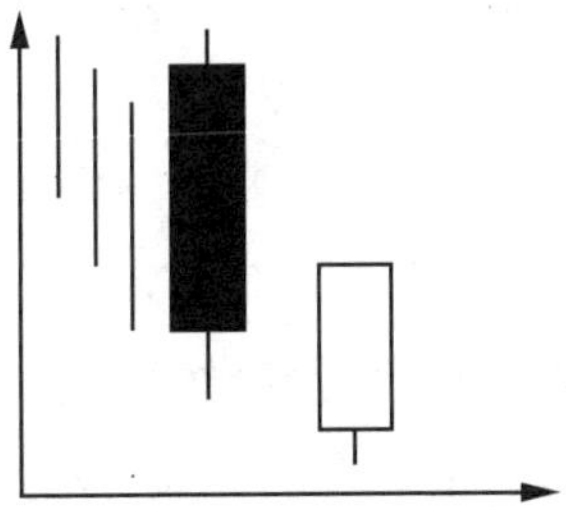

图 2—38(b)　戳入线

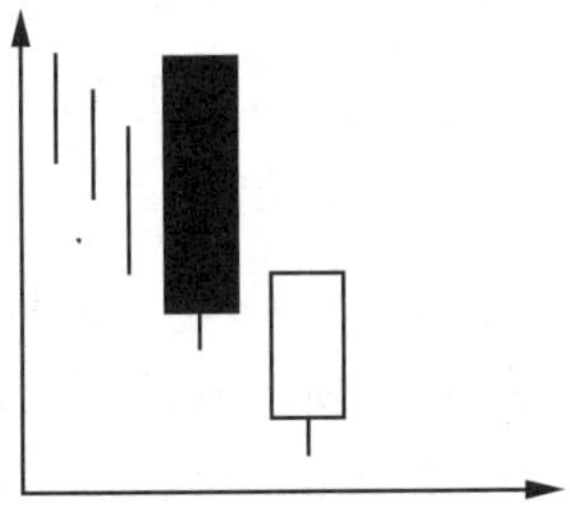

图 2—38(c)　颈内线

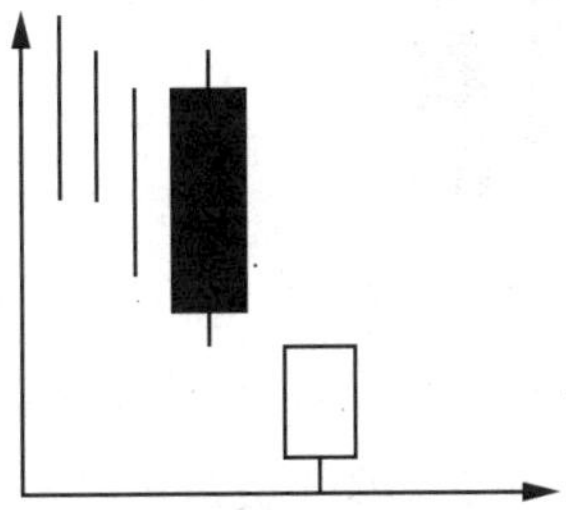

图 2—38(d)　颈上线

格地说，本形态第二天阳线的收盘价必须稍微进入前一天的黑色实体，也就是说稍微高于前一天收盘价，但幅度并不大。这种形态只能说是具有一定的反转意义，但并不明显。

戳入线：戳入线虽然比颈上线和颈内线反弹强劲，但是其收盘价尚未超过前一天阴线实体的一半，相对于颈上线和颈内线而言，戳入线第二天开盘价向下跳空的幅度比较大，因而第二天成为长阳线，由于其收盘价没有超过前一天阴线实体的一半，所以这种反弹尚不足以导致趋势的反转。但是，因为长阳线的反弹力度比较大，因此，投资者在自己空头部位时，需要进一步确认。

贯穿线：贯穿线是比较有力的反转信号，因为第二根阳线在低开以后一路反弹上升，其收盘价已经超出前一天阴线实体的一半以上。前三种 K 线由于多头力量尚不具备反转的条件，所以在形态之后，股价会继续沿原有的趋势下跌。一般来讲，第二天多头组织的反攻通常是一种试探性的反攻，成交量不会很大，这种反攻只是下跌趋势的暂缓，一般不会影响趋势的发展。如果第二天的 K 线为贯穿线，同时反攻伴随成交量的急剧放大，而且第三天股价高开高走，则可以认定为反转。

以上四种 K 线的识别标准是：①在下降趋势中出现长阴线；②第二天为阳线，其开盘价低于前一天的最低价；③根据第二天收盘价的位置分别确定四种不同的 K 线。

(5)低价配线。低价配线是一个比较特殊的空头反转形态，它没有相应的多头反转形态。收盘价完全相同的两根阴线并列在一起隐含了市场底部经过反复测试后，已经初步获得了短期支撑，有进一步上升的可能。第一根阴线是在市场不断走低后出现的一根长阴线，它没有太多的含义，只有强化下降趋势的作用。第二根阴线显示股价开出高盘，盘中价位一度走高，显示盘中已经积蓄了相当的多头力量，但由于多头力量还不够强大，最后股价仍然被空头打回，使收盘价与前一天完全相同。这两根阴线放在一起具有一定的多头意义，从这里我们可以看到，前一天的股价已经承受住了第二天的测试，股价未被击穿，说明该价位有一定的支撑力，有可能成为后期反弹的起点。这是一种典型的短期支撑，此时的市场状态已经开始令空头关注，但是冷漠的空头还感觉不到市场的微妙变化，仍然继续进行空头操作，潜在的市场机会由此产生。低价配线的图形参见图 2—39。

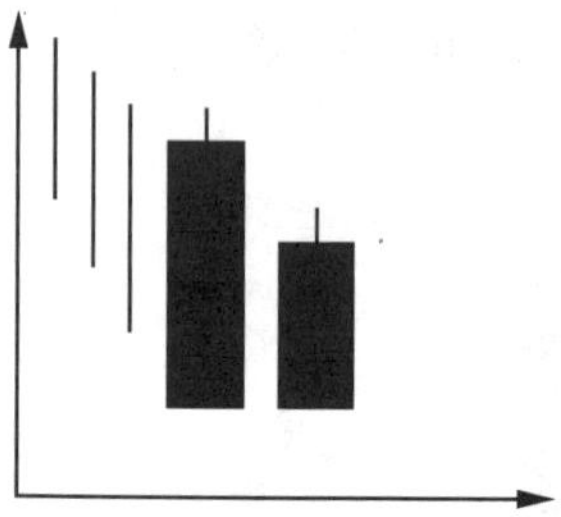

图 2—39 低价配线

低价配线是一个渐进式的多头反转形态，即空头力量逐步减弱，市场内多空力量趋向平衡。低价配线形成之后，市场有可能横盘，继续反复测试先前的支撑，也有可能在增量资金的带动下，使反转形态得以确立。低价配线是底部支撑形态中比较简单的形态，与它相似的还有许多，如在两根阴线之间再加上一根高位阳线，使低价配线成为三明治，但其底部支撑含义没有改变。同样，在低价配线之后，底部价仍然可能再次经受测试，出现一个或多个收盘价相同的阴线，但其原理基本没有改变，只是将底部拉长了。相应的，随着筑底时间的延长，底部也会更加扎实。

低价配线的识别标准是：①在下跌趋势中，盘中出现一根光脚长阴线；②第二天继续出现一根光脚阴线，其收盘价等于前一天的收盘价。

(6)塔形线。塔形线也是反转的形态，分为塔形底和塔形顶。塔形底出现在下跌趋势中，一根大阴线之后，出现一连串小阴线、小阳线，最后出现一根大阳线，以此确立升势；塔形顶出现在上涨趋势中，在一根大阳线之后出现一连串小阴线、小阳线，最后出现一根大阴线，以此确立跌势。总之，塔形底是见底信号，后市看涨，有成交量配合，往往有一段较大的涨势出现；而塔形顶是见顶信号，后市看淡，应作离场观望。参见图 2—40(a)和图 2—40(b)。

塔形线的识别标准是：①出现在下跌或上升趋势的末端；②一根大阴线或一根大阳线后出现一连串小阴线、小阳线，最后出现一根相反的大阳线或大阴线。

(7)五连线。五连线分为低位五连阳和高位五连阴。低位五连阳是一种见底信号，意味着后市看涨。在股市行情低价区盘旋时，出现五根以上阳线，表示低价密集区承接力量较强，股价将会反转上升，是买入机会。高位五连阴是一种见顶信号，后市看跌。当股价在相当的高位，K 线图上出现五根以上的阴线，此时如果成交量减少，可以

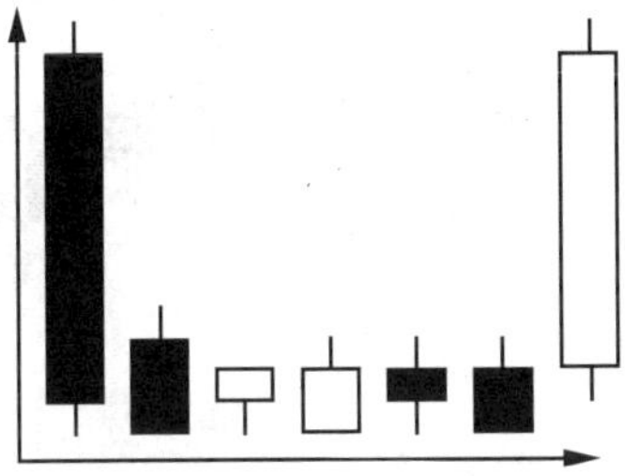

图 2—40(a)　塔形底

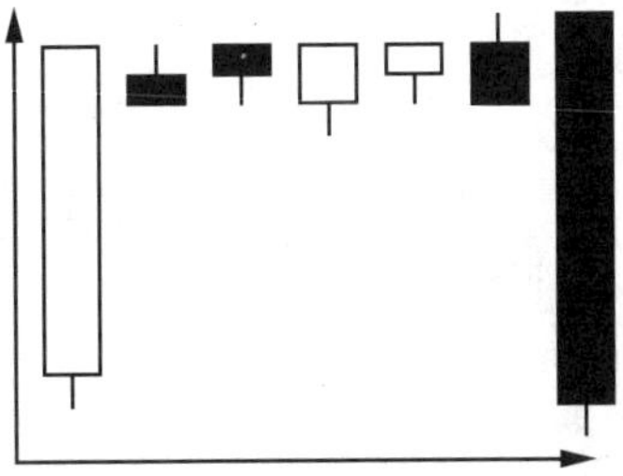

图 2—40(b)　塔形顶

视为行情将尽，投资者应以卖出为主。参见图 2—41(a)和图 2—41(b)。

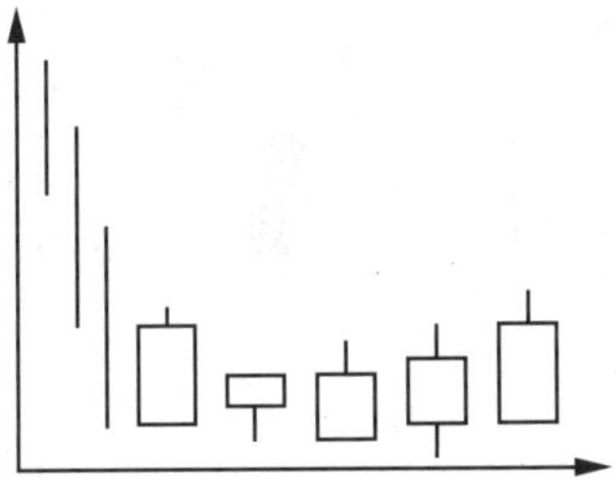

图 2—41(a)　低位五连阳

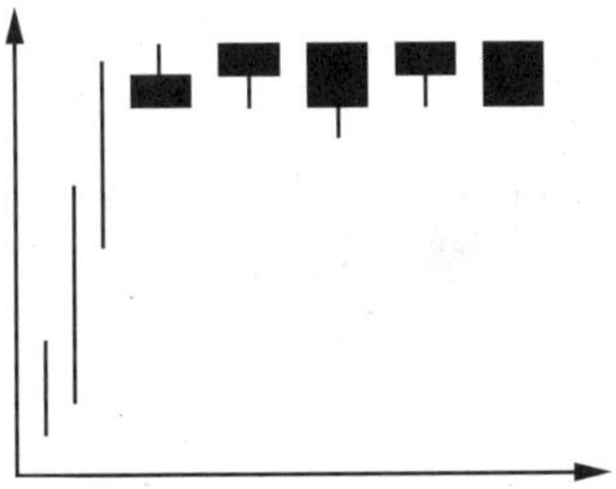

图 2—41(b)　高位五连阴

上述两种 K 线的识别标准是：①低位五连阳出现在下跌行情中，高位五连阴出现在上升行情中；②在低位连续出现五根以上的阳线或者在高位连续出现五根以上的阴线。

(8)三兵线。三兵线分为白三兵和黑三兵。白三兵是股价经过较长时间的下跌整理后，拉出连续三根位置不断上升的小阳线，表示股价将要反弹，投资者可以抓住时机买入。股价上涨时，成交量能同步放大，往后继续上涨的可能性极大，属于买入信号，后市看涨(见图 2—42(a))。黑三兵有两种情况：一是当行情有一段较大跌幅后出现位置不断下降的三根小阴线(见图 2—42(b))，暗示探底行情即将结束，并可能转为升势；二是在上涨行情的顶部，出现位置连续下降的三根小阴线(见图 2—42(c))，暗示上涨行情可能反转，投资者应该考虑离场观望。黑三兵出现在行情低位时应考虑做多，而出现在行情高位时应考虑做空。

三兵线的识别标准是：①白三兵出现在底部或阶段性底部，由三根位置不断上升的小阳线组成；②黑三兵既可出现在涨势中，也可出现在跌势中，由三根位置不断下降的小阴线组成。

(9)镊形线。如果你竖握一个镊子，就会发现两个尖在同一个水平位置。K 线图也是这样，它由两个或两个以上最低价或最高价相同的 K 线组成，这种形态表示短期看涨

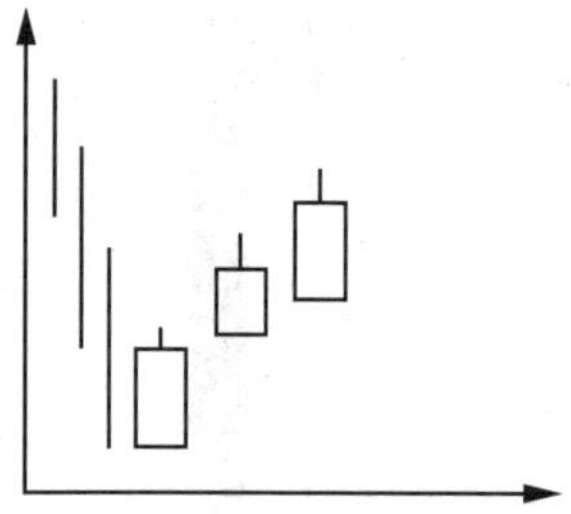

图 2—42(a) 白三兵

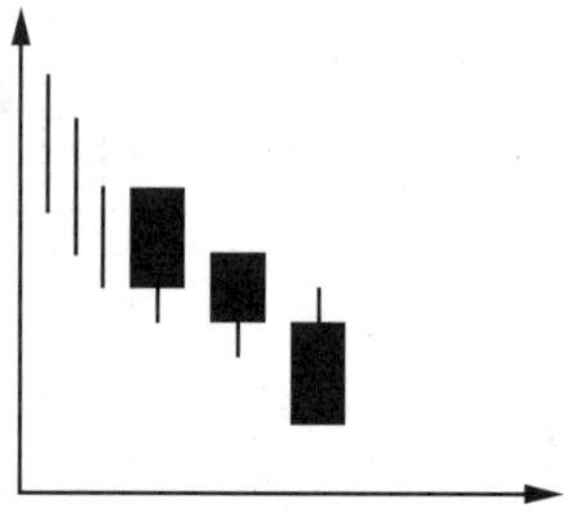

图 2—42(b) 黑三兵空头反转

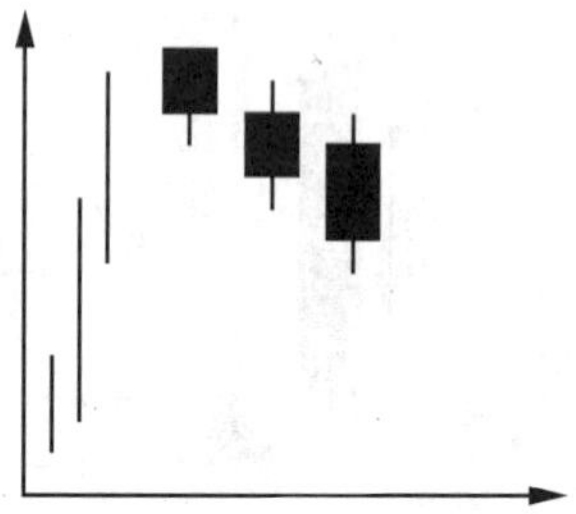

图 2—42(c) 黑三兵多头反转

或看跌,所以镊形线可以分成镊形顶和镊形底。参见图 2—43(a)和图 2—43(b)。

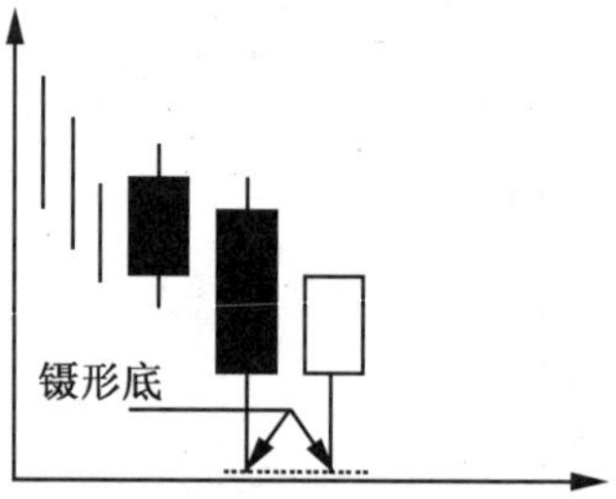

图 2—43(a) 镊形底

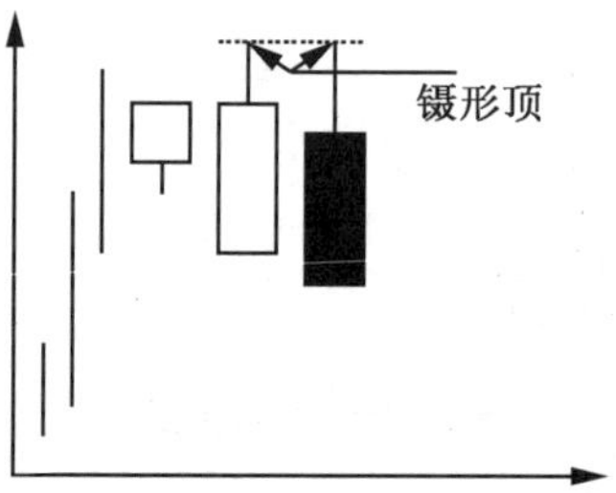

图 2—43(b) 镊形顶

如图 2—43(a)所示,镊形底往往发生在下跌行情以后,它由两个或多个具有相同最低价的 K 线组成,预示着下跌动能的损失,因为价格在该区域的最低价获得支撑,如果第二根 K 线是一根吊首线或吞没线,则效果更好。镊形顶往往发生在上升行情以后,它由两个具有相同最高价的 K 线组成(见图 2—43(b)),表示短期行情看跌。因为第一天的最高价成为阻力位,当第二天的价格不能够穿越该阻力位时,就预示着向上动能的损失;同样,如果第二根 K 线是一根吊首线或吞没线,则效果更好。

镊形线的识别标准是:①在下跌或上升行情中出现两根最低价或最高价相同的 K 线;②第二根 K 线最好是吊首线或吞没线。

第三节 缺口理论

一、缺口的定义和意义

1. 缺口的定义

所谓缺口是指在多空双方力量对比发生明显变化以后,由于一方取得优势,使股价迅速向上或者向下突破，表现在股价走势图上会出现股票在某些价位没有交易的跳空现象，这些在股价走势图上没有交易的垂直空当范围，在技术分析中称为缺口。

缺口按照其跳空的方向，可以分为向上跳空缺口和向下跳空缺口。向上跳空缺口的基本特征是，某一个交易日的最低价超过前一个交易日的最高价若干个价位；而向下跳空缺口的基本特征则是，某一个交易日的最高价低于前一个交易日的最低价若干个价位。缺口除了在日线图上进行观察以外，还可以在周线图或月线图上进行观察。很显然，日线图的缺口比周线图更为常见，因为如果周线图上出现缺口，周一至周五的价格不可以与前一周重叠，所以周线图出现缺口的机会只有日线图的 1/5。月线图上的缺口更为少见，因为要求当月的价格不可以与前一月的价格重叠。在判断是否出现缺口时必须注意的是，如果 K 线图出现实体间有空当而影线相连的情况，就不能够称为缺口。图 2－44(a)为向上跳空缺口，图 2－44(b)为向下跳空缺口，图 2－44(c)表示缺口没有出现。

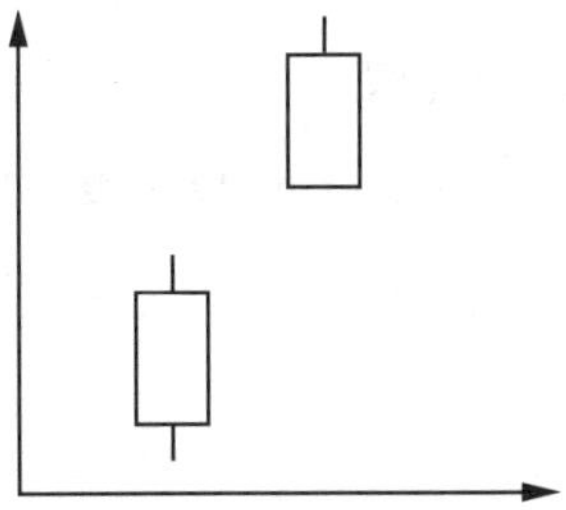

图 2－44(a)

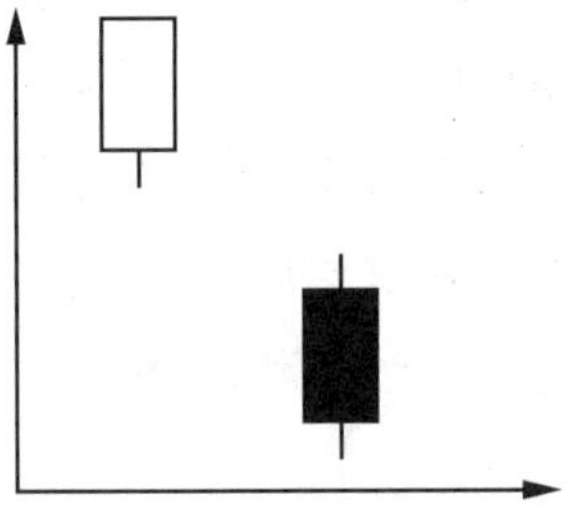

图 2－44(b)

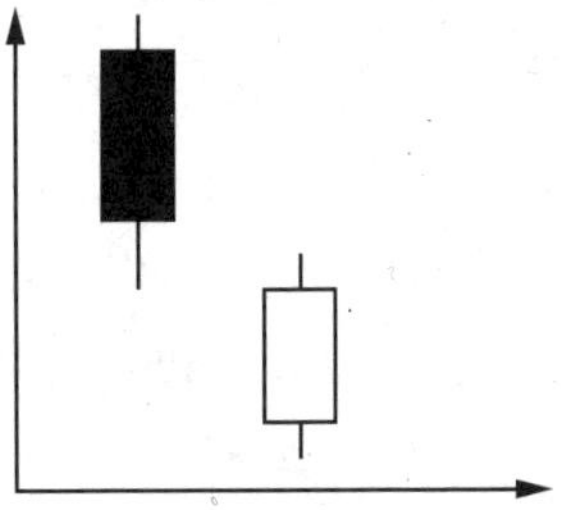

图 2－44(c)

2. 缺口的意义

缺口理论在技术分析当中也占有一席之地。缺口的意义就在于缺口出现以后，会有规律性的变化，投资者可以根据这些规律性的变化，对股市进行判断并作出投资决策。缺口出现以后，就其今后的变化而言，大致有以下两种可能性：

(1)缺口封闭。第一种变化是，缺口出现以后，新的股价运行由于回档或反弹而将跳空的价格区间填补掉，这称为缺口封闭。缺口一般都会被未来股价的变动所封闭，这称为补空。有一个古老的法则：市场憎恨真空，大多数缺口最终都会被填补。填补缺口所需要的时间，有时是几天，有时需要数周或数月甚至数年，缺口始终不补的情形非常少见。大多数缺口之所以可以填补，是因为它们是情绪化的表现，是交易者较强投机心理的反映。随着趋势方向的变化，交易者会出现过度恐慌或贪婪，从而不计成本地买入或卖出，使得交易决策不再是一个理性的过程，当市场冷静下来以后，人们才有第二次思考的机会。在这种情况下，填补缺口就是第二次思考的表现。

在大多数情况下，虽然市场总是试图填补缺口，但更为常见的是，价格仅仅填补部分缺口，甚至完全没有填补缺口。缺口的出现是多空双方力量对比相差悬殊的表现，而缺口的封闭是双方悬殊的力量对比发生转化的结果。技术分析专家认为，缺口封闭表示多空双方争夺激烈，原来取得优势的一方未能有效地推进原来的趋势，因此缺口封闭表示某种转向的信号，尤其是长期存在的缺口被封闭回补更被认为是大势彻底反转的信号。反之，如果缺口不在回档或反弹时被封闭，那就有可能继续原来的趋势，使原来的趋势发展成一轮中级以上的行情。

(2)缺口连续。第二种变化是，缺口出现以后，在原来趋势延续的过程中继续出现新的缺口，这称为缺口连续。投资者可以根据后面缺口的情况，判断股价现有的趋势是进一步延续还是已经到了尽头，从而确定较好的买入或者卖出时机。

二、缺口的类型和特征

1. 普通缺口

普通缺口是指出现在股价盘整状态或者整理形态中的缺口。就股价形态而言，比较容易出现在矩形或者对称三角形的形态之中。其特征是股价虽然出现跳空现象，但是并未导致股价脱离盘整区域而上升或下降，短期内股价走势仍是盘局，缺口也会在几天内被封闭。由于普通缺口很容易被封闭，在多空斗争中也不代表任何一方已经取得主动，所以几乎没有什么技术操作上的意义。

2. 突破缺口

突破缺口是指股价突破了盘整区域的界限，向上或者向下跳空所形成的缺口，是股价走出盘整区域后的缺口。向上突破缺口强化多头趋势，向下突破缺口强化空头趋势。当股价走出盘整区域并产生缺口以后，就表明股价走势已经突破盘局，将以相当的能量向突破方向推进，这通常可以作为股价是否是真正突破盘局的一个标志。从特征方面来看：(1)通常，导致突破缺口的K线是强有力的长阳线或者长阴线，表示多空双方的力量对比发生了显著的变化；(2)突破缺口的出现显示了突破的有效性，因此缺口越大，表示未来行情变化的力度越大；(3)向上突破缺口如果伴随成交量的扩大，表明股价的上升动能相当大；(4)突破缺口一般短期内不会被回补，如果在短期内没有被封闭，股价突破的有效性将更强。

3. 持续缺口

持续缺口也称继续缺口，是指股价上涨或下跌趋势中，加速上升或加速下跌所形成的缺口，它表示股价维持原先的趋势运动。持续缺口的特点是：(1)持续缺口发生在股价突破并远离盘整区域的中途，一般处于趋势开始与趋势结束的中间位置。由于它能大约估计股价未来可能移动的距离，所以又称为测量缺口。(2)持续缺口如果连续出现若干个，或者说跳空现象连续发生，表示距离趋势终点的位置越来越近，意味着原来的趋势将要结束。股市中有谚语："股价三跳空，气数将要尽。"

4. 竭尽缺口

竭尽缺口也叫终止缺口，是指一段大的上涨或者下跌趋势即将结束，股价在此价位最后一次跳空所形成的缺口。竭尽缺口已是强弩之末，原来的趋势将要终止。竭尽缺口的特点是：(1)竭尽缺口是上升行情或下降行情即将结束的信号，在多头市场出现竭尽缺口，表示长期上升行情即将结束；在空头市场出现竭尽缺口，表示长期跌势已近尾声。(2)由于竭尽缺口是多头市场或空头市场已近尾声的信号，所以股价在近日内会下跌或上涨，因此，竭尽缺口多半会在几天内被封闭。竭尽缺口出现，并在几天内被封闭，这已向投资者发出严重警告。(3)向上跳空并伴随着天量的出现，说明已经见顶；向下跳空并伴随地量的出现，说明已经见底。

5. 除权除息缺口

在股价走势中也常常会出现没有实际意义的缺口，如除权缺口和除息缺口，它们并不是由交易行为产生，而是由股票的分红派息以及股东优先配股等原因形成的，缺口的出现并不意味着实际股价的变动。除权除息缺口的幅度取决于上市公司的分红方案，而且只存在向下跳空缺口，不存在向上跳空缺口。因为除权除息缺口没有实际意义，所以在技术分析中一般不使用这些缺口。

三、各类缺口的比较

1. 普通缺口与竭尽缺口

(1)普通缺口与竭尽缺口都有在几天之内被封闭的共同性，但相比较而言，普通缺口比竭尽缺口更容易封闭。

(2)由缺口所在的位置很容易分辨这两类缺口。普通缺口的位置大多是在盘整区域；而竭尽缺口的位置通常是远离盘整区域，而且中间还有若干其他的缺口，是趋势已经接近或者到达终点的信号。

2. 普通缺口与突破缺口

(1)普通缺口与突破缺口发生时都会有密集的盘整形态为陪衬。

(2)普通缺口没有脱离盘整形态，而突破缺口已经脱离盘整形态。

(3)普通缺口容易被封闭，而突破缺口一般短时间内难以封闭。

3. 突破缺口与持续缺口

(1)突破缺口与持续缺口一般在较长的时间内不会被封闭，但相比较而言，突破缺口比持续缺口更不容易封闭。

(2)突破缺口是股价开始移动的信号，持续缺口是股价快速移动并接近终点的信号，而且持续缺口没有密集盘整形态伴随，是在行情快速上升或下降的急速变动中出现的。

4. 突破缺口与竭尽缺口

(1)突破缺口和竭尽缺口产生后，是最佳的买入或者卖出的机会。在上升行情中，突破缺口是最佳买入机会，竭尽缺口是最佳卖出机会；在下降行情中，突破缺口是最佳卖出机会，竭尽缺口是最佳买入机会。

(2)突破缺口只是股价开始移动的信号，竭尽缺口则是股价已经接近或到达终点的信号。所以，要根据股价形态和它们所处的相对位置来确认。

(3)相对于突破缺口短时间内难以封闭，竭尽缺口则很容易在短时间内被封闭。

四、具有重大操作意义的三类缺口的确认方法

1. 确认突破缺口的方法

(1)股价突破密集成交区的第一个缺口是突破缺口。

(2)确认突破缺口是否有效，应结合成交量。向上突破的缺口，必须伴随较大的成交量，而向下突破的缺口则不需要大的成交量印证。

2. 确认持续缺口的方法

(1)一般而言，持续缺口是第一个远离成交密集区的缺口，在第一个持续缺口以后所出现的每一个缺口都有可能成为竭尽缺口。

(2)在第一个持续缺口出现以后，每出现一个缺口都必须首先判断是持续缺口还是竭尽缺口，然后根据不同的情况进行相应的处理。

3. 确认竭尽缺口的方法

(1)在判断竭尽缺口时最好与成交量结合起来；但是在用成交量来判断竭尽缺口时，上升行情与下跌行情有所不同。

(2)在上升行情中，缺口发生的当日或者次日如果成交量显得特别大，而且预期将来一段时间内不可能出现比这个更大的成交量或者不可能维持这个成交量，那么极有可能是竭尽缺口而不是持续缺口。

(3)如果缺口出现的第二天行情里有当日反转情形并且收盘价停留在缺口附近，或者缺口出现以后在短时间内即被封闭，就更加可以确认是竭尽缺口。

(4)在下跌行情中，缺口发生当日或者次日成交量极度萎缩，此缺口往往也是竭尽缺口。

第四节　切线理论

一、切线理论概述

1. 切线理论的定义

切线理论是传统图形分析方法中的一种，属于主观型技术分析方法，它是按照一定的方法和原则，在根据股价数据所绘制的图形中画出一些直线，然后根据这些直线的情况来判断和预测股票价格的未来趋势，这些直线也叫做切线，所以被称为切线理论。切线当中有趋势线、轨道线、压力线、支撑线等不同的种类。

切线理论为我们提供了很多价格移动可能存在的支撑线和压力线，这些直线有一定的作用。但是这些直线的来源并非有严格的科学依据，在很大程度上带有主观性，它们只是一种参考，不能把它们当成万能的工具。

2. 切线理论的趋势定义

切线理论继承了道氏理论“顺势而为”的思想，它进一步用画切线的方法来确定趋势。如前所述，道氏理论将股票价格的运动分成主要趋势、次要趋势和短暂趋势三种趋势，要求投资者尽可能地把握主要趋势，对次要趋势或短暂趋势可以忽略不顾。但是，通常趋势并不是简单的上升或下降，而是有很多的曲折和反复，尽管股价变动的趋势是有时间层次的，但是长期的上涨趋势中可能包含着短期的下跌或盘整趋势，而短期的下跌或盘整趋势中又是由大量短暂的上下波动所组成的。所以，趋势不是一个绝对的概念，而是相对于时间的长短而言的。因此，切线理论强调技术分析人员不仅要把握主要趋势，还要把握主要趋势中的各种趋势的变化，这样才能获得更大的投资收益。

切线理论的趋势定义与道氏理论有所不同，它将趋势定义为证券市场价格运动的方向，股价波动尽管每日涨跌无序，但是它们在一定的时期内保持着一定的总体发展方向，这就是趋势，是股市变化的规律性。股价变动的趋势一旦形成，股价波动必然朝着某个确定的方向进行。在上升行情里，虽然有时出现下降，却不影响股价向上发展的趋势；在下跌行情里，虽然有时会出现短暂的回升，但还是不能阻止股价向下发展的趋势。

趋势从发展的方向看，可以分为上升方向、下降方向和水平方向三种。一般来说，市场变动不可能朝着一个方向直来直去，中间肯定有曲折，每个转折点处就形成一个峰或谷，由这些峰和谷的相对高度，我们可以看出趋势的方向。如果图形中出现一波比一波高的高价和一波比一波高的低价，或者说图形中每个后面的峰和谷都高于前面的峰和谷，则表明趋势是上升方向（顶部和底部抬高型）；如果图形中出现一波比一波低的高价和一波比一波低的低价，或者说图形中每个后面的峰和谷都低于前面的峰和谷，则表明趋势是下降方向（顶部和底部放低型）；如果图形中出现后面的峰和谷与前面的峰和谷没有明显的区别，一波高价与下一波高价或者一波低价与下一波低价没有明显的高低之分，几乎呈现水平延伸，则表明趋势是水平方向的。水平方向是趋势的一种重要的方向，在市场中出现的机会很多，而且水平方向因为处在供求平衡的状态，股价下一步朝哪个方向运行很难判断。图 2－45(a)、(b)、(c)表示股价运行趋势的三种方向。

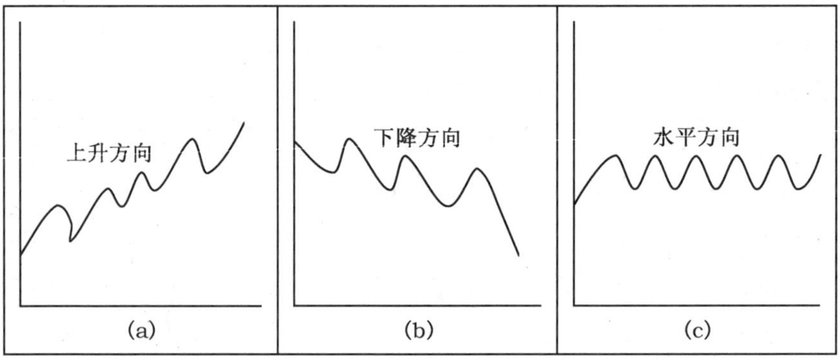

图 2—45 股价运行趋势的三种方向

二、趋势线和轨道线

(一)趋势线

1. 趋势线的定义和画法

趋势线是将股价波动一段时间内的低点或高点依次连接而形成的一条向上或向下的直线，分为上升趋势线和下降趋势线。当股价下跌到某一低点时，立即回升，过了一段时间以后随即又下跌，但是没有跌破前一个低点，然后再度上升，我们可以将这两个低点连接成直线，就得到上升趋势线。因此，在上升趋势中，将两个低点连成一条直线，就是上升趋势线。反之，当股价上升到某一高点后开始下跌，过了一段时间以后股价又回升但是没有能够突破前一个高点，再度迅速下跌，将这两个高点连接成一条直线，就得到下降趋势线。因此，在下降趋势中将两个高点连成一条直线就是下降趋势线。图 2－46(a)和(b)分别为上升趋势线和下降趋势线。

由于趋势线的方向可以比较准确地研判股价运动的趋势，因而准确、及时地画出趋势线具有重要的意义。准确地画出趋势线关键在于选择两个具有决定意义的基点，

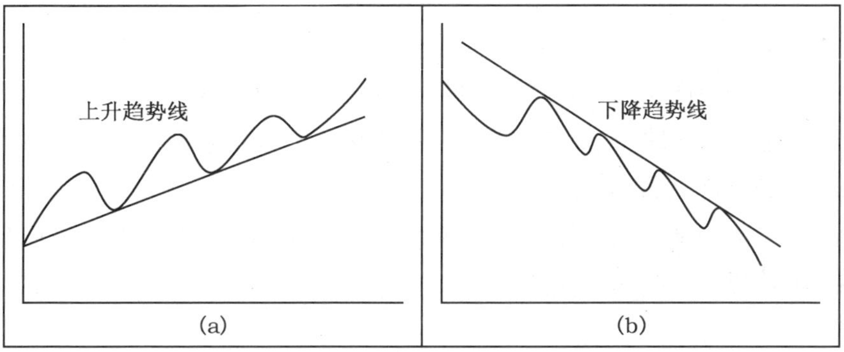

图 2—46　趋势线

画出上升趋势线的关键就是在上升趋势中找出两个具有决定意义的低点，而画出下降趋势线的关键则是在下降趋势中找出两个具有决定意义的高点。在画趋势线时要注意以下几个问题：

第一，趋势线画出后，还要验证它的有效性，一般要再找出第三个低点或高点来作为参考，如果股价变动的趋势出现的第三个低点或高点仍在趋势线的上方或下方，则表明趋势线基本得到确认。第三个低点或第三个高点是否在趋势线的范围内，可以通过计算清楚地了解。在上升趋势中，假定股价第一个低点 N_1 为 8 元，经过 $T_1=5$ 天后形成第二个低点 N_2 为 10 元，那么这条上升趋势线的斜率应该为 $K=(10-8)\div 5=0.4$。从第二个低点 N_2 开始，经过 $T_2=6$ 天形成第三个低点 N_3，要想验证第三个低点是否在趋势线上方，计算方法为：斜率（K）乘以第二个低点至第三个低点的天数（T_2），再加上第二个低点的价格，即 $0.4\times 6+10=12.40$（元），也就是说，第三个低点的价格不应低于 12.40 元。

上升趋势线第三个低点的验证公式表示为：$N_3=[(N_2-N_1)\div T_1]\times T_2+N_2$；

下降趋势线第三个低点的验证公式为：$N_3=N_2-[(N_1-N_2)\div T_1]\times T_2$。

第二，有时候趋势线会出现失灵，此时需要加以一定的修正，称为修正趋势线。

第三，通常在画出上升趋势线的时候，可以连接两根决定性阳线的开盘价或最低价；而在画下降趋势线的时候，则可以连接两根决定性阴线的开盘价或最高价，一般不用收盘价。

2. 趋势线的确认方法

要得到一条真正起作用的趋势线，需要经过多方面的验证和确认。我们画出趋势线后，最迫切的问题就是要看画出的这条线是否具有实用价值，以这条线作为今后预测股市的参考是否具有准确性。解决这个问题的关键就是要对趋势线进行评判和验证。一般来说，确认趋势线有效的标准或方法包括以下几点：

(1)趋势线被触及的次数。股价触及趋势线的次数越多,显示趋势线越可靠;反之,则越不可靠。

(2)趋势线的长度及持续时间。趋势线的长度及持续时间越长,其可靠性越高;反之,则越不可靠。在实践中,如果一条趋势线能够经过四个星期的时间考验,则可以确认其为正确而有效的趋势线。

(3)趋势线的斜率。趋势线的斜率越大,其可靠性越低,以后很容易被突破或修正;反之,则越可靠。在长时间的实践中,许多分析家发现斜率在45度左右的趋势线比较可靠和准确。

(4)股价在趋势线附近的反应程度。股价在趋势线附近区域反应程度越大,该趋势线的可靠性越高;反之,则越不可靠。股价反应程度是指股价遇到趋势线后反弹或回档的幅度。

3. 趋势线的作用

趋势线作为研判股价变动趋势的重要参考,其作用主要表现在以下几个方面:

(1)对股价未来变动的约束作用。趋势线可以使股价保持在趋势线的上方或下方,在上升趋势中使股价保持在趋势线的上方,而在下降趋势中使股价保持在趋势线的下方。在这种情况下,趋势线实际上起到了支撑和压力的作用。可以说,上升趋势线是一种特殊的支撑线,下降趋势线是一种特殊的压力线。

(2)转势信号的提示作用。趋势线一旦被有效突破,就意味着股价的下一步走势将会出现反转。越是重要、越是有效的趋势线被突破后,其转势的信号越强烈。但是要注意,趋势线被突破以后,除了代表趋势反转以外,有时候还代表趋势整理。一般而言,以较大的上升或下降角度突破趋势线,后市整理的可能性比反转的可能性要大。图2—47(a)中,价格最终跌破连接一系列谷底的趋势线,是空头行情的开始。图2—47(b)却与图2—47(a)截然不同,虽然趋势线也被突破,但是该下跌仅仅代表上升行情的整理,即价格继续上涨,但上涨的步调较为平缓,随后的价格走势形成新的趋势线。

(3)压力和支撑角色的互换作用。被突破的趋势线,原有的压力和支撑作用的角色会发生互相转换,即原来的支撑作用会转换成为压力作用,原来的压力作用会转换成为支撑作用。图2—48(a)表示上升趋势线被突破以后由原来的支撑转变为压力,而图2—48(b)则表示下降趋势线被突破以后由原来的压力转变为支撑。

4. 判断趋势线是否有效突破的标准

趋势线经过一段时间后最终会被有效突破,而判断趋势线是有效突破还是无效突破,对于投资决策人起着重要的参考和指导作用。判断趋势线是否有效突破大体上有以下几个标准:

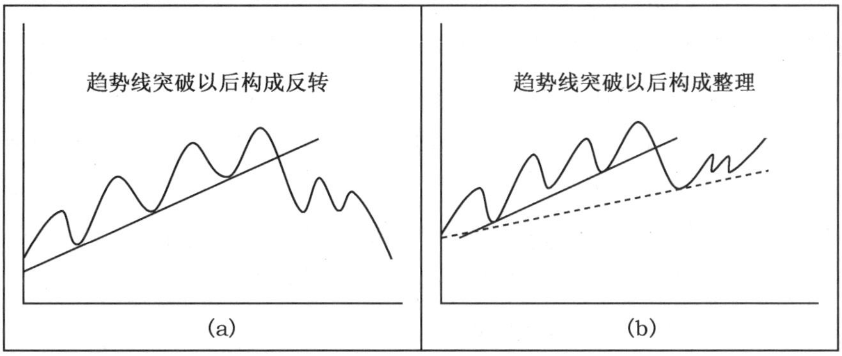

图 2—47　趋势线转势信号

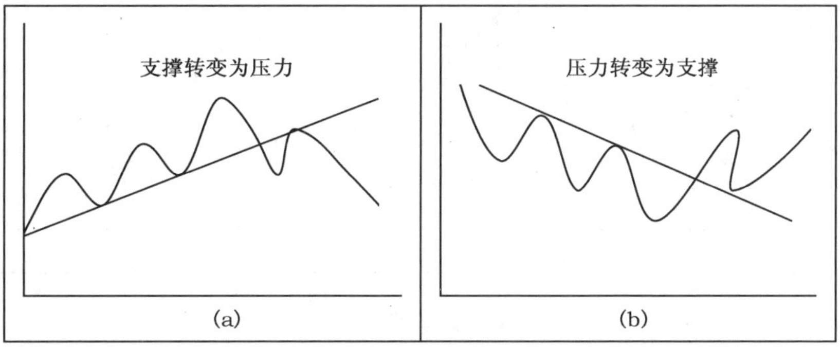

图 2—48　趋势线压力和支撑角色的互相转换

(1)穿越的程度。穿越的程度越大，越意味着大势将要转变。一般来说，穿越趋势线后，离趋势线越远，突破越有效。人们可以根据各个股票的具体情况，自己制定一个界限，比如 3%、5%、10%等。

(2)穿越后停留的天数。穿越趋势线后，在趋势线的另一方停留的时间越长，突破越有效。在趋势线的另一方只停留了一天很难说有效，至于多少天才算有效，这又是一个人为的选择问题，一般只能说至少要两天以上。

(3)穿越后是否连续两天创新价。上升趋势线被突破后如果连续两天以上创新低，或者下降趋势线被突破后如果连续两天以上创新高，一般可以视为有效突破。

(4)穿越的价格是否为收盘价。在判断突破有效与否时，收盘价突破趋势线比日内最低价或最高价突破趋势线更为重要，所以最好采用收盘价。

(5)穿越后成交量的变化。可以与成交量相配合进行综合判断。股价在向上突破下降趋势后，必须要有成交量的大幅度增加才有效；而股价在向下突破上升趋势线时则不一定需要成交量的放大。

(6)穿越后股价反弹或回档的力度。如果股价跌破上升趋势线后,距离趋势线不远,成交量也没有大幅度增加甚至有所萎缩,在停留一天或两三天后股价又回升,但是反弹力度非常弱,到趋势线附近后成交量扩大并带动股价再度下跌,就可以断定上升趋势已经被破坏,突破有效,前景将转为暗淡。反之,则可以作为下降趋势突破有效的标志。

(7)趋势线与股价形态是否同时突破。如果趋势线一旦与股价形态同时突破,会产生叠加效应,两种突破的效果可以相互强化,突破的走势力度将更大。比如,图2—49(a)为趋势线与头肩形形态同时突破,图 2—49(b)为趋势线与矩形形态同时突破,图 2—49(c)为趋势线与三角形形态同时突破。

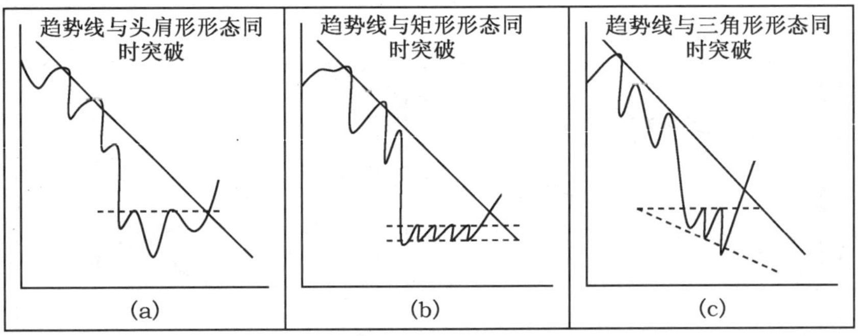

图 2—49 趋势线与股价形态

在有些情况下,趋势线的突破发生在价格形态完成之前。在这种情况下,趋势线的突破应该视为前期趋势中断的信号,而不是趋势反转的信号。因为,技术分析假定价格沿趋势运动,直到有足够的证据显示趋势反转为止。

(二)轨道线

1. 轨道线的定义

轨道线又称通道线或管道线,是由趋势线所派生出来的一种切线。在已经得到了趋势线后,可以通过第一个峰或谷作出一条与趋势线相平行的直线,这条平行线就叫做轨道线。

2. 趋势通道的定义

趋势通道就是由轨道线与趋势线这两条平行线所构成的一个股价运行区间,分为上升通道和下降通道。前者是由上升趋势线与在其上方的轨道线所构成的股价运行区间,后者是由下降趋势线与在其下方的轨道线所构成的股价运行区间。图 2—50(a)和(b)分别为上升通道和下降通道。

3. 轨道线的作用

(1)限制股价变动的范围。一个通道一旦形成,价格将在这个通道里变动。如果

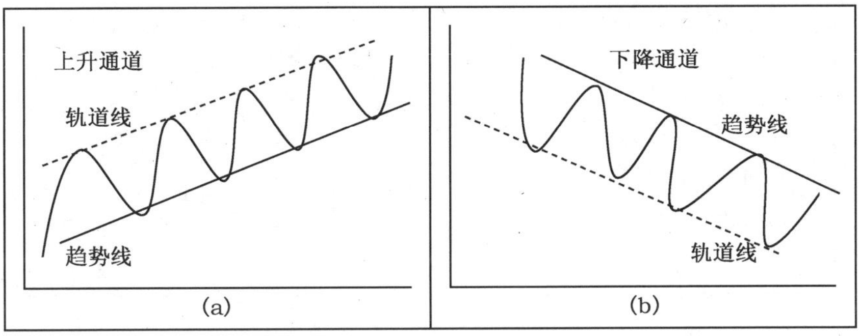

图 2—50 上升通道和下降通道

上面或下面的直线被突破，就意味着将有一个新的变化。上升通道的轨道线实际上是一种特殊的压力线，而下降通道的轨道线实际上是一种特殊的支撑线。

(2)提供趋势是否加速的信号。与突破趋势线不同，对轨道线的突破并不是趋势转向的开始，而是趋势加速的开始，即原来趋势线的斜率将会增加，趋势线的方向将会更加陡峭。图 2—51(a)和(b)分别表示轨道线被突破后上升趋势和下降趋势的加速。

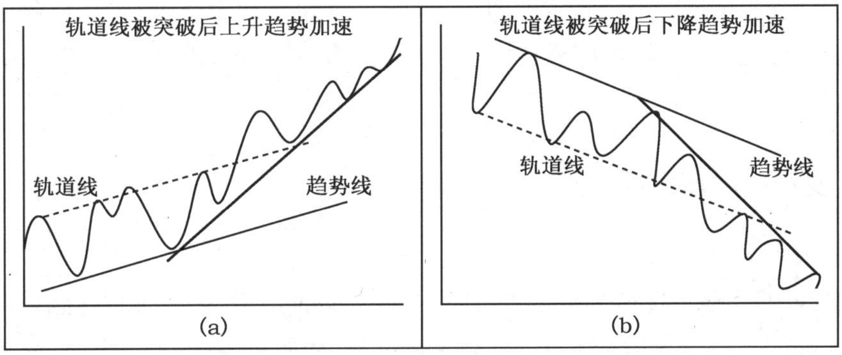

图 2—51 轨道线被突破后趋势的加速

(3)发出趋势是否转向的预警信号。如果趋势通道十分陡峭，突破轨道线有时候反而代表某一趋势的衰竭，当价格无法维持在轨道线的上方或下方时，是趋势反转的信号，如果成交量配合放大，情况更是如此。一般而言，趋势通道越陡峭，价格突破轨道线后就越有可能发展为竭尽走势。另一方面，如果在一次波动中未触及轨道线，离得很远就开始掉头，这往往是趋势将要改变的信号，它说明市场已经没有力量继续维持原有的上升或下降规模了。图 2—52(a)和(b)分别表示这两种趋势竭尽的情形。

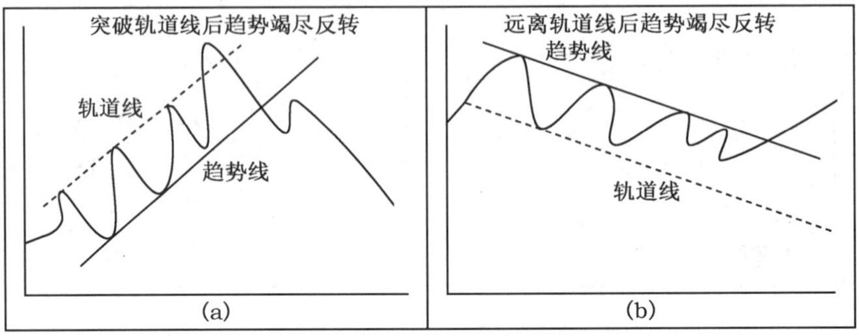

图 2—52 两种趋势竭尽的情形

4. 轨道线的确认

轨道线与趋势线一样，也有一个确认问题。股价如果的确得到支撑或受到压力而在掉头，并一直走在趋势线上，那么这条轨道线就可以被认可。当然，轨道线被触及的次数越多，延续的时间越长，其被认可的程度和重要性越高。这一点与趋势线是相同的。

5. 轨道线与趋势线的关系

轨道线是与趋势线相互配合的两条切线，但是先有趋势线，后有轨道线。轨道线是依存于趋势线的，趋势线比轨道线更为重要。趋势线可以独立存在，轨道线则不能独立存在。

三、支撑线和压力线

1. 支撑线和压力线的定义

在实践中，当股价上升到一定价位时，会遇到某种阻力，使股价在此区域内盘旋多时；而当股价下降到一定价位时，会遇到某种支撑，使股价很难再下跌。这就是技术分析中经常使用的支撑和压力的概念。支撑线一般又叫做抵抗线，是指当股价跌落到某一价位区域附近时，会出现买方增加、卖方减少的情况，从而使股价下跌趋势得到阻止甚至反弹上升。这一价位区域称为支撑区。在支撑的价位区附近画出的直线就是支撑线。压力线又称为阻力线，是指当股价上升到某一价位区域附近时，会出现卖方增加、买方减少的情况，从而使股价涨势受到阻止甚至反转下跌，这一价位区域称为压力区或阻力区。在阻力的价位区附近画出的直线就是压力线。图 2—53(a)和(b)分别为上升趋势及下降趋势中的支撑线和压力线。

2. 支撑线、压力线与趋势线、轨道线的联系和区别

支撑线和压力线与前面所讲的趋势线和轨道线有共同之处，也有不同之处。从共

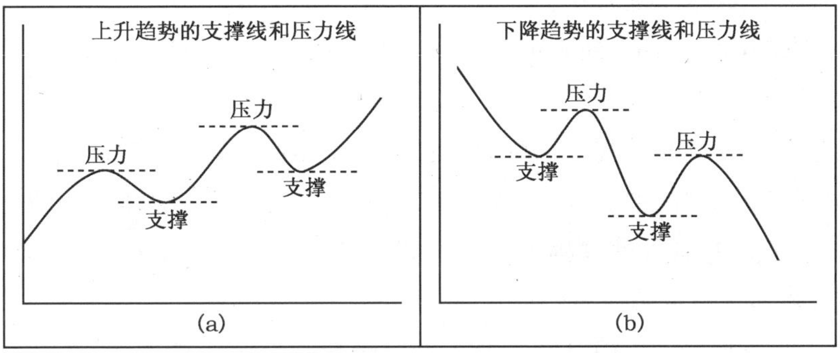

图 2—53　上升趋势及下降趋势中的支撑线和压力线

同点来说，股价遇到这些切线都会掉头，在上面是受到压力掉头，在下面是受到支撑而掉头。因此，我们可以将上升趋势线看成一种特殊的支撑线，将下降趋势线看成一种特殊的压力线；也可以将上升通道的轨道线看成一种特殊的压力线，将下降通道的轨道线看成一种特殊的支撑线。但是，我们通常所说的支撑线和压力线是与趋势线和轨道线有一定区别的。趋势线和轨道线是受制于两个或两个以上的价位，趋势线和轨道线形成后，随着时间的不同，支撑或阻力的价位会随时改变，显示出动态的变化，是一种动态的支撑线和压力线。而支撑线和压力线则不同，一般是在股价盘旋的区域附近形成，是围绕着某一个价位运行的，属于静态的图形。

这里还要消除一个误解，有些人认为，只有在下跌行情中才有支撑线，在上升行情中才有压力线。其实，在下跌行情中也有压力线，在上升行情中也有支撑线。但是，由于在下跌行情中人们最关注的是跌到什么地方，所以就关心支撑线多一些；在上升行情中人们更多关注的是涨到什么地方，所以关心压力线就多一些。

3. 支撑线和压力线的形成

(1)密集成交区域。股价运行中的密集成交区域容易形成支撑或压力区域。通常股票交易会在某一价格区域内出现股价反复波动和成交密集的现象，这说明在这一区域内股票换手率很高，而且堆积了大量的筹码，所以当股价再次接近这一区域时会遭到强烈的反应，形成支撑和压力。上升过程中的成交密集区，以后如果转入下降趋势很容易成为支撑线或抵抗线；下降过程中的成交密集区，以后如果转为上升趋势也很容易成为阻力线或压力线。判断是否属于成交密集区，可以使用换手率这一指标。换手率越高，表示成交越密集。

(2)历史性的低位和高位。过去出现的最低点和最高点容易形成支撑和压力。股价的高低没有绝对的标准，都是相对而言的，所以，当股价运行到过去最低点和最高点的价位时，投资者就会对这一价位比较敏感，对低价位产生信心，而对高价位产生戒心。因此，在这些区域里通常也会形成支撑和阻力。但是，要注意历史性的低位和高位也是相对的，不是绝对的，通常可以用一定的时间标准来判断，比如三个月内、半年内、一年内等。

（3）涨跌幅度达到较高程度的价位。涨跌幅度达到较高程度的价位容易形成支撑和压力。当股市发生强劲上升或快速下跌时，一些短线投资者会寻找所谓的技术出货点和技术买入点。通常在涨跌幅达到30％或50％的时候，会出现支撑区或压力区。

4. 支撑线和压力线的作用

（1）阻止股价朝某一方向继续运动。支撑线和压力线一旦确立，可以阻止或暂时阻止股价朝某一个方向继续运动，投资者可以据此预期在未来一段时间内股价走势的界限和区间。因为，支撑线起着阻止或暂时阻止股价继续下跌的作用，而压力线起着阻止或暂时阻止股价继续上升的作用，所以，就必然会形成一个价格往复运动的区间，这种区间，在技术分析里被称为箱体，股价在箱体内的运行叫做箱体运行。投资者可以利用箱体运行进行短线的高抛低吸操作。

（2）互换支撑和压力角色。由于股价运动的趋势特征，因此一般情况下支撑线和压力线阻止股价朝某一方向运动的作用是暂时的，它们只能使股价变动暂时停顿。股市运动要维持某种趋势，保持原来的运动方向，就必须冲破阻碍其继续发展的障碍。要维持下跌行情就必须突破支撑线的阻力和干扰，创造出新的低点；要维持上升行情就必须突破压力线的阻力和干扰，创造出新的高点。所以，支撑线和压力线存在着经常被突破的可能性。但是支撑线和压力线具有互换性，压力线一旦被突破就会转变成上升行情的支撑线，即未来的股价回落到此会遇到一定的支撑；支撑线一旦被突破就会转变为下跌行情的压力线，即将来股价上升到此会遇到一定的阻力。图 2－54（a）和（b）分别为上升趋势和下降趋势中的支撑线和压力线的角色互换。

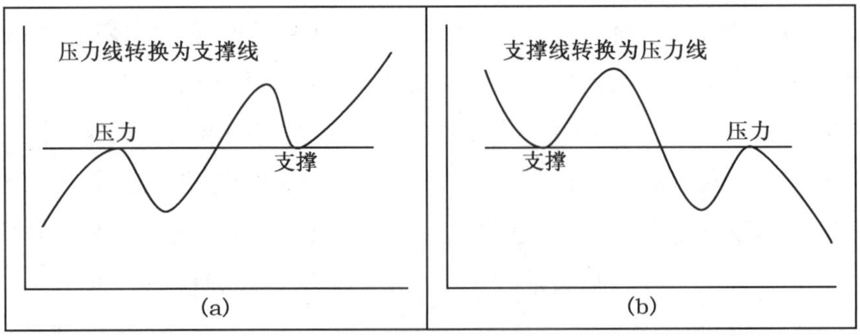

图 2－54　支撑线和压力线的角色互换

（3）预示中长期趋势的终结。支撑线和压力线的突破是判研股价中期趋势和长期趋势的重要信号。在上升趋势中如果下一次波动未创出新高，即未突破压力线，这个上升趋势就已经处于很关键的位置，如果往后的股价又向下突破了这个上升趋势的支撑线，这就产生了一个趋势有变的强烈信号，通常意味着一轮上升趋势已经结束，下一步的走向是下降趋势。反之，在下降趋势中，如果下一次的波动未创新低，即未突破支撑线，那么这个下降趋势已经处于很关键的位置，如果后来股价又向上突破了这个下降趋势的压力线，这就发出了这个下降趋势将要结束的强烈信号，股价的下一步走势将是上升趋势。在这种趋势终结的情况下，支撑线和压力线就成为趋势转向的最低点和最高点。

5. 支撑线和压力线相互转换的原因

支撑线和压力线之所以能起到支撑和压力的作用，很大程度上是由于心理因素方面的原因，两者的转换也是如此的。证券市场中有三种人，即多头、空头和旁观者。旁观者又可分为持股者和持币者。假设股价在一个区域停留了一段时间后，开始向上移动，在此区域买入股票的多头们肯定认为自己对了，并对自己没有多买入而感到后悔。在该区域卖出股票的空头们这时也认识到自己错了，他们希望股价再跌回他们卖出的区域时，将他们卖出的股票补回来。而旁观者中，持股者的心情和多头相似，持币者的心情同空头相似。无论是四种人中的哪一种，都有买入股票成为多头的愿望。正是由于这四种人要在下一个买入的时机买入，所以股价稍微回落就会受到大家的关注，他们会或早或晚地进入股市买入股票，这就使得价格根本还未下降到原来的位置，上述四个新的买进大军自然又会把价格推上去，使该区域成为支撑区。我们再假设股价在一个支撑区获得支撑后，停留了一段时间开始向下移动，而不是向上移动。对于上升，由于每次回落都有更多的买入，因而产生新的支撑；而对于下降，跌破了该支撑区域，情况就截然相反，在该支撑区域买入的多头都意识到自己错了，而没有买入的或卖出的空头都意识到自己对了。买入股票的多头都有抛出股票逃离目前市场的想法，而卖空的空头则想进一步抛空，待股价下跌伺机补回。一旦股价有些回升，尚未到达原来的支撑位，就会有一批股票抛出来，再次将股价压低。这样原来的支撑线就会转化为压力线。

6. 支撑线和压力线的确认与修正

一般来说，每一条支撑线和压力线的确认，都应从三方面进行考虑：一是股价在这个区域停留时间的长短；二是股价在这个区域伴随的成交量的大小；三是支撑区域或压力区域发生的时间距离当前的远近。很显然，股价停留的时间越长，伴随的成交量越大，离现在的时间越近，这个支撑区域或压力区域对当前的影响越大；反之，则越小。上述三个方面是确认一条支撑线或压力线的重要手段。有时候，由于股价的变动，会发现原来确认的支撑线或压力线可能不真正具有支撑或压力的作用，比如说，不完全符合上面所述的三个条件，这时，就有一个对支撑线和压力线进行调整的问题，这就是支撑线和压力线的修正。对支撑线和压力线的修正过程其实是对现有支撑线和压力线重要性的确认。

四、扇形线、速度线和甘氏线

1. 扇形线

扇形线与趋势线有很密切的联系，初看起来好像是趋势线的调整，但扇形线进一步丰富了趋势线的内容，明确给出了趋势反转的信号。趋势反转必须突破层层阻力，要反转向上，必须突破很多压在头上的压力线；要反转向下，也要突破很多横在下面的支撑线。稍微的突破或短暂的突破都不能认为是反转的开始，必须清除所有阻止反转的力量，才能最终确认反转的来临。

扇形线就是依据三次突破的原则来确认反转信号。在上升趋势中，先以两个低点画出上升趋势线以后，如果价格向下回档，跌破了刚刚画出的上升趋势线以后，则以新出现的低点与原来的第一个低点相连线，画出第二条上升趋势线。再往下，如果第二条趋势线又被向下突破，与前面同样，用新的低点与最初的低点相连线，画出第三条上升趋势线。依次变得越来越平缓的三条直线如同打开的扇子，扇形线由此而得名。下降趋势的扇形线与上升趋势的扇形线画法完全相似，只不过是反向行之而已。图中连续画出的直线一旦都被突破，它们的支撑和压力角色就会相互转换。这一点完全符合支撑线和压力线的普遍规律。图 2—55(a)和(b)分别为上升扇形线和下降扇形线。

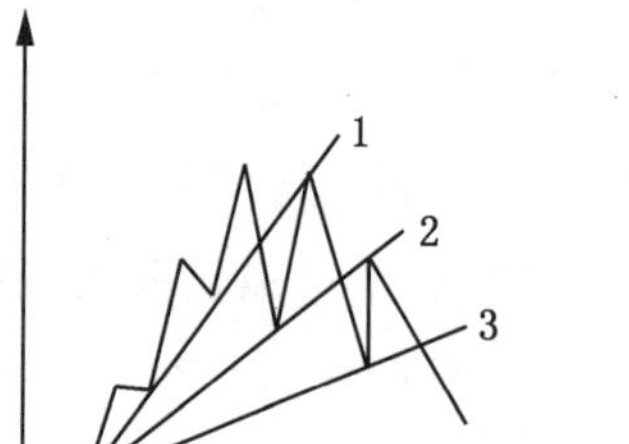

(a) 上升扇形线

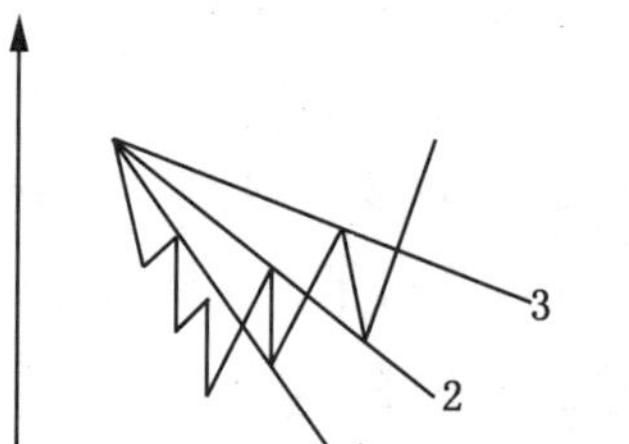

(b) 下降扇形线

图 2—55 扇形线

2. 速度线

同扇形线原理考虑的问题一样，速度线也是用以判断趋势是否将要反转的一种方法。不过速度线给出的是固定的直线，而扇形线中的直线是随着股价的变动而变动。速度线的画出主要是依据百分比的思想，它是将每个上升或下降幅度分成三等分进行处理，所以有时候也将速度线叫做三分线。速度线的具体画法是，首先找到一个上升过程或下降过程的最高点或最低点，然后将高点和低点的垂直距离三等分，最后是将低点或高点分别与 0.33 分界点和 0.67 分界点相连接，得到两条直线，这两条直线就是速度线。在连接的时候，如果是在上升趋势中，则应该将低点与 0.33 分界点和 0.67 分界点相连接；而如果是在下降趋势中，则应该反过来将高点与 0.33 分界点和 0.67 分界点相连接。图 2—56(a)和(b)分别为上升趋势的速度线与下降趋势的速度线。

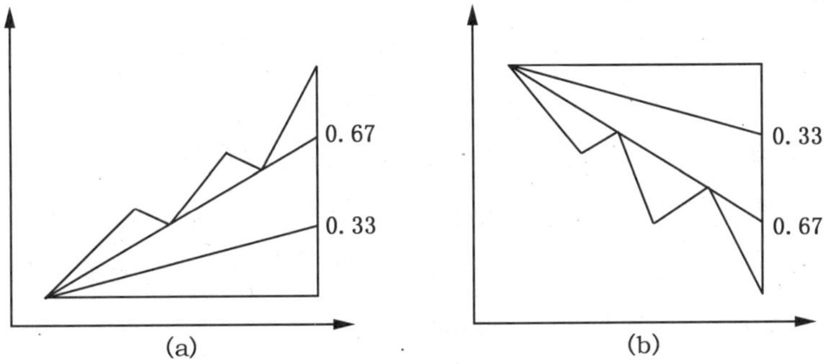

图 2—56　速度线

速度线与别的切线不同，有可能随时变动，一旦有了新高或新低，速度线将随之发生变化。速度线一经突破，其原来的支撑或压力作用将交换位置。速度线最为重要的功能是判断一个趋势是被暂时突破还是长久突破。其基本的判断原则是：在上升趋势的调整中，如果向下折返的程度突破了位于下方的 0.67 速度线，则股价将向下试探 0.33 速度线；如果 0.33 速度线又被突破，则股价将一泻而下，预示这一轮趋势将要结束，成为转势的信号。而在下降趋势的调整中，如果向上反弹的程度突破了位于上方的 0.67 速度线，则股价将向上进一步试探 0.33 速度线；如果 0.33 速度线被突破，则股价将一路上行，标志着这一轮下降趋势将要结束，同样也成为反转的信号。

3. 甘氏线

甘氏线与速度线有点类似，它是从一个低点或高点出发，依照一定的角度，引出多条直线，分为上升甘氏线和下降甘氏线两种。具体画法是，首先找出上升趋势的低点和下降趋势的高点，然后以此点为中心以多个特定的角度引出直线。如果出发点是股价的低点，则应画出上升甘氏线；如果出发点是股价的高点，则应画出下降甘氏线。图中的每一条直线都有支撑和压力的作用，其中最重要的是 45 度线、63.75 度线、26.25 度线，这三条线往往标志着股价趋势变动的不同阶段，要突破也往往需要较为强大的能量。其余的角度虽然在股价波动中也能起到一定的支撑或压力作用，但都不太重要，比较容易被突破。与速度线一样，甘氏线也会随着股价高低点的变动而变动，如果选中的高低点被创新的高低点所取代，那么甘氏线也应随之改变。

五、黄金分割线和百分比线

黄金分割线和百分比线是水平的直线，它们注重的是支撑线和压力线所在的价位，而对什么时间到达该价位并不关心。所以，使用黄金分割线和百分比线有助于找出水平的支撑线和压力线。

1. 黄金分割线

黄金分割亦称"黄金律"，把长为 L 的直线段分成两部分，使其中的一部分对于全部的比等于其余一部分对于这部分的比，即 $X:L=(L-X):X$，这样的分割被称为黄金分割。从古希腊直到19世纪都有人认为这种比例在造型艺术中有美学价值，故称其为"黄金分割"。比如，在工艺美术和日用品的长与宽的设计中，用这种比例容易引起美感。由于 X/L 是 $(\sqrt{5}-1)/2=0.618$，因此，黄金分割线来源于下列一组数字：

0.191	0.382	0.618	0.809
1.191	1.382	1.618	1.809
2.191	2.382	2.618	2.809
⋮	⋮	⋮	⋮

在这组数字中，0.382和0.618尤为重要，我们可以根据这些数字来推算上涨或下跌过程中的压力位或支撑位。黄金分割律除了固定的0.382与0.618这两个压力位或支撑位以外，其间还有一半的反压或支撑作用，而0.382的一半0.191则是重要的依据。

当股价上涨，脱离低档，其上升的速度和持久性依照黄金分割律，在上涨幅度接近或达到0.382与0.618时可能发生变化，即在这些价位上会出现反压，有反转下跌而结束上升行情的可能。因此，当上升行情已经展开，要预先定下股价上升的能力与可能反转的价位时，可以将前段下跌行情的最低点分别乘以0.191、0.382、0.618、0.809、1等数字；当股价涨幅超过1倍时，它的反压点则是1.191、1.382、1.618、1.809、2，以此类推。例如，当下跌行情结束前，某股票的最低价是10元，那么股价反转上升时，投资者可以预先计算出各种不同的反压位，即 $10\times(1+19.1\%)=11.91$（元），$10\times(1+38.2\%)=13.82$（元），$10\times(1+61.8\%)=16.18$（元），$10\times(1+80.9\%)=18.09$（元），$10\times(1+100\%)=20$（元），$10\times(1+119.1\%)=21.91$（元）等，然后再依照实际股价变动情形进行斟酌。

同样，当多头市场结束、空头市场展开时，投资者最关心的问题莫过于"底"在哪里，我们也可以从黄金分割律中计算跌势行情中的支撑位，增强逢低买进的信心。与上升行情相同，当下跌幅度接近或达到 0.382 或 0.618 时，就容易出现支撑，有反转上升而结束下跌行情的可能。与上升行情的黄金分割律一样，除了 0.382 与 0.618 有支撑作用外，0.191、0.809 也发挥着支撑的作用。假定上升行情结束前某股票的最高价为 10 元，那么反转下跌时，投资者也可以预先计算出各种不同的支撑位，它们分别是 10×(1−19.1%)＝8.09(元)，10×(1−38.2%)＝6.18(元)，10×(1−61.8%)＝3.82(元)，10×(1−80.9%)＝1.91(元)，然后再依照实际变动情形进行斟酌。

据说，将黄金分割律使用在股市大盘的判研上，有效性通常要高于使用在个股行情的分析上。此外，技术分析中的另一重要理论——波浪理论，也大量运用了黄金分割线的方法。

2. 百分比线

百分比线的用意与黄金分割线相同，也在于提供压力线和支撑线。股价跌到低位开始反转上升，上升过程中将要遇到压力，或者股价涨到高位开始反转下跌，下跌过程中将要遇到支撑。黄金分割提供了几个压力位或支撑位，百分比线也提供了几个压力位或支撑位。

以某次上涨行情开始的最低点和开始向下回落的最高点两者之间的差，分别乘以几个特殊的百分数，就可以得到未来支撑位可能出现的位置；同样，以某次下跌行情开始的最高点和开始向上反弹的最低点两者之间的差，分别乘以几个特殊的百分数，也可以得到未来压力位可能出现的位置。常用的百分比数一共有 10 个：1/8、1/4、1/3、3/8、1/2、5/8、2/3、3/4、7/8、1，其中 1/3、1/2、2/3 三条线最为重要。通常，上涨或回落没有超过 1/3，投资者就会认为上涨或回落的幅度不大；而如果上涨或回落已经超过了 2/3，投资者就会认为上涨或回落已经接近尾声；而 1/2 则是上涨或回落是否已经较大的过渡点和分界点。比如，假定某次上涨行情开始的最低点是 10 元，涨到 22 元最高点又开始回落，两者之差为 12 元，12 元的 1/2 为 6 元，因此 22−6＝16 元将是 1/2 百分比线，股价回落到 16 元时应该遇到强有力的支撑。

第五节　形态理论

一、形态理论的定义和基本前提

1. 定义

形态理论和切线理论一样，也是传统图形理论的一种。形态理论主要是根据股价走势图上所体现出来的股价在某一段时间内的移动轨迹来研究、判断股价的走势。在股价走势图上的曲线波动中包含着多空双方争斗的信息，形态理论就是通过研究股价移动的轨迹线路形态来进行投资决策。由于在股价的移动轨迹中可以总结出一些特定的形态，这些特定的形态又代表了特定趋势或方向，所以被称为形态理论。

2. 基本前提

形态理论有两个基本的前提：

第一个前提是，股价的变动是有规律的，这种规律就是股价是随着多空力量的消长，从平衡到打破平衡，再到新的平衡，处于周而复始、循环往复的过程之中。因此，在平衡的时候，股价应在多空双方取得均衡的位置上上下来回波动，而在原有的平衡被打破时，股价就会产生突破，寻找新的平衡。

第二个前提是，由于股价变动的规律是从平衡到打破平衡，再到新的平衡的循环，因此，股价的移动也就可以分为两种最基本的形态，一种是保持平衡的形态，另一种是打破平衡的形态。保持平衡的形态我们把它称为持续整理形态，而打破平衡的形态，我们把它称为反转突破形态。在这两种最基本的形态中，都会有一些典型的图形，可以根据这些典型的图形判断是处于持续整理状态，还是处于反转突破状态。

二、持续整理形态和反转突破形态的比较

1. 持续整理形态的定义

所谓持续整理形态是指股价在经过一段时间的持续上涨或下跌后，开始进入盘整状态，股价运行缺乏明显的方向性，呈现横向波动状态，由此在股价走势图上所出现的典型图形被称为持续整理形态。持续整理形态通常反映现行趋势继续有效，呈现趋势的持续和巩固性质。但是，在某些特殊的情况下，有些持续整理形态也有可能转变成反转突破形态。

2. 持续整理形态的特征

(1)股价上升或下跌的趋势暂时停止，多空力量暂时平衡。在消化掉浮动筹码后，股价维持原来的方向继续运行。在上涨过程中，股价整理完成后继续向上；在下跌过程中，股价整理完成后继续向下。

(2)持续整理形态维持的时间一般较短，时间过长则有转势之嫌疑。

(3)整理形态出现时，市场交投一般比较清淡，成交量的变化也比较小。而一旦突破，成交量将放大，上升突破时成交量的要求更高。

(4)整理形态出现逆向走势不会突破重要趋势线，形态完成后向上或向下突破之初，先有一个回拉走势，一般无量的配合而且回不到原图形中去。

(5)整理形态完成后，向上或向下移动的幅度与整理图形最宽处的距离有关。整理幅度越大，突破后上下移动的幅度越大；反之，则上下移动的幅度越小。

3. 反转突破形态的定义

所谓反转突破形态是指股价在趋势未改变之前朝某一个方向波动，但在某些因素的影响下趋势发生逆转，开始朝反方向波动，由此而在股价走势图上出现的典型图形，称之为反转突破形态。反转突破形态因为是反映趋势正在发生重大转折的形态，可以给我们提示抢先行动的信号，所以是必须重点关注的形态。股市中的胜利者往往是在原来的平衡将要打破之前或者是在打破的过程中采取行动而获益的，如果原来的平衡已经打破，新的平衡已经建立再采取行动就为时过晚了。同样，反转突破形态也不是绝对的，比如，头肩形一般公认是反转突破形态，但有时从更大范围去观察，则有可能成为中途持续形态。

4. 反转突破形态的特征

(1)如果形态形成，则意味着股价波动原有趋势将发生根本性的改变，如果上涨趋势已经经历了相当长的时间，那么反转突破形态的出现，预示着股价将要进入下跌周期；反之，如果下跌趋势也已经经历了相当长的时间，那么反转突破形态的出现则预示着股价将要进入上涨周期。所以，反转突破形态的形成一定有在此之前曾经有过一个明显的上涨或下跌趋势存在作为基本前提，否则的话，绝不能轻易地下反转突破的结论。

(2)反转突破形态如果出现在顶部，通常价格震荡幅度较大，维持的时间相对较短；反之，如果出现在底部，通常价格波动幅度较小，形成的时间相对较长。这是因为：庄家高位出货一般态度比较坚决，而庄家一旦出货，下面缺乏承接力量，所以顶部形态完成的时间相对较短；而庄家低位吸货通常比较从容，而且洗盘也需要一定时间，因此底部形态酝酿的时间要长于顶部形态的时间。

(3)在反转突破形态的构筑过程中，成交量的变化至关重要，通常有不寻常的成交量出现。在一般情况下，顶部缩量或底部放量可作为反转突破形态确认的信号之一，尤其是底部形态完成反转突破更需要量的配合。

(4)反转突破形态确认的首要信号是价格有效突破重要趋势线或者颈线，并且在突破以后出现回拉，但无力回到原图形中去。

(5)反转突破形态完成后产生的上涨或下跌幅度与反转突破形态图形的形态高度和宽度有关，高度反映形态中的价格波动幅度，宽度反映形态构筑所经历的时间长短。通常，形态的高度比较高、宽度比较长，反转的力度相对会比较大；反之，反转的力度相对会比较小。

5. 持续整理形态和反转突破形态的共同点

虽然持续整理形态或者反转突破形态各自的典型图形是多种多样的，但是进行技术分析的时候，两者之间会呈现出一些共同性，它们的共同点是：

(1)市场上先有趋势的存在,才会有持续整理形态和反转突破形态的产生;有了明显的上涨或下跌趋势,才谈得上盘整和反转。因此,在分析股价形态之前,必须清醒地知道当前的市场处于什么样的趋势之中。

(2)股价走势图上的纵轴(价格)反映形态的高度,体现形态的规模大小;而股价走势图上的横轴(时间)反映形态的宽度,体现形态经历的时间长短。形态的规模越大,经历的时间越长,那么形态完成后的市场运动规模和时间也越大和越长。简单地说,一种价格形态持续的时间越长,价格波动幅度越大,该形态完成后的趋势可能越强劲。

(3)由于形态的高度和宽度与形态完成后的市场运动的规模和时间是相对应的,所以绝大多数的形态可以用来预测股价可能达到的目标价位。一个出现在顶部或底部的价格形态一旦形成,股价的下跌或上涨幅度就与该形态的高度相对等,并与时间的长短有关。

(4)现行形态即将发生变化的第一个信号,通常是重要的趋势线被有效突破。在许多情况下重要趋势线的突破与价格形态的完成是同步实现的,所以,将切线分析与形态分析结合起来对实际操作非常有用。

三、持续整理形态的典型图形

(一)矩形形态

矩形形态也叫箱形,是最典型的一种持续整理形态。股票价格在两条横着的水平线之间上下波动,在方向上作横向延伸的运行态势。矩形形态一般出现在上涨或下跌过程的中段,它是多空双方全力交战的结果。多空双方在主力的支持下,互不相让,股价涨到压力线就遭到空方抛压,股价回到支撑线又被买盘托起,时间一长就形成两条明显的上下界限。随着时间的推移,双方的热情会逐步减弱,市场趋于平淡。在经过拉锯以后,谁的力量强,谁就会获胜。矩形形态的图形就是将高点和低点分别用直线连接起来,便可以得到两条平行的矩形形态线,参见图 2—57(a)和(b)。

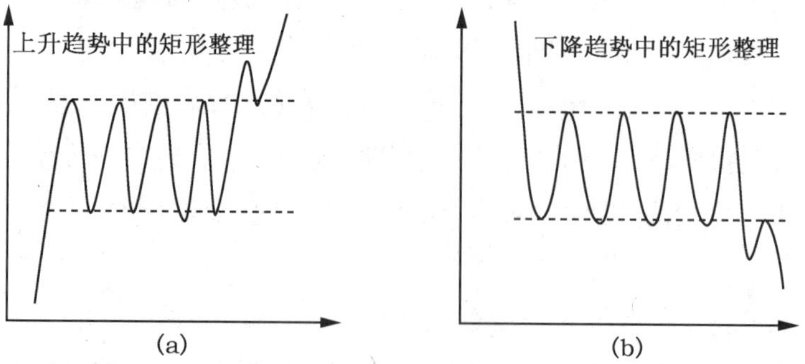

图 2—57 矩形形态

矩形形态的运用要点包括以下几个方面：

第一，矩形形态出现以后的走势与原有的趋势有密切的关系。一般来说，矩形形态处于上升行情中，未来走势向上突破的概率较大；处于下降行情中，未来走势下跌的概率较大。也就是说，如果原来的趋势是上升，会继续原来的趋势，使股价向上突破矩形的上界；如果原来的趋势是下降，也会继续原来的趋势，使股价向下突破矩形的下界。

第二，一旦股价有突破压力线和支撑线的情况，是进货或出货的好时机，应及时把握机会。矩形形态突破前的成交量一般比较温和，一旦向上或者向下突破，成交量会放大。矩形形态被突破后，具有测算意义——矩形的高度就是形态高度。一般来说，矩形突破后的涨跌幅度等于矩形本身的形态高度，一个高低波幅较大的矩形走势，要比狭窄的矩形走势更具爆发力。

第三，矩形形态被突破以后，经常会出现股价的反扑，但是矩形的上下界限具有阻止反扑的作用。通常，股价的反扑会在突破后的3～15天内出现，上涨突破后的回抽确认位置在矩形的顶线之上，而下跌突破后的回抽确认位置在矩形的底线之下。如果反扑返回到矩形之内，则有可能是假突破，股价仍会在矩形内震荡，或向相反方向突破。

第四，矩形形态为投资者提供了短线炒作的机会，在矩形形成的早期，可以进行在下界附近买入、在上界附近抛出的高抛低吸短线投机活动。如果矩形的上下界限相距较远，这种短线收益也是比较可观的；如果上下波动幅度很小，则缺乏炒作意义。不过，在整理状态的后期应以观望为主，密切注意突破是否出现，这样可以避免突发事件带来的损失。

第五，矩形形态虽然在大多数情况下是作为持续形态，但有时候也可作为反转形态出现在顶部或底部，所以存在着被人为利用的可能性。在正常情况下，该形态反转前的主要表现是：高低点之间的差价较大；因短线交易增多导致横向波动时间延长；量价背离严重等。而充当顶部反转时，震荡幅度往往更大一些，如15%以上，延伸时间则相应缩短许多。我们应重点关注在底部盘整几个月甚至一二年的矩形。底部盘整的时间越久，一旦突破上面的压力线，涨势越凶猛。

（二）三角形态

三角形态是指在一系列的股价变动中每次股价变动的幅度都比前一次小，变动距离都比前一次短，从而使股价变动日趋收敛的形态。因为股价变动越来越收敛，所以在股价图形上就形成了逐渐紧缩的三角形。三角形态主要分为对称三角形、上升三角形和下降三角形三种。

1. 对称三角形

对称三角形的特征是每一次上涨的高点无法达到前一次上涨高点的高度，而每一次下跌的最低点又比前一次下跌的最低点要高。对称三角形有两条聚拢的直线，上面的向下倾斜，起压力作用，下面的向上倾斜，起支撑作用，两条直线最后形成交点。另外，对称三角形至少要有四个转折点，因为每条直线的确定需要两个点，上下两条直线至少要有四个转折点。如果要确认和验证的话，应该有六个转折点。图 2－58(a)和(b)分别为上升趋势和下降趋势中的对称三角形。

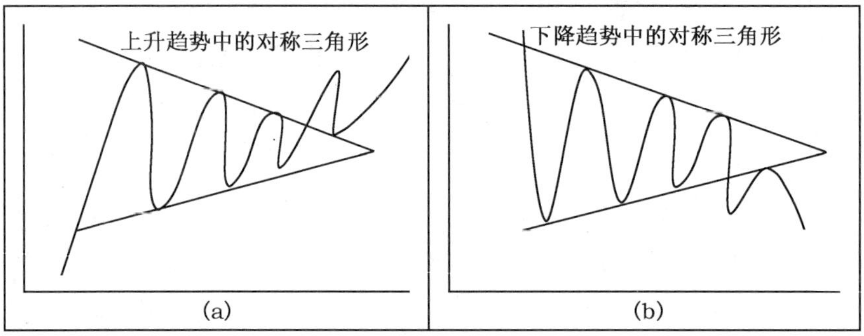

图 2－58 对称三角形

对称三角形的形成是因为股价上升一段时间，到达一个高点后就有部分多头抛售离场，导致股价下跌，等到跌至前一个低点附近时被部分做多投资者认为股价跌不破前一低点而提前买进托起，但上涨到前一个高点附近时，又被部分做空投资者认为股价冲不破前一高点而提前出货，导致股价还没有冲到高点就调头向下，还没有跌破前一个低点就回补托起。随着成交量的减少，股价波动幅度越来越小，越向右边越小，最后买卖双方的力量达到平衡。对称三角形形态运用的要点主要有以下几点：

第一，对称三角形的出现，表明多空双方的决战就在眼前。但是，在对称三角形未突破以前，只能说明多空双方都需要休整，因此无法知道股价究竟往哪个方向变动。如果平衡打破，在休整时间内多方能量爆发，力量强大，股价就反转向上；反之，空方能量爆发，力量强大，股价就反转向下。因此，对称三角形在实践中可以分为向上突破的对称三角形和向下突破的对称三角形。

第二，在对称三角形形态中，成交量有非常明显的规律性。由于对称三角形的特性，股价运行前景不明、方向不定，多空双方都疑虑重重，谁也不敢主动全力出击，许多投资者以观望为主。因此，成交量往往是随着股价的波动而逐步减少，呈现从左到右逐渐递减的状态。对称三角形发展到尾端时，价格波动十分狭小，成交量极度萎缩，如果成交量打破从左至右递减的规律，则以后突破方向的可靠性值得怀疑。

第三，如果是向上突破的对称三角形，成交量应该有放大的配合；如果是向下突破的对称三角形，成交量不一定放大。无论是向上突破的对称三角形还是向下突破的对称三角形，在股价突破后会有回抽确认，然后继续原有走势。

第四，对称三角形完成后的上涨或下跌是一次极佳的买入或卖出的机会，其涨跌幅度可以测算。从突破口起计算大约是对称三角形开口处的垂直距离，或者是与下边或上边的直线所作的平行线的位置。

第五，对称三角形的突破位置事先可以估计，突破位置一般应在三角形横向宽度的 1/2、2/3、3/4 处，太靠近交点，突破力量反而不强。所以实际上也可以预测突破的时间区域，只要得到上下两条直线就可以完成这项工作。我们可以在图上根据两条直线找到交点，然后计算出三角形的横向宽度，标出 1/2、2/3、3/4 的位置，这些位置就是股价未来可能要突破的时间区域。

第六，虽然对称三角形在没有突破前方向是不明确的，但是由于对称三角形大多是发生在一个大趋势进行的途中，表示原有的趋势暂时处于休整阶段，之后还要随着原有的趋势运行。所以，即使在对称三角形还没有突破之前，我们一般可以断定今后的走向保持原有趋势的概率比较大。

2. 上升三角形

上升三角形是对称三角形的变体，将对称三角形上面倾斜的直线变成水平方向就能得到上升三角形。除了上面的直线是水平直线以外，上升三角形与对称三角形在形状上没有太大的区别。在对称三角形中，压力和支撑都是逐步加强的，一方是越压越低，另一方是越撑越高，看不出谁强谁弱。但是在上升三角形中，上面的直线起压力作用，压力是水平的，始终都一样，没有变化；下面的直线起支撑作用，支撑却越撑越高。上升三角形参见图 2—59。

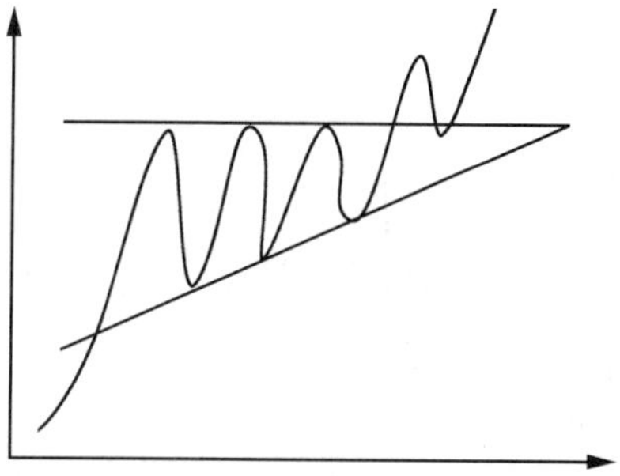

图 2—59　上升三角形

上升三角形显示买卖双方在盘整的范围内较量，但买方的力量在争持中占有上风。卖方虽然不是很看好后市，在其特定的股价水平上不断地沽售，但是并不急于大量出售。因此股价每到理想的价位便有抛盘涌出，这样就在某一价格附近形成一条水平压力线。由于多方人气旺盛，承接买盘相当踊跃，往往等不到股价回落至前一次低点就打提前量买入，使股价被托起。在循环的过程中，股价的顶部保持水平状态，而股价的底部被不断抬高，最终突破压力线，产生新一轮行情。上升三角形形态运用的要点主要有：

第一，上升三角形的出现一般应作为上升信号看待，上升三角形的形态一旦确认，是一次极佳的买入机会。尤其是原有的趋势如果是向上，那么遇到上升三角形后，几乎可以肯定今后的方向是向上突破。因为一方面股价走势要保持原有的趋势,另一方面形态本身就有向上的愿望,这两方面的因素使股价很难逆大方向而动。但是,如果原有的趋势是下降,出现上升三角形后,对后市趋势的判断就有一些难度。从趋势的角度来说,空方要保持原有的趋势继续下降,而从形态的角度来说,多方要反转向上,两方必然要发生争执。我们只能说,如果下降趋势持续了相当长一段时间,下降趋势已经处于末期,那么出现上升三角形还是以看涨为主。这样,上升三角形就成了趋势反转的底部形态。

第二,上升三角形的成交量变化规律也是从左至右递减,不排除上涨增量、下跌缩量的细小变化。但是在股价向上突破压力时,一定要有量能的配合,如果没有大的成交量配合,则有假突破的嫌疑。另外,突破的时间位置的估计,可以参考对称三角形的方法。

第三,股价突破压力线后会出现回档确认,受到支撑后会继续上涨。上涨的幅度可以预测,一般为从突破点起算至少是上升三角形开口处垂直距离一倍以上。上升三角形如果跌破支撑线3%时,形态有可能被破坏,应该抛出股票为上,待形势明朗再作选择。

3. 下降三角形

在上升三角形中,压力是水平的,始终都一样,没有变化,而支撑却越撑越高。而在下降三角形中,压力是往下倾斜的,压力线越来越低,但是下边的支撑线是水平的,始终都一样,没有变化。下降三角形的图形如图2—60所示。

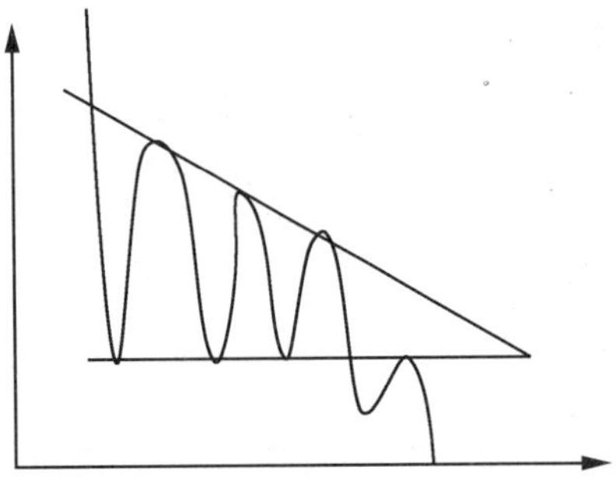

图2—60 下降三角形

下降三角形同样显示买卖双方在盘整的范围内较量,但卖方的力量在争持中占有上风。买方虽然看好后市,在其特定的股价水平上不断地买入,但是并不急于大量买入,因此股价每到理想的价位便有买盘进来,这样就在某一价格附近形成一条水平支撑线。由于卖方力量较强,抛盘比较踊跃,他们不等到股价反弹至前一次高点就打提前量卖出,使股价的高点被逐渐压低。在循环的过程中,股价的底部保持水平状态,而股价的顶部被不断放低,最终突破支撑线,产生新一轮行情。下降三角形形态的运用要点如下:

第一,下降三角形的出现一般应作为下降信号看待,一旦下降三角形的形态得到确认,是一次极佳的卖出机会,每一次反弹都应视作出货的良机。尤其是原有的趋势如果是下降趋势,那么遇到下降三角形后,几乎可以肯定今后的方向是向下突破。因为一方面股价走势要保持原有的下降趋势,另一方面形态本身也有向下的愿望,这两方面的因素使股价很难逆大方向而动。如果原有的趋势是上升，则出现下降三角形后，对趋势的判断有一些难度。从趋势的角度来说，多方要保持原有的趋势继续上升，而从形态的角度来说，空方要反转向下，两方必然要发生争执。我们只能说，如果上升趋势持续了相当长一段时间，上升趋势已经处于末期，那么出现了下降三角形还是以看跌为主。这样，下降三角形就成为趋势反转的顶部形态。

第二，下降三角形的成交量变化规律一般也是从左至右递减，在股价向下突破支撑线时，不一定要有量能的配合。

第三，股价突破支撑线后会出现反弹确认，受到压力后继续下跌。下跌的幅度可以预测，一般为从突破点起计算至少是下降三角形左边开口处垂直距离一倍以上。下降三角形如果冲破压力线3%时，形态有可能被破坏，应该买入股票为上。

（三）旗形形态

旗形与接下去将要介绍的楔形也是非常重要和著名的持续整理形态，在股价走势图上，这两种形态出现的频率很高，一段上升行情或一段下跌行情的中途，可能会出现好几次这样的图形。它们都是一个趋势的中途休整过程，休整过后，还要保持原来的趋势方向。这两种形态的特殊之处在于，它们都有明确的形态方向，但是形态方向与原有的趋势方向相反。如果原有的趋势是上升，则这两种形态的方向是下降；反之，这两种形态的方向是上升。不过，两者之间也有一些差别，在时间方面，由于旗形形态发展的时间相对较短，一般在5天至3周之间，所以不会出现在月线图和周线图中；而楔形形态形成的时间相对比较长，为2至8周，所以有时会出现在周线图中，但由于时间毕竟不是太长，不会出现在月线图中。

1. 上升旗形（下飘旗形）

上升旗形看上去像一个往右下方倾斜的平行四边形，其顶部和底部均依次下降。上升旗形上下两条平行线起着压力和支撑的作用，这一点与下降通道非常相似，两条平行线的某一条线被突破是旗形完成的标志。上升旗形的图形如图2－61所示。

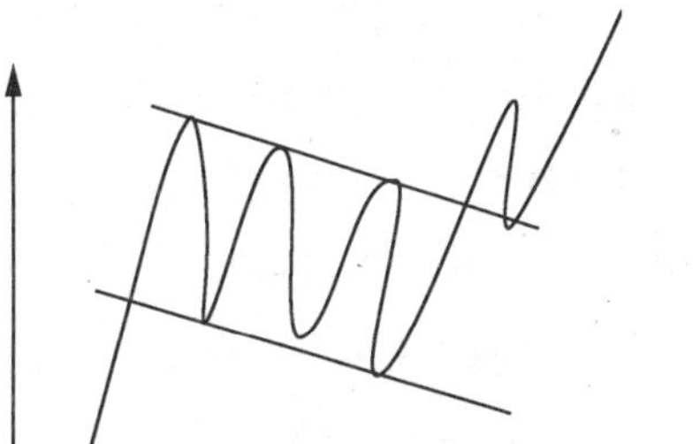

图2－61　上升旗形

上升旗形通常出现在急速而又大幅上涨的行情当中，市场非常活跃，股价运动剧烈，近乎直线上涨，这种剧烈向上运动的结果是产生上升旗形的条件。由于上升过于迅速，所以市场必然会有所休整，上升旗形是完成这一休整过程的主要形式之一。上升旗形的形成过程是，股价经过急升以后，接着形成一个狭窄的向下倾斜的成交密集区域，把密集成交区域的高点和低点分别连接起来，就可以得到两条向下倾斜的直线，其特点是顶部越来越低，底部同样也越来越低。由于该形态一般是出现在上升趋势之中，所以叫做上升旗形，同时由于图形看上去像向下飘扬的旗帜，故也被称为下飘旗形。此种形态可视为强烈的上涨信号，因为这是主力在进行震仓、洗盘操作，为今后拉升做好准备。上升旗形形态的运用要点如下：

第一，上升旗形一般出现在上涨过程之中，应视为继续上涨的信号，今后上涨的概率十分可靠。股价一旦冲破压力线，为最后进货机会，应坚决介入，进场吸货，不能摇摆不定坐失良机。从表面上看，上升旗形的盘整方向是下跌，但这是主力在利用震仓洗盘、吸收筹码，投资者对此要有清醒的认识。

第二，上升旗形在形成的过程中，成交量总体趋势也是从左至右呈递减过程，在旗形形成之前和突破之后，成交量都很大，尤其是冲破压力线时成交量会急剧放大。形态的持续时间也同样不会太长，时间一长，保持原来趋势的能力将下降，根据经验，短的可能 5 天左右，通常应该短于三周。总之，应该充分考虑成交量和时间这两个因素，比如价格在大幅上涨之后出现整理走势，看起来像是旗形形态，如果成交量没有萎缩，此时得出多头市场的结论还为时尚早，因为它可能是矩形的反转形态。如果旗形形态持续的时间超过 4 周以上，我们也应该小心谨慎。因为根据定义，上升旗形是大幅涨势中间的暂时休整，4 周以上的时间对获利回吐的换手来说未免时间过长，因此形成真正的旗形形态的可能性很小。

第三，从预测的角度来说，上升旗形与下降旗形一样，都是一种可靠的形态，因为它不仅显示最后突破的方向，而且随后的走势也往往具有很强的操作性。上升旗形出现之前，一般也有一个旗杆，这是因为价格做直线运动形成的。下飘旗形被突破以后，股价上涨的距离至少是形态高度的距离，多数情况要上涨到旗杆高度的距离。

2. 下降旗形（上飘旗形）

下降旗形看上去像一个往右上方倾斜的平行四边形，其顶部和底部均依次抬高。下降旗形的上下两条平行线起着压力和支撑的作用，这一点与上升通道非常相似，两条平行线的某一条线被突破是旗形完成的标志。下降旗形的图形如图 2－62 所示。

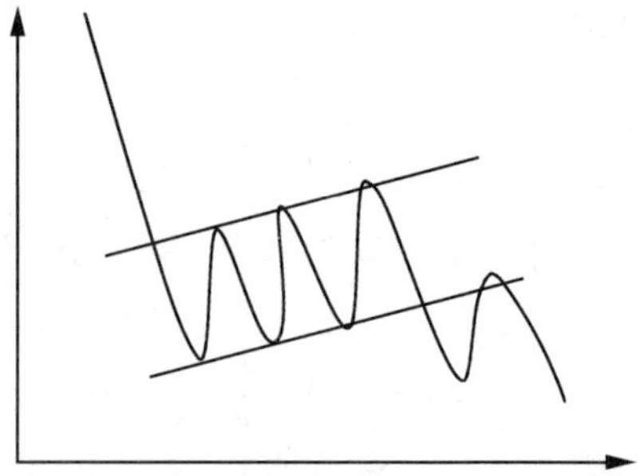

图 2－62 下降旗形

下降旗形通常出现在急速而又大幅下跌的行情当中，市场极度活跃，股价运动剧烈，近乎直线下降，这种剧烈向下运动的结果是产生下降旗形的条件。由于下降过于迅速，所以市场必然会有所休整，下降旗形是完成这一休整过程的主要形式之一。下降旗形的形成过程是，股价在经过陡峭的下跌之后，形成一个狭窄的向上倾斜的成交密集区域，把成交密集区域的高点和低点分别连接起来，就可以得到两条向上倾斜的直线。形态的特点是，不仅一顶比一顶高，而且一底比一底高，由于它通常是在股价的下跌趋势中出现的，所以称为下降旗形，但由于形状看上去像上飘的旗帜，故也叫做上飘旗形。此种形态表明主力在利用反复震荡拉高出货，经过盘整以后会继续下跌，是看空的信号。下降旗形形态的运用要点如下：

第一，下降旗形一般出现在下跌过程当中，应当视为继续下跌的信号，股价一旦跌破支撑线，投资者应及时进行止损操作。虽然表面上形态的方向是向上盘整，但这只不过是主力整理出货罢了，投资者对此要有清醒的认识。

第二，下降旗形在形成过程中，成交量总体趋势从左至右呈递减过程，在旗形形成之前和突破之后，成交量都很大，尤其是跌破支撑线，成交量会急剧放大。形态持续的时间一般不会太长，时间一长，保持原来趋势的能力将下降。根据经验，通常应该短于三周。

第三，下降旗形出现之前，一般有一个旗杆，这是因为价格做直线运动形成的。下降旗形被突破以后，股价下跌的距离至少是形态高度的距离（两条平行线之间的距离），但多数情况要下跌到旗杆高度的距离。

（四）楔形形态

如果将旗形中下倾或上倾的平行四边形变成下倾或上倾的三角形，就可以得到楔形。楔形是三角形的两条边都朝着同一个方向倾斜，这与前面所介绍的三角形形态明显不同。同旗形与三角形一样，楔形也有保持原有趋势的功能，股价在运行的途中经常会遇到这样的形态。与旗形不同的是，楔形偶尔也可能出现在顶部或底部而作为反转形态，这种情况一定是发生在趋势经过很长时间接近尾声的时候。但是，在大多数情况下，当我们看到一个楔形形态时，首先还是应当把它作为中途的持续形态。

1. 上升楔形

上升楔形是上下两条边都朝右下方倾斜的三角形，它与前面所讲过的上升三角形明显不同，有明显的倾向性，即压力线和支撑线都往右下方倾斜，顶部和底部均逐渐放低。同样，它与前面所讲过的上升旗形也明显不同，虽然两者顶部和底部均逐渐放低，但上升旗行的波动不是收敛的，而上升楔形的波动是收敛的，波动幅度越来越小。尽管形态的方向是往下倾斜，但由于它主要出现在上升趋势的过程之中，所以一般都称其为上升楔形。上升楔形的图形参见图 2—63。

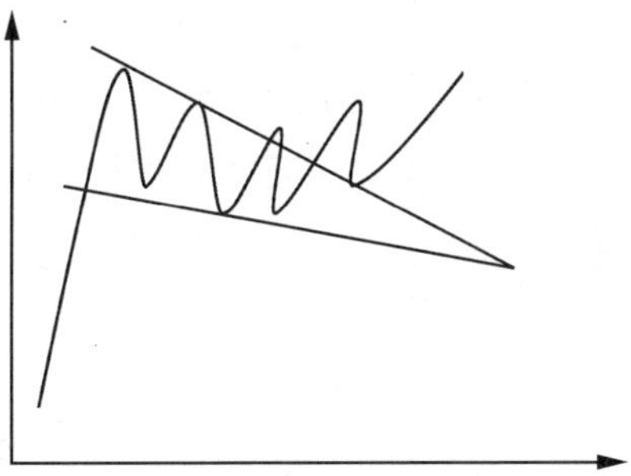

图 2—63　上升楔形

上升楔形一般出现在上升过程的中途或下跌过程的结束段。因为股价上涨或下跌一段时间后，主力开始部分抛售和吸纳，因此就有拉高和回落的来回拉锯，特点是来回拉锯中的顶部和底部都逐渐放低，同时拉锯的距离逐渐收敛。上升楔形形态运用的要点如下：

第一，上升楔形大多出现在股价上升过程的中途，是一种重要的整理形态，一旦整理结束，继续上升的概率较大。上升楔形如果出现在股价下跌过程的结束段，多为主力建仓吸货行为，是一种重要的反转信号，一旦突破压力线，应果断介入。

第二，上升楔形在没有突破以前，成交量呈现比较温和的状态，可以采取观望态度，等待打破徘徊局面，以跟进方式较为安全、省力。

2. 下降楔形

下降楔形是上下两条边都朝右上方倾斜的三角形。与前面所讲过的下降三角形明显不同，它有明显的倾向性，即顶部和底部均逐渐抬高；同时与前面所讲过的下降旗形也明显不同，在顶部和底部逐渐抬高的过程中，波动的幅度逐渐收敛。尽管下降楔形的形态方向是往上倾斜，但由于它主要出现在下降趋势的过程之中，所以一般都称其为下降楔形。下降楔形的图形如图2—64所示。

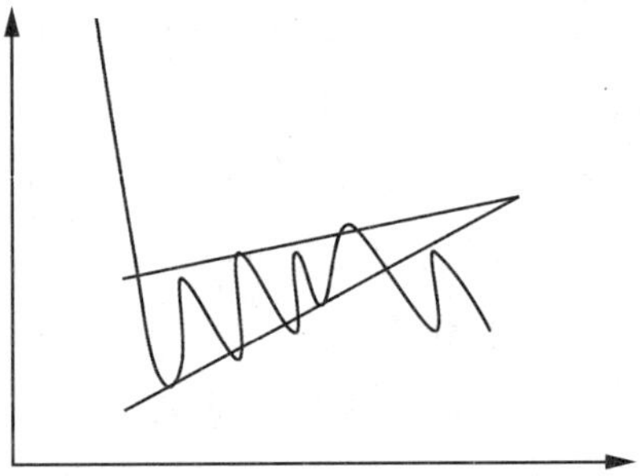

图2—64　下降楔形

下降楔形一般出现在下跌过程的中途或上升过程的结束段。因为股价下跌或上涨一段时间后，主力开始部分抛售和吸纳，因此就有拉高和回落的来回拉锯。其特点是拉锯中的顶部、底部都逐渐抬高，同时拉锯的距离也逐渐收敛。下降楔形形态的运用要点如下：

第一，下降楔形主要出现在股价下跌过程的中途，是一种重要的整理形态，一旦整理结束，继续下跌的概率很大，当其突破支撑位时是明确的卖出信号。如果下降楔形出现在股价上涨趋势的结束段，则是一种重要的反转信号，意味着上升趋势将要结束，一旦配有成交量突破支撑线，应该果断离场。

第二，下降楔形在没有突破以前，成交量呈现比较温和的状态，在没有突破以前可以采取观望态度，等待打破徘徊局面，以跟进方式较为安全省力，股价突破支撑线为出货时机，这样可以避免过早介入造成形态突然变化带来的损失。

四、反转突破形态的典型图形

（一）头肩形

1. 头肩顶

头肩顶形态是一种常见的、重要的、比较可靠的反转向下形态。当股价经过一段时间的上涨后，成交量堆积了很多，此时买卖双方的力量逐渐发生了变化，买方的获利回吐压力在增加,股价开始回档,形成第一个低点,这样就形成了左肩,在这个过程中成交量会减少许多。但是,由于空头力量此时尚未占据优势,主动权仍掌握在多头主力手中,因此股价在受到支撑后,便被多头主力奋力拉起,成交量可能大幅增加,甚至创下纪录,股价超越左肩,并形成新的高点。这时,有经验的炒手和投资者开始抛售,短线投机分子更是抓紧抛售,这样就造成股价急速滑落,形成了第二个低点。两个回合斗争下来,买方显出疲态,当第三次股价被主力拉起来时,已不再出现庞大的成交量,涨势也没有前面凶猛,股价还没有达到头部高点就被空方打压下来,这样就形成了右肩。在多头翻空的支持下,股价一举跌破支撑颈线。最后,经过反弹受阻又回落,反转下跌的形态成立。头肩顶形态的图形参见图2—65。图中,两个低点所连成的直线是颈线,颈线在形态中是支撑线,头肩顶形态出现右肩形成调头向下,只能说是原有的上升趋势已经转化为横向延伸,还不能说已经反转向下,只有当图形中股价向下突破颈线,才能说头肩顶反转形态已经形成。头肩顶形态的运用要点如下:

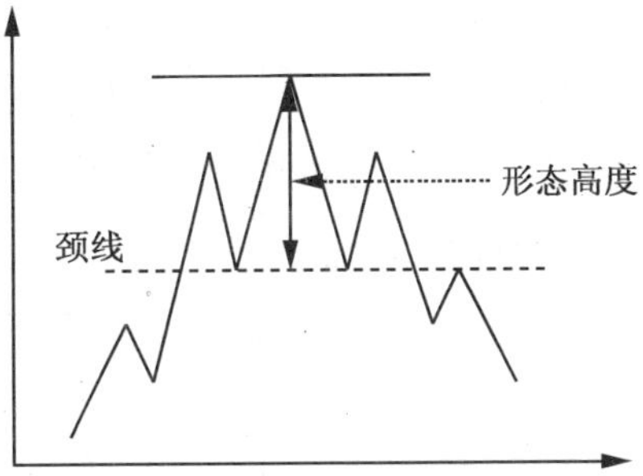

图2—65　头肩顶形态

第一,头部高点比左右肩高点高,左肩与右肩的高点大致相等,部分右肩较左肩为低。但如果右肩的高点较头部还要高,则形态不能成立。另外,头肩顶有简单型和复合型两种,简单型为一头两肩,复合型为多头多肩。

第二,股价跌破颈线后,头肩顶形态才宣告成立。一般股价跌破颈线3%以上为有效突破,是形态形成的一个重要标志。头肩顶形态一旦形成,投资者应坚决出局,因为这是一个较长时间的转势信号。

第三,头肩顶的下跌幅度至少是形态高度,一般可能要达到形态高度的2～3倍。形态高度是头部位置至颈线的距离。在大多数情况下,股价至少要跌完测量的跌幅后才会再有反转上涨的可能。

第四,从成交量方面观察,头肩顶形态中的左肩成交量最大,头部次之,右肩最小。头肩顶形态完成后,初跌时成交量不一定放大,但日后继续下跌会使成交量放大。

第五,通常,在完成颈线突破后,还有一次反弹向上但未能超过颈线压力的行情,此时为空头逃命的机会,一般称为逃命线。这是关键时刻,必须特别注意。不过回升不应超过颈线水平,否则头肩顶不能成立,成为一个失败的头肩顶。

第六,虽然在标准的图形上,颈线是水平的,但是实际上,大多数情况下的颈线都呈现倾斜状态,如果颈线是从左往右下角倾斜,显示市场非常乏力。

第七,如果右肩股价最后在颈线位止跌回升,甚至高出中间的头部,这可能就是一个失败的头肩顶形态。要注意，头肩顶通常是一个长期上升趋势的转向形态，一般会在牛市的尽头出现，如果在低价区出现，则可能是多头设的陷阱。

2. 头肩底

头肩底是一种常见的、重要的、比较可靠的反转向上形态。当股价经过一段时间的下跌时，供求关系发生变化，卖方力量逐渐消耗殆尽，买方力量逐步加强。初期，成交量并没有显著增加，买方就完成一次反弹，在图形上构成左肩。由于买方还处于恢复期，因此在力量对比方面仍然处于次要地位，股价在颈线处受到压力后，买方就开始动摇，卖方只用很少的抛压就能让买方吓破胆，从而创出新低。形成第二个底时成交量迅速增加，大于左肩的力量。在第二个低点，买方力量进一步壮大，再一次将股价拉升到压力处附近，买方中的短线投机者和空方力量又一次将股价抛压下去，但是已经无力再创新低，买方力量看准时机在主力带领下，一举突破颈线压力位，形成右肩向上突破的局势。头肩底形态的图形如图 2－66 所示。头肩底形态的运用要点如下：

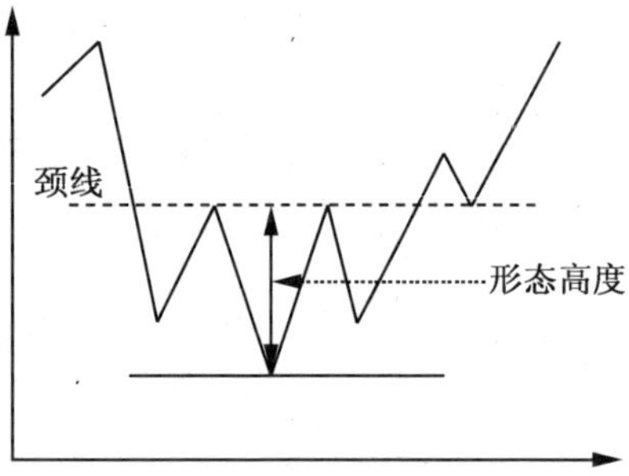

图 2－66 头肩底形态

第一，底部低点比左右肩低点低，左肩与右肩的低点大致相等，部分右肩较左肩为高。但如果右肩的低点较头部还要低，则形态不能成立。另外，头肩底有简单型和复合型两种，简单型为一头两肩，复合型为多头多肩。

第二，股价向上突破颈线后，头肩底形态才宣告成立。一般股价突破颈线 3％以上为形态成立的重要标志。头肩底形态一旦形成，投资者应坚决介入，因为这是一个较长时间的向上转势信号。

第三，头肩底的上涨幅度至少是形态高度，一般可能要达到形态高度的 2～3 倍。形态高度同样是头部位置至颈线的距离。在大多数情况下，股价至少要涨完测量的涨幅后才会再有反转下跌的可能。

第四，从成交量方面观察头肩底形态，左肩的成交量最大，头部次之，右肩最小。第一个下跌显示出或多或少的大量下跌趋势，此时成交量大增，跟着而来的是成交量比最后几天的下跌还要少的次级上升。第二个下跌与前面一个回升比起来成交量有一点增加，但是通常比左肩下跌时的成交量要少。第三个下跌，其成交量很明显少于左肩和头部的成交量。头肩底突破颈线时，需要较大的成交量，如果没有较大的成交量出现，它的可靠性就降低。

第五，通常在完成颈线突破后，还会有一次回落向下但未能超过颈线支撑的行情，此时为买入的机会，是一个关键时刻，必须特别注意。不过回落不应超过颈线水平，否则头肩底不能成立。

第六，虽然在标准的图形上，颈线是水平的，但是实际上很多颈线都呈现倾斜状态。如果颈线是从左往右上角倾斜，显示市场反转向上非常有力。

第七，如果右肩股价最后在颈线位止升回落，甚至低于中间的头部，这可能就是一个失败的头肩底形态。要注意，头肩底通常是一个长期下跌趋势的转向形态，一般会在熊市的尽头出现，如果在高价区出现，则可能是空头设的陷阱。

（二）双重顶底形

1. 双重顶（M 头）

双重顶是在上升趋势过程的末期，股价经过长期上涨后创下新的高点，这时买方跟风盘减弱，进行正常的回落，然后受到上升趋势线的支撑，买方再度发力将股价拉升到前一高点的密集成交区，这时卖方注意了，当股价达到前期高点时马上抛售，引起先前多头翻空，形成第二次下跌。当跌破颈线位后，股价会形成一轮原始下跌趋势或中级下跌行情。刚下跌时成交量并不很大，日后继续下跌时成交量会扩大。双重顶形态的图形参见图 2—67。

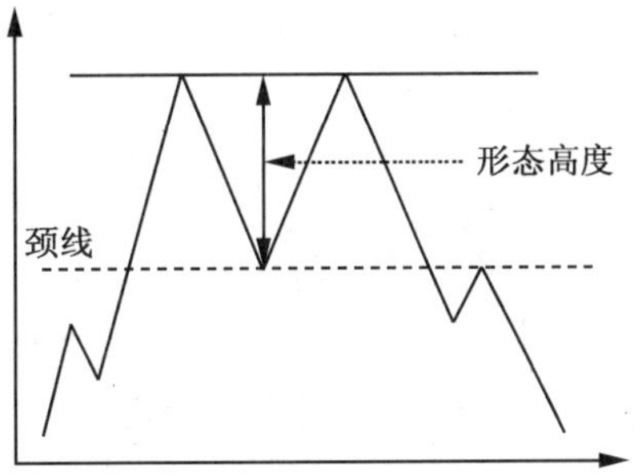

图 2—67 双重顶形态

双重顶作为一种股价形态，在 K 线图上可以经常观察到，作为一种重要的反转向下信号，双重顶越来越被广大投资者所重视。双重顶形态的运用要点如下：

第一，颈线跌破 3%以上，为有效突破的重要标志，是反转向下形态完成的信号，应采取及时离场的操作策略。

第二，双重顶在跌破颈线跌势成立以后，其下跌幅度可以预测，跌幅一般是形态高度的 1～2 倍。因此，双重顶做得越大，下跌的幅度会越大；相反，双重顶做得越小，下跌幅度就越小。

第三，双重顶突破颈线后会有短暂的回抽，回抽高度一般就在颈线附近，转而继续下跌，这是最后的出逃机会，一定要果断。当然，如果投资者能够预见股价将出现 M 头形态，第二高点是最佳的出逃机会。

第四，双重顶的确认要有一定的时间概念，两个高点之间的相隔时间一般要在一个月以上才能够确定，时间太短的形态不可靠。也就是说，形态是否成立将面临诸多质疑。在绝大多数的真实形态中，两个峰值的时间间隔应是两三个月甚至更长，通常不会少于一个月。

第五，双重顶中的第二个头在相当多的情况下是低于第一个头的，而且，第二个顶点的成交量通常比第一个顶点的成交量有较大的减少。另外，双重顶不一定都成为反转信号，有时候也会转为矩形这样的整理形态，如果两个高点之间的时间间隔太近，就有可能成为持续整理形态。

2. 双重底(W底)

双重底又称W底，由于它的可靠性比较高，容易辨认和掌握，所以也是股价形态分析中常见的一种底部形态。双重底是股票经过一段时间的下跌后，股价已经处在一定的低位，卖方的抛压已经逐渐衰竭，买方的力量在积聚，一旦买方力量超过卖方，必然导致股价回升。当股价跌至第一个谷底时，买方发起反攻，成交量有所放大。回升到达颈线附近，多头力量出现犹豫，短线空头力量又将股价打压到前期的低点附近。

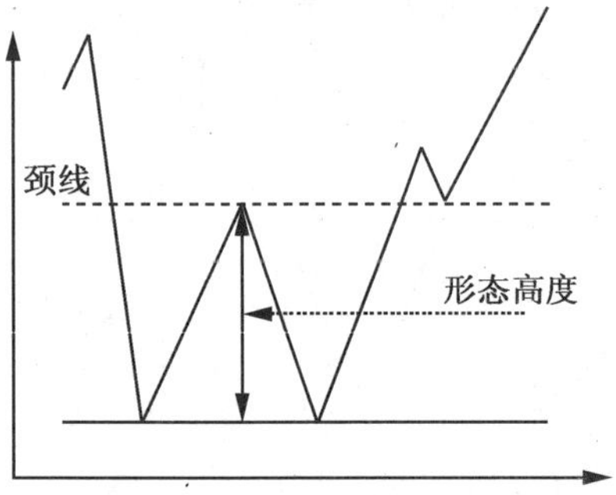

图 2—68 双重底形态

这时做空的能量充分释放，根本无力再往下打压，买方在此点位附近聚集了大批做多人马，纷纷抄底买入，迫使空方投资者转向多头，从而加速了股价放量上涨，最终突破颈线压力位，形成双重底。双重底的图形如图2—68所示。双重底形态的运用要点如下：

第一，股价向上突破颈线压力位3%以上，可判定为反转形态成立。一旦形态成立，应该果断介入。双重底形态是一种常见的底部反转形态，经常可以观察到，应该加以重视。

第二，形态成立，涨势确立以后，其上涨的幅度可以大致进行预测，涨幅一般是形态高度的1～2倍。所以，双重底的形态高度越高，今后上涨的幅度也会越大；反之，则越小。

第三，双重底突破颈线后会有短暂的回落，回落的低点一般就在颈线附近，转而继续上涨，这是最后的买入机会，一定要果断。如果投资者有经验能够预见会出现W底，那么第二个低点就是最佳的进货时机。

第四，双重底的确认也有一个时间概念。一般来说，双重底两个低点之间的时间间隔在30个交易日以上，股价反转的可靠性大为提高。最短的时间间隔不能少于10个交易日，时间太短的形态不可靠。

第五，双重底的第二个低点，在相当多的情况下是高于第一个低点的，而且第二个低点的成交量通常比第一个低点的成交量有所放大。另外，双重底也不一定都是反转信号，有可能转变为像矩形那样的整理形态。

(三)三重顶底形

1. 三重顶

三重顶的形成过程类似于双重顶的形成过程，没有耐心的投资者在形态处于M

头时便急于杀进杀出，结果在跌至颈线位时，再次被多方拉起，转而向上攻击，终于因前面两个高点附近卖压太大再次反转向下突破颈线，造成买方重大损失，买气瓦解。三重顶形态的图形参见图 2－69。三重顶形态的运用要点如下：

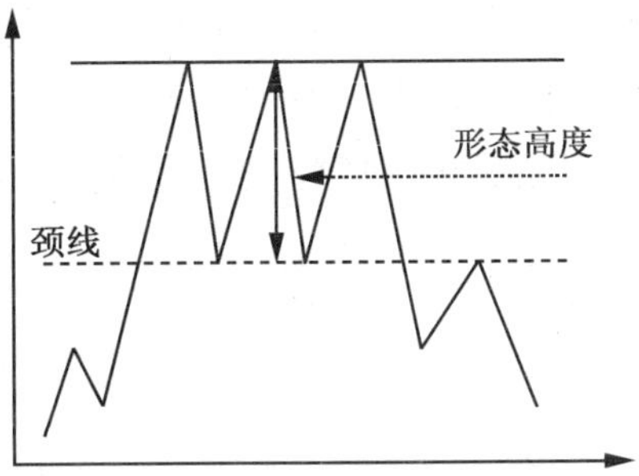

图 2—69 三重顶形态

第一，可以将三重顶看成是头肩顶形态的一种变体，它是由三个一样高的顶组成，与头肩顶的区别是头的价位回缩到与肩差不多的位置。所以，运用三重顶形态基本上是采用头肩顶的方法，可以直接运用头肩顶的结论和有关的注意事项。

第二，由于三重顶的颈线和顶的连线是水平的，所以使得三重顶具有矩形的特征，走势往往比较暧昧。这种走势不一定都会反转向下形成反转形态，比起头肩顶形态，更容易演变成持续整理形态，而且也常常会转为整理向上攻击形态。

第三，如果三重顶的第三个顶成交量非常小，即显示出下跌征兆，股价跌破颈线支撑位 3%，那么跌势将确立，跌幅一般要达到形态高度的 2～3 倍。由于三重顶比双重顶的时间要长，所以三重顶的压力力度要比双重顶更强，如果股价突破上面密集成交区的压力线，而且带量上攻，那么有可能确立新一波涨势，涨势可达 50%～100%。

2. 三重底

三重底的形成过程类似于双重底的形成过程。三重底在形成 W 底后向上攻击，结果到颈线附近再一次遭到卖方的阻力，使股价转而向下，但是终因买方人气没有散失，在前面的低点附近，买方坚决介入，使股价受到强有力的支撑，转而向上冲击，随着买方人气的壮大，一些空方力量也转而加入买方，使成交量放出，股价一举突破颈线阻力位，迎来又一波上升浪。三重底形态的图形参见图 2－70。三重底形态的运用要点如下：

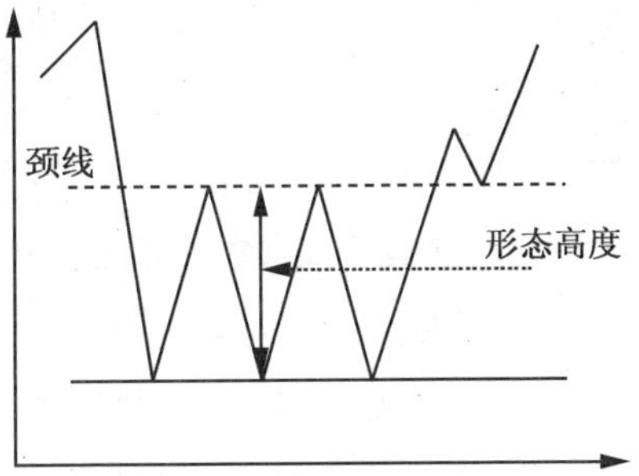

图 2—70 三重底形态

第一，可以将三重底看成是头肩底形态的一种变体，它是由三个一样高的底组成，与头肩底的区别是头的价位回缩到与肩差不多的位置，所以三重底主要是采用头肩底的方法，可以直接运用头肩底的结论和有关的注意事项。

第二，由于三重底的颈线和底的连线是水平的，所以使得三重底具有矩形的特征，走势往往比较暧昧，这种走势不一定都会反转向上形成反转形态，比起头肩底形态，三重底更容易演变成持续整理形态，而且也常常会转为向下攻击形态。

第三，三重底的第三个底部完成向上移动时，如果成交量大量增加，即表示股价将会反转突破，显示出上涨征兆。如果股价带量突破颈线压力位的3%以上，那么涨势将确立，涨幅一般要达到形态高度的2～3倍。要注意，股价在没有突破颈线前，不适合做买入委托，因为反转时间尚不成熟，主力在没有吸足预定数量的筹码之前，股价仍会继续整理，一般以颈线和成交量为判断标准。由于三重底的时间要比双重底的时间长，因此，三重底的支撑力度比双重底的支撑力度更强。如果股价跌破下面密集成交区的支撑线，那么有可能确立新一轮跌势，跌势可达50%以上。

（四）圆弧形态

圆弧形态也是一种重要的反转形态，圆弧形态在实际的盘面中出现的机会较少，但是一旦出现，则是绝好的机会。不过，作为一种反转形态，它的反转深度和高度是不可测的，这一点与前面几种形态有所区别。

1. 圆弧顶

圆弧顶是将股价在一段时间内的顶部高点用折线连接起来所得到的一条类似于圆弧的弧线，这条弧线盖在股价走势图的上方。顶部的高点没有明显的头和肩的感觉，呈现出顶部依次抬高然后又依次降低的状态。股价在经过一段时间的上涨后，速度由快变慢，幅度由大变小，这时股价仍然保持缓慢的上升运行节奏，到达顶点后，股价开始缓慢往下运行，速度由慢变快，幅度由小变大，形成一道圆弧顶。圆弧顶的出现表明买方力量逐步趋弱，卖方力量在不断加强，最后买方力量彻底瓦解。圆弧顶形成的原因，在很大程度上与机构主力掩护撤退有关。机构主力手中有足够的股票，如果一下子抛出太多，股价下落太快，手里的筹码可能不能够全部出手，只能够一点一点往外抛，形成来回拉锯，直到手中的股票接近抛完时，才会大幅度打压，一举使股价下降到很深的位置。圆弧顶的图形如图2－71所示。圆弧顶形态的运用要点如下：

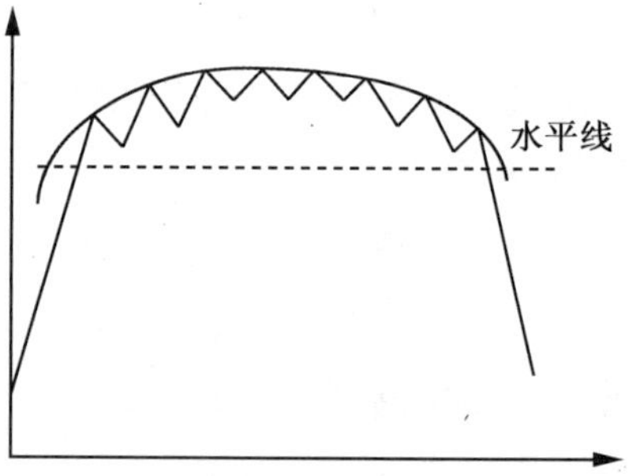

图2－71　圆弧顶形态

第一，圆弧顶在形成过程中，成交量有明显的两头大、中间小的特征，呈现出明显的价涨量减、价跌量增的价量背离现象。越靠近顶部，成交量越小，到达顶点时，成交量会达到最小；之后，随着股价下跌，成交量会慢慢放大。

第二，圆弧顶形成股价向下突破时，成交量会急剧放大，同时常常会出现跳空缺口或大阴线，这是强烈的出货信号。一旦下跌，幅度较大，投资者应该毫不犹豫地离场。

第三，圆弧顶的大小与形成的时间有密切关系。一般来说，圆弧顶形成的时间越长，今后反转的力度也会越强，形态的可信程度也越大。

第四，圆弧顶的打压往往属于爆发性的，跌得急，结束得也快，常常无须反弹，一口气完成。所以，投资者一旦确认圆弧顶，应在圆弧顶进入右侧时开始出货，这样可以有比较充分的时间采取行动，突破水平线是最后的卖出机会。

2. 圆弧底

圆弧底是将股价在一段时间内的底部低点，用折线连接起来所得到的一条类似于圆弧的弧线，这条弧线托在股价走势图的下方。底部的低点也没有明显的头和肩的感觉，呈现出底部依次降低，然后又依次抬高的状态。股价经过一段时间的下跌，速度越来越慢，下跌的幅度也越来越小，呈圆弧状跌势，到达最低点时，成交量几乎停顿，股价跌无可跌，买盘开始逐渐介入，股价开始渐渐回升，上升幅度由小变大，上涨速度由慢转快，随着买盘力量的不断放大，股价走势完成圆弧底，最终放量向上快速冲击。圆弧底是空方由强到弱、能量彻底耗尽，多方由弱转强、量能日益聚积的结果，随着买气的增强，成交量不断放大，股价攀高，最终形成反转。圆弧底的形成也与机构主力掩护入场有关。如果机构主力手中持有足够的资金，一下子吃得太多，股价涨得太快，不利于今后的买入。因此，为了掩护吸收筹码，就让股价一点一点来回拉锯，等到筹码吸收得差不多时，才会大幅拉升，使股价一举提到一个很高的高度。圆弧底形态的图形参见图 2—72。圆弧底形态的运用要点如下：

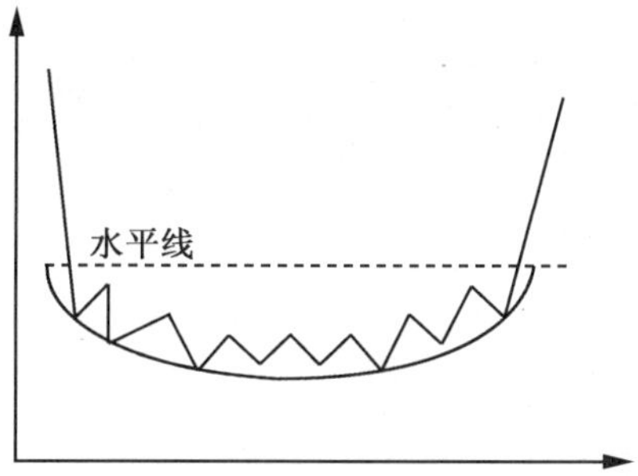

图 2—72　圆弧底形态

第一，圆弧底在形成过程中，成交量也有明显的两头大、中间小的特征，呈现出价跌量减、价涨量增的价量同步现象。越靠近底部，成交量越小，到达底部最低点时成交量会达到最小；之后，随着股价上涨，成交量会慢慢放大。

第二，圆弧底形成股价向上突破时，成交量会急剧放大，同时常常会出现向上跳空缺口或大阳线，这是强烈的进货信号。一旦上涨，幅度较大，投资者应该毫不犹豫地介入。

第三，圆弧底的大小与形成的时间有密切关系。一般来说，圆弧底形成的时间越长，今后反转向上的力度也会越强，形态的可信程度也越大。

第四，圆弧底的拉升也是属于爆发性的，涨得急，结束得也快，往往无须回档，一口气完成。因此，投资者一旦确认圆弧底，应在圆弧底进入右侧时就开始进货，这样可以有比较充分的时间采取进货行动，突破水平线是最后的买入点。

（五）潜伏形态

1. 潜伏顶

股价在经过一段时间的上涨以后，达到很高的价位，然后，股价在高价位的区域里波动很小，随着时间的推移，几乎呈一条水平线，这种形态被称为潜伏顶。潜伏顶的出

现,通常意味着股价将大跌。潜伏顶形态的图形参见图2—73。潜伏顶形态的运用要点如下:

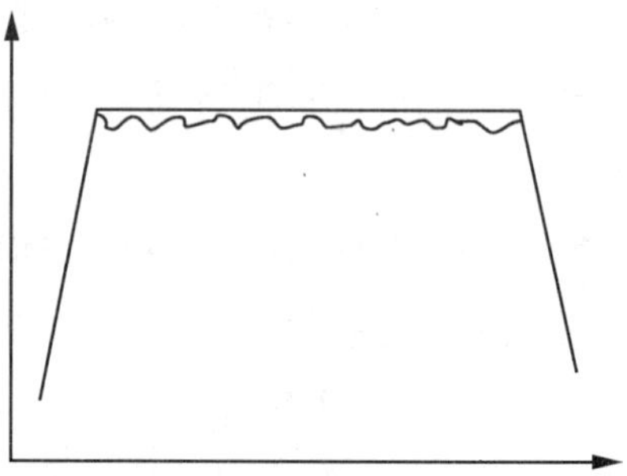

图2—73 潜伏顶形态

第一,潜伏顶既是顶部信号,也是一种反转形态。当潜伏顶突然开始向下突破,投资者一定要果断离场,因为潜伏顶的反转下跌通常是比较剧烈的。

第二,潜伏顶的实质是主力在高位慢慢出货,所以在潜伏顶形成期间,成交量会极度萎缩。等到主力出货完毕就会放量下跌,在下跌过程中,成交量将急剧放大。

第三,不要因为股价微幅盘整几天,就贸然断定是潜伏顶。潜伏顶的形成需要花费较长时间,大致需要两三个月。股市有谚语:“横有多长,竖有多高。”潜伏顶的时间越长,将来面临的机会就越大。

2. 潜伏底

股价经过一段时间的下跌后降至很低的价位,然后,股价在某低位区域内作长时间的小幅波动,随着时间的延长出现一条水平移动的曲线,这被称为潜伏底。潜伏底形态的出现,表明流通的筹码十分稀少,预示着股价会有惊人的上涨。潜伏底形态的图形参见图2—74。潜伏底形态的运用要点如下:

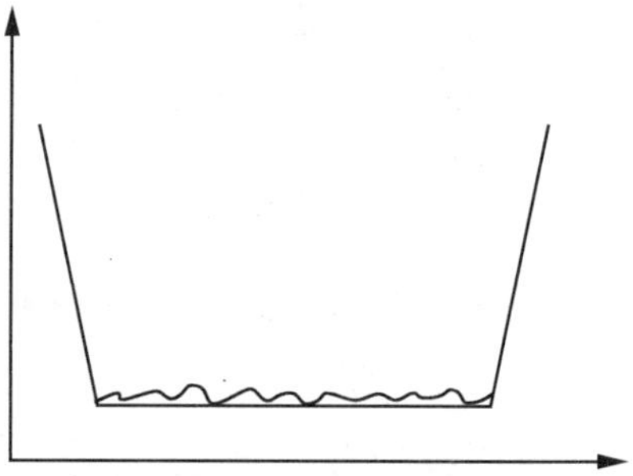

图2—74 潜伏底形态

第一,潜伏底既是底部信号,也是一种反转形态。当潜伏底突然出现放量向上突破时,是进货的好机会,投资者应该果断介入,因为潜伏底所引起的上涨行情通常是规模较大的。

第二,潜伏底形态的实质是主力在耐心吸筹,所以在潜伏底形成期间,成交量极度萎缩。等到吸筹完毕,就会放量拉升,在向上突破时,成交量将急剧放大。

第三,与潜伏顶一样,不要因为股价微幅盘整几天,就贸然断定是潜伏底,潜伏底的形成一般需要三个月的时间。同样,潜伏底的形成时间越长,将来面临的机会就越大。

(六)喇叭形(倒转三角形、正统扩散形)

喇叭形的正确名称应该是扩大形或增大形,可以看作对称三角形的倒转,所以也叫倒转三角形,由于倒转三角形的图形酷似一个喇叭,故得名。倒转三角形正好与对称的收敛三角形相反,从左到右震荡不断扩大。起初,股价处在小幅盘局状态,随后股价波动越来越激烈,震荡范围越来越大,说明投资者参与交易活动异常积极,显示市场已失去控制并变得极为情绪化，因而属于看跌形态。喇叭形的图形特点是，上面的压力线一顶比一顶高，下面的支撑线一底比一底低，最后破位下跌，是一种重要的顶部反转信号。喇叭形的图形如图 2－75 所示。喇叭形的运用要点如下：

第一，喇叭形基本上不会出现在底部，大多出现在上升趋势当中，是一种强势转为弱势的信号，一般象征多头市场的结束。倒转三角形出现以后，股价未来的跌幅较大，一般相当于倒转三角形右边开口处的垂直高度。

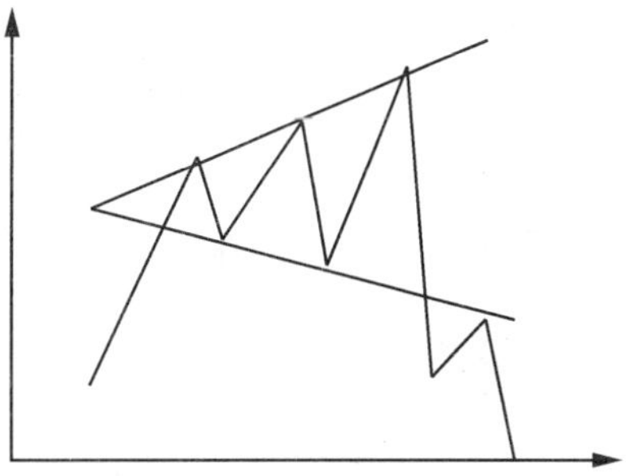

图 2－75　喇叭形图形

第二，喇叭形的成交量呈现不规则变化，形态的最终完成是对低点连线形成突破，并由反抽来加以确认。股价在突破下面支撑线之后的下调过程中，肯定会遇到反扑，而且反扑的力度会相当大，这是倒转三角形的特殊性。但是，只要反扑的高度不超过下跌高度的一半，股价下跌的势头还会保留。

第三，如果该形态出现在一波较大的升势之后，完成后的杀伤力会相当大，调整持续的时间也非常长；而如果该形态出现在一段下调行情之后，则会成为中继型调整，其杀伤力通常会明显减弱，调整时间有可能缩短。

第四，该形态构筑的时间一般不会超过 60 个交易日或 3 个月，高低点之间的落差大多在 15％左右，否则形态能否成立值得怀疑，而形态的规模对破位后的跌幅及整理时间有很大的影响。

（七）直角扩散形

喇叭形属于正统扩散形态，此外还有直角扩散形态，它们实际上是倒转的上升三角形和下降三角形。它们可以成为反转形态，如图 2－76(a)和(b)所示；也可以成为整理形态，如图 2－76(c)和(d)所示。直角扩散形态一旦完成，不论是反转形态还是整理形态，随后的价格走势都非常强劲。它们看起来像是不完全的头肩形态，强劲的走势使价格未能有充分的时间来构筑右肩。

在市场的头部，扩散形态与头肩形在形状上类似，但扩散形的头部总是在最后才形成，价格向下有效突破代表空头信号，成交量可大可小，如果突破伴随成交量放大，空头迹象更加明显。在市场底部的扩散形态，与头肩底在形状上类似，但底部总是在最后才形成，价格向上有效突破代表多头信号，但是突破时必须伴随成交量的放大。扩散形态有时也会有失败，图 2－77(a)和(b)是失败的扩散形态，我们可以将图中的虚线延长，把价格有效突破该线作为直角扩散形态失败的确认信号。

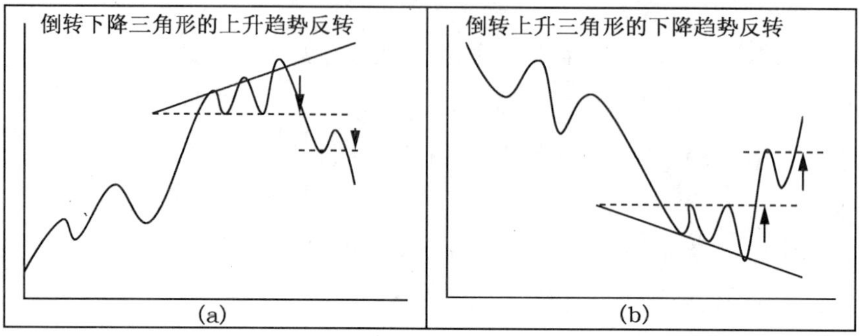

图 2—76　反转形态的直角扩散形

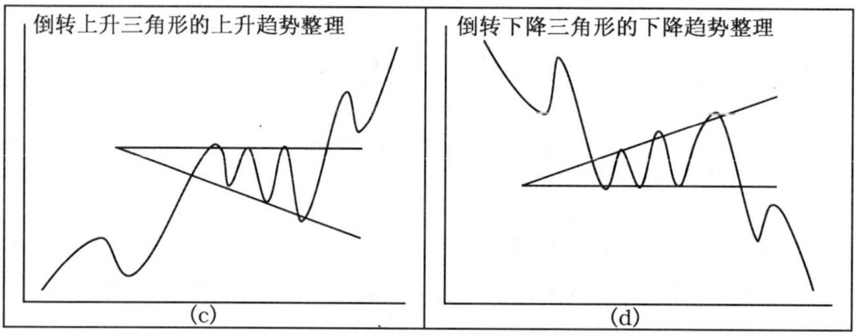

图 2—76　整理形态的直角扩散形

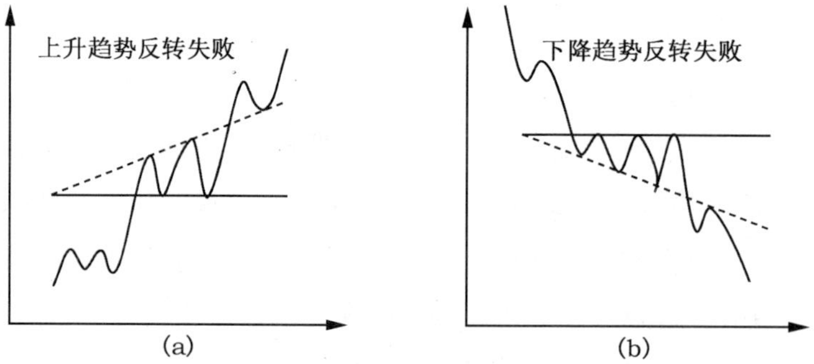

图 2—77　直角扩散形态失败图形

（八）菱形形态

菱形的另一个名称叫钻石形，是另一种出现在顶部的看跌形态，比起倒转三角形来菱形更具有向下的愿望。菱形形态出现的机会很少，一般多见在顶部，市场主力采取不规则的震荡来完成出货的目的。其图形的特点是，整个图形分成两部分，左边是一个倒转三角形，右边是一个收敛三角形。前半部分的喇叭形之后，趋势应该是下跌，后半部分的对称三角形使这一下跌暂时推迟，但终究没能摆脱下跌的命运。菱形形态的图形如图 2—78 所示。但要注意菱形上面两条直线的交点有可能并非正好是一个高点，技术分析中的菱形并非严格几何意义上的菱形，这一点与别的形态是一样的。菱形形态的运用要点如下：

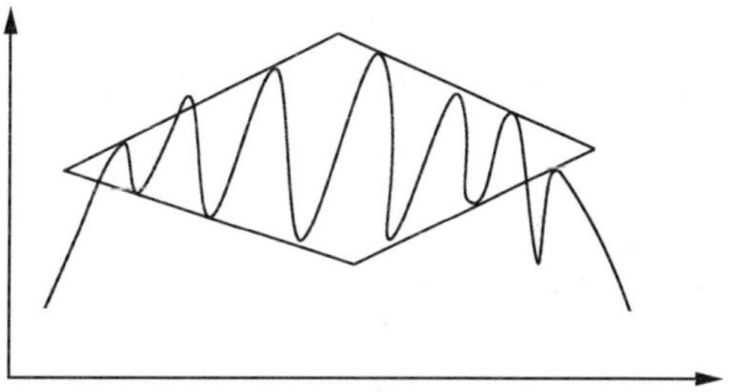

图 2—78　菱形形态

第一，菱形形态通常是一种很明确的变盘信号，象征着多头行情即将失败，股价一旦突破形态中的支撑线，应该果断离场。其未来的下跌幅度同样可以预测，以菱形最宽处的高度为形态高度，今后下跌的深度从突破点起算，至少下跌 1 个形态高度，这同大多数的测算方法基本相同。

第二，菱形有时候作为持续整理形态不出现在顶部，而是出现在下降趋势的中途，下降趋势中途出现菱形以后的走向仍然会保持原来的趋势继续下降。

第三，在菱形的形成过程中，成交量是随着股价的变化而变化，开始的时候是越来越大，然后是越来越小。

（九）V 形形态

V 形形态出现在市场剧烈的波动之中，它的顶和底只出现一次，与其他的反转形态有较大的区别。大部分主要趋势的反转都需要较长的时间，但是有些次要趋势的反转是快速的，影响是短期的，V 形反转形态是反映这种情况的代表性形态。V 形形态的出现往往是主力刻意打压或者拉抬的结果，股价几乎是直上直下地变化，可以分为 V 形顶和 V 形底。参见图 2—79(a)和(b)。

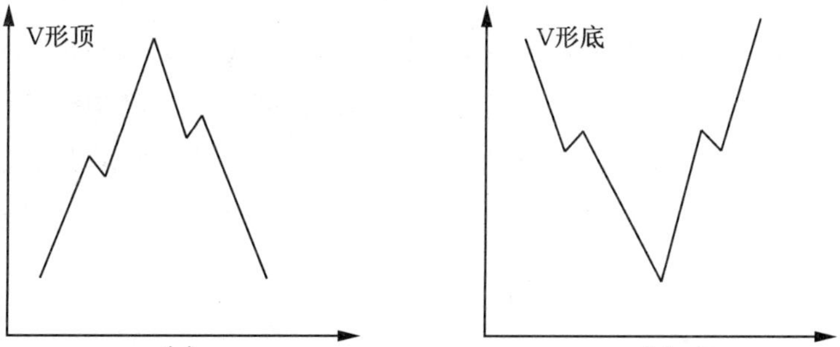

(a)　(b)

图 2—79　V 形形态

V 形形态的运用要点如下：

第一，V 形反转形态虽然是一种重要的反转形态，但它是一种失控的形态。由于

V形反转形态的出现一般都是很突然的，形成时间较短，走势猛烈，因突然变化而带来快速的反运行，所以投资者很难抓住进出的机会。V形形态一般事先没有明显的征兆，只能从其他的一些分析方法中得到不太明确的信号。由于信号比较紧急，投资者一定要冷静、果断、坚决，在V形反转发生的瞬间当机立断采取行动。

第二，反转之前有一个上涨或下跌趋势的存在，而且这个趋势推进的速度非常之快，持续出现跳空缺口，无明显的支撑或压力线出现，最后出现的跳空缺口被回补，当这些现象出现时，应警惕可能发生V形反转。在反转的过程中，顶与底的差别主要表现在震荡幅度和成交量上。在底部运行时，震荡幅度较小，成交量持续低迷，一旦形成反转，股价通常会连续上扬，成交量也呈现放大态势。而在顶部时，股价震荡往往相当剧烈，但成交量是否放大或萎缩并非关键因素。有时候V形形态出现后，会在右边形成一个暂时的逆向平台，即底部的平台向下倾斜，顶部的平台向上倾斜。平台出现时，成交量减少，平台突破，形态完成。

第三，V形反转形态的时间跨度没有一定，短的一两天，长的一两周。在反转过程中，会发生所谓的关键反转现象。关键反转也称为关键日反转，是指在某一交易日中，由于市场突然变化而产生的行情的大幅度逆转。通常在上升行情中，早盘大幅高开并创出历史新高，然而尾盘快速走低，以当日最低价报收，甚至收盘价位于前一日最低价的下方。而在下跌行情中，早盘大幅低开并创出历史新低，然而尾盘快速走高，以当日最高价报收，甚至收盘价位于前一日最高价的上方。

第四，在V形反转中很容易发生岛形反转的现象，通常是在连续的下跌或上涨过程中，出现一系列缺口，当最后一个竭尽缺口出现以后，第二天的交易价格与前面的价格割裂开来，稍作盘整后价格又向反方向跳空，再次出现跳空缺口，这样，底部或顶部的价格就变成一个完全孤立的岛状，这样的反转被称为岛形反转。岛形反转是一个孤立的密集交易区间，主要出现在中期趋势或主要趋势的末端，与前期走势间隔一个竭尽缺口，与随后的走势间隔一个突破缺口。岛形反转经常与其他价格形态一起构成某种整体价格形态的一部分，例如头肩顶的头部或头肩底的底部。岛形反转的时间很短，在某些情况下，岛形反转可能一天就完成。图2－80(a)和(b)分别为上升趋势中和下降趋势中的岛形反转。

五、应用形态分析理论应注意的问题

形态分析是技术分析中较早得到应用的方法，相对比较成熟。但是，也有正确使用的问题，否则很容易发生形态混淆或者错过机会。

(一)形态的叠合与变异

在实际的股价运动轨迹中，往往会有叠合现象，持续整理形态经常会充当反转突

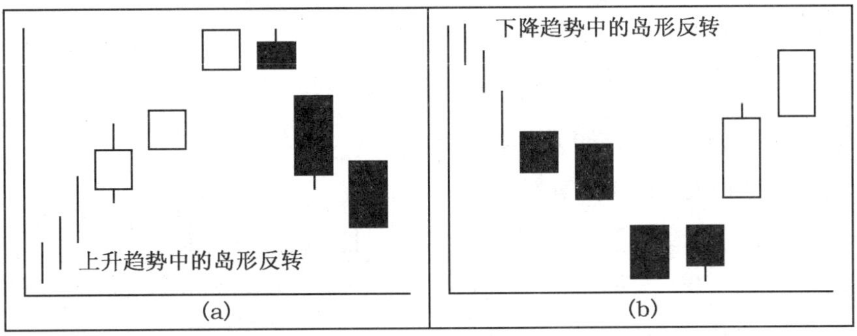

图 2—80　岛形反转

破形态的一部分,而反转突破形态有时候也会充当持续整理形态的一部分。比如,三角形在圆形、头肩形和双重顶底形等反转突破形态中,往往表现为突破前的蓄势整理,或突破后的整固;而圆形经常充当矩形、三角形等持续整理形态在突破前的最后一次局部反转。

另外,形态也会发生变异现象。某些形态虽然被归类为持续整理形态,但会变异为反转突破形态;同样,有些形态虽然被归类为反转突破形态,但有时候也会变异为持续整理形态。由于存在变异现象,既可以作为持续形态,也可以作为反转形态,就有被人为利用的可能性,成为诱空或诱多的陷阱。比如,楔形经常以持续形态的面目出现,因此也经常被机构庄家用来作为洗盘或出货的工具。所以,在运用形态分析的时候,如何防止形态骗局是一个重要问题。

(二)形态分析三要素

不管哪种形态,分析时都离不开成交量、时间、空间(波幅或落差)的分析,这三者是形态分析的基本要素。将形态的一般规律与三要素结合起来,是正确运用形态分析方法的重要环节。

1. 成交量观察

一般来说,反转时成交量要求高,整理时成交量要求低。整理形态形成时,向上放量或向下缩量以及突破后放巨量均为底部整理或上升途中整理;反之,为顶部以及下跌过程中整理。成交量一般与价格趋势保持一致,价升量增、价跌量缩是一种正常的价量关系,如果价量发生背离,应该认为是当前趋势即将发生反转的信号。图 2—81 显示了矩形在底部、中间及头部不同情况时的成交量变化规律。

在图 2—81 中,最下面的垂直线表示成交量,当价格接近前期低点或矩形区间 AA 时,成交量稍微放大,但因为是在底部形成期间,交投清淡,成交量明显萎缩。在整个整理阶段,成交量不断萎缩,一直到价格形态趋于完成的时候,表明多空双方都在观望。但是,当价格向上突破阻力位时(矩形形态的上界),交投迅速活跃起来,成交量明显增加。由于成交量的明显放大,我们可以确认突破的有效性。如果价格突破时没有成交量的放大,则该突破信号很值得怀疑。因为较小的成交量无法推动价格沿突破方向运动。当价格脱离矩形区域大幅上涨后,追涨的热情开始降低,价格呈现横向整理走势,形成中途矩形区间 BB,同时伴随成交量的萎缩,这是一种正常的价量关系。随后,价格又向上突破,成交量明显放大,再次确认原来的上升趋势。最后,买方力量衰竭,价格走势形成另一个矩形区间 CC,成交量持续萎缩,然后突破矩形下界,向下反转。我们应该注意,在价格突破矩形区间 BB 时,成交量虽然增加,但相对低于突破矩形区间 AA 时的成交量,从整个循环角度来看,这是一种空头的信号。在这个例子中,成交量在价格进入矩形区间 BB 时已经达到峰位,而价格在矩形区间 CC 时才达到峰位。在矩形形态 CC 的形成过程中,成交量萎缩,但当价格向下突破时,成交量明显放大。价格向下突破矩形形态的下界,成交量放大现象虽然可以显现行情的空头特征,但却不是向下有效突破的必要条件,这与向上突破不同。价格向下突破后,经常会再次反弹,这种反弹总是伴随成交量的萎缩,进一步显示市场的空头特征。

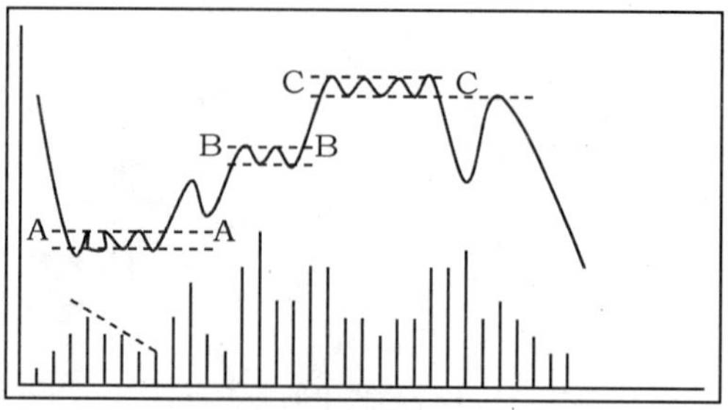

图 2—81 矩形在底部、中间及头部的成交量变化规律

2. 时间观察

整理形态时间短,完成形态后维持原方向运动;反转形态时间长,完成形态后反方向运行。完成形态所需要的时间是一个重要的因素,因为价格形态完成的时间关系到资产换手的数量,当价格在某一区间僵持了相当长的时间,投资者已经习惯于在某一低价位买入、在另一高价位卖出,一旦价格突破这一区间,意味着多空双方力量对比发生了根本性的变化,对市场心理产生很大的影响。另外,在判断突破是否有效时也必须考虑时间因素,实际上一个有效的突破应该保持一定的时间。例如,在当日走势图上,观察到价格走势由矩形形态向上突破,但如果价格不能在突破价位上保持一天,这种突破信号就值得怀疑。

3. 波幅或落差观察

形态没有完成前,即股价变动没有突破颈线等形态中的支撑线或压力线,不要过早采取相应的交易策略。不论幅度多小的价格形态,其突破走势都是趋势反转或连续的有效信号,但是我们也会经常遇到错误的趋势反转信号,这些错误的信号被称为假突破信号。因此,就有必要建立一定的准则,最大限度地避免错误的解释。传统的经验认为,3%以上的突破才是有效的突破,该确认准则可以排除大量的假突破信号,但信号在时间上也会滞后一些。虽然一般都将3%作为一个基本的确认准则，但在确认突破是否有效时，最好的方法还是基于过去每次特定情形所获得的经验和评估技巧，许多突破的确认依赖特定股票的波动性。比如，相对于采矿类股票，公用事业类股票的价格波动非常平稳，两类股票采用相同的百分比突破准则显然不合适。因此，根据个人过去的经验、经历和失误来判断价格突破的有效性，可以大大降低判断错误的可能性。另外，整理形态完成后幅度测量的准确性比较低，而反转形态完成后幅度测量的准确性比较高。

（三）形态分析中的操作策略

如果整理形态还是反转形态难以确认，则需要在重要位置停损或追涨，先判断为整理形态，结果走出反转形态，向下时在重要趋势线及颈线位处设停损点，向上时也同样在重要趋势线及颈线位处进行确认，在确认后及时追涨。在整理形态还是反转形态不明朗时，最好停手少做短差，不要轻易去捕捉反弹，待趋势明朗后再进行操作。

第六节　量价关系理论

一、量价关系理论概述

1. 定义

在股市的技术分析理论中，量价关系理论是重要的理论之一。所谓量价关系理论，就是根据成交量与股价的关系来判研股价的走势。成交量通常是指某一个交易日或者某一段时间内如一周或一个月里，成交的总股数或者成交的总金额。如果是考察个股的话，则是该股票的成交总股数或总金额；如果是考察股市大盘的话，则是市场全部的成交股数或总金额。有时候也使用成交笔数。但是对成交量的解释和分析应该以最近的数据为依据，成交量的迅速扩大是制度变革、市场扩容、衍生品的发展等诸多因素作用的必然结果。

2. 基本观点

如前所述，在道氏理论中已经开始强调用成交量作为判断股市趋势的手段。但是，公认的量价关系理论创始人是美国股市分析家葛兰威尔（Granvile）。葛兰威尔在其所著的《股票市场指标》一书中，对量价关系作了理论上的概括。其基本观点是：第一，成交量是股市的元气，成交量的变动直接表现股市交易是否热络，人气是否旺盛，体现了市场运作过程中的供给与需求之间的动态实况。第二，成交量是推动股价上涨的原动力，没有大的成交量的发生，市场价格就不可能发生大的向上突破的变化。第三,成交量是测量股市行情趋势变化的温度计,没有成交量也就没有股价趋势可言,成交量的增加或者萎缩都表现出一定的股价趋势,可以推断多空双方斗争的规模和股价涨跌的幅度。可以说,葛兰威尔提出的量价关系理论是对道氏理论趋势判断方法的进一步具体的补充。

3. 经验法则

根据葛兰威尔的量价关系理论,一些技术分析学派的学者进一步提出了一些经验法则,如"成交量与股价趋势同向同步";"天量见天价,地量见地价";"先见量后见价";等等。这些经验法则中所体现出来的最重要的原理是:成交量的变动通常与价格走势相一致,在正常情况下,交易活动在上涨行情中扩张、在下跌行情中收缩,如果出现量价背离的反常现象,就应该引起高度警惕。这是因为成交量反映了买卖双方的交换行为,不管成交量是多少,流入某一股票的资金量必然与流出的资金量相等,卖方所卖出的股票数量总是等于买方所买入的股票数量。所以,如果买方需求热切,他们将不断地进行买入操作,直至获得足够多的筹码,从而推动价格飙升。而当卖方获悉利空消息时,他们可能变得恐慌而积极抛售,从而推动价格迅速下跌,但同时由于缺乏买盘,成交量会出现萎缩。

4. 图形表现方式和作用

成交量通常以柱状图的形式列在价格走势曲线的下方,由于这一安排可以突出反映交易活动的扩张和收缩,因此得到广泛的认可。这样一来,我们可以一目了然地从图形上很直观地通过成交量的变化来确认或质疑价格趋势的可持续性。具体而言,同时观察价格与成交量,有助于我们判别两者是否相匹配。如果两者匹配,表明当前的价格走势可能会继续下去;如果两者不匹配,表明当前的价格走势并不像其表面所显示的那样强劲。

二、葛兰威尔判断量价关系的八大法则

葛兰威尔在对成交量与股价趋势的关系进行研究后,总结出下列八大法则:

第一,价格随着成交量的递增而上升是股市行情的正常特性,此种量增价升的关系并非特别暗示趋势反转的信号,反而是趋势将继续保持下去的迹象。图 2—82 所示的就是一种量增价涨的情况,表明市场处于正常状态,此时并没有特别的预测价值。根据这一法则,如果成交量还没有达到峰值,表明价格至少还有一次上攻,从而创下新高。

第二,在一个波段的涨势中,股价随着递增的成交量而上涨,突破前一波的高峰,创下新高,继续上扬。但是,这一波段,股价上涨的整个成交量水平却低于前一个波段上涨的成交量水平。此时,股价创出新高,成交量却没有突破,那么此波段股价的涨势

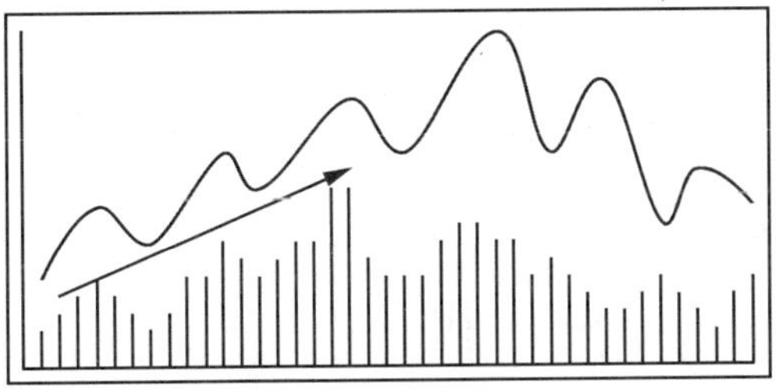

图 2—82　量增价涨

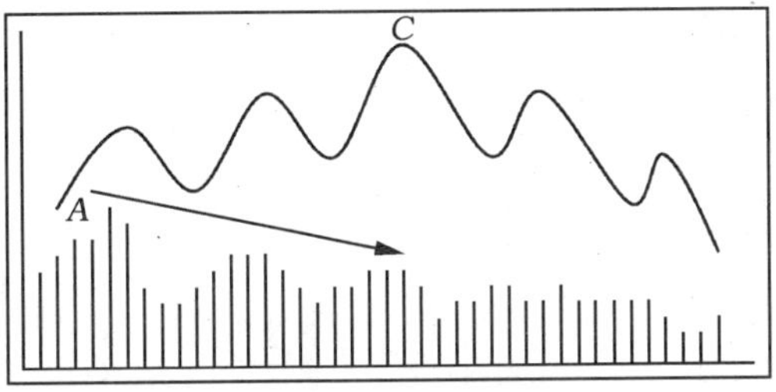

图 2—83　价格峰位与成交量峰值背离的情况

令人怀疑，同时也是股价趋势潜在反转的信号。在多头行情中，成交量通常会领先于价格。当价格创下新高，而成交量并没有对此加以确认时，这一价格新高应被视为危险信号，表明当前的趋势可能反转。在图 2—83 中，股价在 C 点达到峰值，而成交量却在 A 点到达峰值，这种情况是正常的。成交量峰位的持续下滑说明技术面的动能在走弱，虽然没有严格的规则证明在价格达到峰位之前它与成交量峰值之间究竟会发生几次背离现象，但总的来说，出现的背离次数越多，当前的技术走势越弱。

第三，股价随着成交量的递减而回升，即股价上涨，成交量却逐渐萎缩。在这种情况下，因为成交量是股价上升的原动力，原动力不足显示出股价趋势潜在的反转信号。如图 2—84 所示，价涨量缩是一种反常现象，此时的反弹走势力度较弱，持续性也值得怀疑。这种情况通常出现在主要的空头行情中，因此可以作为一个看空的信号。对这一看空信号的解释在于，成交量度量了买卖双方的相对热情，当市场处于反弹走势而成交量却不断萎缩，表明此时的价格上涨主要是由于卖方惜售而非买方积极买进所致。由于价格上涨，卖方迟早会转为大量抛售，此后价格就会一路下滑。但是要注意的是，此后价格的下滑会伴随成交量的显著放大。

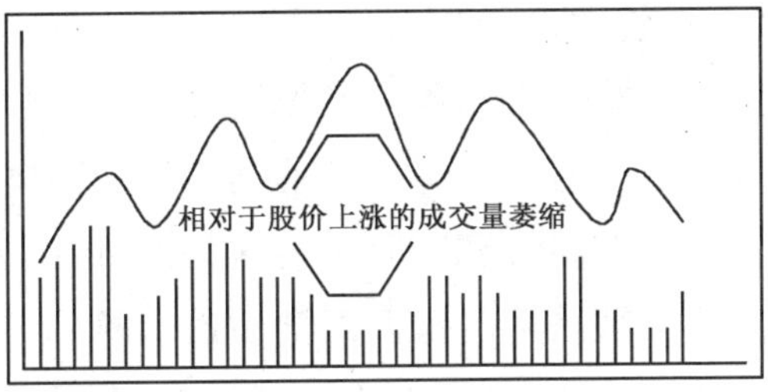

图 2—84　价涨量缩

第四，股价随着缓慢递增的成交量而逐渐上升，平稳的走势突然成为垂直上升的井喷行情，成交量又急剧增加，股价暴涨。但是紧随着这一波走势，继之而来的是成交量的大幅度萎缩，同时股价急速下跌，此现象表明涨势已到尽头，是股价趋势反转的迹象。如图 2—85 所示，有时候，价格与成交量会呈现缓步的上升，然后逐渐形成加速的涨势，并在最后的爆发阶段价格迅速飙升，随即成交量和价格又都急剧下跌。这代表一种衰竭的走势，预示着即将发生趋势反转。趋势反转的严重性取决于这一波涨势的幅度和成交量放大的程度，一个持续 4～6 日的衰竭走势显然不如一个持续数周的衰竭走势严重。这一现象称为抛物形暴涨走势，这种走势通常要在成交量与价格各自达到峰位一两天后才能识别。

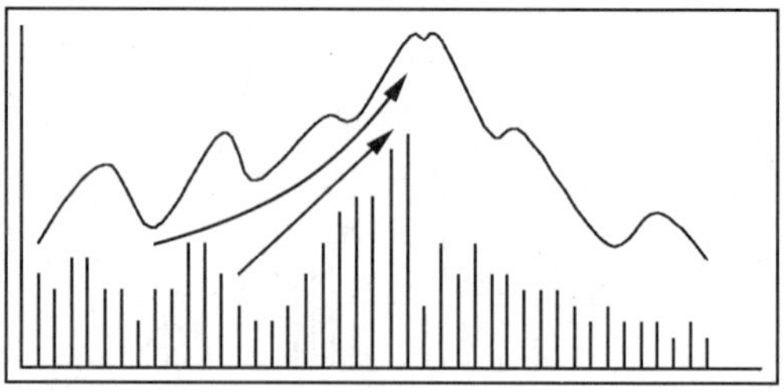

图 2—85 抛物形暴涨走势

第五，在一个波段的长期下跌形成谷底后股价回升，成交量并没有因股价上升而递增，股价上涨欲振乏力，然后再度跌落至谷底附近或者略高于谷底。当第二谷底的成交量明显低于第一谷底的成交量时，是股价将要上升的信号。如图 2—86 所示，在长期下跌走势之后价格出现反弹，接着再度回落形成第二个谷底，第二个谷底的位置可能略高于或略低于前一个谷底。由箭头所表示的第二个谷底相对应的成交量明显小于前一个谷底相对应的成交量，这象征着出现多头征兆。其中偏低的成交量是对前一低点的检验，暗示做空动力逐渐衰竭。股市中有一句至理名言："绝不在一个低迷的市场中做空。"这句话非常符合这里所讨论的情形。

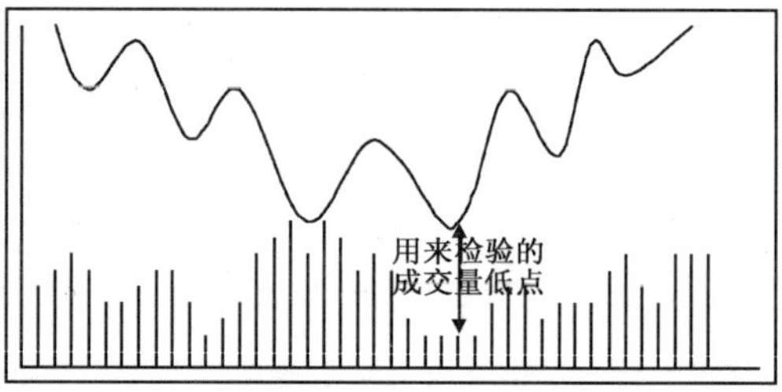

图 2—86 第二谷底成交量缩减

第六，股价下跌相当长一段时间后，市场出现恐慌性抛售，随着日益放大的成交量，股价大幅度下跌。而随着恐慌大量卖出以后，往往是空头市场结束的预兆。如图 2—87 所示，与抛物形暴涨相对应的是抛售高潮，伴随着成交量的放大，价格急剧下跌了一段时间后，就会出现抛售高潮。而抛售高潮出现以后，可以预期价格将会上涨，而且先前在抛售高潮时所构筑的底部在短期内不会被跌破。抛售高潮后的价格回升走势应该伴随成交量的相对萎缩，这是价涨量缩走势中唯一可以视作正常情况的状态。尽管如此，还是应确信在随后的反转走势中，成交量将放大。要注意，一个空头行情的结束通常会伴随抛售高潮的出现，但这也不是绝对的。

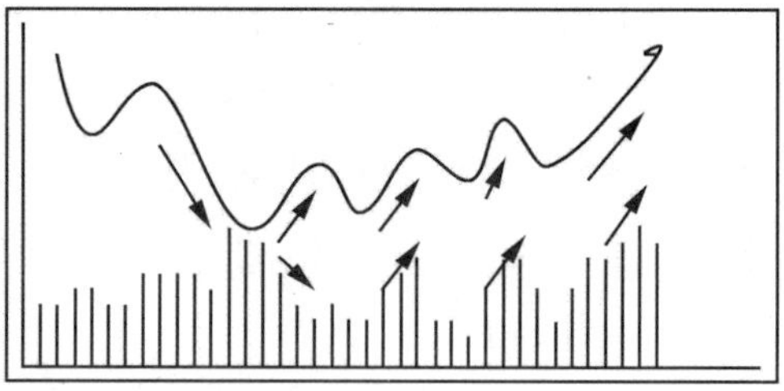

图 2—87 抛售高潮

第七，股价下跌向下突破股价形态、趋势线或者移动平均线，同时出现大的成交量，是明确表示股价下跌的信号。如图 2—88 所示，成交量放大时，价格向下突破股价形态、趋势线或者移动平均线是一种反常的关系，代表空头征兆，可以用来确认趋势反转。价格的下跌通常由于缺乏买盘，因而成交量会出现萎缩，这是正常的交易状况，并不能提供更多的信息。然而，如果下跌行情中成交量持续放大，这往往是由于卖盘增加，因此这一下跌行情的后市不容乐观。作为加强确认的方法，就要看下跌过程中是否突破股价形态、趋势线或者移动平均线。

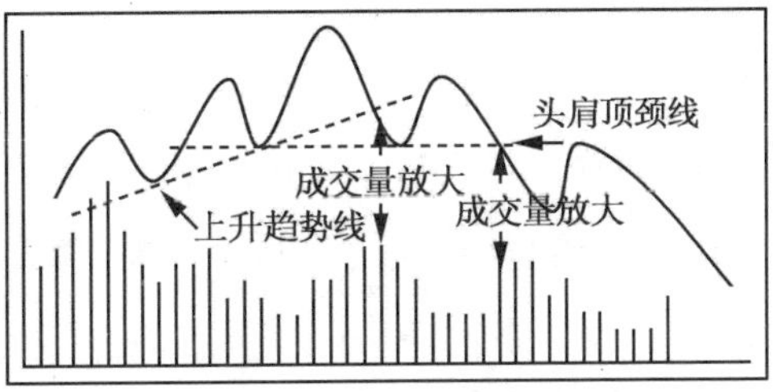

图 2—88　向下突破形态和趋势线时成交量放大

第八，当市场行情持续上涨数月之后，出现急剧增加的成交量而股价却上升无力，在高位整理、震荡。这表明抛压沉重，上涨趋势遇到强有力的阻力，这是股价下跌的先兆。如果股价连续数月下跌，在低价位区出现大成交量，股价却没有进一步下跌，仅出现小幅度波动，这通常是上涨的前兆。如图 2—89(a)所示，市场行情经过数个月的上涨之后，价格涨势出现钝化，但成交量却持续放大，这代表一种震荡出货的空头信号。图 2—89(b)表示，在行情经过数月下跌之后，价格跌势出现钝化，但成交量却持续放大，这代表一种进货的多头信号。

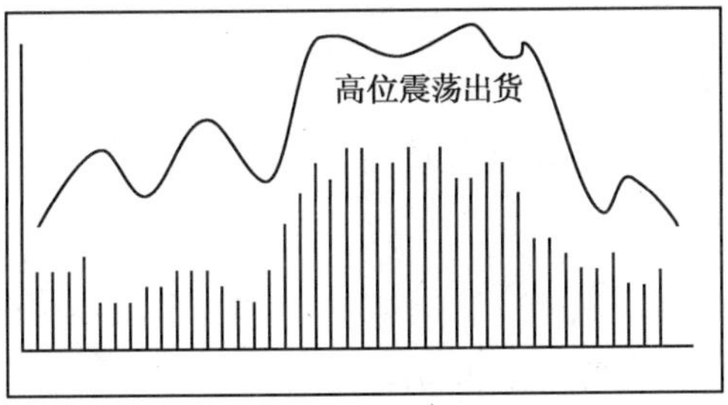

图 2—89(a)

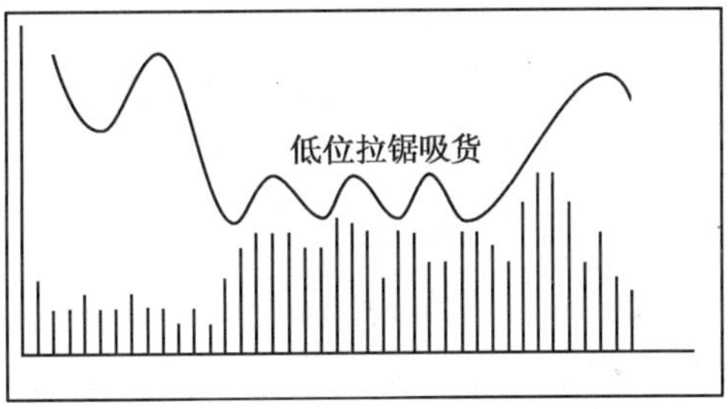

图 2—89(b)

三、量价关系的基本模式——逆时钟曲线

在正常情况下，虽然股价与成交量是同步同向的，价涨量增、价跌量缩。但是实践中量价关系比较复杂，最基本的模式有以下几种(参见图 2—90)：

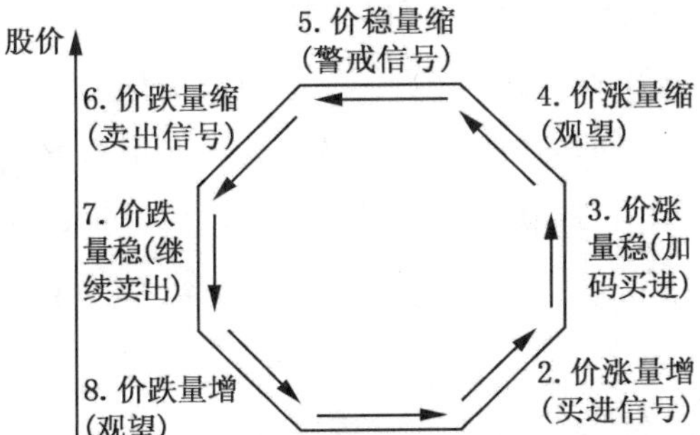

图 2—90　逆时钟曲线

1. 价稳量增(价平量增)

股价经过一段跌势后，下跌幅度缩小，甚至止跌转稳，在低位盘整，成交量明显由萎缩而递增，这表明低位接手转强，此为转阳信号。这里判断的关键是股价在底部区域出现较大的成交量而股价却没有进一步下跌，而是小幅波动甚至企稳，那么这表示空头市场将要结束，大势将要反转。

2. 价涨量增(价量齐升)

成交量持续扩大,股价回升,量价同步走高。资金是水,股价是船,股价随着成交量的递增而上涨,是多头市场的典型特征,为最佳的买入时机。在多头市场的初期,股价逐步走出盘局,成交量明显放大,随着成交量的进一步增加,股价会出现急速上涨的情况。

3. 价涨量稳(价涨量平)

成交量扩大到高水平后维持现状,不再继续增加,呈现出比较平稳的状态,但是股价仍然继续上升。在这种情况下,遇到股价有回档的机会应该加码买进。

4. 价涨量缩

当股价持续上升不断创出新高时,成交量却无法创下新高甚至出现萎缩的情况,这可能是股价趋势即将反转的信号。在这种时候,应该采取观望态度,不要盲目追涨。

5. 价稳量缩(价平量缩)

股价在高位区盘整,已经难以再创出新高,同时成交量开始明显减少。当股价在高位区盘整而成交量无法维持以前的水平甚至萎缩时,预示大势即将反转,多头市场已经进入末期。此为警戒信号,心中应该有卖出的准备或者开始卖出部分股票。

6. 价跌量缩(价量齐跌)

股价从高位开始滑落,成交量持续减少,价量同步下降,这表明市场已经进入空头趋势。这是明显的卖出信号,此时应果断卖出手头持有的股票。

7. 价跌量稳(价跌量平)

股价下跌速度虽然很快,但是成交量在低水平保持不变,这说明市场上已经无人接盘,是空头为主的市场,有股票应该继续卖出。

8. 价跌量增

在空头市场的末期,由于多空双方对大势的认识尚有分歧,一些投资者尚未认识到空头市场即将结束仍然继续抛售股票,同时因为股价已经下跌多时承接盘开始增加,导致价格虽然还在下降,但是成交量开始逐渐放大。这表明谷底已近,应该采取观望的态度。尤其要注意在价格的低点,当成交量创历史最高纪录时,通常表示重要的价格底部已经形成,因为这一信号表明投资者的心理状态已经发生逆转,这一逆转对于形成一波主升浪是非常重要的。

逆时钟曲线的特性可以概括如下:

第一,简单易懂,是了解量价关系的启蒙教材,但对于复杂的量价关系无法完全有效地诠释。

第二,股价剧烈波动时,时常发生单日反转,若刻板地运用,会有慢半拍之感,不易掌握良好的买卖点。

第三，高价位时的价跌量增和低价位时的价稳量缩无法表达出来，无法掌握最佳卖点和最佳买点。

第四，第 8 项的观望阶段很容易与高位时的价跌量增、杀盘沉重的情况相混淆，必须特别注意。

四、涨跌停板制度下的量价关系

由于涨跌停板制度限制了股票一天的涨跌幅度，使多空的能量得不到彻底的宣泄，容易形成单边市。因此，涨跌停情况下的量价关系有一些特殊性。涨跌停板制度下的量价关系分析的基本要点是：

第一，涨停量小，将继续上扬；跌停量小，将继续下跌。

第二，涨停中途被打开的次数越多，时间越久，成交量越大，则反转下跌的可能性越大；同样，跌停中途被打开的次数越多，时间越久，成交量越大，则反转上升的可能性越大。

第三，涨停封闭的时间越早，次日上涨的可能性越大；跌停封闭的时间越早，次日下跌的可能性越大。

第四，封住涨停板的买盘数量大小和封住跌停板的卖盘数量大小说明需求和供给力量的大小。这个数量越大，继续当前走势的概率就越大。

不过要注意庄家大户借涨跌停板制度进行反向操作，涨跌停板上的巨额买单或卖单并不一定是真正买卖意愿的表示，很有可能被用来引诱跟风或制造恐慌。在这种情况下，按照上述规则进行判断很可能遭遇陷阱。判断真假的方法之一，就是观察在涨停板或跌停板上是否存在频繁的挂单、撤单行为。

为了了解上述量价关系的分析，有几个概念必须明确。所谓涨停打开，是指卖单出现，在涨停板的价位上有成交。所谓跌停打开，是指买单出现，在跌停板的价位上有成交。所谓涨停封闭是指在涨停板的价位上有行无市，只有买单，没有卖单，无法成交。所谓跌停封闭，是指在跌停板的价位上有行无市，只有卖单，没有买单，同样无法成交。

第七节　移动平均线理论

一、移动平均线形成的原理

（一）移动平均线的定义

移动平均线（MA）是指利用规定的连续日的收盘价之和除以连续日数，并将所得到的平均数标在股价走势图所形成的曲线上。移动平均线是一种重要的技术分析工具，它将道氏理论中的长期、中期、短期的波动加以量化，更形象地描绘趋势走向。移动平均线的重点在于“平均”两字上，虽然在股价图形上有价格走势曲线，但是股市中的价格波动非常剧烈，短期震荡会使股价上下差异很大，为了克服上述困难，有人就将某一段时间的价格综合起来，算出一个平均价。这样经过数学方法处理的各种长中短移动平均线可以缓和价格的波动性，使价格的运动趋势变得平滑，使价格的各种扭曲减至最小，更具有参考价值。因为，在某一段时间内的平均价，代表了这段时间内的合理价格，也是多空双方的暂时平衡点。所以，移动平均线的基本思想是消除股价随机波动的影响，寻找股价波动的趋势。我们从移动平均线上可以得到判断大势趋向的信号，投资者可以利用移动平均线的原理，随时修正对市场的看法，决定进出的时机，或者计算利润和风险。

(二)移动平均线的计算方法

移动平均线根据计算周期的长短有短期、中期、长期之分。短期移动平均线当中有 5 日线、10 日线、15 日线、30 日线等，中期移动平均线当中有 60 日线、90 日线、半年线等，长期移动平均线当中有 200 日线、年线等。在根据需要、确定计算周期的前提下，移动平均线的计算方法可以分为以下几种：

1. 简单算术平均移动平均线

到目前为止，简单算术平均移动平均线应用最为广泛。它是通过将观测周期内的每天收盘价数据加总，然后除以观测周期的天数得到。以 5 日移动平均线为例，就是以 5 天作为计算移动平均线的时间周期，只要把 5 天的收盘价的总和，除以周期的天数即可。其计算公式如下：

$$MA_5=\frac{C_1+C_2+C_3+C_4+C_5}{5}$$

式中，C_1 代表第一天的收盘价，以此类推。为了使平均数能够移动，在将一项新的观测数据加入求和数据序列时，必须将原来数据序列中的第一项去掉，所得新和数再除以周期天数即得到新的平均数，重复上述过程即可得到移动的平均数，连接起来便成为移动平均线。

2. 线性加权移动平均线

为了使移动平均线能够更准确地反映未来趋势，有必要加大最近日期在移动平均线中的权重，体现最近日期的重要性，这就是加权移动平均线。加权移动平均线主要有线性加权和平方系数加权两种，先看线性加权移动平均线的计算方法。

线性加权是一种均匀加权方式，分别按计算周期的日数顺序给每日收盘价乘以一个加权系数，即可调整各日价格在平均价格中所占的权重。以 5 日移动平均线为例，从第一天到第五天分别将各天的收盘价乘以不同的加权系数，计算出移动平均线。其计算公式如下：

$$MA_5=\frac{C_1\times1+C_2\times2+C_3\times3+C_4\times4+C_5\times5}{1+2+3+4+5}$$

这样，每天价格对平均价的影响发生了变化，第一天的影响比例是 1/15，第二天是 2/15，第三天是 3/15，第四天是 4/15，第五天是 5/15，越接近分析时间，其价格的影响力越大，第五天的影响从算术平均方式的 1/5 提高到 1/3，充分显示了顺序的重要性。线性加权移动平均线的一般公式为：

$$MA_n=\frac{C_1\times1+C_2\times2+C_3\times3+\cdots+C_n\times n}{1+2+3+\cdots+n}$$

式中，C_n 表示周期中按天数顺序排列的各天的收盘价，n 表示周期的天数。

3. 平方系数加权移动平均线

它与线性加权方式类似，只是各日价格所乘权数是平方系数。以 5 日移动平均线为例，其计算公式为：

$$MA_5=\frac{C_1\times1^2+C_2\times2^2+C_3\times3^2+C_4\times4^2+C_5\times5^2}{1^2+2^2+3^2+4^2+5^2}$$

这样第一天到第五天所占的比例分别是 1/55，4/55，9/55，16/55，25/55，比起线性加权方式，平方系数加权方式进一步缩小了较远日期价格的影响，扩大了近期价格的影响。如在 5 日移动平均线中，第一天的比例由 1/15 缩小为 1/55，第五天的比例由 5/15 扩大为 25/55。平方系数加权移动平均线的一般公式如下：

$$MA_n=\frac{C_1\times1^2+C_2\times2^2+C_3\times3^2+\cdots+C_n\times n^2}{1^2+2^2+3^2+\cdots+n^2}$$

公式中符号的意义与前面相同。

二、移动平均线的作用

（一）显示股价运动方向和追踪趋势

移动平均线的主要作用是减少短期震荡对趋势的干扰，显示股价运动的方向和趋势。移动平均线不仅能够表示股价的波动趋势，而且能够追随这个趋势，不会轻易改变。当移动平均线向上移动时，股价为上升趋势；当移动平均线向下移动时，股价为下降趋势。因此，如果投资者把握好移动平均线的变动趋势，就等于把握了股价运动的方向。

（二）充当支撑线和压力线

移动平均线可以起到支撑和压力的作用，期限越长的移动平均线其支撑和压力的力度也越大。股价在移动平均线的上方向下回调时，移动平均线具有支撑作用；而股价在移动平均线的下方向上反弹时，移动平均线具有压力作用。同时，移动平均线被突破往往意味着支撑线和压力线被突破，期限越长的移动平均线被突破，其突破的有效性越大。股价向上或向下有效突破移动平均线，会产生助涨助跌的效果，期限越长的移动平均线一旦被突破，其助涨助跌的效果也越强。

（三）提示价格运行转向的信号

移动平均线具有提示价格运行转向的信号作用，由于移动平均线走势比较缓慢，所以一般不会像股价线那样产生锐角形反转，移动平均线一般以圆弧形拐点转势的形式，提示投资者头部或底部的来临，移动平均线出现弧形拐点是投资者逃顶抄底的好机会。运用移动平均线来把握趋势转向信号的技术要点可以概括为以下几点：

1. 股价线与移动平均线的背离

谨慎选定的移动平均线应该能够反映股价的基本变化趋势，因而股价线的背离（反向运行）预示着趋势的变化可能已经发生。如果股价发生背离时，移动平均线仍然明显地按当前的趋势运行，这种情况应该看成趋势发生反转的一个最初警告。

2. 股价线穿越移动平均线

价格趋势的各种变化，也可以通过价格穿越移动平均线来识别。当价格运动到移动平均线以下时，表明市场发生从涨势到跌势的变化；当价格向上穿越移动平均线时，预示看涨信号的来临。一般来说，移动平均线所覆盖的时间跨度越长，穿越信号的意义越重要。

但是，如果认真观察任何一个移动平均线的走势图，常常会发现许多虚假或错误的穿越信号。那么我们怎样才能判断出哪些是有效的穿越信号呢？不幸的是还没有绝对可靠的方法。事实上，许多虚假的穿越现象是不可避免的，而且应该视为无法改变的事实。不过，以下两种常用的方法可以在一定程度上帮助我们判断虚假的穿越信号。

（1）过滤方法。可以通过过滤技术避免一些错误的穿越信号。比如我们可以根据穿越移动平均线 3%的信号采取行动，对于 40 周移动平均线，3%的背离可能导致 15%～20%的平均价格的变化，在此情形下，3%的穿越将是合理的过滤。另外，对于 10 日移动平均线来说，由于 3%的穿越可能包含了 10 日移动平均线穿越所预示的整个价格走势，这种过滤对于 10 日移动平均线将毫无意义。按照过滤方法，可以在 40 周移动平均线的两边设置正负 3 个百分点的过滤线，当价格向上穿越 3%过滤带上界时为买入信号，当价格向下穿越 3%过滤带下界时为卖出信号。

由于单一期间的虚假穿越是很常见的，所以要获得移动平均线的穿越信号至少要等到第二天或第三天，这样才能得出比较明确的股价背离移动平均线的结论。所以，判断一个穿越是否有效，比较可靠的方法是综合利用时间和百分比这两个因素，这与判断突破趋势线是否有效是类似的。还有，移动平均线通常是根据收盘价来绘制，因此最好等到收盘价穿越移动平均线，才能作出穿越已经发生的结论。此外，如果价格穿越一条移动平均线，同时还穿越一条趋势线，或者价格形态已经形成，那么这些信号将相互强化，从而无需过滤技术。

(2)延后移动平均线方法。为了防止虚假信号，有些技术分析人员采用延后移动平均线的方法。所谓延后，是指在股价走势图上将每天对应的移动平均数往后推延，比如以 25 日移动平均线为例，第 25 天移动平均股价的实际位置不是绘制在第 25 天的位置上，而是延后绘制在第 28 天或第 30 天等的位置上。该方法的优点是可以让穿越的时间推迟，这样可以过滤掉偶尔产生的虚假信号。虽然延后多长时间没有定规，只有靠经验，但是有一种常用的方法是取时间跨度的平方根，比如 25 日移动平均线可以延后 5 天绘制。

3. 移动平均线方向反转

移动平均线方向反转通常比移动平均线的穿越更加可靠。移动平均线的方向在市场行情转折点附近发生变化是一个非常有力而且可靠的信号。但是，在大多数情况下，移动平均线方向的反转会发生在一个新的趋势已经开始之后，因而仅对趋势确认有用，存在着信号滞后的问题。以上主要是针对简单移动平均线而言的，对于加权移动平均线的理解不同于简单移动平均线，因为加权移动平均线比较敏感。通过加权移动平均线方向的变化就能够给出趋势反转的信号，而不能够等到价格穿越加权移动平均线时才给出信号。

(四)体现市场平均成本

移动平均线的数值代表了市场的平均成本，虽然实际上还不是真正的平均成本，只是接近平均成本，但是理论上可以这样推测。有了移动平均线，我们就可以知道目前股价的平均成本在哪里，并从股价的变动中分析出平均成本的增加或减少。当移动平均线逐渐接近头部股价时，买入成本不断增加，获利相对减少，短期想继续上涨，需要买方更大的能量。同样，当移动平均线接近底部股价时，成本越来越小，几乎都是套牢盘，稍有一点买气入场，股价就会上扬。

三、葛兰威尔移动平均线八大法则

葛兰威尔是美国证券投资分析大师，他提出了运用移动平均线的八大法则。其中四条属于买入信号，四条属于卖出信号。参见图 2—91。

(1)当移动平均线持续下降后转为平稳，并具有向上抬头的迹象，而股价线从移动平均线下方突破移动平均线，这是买入信号。因为，移动平均线已经转平并上升，表示股价将转为上升趋势。而此时股价线若再从移动平均线的下方向上突破延伸，就表示股价已经脱离了卖方压力，买方开始处于相对优势地位。

(2)移动平均线呈上升状态，但是股价线却降至移动平均线的下方时，属于买进信号。这是因为移动平均线变动比较缓慢，股价会因为急速下降而跌进移动平均线以下。一般来说，这种下跌只是一种暂时的现象，过几天之后股价一般会回升到移动平均线的上方。

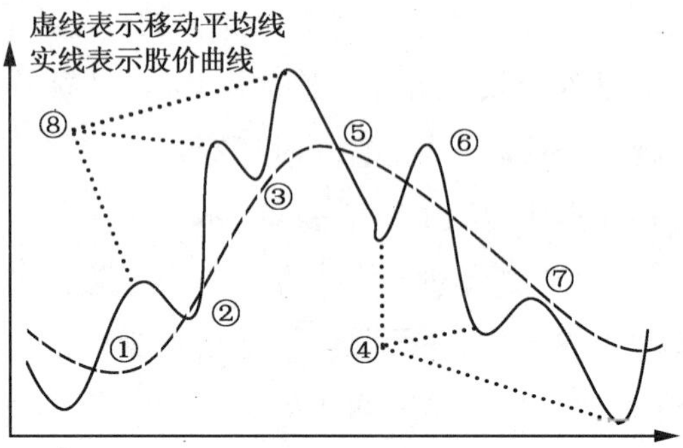

图 2—91 葛兰威尔移动平均线八大法则

(3)股价在移动平均线的上方并朝着移动平均线下跌，但没有跌破移动平均线或者说还没有与移动平均线交叉，又再度转为上升时，也是买进信号。这是因为股价线下跌但没有跌破移动平均线，表示投资者获利回吐；在整个股市上升趋势强劲的情况下，股价在短期内经过重整以后，又会强劲上升，所以也是买进机会。

(4)移动平均线呈下降状态，同时股价线处于移动平均线的下方并且以更加倾斜的角度出现暴跌，导致股价线与移动平均线大幅度偏离，造成乖离率过大时，也是买进信号。这是因为当股价急剧下跌而且跌幅很大时，很可能出现卖出者重新买进自己卖出的股票，这叫做空头回补现象，所以也是买入时机。

(5)移动平均线由上升转为平移或者下降状态，而股价线从移动平均线的上方跌破移动平均线的时候，是卖出信号。因为移动平均线转平或者下降，表示股价将转为下降趋势，而此时股价线再从上方向下突破移动平均线，表示股价已经失去买方支撑，卖方处于相对优势地位，卖方意向趋强，行情将要反转，所以是平仓信号。

(6)移动平均线处于下降状态，而股价线却由移动平均线下方升至其上方时，也是卖出信号。这是因为移动平均线正在缓慢下降，而股价线却因急速上升而走到移动平均线的上面。一般来说，这种上升只是一种暂时现象，过几天股价线通常又会回到移动平均线的下方，所以是卖出时机。

(7)股价经过大幅度的下降在移动平均线的下方，之后出现反弹并且朝着移动平均线的方向上升接近移动平均线，但是在还没有突破移动平均线或者说还没有与移动平均线交叉的时候又掉头下降，是卖出信号。这是因为股价上升但未突破移动平均线，表明股价上档压力较重，在整个股市处于跌势的情况下，股价在短期内还会大幅度下跌，所以是卖出时机。

(8)移动平均线呈上升状态，而股价线在移动平均线的上方以更加陡峭的角度向上延伸并且远离移动平均线，导致乖离率过大时，也是卖出信号。因为这表示近期多头皆有利可图，随时会产生获利回吐的抛盘，所以是卖出时机。

在上述葛兰威尔的移动平均线八大法则中，前四条是买入信号，后四条是卖出信号，我们可以看到，葛兰威尔的八大法则基本上是两两对应的。

四、多条移动平均线的综合运用

(一)短期、中期、长期移动平均线各自的作用

移动平均线的移动间距(周期)越短，与股价的变化或波动就越吻合；移动间距越长，与股价的变化或波动就越不吻合，移动平均线自身的变化也越平缓。如前所述，根据计算周期不同，移动平均线可以分为短期移动平均线、中期移动平均线和长期移动平均线，它们的作用各不相同。虽然任何时间跨度，不论是几天、几周、几个月甚至几年，都可以绘制移动平均线，但是时间长度的选择是非常重要的。比如，假定一个完整的多头市场和空头市场的循环周期需要 4 年，那么时间跨度超过 48 个月的移动平均线将丝毫不能够反映该周期，因为它掩盖了这一段时间内发生的所有波动，并将呈现为一条穿越价格中间值的近似水平的直线。另一方面，5 日移动平均线虽然能够捕捉到循环周期中的每一个微小的价格走势，但要想通过它识别整个周期实际的峰位和谷底是无效的。即使将 48 个月移动平均线缩短成 24 个月移动平均线，将 5 日移动平均线扩展成 4 周移动平均线，也无法捕捉到股价实际的周期性运动。比如应用 24 个月移动平均线的穿越信号会使对趋势变化的确认过于迟缓，而 4 周移动平均线的信号会过于敏感，从而导致不断发出虚假穿越信号，产生趋势误导。所以，只有在过度迟缓和过度敏感之间作出最佳选择，才能使移动平均线反映股价的实际周期性运动。

因此，移动平均线时间跨度的选择取决于所要识别的市场类型：短期、中期或长期趋势。由于不同的市场趋势具有不同的特征，而且相同的市场趋势也会经历不同的周期现象，所以没有所谓的完美的移动平均线。近年来，人们借助于计算机进行了大量的研究，想寻找最优的移动平均线的时间跨度，但是来自于各方面的资料表明，还是不存在一个完美的时间跨度。所以，当我们在讨论时间跨度的选择时，实际上是在试图寻找适用于某一特定时间范围——短期、中期或长期——的移动平均线，它们能够在大多数时间内发挥作用。表 2—1 是移动平均线时间跨度选择的参考标准。

表 2—1　　移动平均线时间跨度选择一览

短期	中期	长期
5 日	30 日	200 日/40 周/9 个月
10 日	10 周(50 日)	45 周
15 日	12 周(60 日)	250 日
20 日	18 周(90 日)	12 个月/1 年

续表

短期	中期	长期
25 日	24 周(120 日)/半年	18 个月
30 日	200 日	24 个月

1. 短期移动平均线

短期线中的 5 日线与实际股价最贴近，起伏也最大。10 日线与实际股价较贴近，起伏比 5 日线要小一些。此外，还有 15 日线、20 日线、25 日线和 30 日线，时间越长，起伏越小一些。将这些短期移动平均线结合起来，对短线操作有一定的指导意义，特别是 10 日线是短线投机行为的有效判别信号。

2. 中期移动平均线

中期线主要有 30 日线、50 日线、60 日线、90 日线、120 日线等，这些移动平均线可以帮助我们了解和比较中期购置成本，作为中期投资者的决策依据。中期线既能够帮助我们识别短期线波动的欺骗性，又能够弥补长期线反应迟钝的不足。

3. 长期移动平均线

长期线主要有 200 日线、250 日线、年线等，对预测长期股价动向有着重要的意义，是战略投资者和机构投资者的有效决策工具。其中，年线特别重要，也是采用最多的长期移动平均线，通常将股价线是否突破年线作为长期趋势是否转向的标志。

(二)移动平均线的排列和交叉

由于移动平均线根据计算周期的不同可以在同一股价走势图上画出多条曲线，所以在利用移动平均线分析作为股票投资决策依据时，通常要将多条移动平均线同时并用，这样可以提高判断的准确性。在同一个股价走势图上，不同的移动平均线之间会有不同的排列方式，移动平均线之间也会发生交叉现象，从这些排列方式或交叉现象中可以提炼出买卖信号。

1. 多头排列和空头排列

多头排列是指当股价线由下往上分别突破多条移动平均线；而在股价线的下方，这些移动平均线按照计算周期不同，自上而下进行由短期到长期的排列，就构成了所谓的多头排列。比如，我们根据计算周期的不同，分别画出 15 日线、60 日线、200 日线三条短、中、长期移动平均线，当股价线由下往上分别突破这三条移动平均线，而在股价线的下方，15 日线、60 日线、200 日线自上而下进行排列时，就是一种多头排列形式。多头排列表示股票买得越久，赚得越多，行情涨多跌少，后市比较有利，是典型的买进信号。多头排列参见图 2－92(a)。

而空头排列正好与多头排列相反，当股价线由上往下分别突破多条移动平均线；

而在股价线的上方，这些移动平均线按照计算周期不同，自下而上进行由短期到长期的排列，就构成了所谓的空头排列。比如，当股价线由上往下分别突破15日线、60日线、200日线这三条移动平均线，而在股价线的上方，15日线、60日线、200日线自下而上进行排列时，就成为一种空头排列形式。空头排列表示股票买得越久，亏得越多，行情跌多涨少，后市看淡，是典型的卖出信号。空头排列参见图2—92(b)。

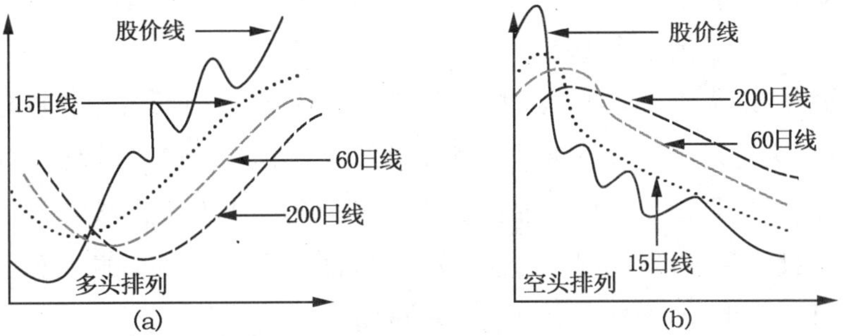

图2—92 多头排列和空头排列

2. 黄金交叉和死亡交叉

在形成多头排列的过程中，周期短的移动平均线在股价线的下方自下而上穿越周期长的移动平均线，与周期长的移动平均线发生交叉现象，这种交叉通常称为黄金交叉，表示行情看好，市场正在形成多头趋势；反之，在形成空头排列的过程中，周期短的移动平均线在股价线的上方自上而下穿越周期长的移动平均线，与周期长的移动平均线发生交叉现象，这种交叉通常叫做死亡交叉，表示行情看坏，市场正在形成空头趋势。黄金交叉和死亡交叉的情形分别参见图2—93(a)和(b)。

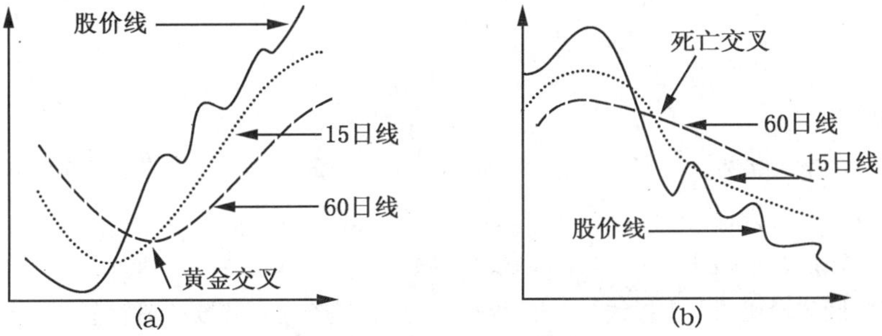

图2—93 黄金交叉和死亡交叉

(三)移动平均线的收敛

在剧烈的价格走势发生之前，通常会有一段逐渐变窄的交易区间，这种情况也会反映到移动平均线上。如果在股价走势图上两条或三条具有不同时间跨度的移动平均均线共同收敛，靠拢在一起，这也是应该重视的信号，预示着平衡将要打破，市场的能量将会释放，从而展开一轮较大的行情。

五、移动平均线的主要缺陷

移动平均线虽然有较高的理论价值，而且非常实用，但也存在一定的缺陷，有很多不足之处，需要在使用时加以注意。

1. 信号滞后，不能及时反映趋势转向

移动平均线的最大不足之处是它的信号滞后，不能够及时反映趋势转向。由于移动平均线是对过去一段时间收盘价平均统计的结果，所以变动比较稳定，而且越是期限长的移动平均线越是稳定。稳定的长处是能够反映趋势，但是其缺点是对于最新股价的反映比较滞后，在股价原有趋势发生反转时，移动平均线调头的速度往往落后于大趋势，信号过于迟缓，不能够及时反映趋势转向。

2. 盘整时信号容易失效

当行情在一个不大的范围内横向盘整时，会出现多条移动平均线反复交叉纠缠在一起的情形。这时移动平均线的交叉、拐点等买卖信号已经失效，如果仍然按照信号操作，就是教条主义，很容易正反吃耳光。在这种情况下，应该暂时停止使用移动平均线。

3. 对转折点的出现无法量化

股价到底离移动平均线多远才会出现转折点，这个问题移动平均线是无法告诉你的，当然这个问题可以用乖离率指标来解决。

练习题

一、名词解释

主要趋势　次要趋势　短暂趋势　希望之星　黄昏之星　多头孕育线
空头孕育线　多头吞没线　空头吞没线　肩带线　三法线　塔形线
五连线　镊形线　缺口　缺口封闭　缺口连续　切线　趋势线
轨道线　趋势通道　支撑线　压力线　形态理论　持续整理形态
反转突破形态　岛形反转　涨停打开　跌停打开　涨停封闭
跌停封闭　移动平均线　延后移动平均线　多头排列　空头排列
黄金交叉　死亡交叉

二、单项选择题

下列选项中只有一项是正确的，请将正确选项的符号填在括号内。

1. 道氏理论认为单个股票的价格波动与整体市场的价格波动(　　)。
A. 无太大的关系　B. 密切相关　C. 有时相关,有时无关　D. 很难说
2. 个别股票的投机性越高,与股票市场的关联性就(　　)。
A. 越高　B. 越低　C. 有时高,有时低　D. 无相关性
3. 各种股价指数的技术方法大同小异,都源自(　　)。
A. 道氏理论　B. 葛兰威尔理论　C. 威廉姆斯理论　D. 布林格理论
4. 股价指数是国民经济的晴雨表,股价指数的重大变化(　　)于国民经济的重大变化。
A. 同步　B. 滞后　C. 领先　D. 有时同步,有时滞后
5. 延后移动平均线延后时间确定的经验方法是(　　)。
A. 时间跨度的简单平均数　B. 时间跨度的平方根
C. 时间跨度的三分之一　D. 时间跨度的四分之一
6. 如果买卖双方对证券价格的认同程度低、分歧大,那么成交量将会(　　)。
A. 很小　B. 很大　C. 无变化　D. 有时大,有时小
7. 下列关于牛市与熊市各个阶段重叠关系的表述中,正确的是(　　)。
A. 牛市的发展阶段与熊市的结束阶段是重叠的
B. 熊市的发展阶段与牛市的结束阶段是重叠的
C. 熊市的结束阶段与牛市的转折阶段是重叠的
D. 牛市的发展阶段与熊市的转折阶段是重叠的
8. 在牛市的转折阶段即开始阶段,被少数先知先觉的投资者所青睐的股票是(　　)。
A. 垃圾股　B. 成长股　C. 严重超跌低价股　D. 含权股
9. 投机最为泛滥的阶段是(　　)。
A. 牛市的开始阶段　B. 牛市的转折阶段　C. 牛市的发展阶段　D. 牛市的结束阶段
10. 在牛市的结束阶段容易被拒之门外的股票是(　　)。
A. 垃圾股　B. 绩差股　C. 绩优股　D. 含权股
11. 空头市场的恐慌期是(　　)。
A. 熊市的转折阶段　B. 熊市的发展阶段　C. 熊市的结束阶段　D. 熊市的第三阶段
12. 熊市中的长期滑坡阶段是(　　)。
A. 熊市的转折阶段　B. 熊市的第二阶段　C. 熊市的发展阶段　D. 熊市的结束阶段
13. 次级波动的时间周期一般在(　　)。
A. 几日至一周　B. 一周至三周　C. 三周至几个月　D. 半年至一年
14. 进行高抛低吸或低吸高抛的最好时机是(　　)。
A. 原始波动　B. 次级波动　C. 日常波动　D. 无规则波动
15. 道氏理论认为,在所有的价格信息中(　　)最重要。
A. 开盘价　B. 收盘价　C. 最高价　D. 最低价
16. K 线图是(　　)发明的。
A. 中国人　B. 英国人　C. 美国人　D. 日本人
17. 影线反映的是(　　)。
A. 开盘价与收盘价的价格水平与相互关系　B. 最高价与最低价的价格水平与相互关系

C. 开盘价与最高价的价格水平与相互关系　　D. 收盘价与最低价的价格水平与相互关系

18. 阳线是指(　　)。

A. 开盘价高于收盘价　　B. 最高价高于收盘价

C. 最高价高于开盘价　　D. 收盘价高于开盘价

19. 阴线是指(　　)。

A. 开盘价低于收盘价　　B. 最低价低于收盘价

C. 最低价低于开盘价　　D. 收盘价低于开盘价

20. 目前中国的证券交易所是通过(　　)的方式产生开盘价。

A. 连续竞价　　B. 集合竞价　　C. 协商定价　　D. 第一笔成交价

21. 一般来说,指向一个方向的影线越长,表明往该方向受到的阻力(　　)。

A. 不清楚　　B. 越小　　C. 越大　　D. 不明显

22. 体现股市最大上涨力量的 K 线是(　　)。

A. 光头光脚大阳线　　B. 上下影线较短大阳线

C. 光头大阳线　　D. 光脚大阳线

23. 体现股市最大下跌力量,说明空方占据绝对优势的 K 线是(　　)。

A. 上下影线较短大阴线　　B. 光头大阴线

C. 光脚大阴线　　D. 光头光脚大阴线

24. 先跌后涨型的 K 线是指(　　)。

A. 光头阴线　　B. 光脚阳线　　C. 光头阳线　　D. 光脚阴线

25. 下列 K 线中,属于上升抵抗型的 K 线是(　　)。

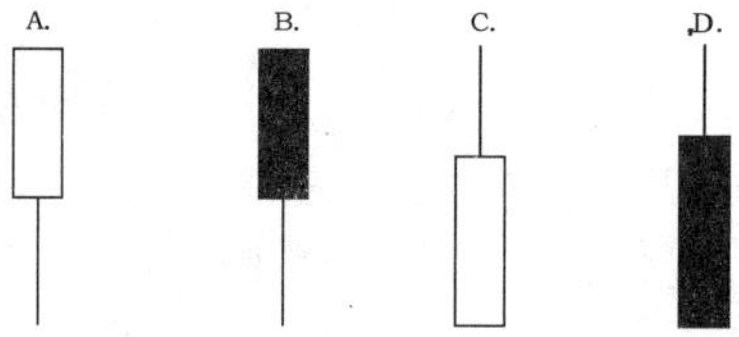

26. 下列关于 T 字形 K 线图多空力量优劣对比的表述中,正确的是(　　)。

A. 正 T 字形是空方占优　　B. 正 T 字形是多方占优

C. 倒 T 字形是多方占优　　D. 无论是正 T 字形还是倒 T 字形都是空方占优

27. 在恐慌性行情发生后,空头能量短期内得到释放,多头展开反攻,(　　)显示反攻力量最强,并有可能出现行情反转。

A. 颈上线　　B. 颈内线　　C. 戳入线　　D. 贯穿线

28. 在反转形态的典型 K 线组合中,只有空头反转,没有相应多头反转形态的是(　　)。

A. 遭遇线　　B. 缺口三法线　　C. 低价配线　　D. 执带线

29. 下列典型的 K 线组合中,前后两根 K 线开盘价相同的是(　　)。

A. 遭遇线　　B. 隔离线　　C. 肩带线　　D. 三法线

30. 下列反转形态的典型 K 线组合中,前后两根 K 线影线位置相同的是(　　)。

A. 低价配线　　B. 塔形线　　C. 五连线　　D. 镊形线

31. 出现在股价盘整状态或者整理状态中的缺口是(　　)。

A. 普通缺口　　B. 突破缺口　　C. 持续缺口　　D. 除权除息缺口

32. 下列缺口中最容易封闭的缺口是(　　)。

A. 普通缺口　　B. 突破缺口　　C. 持续缺口　　D. 竭尽缺口

33. 下列缺口中最不容易封闭的缺口是(　　)。

A. 普通缺口　　B. 突破缺口　　C. 持续缺口　　D. 竭尽缺口

34. 作为最佳买入卖出机会的缺口是(　　)。

A. 普通缺口　　B. 突破缺口　　C. 持续缺口　　D. 竭尽缺口

35. 在下列各组数字中,(　　)是黄金分割线方法中尤为重要的数字。

A. 0.182,0.818　　B. 0.282,0.718　　C. 0.382,0.618　　D. 0.482,0.518

36. 下列K线组合中,属于多头孕育线的是(　　)。

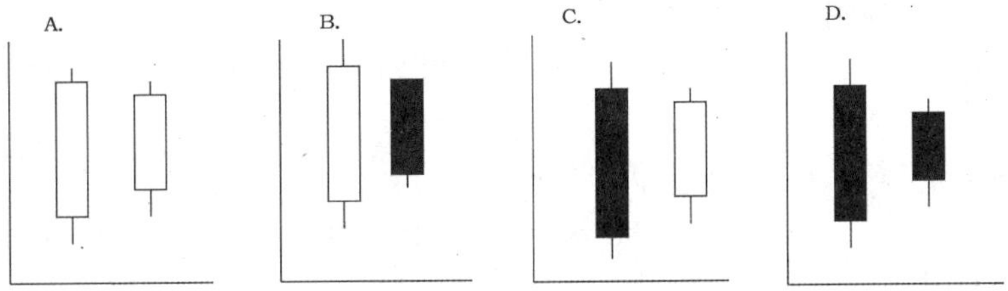

37. 在头肩形分析中,通常股价突破颈线(　　)以上为形态成立的重要标志。

A. 1%　　B. 3%　　C. 5%　　D. 7%

38. 下列反转形态中,反转后的深度和高度不可测的形态是(　　)。

A. 头肩形　　B. 圆弧形　　C. 双重顶底形　　D. 三重顶底形

39. 量价关系理论的创始人是(　　)。

A. 葛兰威尔　　B. 布林格　　C. 威廉姆斯　　D. 阿佩尔

40. 成交量的图形表示方式是(　　)。

A. 曲线图　　B. 柱状图　　C. 均线图　　D. K线图

41. 根据逆时钟曲线,股价在高位发出警戒信号的是(　　)。

A. 价稳量增　　B. 价跌量稳　　C. 价稳量缩　　D. 价涨量稳

42. 根据逆时钟曲线,股价在低位发出转阳信号的是(　　)。

A. 价稳量增　　B. 价跌量稳　　C. 价稳量缩　　D. 价涨量稳

43. 根据逆时钟曲线,股价在高位发出卖出信号的是(　　)。

A. 价跌量缩　　B. 价跌量增　　C. 价涨量增　　D. 价涨量缩

44. 根据逆时钟曲线,股价在低位发出买进信号的是(　　)。

A. 价跌量缩　　B. 价跌量增　　C. 价涨量增　　D. 价涨量缩

45. 延后移动平均线延后时间确定的经验方法是(　　)。

A. 时间跨度的简单平均数　　B. 时间跨度的平方根

C. 时间跨度的三分之一　　D. 时间跨度的四分之一

三、多项选择题

下列选项中有两项(含两项)以上是正确的,请将正确选项的符号填在括号内。

1. 在牛市的发展阶段最为活跃的股票是(　　)。

A. 绩优的蓝筹股票　　B. 绩差的垃圾股票

C. 具有扩张能力的含权股票　　D. 无扩张能力的非含权股票

E. 冷门股票

2. 在牛市的结束阶段容易被恶炒的股票是(　　)。

A. 绩优股　　B. 冷门股　　C. 含权股　　D. 绩差股

E. 成长股

3. 下列属于短期移动平均线的是(　　)。

A. 10 日线　　B. 20 日线　　C. 30 日线　　D. 60 日线

E. 90 日线

4. 最具有代表性的成交价数据是(　　)。

A. 开盘价　　B. 收盘价　　C. 中间价　　D. 最低价

E. 最高价

5. 在确认趋势的过程中,正常的量价关系应该是(　　)。

A. 价涨量增　　B. 价涨量减　　C. 价跌量缩　　D. 价跌量减

E. 价跌量稳

6. K 线图是由(　　)构成的。

A. 价格　　B. 成交量　　C. 影线　　D. 高低点位置

E. 实体

7. K 线图通常有(　　)。

A. 日 K 线　　B. 10 日 K 线　　C. 15 日 K 线　　D. 周 K 线

E. 月 K 线

8. 没有实体的 K 线图包括(　　)。

A. 大十字形　　B. 小十字形　　C. 正 T 字形　　D. 倒 T 字形

E. 一字形

9. 一般来说,产生一字形 K 线的情形主要是(　　)。

A. 涨停板　　B. 跌停板

C. 交易特别冷清行情　　D. 正常交易行情

E. 交易特别火爆行情

10. 下列属于持续形态的典型 K 线组合是(　　)。

A. 遭遇线　　B. 隔离线　　C. 肩带线　　D. 三法线

E. 三线反击线

11. 下列属于反转形态的典型 K 线组合是(　　)。

A. 遭遇线　　B. 缺口三法线　　C. 低价配线　　D. 塔形线

E. 镊形线

12. 在运用执带线判断趋势反转的过程中,(　　),显示趋势反转的力度越大。

A. 实体越长　　B. 实体越短　　C. 影线越长　　D. 影线越短

E. 无实体、无影线

13. 下列反转形态的典型 K 线组合中,前后两根 K 线收盘价相同的是(　　)。

A. 遭遇线　B. 贯穿线　C. 低价配线　D. 执带线

E. 镊形线

14. 几乎没有技术操作上的意义与实际意义的缺口是(　　)。

A. 普通缺口　B. 突破缺口　C. 持续缺口　D. 竭尽缺口

E. 除权除息缺口

15. 具有在几天内被封闭共同性的缺口是(　　)。

A. 普通缺口　B. 突破缺口　C. 持续缺口　D. 竭尽缺口

E. 除权除息缺口

16. 一般在较长时间内不会被封闭的缺口是(　　)。

A. 普通缺口　B. 突破缺口　C. 持续缺口　D. 竭尽缺口

E. 除权除息缺口

17. 反转突破形态如果出现在顶部,则(　　)。

A. 价格震荡幅度大　B. 价格震荡幅度小　C. 维持的时间长　D. 维持的时间短

E. 无规则

18. 三角形态包括(　　)。

A. 倒转三角形　B. 对称三角形　C. 上升三角形　D. 下降三角形

E. 双三角形

19. 下列符合对称三角形特征的表述是(　　)。

A. 突破之前突破方向较难确认　B. 成交量从左到右递减

C. 向上突破成交量放大　D. 向下突破成交量放大

E. 突破位置可以事先预估

20. 在持续整理形态中,形态方向与原有的趋势方向相反的是(　　)。

A. 上升三角形　B. 对称三角形　C. 旗形　D. 下降三角形

E. 楔形

21. 下列属于反转突破形态的是(　　)。

A. 头肩形　B. 圆弧形　C. 喇叭形　D. 潜伏形

E. 菱形

22. 主要出现在顶部,通常不会出现在底部的反转突破形态是(　　)。

A. 头肩形　B. 圆弧形　C. 喇叭形　D. V 字形

E. 菱形

23. 下列关于量价关系经验法则正确的说法是(　　)。

A. 成交量与股价趋势同向同步　B. 天量见天价、地量见地价

C. 天量见地价、地量见天价　D. 先见量后见价

E. 先见价后见量

24. 下列关于股价线穿越移动平均线时,判断有效穿越的正确标准是(　　)。

A. 移动平均线时间跨度长　B. 穿越幅度 3%以上

C. 穿越时间至少两三天　D. 穿越的是收盘价

E. 穿越时伴随趋势线的穿越

四、问答题

1. 道氏理论中关于单个股票与市场整体的关系有哪些主要观点？
2. 判断主要趋势是上升还是下降的基本标准是什么？
3. 反转与反弹和回档有什么本质上的区别？
4. 上升趋势的开始阶段有哪些显著特征？
5. 牛市的第二阶段（发展阶段）有哪些显著特征？
6. 牛市的第三阶段（结束阶段）有哪些显著特征？
7. 熊市的各个阶段有哪些主要特征？
8. 在主要趋势中出现逆向次级波动的原因是什么？
9. 道氏理论中关于趋势确认的主要方法有哪些？
10. 股价牛皮状态的含义及意义是什么？
11. 道氏理论有哪些主要缺陷？
12. K 线图分析的基本要素是什么？
13. K 线图实体的定义与意义是什么？
14. 为什么十字形 K 线在 K 线图分析中具有重要地位？
15. 为什么前一根 K 线是阳线，后一根 K 线继续是阳线；或者前一根 K 线是阴线，后一根 K 线继续是阴线，并不能代表涨势或跌势继续？
16. 肩带线的显著特征是什么？
17. 肩带线有哪些识别标准？
18. 三法线的识别标准是什么？
19. 三线反击线的性质与识别标准是什么？
20. 隔离线的性质与识别标准是什么？
21. 低价配线的性质与识别标准是什么？
22. 隔离线与遭遇线有哪些不同之处？
23. 三兵线中白三兵与黑三兵有什么区别？
24. 向上跳空缺口与向下跳空缺口的基本特征是什么？
25. 缺口封闭的意义是什么？
26. 突破缺口的特征有哪些？
27. 持续缺口的特点是什么？
28. 竭尽缺口的特点是什么？
29. 确认突破缺口的方法有哪些？
30. 确认持续缺口的方法有哪些？
31. 确认竭尽缺口的方法有哪些？
32. 趋势线的确认方法有哪些？
33. 趋势线的作用表现在哪些方面？
34. 判断趋势线是否有效突破的标准有哪些？

35. 轨道线的作用是什么?
36. 支撑线、压力线与趋势线、轨道线的联系与区别是什么?
37. 形成支撑线和压力线的原因有哪些?
38. 支撑线和压力线的作用表现在哪些方面?
39. 依据扇形线来确认趋势反转信号的原则和具体方法是什么?
40. 速度线与扇形线在确认趋势反转信号时的具体做法有哪些不同之处?
41. 形态理论的两个基本前提是什么?
42. 持续整理形态的特征有哪些?
43. 反转突破形态的特征是什么?
44. 如何运用矩形形态进行证券投资分析?
45. 从图形角度看,上升三角形与下降三角形的区别在哪里?
46. 葛兰威尔关于量价关系的基本观点是什么?
47. 基本分析学派的学者有哪些关于量价关系的经验法则?
48. 葛兰威尔判断量价关系八大法则的具体内容是什么?
49. 分析涨跌停板制度下量价关系的基本要点有哪些?
50. 判断股价线是否虚假穿越移动平均线的方法有哪些?
51. 在技术分析中,移动平均线的作用体现在哪几个方面?
52. 如何运用移动平均线来分析价格运行的转向问题?
53. 葛兰威尔关于判断移动平均线买入信号的法则有哪些?
54. 葛兰威尔关于判断移动平均线卖出信号的法则是什么?
55. 移动平均线的主要缺陷有哪些?

五、计算题

1. 某股票价格脱离抵挡位开始上涨,上涨前最低价为 12 元。请根据黄金分割线的方法,计算其 4 个压力位的价格。

2. 如果某股票价格从顶部开始下跌,下跌前的股价是 25 元。请根据黄金分割线的方法,计算其 4 个支撑位的价格。

第三章　客观型技术分析(技术指标分析)

第一节　技术指标分析方法概论

一、技术指标分析方法简介

1. 技术指标分析方法的产生

技术指标是指用事先规定好的固定方法对证券市场中的原始数据以及派生数据进行处理后得出的数值和图表。早期的技术分析只是单纯的图表解析,即通过市场行为所构成的图表形态来推测未来股价的变动趋势。图表解析的方法属于主观型技术分析方法,这种分析方法在实际运用时,容易受到个人主观意识的影响,从而因人而异产生不同的判断。因此,有许多人戏称图表解析是一种艺术工作。为了减少图表解析判断的主观性,在证券投资分析领域中逐步发展出了一些运用数据计算的方法来辅助个人对图形形态的知觉与辨认,使分析更加具有客观性。于是,技术指标以及由此产生的操作方法诞生了。通过前人无数的经验总结和智慧结晶,技术指标学派已经成为技术分析中极为重要的分支。据说,全世界各种各样的技术指标不下千种,而且新的技术指标还在源源不断地产生。随着电脑的不断普及,技术指标的使用也越来越广泛,成为技术分析的一个重要分支。

2. 技术指标分析方法的定义

所谓技术指标分析方法是指按照事先规定好的固定方法对证券市场中的原始数据以及派生数据进行处理,并将处理之后的结果用数值和图表的方法表示出来,据此对当前行情进行判断进而预测未来的市场趋势的分析方法。

这里的原始数据主要是指开盘价、收盘价、最高价、最低价、成交量、成交金额,有时还包括成交笔数,一共有六七种。除了原始数据以外,也可以使用派生数据。派生数据必须是以原始数据为基础计算出来的,比如中间价就是一个派生数据。由于对原始数据或派生数据进行处理要采用一种事先固定的方法,因此不同的处理方法会产生不同的技术指标。从这个意义上讲,有多少种原始数据或派生数据的处理方法就会产生多少种技术指标;反过来说,有多少种技术指标就表明有多少种思路前人已经思索过并将其公式化了。

3. 技术指标的主要类型

目前从大的方面来看,技术指标可以分为能量型指标、趋势型指标、超买超卖型指标、成交量型指标和大势型指标五大类。能量型指标主要是从多空双方的力量对比去考察股价变动规律;趋势型指标是一种引入趋势分析的指导思想并以平滑移动平均线为基础的方法;超买超卖型指标是一种采集部分原始数据并通过一定的数学公式来推导出一个在一定波动区间内波动的数值,以此确定多空双方所处的地位是否正常的方法;成交量型指标是着重从成交量的角度考察股价的变动,强调成交量对股价变动的指导意义,专门对成交量的数据进行处理的指标;大势型指标是一种主要对整个证券市场的多空情况进行判断的指标,一般只用于判研证券市场的整体形势,而不能应用于个股。

二、技术指标运用的基本法则

在运用技术指标进行证券投资分析时,必须掌握其最基本的法则。运用技术指标的基本法则主要有以下三项:

1. 指标的高低法则

指标通常是一个具体的数值。作为一个具体的数值,自然就有高低之分。高低法则有三类划分:(1)对于部分指标来说,这个数值有其自身的波动范围,比如0～100%。在这个范围内,虽然每个指标具体的划分方法不同,但是都有强势区和弱势区之分。如指标进入强势区就表明市场经过一段升幅之后有回档的压力,指标进入弱势区就表明市场经过一段跌幅后有反弹的要求。这里应用的是反向思维定式。(2)部分指标是将指标数值与当日收盘价格进行对比,虽然在具体应用上每个指标都有自己的一套规则,但是通常来说,指标值高于收盘价表明仍然是强势市场,指标值低于收盘价表明市场处于弱势之中。这里应用的是正向思维定式。(3)有些指标虽然本身既无波动区间,也不能够与收盘价相比较,但是我们可以把当前的指标值与其历史上形成的显著高点和显著低点进行对比,进而得出相应的判断。大致上所有的技术指标都可以应用高低法则中的这三类分类方法。

2. 指标的穿越法则

前面提到了指标的高低法则,但是会产生一个问题:如果指标处在高位区域或低位区域很长时间应该如何对应?大部分技术指标在设计过程中都考虑到了这一情况,并根据计算周期的不同,引入了两条曲线——快速线和慢速线。既然设置了两条曲线，那么很自然，穿越法则就成为这类技术指标应用的一条极为重要的法则。一般来说，在低位区，快速线自下而上穿越慢速线，发生交叉，对后市发展有利，属于买进信号；反之，在高位区，快速线自上而下穿越慢速线，产生交叉，对后市发展不利，属于卖出信号。

3. 指标的背离法则

我们在运用技术指标时，经常会遇到股价走势与技术指标背离的现象。背离简单地说就是走势不一致。一旦背离的特征出现，就是一个比较明显的采取行动的信号。指标背离有两种情况，即顶背离和底背离。顶背离通常出现在股价的高档位置，当股价的高点比前一次的高点要高，而指标的高点却比前一次的高点低。换言之，当股价处于高位并形成一峰比一峰高的两个峰，而此时指标却对应的是一峰比一峰低，则表示该指标怀疑股价的上涨是外强中干，暗示股价很快就会反转下跌，这就是顶背离，是比较强烈的卖出信号。反之，底背离是出现在股价的低档位置，当股价的低点比前一次的低点要低，而指标的低点却比前一次的低点要高，就意味着该指标认为股价不会再持续下跌，暗示股价会反转向上，这就是底背离，是可以建仓的信号。

第二节　能量型指标

一、心理线 PSY

（一）基本原理

心理线是从英文 Psychological Line 直译而来，简称 PSY，是一个用一段时间内股票涨跌天数的比率来衡量投资者心理状态的指标。心理线作为情绪指标的一种，主要是从股票投资者的买卖趋向的心理方面，对多空双方的力量对比进行分析。所以，它是建立在投资者心理趋向的基础之上，将一定时期内投资者倾向买方或卖方的心理与事实转化为数值，形成测定人气的指标，用以分析股价未来的走势。

具体而言，它是根据一段时间内收盘价涨跌天数的多少来探究市场交易者的内心趋向，以此作为买卖股票的参数，能够比较准确地显示股价的高峰和谷底。我们可以简单地认为，在一段时间内，上涨是多方的力量，下跌是空方的力量，心理线就是计算在某一个既定的周期内上涨天数占该段时间内总天数的比率，并将该比率画在股价走势图上形成曲线，这样，多空力量的对比就可以简单地描述出来。

心理线指标只考虑每天的收盘价，并加以对比，买卖双方谁获胜一天就为谁记上一分，在一个周期内，以获胜次数多者为胜者。在这个指标中，当股价上涨一天视为多方人气增加一分，反映投资者在心理上买入意愿大于卖出意愿。心理线在较长时间内保持在50以上，表示在较长时间内上涨天数大于下跌天数，买入意愿大于卖出意愿，股价自然会上涨。反之，当股价下跌一天就视为卖方人气增加一分，反映投资者在心理上卖出意愿大于买入意愿，股价自然要下跌。

(二)心理线的计算公式和画法

1. 心理线的计算公式

$$PSY=\frac{A}{N}\times 100$$

式中，N 为所选择的周期的天数，是心理线的参数。心理线参数的选择是人为的，没有硬性规定，但是不能太小或太大。因为选择的参数太小，心理线取值范围的上下波动就会很大，敏感度太高；而选择的参数太大，取值的范围就会太集中、太平稳，敏感度太低。所以，参数过长或过短，指标的精确度就会降低，从而达不到预期的效果。根据经验，一般将周期天数定为12天，最长不超过24天。

A 为在周期内股价上涨的天数，这里判断上涨和下跌都以收盘价为标准。如果某一天的收盘价比前一天的收盘价要高，则当天就定为上涨；如果比前一天低，则当天就定为下降。PSY的计算只考虑上涨天数，股价持平或下跌均不予考虑。

2. 心理线的画法

例如，N 取12天，如果有6天上涨、6天下跌，心理线 PSY=(6/12)×100=50。然后将此数值标在有百分比的图纸上，每天延续下去。将每天的百分比连接起来，即成为心理线(参见图3—1(a))。心理线除了有日线以外，也可以有周线和月线，原理是一样的。周线一般周期数定为15周，最长不超过26周；月线一般周期数定为12个月。

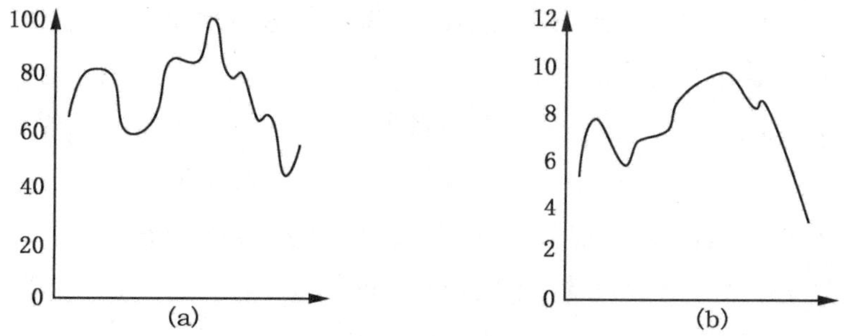

图3—1　心理线的画法

另外，还有一种简便的心理线画法：如果是以12天为周期，在画心理线的时候，可以先在价格图纸上标出1,2,…,11,12这12个数字，再将这12天的上涨天数标在图纸上并连接起来，也可以成为心理线，这样就免去了计算过程。参见图3—1(b)。

（三）心理线指标的判研要点

第一，从多空对比来看，心理线以 50 为中心，50 以上为多方市场，50 以下为空方市场。在盘整局面，PSY 的取值应该在以 50 为中心的附近，上下限一般定为 25 和 75。心理线如果取值在 25～75 之间，说明多空双方基本处于平衡状态；如果 PSY 的取值超过了这个平衡状态，就是超买或超卖。因此，当心理线在 25～75 的常态区域内移动时，为观望信号，一般不宜采取行动，应持观望态度；而当心理线在 75～100 之间，表明当前处于超买状态；在 0～25 之间，则表明当前处于超卖状态。如果是以 12 天为样本，常态范围是 3～9 天；高于 9 天，就是超买；低于 3 天，则是超卖。

第二，心理线的取值如果过高或过低，都是采取行动的信号。一般来说，如果心理线取值小于 10 或者大于 90，都属于极端状况，可以不考虑别的因素而单独采取买入或卖出的行动。即心理线数值小于 10，是极端的超卖，是一个短期反弹的机会，可以不考虑其他因素而直接买入。当心理线数值大于 90 时，是极端的超买，也可以不考虑其他因素而直接卖出。

第三，虽然指标数值在 25 以下和 75 以上都是超卖区和超买区，是采取行动的区域。但在实践中，如果心理线的取值第一次进入超卖或超买区域时立刻采取行动往往容易出错，要等到第二次出现进入超卖或超买区域时采取行动才比较保险。这一条对大量的技术指标都适用，对心理线尤其重要。几乎每次行动都要求心理线进入低位或高位两次，才能真正称得上是安全的；如果第一次低于 25 或高于 75 就采取买入或卖出行动，一般都会发生操作错误。

第四，心理线一般最好与股价线配合使用，技术指标法则中的背离法则在心理线的运用中也是成立的。此外，心理线也最好与其他的技术分析方法结合起来。如果心理线曲线在低位或高位出现大的 W 底或 M 头，也是买入或卖出的行动信号；如果与成交量比率配合使用，可以找出每波行情的高低点；与逆时钟曲线配合使用，可以提高准确性，能够明确找出头部和底部。

第五，心理线既适用于大势，也适用于个股。心理线的优点是简单实用，容易掌握，适合于短线操作；心理线的缺点是选取的参数、条件过于简单，只有涨或跌两个变数，因而对于行情的变化没有具体数量的反映和表现。另外，在较长时间的弱市中，心理线会出现低位徘徊现象；而在较长时间的强势中，心理线会出现高位徘徊现象。所以如果照搬 PSY 的买卖信号，会造成套牢或踏空。

二、人气意愿指标

人气意愿指标也是能量型指标的一种，也有人把它看成是一种相对强弱指标。人气意愿指标可以分为人气指标（AR）、意愿指标（BR）、中间意愿指标（CR）三种。这三个指标都是描述多空双方力量对比的方法。AR、BR、CR指标的构成原理是相同的，都是用最高价和最低价距离基准水平的远近来描述多空双方的实力，远的表示强大，近的表示弱小，所不同的只是所选择的基准水平是不同的：以当天的开盘价作为基准水平的指标是AR指标，以前一天的收盘价作为基准水平的是BR指标，以前一天的中间价作为基准水平的是CR指标。三种指标结合使用可以互相弥补各自的不足。

（一）AR指标

1. AR指标的概念

AR指标又称买卖气势指标，是反映市场当前情况下多空双方争斗结果的指标之一。它是以当天的开盘价作为基准水平，分别计算出当天开盘价与最高价和最低价之间的差额，然后将两者的累积相比较，以此来判断目前股市的买卖气势和决定股票买卖策略的一种测定方法。

从原理上来说，AR指标选择的基准水平是每个交易日的开盘价，分别比较当天的最高价和最低价，以此来反映市场买卖人气。以最高价到开盘价的距离描述多方向上的力量，而以开盘价到最低价的距离描述空方向下的力量，这样多空双方在当日的强弱程度就被简单地描述出来。由于目前的开盘价都是通过集合竞价的方式产生的，这使得以开盘价作为当日多空双方开始进行争斗的基准水平就更具有实际意义。

2. AR指标的计算方法

第一步：计算多空双方的强度。

多方强度$=H-O$；空方强度$=O-L$。

式中，H代表当日最高价，L代表当日最低价，O代表当日开盘价。

第二步：确定参数N。参数就是计算指标时所采用的周期的天数。参数虽然是人为选择的，比如10天、15天、20天等，但是一般在计算AR指标的时候，都以26天作为周期的天数。这是因为根据经验，26天累积移动的时间长短比较适宜，对股市买卖气势来说，既不显得过缓，也不至于过分剧烈。

第三步：计算周期N天内$H-O$的总和与$O-L$的总和。

$HO_n=(H_1-O_1)+(H_2-O_2)+\cdots+(H_n-O_n)$；

$OL_n=(O_1-L_1)+(O_2-L_2)+\cdots+(O_n-L_n)$。

第四步：计算AR指标值。

$$AR=\frac{N\text{ 日内}(H-O)\text{之和}}{N\text{ 日内}(O-L)\text{之和}}\times 100$$

表3—1为AR指标的计算案例。

表 3—1　AR 指标的计算

日期	开盘价	最高价	最低价	多方强度	空方强度
10 月 1 日	40.25	40.45	40.25	2	0
10 月 2 日	40.00	40.00	39.00	0	10
⋮	⋮	⋮	⋮	⋮	⋮
10 月 25 日	42.30	42.80	42.10	5	2
10 月 26 日	42.70	42.80	42.30	1	4
总和				8	16

10 月 26 日的 AR=(8/16)×100=50。

3. AR 指标的判研要点

第一,AR 指标是一个无限指标,指标的数值并没有固定的区间,通常以数值 100 作为分界线来区别多空双方的强度:100 以上表示多方占优,100 以下表示空方占优。但是通常以 80～120 的波动区间作为买卖气势强弱的均衡状态区间,在此区间,属于盘整行情,股价走势比较平稳,不会大幅上升或下降,投资者可以采取观望态度,相机行事。

第二,AR 指标数值走高时表示行情活跃,人气旺盛,过高,则表示股价进入高位,行情过热,多方力量已经达到极限将要下降,应选择机会退出。一般来说,当 AR 指标数值上升到 150 以上时,表明已经进入超买区域,可以看成是卖出信号,股价可能会回落;AR 指标数值大于 200 为极端超买,应该坚决卖出,高的时候,会达到 400 以上,表示行情处于疯狂程度。

第三,AR 指标数值走低时表示人气衰退,过低,则表示行情太冷,暗示股价可能已经跌入低谷,空方力量已经达到极限,将要反转向上,可以考虑伺机介入。一般来说,AR 指标数值跌至 60 以下,表示股价已经进入低价超卖区域,有可能随时反弹上升,属于建仓信号。如果低于 50,属于严重超卖,反弹力度进一步加大,应该坚决吸纳。

第四,将每天的 AR 指标数值连接起来可以画出 AR 曲线,从 AR 曲线上可以看出一段时期的买卖气势,并具有先于股价到达高峰和跌入谷底的功能。当 AR 曲线到达峰顶并回头时,如果股价还在上涨,就应该考虑卖出股票,获利了结;如果 AR 到达谷底并回头向上而股价还在继续下跌时,就应该考虑逢低买入股票。

(二)BR 指标

1. BR 指标的概念

BR 指标又称买卖意愿指标,也是反映当前市场情况下多空双方力量对比结果的一种测定方法。BR 指标是以前一日的收盘价作为基准水平,用前一天的收盘价与当日的最高价和最低价进行比较,分别计算出前一天收盘价与当日最高价和最低价之间的差额,然后将两者的累积相比较来判断目前股市上的买卖气势,由此决定股票买卖策略。从原理上来说,BR 指标选择的基准水平是前一个交易日的收盘价,分别比较当天的最高价和最低价来反映市场买卖人气,以当日最高价到前一日收盘价的距离描述多方向上的力量,而以前一日收盘价到当日最低价的距离来描述空方向下的力量。

2. BR 指标的计算方法

第一步:计算多空双方的强度。

多方强度$=H-Y$,空方强度$=Y-L$。

式中,H 代表当日最高价,L 代表当日最低价,Y 代表前一日收盘价。

第二步:确定参数 N。参数就是计算指标时所使用的周期的天数。参数虽然是人为选择的,但是一般在计算 BR 指标的时候,也都以 26 天作为周期的天数。

第三步:计算 N 天内 $H-Y$ 的总和以及 N 天内 $Y-L$ 的总和。

$HY_n=(H_1-Y_1)+(H_2-Y_2)+\cdots+(H_n-Y_n)$;

$YL_n=(Y_1-L_1)+(Y_2-L_2)+\cdots+(Y_n-L_n)$。

第四步:计算 BR 值。

$$BR=\frac{N\text{ 日内}(H-Y)\text{之和}}{N\text{ 日内}(Y-L)\text{之和}}\times 100$$

表 3—2 是以 5 天为周期的 BR 指标的计算案例。

表 3—2　BR 指标的计算

日期	收盘价	最高价	最低价	多方强度	空方强度
10 月 1 日	25.00	25.40	24.80		
10 月 2 日	25.60	25.60	24.90	6	1
10 月 3 日	25.30	25.50	25.20	—1(0)	4
10 月 4 日	25.80	26.20	25.40	9	—1(0)
10 月 5 日	25.60	25.60	25.40	—2(0)	4
10 月 6 日	26.00	26.00	25.40	4	2
总和				19	11

从表 3—2 中可以看到,计算 BR 指标的时候会出现负值,而 AR 指标永远不会产生负值。对于负值的出现,一般是将负值一律取 0 值,也就是将负值用 0 代替。

因此,10 月 6 日的 BR$=(19/11)\times 100=173$。

更细致的计算方法,除了要以 0 代替取负值的多方和空方强度,还要对另一方的强度进行相应的调整。如果 $Y-L<0$ 时，空方强度 $=0$，多方强度 $=H-Y+\beta(L-Y)$；如果 $H-Y<0$ 时，多方强度 $=0$，空方强度 $=Y-L+\beta(Y-H)$。其中 β 系数是人为确定的，一般以小于 3 为宜。

3. BR 指标的判研要点

第一，BR 指标也是一个无限指标，没有固定的波动区间，多空双方的分界线也是 100，100 以上为多方占优，100 以下为空方占优。BR 指标是反映多空双方在周期内总的强度的比值，数值越大，表明多方力量越强；数值越小，表明空方力量越强。虽然也可以将 70～150 的区间作为强弱呈均衡状态的区间，采取观望态度。但是，由于 BR 指标的波动要比 AR 指标敏感，所以要求的超买数值或超卖数值更大或更小一些。

第二，BR 指标数值高于 300 以上时，为超买警戒信号，股价随时可能回档下跌，应该选择时机卖出，500 以上为极端超买，更应该毫不犹豫地做空；BR 指标数值低于 40 时，为超卖警戒信号，股价随时可能反弹上升，应该选择时机买入，30 以下则是极端超卖信号，可以毫不犹豫地做多。

第三，当 BR 指标由低点上升到某一高点然后回落，如果从高处回落幅度达到 1/2 时，即使不处于买入信号状态，也是买入机会。比如，BR 指标由 60 上升到 240，当它回跌到 120 时，也可以考虑买入。反之，BR 指标由高点下降到某一低点然后上涨，如果从低点的上涨幅度达到一倍时，即使没有处于卖出信号状态，也是卖出机会。比如 BR 指标由 240 跌至 60，然后又上涨到 120，也可以考虑卖出。

4. BR 指标与 AR 指标结合使用的要点

BR 指标与 AR 指标可以同时结合在一起使用，这样能够起到相互补充的作用。两者结合使用的要点是：

第一，如果 AR 指标与 BR 指标同时急速上升，则意味着股价峰位已近，持股时应注意及时获利了结；如果 AR 指标与 BR 指标同时急速下降，并且股价行情也随之大幅度下跌，应该买进持有，等待股价回升。

第二，在一般情况下，BR 指标总是高于 AR 指标。在行情的上升或下跌过程中，AR 指标和 BR 指标大多保持一定距离的分开状态，所以当这两个指标由分开转向接近时，多半意味着涨势持续或反弹回升。尤其是当 BR 指标大于 AR 指标逐渐变成 BR 指标小于 AR 指标的时候，更应该考虑逢低买进，因为 BR 指标低于 AR 指标意味着将出现较长时间的涨势，表示做底的可能性极大。

第三，BR 指标急速上升，AR 指标盘整小回时，应逢高卖出，及时了结。另外，AR 指标与 BR 指标都有领先于股价达到峰顶和谷底的功能，当它与股价在高位或低位形成背离时，也是股价见顶或见底的信号。再者，如果 AR 指标长期高于 BR 指标，属于熊市；反之，如果 AR 指标长期低于 BR 指标，则表示牛市。

5. AR 指标与 BR 指标存在的问题

AR 指标与 BR 指标虽然能够比较直观地反映市场的人气冷热程度，但是也存在着以下若干缺陷：

(1)AR 指标与 BR 指标在特别超强或超弱的行情中，失真的信号较多，应该加以特别注意。

(2)AR 指标与 BR 指标没有固定的数值范围，从理论上来讲，可以从零到无限大，属于无限震荡指标；由于没有固定的高低点数值界限，无论是常态区域还是超买或超卖区域，震荡的范围都比较大，令人难以掌握。

(3)AR 指标与 BR 指标如果单独使用，效果欠佳，而且，AR 指标曲线与 BR 指标曲线的图形通常为长期平缓的底部形态和快速陡峭的顶部形态，导致底部信号不明确和顶部信号稍纵即逝而不易抓住机会。

(三)CR 指标

1. CR 指标的概念

CR 指标也叫做中间意愿指标，有的将其称为人气动量指标，是同 AR 指标、BR 指标极为相似的指标，构造原理基本相同，计算公式也相似，区别在于设定的基准水平不同。中间意愿指标所设定的基准水平是上一个交易日的中间价，用上一个交易日的中间价与当日的最高价和最低价进行比较，计算出一段时间内的多空力量强弱。它用当日最高价与前一个交易日中间价的距离表示多方的强度，而用前一个交易日中间价与当日最低价的距离表示空方的强度。CR 指标的性格介于 AR 指标和 BR 指标之间，一般比较接近于 BR 指标。

2. CR 指标的计算方法

第一步：计算多空双方的强度。

多方强度$=H-PM$，空方强度$=PM-L$。

式中，H 代表当日最高价，L 代表当日最低价，PM 代表前一日中间价。

计算前一日中间价 PM 有四种方法：(1)$PM=(H+L)/2$；(2)$PM=(2C+H+L)/4$；(3)$PM=(C+H+L+O)/4$；(4)$PM=(H+L+C)/3$。

式中，H 代表最高价，L 代表最低价，C 代表收盘价，O 代表开盘价。另外，在计算 CR 指标时，多空强度更容易出现负值，当出现负值时，也一律当作 0。

第二步：确定参数 N。参数就是计算 CR 指标时所使用的周期的天数，CR 指标的参数一般也是 26 天。

第三步：计算 N 天内 $H-PM$ 以及 N 天内 $PM-L$ 的总和。

$HPM_n=(H_1-PM_1)+(H_2-PM_2)+\cdots+(H_n-PM_n)$；

$PML_n=(PM_1-L_1)+(PM_2-L_2)+\cdots+(PM_n-L_n)$。

第四步：计算 CR 值。

$$CR=\frac{N\text{ 日内}(H-PM)\text{之和}}{N\text{ 日内}(PM-L)\text{之和}}\times 100。$$

3. CR 指标的判研要点

第一，CR 指标数值越大，表示多方力量越强；CR 指标数值越小，表示空方力量越强。它的上升和下降反映了多空力量的消长，其急升、急落和其他变化，同 AR、BR 指标可作相同解释。总的原则是：指标越低，买入越安全；指标越高，卖出越合算。

第二，CR 指标的波动范围也没有固定的区间，属于无限指标，其常态分布区域在 40～300 之间，在此区间内可以采取观望态度。CR 指标在 40 以下为超卖区域，属于建仓良机，是明显的买入信号。当 CR 指标跌至 40 以下的低位区域时，股价形成底部的机会相当高。CR 指标在 300 以上为超买区域，属于卖出信号。当 CR 处在 300 以上的高位区域时，股价形成顶部的机会很高。

第三，CR 指标的最大优点是寻找底部，CR 指标在 40 以下区域时，它的可靠性极高，效果很好。CR 指标的缺点是对顶部的判断不理想，比如在 300 以上区域时，从指标上看已经很高，可是在实践中，股价往往还会继续快速大涨。投资人按照技术指标操作，将会少获很多利润。

第四，CR 指标与 AR 指标、BR 指标一样，只要形成了指标与股价在底部和顶部的背离，都是采取行动的信号。

第三节 成交量型指标

一、成交量比率(VR)指标

(一)VR 指标的概念和基本原理

VR(volume ratio)指标一般称为成交量比率指标，有的也叫做容量比率指标，它是通过分析一段时间内股价上升日成交量与股价下降日成交量的比值，来掌握市场买卖气势，其实质是成交量的强弱。该指标通常用于分析个股较多，其理论基础是量价关系理论，根据成交量的变化，确认股票是处于低价位区还是高价位区，从而把握买卖时机。

(二)VR 指标的计算方法

第一步：根据每天的收盘价决定当天是上涨还是下跌。如果当日收盘价比上一日收盘价高，那么就确定当日为上涨日，从而将当日的成交量计入上涨成交量；如果当日的收盘价比上一日收盘价低，那么就确定当日为下跌日，从而将当日的成交量计入下跌成交量。

第二步:确定计算指标的参数 N。参数就是计算指标时所使用的周期的天数。VR 指标的计算周期通常在 10～30 天内选择,但是一般都设定为 26 天。因为周期设定太短,波动太频繁,趋势不明确;而周期设定太长,波动太缓慢,反应迟钝。

第三步:计算周期 N 天内上升日成交量的总和以及 N 天内下降日成交量的总和。

第四步:计算 VR 指标。

$$VR=\frac{N\text{ 天内上升日成交量总和}}{N\text{ 天内下降日成交量总和}}\times 100$$

表 3—3 是以 5 天为周期的 VR 指标的计算案例。

表 3—3　　以 5 天为周期的 VR 指标的计算

日期	收盘价(元)	成交量(万股)	上涨日成交量(万股)	下跌日成交量(万股)
9 月 1 日	10	500		
9 月 2 日	9	600		600
9 月 3 日	11	400	400	
9 月 4 日	12	300	300	
9 月 5 日	10	300		300
9 月 6 日	8	700		700
总和			700	1 600

9 月 6 日的 VR 指标=(700/1 600)×100=44。

(三)VR 指标的运用要点

第一,VR 指标自身没有固定的数值范围,也是一个无限指标。总体而言,VR 指标数值越大,说明买方力量越强、卖方力量越弱;数值越小,说明卖方力量越强、买方力量越弱。

第二,从具体的取值范围来看,可以将其划分成一定的区间,根据不同的区间来确定买卖时机。当 VR 指标数值在 80～200 之间时为均衡区域,可采取观望态度;当 VR 指标数值在 40～80 之间时为超卖区域,0～40 属于严重超卖,买方力量很弱,股价远离了均衡区,短期有望反弹,应采取买进策略。当 VR 指标数值在 200～350 时,为超买区域,求稳的投资者可以考虑获利了结;如果 VR 指标数值在 350 以上,属于严重超买,股价可能暴跌,应该及时退出。

第三,当成交量经过萎缩后放大,而 VR 指标数值也从低位区域向上递增时,表明行情可能发动，是买进的时机。通常股价在低位盘整时，VR 指标数值增加，可以考虑买进；股价在高位时，VR 指标数值未增加，而股价在继续上涨，属于卖出信号。

第四，VR 指标在分析低价区域时可信度较高，但在观察高价区域时最好参考其他指标来把握卖出时机。换言之，VR 指标的优点是对底部判断的能力很强，能够帮助投资者抄底，指标数值在 40 以下的时候，它的可信度和准确率极高。而从缺点的角度来说，VR 指标对顶部判断的能力较弱，对顶部判断的准确性、稳定性、可靠性要远远小于对底部的判断。我们经常可以看到，当 VR 指标数值在 350 以上的严重超买区域时，见好就收的投资者根据信号将股票抛出，但是后来股价仍然继续上涨一大截，让人后悔。

二、均量线(VOL)

(一)均量线的基本原理

均量线是一种通过采用移动平均线的方法来反映一定时间内市场平均成交情况的技术指标。在股票技术分析中，成交量是一项重要的分析要素，它能够反映市场的供需状况、买卖气势等。但是单日的交投情况往往由于一些复杂的因素造成上下震荡，从而在成交量的曲线上出现跳跃式变动的图形，使技术分析人员无法做出正确判断。因此，在成交量的图形上引进移动平均线的方法，将一定时期内的成交量相加后平均，在成交量的图形上就会表现出一条平滑的曲线，这种曲线就是均量线。所以简单地说，均量线就是成交量的移动平均线。

(二)均量线的计算方法

均量线的计算方法和移动平均线是一样的，只不过移动平均线是用股价进行计算，而均量线是用成交量进行计算。在一般情况下，均量线是用 10 日作为计算周期，即在 10 日移动平均成交量的基础上绘制均量线。另外，也可以选择 30 日作为均量线的计算周期，并在 30 日移动平均成交量的基础上画出均量线。其中，10 日均量线代表短期的交投趋势，30 日均量线代表中期的交投趋势。

(三)均量线的运用要点

1. 将均量线与股价线结合起来进行判研

(1)在上涨行情的初期，均量线随股价不断创出新高，显示市场人气聚集。当上涨行情进入尾声时，尽管股价再创新高，如果均量线衰退疲软，形成价量背离，表明股价接近顶峰区，投资者可以考虑离场。

(2)在下跌行情初期，均量线一般随股价持续下跌，显示市场人气涣散。到下跌行情接近尾声时，股价不断跌出新低，但是均量线已经走平，或者有上升的迹象，表明股价已经见底，投资者可以考虑进场。

2. 将两条不同计算周期的均量线结合起来进行判研

(1)当10日均量线在30日均量线上方并且继续上扬时，行情将会保持上涨势头；反之，当10日均量线在30日均量线的下方并且继续下跌时，显示跌势仍将继续。

(2)当10日均量线与30日均量线发生交叉而出现移动平均线理论中的黄金交叉或者死亡交叉情况时，是对行情转势的确认。

(3)在盘局时，10日均量线与30日均量线会纠缠不清，而最后10日均量线向上或者向下突破30日均量线，则可预示行情打破盘局的方向，是一种较为准确的盘局后的突破辅助信号。

3. 使用成交量摆荡指标进行判研

可以在均量线的基础上进一步计算出成交量摆荡指标。其计算公式为：

$$\text{成交量摆荡指标}=\frac{\text{短期均量线(10 日线)移动平均值}-\text{长期均量线(30 日线)移动平均值}}{\text{长期均量线(30 日线)移动平均值}}\times 100$$

成交量摆荡指标围绕0线上下摆动，当两条均量线相交时，该摆荡指标的读数为0。当短期均量线高于长期均量线时，该摆荡指标的读数为正值；反之，则为负。用成交量摆荡指标曲线与股价线相配合也可以判断行情，主要方法有：

(1)要看两者是否有背离。当价格处于上升状态，而成交量摆荡指标却呈现下降走势时，代表空头征兆；当股价下跌、成交量摆荡指标处于上升状态时，则代表多头征兆。

(2)成交量摆荡指标会在上下两个极端值之间来回摆动。当成交量摆荡指标出现不寻常的上升或下降，并由极端读数开始反转时，代表当前的价格趋势可能即将反转。极端读数通常在正负40上下。

(3)在某些情况下，成交量摆荡指标也可以采用趋势线与价格形态等分析方法。比如，成交量摆荡指标曲线很少呈现价格形态，但一旦出现头肩形之类的价格形态，就代表着非常可靠的信号。

4. 根据均量线运行方向进行判研

如同股价的移动平均线一样，均量线不论是出现向上还是向下的拐头走势，都预示行情可能转势，是一种警戒信号。

三、能量潮(OBV)指标

(一)能量潮指标的形成原理

成交量型指标中最常用的指标之一是能量潮指标OBV(on balance volume)，中文名称直译是“平衡交易量”，大多数称其为能量潮，有的也叫累积能量线。它是由美国著名证券投资分析师葛兰威尔在20世纪60年代提出的，经过验证，在股市实战中取得了很大的成功。

葛兰威尔认为,成交量是股市的元气,是股市中的晴雨表,股价只不过是它的表面现象,成交量通常要比股价先行,它能客观反映股市中资金的进出情况。成交量放大,反映资金流入,股价将上涨;成交量萎缩,反映资金流出,股价将下跌。能量潮指标就是根据"先见量,后见价",或者说"能量是因,股价是果"的理论编制出来的。葛兰威尔用它的所谓"浴缸原理"来说明能量潮指标形成的原理和内涵:当一个人跳进装水的浴缸里,浴缸里的水位就会上升;而一旦起身离开浴缸,浴缸里的水位就会立刻下降。同样道理,资金注入股市,能量潮指标就会上升;资金撤离股市,能量潮指标就会下降。能量潮指标成立的依据是:

1. 评价原理

投资者对股价的评价越不一致,成交量越大;反之,则越小。因此,可以用成交量来判断市场人气和多空双方力量对比。

2. 重力原理

上升的物体迟早要下跌,物体上升时所需要的能量要比下跌时多。同样,在股市中,股价上升时需要的能量大,因此要有较大的成交量配合;股价下跌时不必耗费很大的能量,因此成交量不一定放大,甚至会有萎缩。

3. 惯性原理

强者恒强,弱者恒弱;动者恒动,静者恒静。意即那些被投资者相中的热门股会在很长一段时间内,成交量和股价的波幅都比较大,而无人问津的冷门股会在很长一段时间内,成交量和股价的波幅都比较小。

(二)能量潮指标的特点

能量潮指标具有以下特点:

(1)能量潮指标是累计指标,不存在周期性变化,它从起始日起,进行无限累加。

(2)能量潮指标没有固定的数值范围,属于无限指标,不能够像其他指标那样用数值区间来预测。

(3)能量潮指标在累计的时候,会出现正负数的交替,交替表示一种信号。

(4)能量潮指标的数值由于与确定的起始日期有关,选取不同的起始点,计算结果就会不一样,所以指标的数值没有比较价值。分析的时候,主要是观察指标的变动方向和变动幅度。

(5)能量潮指标既可以用于个股分析,也可以用于大势分析。

(三)能量潮指标的计算方法

能量潮指标的计算方法是:如果当日收盘价高于前一日收盘价,则把当日成交量记为正;如果当日收盘价低于前一日收盘价,则把当日成交量记为负。然后,把每日带有正负符号的成交量进行累计相加,即得到能量潮指标的数值。

表 3—4 为能量潮指标的计算案例。

表 3—4　　能量潮指标的计算

日期	当日收盘价	涨跌符号	当日成交量	OBV 累计
1 日	15.00	＋	32 000	32 000
2 日	15.50	＋	40 000	72 000
3 日	14.80	—	21 000	51 000
4 日	14.60	—	11 000	40 000
5 日	14.00	—	30 000	10 000
6 日	15.00	＋	31 000	41 000

从表 3—4 可以看出,能量潮指标是将上涨时的成交量看成多头推进的力量,而将下跌时的成交量看成空头推动的力量。这是很有道理的,这与成交量比率指标有类似之处。在计算能量潮指标时要注意以下几点:

(1)如果当日收盘价与前一日收盘价一样,其成交量为 0 进行累计。假定某一天成交量非常庞大,在这种情况下,成交量就没有办法体现出来,这也算是该指标的一个缺陷。

(2)通常都是用收盘价的涨跌来决定当天成交量的符号,但是它忽视了实际成交价的高低。比如,某一天,大部分交易都在收盘价以上进行交易,而在收盘时突然下降,计算能量潮指标时,将全日的全部成交量都算作负数,显然与实际不符。为了避免这一缺陷,有些分析家采用当日最高价、最低价、收盘价的加权平均价来决定计算时的符号:$P=(H+L+3C)/5$。

(3)有了能量潮指标的数值以后,以时间为横轴,以成交量为纵轴,将每日的数值连接起来,就成为能量潮指标曲线。据此,可以分析和判断走势。

(四)能量潮指标的判研要点

第一,能量潮指标曲线呈现 N 形的运动形式,通常将一浪高于一浪的 N 形运动称为上升潮,而将一浪低于一浪的 N 形运动称为下跌潮。一个上升潮包括上升、下跌、上升三个过程,一个下跌潮包括下跌、上升、下跌三个过程。通过对 N 形的累计可以进行预测,当能量潮指标曲线累积了 5 个 N 形,表示股价将要产生短期反转;累积了 8 个以上 N 形,表示股价反转就在眼前。

第二,当能量潮指标曲线在高位呈横向水平移动时,一般全部由小的 N 形组成,一旦变成大的 N 形,此时上涨多半接近尾声,属于卖出信号;而当能量潮指标曲线在低位呈横向水平移动时,一般也是全部由小的 N 形组成,一旦变成大的 N 形,此时多为底部，属于买入信号，大的行情会随之到来。

第三，当能量潮指标曲线随股价上涨而逐渐上升时，表明买盘逐渐增强，可以买入；当能量潮指标曲线随股价下跌而逐渐下跌时，表明行情疲软，可以卖出。当能量潮指标曲线由上升开始转为下降，而此时股价仍在上升，属于卖出信号；当能量潮指标曲线由下降开始转为上升，而此时股价仍在下跌，属于买入信号。

第四，当股市盘局整理时，能量潮指标曲线的变动方向是重要的参考指标。当能量潮指标曲线从正累积数转为负累积数时，表示股价将要走下跌趋势，属于卖出信号；而当能量潮指标曲线从负累积数转为正累积数时，表示股价将要走上升趋势，属于买进信号。

第五，当能量潮指标曲线在上升过程中出现井喷式狂涨，代表多头力量可能要消耗殆尽，股价将会反转直泻，属于卖出信号；当能量潮指标曲线出现瀑布式狂跌，代表空方力量可能要消耗殆尽，股价将会反转急升，是买入信号。能量潮指标曲线的累计高点，常常是行情上升的阻力区；而累计低点，常常是行情下跌的支撑区。

第六，当能量潮指标曲线在上涨途中出现矩形、三角形、旗形、楔形等形态，属于持股信号；而在下跌途中出现矩形、三角形、旗形、楔形等形态，属于持币信号。另外，能量潮指标曲线在顶部如果出现 M 形、头肩顶等形态，属于卖出信号；而在底部出现 W 形、头肩底等形态，属丁买入信号。

第四节　超买超卖型指标

一、威廉指标(WMS)

1. 威廉指标的原理

威廉指标是由拉瑞・威廉姆斯(Larry William) 于 1973 年在其所著的《我如何赚取百万美元》一书中首先提出的，原名“威廉氏超买超卖指标”，简称 WMS，或者 W%R，是判研中短期股市行情的一种技术指标。据说，威廉姆斯开始是炒期货的，他采用了自己设计的方法，从 1 万美元进入股市，后来赚到了 100 万美元，最后成为千万富翁，是世界上著名的短线高手之一。

威廉指标主要是利用震荡点来反映市场的超买超卖现象，分析多空双方力量的对比，并通过一定的信号来预测中短期市场走势。具体来说，威廉指标是表示当天的收盘价在过去一段时间内的全部价格范围内所处的相对位置，把这段时间内的最高价减去当日收盘价，再将其差额除以这段时间内的全部价格范围就得出当日的威廉指标。

它是将周期内的最高价到最低价的中心位置作为平衡位置,股价如果离开中心位置过远就会向中心位置回归。

2. 威廉指标的计算方法

要计算威廉指标首先必须确定周期的天数。威廉指标的计算周期一般都定为5日、10日或20日,一般取10日为多。其计算公式是:

$$WMS=\frac{H_n-C_n}{H_n-L_n}\times 100$$

式中,H_n 为周期 n 日内的最高价,L_n 为周期 n 日内的最低价,C_n 为周期第 n 天的收盘价,n 为计算周期的日数。必须注意的是,在确定周期内的最高价和最低价时,包括当日的最高价和最低价。

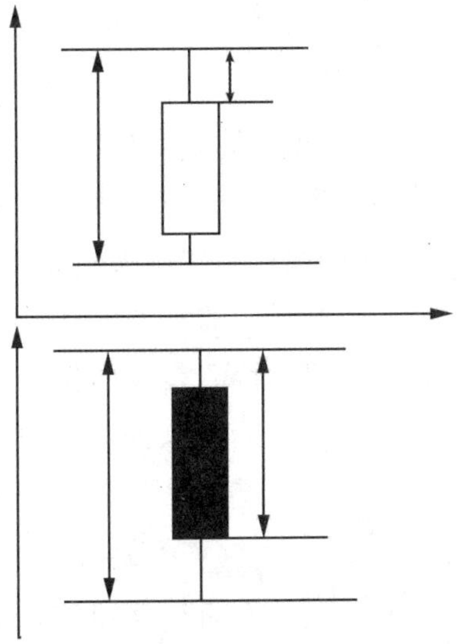

图3—2　威廉指标计算方法的图形说明

从计算方法中可以看出,假如把威廉指标中的位置关系,拿到K线图中来,把整个周期画成一条K线,在阳线情况下,威廉指标只不过是计算上影线与整条K线总长度的比例。在阴线情况下,是上影线加上实体与整条K线总长度的比例。

比如,计算以5天为周期的威廉指标,在5天内最高价是19元,最低价是18元,第5天的收盘价是18.3元,那么威廉指标是:

$$WMS=\frac{H_n-C_n}{H_n-L_n}\times 100=\frac{19-18.3}{19-18}\times 100=70$$

3. 威廉指标的特点

(1)前面已经介绍过的很多指标都是无限指标,而威廉指标是一个有限指标,数值位于0～100之间,属于摆动指标。

(2)威廉指标与前面介绍过的一些指标是相反的。前面很多指标都是数值越小表示超卖,数值越大表示超买;而威廉指标是数值越小表示超买,数值越大表示超卖。这一点希望学习和使用者不要搞错。

4. 威廉指标的判研要点

第一,当威廉指标在 0～20 区间时,表明市场处于超买状态,行情已经进入顶部,可以考虑卖出,20 这一横线一般视为卖出线。当威廉指标进入 80～100 区间时,表明市场已经处于超卖状态,行情已近底部,可以考虑买入,80 这一横线一般看成买入线。

第二,威廉指标曲线以 50 为中轴线。当曲线由下向上穿破中轴线时,可以确认涨势较强,采取追涨的操作方法;而当曲线由上向下穿破中轴线时,可以确认跌势较强,采取杀跌的操作方法。

第三,在超强势或超弱势的行情中,应该采取多次触及警戒区域的方法进行判断和操作。比如,在超强势行情中,威廉指标在 0～20 的超买区域里一般会出现三个左右的相对高点,即三次触顶,在三次触顶以后威廉指标再次掉头向下时,应该及时卖出股票;反之,在超弱势行情中,威廉指标在 80～100 的超卖区域里一般也会出现三个左右的相对低点,即三次触底,在三次触底后再次掉头向上,应该及时买进股票。

第四,背离原则在威廉指标中也是适用的。当威廉指标进入低数值区域后向下回头,而这时股价还在继续上升,就产生顶背离,是卖出信号;当威廉指标进入高数值区后掉头向上,而股价如果还在继续下降,就产生底背离,是买进信号。

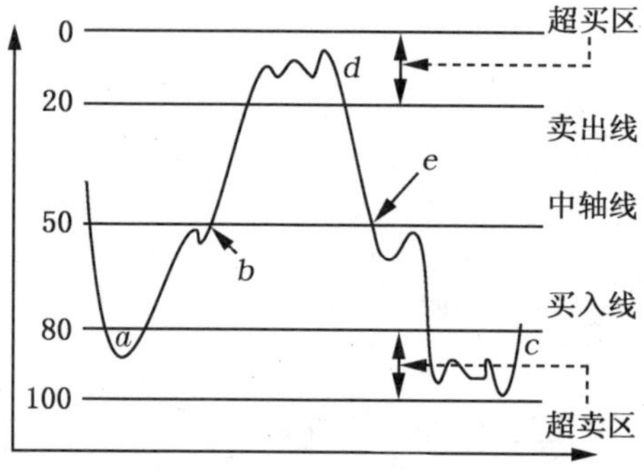

图 3—3 威廉指标的判研方法

第五,威廉指标的缺点是敏感度极大,一有风吹草动,就会上蹿下跳,尤其是 5 天周期的威廉指标更是会出现 0～100 的窜动。所以它比较适用于正常波动的股票或股市,对于投机性比较强的股票或股市,完全依靠威廉指标会导致操作过于频繁从而无功而返,最好与其他技术指标配合使用。

上述威廉指标的判研方法请参见图 3—3。

图 3—3 中的 a、b、c 点为买入点,d、e 点为卖出点。

二、乖离率(BIAS)

1. 乖离率的基本原理

乖离率是一个描述股价与移动平均线距离远近的指标,通过这个指标可以判断股价与移动平均线的距离是否正常。如果股价线在移动平均线的上方,而且乖离率很大,就是卖出信号;如果股价线在移动平均线的下方,而且乖离率也很大,就是买入信号。

2. 乖离率的计算方法

乖离率的计算周期应该与想要衡量的移动平均线的周期是一致的,由于移动平均线有 5 日均线、10 日均线、30 日均线、60 日均线之分,所以与此相对应,乖离率也有 5 日乖离率、10 日乖离率、30 日乖离率、60 日乖离率等。另外,乖离率有正负之分,股价在移动平均线的上方为正乖离率,股价在移动平均线的下方为负乖离率。图 3—4(a)和图 3—4(b)分别为正乖离与负乖离的情形。

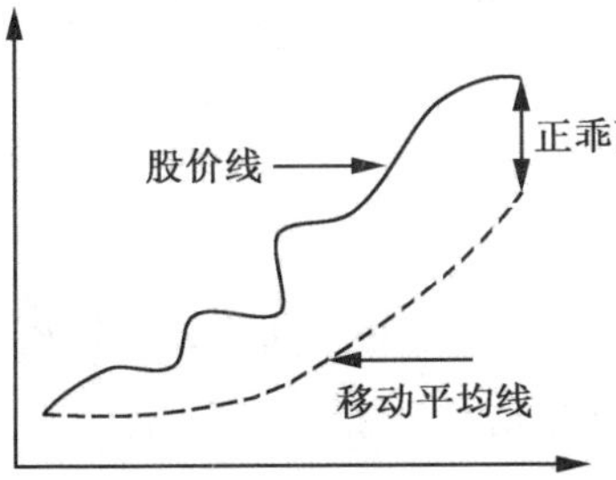

图 3—4(a) 正乖离

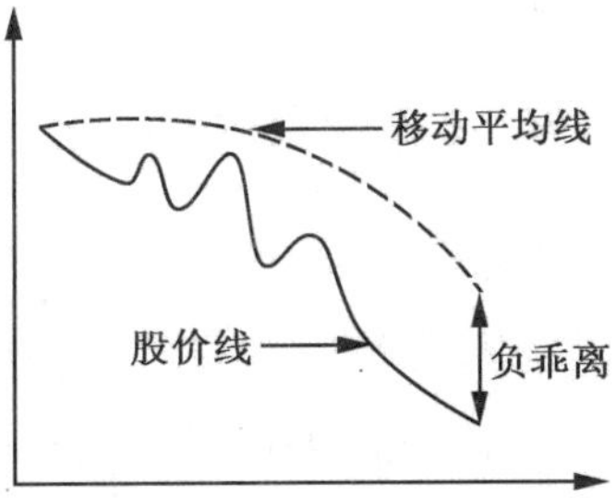

图 3—4(b) 负乖离

乖离率的计算公式是:

$$N\text{ 日乖离率}=\frac{\text{当日收盘价}-N\text{ 日移动平均价}}{N\text{ 日移动平均价}}\times 100\%$$

或者为:

$$N\text{ 日乖离率}=\left(\frac{\text{当日收盘价}}{N\text{ 日移动平均价}}-1\right)\times 100\%$$

比如,当日收盘股价为 10 元,10 日的移动平均价为 8 元,则:

$10\text{ 日乖离率}=\frac{10-8}{8}\times 100\%=25\%$;或者 $10\text{ 日乖离率}=\left(\frac{10}{8}-1\right)\times 100\%=25\%$

如果当日收盘价为 8 元,10 日移动平均价为 10 元,则:

$10\text{ 日乖离率}=\frac{8-10}{10}\times 100\%=-20\%$;或者,$10\text{ 日乖离率}=\left(\frac{8}{10}-1\right)\times 100\%=-20\%$

3. 乖离率的判研要点

第一,在一般情况下,如果 5 日乖离率小于—3%,为买入时机;大于 3.5%,是卖出时机。如果 10 日乖离率小于—4.5%,是买入时机;大于 5%,是卖出时机。如果 60 日乖离率小于—10%是买入时机;大于 15%是卖出时机。如果是强势市场,可以将乖离率的绝对值适当调高一些。比如,5 日乖离率的绝对值可以调到 10%左右,10 日乖离率的绝对值可以调到 15%左右,60 日乖离率的绝对值可以调到 20%左右。在设置乖离率的信号值时，通常要求正乖离率的绝对值大于负乖离率的绝对值。

第二，乖离率标准的设定要根据具体情况区别对待。(1)市场或个股的投机性越强，乖离率的弹性越大。因此，对于投机性很强的市场或个股，其乖离率标准的绝对值应该设定得比较高一些。(2)大型股和小型股也有很大的差异。大型股乖离率的绝对值可以小一些，小型股乖离率的绝对值要求大一点。(3)绩优股和绩差股也要区别对待。绩优股的乖离率绝对值可以小一点，绩差股的乖离率绝对值要求大一点。(4)对指数和个股也要适当加以区别对待。通常，指数的乖离率绝对值可以小一些，而个股的乖离率绝对值应该大一些。总之，乖离率并无统一的标准，在不同的市场和不同的股票上应该有不同的要求，如果仅仅以乖离率为标准，很容易出现判断失误。

三、相对强弱指标(RSI)

1. 相对强弱指标的基本原理

相对强弱指标(relative strength index，RSI)是由美国技术分析学者魏尔德(J. Welles Wilder)在 1978 年提出的，又叫力度指标。魏尔德认为，一段时间内上涨幅度的平均数与一段时间内下降幅度的平均数可以反映多空双方力量的对比。因此，根据这样的想法，提出了相对强弱指标(RSI)。

所以，相对强弱指标是一种根据一定时间内每天股价涨跌幅度的变动来分析市场相对强弱趋势的分析工具，它具有领先于股价或者指数显示未来走势的特征。正确使用相对强弱指标，有助于掌握买卖时机和避免市场风险。

2. 相对强弱指标的计算方法

相对强弱指标的计算公式是：

$$RSI=\frac{N\text{ 天内上涨幅度平均数}}{N\text{ 天内上涨幅度平均数}+N\text{ 天内下跌幅度平均数}}\times 100$$

此公式可以演变为：$RSI=100-[100/(1+RS)]$。

式中的 RS 是相对强度，其计算公式为：$RS=N$ 天内上涨幅度平均数/N 天内下跌幅度平均数。

计算相对强弱指标的时候要注意以下两点：

(1)每天的上涨幅度或者下降幅度都是根据收盘价，当天收盘价高于前一天收盘价的差额就是当天的上涨幅度，当天收盘价低于前一天收盘价的差额就是当天的下降幅度。

(2)计算上涨幅度平均数或者下降幅度平均数的时候，分别用周期内的每一天上涨幅度之和或者下降幅度之和去除以周期的天数，周期的天数有 9 天、14 天、20 天等，如果是以 14 天为周期，都要分别除以 14。

表 3—5 是以 6 天为周期的相对强弱指标的计算实例。

表 3—5　　以 6 天为周期的相对强弱指标的计算

日期	收盘价	升幅	跌幅	平均升幅	平均跌幅	RS	100/(1+RS)	RSI
1	15.75							
2	15.6		0.15					
3	15.9	0.3						
4	17.25	1.35						
5	21.4	4.15						
6	25.95	4.55						
7	22		3.95	1.725	0.68	2.54	28.2	71.8

平均升幅=(0.3+1.35+4.15+4.55)/6=1.725

平均跌幅=(0.15+3.95)/6=0.68

RS=1.725/0.68=2.54

RSI=100−28.2=71.8

3. 相对强弱指标的判研要点

第一,RSI 指标的变动范围是 0～100 之间,属于摆动指标。指标数值在 20～80 之间,为均衡状态,可以采取观望态度。指标数值超过 80 以上,表示市场力度过强,处于超买状态,后市行情有可能会出现回调或转势,此时,投资者可以卖出股票。指标数值低于 20 以下,表示市场力度过弱,跌幅过大,有可能出现反弹或转势,投资者可以适当买进股票。但是,RSI 指标在 0～20 的超卖区和 80～100 的超买区时,有时候会因超强势或超弱市行情而变得反应迟钝,容易失真,此时应配合其他技术指标进行判研。

第二,可以将 RSI 曲线与股价线结合起来进行判断,这里也同样适用背离原则。如果 RSI 曲线与股价线的移动趋势不一致,通常表示市场面临转势。股价创新高,RSI 也同向创出新高,表示后市仍然很强;当股价不断创出新高,而 RSI 值并未创出新高甚至走低时,表明出现了背离信号,通常预示着股价可能反转向下。股价创新低,RSI 同时出现新低,说明后市仍然很弱;当股价不断下跌,屡创新低,而 RSI 值并未创新低甚至走高时,通常也预示股价可能反转上升。

第三,RSI 曲线经常出现比股价线更加清晰的头肩顶、头肩底等头部或底部的形态,可以根据这些形态来判断突破点、买进点和卖出点。一般来说,RSI 的形态要比实际市场的股价形态完成得要早,可以及时进行判断。另外,RSI 曲线也可以根据切线理论,画出支撑线和阻力线来配合判断走势。

第四，当股价线在盘整时，RSI 曲线完成整理，领先股价线突破，表明股价也将突破。当股价突破盘局后，RSI 曲线呈现一底比一底高的态势，表示多头势力强劲，后市可以再涨一段；反之，如果呈现一底比一底低的态势，则表明空头势力比较强，后市可能继续下跌。

四、相对强弱比率(RRS)

1. 相对强弱比率的基本原理

相对强弱比率(ratio of relative strength，RRS)是一种分析某一个股或某一类股票相对坚挺程度的技术指标。股票市场上每只股票上涨或下跌的幅度不尽一致，人们通常将那些在牛市中比其他股票涨幅更大，而在熊市中比其他股票跌幅更小的股票称为相对坚挺的股票。相对强弱比率就是比较、测量股票走势相对坚挺程度的一种分析方法。这种方法既可以用于分析某只股票的相对坚挺程度，也可以用于分析某类股票(比如某种行业或者某个地区)的相对坚挺程度。

由于每只股票的价格水平有很大差异，因此不同股票价格水平的绝对值没有可比性，所以要通过相对强弱比率来分析股票对于股价指数的相对坚挺程度以及股票之间的相对坚挺程度。如果某只股票价格的涨幅大于股价指数的涨幅，或者低于股价指数的跌幅，则相对强弱比率指标值就上升，这就说明在该期间，这只股票的走势是强于大盘的。如果某只股票价格的跌幅高于股价指数的跌幅或者股票价格的涨幅小于股价指数的涨幅，则相对强弱比率值就下降，这说明这只股票的走势是弱于大盘的。

2. 相对强弱比率的计算方法

相对强弱比率的计算公式为：$RRS_t = P_t / I_t$。

式中，RRS_t 表示第 t 期的相对强弱比率，P_t 表示第 t 期的股票价格，I_t 表示第 t 期的股价指数。

3. 相对强弱比率的判研要点

第一，相对强弱比率指标没有固定的波动区间，对某只股票相对坚挺程度的判断不是根据数值的大小，而是根据相对强弱比率指标曲线的变动方向或升降来反映股票走势与股市大盘的相对坚挺程度。相对强弱比率曲线的趋势向上，表明股票的走势强于大盘；相对强弱比率曲线的趋势向下，表明股票的走势弱于大盘。

第二，不同股票的相对坚挺程度可以通过曲线的倾斜度来反映：往上的倾斜度越陡峭，说明相对越强；往下的倾斜度越陡峭，说明相对越弱。

第三，相对强弱比率也常用于分析某公司股票价格相对于同行业股票平均价格走势的相对强弱程度，或者分析某一行业与整个市场的相对强弱程度。前者是将某公司股价与行业股价指数进行比较，后者是用某行业股价指数与大盘股价指数进行比较。

五、随机指标(KDJ)

1. 随机指标的基本原理

随机指标也叫随机过程法(stochastic process),是由美国人乔治·兰恩(George Lane)提出的一种技术指标方法。这个方法有 KDJ 三个指标,因此又叫做 KDJ 法。兰恩认为,股票价格是一个服从正态分布的随机变量,他以最近一段时间 N 天的股价变动区间作为均衡区间,并认为未来股价在这个区间中的高位处或低位处的概率都很小,而在这个区间中位处的概率比较高。因此,根据目前股价在区间中的位置,可以预测未来股价的变化趋势。具体来说,KDJ 指标是通过一个特定周期内出现的最高价、最低价以及最后一天收盘价这三者之间的比例关系来计算最后一天的随机值,然后根据平滑移动平均的方法来计算 K 值、D 值、J 值,并画出曲线图来判研股市。KDJ 指标是在威廉指标的基础上发展起来的,不过威廉指标只判断股票的超买超卖现象,而在 KDJ 指标中融入了平滑移动平均的方法,形成了比较准确的买卖信号。

2. 随机指标 KDJ 的计算方法

第一步:计算当前股价的随机值 RSV,RSV(random stochastic value)表示第 N 天的随机值。其计算公式为:$RSV=[(C_n-L_n)/(H_n-L_n)]\times100$。
式中,C_n 表示计算周期第 N 天的股票收盘价,L_n 表示计算周期 N 天内的股票最低价,H_n 表示计算周期 N 天内的股票最高价。计算周期通常取 5 天或者 10 天,一般不超过 20 天。

根据公式可以知道,RSV 为 0～100 之间的随机数,接近 100,说明当前股价接近周期内的最高价,接近 0,说明当前股价接近周期内的最低价。

第二步:计算随机值 RSV 的第一次平滑移动平均数 K 值。K 值的计算公式为:

$$K=\frac{2}{3}\times 前一日\ K\ 值+\frac{1}{3}\times 当日\ RSV$$

式中的 1/3 是平滑系数,平滑系数虽然没有一定,但是一般约定俗成都用 1/3。如果要考虑增加近期股价的权数,可以将平滑系数的取值扩大一些。

第三步:计算随机值 RSV 的第二次平滑移动平均数 D 值。D 值的计算公式为:

$$D=\frac{2}{3}\times 前一日\ D\ 值+\frac{1}{3}\times 当日\ K\ 值$$

第二次平滑系数的取值原则上应与第一次平滑系数相同,在初始计算时,由于没有前一日的 K 值和 D 值,此时可以分别用 50 来替代。

第四步:计算 J 值。J 值的计算公式为:J 值=3D−2K。

J 值的实质是反映 K 值与 D 值的乖离程度。J 值的范围可以超过 100,也可以小于 0。

3. 随机指标(KDJ)的判研要点

第一，当K值和D值接近50时为股价均衡区域，表明当前股价位于最高价与最低价的中间位置。当K值和D值大于50时，表示当前股价大于中位价，买方占据优势；当K值和D值小于50时，表示当前股价小于中位价，卖方占据优势。

第二，当K值大于85、D值大于80时，为股价处于高位小概率区，说明股价已经远离平衡点进入超买区，因而是卖出信号。当K值小于15、D值小于20的时候，说明股价已经进入低位小概率区，处于超卖区域，是买进信号。

第三，J值大于100是顶部信号，J值小于0是底部信号。

第四，当K值曲线在低位由下向上突破D值曲线时，属于黄金交叉，表示股价呈上升趋势，为买入信号；而当K值曲线在高位由上往下穿过D值曲线时，属于死亡交叉，表示股价将要下跌，为卖出信号。当K值曲线与D值曲线在高位两次死叉，预示行情将大跌；当K值曲线与D值曲线在低位两次金叉，预示行情将大涨。

第五，当股价连创新高而K值、D值没有同步上升甚至下跌时，是强烈的卖出信号；而当股价连创新低，K值、D值没有同步下跌甚至向上时，是强烈的买进信号。前者属于顶背离，后者属于底背离。

第六，KDJ指标特别适合于水平盘整的市场状态，当市场处于长期上升或者长期下降趋势时，将周期N天内的波动区间作为均衡区间就不太合适，K值和D值指标的准确度就会受到影响。

第五节 大势型指标

大势型指标有两个特点：一是指标主要用于对整个证券市场的多空状况进行描述，一般只用于判研证券市场的整体走势，而不能够用于个股分析；二是在运用指标进行判研的时候，一般都要结合股价指数的变化，与股价指数的走势进行对照。

一、单位指数成交量(TAPI)

1. 单位指数成交量指标的基本原理

单位指数成交量(total amount per wright stock index，TAPI)也叫每一股价指数点成交量，是将量价关系理论用于大势分析的一种方法。该指标的设计者认为，成交量是股市发展的源泉，成交量的变化会反映出股市的强弱程度以及市场对未来股价的展望，因而可以通过分析每天成交量和股价指数的关系来判研大势的变化。所以，单位指数成交量的实质就是计算股价指数每一点所代表的成交量。这个指标也没有固定的区间范围，主要是通过指标曲线的变动方向进行判断。

2. 单位指数成交量指标的计算方法

单位指数成交量指标的计算公式为：

$$TAPI=\frac{当天成交总值}{当天股价指数}$$

得出每天的 TAPI 以后，连接起来就形成 TAPI 曲线。

3. 单位指数成交量指标的判研要点

第一，单位指数成交量曲线的上升和下降与股价指数应该是同步的，如果发生背离，则提示买卖时机。如果指数上升、TAPI 下降，是卖出时机；指数下跌、TAPI 上升，是买进时机。特别要注意的是在股价指数连续上涨过程中，如果 TAPI 异常缩小，是向下反转的信号；在股价指数连续下跌的过程中，如果 TAPI 异常放大，是反转向上的信号。

第二，当单位指数成交量曲线与股价指数同步增加或者递减时，表示量价配合是合理的，股价变动的方向得以确认。股价指数上涨时可以买进，股价指数下跌时可以卖出。

第三，在牛市末期，指数屡创新高，而单位指数成交量不能随之而上，则大势可能要反转；在熊市末期，指数已经跌至很低水平，而单位指数成交量无法进一步下降，则提示大势已近底部，如果此时单位指数成交量出现暴涨是趋势反转的信号，大盘转为牛市将指日可待。

第四，单位指数成交量没有一定的高点和低点，必须与反映大势的股价指数曲线配合使用或与其他指标配合使用，不能单独使用。

二、腾落指数(ADL)

1. 腾落指数的基本原理

腾落指数(advance decline line，ADL)又称市场宽度指标，腾落指数曲线也叫做升降线。各国证券市场目前反映当日股市大盘走势的指标多为股价指数。由于股价指数一般都采用加权平均的方法进行计算，因此盘子大的股票所占权数较大，对股价指数涨跌的影响自然也大。如果大盘股股价上升，即使其他大部分小盘股都下跌，指数仍有可能上升，只是上升幅度小一点而已；反之，如果大盘股股价下降，即使其他大部分小盘股都上升，指数仍有可能下降，只是跌幅小一点罢了。所以，有时候，大部分股票趋跌，而少数大盘股大涨，股价指数仍然上涨；而大部分股票上升，少数大盘股重跌，股价指数仍然下跌。这种现象容易给投资者造成错觉。为了弥补上述股价指数的缺陷，我们可以使用腾落指数来反映股市发展趋势。其方法是以每天的股票收盘价涨跌为依据，计算出当日成交股票总共有几种上涨、几种下跌，然后以正负数进行累积计算。很显然，在多头市场里，每天的上涨股票数要超过下跌股票数，腾落指数的累积必然为正数，增加；反之，在空头市场里，由于每天下跌股票数要超过上涨股票数，所以腾落指数的累积也必然为负数，减少。因此，通过腾落指数，可以从市场广度性的角度对大盘走势进行趋势分析。

2. 腾落指数的计算方法

腾落指数的计算公式为：

$$当日\ ADL=前日\ ADL+NA-ND$$

式中，NA 表示当日上涨股票数，ND 表示当日下跌股票数。判断上涨还是下跌，以收盘价为标准。

表 3—6 是计算腾落指数的实例。

表 3—6　　腾落指数的计算

日期	上涨股票数	下跌股票数	腾落指数
1	41	25	16
2	81	1	96
3	10	58	48
4	45	18	75
5	42	33	84

3. 腾落指数的特点

从上面的计算中可以看到，腾落指数具有以下特点：

(1)腾落指数不考虑每种股票的发行规模以及上涨下跌的幅度，只反映市场中上涨股票与下跌股票的数量对比。

(2)由于起始点的腾落指数就是上涨股票数减去下跌股票数，所以腾落指数的数值大小与计算的起始期有关，从某年 1 月 1 日起计算与从某年 7 月 1 日起计算，结果是不同的。

(3)由于不同起始点的腾落指数会有很大的差异，所以腾落指数的绝对值对趋势分析没有多大意义，主要是从腾落指数的曲线变动方向上进行分析。

4. 腾落指数的判研要点

第一，腾落指数曲线与股价指数曲线的变动方向通常是一致的。腾落指数曲线与股价指数曲线同步上扬，说明整个大势将继续上涨；腾落指数曲线与股价指数曲线同步下跌，说明整个股市将继续下跌。

第二，当腾落指数曲线变动方向与股价指数曲线变动方向不一致时，常常预示股价趋势的逆转。当腾落指数曲线由下降转为上升,而股价指数向下倾斜,说明大多数股价已经开始上升了,股价指数即将转为上升,是买入信号。当腾落指数曲线出现下降趋势,而股价指数持续上升,说明市场整体上升乏力,能量不够,后市行情可能转为下跌,是卖出信号。

第三,股价指数曲线呈现一顶比一顶高的状态,或者从一个高点下降后再次接近前一高点,而腾落指数曲线却一顶比一顶低,说明整体市场的动力不足,指数可能要滑落。如果此时腾落指数曲线继续超越前一高点,说明市场仍然处于强势状态,指数很快就会超越前一高点,是买进信号。

第四,股价指数曲线呈现一底比一底低的状态,或者从一个低点回升后再次下跌接近前一低点,而腾落指数曲线却没有跌破前一低点,甚至一底比一底高,说明整体市场的后市可能反弹,是买入信号。如果此时腾落指数曲线也下滑并跌破前一低点,那么指数也将很快跌破前一低点,是卖出信号。

三、相对腾落指数

1. 相对腾落指数的计算方法

相对腾落指数是对前面所介绍的腾落指数的一种修正。技术分析专家进一步设计了相对腾落指数,这主要是考虑到涨跌持平的股票情况。其计算公式是:

$$相对腾落指数=\frac{当日上涨的股票数+\frac{1}{2}\times当日持平的股票数}{当日成交的全部股票数}\times100$$

2. 相对腾落指数的判研要点

第一,相对腾落指数的数值在0～100之间。当相对数在50的时候,表明上涨股票与下跌股票的数量相等,市场买卖力量均衡;相对数大于50,表示上涨股票数多于下跌股票数;相对数小于50,表示上涨股票数少于下跌股票数。如果相对腾落指数持续大于50,说明市场已经偏离均衡点,是一种不稳定的状态,应视为卖出信号;如果相对腾落指数持续小于50,也是一种不稳定状态,应该看成是买进信号。

第二,具体的临界值要取决于市场是处于牛市还是熊市。通常在牛市中,相对腾落指数在45以下时,为买入信号,在60以上时,为卖出信号;而在熊市的时候,相对腾落指数在40以下时,为买入信号,在55以上时,为卖出信号。

四、涨跌比率(ADR)

1. 涨跌比率的基本原理

涨跌比率(advance decline ratio,ADR)由于与腾落指数(ADL)有一定的联系,又叫做回归式腾落指数。它是一段时间内股票上涨数与股票下跌数的比值,通过一段时间内股票上涨数与股票下跌数的比较来判断大势的情况。

2. 涨跌比率的计算方法

涨跌比率的计算公式为：

$$ADR=\frac{\text{周期}N\text{天内上涨股票数合计}}{\text{周期}N\text{天内下跌股票数合计}}\times 100$$

计算时，周期的确定通常可取 6 天、10 天、14 天、24 天等，比较常用的是 10 天。在使用涨跌比率时，周期的确定最好与移动平均分析使用的周期一致，以便比较和对照。要注意的是，既然有周期，计算时要采取移动的方式。

表 3—7 是以 5 天为周期的计算涨跌比率的实例。

表 3—7　　5 天为周期的涨跌比率的计算

日期	上涨股票数	下跌股票数	上涨股票数合计	下跌股票数合计	涨跌比率
1 日	70	10			
2 日	31	43			
3 日	23	60			
4 日	39	21			
5 日	35	36	198	170	116
6 日	43	28	171	188	91

$$5\text{日的涨跌比率}=\frac{70+31+23+39+35}{10+43+60+21+36}\times 100=116$$

$$6\text{日的涨跌比率}=\frac{31+23+39+35+43}{43+60+21+36+28}\times 100=91$$

3. 涨跌比率的判研要点

第一，涨跌比率的数值是 0 以上的无限指标，虽然理论上取值可以很大，但实际上很少会大于 300。涨跌比率通常以 100 为多空分界线，常态区域为 50～150 之间，指标如果在 50～150 之间波动，属于大势处于正常涨跌状态。

第二，涨跌比率大于 150 时，表明大盘已经长期上涨，脱离常轨，容易回跌，因此是卖出信号；涨跌比率小于 50 时，说明大盘已经长期下跌，脱离常轨，容易回升，因此是买进信号。

第三，涨跌比率曲线也要与股价指数曲线配合使用，如果 ADR 曲线上升，股价指数曲线也同步上升，则指数将继续上升，短期反转可能性不大；如果 ADR 曲线下降，股价指数曲线也同步下降，则指数将继续下降，短期反转的可能性也不大。如果发生背离，即 ADR 曲线上升而股价指数曲线下降，则短期内会有反弹；反之，ADR 曲线下降而股价指数曲线上升，则短期内会有回调。

五、大势超买超卖指标(OBOS)

1. 大势超买超卖指标的基本原理

大势超买超卖指标(over bought over sold,OBOS)实际上是一种涨跌差指标,也就是运用一段时间内上涨股票和下跌股票的数量差距对大势进行分析的技术指标。它与涨跌比率相同的地方,都是用一段时间内的上涨股票数与下跌股票数的多少来反映当前股市的多空力量对比;不同之处是,涨跌比率是将两者相除,而大势超买超卖指标是将两者相减。

2. 大势超买超卖指标的计算方法

大势超买超卖指标的计算公式为:

$$OBOS=\text{周期 } N \text{ 天内上涨股票数合计}-\text{周期 } N \text{ 天内下跌股票数合计}$$

计算周期的选择与涨跌比率类似,一般也是取 10 天为多。

表 3—8 是以 5 天为周期的大势超买超卖指标的计算实例。

表 3—8　　以 5 天为周期的大势超买超卖指标的计算

日期	上涨股票数	下跌股票数	上涨股票数合计	下跌股票数合计	OBOS
1 日	70	10			
2 日	31	43			
3 日	23	60			
4 日	39	21			
5 日	35	36	198	170	28
6 日	43	28	171	188	—17

3. 大势超买超卖指标的判研要点

第一,从直观上看,多空双方的平衡位置应该是 0,以 0 为中心上下摆动。大于 0 为多方占优势,小于 0 为空方占优势。而且,离 0 越远,表示多头或者空头的力量越强。换言之,如果市场处于多头行情,OBOS 应该是正数;而市场处于空头行情时,OBOS 应该是负数。

第二,当 OBOS 过大或过小都是采取行动的信号。过大表示买方力量过强,是卖出信号;而过小表示卖方力量过强,是买入信号。但是,过大或者过小的数值判断要从实际情况出发加以确定,在实践中进行总结,因为,它要受到上市股票数的影响。

第三,同涨跌比率一样,背离原则同样适用。OBOS 曲线与股价指数曲线的走势背离时,是采取行动的信号。另外,形态理论也可用于 OBOS 曲线的判研,如果在 OBOS 曲线中出现头部或者底部的形态,也是采取行动的信号。

第六节 趋势型指标

一、平滑异同移动平均线(MACD)

1. 平滑异同移动平均线的基本原理

平滑异同移动平均线(moving average convergence and divergence,MACD)是由查拉尔·阿佩尔所创造的,它的原理是运用平滑移动平均线的快速线和慢速线的聚合与分离的征兆来判研股票买进和卖出的时机。具体来说,就是对快速线和慢速线这两条平滑异同移动平均线进行双重平滑运算,计算出离差值,再根据离差值来进一步做出判断。

2. 平滑异同移动平均线的计算方法

在计算 MACD 的时候,通常要先计算出两条平滑移动平均线:一条是快速线,通常是 12 天的平滑移动平均线;另一条是慢速线,通常是 26 天的平滑移动平均线。然后,再以这两条平滑移动平均线的数值为依据,测量快速线与慢速线的离差值。

第一步:计算快速线 12 天平滑移动平均值 EMA(12)。其计算公式为:

$$EMA(12)=\text{前一日 }EMA(12)\times\frac{11}{13}+\text{当日收盘价}\times\frac{2}{13}$$

第二步:计算慢速线 26 天平滑移动平均值 EMA(26)。其计算公式为:

$$EMA(26)=\text{前一日 }EMA(26)\times\frac{25}{27}+\text{当日收盘价}\times\frac{2}{27}$$

第三步:计算离差值 DIF。其计算公式为:

$$DIF=\text{当日 }EMA(12)-\text{当日 }EMA(26)$$

第四步:计算 DIF 的移动平均值 DEA。单独的 DIF 也能够进行预测,但是为了使信号更加可靠,又引进了 DEA 指标。DEA 通常为 9 天平滑移动平均值。其计算公式为:

$$DEA=\text{前一日 }DEA\times\frac{8}{10}+\text{当日 }DIF\times\frac{2}{10}$$

在计算的时候,如果没有前一日的数据,可以用其他数据作为替代。一般可以用起始日的收盘价作为 EMA 的初值,以起始日的 DIF 作为 DEA 的初值。

从性质上来说,DIF 为快慢线之差,DEA 为快慢线之间的平均距离。

3. 平滑异同移动平均线的判研要点

第一,DIF 和 DEA 的取值是以 0 线为中心上下波动的,属于摆动指标。两个指标都在0线以上,或者说均为正值时,属于多头市场;而两个指标均在0线以下,或者说均为负值时,属于空头市场。

第二,当DIF与DEA在0线之上交叉向上时,即DIF在0线之上向上突破DEA线时,为买入信号;当DIF线在0线之上向下突破DEA线时,预示股市涨势将告一段落,为卖出信号。

第三,当DIF与DEA在0线之下交叉向下时,即DIF在0线之下向下突破DEA线时,表示股市已经进入熊市,是卖出信号;当DIF线在0线之下向上突破DEA线时,预示股市跌势将要结束,是买入信号。

第四,背离原则在这里也同样适用。如果DIF和DEA线在形态上出现一顶比一顶低的头部,而股价线出现一顶比一顶高的头部,表明股市即将转入跌势;反之,如果DIF和DEA线在形态上出现一底比一底高的底部,而在股价线上出现一底比一底低的底部,表示股价将要止跌回升。

4. 关于柱状线(BAR)的运用

$BAR = 2 \times (DIF - DEA)$,红柱状线表示正值,绿柱状线表示负值。

(1)当红柱状线持续放大时,表明股市处于上涨行情之中,股价将继续上涨。此时应持股待涨或短线买入,直到红柱状无法再放大时才考虑卖出。

(2)当绿柱状线持续放大时,表明股市处于下跌行情之中,股价将继续下跌。此时应持币观望或卖出股票,直到绿柱状线开始缩小时才可考虑逐步买入。

(3)当红柱状线开始缩小时,表明上涨行情可能即将结束,市场即将进入调整期。此时在操作上应以适当做空为宜。

(4)当绿柱状线开始收缩时,表明下跌行情可能即将结束,市场将要进入恢复期,股价将要止跌回升。此时在操作上可以进行少量的建仓,而不要轻易卖出股票。

(5)当红柱状线开始消失,绿柱状线开始放出时,是股市转势信号,表明股市的上涨行情已经结束,股价将会加速下跌。此时应大量做空。

(6)当绿柱状线开始消失、红柱状线开始放出时,也是股市转势信号,表明股市的下跌行情已经结束,股价将会加速上升。此时应大量做多。

二、趋向指标(DMI)

1. 趋向指标的基本原理

趋向指标是探求价格在上升以及下降过程中买卖双方力量的均衡点,亦即供需关系由紧张状况通过价格变化而达到和谐,然后又变得紧张再变得和谐的循环不息的过程。

2. 趋向指标的计算方法

第一步：确认基本趋向变动值 DM 是上涨还是下跌，分别用＋DM 与－DM 来表示上升与下降的趋向变动值。具体来说有以下三种情况：

(1)无趋向。无趋向又可以分成两种情况：

①内移日：如果今日最高价低于或等于昨日最高价，或者今日最低价高于或等于昨日最低价，即为内移日。内移日表示无趋向。

②两力均衡日：如果今日最高价高于昨日最高价，同时今日的最低价又低于昨日最低价，即为两力均衡日。两力均衡日也表示无趋向。

图 3－5(a)和(b)分别为内移日和两力均衡日。

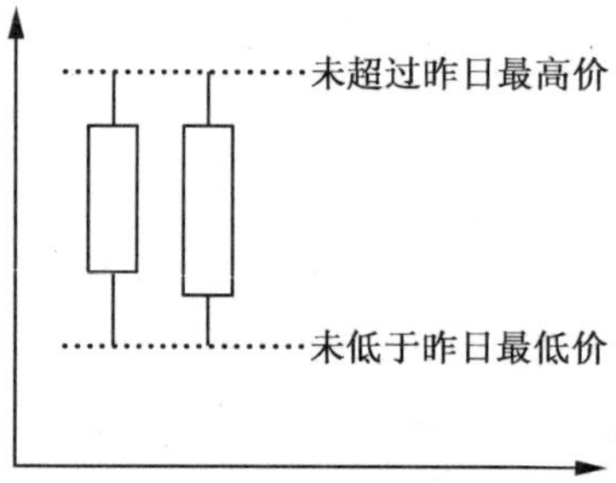

图 3－5(a) 内移日

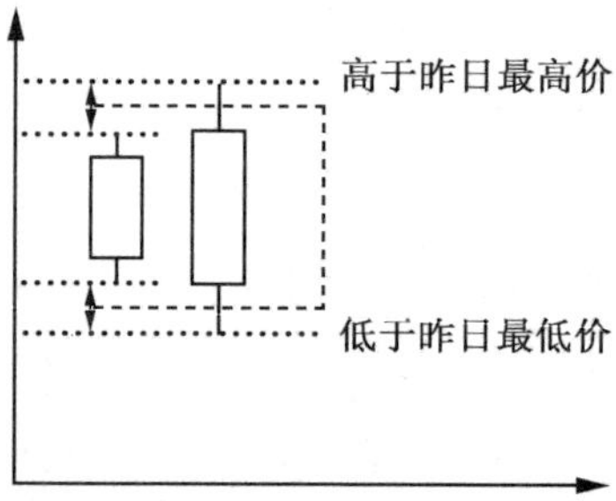

图 3－5(b) 两力均衡日

(2)上升趋向。如果今日最高价高于昨日最高价，同时今日最低价高于或等于昨日最低价，则出现上升趋向。上升趋向值用＋DM 表示。＋DM＝今日最高价－昨日最高价。

(3)下降趋向。如果今日最低价低于昨日最低价，同时今日最高价低于或等于昨日最高价，则出现下降趋向。下降趋向值用－DM 表示。－DM＝昨日最低价－今日最低价。要注意，下降趋向值的负号并不代表负数，负号仅代表下降方向而已。

图 3－6(a)和(b)分别为上升趋向和下降趋向。

第二步：确定真实波幅。真实波幅用 TR 来表示。在下面三组数值的差中，数值最大者即为当日的真实波幅。

(1)当日最高价与当日最低价的差；

(2)当日最高价与昨日收盘价的差的绝对值；

(3)当日最低价与昨日最低价差的绝对值。

第三步：确定方向线。方向线用 DI 表示。方向线是探测价格上涨或下降的指标，分为上升方向线和下降方向线，前者用 $+DI$ 表示，后者用 $-DI$ 表示。将 N 天内(一般为 14 天)的 $+DM$、$-DM$、TR 进行平均计算，分别记为 $\overline{+DM}$、$\overline{-DM}$，$\overline{TR}$，

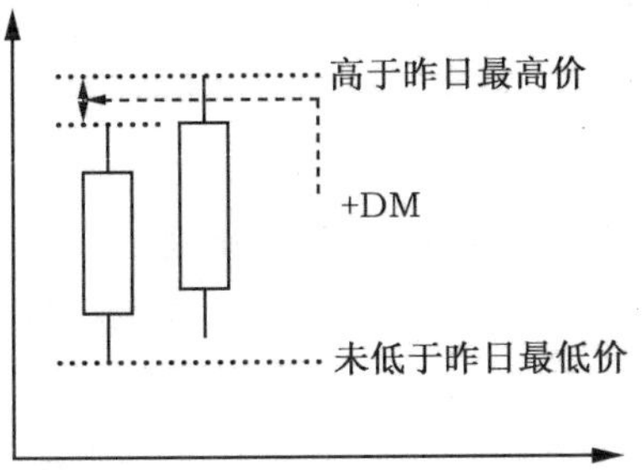

图 3—6(a)　上升趋向

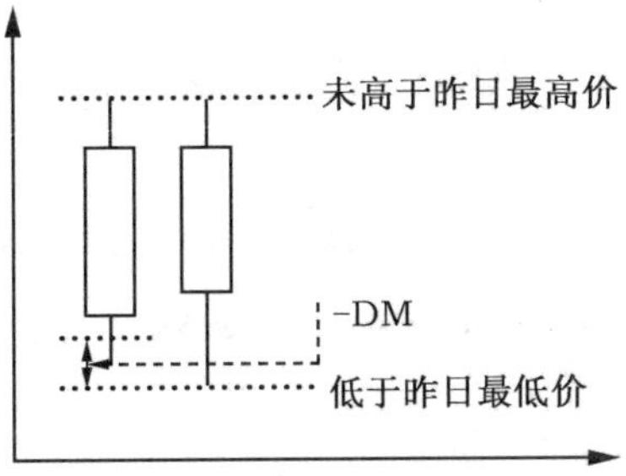

图 3—6(b)　下降趋向

N 天内上升或下降方向线的计算公式如下：

$$+DI=\frac{\overline{+DM}}{\overline{TR}}\times 100 \qquad -DI=\frac{\overline{-DM}}{\overline{TR}}\times 100$$

上升方向线与下降方向线的数值永远介于 0～100 之间，N 天上升方向线表示最近 N 天以来实际上涨力量的百分比，而 N 天下降方向线则表示最近 N 天以来实际下降力量的百分比。如果股价持续下跌，那么下降趋向值将会不断地出现，从而使下降方向线的数值不断地升高，而上升方向线则相应地呈现下降的走向；反之，如果股价持续上涨，则与上述情况相反的走向会出现在图形上。如果市场处于牛皮状态，上升方向线与下降方向线的差异会变得很小。上升方向线与下降方向线虽然已经可以作为判研的工具，但是为了使指标进一步细致化，还要计算趋向值(动向指标)DX 以及趋向值的移动平均值 ADX。

第四步：确定趋向值 DX 以及趋向值的移动平均值 ADX。其计算公式如下：

$$DX=\frac{|(+DI)-(-DI)|}{(+DI)+(-DI)}\times 100$$

ADX 是 DX 的移动平均值，一般以 6 天为周期。DX 的数值越大，表明趋向越明确；数值越小，表明无明显的动向趋势。由于 DX 的波动幅度较大，所以要按一定的周期进行移动平均处理。

3. 趋向指标的判研要点

第一，+DI 线从下向上突破－DI 线或者－DI 线跌破+DI 线的时候，表明市场内做多的力量在加强，为买入信号，如果 ADX 线伴随上升，则预示涨势更加强劲。

第二，－DI 线从下向上突破+DI 线或者+DI 线跌破－DI 线的时候，表明市场内做空的力量在加强，为卖出信号，如果 ADX 线伴随上升，则表示跌势加剧。

第三，可以单独用 ADX 线进行行情的研判。如果 ADX 线持续上升，表明市场走势会呈单边行情，即持续上涨或下跌。当市场行情涨跌反复时，ADX 线会出现递减情况，ADX 线下降，表明+DI 与－DI 两条线靠拢。当 ADX 线降至 20 以下并且呈现横向前进时，可以将市场走势看成是牛皮整理，投资者应该采取观望态度。另外，涨势中的 ADX 在高点由升转跌，显示涨势将告一段落；反之，跌势中的 ADX 也从高点回落，预示跌势将停止。

第四，DMI 指标是一个中长期的判研指标，当市场行情明显地维持一个方向运动时，能够比较准确地显示买入或者卖出信号；而当行情维持盘整形态时，信号并不明确。

三、停损指标(SAR)

1. 停损指标的基本原理

停损指标的全称叫做停损转向指标，由于停损指标曲线的形状比较平滑，类似于抛物线，所以又称为抛物线转向指标，它是威尔特对趋势分析理论的一大贡献。

关于停损指标的作用，从名称来看不难理解是停损之意，即是用来控制交易风险的。有经验的投资者在进行股票投资的时候，往往要设定一个止损价位，而这个止损价位并不是一成不变的，随着股价的波动，止损价位也要不断地上下调整。比如某一个投资者准备在 10 元的价格买进某一股票，他根据该股票股价波动的情况以及自己实际承受能力，计划将可能出现的投资损失控制在 5%左右，这样止损价位可以定在 9.5 元。当这位投资者买进该股票后，如果价格是上涨，止损价位也应该相应地同比例提高。比如股价上涨到 11 元，止损价位就应该相应地提高到 10.45 元。这样既可以有效地控制潜在的风险，又不至于使到手的利润鸡飞蛋打，是一种比较理想的操作方法。

由于个股的情况千差万别，如何设定止损价位就有一定的讲究。如果过高的话，就有可能出现股价稍微有回档即需进行卖出操作，而卖出后股价却再度上扬的情况，白白损失一段利润，这就是平时所说的踏空。然后，你承认失误，再度买进，不仅差价已经白白损失，而且介入的价位相对较高，又莫名其妙地多交一次佣金和印花税，增加了交易的成本。相反，如果止损价位定得太低，就根本起不到控制的作用。不仅本来可以到手的利润因为一个设定过低的止损价位而大幅度缩水，甚至有可能出现刚刚卖出，股价却已经调整到位再度上升的尴尬情况。因此，停损指标就是通过一个比较复杂的方法推导出停损点，它具有简单易用、操作周期较短等优势，近年来在国内逐渐流行开来，成为许多投资者特别是中小散户常用的分析工具之一。

2. 停损指标的技术特征

(1)随着股价的上升，每一天的停损点相应地提高，每天都要根据情况的不同，计算出一个新的停损点，从而使停损点的设定建立在一个动态的基础上，可以更加符合市场的动态变化，使风险控制更加科学、合理。

(2)停损点可以成为多空立场转变的导向。当股价在停损点之上，应该保留手中的股票,采取看多的态度;当股价跌破停损点,应该将手中的股票抛出,采取看空的态度。由于多空立场的转换完全是根据股价是否跌破停损点而定,停损点也成为多空转换的分界线。

(3)停损指标在本质上是为了避免过分贪心而设置的一种技术指标,其基本思想就是在某种情况下必须买入或者卖出,不能够再等下去,期待出现更低或者更高的价格。当价格回落到停损点的下方时,应不加任何条件毫不犹豫地将手中的股票抛出;反之,当价格回升到停损点的上方时,应该及时地买回股票。

3. 停损指标的计算方法

由于每一天的停损指标数值是不同的,它要根据当天的股价变化程度不断地改变。因此一般来说,在看涨时,停损指标的数值会越来越高;而在看跌时,停损指标的数值会越来越低。停损指标的具体计算步骤是:

第一步:确定最近一段时间的趋势是上升还是下降。因为趋势不同,采用的计算方法也不同。在确定趋势以后,还要决定计算的周期。计算的周期虽然可以改变,但是取 4 天为周期已经是约定俗成。

第二步:确定第一天的 SAR 数值,可以用 SAR(1)来表示。确定的方法是:在上升趋势的情况下,SAR(1)=近期的最低价格;在下降趋势的情况下,SAR(1)=近期的最高价格。这里的近期一般是指周期内的时间。

第三步:计算第二天的停损指标数值,即 SAR(2)。其计算公式为:

$$SAR(2)=SAR(1)+AF\times[EP(1)-SAR(1)]$$

式中,AF 叫做威尔特加速因子,有的也叫做调整系数。这个调整系数不是一个常量,而是不断变化的。具体做法是,在上升趋势情况下,第一次 AF=0.02,往后,如果某一天的最高价比前一天的最高价要高,则 AF 在原值的基础上增加 0.02;如果没有创出新高,则 AF 的数值不变化;如果没有新的 AF 数值,就沿用前一天的 AF 数值。反之,在下降趋势情况下,第一次 AF=0.02,往后,如果某一天的最低价比前一天的最低价要低,则 AF 在原值的基础上增加 0.02;如果没有创出新低,则 AF 的数值不变化;如果没有新的 AF 数值,也是沿用前一天的 AF 数值。不管是上升趋势还是下降趋势,当 AF 的数值增加到 0.2 时,就不再增加了。这就是说,AF 的取值区间在 0.02~0.2 之间。

EP 叫做极点价,是指近期的最高价或最低价。近期同样是指周期内。如果是上升趋势,EP 就是近期内的最高价;如果是下降趋势,EP 就是近期内的最低价。

第四步:计算后面的停损指标数值,可以用 SAR(n)表示。其计算公式为:

$$SAR(n)=SAR(n-1)+AF\times[EP(n-1)-SAR(n-1)]$$

利用以上四个步骤可以不断地求出每一天的停损指标数值。

计算停损指标时要注意的是,在上升趋势中,如果计算出某一天的停损指标比当天或者前一天的最低价还要高,就要以当天或者前一天的最低价为某一天的停损指标;反之,在下降趋势中,如果计算出某一天的停损指标比当天或者前一天的最高价还要低,就要以当天或者前一天的最高价为某一天的停损指标。

4. 停损指标的判研要点

第一,从停损指标的曲线图上可以看出,停损指标的取值具有明显的规律性。在上升趋势中,停损指标的取值永远比股价小,股价线始终在停损指标线之上;而在下降情况下,停损指标的取值永远比股价大,股价线始终在停损指标线之下。

第二,随着股价的上升,停损指标也会跟着上升,始终紧贴着现行价位。一旦股价上涨的速度跟不上,发生股价反转下跌并且跌破停损指标线的情况,投资者可以顺着股价跌破停损指标线的信号,实施减磅操作甚至清仓策略,以保住利润或者减少亏损。同样道理,当股价逐步下挫,停损指标也会跟着不断创出新低,一旦股价反转上升,投资者也可以根据股价上穿停损指标线的信号,分批建仓。所以股价突破停损指标线就是采取行动的信号,向下突破是卖出信号,向上突破就是买入信号。

第三,停损指标的缺点是在行情处于窄幅波动的盘局状态时,停损指标发出的买入或者卖出信号失误率较高,此时可以配合前面介绍过的动向指标进行判断。

四、布林线(BOLL)

1. 布林线的基本原理

布林线又称布林通道,是由美国人布林格提出的一种技术分析理论和方法。布林线指标的设计思想很有独创性,它一改一般指标运用时比较烦琐的缺点,用十分简单明快的三条曲线来显示股价运行状况。三条曲线分别叫做上轨、中轨、下轨。上轨可以看成是压力线,下轨可以看成是支撑线。股价线的波动应该围绕中轨线,在上轨线和下轨线之间进行波动。布林线的带状宽度反映了股价变动的幅度,越宽表示股价波动幅度越大,越小表示股价波动幅度越小。所以,布林线的宽度是由股价的异变性决定的。当极端价格出现,布林线就会放宽;而当价格出现平稳走势,布林线就会收窄。

2. 布林线的计算方法

从数学角度看,布林线的计算实际上是利用了移动平均的计算方法和统计学中标准差的计算方法。

布林线中的中轨,实际上就是一定周期的移动平均线,只是移动平均线一般是用收盘价计算的,而布林线是用中间价计算的。

$$\text{中间价}=(C+H+L)/3$$

或:

$$\text{中间价}=(2C+H+L)/4$$

式中,C 代表收盘价,H 代表最高价,L 代表最低价。

有了每天的中间价,将中间价进行移动平均计算就可以得出中轨线,计算的周期可以有 14 天或者 20 天等。

至于上轨和下轨,实际上就是根据周期内中间价的标准差来决定的。比如,以 14 天为周期,自然就有 14 个中间价,对 14 个中间价进行标准差的计算,就可以确定第 14 天的上轨和下轨。因此:

上轨价格=中间价移动平均价+标准差

下轨价格=中间价移动平均价-标准差

标准差的计算公式为:

$$\sigma = \sqrt{\frac{\sum_{i=1}^{n}(X_i - \overline{X})^2}{n}}$$

式中,σ 表示标准差,n 表示周期的天数,X_i 表示周期内各天的中间价,$\overline{X}$ 表示周期内全部中间价的平均值。

3. 布林线的特点

(1)布林线的范围即上轨和下轨之间的带状区间的宽窄是随着股价波动幅度的大小变化的。当股价涨跌幅度变大时,布林线的带状线开口也会随之放大;而当股价涨跌幅度变小时,布林线的带状线开口也会随之缩小。

(2)布林线的运用一般是从两个方面考虑的:一是利用布林线与股价运行趋势的趋同性以及布林线对股价的支撑和压力作用,对股票做出是持股、持币还是观望的判断;二是根据布林线的买卖信号决定股票买卖的策略,在买卖信号中特别要强调的是,激烈的价格变动倾向于布林线的范围紧缩后发生,只有当异变性减弱后,才会产生激烈的价格波动。

(3)布林线是一个独立的指标,一般可以单独分析使用;但是布林线不能够明确提示超买超卖点,我们不能够用穿越上轨或者跌破下轨作为超买超卖的信号。

4. 布林线的运用要点

(1)持股原则。当布林通道处于上升趋势,而股价线运行在布林通道的上轨和中轨之间时,表示股票正处于强势的多头态势,股价在上升过程中受到中轨线的强烈支持,是一波主升段的行情,此时应该以持股为主。

(2)持币原则。当布林线处于下降趋势,而股价线运行在布林通道的中轨和下轨之间时,表示股票正处于弱势的空头状态,股价受到中轨线的反压,正在做中线的向下调整,此时一般不宜介入,应以持币观望等待机会为主。

(3)买进原则。买进原则有三种情况:

①当股价触及下轨或者跌穿下轨然后出现反弹,反弹力度达到穿越中轨线时,是

买进信号。股价在一波较大幅度的下跌后，往往会形成加速的最后一跌，在布林通道上就会反映出股价触及或者跌穿下轨线，然后必然又反弹，回到下轨线的上方，但是这个反弹能否转化成反转，如果用布林线指标来判断，就要看股价能否有效地上穿布林通道的中轨线。一旦有效地穿过中轨线，则是较好的买入信号。

②当股价经过调整后走出一波不是太大的上涨行情就触及布林通道的上轨或穿过布林通道的上轨然后回落，且在回落过程中受到中轨线的支撑，也是较好的买入时机。

③布林通道的上下轨之间的距离是随着股价的波动幅度反复扩大和收窄的，当股价经过较长时间的低迷时，股价的波动范围会缩小到一个很小的幅度，布林通道的上下轨之间的距离就会逐渐收窄，直至布林通道的趋势在一段时间内基本呈现水平运动。在这个过程中，如果我们看到布林通道的张口从收窄转为逐渐扩大，就是所谓的拐点买进信号。

(4)卖出原则。卖出原则也有三种情况：

①当股价经过一波上扬后，股价线触及上轨线或者上穿上轨线后回落，在回落的过程中如果跌穿中轨线，表明股价的上升已经告一段落，这时下穿中轨线为比较有效的卖出信号。

②股价在下跌趋势中触及布林通道的下轨线或者跌穿下轨线然后反弹，但是反弹没有能够突破布林线的中轨线，受到中轨线的反压，则表明下跌趋势并没有结束，股票价格在中轨线附近是卖出良机。

③根据拐点卖出信号进行操作。关于拐点的定义是相同的，拐点卖出信号与拐点买进信号的区别就在于股价位置的不同。如果股价在相对高位形成拐点，就是卖出信号。

五、麦克指标(MIKE)

1. 麦克指标的基本原理

麦克指标与布林通道一样，属于同一类型的技术指标，即路径式指标。它是以起初价为计算标准，求出初级、中级、强力三条带状支撑线和压力线的数值。

2. 麦克指标的计算方法

第一步：确定起初价，以 TYP 表示。麦克指标中的起初价，与布林线指标中的中间价类似。$TYP=(H+L+C)/3$；或者，$TYP=(H+L+2C)/4$。

第二步：计算三条初级压力线、中级压力线、强力压力线的数值。初级压力线用 WR 表示，中级压力线用 MR 表示，强力压力线用 SR 表示。计算公式为：

$$WR=TYP+(TYP-N\text{ 天最低价})$$

$$MR=TYP+(N\text{ 天最高价}-N\text{ 天最低价})$$

$$SR=2N\text{ 天最高价}-N\text{ 天最低价}$$

第三步：计算三条初级支撑线、中级支撑线、强力支撑线的数值。初级支撑线用 WS 表示，中级支撑线用 MS 表示，强力支撑线用 SS 表示。计算公式为：

$$WS=TYP-(N\text{ 天最高价}-TYP)$$

$$MS=TYP-(N\text{ 天最高价}-N\text{ 天最低价})$$

$$SS=2N\text{ 天最低价}-N\text{ 天最高价}$$

式中的 N 为采样的天数，即周期数，一般取 12 天。

我们可以将每一天的数值连接起来，得到麦克指标曲线。如果画在图表上，会有六条曲线。为了避免投资者被图形上的六条线搞糊涂，一般市面上的分析软件不以曲线图形表示，改用表格方式表现。这两种表示方法各有利弊。表 3—9 为麦克指标的表格表现方式。

表 3—9　　麦克指标的表格表现方式

项目	初级	中级	强力
压力	731	825	920
支撑	576	515	455

从上面的说明中可以看到，麦克指标有三条通道，而且是一一对应的。初级压力与初级支撑形成一条比较窄的通道，中级压力与中级支撑形成一条中间通道，强力压力与强力支撑形成一条相对较宽的通道。

3. 麦克指标的运用要点

第一，在麦克指标中，通常将股价上方的压力称为上限，将股价下方的支撑称为下限。当股价脱离盘整、朝着上涨的趋势前进时，股价上方的三条上限为其压力参考价；当股价脱离盘整、朝着下跌的趋势前进时，股价下方的三条下限为其支撑参考价。具体来说，就是碰到上限，属于卖出信号；碰到下限，属于买进信号。

第二，股价在盘整时，上限和下限的价位能够同时参考。因为盘整时，指标的路径会变得狭窄，股价能够触及上限和下限的机会比较多。因此，上限和下限同时具有参考价值。

练习题

一、名词解释

技术指标　技术指标分析方法　趋势型指标　能量型指标　超买超卖型指标
乖离率　成交量型指标　大势型指标　顶背离　低背离　心理线

成交量比率指标　　均量线

二、单项选择题

下列选项中只有一项是正确的，请将正确选项的符号填在括号内。

1. 下列属于技术指标分析中所使用的派生数据的是(　　)。

A. 开盘价　　B. 收盘价　　C. 中间价　　D. 成交量

2. 心理线指标中的极端超买值是(　　)。

A. 小于 10　　B. 小于 20　　C. 大于 80　　D. 大于 90

3. 在人气意愿指标中，用当天的开盘价作为基准水平的指标是(　　)。

A. AR 指标　　B. BR 指标　　C. CR 指标　　D. VR 指标

4. 在 AR 指标中通常以数值(　　)作为分界线来区别多空双方的强度。

A. 50　　B. 100　　C. 150　　D. 200

5. AR 指标的极端超买数值是(　　)。

A. 小于 100　　B. 小于 150　　C. 大于 150　　D. 大于 200

6. BR 指标的极端超卖数值是(　　)。

A. 大于 300　　B. 大于 500　　C. 小于 50　　D. 小于 30

7. 在人气意愿指标中，用中间价作为基准水平的指标是(　　)。

A. AR 指标　　B. BR 指标　　C. CR 指标　　D. VR 指标

8. VR 指标可以采取观望态度的平衡区间是(　　)。

A. 50～100　　B. 100～150　　C. 80～200　　D. 150～250

9. VR 指标的严重超卖区域是(　　)。

A. 40 以下　　B. 60 以下　　C. 250 以上　　D. 350 以上

10. VR 指标的严重超买区域是(　　)。

A. 40 以下　　B. 60 以下　　C. 250 以上　　D. 350 以上

11. 均量线是(　　)的移动平均线。

A. 收盘价　　B. 中间价　　C. 成交量　　D. 利润量

12. 威廉指标是将周期内的(　　)的中心位置作为平衡位置的。

A. 最高价到开盘价　　B. 最高价到收盘价　　C. 最高价到最低价　　D. 最高价到中间价

13. 下列指标中，数值越大表示超卖、数值越小表示超买的是(　　)。

A. 心理线　　B. 相对强弱指标　　C. 威廉指标　　D. KDJ 指标

14. 威廉指标的超买区域是(　　)。

A. 0～20　　B. 0～30　　C. 70～100　　D. 80～100

15. 相对强弱指标是(　　)提出来的。

A. 威廉姆斯　　B. 葛兰威尔　　C. 魏尔德　　D. 兰恩

16. 相对强弱指标的超卖区域是(　　)。

A. 0～20　　B. 0 以下　　C. 100 以上　　D. 80～100

17. 测量股价走势相对坚挺程度的指标是(　　)。

A. RSI　　B. RRS　　C. KDJ　　D. WMS

18. 涨跌比率的多空分界线为(　　)。

A. 50　　B. 100　　C. 150　　D. 200

19. 大势型超买超卖指标是一种(　　)指标。

A. 涨跌比率　　B. 涨跌差　　C. 上涨数累计　　D. 下跌数累计

三、多项选择题

下列选项中有两项(含两项)以上是正确的,请将正确选项的符号填在括号内。

1. 下列属于技术指标分析中使用的原始数据的是(　　)。

A. 开盘价　　B. 收盘价　　C. 最高价　　D. 最低价

E. 中间价

2. 下列属于人气意愿指标的是(　　)。

A. AR 指标　　B. BR 指标　　C. CR 指标　　D. VR 指标

E. UR 指标

3. 下列属于 AR 指标与 BR 指标共同缺陷的是(　　)。

A. 在超强或超弱行情中容易信号失真　　B. 没有固定数值范围

C. 有固定数值范围　　D. 底部图形通常为长期平缓信号不明确

E. 顶部形态快速陡峭信号稍纵即逝

4. 下列关于 CR 指标判研要点正确的说法是(　　)。

A. 40 以下为超卖区域　　B. 300 以上为超买区域

C. 底部判断的可靠性高　　D. 底部判断的可靠性差

E. 顶部的判断作用不理想

5. 下列对底部判断可靠性好的指标是(　　)。

A. AR 指标　　B. BR 指标　　C. CR 指标　　D. VR 指标

E. 心理线指标

6. 下列关于相对强弱比率指标运用的正确表述是(　　)。

A. 判断相对坚挺程度是根据曲线升降　　B. 曲线趋势向上反映走势强于大盘

C. 曲线趋势向上反映走势弱于大盘　　D. 曲线趋势向下反映走势强于大盘

E. 曲线趋势向下反映走势弱于大盘

7. 根据 KDJ 指标,属于买进信号的是(　　)。

A. K 值小于 15　　B. K 值大于 85　　C. D 值小于 20　　D. D 值大于 80

E. J 值小于 0

8. 根据 KDJ 指标,属于卖出信号的是(　　)。

A. K 值小于 15　　B. K 值大于 85　　C. D 值小于 20　　D. D 值大于 80

E. J 值大于 100

9. 下列符合腾落指数特点的正确描述是(　　)。

A. 不考虑每种股票的规模与涨跌幅度

B. 只反映市场中上涨股票与下跌股票的数量对比

C. 腾落指数的数值有重要意义

D. 腾落指数的数值无重要意义

E. 腾落指数主要根据曲线变动方向进行分析

10. 下列属于大势型指标的是(　　)。

A. 单位指数成交量　　B. 腾落指数　　C. 相对腾落指数　　D. 涨跌比率

E. 相对强弱比率

11. 下列属于涨跌比率判研中正确的说法是(　　)。

A. 以 100 为多空分界线

B. 常态区域为 50～150

C. 虽然是 0 以上的无限指标,但很少会大于 300

D. 大于 150 是卖出信号

E. 小于 50 是买进信号

12. 下列图形中属于趋向指标中的无趋向情形的是(　　)。

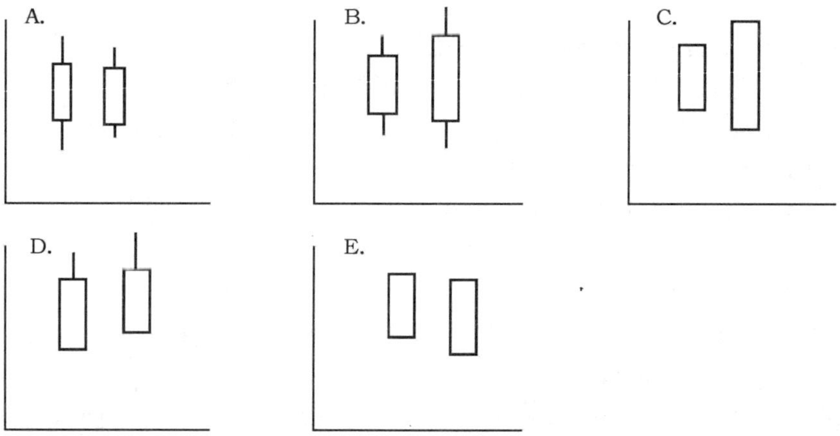

13. 下列关于停损指标判研的正确描述是(　　)。

A. 在上升趋势中股价线始终在停损线之上　　B. 在上升趋势中股价线始终在停损线之下

C. 在下降趋势中股价线始终在停损线之上　　D. 在下降趋势中股价线始终在停损线之下

E. 在盘局状态中停损指标信号的失误率较高

14. 下列关于布林线特征的正确描述是(　　)。

A. 股价涨跌幅度变大,布林线开口放大　　B. 股价涨跌幅度变大,布林线开口缩小

C. 股价涨跌幅度变小,布林线开口放大　　D. 股价涨跌幅度变小,布林线开口缩小

E. 可以用股价线穿越上轨或下轨作为超买超卖信号

四、问答题

1. 运用技术指标的基本法则有哪些?

2. 心理线指标的判研要点有哪些?

3. AR 指标的判研要点有哪些?

4. 如何将 AR 指标与 BR 指标结合起来运用?

5. 均量线的运用要点有哪些?

6. 如何将股价线与均量线结合起来进行判研?
7. 如何将不同计算周期的均量线结合起来进行判研?
8. 如何利用成交量摆荡指标进行判研?
9. 葛兰威尔在论述能量潮指标依据时所提出的评价原理、重力原理、惯性原理的含义是什么?
10. 能量潮指标的特点有哪些?
11. 能量潮指标的判研要点有哪些?
12. 威廉指标的特点有哪些?
13. 乖离率的判研要点是什么?
14. 如何运用RRS指标来分析股价走势的相对坚挺程度?
15. 运用KDJ指标时的黄金交叉与死亡交叉的含义是什么?
16. 大势型指标的特点有哪些?
17. 如何运用单位指数成交量指标来判断股市行情?
18. 腾落指数的判研要点有哪些?
19. 相对腾落指数的判研要点是什么?
20. 大势型超买超卖指标的判研要点有哪些?
21. 如何根据MACD指标中的DIF与DEA曲线的相互穿越关系来判断买入与卖出信号?
22. 如何运用MACD指标中的柱状线进行行情的分析?
23. 如何运用趋向指标中的+DI曲线与-DI曲线的相互穿越关系来判断市场行情?
24. 停损指标的特点有哪些?
25. 如何根据布林线来确定是持股还是持币?
26. 根据布林线实施买进操作有哪几种情况?
27. 根据布林线实施卖出操作有哪几种情况?

五、计算题

1. 以下是某股票的价格数据,请据此计算以6天为周期的8日的心理线指标。

单位:元

日　期	开盘价	收盘价	最低价	最高价
1日	11	11.5	11	12
2日	12	12	11	12
3日	12	12.5	11.5	12.5
4日	12.5	12.6	12	13
5日	12.4	13	12.4	13.2
6日	12.5	12.9	12.6	13.5
7日	12.5	13	12.1	13.6
8日	13	13.5	12.9	13.5

2. 根据以下数据,计算以5天为周期的10月15日的AR指标。

单位:元

日　期	开盘价	最高价	最低价
10月10日	18.25	18.45	18.25
10月11日	18.00	18.00	17.00
10月12日	19.00	19.00	18.50
10月13日	18.70	19.50	18.70
10月14日	19.60	20.00	19.50
10月15日	19.00	19.40	18.90

3. 根据下列数据,计算以5天为周期的10月6日的BR指标。

单位:元

日　期	开盘价	收盘价	最高价	最低价
10月1日	7.5	7.9	7.9	7.3
10月2日	8.0	8.1	8.5	7.9
10月3日	7.9	8.5	8.8	7.8
10月4日	8.1	8.8	9.0	8.1
10月5日	8.3	8.6	8.7	8.0
10月6日	8.0	8.8	8.8	8.2

4. 根据下列数据,计算以6天为周期9月7日的VR指标。

日　期	开盘价	收盘价	成交量
9月1日	5.1元	5.2元	600万股
9月2日	4.5元	5.1元	550万股
9月3日	4.6元	4.8元	650万股
9月4日	4.6元	4.7元	700万股
9月5日	4.8元	4.8元	600万股
9月6日	4.6元	4.5元	800万股
9月7日	4.3元	4.4元	500万股
9月8日	4.3元	4.3元	750万股

5. 某股票10月8日的10日均量线的移动平均值为1 090万股,30日均量线的移动平均值为800万股。请计算该股票10月8日的成交量摆荡指标。

6. 根据下列数据,计算以5天为周期的12月6日的威廉指标。

单位:元

日　期	最高价	最低价	收盘价
12 月 1 日	19.3	18	18.5
12 月 2 日	18.5	17.8	18.3
12 月 3 日	18.3	18	18.3
12 月 4 日	19.1	18.5	18.5
12 月 5 日	18.6	18	18
12 月 6 日	17.8	17.1	17.7

7. 根据下列数据,计算某股票 9 月 7 日和 9 月 8 日的 5 日乖离率。

单位:元

日　期	开盘价	收盘价
9 月 1 日	11	11.2
9 月 2 日	10.8	11.5
9 月 3 日	11.2	11.6
9 月 4 日	11.3	11.7
9 月 5 日	10.9	11.1
9 月 6 日	11.1	10.8
9 月 7 日	10.9	10.7
9 月 8 日	10.7	11.8

8. 根据下列数据,计算以 6 天为周期的 12 月 8 日的相对强弱指标 RSI。

单位:元

日　期	收盘价
12 月 1 日	15.75
12 月 2 日	15.6
12 月 3 日	15.9
12 月 4 日	17.25
12 月 5 日	21.4
12 月 6 日	25.95
12 月 7 日	22.00
12 月 8 日	25.85

9. 根据下列数据，计算以 6 天为周期的 12 月 8 日的随机指标 KDJ。

单位：元

日　期	最高价	最低价	开盘价	收盘价
12 月 1 日	19.3	18.0	18.1	18.8
12 月 2 日	18.5	17.8	17.8	18.0
12 月 3 日	19.1	18.0	18.1	19.0
12 月 4 日	18.6	18.5	18.5	18.6
12 月 5 日	17.8	16.0	17.8	16.2
12 月 6 日	18.3	17.0	17.8	17.0
12 月 7 日	17.5	15.9	16.2	16.6
12 月 8 日	17.0	15.0	16.5	15.5

10. 某股票市场 10 月 9 日上涨的股票数为 650 只，不涨不跌持平的股票数为 25 只，当日成交的全部股票数为 1 050 只。请计算 10 月 9 日的相对腾落指数。

11. 根据以下数据，计算以 5 天为周期的 10 月 5 日和 10 月 6 日的涨跌比率指标 ADR。

日　期	上涨股票数	下跌股票数
10 月 1 日	60	12
10 月 2 日	35	45
10 月 3 日	26	59
10 月 4 日	40	24
10 月 5 日	36	38
10 月 6 日	41	26

12. 某股票 11 月 2 日的 EMA(12)为 8，EMA(26)为 8.5，DEA 为—0.5；11 月 3 日的收盘价为 9 元。请计算 11 月 3 日的 DIF 与 DEA 指标的数值，并据此判断市场是处于空头状态还是多头状态。

13. 根据下列数据，计算以 8 天为周期的 12 月 9 日的布林线中轨价、上轨价和下轨价。

单位：元

日　期	最高价	最低价	收盘价
12 月 1 日	19.3	18	18.5
12 月 2 日	18.5	17.8	18.3
12 月 3 日	18.3	18	18.3
12 月 4 日	19.1	18.5	18.5
12 月 5 日	18.6	18	18

续表

日　期	最高价	最低价	收盘价
12 月 6 日	17.8	17.1	17.7
12 月 7 日	16.2	15	16
12 月 8 日	15.5	15	15.2
12 月 9 日	15.4	15.1	15.3

14. 根据下列数据,计算以 8 天为周期的 12 月 9 日的麦克指标中的 WR、MR、SR 三个压力位与 MS、MS、SS 三个支撑位。

单位:元

日　期	最高价	最低价	收盘价
12 月 1 日	19.3	18	18.5
12 月 2 日	18.5	17.8	18.3
12 月 3 日	18.3	18	18.3
12 月 4 日	19.1	18.5	18.5
12 月 5 日	18.6	18	18
12 月 6 日	17.8	17.1	17.7
12 月 7 日	16.2	15	16
12 月 8 日	15.5	15	15.2
12 月 9 日	15.4	15.1	15.3

第四章　混合型技术分析方法

第一节　循环周期理论

一、循环周期理论概述

1．循环周期理论的定义

循环周期理论是一种利用时间的循环周期来推测股市趋势的理论和方法。技术分析最主要是研究股价、成交量和时间三者之间的关系。股价是涨跌变化，成交量是大小变化，而时间是长短变化。投资者不仅关心股价会涨跌到什么价位，也需要知道在多长时间内能够达到这个价位。在很多技术分析理论中，一般对股价与成交量的关系讨论比较多，但是对时间研究相对比较少。循环周期理论就是从时间因素来探讨股市运动规律的一种比较有代表性的理论。

2．伯恩斯坦关于循环周期理论的基本思想

循环周期理论的创始人是伯恩斯坦。伯恩斯坦关于循环周期理论的基本思想可以概括为以下两点：

(1)时间在自然界或生物界是一个永远无法超越的客观存在，在时间面前，人世间的万物变化都有稳定的周期规律，都会按一定的周期循环出现。因此，股市也同样逃脱不了时间的循环周期。

(2)根据循环周期的规律，股市永远是一个涨跌互相交替的过程。通过对股市的长期观察，可以发现股市运动的循环周期规律。这种规律表现为，从一个明显的低点到下一个明显低点的时间间隔大致相等；从一个明显的高点到下一个明显高点的时间间隔也大致相等。

二、循环周期

1．循环周期的划分

股市趋势存在着循环周期的变化，从每一个明显低点到下一个明显低点为一个循环周期；同样，从每一个明显高点到下一个明显高点为一个循环周期。

2. 循环周期的比较

根据观察，从低点到低点的循环周期比从高点到高点的循环周期来得可靠。

3. 循环周期的类型

在股市运动中存在着大小不同的循环周期，大循环周期一般从几个月到几年，中循环周期一般为几周至几个月，小循环周期一般为两周之内。

4. 标准循环周期的确定

以四个以上连续的明显高点或者明显低点之间的时间间隔为基础计算出的算术平均值即为某一级别的标准循环周期。

三、时间窗口

1. 时间窗口的定义

所谓时间窗口是指在股市的周期性循环过程中，按照标准循环周期所推算出来的下一个高点或者低点出现的时间区间。

2. 时间窗口的确定

以某一个循环高点或者低点为标准，按标准循环周期推算出的下一个循环高点或低点出现的时间会有15%的误差，按15%确定的时间区间就是时间窗口的范围。比如一个中级的标准循环周期为90天，15%的误差是14天，那么76天至104天的时间区间就是时间窗口。在一般情况下，下一个循环高点或循环低点将在时间窗口之内出现。循环周期理论只对高点和低点出现的时间进行判断，不对高点和低点出现的距离进行判断。

3. 时间窗口的有效性和稳定性

(1)在时间窗口内按时出现的高点或低点越多，表明计算出的标准循环周期越可靠、越有效。(2)实证研究表明，不会因为突发事件的影响而改变循环周期和时间窗口的规律性。(3)如果计算出的标准循环周期是正确的，则大部分循环高点或循环低点都会按时出现在时间窗口之内。但是也会有例外，个别循环高点或者循环低点提前或者推后，不在时间窗口内出现也是正常的，是不可避免的。

四、伯恩斯坦判断股票买卖信号的原则

在伯恩斯坦的循环周期理论中，也提出了一些关于判断股票买卖信号的原则。

1. 突破信号

关于突破信号，伯恩斯坦强调要与移动平均线相结合进行判断。他认为，当股价

由下向上突破往右上方倾斜的移动平均线阻力线的时候，可以断定循环的低点已经确立，可以买入建仓。股价连续突破的移动平均线阻力线越多，表示上升趋势持续时间会越长。而当股价由上向下突破往右下方倾斜的移动平均线支撑线的时候，可以断定循环的高点已经确立，属于卖空信号。股价连续突破的移动平均线支撑线越多，表明下降趋势持续的时间会越长。

2. 转向信号

按照方向分为向上转向和向下转向；按照信号强烈程度可以分为普通转向和特殊转向。

(1)向上普通转向信号：当日最低价低于前一日最低价，同时当日收盘价高于前一日收盘价，属于买入信号。

(2)向上特殊转向信号：当日最低价低于前一日最低价，并且当日最高价高于前一日最高价，同时当日收盘价高于前一日收盘价，属于较强买入信号。

(3)向下普通转向信号：当日最高价高于前一日最高价，同时当日收盘价低于前一日收盘价，属于卖出信号。

(4)向下特殊转向信号：当日最高价高于前一日最高价，并且当日最低价也低于前一日最低价，同时当日收盘价低于前一日收盘价，属于较强卖出信号。

3. 高低收盘信号

如果将当日K线全长定义为当日波幅，则当日最高价与当日收盘价之差如果小于当日波幅的10%，即接近最高价收盘，称为高收；当日收盘价与当日最低价之差小于当日波幅的10%，即接近最低价收盘，称为低收。如果某一天收盘价高收，后一天收盘价低收，构成了由高到低的转势特征，属于卖出信号。

4. 三高三低买卖信号

如果当日收盘价高于相邻的前三个交易日的收盘价，是三高买入信号；如果当日收盘价低于相邻的前三个交易日的收盘价，是三低卖出信号。

五、循环周期理论的运用特点

循环周期理论的运用特点就是观察目标的单向性。运用循环周期理论进行判研时，在以循环低点为基础计算出的时间窗口内，只观察买入信号是否出现，不用考虑卖出信号是否出现。在低点的循环中以买入信号为准，投资者只要一见有买入信号就应该坚决买入，即使出现卖出信号也不应卖出。而在以循环高点为基础计算出的时间窗口内，只观察卖出信号是否出现，不用考虑买入信号是否出现。在高点的循环中以卖出信号为准，投资者只要一见有卖出信号就应该坚决卖出，即使出现买入信号也不用理会。

第二节 波浪理论

一、波浪理论的形成过程和基本思想

大自然的涨潮和退潮有着自身的规律，涨潮时有打上岸的波浪，退潮时有退下去的波浪。这些反复进行的潮起潮落的自然规律，被一位技术分析大师奇迹般地运用到股市研究中来，形成了一套至今仍然广为运用的技术分析理论，这就是波浪理论。

1. 波浪理论的形成过程

波浪理论的全称是艾略特波浪理论，是以美国股市分析家艾略特(Elliott)的名字命名的一种技术分析理论。波浪理论的形成和完善经过了几代人的努力，最初，艾略特通过大量的观察和实验，发现股价运动与自然界的波浪运动有着相似的规律，于是提出了一种新的技术分析理论。他在1938年前后发表了一系列的论文，1942～1943年间在以前论文的基础上出版了《自然律——宇宙的奥妙》一书。在这本书里，他认为股价波动与波浪的波动相似，是后浪推前浪，不断重复出现。艾略特是一位会计分析师，是卧病在床后开始对美国股市进行研究的，但是，当时发表的论文和出版的著作并没有引起证券界的重视。

在艾略特以后，波浪理论真正得到发展和完善得益于另一位股市分析家柯林斯，20世纪70年代，他在总结了艾略特等人研究成果的基础上，出版了专著《波浪理论》，奠定了波浪理论在股市技术分析中的地位。70年代以后，虽然部分技术分析者开始接受波浪理论，但是该理论曾引起过很大争议，反对者不屑一顾，拥护者把波浪理论捧上了天，两派的争斗直到今日还没有结束。

从技术分析理论的继承关系来说，波浪理论是以道氏理论为基础的，但又是对道氏理论的发展和完善。道氏理论关于趋势的转向信号不太明确，而波浪理论可以让人比较明确地知道目前是处于上升或下降的尽头还是处于上升或下降的途中，可以比较及时地发出转向信号，有利于指导投资者的操作。

2. 波浪理论的基本思想

第一，波浪理论认为，股价的运动是按照有规律的波浪形态发展的，人们可以通过掌握和运用股价运动的周期性规律来预测股价的涨跌，把握投资机会。

第二，波浪理论认为，股价的运动规律就是上升和下跌的周期性交替。股价运动周期无论时间长短，都有一个基本模式，即一般由8个过程组成，每个周期都包括上升5个过程和下降3个过程，或者是下降5个过程和上升3个过程。这8个过程完成以后，又将进入新的周期。新的周期也将遵循同样的模式。同时，在大的周期里又包含着小的周期，在小的周期里又可以再细分成更小的周期，每一个小的周期也同样可以分为 8 个过程。

第三，波浪理论认为，没有永恒的上升波浪，也没有永恒的下跌波浪。只有在上升过程中不断出现向下的调整波浪，该上升趋势才可能保持下去；同样，只有在一个大的下降过程中不断出现向上的调整波浪，该下降趋势才可能保持下去。

第四，波浪理论认为，斐波那契数列和黄金分割律可以在数浪的操作中发挥重要的参考作用。艾略特波浪理论中所用到的数字 1、2、3、5、8、13、21、34、55、89、144 等都来自斐波那契数列，是艾略特波浪理论的数学基础。这些数字有以下几个特征：(1)任一相邻两个数字相加，等于下一个数字。如 1+2=3；2+3=5；3+5=8。(2)除了前 4 个数字以外，任一数字与下一数字的比，都接近于 0.618。如 8÷13=0.615；13÷21=0.619。(3)除了前 6 个数字以外，任一数字与前一数字的比都接近于 1.618。如 89÷55=1.618；144÷89=1.618。(4)将间隔的两个数字相除，都接近于 0.382 或 2.618。如 55÷144=0.382；144÷55=2.618。0.382 和 0.618 的基本比例是在人体结构和大自然中经常可以看到的黄金分割律，在波浪理论中也得到了广泛应用。

二、波浪理论的主要内容

1. 构成要素

波浪理论主要由形态、比例和时间三个要素构成。

(1)形态。形态是指股价走势所形成的类似于波浪的形状和构造，这是波浪理论的构成基础，是三个因素中最为重要的因素。

(2)比例。比例是指股价走势图中各个重要的高点和低点所处的相对位置，通过准确确定这些重要的高点和低点，并计算出这些高点和低点的相对位置，有助于弄清各个波浪之间的相互关系，确定股价的回撤点和将来股价可能达到的位置。

(3)时间。时间是指完成某个形态所经历的时间。波浪理论中各波浪之间在时间上是相互联系的，用时间可以验证某个波浪形态是否已经形成。

2. 基本形态结构

如前所述，波浪理论认为股价运行总是处于上涨和下跌的周期性交替过程之中。股价波动有周期性规律，这个规律就是股价波动的周期遵循一定的模式，即每个周期(无论是上升还是下降)都是由 8 个过程组成。这 8 个过程就是一个周期中的 8 个浪，8 个浪中 5 个浪是主浪，3 个浪是调整浪。下面以上升行情为例说明这一过程，参见图 4—1(上升 8 浪图形)。

图 4—1 中，0～1 浪是第一浪，1～2 浪是第二浪，2～3 浪是第三浪，3～4 浪是第四

浪,4～5 浪是第五浪。第一、第三和第五浪称为上升主浪,第二、第四浪是对第一和第三浪的调整,但仍在上升浪里。上升 5 浪完成后,紧接着会出现一个 3 浪的向下调整,5～a 是 A 浪,a～b 是 B 浪,b～c 是 C 浪,这 A、B、C 三浪又是整个上升波浪中的向下调整波浪。对于整个大循环来说,第一浪至第五浪是一个大推动浪(即主浪),A、B、C 三浪则为大调整浪。总之,在 5 个上升浪中,1、3、5 三个浪是上升过程中的推进浪,2、4 两个浪属于上升过程中的两个调整浪。在 3 个下跌浪中,A、C 两个浪是属于下跌过程中的推进浪,B 浪属于下跌过程中的反弹调整浪。5 个上升浪合在一起构成高一级别的一个推进浪,3 个下降浪合在一起构成高一级别的一个调整浪。这就是艾略特的 8 浪循环的基本原理。

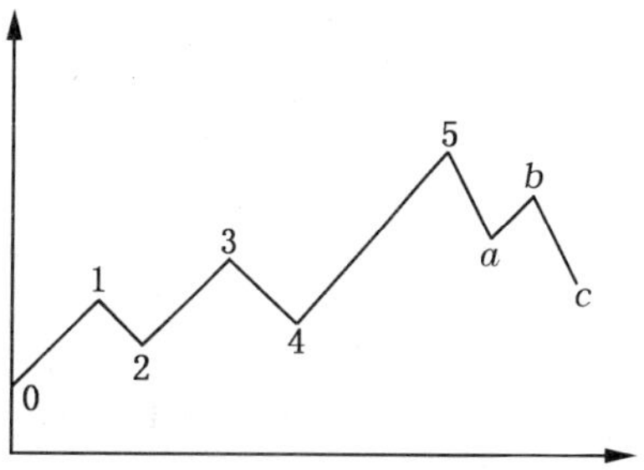

图 4—1　上升 8 浪图形

3. 波浪的合并与细分

波浪理论认为,一个完整的上升行情的循环周期由上述 5 个上升波浪和 3 个下降波浪总共 8 个波浪构成。但是,这 8 个浪可以根据波浪的层次或等级进行合并和细分。比如,5 个上升波浪可以合并成一个大推动浪(主浪),3 个下降波浪可以合并成一个大调整浪,而 8 个浪又分别可以用同样的方式再细分出更次一级的 34 个小浪。因此,艾略特根据浪的合并与细分原理,将波浪等级分为 9 个波浪形态名称,具体名称是:(1)特大超级循环浪;(2)超级循环浪;(3)循环浪;(4)基本浪;(5)中型浪;(6)小型浪;(7)细浪;(8)微浪;(9)次微浪。

在浪的细分过程中,通常,推动浪可以细分为 5 个小浪,调整浪可以细分为 3 个小浪。这样,大推动浪的 5 个波浪可分出 21 个小浪,大调整浪的 3 个波浪可分出 13 个小浪。因此,一个大的价格波动周期包含 34 个小波浪。以此类推,还可以细分,形成一个 144 个小浪构成的完整的大周期。尽管波浪可以无穷伸展和压缩,但是它的基本形态保持不变,全部遵循斐波那契数列——1、2、3、5、8、13、21、34、55、89、144…在上述 8 个波浪完成以后,一个循环即告结束,趋势将进入下一个循环。5 个上升浪、3 个下降浪的原理也可以运用到熊市中去,这时结论就变成 5 个下降浪和 3 个上升浪。

4. 波浪细分的基本原则

将波浪细分的时候,会遇到一个比较困难的问题,即将一个较大的浪是分成 5 个较小的浪还是分成 3 个较小的浪。解决的方法是,如果这一浪的上升和下降方向与它上一层次的上升和下降方向相同,则分成 5 浪;如果相反则分成 3 浪。参见图 4—2(细分 34 浪图形)。

总之,运用波浪理论必须搞清楚一个完整周期的规模大小,因为趋势是有层次的,每个层次的不同取法可能会导致在使用波浪理论时发生混乱。但是应该记住，无论我们所研究的趋势是何种规模，是原始波动还是日常波动，8 浪的基本形态结构是不会改变的。在图 4—2 中，从 0～5 我们可以认为是一个大的上升趋势，而从 5～c，我们可以认为是一个大的下降趋势。如果认为这是 2 浪的话，那么在 c 之后，一定还会有上升的过程，只不过时间可能要等很长。这里的 2 浪只不过是一个大的 8 浪结构中的一部分。

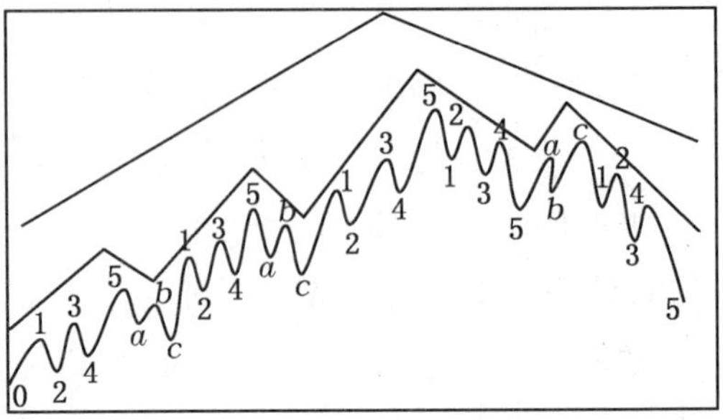

图 4—2 细分 34 浪图形

5. 主要内容的总结

下面，我们再把波浪理论的主要内容总结一下：(1)一个完整的上升或下降周期由 8 浪组成，其中 5 浪是主浪，3 浪是调整浪。(2)8 个浪可以合并成几个高层次的浪，一个波浪也可以细分成时间更短、层次更低的若干小浪，这就是所谓的浪中有浪。(3)波浪的细分和合并应遵循一定的规则。(4)完整周期的波浪数目与弗波纳奇数列有密切的关系。(5)所有的浪由两部分组成，即主浪和调整浪；任何一浪，要么是主浪，要么是调整浪。

三、波浪理论中各浪的特性及应用

1. 第一浪

通常第一浪出现在熊市即将或者正在转向牛市时期，几乎半数以上的第一浪是出现在股市经过长期盘整筑底后开始上升，其后的第二浪调整幅度往往很大。一般而言，第一浪的涨幅是五浪中最小的一浪。

2. 第二浪

第二浪的调整幅度一般都很大，几乎会吞掉第一浪的升幅。当第二浪的调整接近第一浪的起涨点时，投资者开始出现惜售心理，成交量也开始逐渐萎缩，此时才结束第二浪的调整。

3. 第三浪

第三浪通常是最具爆发力的波浪，此浪运行时间一般最长，涨幅也最大。在这一波的运行过程中，市场内投资者的信心恢复，成交量也大幅度上升，尤其是在突破第一浪的高点时，投资者可以及时跟进买入。这段行情走势非常活跃，一些图形上的阻力位都可以轻易地被突破，甚至出现跳空缺口。由于涨势过猛，第三浪经常会出现“延长浪”。

4. 第四浪

第四浪经常以比较复杂的形态出现，常以三角形调整形态运行。此浪最低点一般要高于第一浪的高点，经过第三浪的强劲上升后，这一浪的走势开始疲软，已经初显涨势后继乏力的征兆。

5. 第五浪

第五浪的涨势通常小于第三浪，而且经常会出现“失败浪”的情况。在第五浪中，二、三线股票是市场的主导力量，其涨幅常大于绩优股和成长股，一般的主力机构开始悄悄出货，而普通投资者还在盲目跟风，有的股票还屡创高价，整个市场情绪还显乐观。

6. A 浪

在 A 浪阶段，大多数投资者认为股市趋势仍未反转，只是一个短暂的调整，因此还会逢低吸纳。不过股市成交量开始减少，显示后继资金缺乏，同时各种技术指标已经显出顶背离现象，预示股市即将下跌。

7. B 浪

在 B 浪阶段，各种技术指标已经发出市场转弱征兆，应该是投资者出货的最后时机。但是，此浪经常以上升态势出现，很容易使投资者误认为是另一波的涨势，形成“多头陷阱”，使普通投资者遭受损失。

8. C 浪

C 浪的特点通常是跌势强烈，跌幅大，持续时间长。

从以上分析可以看出，波浪理论主要适合于判断整个市场的走势，对个股的判研来说，效果并不显著。

四、推进浪的形态

1. 延长浪

前面我们已经提到，在推进浪的三个浪（第一、第三、第五浪）中，往往会有一个浪发生延长现象，尤其是第三浪最容易出现延长浪。所谓延长浪是指推进浪的幅度出现延长，有时甚至延长到与其他四个浪幅度相近的程度。参见图 4－3（第三浪延长）。

有时很难分清上升五浪中三个推进浪的哪一个浪是延长浪，三个推进浪中仅有一个浪会出现延长，延长浪中会出现再延长，即次一级小浪的推进浪又出现延长。如果一个推进浪发生延长，另外两个推进浪在时间和幅度上就会趋于相同，或者符合黄金比例。

2. 失败浪

我们前面也提到过，三个推进浪中的第五浪一般涨幅比较小，而且容易出现失败浪的情况。所谓失败浪是指三个推进浪中的第五浪未能超过第三浪的高度就结束，这称为失败浪。失败浪代表多方推进的力量减弱，参见图 4—4(第五浪失败)。

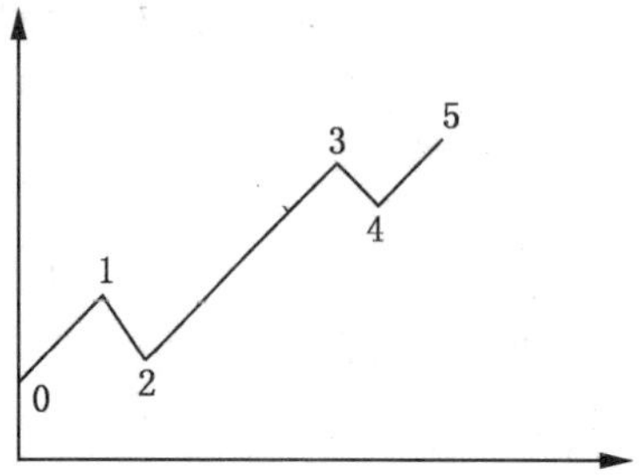

图 4—3　延长浪

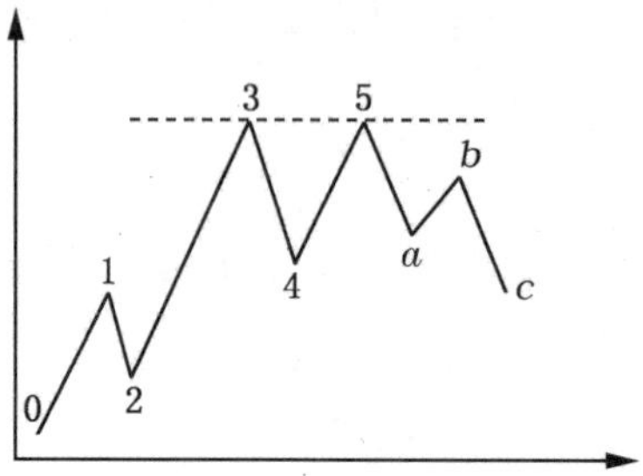

图 4—4　失败浪

上述延长浪和失败浪都是推进浪的特殊形态。除此之外，在上升推进浪和下降推进浪中很容易出现上升楔形和下降楔形。上升楔形一般出现在推进浪的第五浪，表示市场将要逆转。

五、调整浪的形态

波浪理论中的调整浪形态比推进浪形态更为复杂。波浪理论认为，调整浪只能是三浪结构，即 A、B、C 三浪。调整浪大体可以分为以下几种形态：

1. 曲折形

曲折形调整浪由 A、B、C 三浪组成，三浪的次级小浪内部结构为 5—3—5，特点是 A、C 为下跌浪，B 为反弹浪，C 浪的低点远远低于 A 浪的结束点，参见图 4—5。

2. 平坦形

平坦形调整浪也是由 A、B、C 三浪组成，三浪的次级内部结构也同样为 5—3—5。平坦形调整浪主要可以分为以下三种：

(1)普通平坦形调整浪。B 浪反弹至 A 浪开始下跌的位置附近，C 浪仅仅稍微超过 A 浪的结束位置就结束的形态叫做普通平坦形调整浪，参见图 4—6。

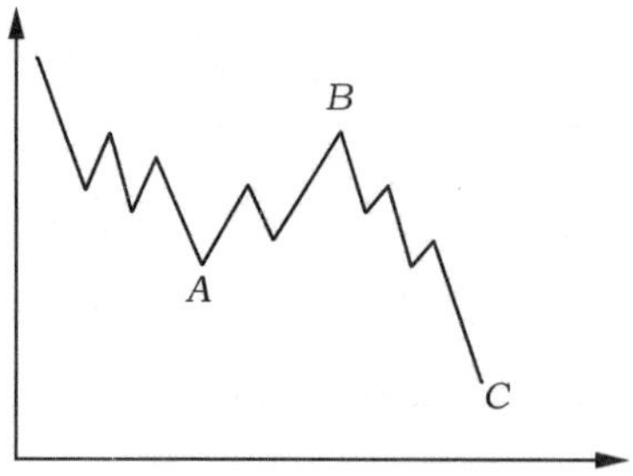

图 4—5　曲折形调整浪

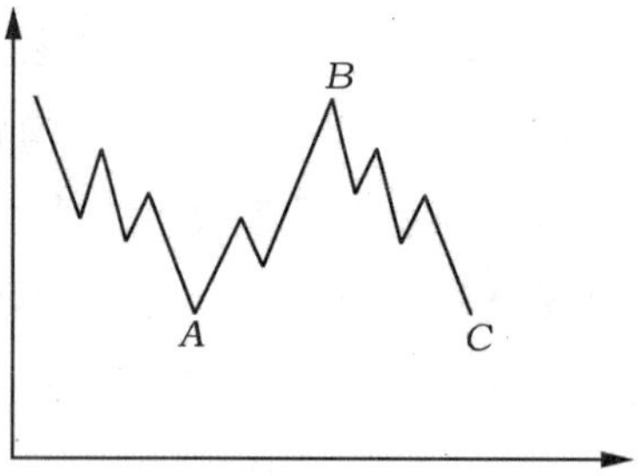

图 4—6　普通平坦形调整浪

(2)奔走形调整浪。B浪反弹远远超过A浪开始下跌的位置,C浪远远没有达到A浪的结束位置便结束下跌,这种形态叫做奔走形调整浪,参见图4—7。

(3)不规则平坦形调整浪。B浪反弹远远超过A浪开始下跌的位置,C浪也远远跌过A浪的结束位置,这种形态叫做不规则平坦形调整浪,参见图4—8。

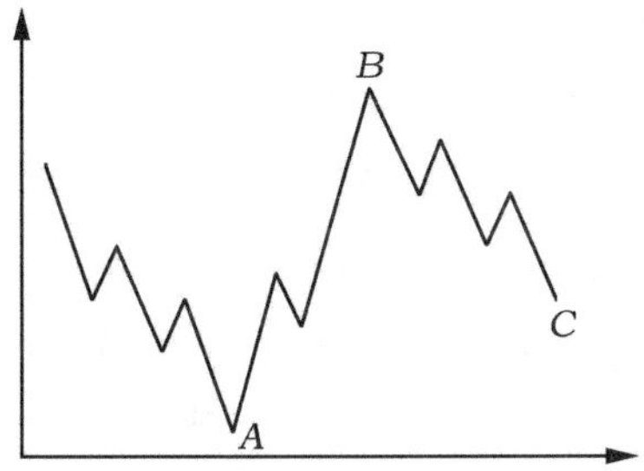

图4—7　奔走形调整浪

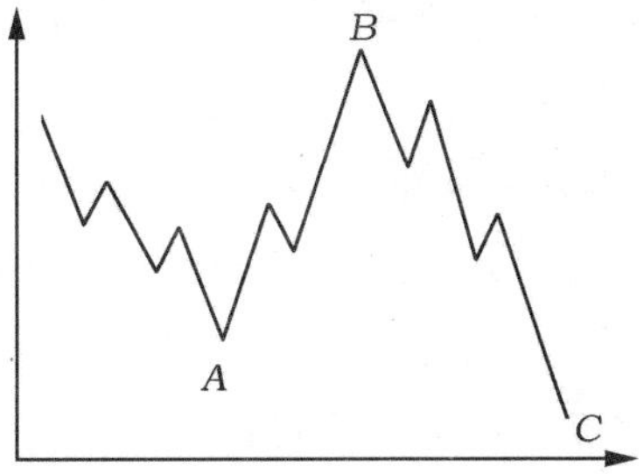

图4—8　不规则平坦形调整浪

六、数浪规则

波浪理论在数浪时有两条最基本、最重要的规则不能违背:(1)第四浪下探不能够与第一浪重叠(斜三角形除外);(2)第三浪一定不是推进浪中最短的一浪,常常是最长的一浪(主升浪)。

除以上两条最基本、最重要的原则以外,还有几条原则可以在数浪时作为参考:(1)交替规则,即各种波浪交替出现。例如,当第二浪是平坦形调整浪时,第四浪往往会是曲折形调整浪;反之亦然。(2)第四浪最大的调整结束位置,在第三浪中的次级第四浪的结束位置。(3)第二浪的调整不会超过第一浪的100%。(4)按照波浪理论所述的每一浪的市场特征和心理特征帮助数浪。

七、黄金率在波浪理论中的运用

在波浪理论中,每一波浪之间的比例,包括波动幅度和时间长度的比较,一般都符合黄金率,这对于技术分析者来说,是一个相当重要的参考数据。关于黄金率的运用,主要有以下两点:(1)波浪宽度相等原则,在第一、第三、第五这三个推动浪中,最多只有一个推动浪会出现延长浪,而其他两个推动浪大致相等;即使不相等,也仍会以0.618的黄金比例关系出现。(2)在一般情况下,第三浪的幅度为第一浪起涨点至第一浪最高点的1.618倍,而C浪的长度为A浪长度的1.618倍。

八、波浪理论的应用

当我们知道了一个大的周期运行的过程,就可以比较方便地对大势进行预测。对此，首先要明确目前所处的位置。只要明确目前所处的位置，按照波浪理论所讲的各种浪的数目，就会很方便地知道下一步的行动。

要搞清楚目前的位置，最重要的是认真识别三浪结构和五浪结构。这两种结构具有不同的预测作用。一组趋势向上或向下的五浪结构，通常是更高层次波浪中的一浪，中间如果出现调整，我们知道这一调整肯定不会以五浪的结构而只会以三浪的结构进行。

如果我们发现了一个五浪结构，而且目前正处在这个五浪结构的末尾，我们就能够清楚地知道一个三浪的调整浪即将来临。如果这一个五浪结构同时又是上一个层次波浪的末尾，那么我们就知道有一个更深、更大规模的三浪结构将会出现。上升五浪、下降三浪的原理也可以运用到熊市中去，这时的结论就变成下降五浪、上升三浪。

九、波浪理论的不足和存在的问题

从波浪理论自身的结构中我们可以看到它的不足：波浪理论最大的问题是应用上的困难，如果投资者过分机械教条地运用波浪理论，就会导致失败。具体而言：

第一，根据波浪理论，8 浪结构构成一个完整的过程，但是推进浪（主浪）的变形和调整浪的变形会产生复杂多变的形态，让人很难掌握。

第二，根据波浪理论，波浪有层次之分，呈现出大浪套小浪、浪中有浪的多层次形态，这些都会使应用者在具体数浪的时候发生偏差。浪的层次的确定和起始点的确认是波浪理论运用中的两大难点。

第三，对于同一个形态，不同的人会产生不同的数浪法，而不同的数浪法可能会产生结果上的重大差异。这是由两方面的原因造成的：一是价格曲线的形态很少按照五浪加三浪的 8 浪结构进行，对于不规范结构的处理，不同的人有不同的处理方法，主观性很强。对于一些小的波动，有些人可能不计入，而有些人可能算进去。二是由于有延长浪，五浪可能成为九浪，波浪在什么情况下可以延长、什么情况下不可以延长，没有明确的标准。

第四，波浪理论中的大浪小浪是可以无限延伸的，长的可以好几年，短的可能只有几天。上升可以无限制地上升，下跌也可以无限制地下降，所以，总是可以认为目前的情况不是最后的浪。

第五，波浪理论只考虑了价格形态上的因素，而忽略了成交量方面的影响，这给人为制造形态的人提供了机会。这正如形态可以有假突破一样，有些人可以利用波浪理论，造成一些形态让人上当。

第六，在应用波浪理论时，我们会发现，当事情过去以后，回头来看已经走过的图形，用波浪理论的方法可以很完美地将其划分出来。但是，在形态形成途中，对其进行波浪的划分是一件很困难的事情。

练习题

一、名词解释

循环周期理论　时间窗口　向上普通转向信号　向上特殊转向信号
向下普通转向信号　向下特殊转向信号　高低收盘信号　三高买入信号
三低卖出信号　延长浪　失败浪

二、单项选择题

下列选项中只有一项是正确的，请将正确选项的符号填在括号内。

1. 波浪理论的创始人是(　　)。
A. 伯恩斯坦　B. 威尔特　C. 艾略特　D. 阿佩尔

2. 根据波浪理论，股价波动的每个周期都由(　　)过程组成。
A. 3个　B. 5个　C. 8个　D. 10个

3. 根据波浪理论，在浪的细分过程中，推动浪可以细分为(　　)。
A. 2浪　B. 3浪　C. 5浪　D. 8浪

4. 根据波浪理论，在浪的细分过程中，调整浪可以细分为(　　)。
A. 2浪　B. 3浪　C. 5浪　D. 8浪

5. 在上升5浪中，通常涨幅最大且容易出现延长浪现象的是(　　)。
A. 第一浪　B. 第二浪　C. 第三浪　D. 第五浪

6. 在上升5浪中，会出现所谓失败浪现象的是(　　)。
A. 第一浪　B. 第二浪　C. 第三浪　D. 第五浪

三、多项选择题

下列选项中有两项(含两项)以上是正确的，请将正确选项的符号填在括号内。

1. 波浪理论的构成要素是(　　)。
A. 形态　B. 价格　C. 比例　D. 成交量
E. 时间

2. 下列关于上升浪模式的正确描述是(　　)。
A. 1、3、5浪是上升中的推进浪　B. 2、4浪是上升中的调整浪
C. A、C浪是下跌过程中的推进浪　D. A、C浪是上升过程中的推进浪
E. B浪是下跌过程中的反弹浪

四、问答题

1. 伯恩斯坦关于循环周期理论的基本思想是什么？
2. 循环周期是如何划分的？标准循环周期是如何确定的？时间窗口又是如何确定的？
3. 伯恩斯坦判断循环低点和循环高点确立的突破信号是什么？

4. 循环周期理论的运用特点是什么？
5. 波浪理论中关于股价周期性交替的运动规律的具体含义是什么？
6. 波浪理论的基本思想有哪些？
7. 斐波那契数列有哪些特征？它与黄金分割律有什么样的关系？
8. 调整浪有哪些具体的形态？
9. 波浪理论中的数浪规则有哪些？
10. 波浪理论中关于黄金率运用的要点是什么？
11. 波浪理论有哪些不足之处？

第二篇

证券投资基本分析

第五章　基本分析概论

第一节　基本分析简介

一、基本分析的定义

基本分析又称基本面分析，是指以宏观经济形势、行业发展趋势、上市公司的基本财务数据为投资分析对象和投资决策依据的一种投资分析理论和方法，它是根据经济学、金融学、投资学等基本原理，对决定股票等证券的价值及价格的基本要素（如宏观经济指标、经济政策走向、行业发展状况、公司经营和财务状况等）进行分析，来评估证券的投资价值、判断证券的合理价位，并据此提出相应的投资建议和投资策略。

二、基本分析的主要特点

基本分析方法的主要特点是：

第一，基本分析是以价值分析理论为基础，以统计方法和现值计算方法为主要分析手段，以正确选择投资对象为基本目标，它主要通过宏观经济分析、行业分析、公司分析来决定买进或者抛出何种证券。

第二，基本分析强调价值投资理念，崇尚物有所值，重视股票的内在价值及其发展前景，强调选时（入市和出市的时机）不如选股，而选股的重点在于价值分析，因为基本面决定股价的中长期走势，其理论和方法常为中长期投资者所遵循和采用。

第三，基本分析在对待市场的态度上始终认为市场永远是错误的，这种错误具体表现在证券市场的价格经常会出现所谓的高估或低估现象，证券价格也会随着高估或低估的出现而发生剧烈的波动，这种价格波动在本质上是对证券价格与证券内在价值偏离的调整。因此，基本分析的任务就是要及时发现高估或低估情况，并从中获得相应的投资收益。

第四，基本分析主要通过分析影响股票等证券供求关系的基本因素来判断证券市场的运行趋势，特别是判断股市的中长期走势。基本分析方法认为，股票作为一种金融商品，其价格的千变万化受到供求关系的深刻影响。而在供求关系的背后，隐藏着错综复杂的因素，这些因素可以分为宏观因素、中观因素和微观因素。

第五，基本分析所使用的数据都是市场外的数据，不使用市场内的数据。这一点与技术分析正好相反。所以，在基本分析中，市场内的最高价、最低价、开盘价、收盘价以及成交金额、成交股数等数据一般都不使用，全部使用市场外的宏观经济、行业经济以及上市公司的相关数据。

第六，基本分析一般采用自上而下的分析框架，这种分析方法是先从宏观经济环境入手，主要考察国内的整体经济环境，甚至包括全球经济环境，然后进行行业分析，在此基础上进一步深入研究上市公司，以便综合判断股票的买卖时机与投资价值。因此，基本分析方法比较适合于战略规模的投资活动以及系统风险和非系统风险的控制。

三、基本分析的假设

基本分析方法的两个假设为：

(1)股票的价值决定其价格。股票的价值就是股票的真实价值或内在价值，而股票内在价值的大小取决于股票未来现金流贴现值的大小。

(2)股票的价格围绕内在价值波动，因此，内在价值成为测量价格合理与否的尺度。如果股票价格往上偏离内在价值幅度较大，就是所谓的高估；如果往下偏离内在价值幅度较大，就是所谓的低估。价格越是高估，投资的安全边界越小，风险越大；而价格越是低估，投资的安全边界越大，风险越小。

四、基本分析的理论基础

基本分析的理论基础是价值分析理论，而价值分析理论又是建立在现值理论基础上的。该理论认为，任何金融资产的真实价值或内在价值等于该资产所有者所预期的现金流量的现值。

被称为价值投资之父的本杰明·格雷厄姆(B. Graham)于1934年撰写的《证券分析》一书的出版，奠定了基本分析的基石，该书被称为投资界的《圣经》。以后，威廉姆斯(J. B. Williams)在1938年又出版了《投资价值的理论》一书，用数学模型描述了股票内在价值的确定方法。1976年格雷厄姆去世，他的学生巴菲特成为价值投资法的泰斗，他一度是美国首富。巴菲特作为基本分析的忠实信奉者，从几千只股票中只选十几只有投资价值的股票进行投资，对其他股票的涨跌概不关心，因为他相信“你不必亲吻所有的女孩”。他选股的思路很有意思，例如他说，一想到明天早上全世界有

20亿的男子汉要刮胡子,晚上睡觉就是一件令人愉快的事情。因为他手里有大量吉列公司的股票。自从他买了可口可乐公司的股票之后,再也不喝其他公司的饮料了。

在价值分析的基础上,基本分析摈弃了价格反映所有可靠信息的有效市场假说,认为股票价格是公司内在价值的指示器,因此努力寻找股票价格和公司内在价值之间所形成的投资机会是投资成功的关键。为了揭示这些机会,基本分析使用了一系列传统的估价工具,如市净率模型、市盈率模型、股息贴现模型、托宾q值等。价值投资理念的进一步发展是增长投资理念。增长投资在本质上仍然属于价值投资范畴,它是从企业的成长性来衡量投资价值,试图判断哪些公司将来会取得持续稳定的增长,一旦发现就毫不犹豫地买入。增长投资法最初由费舍提出,他把分析的重点放在企业技术创新能力和管理创新能力上。林奇是典型的增长投资法专家,他经营的麦哲伦基金在自1977年以后的13年中收益率高达2 700%。

第二节　基本分析的主要内容

基本分析的主要内容是由它的特点决定的。一方面,基本分析是通过影响证券价格的供求关系因素来预测和判断股市,所以影响供求关系的各种主要因素也就构成了基本分析的主要内容;另一方面,基本分析又是建立在价值分析理论基础上的,所以各种证券价值的评价方法同样也是基本分析的主要内容。影响证券价格供求关系的因素可以分为宏观因素、中观因素和微观因素。宏观因素主要包括国家和国际上的政治局势、经济形势、经济政策等;中观因素主要是指行业状况、成长周期等;微观因素则是指公司的经营管理和财务状况等。

一、宏观因素分析

1. 政治因素分析

在政治因素方面,国内、国际的政治事件都会影响一个国家的股市行情,比如执政党的改变、领导人的更替、战争的发生等。在美国有一个非常有意思的例子,从历史资料中可以观察到,自1949年以来,凡是民主党当政的第一年,股票价格都是上涨的,而凡是共和党当政的第一年,股票价格都是下跌的。在美国历史上,林肯、肯尼迪被暗杀,都曾导致过股市的暴跌。另外还有战争的影响。战争是政治的最突出的表现,是政治的最高形式,战争的爆发和停止都会影响股市行情的波动。

2. 宏观经济分析

宏观经济分析主要探讨宏观经济形势以及宏观经济政策的变化对证券价格的影

响。宏观经济分析的目的主要是研究现在和将来的经济情况是否适合证券投资。因为只有在良好的经济前景之下，大部分公司的销售和利润才会增加；只有在大部分公司的销售和利润增加的情况下，大部分的股票价格才会有上涨的趋势。所以，在进行证券投资分析时，应该事先评估当前的经济状况和将来的经济前景。在经济全球化时代，一国的宏观经济情况还受到世界经济的影响，所以在评估本国宏观经济状况时，还需充分考虑世界主要发达国家的宏观经济状况。

宏观经济走向是影响证券市场中长期趋势的最重要因素，也是影响证券市场所有股票价格变动的决定性因素。所以进行证券投资的宏观经济分析，一方面有利于把握证券市场的长期趋势，另一方面也有利于规避证券市场的系统风险。宏观经济运行对证券市场的影响主要是通过以下几条途径实现的：

(1)企业经济效益。宏观经济状况良好，必然使绝大多数公司受益，增加企业的利润，而公司利润的增加，将会带来股东红利的增加，从而带来股票内在价值的增加；反之亦然。

(2)居民收入水平。宏观经济状况良好，必然使绝大多数居民的收入水平提高，而居民收入水平的普遍提高，将会带来用于证券投资的资金量的增加，从而进一步扩大对证券投资的需求；反之亦然。

(3)市场预期。宏观经济状况良好，必然使投资者改善对市场的预期，增强投资信心，从而使市场人气不断高涨，最终推动证券价格的持续上升；反之亦然。

(4)资金成本。宏观经济运行状况还会影响到资金成本，从而影响到证券价格。通常在经济过热的情况下，容易发生通货膨胀，政府为了抑制经济过热、降低通货膨胀率就要提高市场利率，市场利率的提高意味着资金成本的增加，从而导致企业收益减少和投资者进行证券投资机会成本的提高，最终带来证券价格下跌的结果；反之亦然。

二、中观因素分析

中观因素分析是介于宏观因素和微观因素之间的中间层次的分析，通常是指行业分析。它主要分析各个上市公司所在的行业所属的不同市场类型、所处的不同生命周期以及行业整体业绩对证券价格的影响。因为上市公司一方面要受到宏观经济状况的影响，另一方面还要受到所在行业发展状况的影响。

行业分析是基本分析的第二步，主要目的是分析不同行业的发展前景，进而在发展前景良好的行业中进一步选择具有投资价值的上市公司。所以，宏观经济分析的侧重点在于投资时机的把握，而行业分析的侧重点已经转到投资对象的选择上。

三、微观因素分析

微观因素分析通常是指公司分析，是基本分析的最后落脚点，无论什么样的分析报告，最终都要落实到某家上市公司股票的价格走势上。通常在进行了行业分析以后，就可以在具有良好发展前景的行业内选择优良的上市公司。但是，如果没有对发行证券的公司进行全面的分析，就不可能准确地确定哪些公司是优良的公司，从而无法确定具体的投资对象。所以，公司分析的侧重点与行业分析一样，在于选择投资对象。

公司分析主要是对公司的竞争能力、盈利能力、经营管理能力、发展潜力、财务状况、经营业绩以及潜在风险等方面进行分析，以此来评估投资价值和预测证券价格的变化趋势，它也是投资者规避非系统风险的重要手段。

四、估值水平分析

估值水平分析主要是指根据价值分析的理论和方法，运用各种证券价值的评价模型，对证券的内在价值或合理价值进行评估。尽管我们可以通过行业分析和公司分析进行投资对象的选择，但是由于证券价格的波动性，好的上市公司可能会出现被高估的现象，而差的公司也可能会出现被低估的现象，因此估值水平分析是把握投资机会的重要环节。

在全球资本市场中被广泛运用的估值方法主要有两种：一种是相对估值法，即通过相互之间的比较来判断投资价值的高低；另一种是绝对估值法，即根据现值理论，通过贴现模型来估算证券的内在价值。

练习题

一、名词解释

基本分析　　宏观因素　　中观因素　　微观因素

二、单项选择题

下列选项中只有一项是正确的，请将正确选项的符号填在括号内。

1. 被称为价值投资之父的是（　　）。

A. 巴菲特　　B. 林奇　　C. 格雷厄姆　　D. 葛兰威尔

2. 股票内在价值的大小取决于（　　）的大小。

A. 当前现金流贴现值　　B. 未来现金流贴现值

C. 当前账面价值　　D. 未来账面价值

3. 通过贴现模型来估算证券内在价值的方法，属于（　　）。

A. 相对估值法　　B. 绝对估值法

C. 技术面估值法　　D. 基本面估值法

三、多项选择题

下列选项中有两项（含两项）以上是正确的，请将正确选项的符号填在括号内。

1. 基本分析在投资方法上本质上属于（　　）。

A. 趋势投资法　　B. 价值投资法　　C. 指数投资法　　D. 增长投资法

E. 组合投资法

2. 下列关于基本分析特点的正确描述是（　　）。

A. 重视股票内在价值　　B. 认为市场永远是错误的

C. 使用市场外的数据　　D. 使用市场内的数据

E. 采用自上而下的分析框架

四、问答题

1. 基本分析的假设是什么？

2. 基本分析包括哪些主要内容？

3. 宏观经济运行是通过哪些途径对证券市场发生影响的？

第六章　宏观经济分析

第一节　宏观经济分析的意义与方法

一、宏观经济分析的意义

1. 了解上市公司的商业环境

按照价值分析的理论，要确定上市公司股票的合理价格，必须先预测公司预期的股利和盈利，通常我们将分析预期收益等价值决定因素的方法称为基本面分析。但是，公司的股利和盈利以及受此影响的股票价格都将由公司的业绩决定，而公司未来的业绩与宏观经济因素相关，因为宏观经济状况关系到公司所处的商业环境，所以基本面分析也应该把公司所处的商业环境考虑进去。对于某些公司来说，在众多影响公司业绩的因素中，由宏观经济状况所决定的商业环境也许比其在该行业中的业绩好坏更重要。

2. 把握证券市场的总体变动趋势

在证券投资的决策过程中，只有把握住宏观经济发展的大方向，才能把握住证券市场的总体变动趋势，从而作出理性、正确的投资决策。宏观经济的大方向，既包括国民经济的增长趋势，也包括国家宏观经济政策的运行趋势，主要是财政政策和货币金融政策。

3. 判断证券市场的整体投资价值

证券市场的整体投资价值就是指整个市场的平均投资价值，证券市场的整体投资价值与国民经济的整体素质及其结构变动有着密切的关系。由于证券市场的整体投资价值是整个国民经济增长质量和速度的反映，不同行业、不同部门企业的发展情况的整体平均水平是充分体现在国民经济发展的综合情况之中的，所以，宏观经济分析是判断某一个证券市场的整体投资价值的一个重要环节。在资本市场完全开放的情况下，投资者如果要进行国际证券投资，就更离不开对想要进行证券投资的国家进行宏观经济基本面的分析，否则会遇到很大的风险。

4. 掌握宏观经济政策对证券市场影响的力度和方向

证券市场与国家宏观经济政策的关系非常密切，无论是什么样的市场经济国家，都存在着或多或少的宏观调控，有的调控是针对经济周期的，也就是反经济周期的调控，有的是针对金融资本市场的，调控的目的是要处理好实体经济与虚拟经济的关系。这些宏观调控政策通过各种经济政策手段或工具的作用和传导机制，必然会直接或者间接地影响到企业的收益状况，从而对证券市场产生影响。所以，宏观经济分析可以通过对国家宏观经济政策的分析，掌握这些政策对证券市场的影响力度和方向，从而有利于掌握整个证券市场的运行趋势。

二、宏观经济分析的基本方法

1. 经济指标分析法

经济指标是反映宏观经济活动结果的系列性数据，通过对这些指标的分析，可以帮助我们对当前的宏观经济形势进行判断，并且可以对未来的经济状况提供一些有重大参考价值的预示性信息。宏观经济指标可以分为先行指标、同步指标和滞后指标三种，其中先行指标是指领先于经济活动的指标，主要有货币供应量、股票价格指数等；同步指标是指与经济活动基本保持同步的指标，主要有失业率、国民生产总值等；滞后指标是指滞后于经济活动的指标，主要有银行短期商业贷款利率、工商业未还贷款等。

2. 总量分析法和结构分析法

总量分析法是指对宏观经济运行的一些总量指标的影响因素及其变动规律进行分析，进而说明整个国民经济的发展状况和趋势。这些总量指标有国内生产总值(GDP)、国民生产总值(GNP)、消费总额、投资总额、进出口总额、信贷总额、价格总水平等。这些经济总量的变化与证券市场有着密切的关系。总量分析包括动态分析和静态分析，动态分析是研究某一总量指标的变动规律，静态分析是研究各总量指标之间的相互关系。

所谓国民经济结构是指构成国民经济系统的各个组成部分的相互关系和比例，结构分析就是对构成国民经济各个组成部分的相互关系和比例进行分析。国民经济的组成部分可以从不同的角度进行划分，比较重要的有产业结构、投资消费结构、经济增长结构等，国民经济结构的变化同样也会对证券市场产生深刻影响。

3. 计量模型分析法

计量经济模型是表示经济现象及其主要因素之间数量关系的方程式，通过建立和运用计量经济模型，可以了解各种经济变量之间的数量关系，从而把握整个宏观经济的发展动向。计量经济模型主要有经济变量、参数和随机误差三大要素。通常，变量可以分为因变量和自变量，而在计量经济模型中，一般将变量分为内生变量和外生变量。内生变量是指由模型本身加以说明的变量，是方程式中的未知数，其数值可以通过方程式求解获得。外生变量是指不能够由模型本身加以说明的变量，是方程式中的已知数，通常可以通过各种统计资料来获得。参数通常反映变量之间稳定的比例关系，是用来求出其他变量的常数。随机误差则是指由各种很难预知的随机因素以及经济数据统计中的因素而产生的差错，通常可以忽略不计。

第二节　宏观经济形势分析

一、国际经济形势分析

按照基本分析的"自上而下"的分析框架，对公司和股票价格前景的分析必须先从全球经济入手，尤其要重视对以美国、日本、欧洲为代表的主要发达国家以及以"金砖四国"为代表的新兴市场国家的经济形势进行分析，以便掌握全球经济的发展前景。

1. 全球经济分析的重要性

全球经济分析在基本分析中的重要性主要表现在：

第一，从总体上来说，国际经济环境可能会影响公司的出口、竞争者之间的价格竞争以及公司海外投资的收益。比如，在2007年发生了以美国为中心的全球金融危机，导致各相关国家失业率上升，消费需求下降，贸易保护主义抬头，从而使各国的出口都受到严重影响，国家间的价格竞争激化，海外投资的收益普遍下滑，各地区的股市也都相继进入熊市。

第二，对于出口导向的经济地区来说，其经济繁荣与否，与主要发达国家的经济盛衰密切相关。因为主要发达国家的市场广阔、人民生活水平普遍较高、社会的购买力强、经济制度比较透明。所以，当其经济活力转强时，人民对商品的需求扩大，从而也会带来对国外产品需求的增加，带动出口导向地区的经济繁荣。所以，如果预期发达国家的经济前景看好，出口导向国家相关公司的盈利将会上升，其股票价格也会出现上涨的预期。

2. 全球经济分析的着重点

(1)全球经济环境中包含的政治风险。我们可以看到很多政治事件对经济前景产生过深刻影响的事例。比如在1992～1993年，由于公众对《北美自由贸易协议》能否在美国国会通过的预期发生了变化，导致墨西哥股市发生剧烈动荡。还有，1997年香港回归中国，股市对此也表现出很强的敏感性。

(2)重大经济和金融危机的影响。我们也可以看到重大经济和金融危机对证券市场的直接影响。比如 1997 年发生在泰国、印度尼西亚、韩国、日本等地的亚洲金融危机,货币和股市都随着危机的发生、深化、缓解而动荡不已。1998 年发生在俄罗斯的卢布贬值和债务危机也同样导致全球金融市场一片混乱,各国股市也难以独善其身。还有,2007 年发生的美国次贷危机以及 2009 年发生的源于希腊的欧洲主权债务危机等,也引起了危机发生地及全球股市的激烈动荡。

(3)贸易保护主义和资本自由流动的动向。有些因素虽然不像政治事件和危机事件那样具有轰动效应,但仍然是决定经济增长和投资收益的国际经济环境的重要因素,这些因素主要包括贸易政策中的保护主义和资本的自由流动问题。因为贸易保护主义的抬头,会直接影响到相关国家的出口水平,而资本的自由流动会直接影响到汇率以及相关国家金融市场的资金及证券的供求关系。2018 年 7 月,美国特朗普政府实行单边主义的贸易保护政策,以降低美国对华贸易逆差为借口,悍然发起对华贸易战。此举也对中国股市产生重大负面影响,在避险和悲观情绪的作用下,股价指数大幅走低,并使市场进入低迷状态。

(4)国际金融市场的汇率走向。影响某国产品国际竞争力的一个最显著的因素就是该国货币与其他国家货币的兑换比率,这就是汇率。汇率并不是单纯由本国的因素所决定,而是由双边或多边的因素共同决定。汇率变动的最直接影响就是会导致以外币计价产品的本币价值发生变动,从而带来在国际市场上价格竞争力的改变。

(5)主要发达国家的重要宏观经济数据和宏观经济政策。由于主要发达国家的经济在全球经济总量中占有很高的比重,因此很显然全球经济分析的重点也应该放在它们身上。一方面,我们可以通过领先指标、利率、通货膨胀率、经济增长率等重要指标来预测主要发达国家未来的经济活力;另一方面,也要通过对主要发达国家政府的财政政策和货币政策的仔细分析来了解主要发达国家今后的经济形势走向。

根据“自上而下”的分析原则,在国际宏观经济形势分析的基础上,就要转入对国内宏观经济形势的分析,由于国内宏观经济形势的分析涉及很多方面,所以以下分不同的层次进行展开。

二、宏观经济指标的分类及其对经济前景的预测作用

在宏观经济分析中,经常要使用各种不同的经济指标。作为证券投资分析人员,在用经济指标来判断宏观经济走势的时候,必须充分了解某些经济指标的变动是领先于未来经济活动的,而有些经济指标是与经济活动大致同步的,还有一些经济指标的变动是滞后于经济活动的。这三种指标分别被称为领先型经济指标、同步型经济指标和滞后型经济指标,它们在经济前景的预测中具有不同的预测作用。

1. 领先型经济指标

领先型经济指标也称为先行指标，是指比经济活动先行达到顶峰或谷底的指标，这类指标可以对将来的经济状况提供一些预示性的信息。具体来说，当未来的经济前景将转好时，领先型经济指标会领先于经济活动而上升，尽管当前的经济活动尚未显示出上升的势头；反之，当未来经济前景将转坏时，领先型经济指标会领先于经济活动而下降，尽管目前的经济活动尚未显示出下降的势头。所以，当我们观察到领先型经济指标出现持续上升的现象，就意味着将来的经济活动会改进或转强；而当我们观察到领先型经济指标出现持续下降的现象，就意味着将来的经济活动会转弱或进入衰退。7 种常用的领先型经济指标参见表 6—1。

表 6—1　　领先型经济指标一览

指标名称	领先月数	
	顶峰	谷底
股票价格指数	7～11	3～6
货币供应量	8～12	6～10
制造业工人平均每周工作时数	10～14	3～7
制造业解雇率	9～13	1～2
厂房设备订单及契约	7～11	1～3
新成立公司行号数	9～12	1～4
新建筑许可指数	11～14	6～10

资料来源：陈松南，《投资学》，复旦大学出版社 2002 年版。

除上述 7 种常用的领先型经济指标以外，其他的还包括：(1)生产厂商产品库存率指数(反向)；(2)原材料库存率指数(制造业，反向)；(3)新增招工人数；(4)机械订单数；(5)建筑开工占地面积(工矿业、商业、服务业)；(6)新建住宅开工占地面积；(7)耐用消费品出厂指数；等等。

以股价指数为例，股价指数是反映股票市场整体行情好坏的指标。早在 1910 年，美国著名证券投资分析家罗杰·沃德·巴布森(Roger Ward Babson)就出版了《积累财富用经济晴雨表》一书，最早提出了股市是国民经济晴雨表的论断。12 年以后，道氏理论的创立者之一、《华尔街日报》主编威廉·彼得·汉密尔顿出版了一本书名类似的书《股票市场晴雨表》，进一步证实和发展了这一观点。他描述了股票市场提前反映经济的一个经典例子：1908～1909 年，汉密尔顿担任《华尔街日报》的主编，他被洪水般的来信所淹没，人们愤怒地质问他，为什么那一段时间国家的经济形势十分糟糕而股市却在上涨。这些信中最温柔的质问是：当罗马在着火时，华尔街却在演奏钢琴庆贺。汉密尔顿告诉他们,股票市场仅仅是在提前反映即将到来的经济好转。从领先型指标运用的角度来看,如果股价指数连续 3 个月上涨,则意味着在未来的 7～11 个月内,经济活动将会转强。同样的道理,如果货币供应量持续 3 个月增加,也意味着在今后的 8～12 个月内,经济活动将会转好。其他的指标也可以作同样的解释,只是有些指标是反向的,比如制造业解雇率。

采购经理人指数(purchasing managers index,PMI),是经济先行指标中一项非常重要的附属指标,具有高度的时效性。目前,全球已有 20 多个国家建立了 PMI 体系,主要国家的 PMI 指数及其商业报告已成为世界经济运行活动的重要评价指标和世界经济变化的晴雨表。

美国是最早建立该指标体系的国家,美国的 PMI 是以下不断变化的五项指标的一个综合性加权指数:新订单指标、生产指标、供应商交货指标、库存指标、就业指标。加权指数在某种程度上具有代表意义,显示出变化的趋势和程度大小,从而得出每一家企业在每一方面的处于上升、下降和不变的结果,通过计算每一个方面不同结果企业所占比例后,得出这五个方面的扩散指数。

扩散指数计算公式如下:

$$扩散指数=上升百分比-下降百分比+不变百分比$$

然后将这 5 个扩散指数按照一定的权重比例扣除季节等影响因素后,得出采购经理人指数。具体权重比例如下:(1)产品生产权重比例 25%;(2)订单权重比例 30%;(3)存货权重比例 10%;(4)厂商表现权重比例 15%;(5)就业情况权重比例 20%。

2005 年 4 月底,我国在北京和香港两地发布了"中国采购经理人指数",这是中国首次发布这一经济指数。中国采购经理人指数是由国家统计局和中国物流与采购联合会共同合作完成,是快速及时反映市场动态的先行指标,它包括制造业和非制造业采购经理人指数,与 GDP 一同构成我国宏观经济的指标体系。从 2005 年 6 月开始,制造业采购经理人指数按月发布,并按国际通行做法,特约业内权威人士结合 PMI 调查数据进行宏观分析,使分析的结果更加具有前瞻性和权威性。中国制造业采购经理人指数体系共包括 11 个指数:新订单、生产、就业、供应商配送、存货、新出口订单、采购、产成品库存、购进价格、进口、积压订单。制造业采购经理人指数(PMI)是一个综合指数,计算方法全球统一。

采购经理人指数是以百分比来表示,常以 50%作为经济强弱(荣枯)的分界点:当指数高于 50%时,被解释为经济扩张的信号;当指数低于 50%,尤其是非常接近 40%时,则有经济萧条的忧虑。一般在 40～50 之间时,说明制造业处于衰退,但整体经济还在扩张。

采购经理人指数具有如下特点:

(1)时效性。PMI在经济学家和金融分析家中广为使用的一大原因是其高度的时效性。首先,参与数据调查的采购经理人,由于其工作性质,可以在第一时间获得公司当月表现的真实数据;其次,ISM在下个月的第一个工作日就发布当月的指数,一般来说,其数据的发布比政府的相关经济数据至少要提前两个星期。

(2)准确性。美国商业部对PMI与制造业发展趋势和GDP之间的关系进行了研究,结果表明:一般情况下,当PMI大于50%时,预示着制造业经济的扩张发展;而小于50%时,则预示着制造业经济的衰退。50%点为衡量制造业是否扩张或陷入衰退的临界点。而当PMI在一段时间内持续高于42.8%,则预示着GDP的扩张;PMI在一段时间内持续低于42.8%,则预示着GDP的衰退。此外,对PMI与道琼斯指数以及标准普尔指数走势关系的研究表明,在没有明显通货膨胀威胁时期,PMI与道琼斯指数走势的一致性达到80.9%,与标准普尔指数走势的一致性达到68.7%。

(3)简易性。PMI受欢迎的另一个原因,是相对于发布后经常修正的官方经济数据,经济学家和金融分析家使用PMI更容易识别经济发展趋势。究其原因,是因为在PMI的调查中,过滤了琐碎的干扰因素,使得趋势得以显现;同时,主要的公司都参与了数据调查,使获得的数据具有很好的代表性。

2. 同步型经济指标

同步型经济指标是指经济指标的高低变动与经济活动的强弱变动大体保持同步的指标。所以,同步型经济指标上升或下降意味着现阶段经济活动的转强或转弱。观察这一类指标有助于我们了解现阶段的经济活动。常用的同步型经济指标主要有:(1)失业率;(2)个人所得;(3)商品零售额;(4)国内生产总值(GDP)与国民生产总值(GNP);(5)工业生产指数;(6)原材料消费指数(制造业);(7)电力使用量;(8)开工率指数(制造业);(9)劳动投入量指数(制造业);(10)生产资料出厂指数;等等。

上述经济指标都是同向同步变化的。如果指标持续上升,意味着现阶段经济活动正在上升之中;反之,则意味着现阶段经济活动正处在下降过程中。当然,有些时候,不可能所有的同步型指标都一起上升。这种情况一般意味着现阶段的经济活动虽然没有下降,但也不是有力的上升,也就是所谓的成长微弱状况。成长微弱状况通常发生在经济活动刚刚从衰退中走出来,进入复苏的初期阶段。

3. 滞后型经济指标

滞后型经济指标是指经济指标的变动滞后于经济活动变化的指标。也就是说,当经济活动已经转强,滞后型经济指标随后才开始改进;而当经济活动已经转弱,滞后型经济指标随后才开始下降。常用的滞后型经济指标主要有:(1)平均就业持续周数;(2)单位产量劳动力成本;(3)厂房及设备投资;(4)零售存货;(5)消费者分期付款债务对个人所得的比率;(6)主要商业贷款利率;(7)生产厂商产品库存指数(最终需求产品)；(8)原材料库存指数(制造业)；(9)家庭消费支出；(10)法人税收入等。

就上述指标而言，如果是平均就业持续周数，那么该指标的增长肯定只能发生在经济活动已经转强以后，而当经济活动已经转弱以后，平均就业持续周数才会呈现下降状态。经济指标的变化与经济活动的变化出现滞后的时间可能会因地而异，就日本而言，通常比经济活动的顶峰要滞后约半年，而比经济活动的谷底要滞后约一年。

另外，基本分析人员还经常使用同步型经济指标与滞后型经济指标的比率来预测宏观经济前景，而这个比率本身是一种领先型指标。因为，当未来经济前景将会有所好转时，同步指标就会逐步上升；但滞后指标尚未上升，或者即使有所上升，其上升的速度和幅度都要比同步指标慢和小。这样，两者的比率就会呈现上升状态，这种状态意味着未来经济前景将会好转。反之，未来经济前景将会转坏，同步型经济指标将逐渐下降，但滞后型经济指标尚未下降，因而两者的比率将呈现下降状态，这就意味着未来经济前景不佳。

三、宏观经济总量的变化对股票市场的影响

1. 宏观经济总量变化的衡量

(1)国内生产总值 GDP。国内生产总值 GDP 是一个国家或地区的常住居民在一定时间内(通常是一年内)所创造的商品和服务价值的净值总和。国内生产总值有三种计算方法，即生产法、收入法和支出法，这就是我们宏观经济学里面的三面等价原理。生产法是从价值形态来反映 GDP，它是指一个国家或地区在一定时间内所生产的商品和服务的价值总和减去中间投入的非固定资产成本后的余额。收入法是从收入形态来反映 GDP，它是指一个国家或地区的所有常住居民在一定时间内所得到的初次收入分配的总和。支出法是从产品形态反映 GDP，它是指一个国家或地区的常住居民在一定时间内最终使用的商品和服务价值与商品和服务净出口价值的总和。如果 GDP 快速增长，表明经济活动正在迅速扩张，因此企业就有可能扩大销售额和利润额。

(2)国民生产总值 GNP。与 GDP 类似的指标是国民生产总值 GNP，它与国内生产总值相比只是增加了国外要素收入的净额，或者说国民生产总值减去国外要素收入的净额就是国内生产总值。对一般发展中国家来说，国内生产总值与国民生产总值的差距不是太大，而对有巨大海外投资的发达国家来说，国内生产总值与国民生产总值有较大的差距。随着我国企业"走出去"战略的实施，我国海外要素收入水平也在不断地提升，使国民生产总值 GNP 指标的重要性不断增强。

(3)工业生产总量。除了 GDP 和 GNP 以外，另一个应用比较广泛的经济活动产出指标是工业生产总量，它更反映了制造业方面的经济活动水平。制造业直接体现了

一个国家的生产力水平，是区别发展中国家和发达国家的重要因素，一般来说它在发达国家的国民经济中占有重要的份额。经过改革开放 40 年的经济发展，我国制造业的规模和技术实力得到了空前的增长，2017 年我国工业增加值总量达到了 28 万亿元人民币，占 GDP 的比重为 33.9%。所以，工业生产总量也是衡量宏观经济变化必须参考的重要指标之一。

(4)经济增长率。GDP 或者 GNP 的变动比率，也就是我们平常所说的经济增长率。GDP 或者 GNP 总量指标的变化是在绝对值上反映宏观经济规模的变化，反映一个国家经济发展的水平；而经济增长率则是在相对值上反映宏观经济的发展速度和发展前景，因此对于股市的宏观经济环境分析具有更重要的意义。

上述衡量宏观经济总量的指标数据与宏观经济状况具有较好的同步性。

2. 经济增长率变动的不同情形对股票市场的影响

(1)持续、稳定、高速的 GDP 增长。在持续、稳定、高速的经济增长情况下，它将从以下几个方面对证券市场产生正面的、积极的影响：

第一，伴随着总体性的经济增长，企业的经营环境将会不断改善，上市公司的利润总体水平也会持续上升，从而带来股息红利的增加和投资风险的降低，这将有利于股票价格的上升。

第二，在经济增长势头比较好的情况下，投资者对未来的经济形势容易形成良好的预期，从而提高证券投资的积极性，增加股票投资的需求，这也有利于股票价格的上升。

第三，GDP 的增加必然带来个人可支配收入的同步上升，而个人可支配收入的增加，又必然在客观上增加证券投资的资金来源，扩大证券投资的需求，这也同样有利于证券价格的上升。

(2)恶性通货膨胀下的 GDP 高速增长。当宏观经济处于严重失衡状态高速度增长时，由于总需求大大超过总供给，就会导致出现比较严重的恶性通货膨胀。恶性通货膨胀的出现是经济形势恶化的前兆，因为恶性通货膨胀必然导致居民实际收入下降，从而造成证券市场价格的下跌。另外，恶性通货膨胀的出现会改变投资者对未来经济形势的预期，这也是导致证券市场行情转坏的一个因素。

(3)宏观调控下的 GDP 减速增长。当发生 GDP 在失衡状态下的高速增长时，政府就要采取一定的宏观调控措施来保持宏观经济的稳定增长。在这种情况下，GDP 的增长速度就会有所减缓。但是，如果宏观调控以后，GDP 仍然以比较适当的速度继续增长，并没有导致经济增长速度严重滑坡，出现极低的低增长甚至负增长，实现了宏观调控软着陆的目标，而没有发生相反的硬着陆情况。这就为今后的经济发展创造了良好的条件，证券市场对此也会做出良好的反应，出现平稳上升的行情。

(4)正负增长或高低速增长发生转折的GDP变动。首先,转折性的GDP变动是指正负增长之间的转折。如果一段时间以来,经济增长率一直呈现负增长,而在负增长速度逐渐减缓并且向正增长转变的时候,表明恶化的经济形势逐步得到了改善,证券市场的走势也将由下跌转为上升。反之,如果一段时间以来,GDP一直呈现正增长,而在正增长速度逐渐减缓并且向负增长转变的时候,表明经济形势逐步恶化,证券市场也会逐步地趋于冷淡。其次,转折性的GDP变动,还包括GDP由低速增长转向高速增长,或者由高速增长转向低速增长,对此证券市场都会做出相应的反应。前者可能迎来证券市场的快速上升,而后者可能迎来证券市场的快速下跌。

3. 分析GDP变动与股市的关联性必须注意的几个问题

第一,对于高速和低速的判断,在不同的国家、不同的经济发展阶段会有不同的标准。发达国家由于它们的GDP的基数比较大,所以与发展中国家相比,经济增长速度快慢的标准有很大的区别。在2010年之前,我国经历了长达30年之久的年均10%左右的高速增长,其中2007年曾创下14.2%的高增长纪录。但是,由于长期的高速经济增长,给资源和环境带来越来越大的压力,经济结构和经济增长方式的调整越来越迫切;加上我国已经成为世界第二大经济体,2017年的GDP总量为827 122亿元人民币(约合122 428亿美元),因此政府的宏观经济运行,已经摆脱了GDP至上主义的理念。受此影响,我国的经济增长率从2010年起逐步降低,开始进入中高速经济增长阶段,经济增长率保持在6%至7%的水平。所以,对于我国经济增长速度快慢的判断也同样需要与时俱进。

第二,证券市场通常提前对GDP的变动做出反应,证券市场反映的是预期的GDP的变动,而不是当期的GDP的变动。因为股票价格主要反映未来经济的前景,而非过去的经济状况。所以,对GDP变动的分析应该着眼于未来的变动,这是一个基本原则。我们可以看到,当GDP的实际变动被公布的时候,证券市场往往只反映实际变动与预期变动的差别。如果实际变动好于预期变动,出现超预期的情况,股票市场容易出现强势的行情;反之,股票市场容易出现弱势的行情。

四、宏观经济结构的变化对股票市场的影响

在宏观经济形势分析中,除了要考虑宏观经济的总量变动对股市的影响之外,还要充分注意到宏观经济的结构变化对股票市场的影响。因为宏观经济的结构变化,会对不同行业、不同类型的上市公司产生不同的影响,这对于投资者选股具有一定的参考价值。

1. 个人消费开支和个人可支配收入

个人消费开支的主要使用方向有三个,即耐用消费品、非耐用消费品和劳务。耐

用消费品开支是个人消费中最容易发生变化的部分，因为当经济不景气或者开支另有用途时，对耐用消费品的购买就会取消，也就是说耐用消费品的需求弹性很大。所以，耐用消费品行业与宏观经济形势的联系与相互影响要比非耐用消费品行业和服务行业的影响更强。当然，有一些属于高消费的服务行业的需求弹性也是很大的，比如旅游等。

个人可支配收入是个人购买力的衡量指标，个人可支配收入不断提高，自然就意味着人们对商品和服务的需求会增加和趋于多样化，个人可支配收入增加的趋势越明显，恩格尔系数就降低得越快，从而对高档消费品和高级服务的需求就会越大。从长远来看，个人可支配收入是随着经济增长而不断增加的；但是从短期来看，税收政策的变化会极大地影响个人可支配收入的变化，从而影响居民的购买力。如果有提高个人所得税等影响个人可支配收入的增税政策出台，一般股市会有下跌的反应；反之，会有上升的反应。

2. 国内民间企业总投资

国内民间企业总投资是由固定资本投资和企业库存两部分组成。固定资本投资主要是对生产设备的投资，反映的是对生产资料的需求，投资的变化也与经济周期有密切的关系。一般来说，固定资本投资的大量增加，是经济由复苏转向高涨的最重要的标志。固定资本投资的增加会对钢铁、机械制造、电子、化工、能源等主要的生产资料行业带来繁荣，有利于这些行业上市公司股票的上涨。

企业库存的变化主要是反映商品的销售情况，如果库存量过多、上升过快，假定有通货膨胀的情况，可以说明是由于企业囤积居奇的投机因素所导致；而在一般情况下，就说明产品销售有困难，社会产品的相对过剩严重，从某种意义上可以理解为经济高涨可能达到顶峰，经济衰退有可能到来。所以，证券市场的投资者一定要注意企业库存这个预兆性的指标。

3. 政府购买

政府购买反映政府需求或政府支出，政府开支的增减及其各种用途的比例关系的变化，对有关企业的发展会产生重大的影响。政府的日常支出一般弹性较小，受政府支出扩大或者减少影响较大的行业主要有三大类：一是基础设施建设行业，它形成社会公共资本；二是军工行业，它形成国防安全基础；三是社会福利行业，它形成社会保障体系。这些行业的上市公司股价与政府支出水平有密切的关系，比如一旦政府削减军备，就会给军火企业以及连带工业带来沉重打击。近年来，我国上市公司中的军工板块股票一直表现不错，这显然与我国政府加强国防与军队现代化建设，加大先进武器与装备的研发与制造的力度有关。

4. 净出口

净出口是一个国家出口总额减去进口总额后的余额。如果为正数，即为贸易顺差额；如果为负数，即为贸易逆差额。它反映一个国家或者地区的外需情况。净出口增加意味着外需扩大，净出口减少意味着外需减少。在内需不变的条件下，净出口的增减，就意味着GDP的增减。另外，净出口的增减变化还会影响到一个国家的汇率水平，从而影响到与进出口有关企业的利润和收益水平以及这些企业的股价。一般来说，净出口增加，有利于本币升值；净出口减少，会导致本币贬值。由于净出口水平是由出口总量与进口总量决定的，出口总量增加或进口总量减少会提高净出口水平；反之，出口总量减少或进口总量增加则会降低净出口水平。所以，出口与股价呈正比关系。因为出口强劲能够促进国内经济活动，从而带动股价上升；而进口则对股价有负面影响，因为它降低了一国的实际外需水平。

由于净出口水平是由一国的对外贸易状况决定的，所以一国对外贸易状况也是影响股价波动的一个比较重要的宏观经济因素，对外贸易状况的改善或者恶化影响股价的涨落是有很多实证可以证明的。有时候，一个国家经济衰退、股市不振，往往与国内很多大公司海外订单减少、贸易逆差严重有密切的关系。对外贸易状况与股市的关系，首先可以从微观层次来考察，主要表现在：(1)对某一上市公司而言，国际市场的开拓意味着市场需求空间的扩大，有利于该企业股价的上升；(2)外国产品进口的大量增加，会加剧国内生产同类产品企业竞争环境的恶化，从而使这一类企业有可能面临严峻的市场环境，导致股价下跌；(3)先进设备和高质量原材料的进口有利于提高企业的竞争能力，促使这一类企业股价上升；(4)对外贸易状况对不同上市公司股价影响的程度有很大的差别，差别的原因在于企业的对外贸易依存度①，外贸依存度越高的企业，其股价受到的影响就越大。其次也可以从宏观层次进行分析，主要表现在：(1)世界市场的总供给和总需求以及价格变化会引起与世界市场有直接联系的国内产业部门的供给和需求以及价格的变化，从而影响整体股市的波动；(2)对外贸易乘数②"放大"效应的影响，对外贸易乘数与边际进口倾向③呈反比关系，出口的扩大和增加有利于提高国内总需求和国内的就业，因此也有利于整个股市的上升。

---

① 外贸依存度=(企业对外销售收入/企业总销售收入)×100%。

② 对外贸易乘数是指一国出口的变化可以使国民收入发生成倍变化的效应，由对外出口的增加而产生的国民收入的增量与出口增量的比率就是对外贸易乘数。以 ΔY 表示收入增量，以 ΔX 表示出口增量，以 KF 表示对外贸易乘数，则 $KF=\Delta Y/\Delta X$。

③ 以 ΔM 代表进口增量，$\Delta M/\Delta Y$ 为边际进口倾向，即每单位收入增量中用来购买进口品所占的比例，如果增加的收入中用于购买进口品的部分越大，则用于购买本国产品的部分($\Delta Y-\Delta M$)就越小，从而对本国国民收入增加的作用就越小。

五、反映宏观经济形势的重要经济变量对股市的影响

证券投资者以及专业的证券投资分析人员通过报纸、电视、互联网等媒体经常可以看到有关宏观经济信息的报道，其中有很多能够反映宏观经济形势的重要经济变量方面的信息，比如利率、货币供应量、通货膨胀率、汇率、就业率或失业率等，这些重要经济变量消息公布的当天，大部分股票价格都会随之出现上下调整，调整的过程可延续三天至四天不等。很多学者对一些重要的经济变量与股价的关系进行了大量的规范研究和实证研究，这些研究结论对于证券投资的基本分析具有重要的参考价值。

1. 利率变动的影响

利率是影响证券市场的一个重要因素，利率与股价之间存在着明显的负相关关系，即利率上升通常对股市是利空因素，而利率下降则对股市是利好因素。关于利率对股市的影响途径主要表现在以下四个方面：

第一，利率是计算股票内在价值的重要依据。股票内在价值的估价模型主要有两种情况：一种是股息零增长模型；另一种是股息固定增长模型。零增长模型的计算公式是：$V=D/K$，固定增长模型的计算公式是：$V=D/(K-G)$。式中，D 代表股息，K 代表贴现率，G 代表股息增长率。贴现率被称为资本化利率，是由无风险利率和风险补偿率所构成，所以在很大程度上贴现率是由利率所决定的。从公式里可以看到，股票的内在价值与利率是呈反比关系的，利率上升，股票的内在价值就下降；利率下降，股票的内在价值就上升。

第二，利率水平的变动直接影响到上市公司的融资成本。利率是影响上市公司经营成果的重要因素，因为利率提高，必然使上市公司的融资成本上升，增加公司的财务成本，从而直接减少公司的利润，成为股价下跌的因素；而利率下降，必然使公司的融资成本下降，减少公司的财务成本，从而直接增加公司的利润，成为股价上涨的因素。

第三，利率水平的变动直接影响到投资者的资金流向，是他们选择资本市场还是货币市场的重要依据。资金进出资本市场，必然对股市的供求关系产生深刻的影响。如果利率提高，有可能导致投资者将资金从资本市场撤出，流向货币市场，导致股价下跌；反之，如果利率下降，则有可能导致投资者将资金从货币市场撤离，流向资本市场，促进股价上涨。

第四，利率水平的变动直接影响到消费者对房地产商品等大件消费品的需求，从而影响这一类上市公司的股价。房地产、汽车等大额消费品的购买，一般都采取消费者从银行按揭贷款分期付款的方式，所以，利率的高低直接影响到消费者购买这类商品的意愿。利率降低，消费者购买大件消费品的积极性就高；利率提高，消费者购买大件消费品的积极性就低。所以，降息或加息往往对房地产等大额消费品行业的景气状

况有明显的影响。

2. 汇率变动的影响

(1)从国际贸易的角度分析汇率变化对股市的影响。汇率通常是用单位外币所能够兑换到的本币价值来表示的,汇率的变化将会通过国际贸易的渠道对证券市场发生间接的影响,主要表现在:

第一,一般来说,如果汇率上升,等于本币贬值,将使本国出口型企业的产品价格竞争力提高,从而使出口型企业的收益能力得到改善,因而有利于这一类企业的股价上升。同时,对于本国的进口依存型企业来说,本币贬值的结果必然是企业的成本上升,利润受损,所以将会导致这一类企业的股价下跌。反过来,如果汇率下降,等于是本币升值,将使本国的出口型企业的产品价格竞争力减弱,从而使出口型企业的收益能力恶化,导致这一类企业股价下跌。同时,对于本国的进口依存型企业来说,本币升值的结果必然是企业成本的降低,所以有利于这一类企业的股价上升。

第二,汇率的变化将通过国际收支的黑字或赤字的变化,引起资金流进或流出国内,从而影响到证券市场资金供给的增加或减少。众所周知,汇率是调节国际收支的重要手段之一,通过本币的贬值或者升值,可以使国际收支发生变化,在一般的情况下,本币贬值能够刺激出口、限制进口,从而改善国际贸易,增加国际贸易的出超额或者顺差额,进而增加国际收支的黑字或者减少国际收支的赤字;反过来,如果本币升值,将造成限制出口、刺激进口的状况,从而增加国际收支的赤字或者减少国际收支的黑字。前者将使资金流入国内,后者将使资金流出国内。资金流入国内,当然有利于增量资金进入证券市场,所以也有利于证券市场的行情发展;而资金流出国内,当然会使资金撤离证券市场,所以就不利于证券市场的行情发展。

第三,汇率变化对企业经营活动和国际收支发生影响受到一定条件的制约,其影响并不是绝对的。主要的制约条件如下:

制约条件之一是马歇尔—勒纳条件。这是由马歇尔与勒纳两人分别在《货币作用和商业》和《统制经济学》这两本书中提出的。他们认为,本币贬值只有在一国的出口需求弹性和进口需求弹性之和大于 1 的情况下,才能起到促进出口和限制进口的作用,才能改善国际收支。

制约条件之二是所谓的"初期条件"。初期条件是指汇率变化前一国的出口总额与进口总额的比率。由于本币升值的负面效果是通过出口体现出来的,而正面效果是通过进口体现出来;反之,本币贬值的正面效果是通过出口体现出来的,而负面效果是通过进口体现出来的。所以,出口总额超过进口总额的程度越高,本币升值的负面影响越大,正面影响越小;反之,本币贬值的正面影响越大,负面影响越小。

制约条件之三是出口价格上升的转嫁率。转嫁率是指以美元计价的出口价格的上升率/本币升值率，它主要是考虑在本币升值的情况下对出口价格的影响。如果本币升值导致出口价格变化，可以考虑两种极端的情形。一种情形是为了确保本币的收入，以本币计价的出口价格维持不变，在这种情况下，以美元计价的出口价格就要以本币升值的比率上升。另一种情形是为了维持海外市场的出口竞争力，以美元计价的出口价格保持不变，这样以本币计价的出口价格就要以本币升值的比率而下降。前述的第一种情形的转嫁率是100%，第二种情形的转嫁率是0%。这两种情形都是极端的情况，实际的转嫁率总是在0%～100%之间，出口价格具体变动的程度有多大，取决于转嫁率。如果转嫁率很高的话，即使本币升值，只要以美元计价的出口价格能够同比率上升，出口商的收益就不会受到影响。所以，转嫁率越大，本币升值的负面影响就越小；转嫁率越小，本币升值的负面影响就越大。

(2)汇率预期对股市的影响。汇率本身像股市一样，受各种因素影响，显得捉摸不定。汇率的预期同样会影响到资本的流向，从而影响到股市。当某一个国家货币贬值后，感到受到损失的人会不会再购入该国的金融资产，感到得到好处有额外收益的人会不会出售该国的金融资产，这取决于他们对汇率的预期，根据不同的预期会形成不同情况的证券资本流动。

第一，如果甲国货币升值、乙国货币贬值，只要大多数人预测今后汇率将不再变化，那么甲国持有乙国发行的以乙国货币标价的金融资产的人将增加对乙国金融资产的需求，以保持原来的价值或者取得相当于原来价值的收入；出于同样的目的，乙国持有甲国发行的以甲国货币标价的金融资产的人将出售甲国的金融资产。于是甲国的证券资本流入乙国的证券市场，证券资本流进的国家证券价格上升，证券资本流出的国家证券价格下降。

第二，如果预期已经贬值的乙国货币今后将进一步贬值，这时无论是甲国还是乙国的投资者都会抛售所持有的乙国发行的以乙国货币标价的金融资产，而购入甲国发行的以甲国货币标价的金融资产。因此，乙国的证券价格将下跌，而甲国的证券价格将上升。

第三，如果预期已经贬值的乙国货币今后将回升，那么甲乙两国的投资者都会抛售甲国发行的以甲国货币标价的金融资产，而购进乙国发行的以乙国货币标价的金融资产。因此，证券资本从甲国流向乙国，甲国证券价格下跌，乙国证券价格上升。

(3)我国目前的汇率制度与证券市场的关系。一般来说，汇率的市场化程度越高，证券市场的国际化或者开放程度越高，证券市场受汇率的影响也就越大。我国目前的汇率制度与证券市场的关系存在以下几方面的特点：第一，我国的人民币还没有实现完全的自由兑换，虽然在经常项目已经实现了自由兑换，但是在资本项目还没有实现自由兑换。第二，我国对外汇的管理虽然已经允许个人和企业开设外汇账户，个人和企业可以保留合法取得的外汇，但是仍然实行外汇集中制，出口企业取得的外汇必须按照规定出售给国有商业银行，不能够擅自出售。第三，我国对汇率的管理，还没有完全与国际接轨。虽然目前的汇率制度已经从原来的盯住美元的变相固定汇率制过渡到以市场供求关系为基础、参考一篮子货币进行调节、有管理的浮动汇率制度；但是，仍然不属于完全的浮动汇率制度，带有较高程度的资本管制。第四，我国资本市场的开放步伐虽然有所加快，但是仍然属于有限度的间接开放，我国的证券市场是相对独立的。

由于以上四个方面的原因，使得我国汇率的变动不是很激烈，即使有所变动，对证券市场的影响也相对较小。但是，随着经济全球化的发展，我国经济必将要融入世界经济体系，人民币必将要逐步实现自由兑换，资本市场必将要进一步开放，汇率也必将要进一步市场化。因此，今后汇率对证券市场的影响会成为一个不可忽视的重要因素。

3. 通货膨胀的影响

通货膨胀一般是指物价水平的持续上升，通常可用消费者物价指数（CPI）来衡量，所以物价指数的变动率也可称为通货膨胀率。一般来说，预测未来是否会发生通货膨胀，对股票投资至关重要。因为未来发生通货膨胀比起现在和过去发生通货膨胀更容易导致股价下跌。但是，通货膨胀对证券市场的影响比较复杂，不能够一概而论，主要取决于通货膨胀的程度，要根据通货膨胀的程度区别对待。

（1）温和的、良性的通货膨胀。温和的、良性的通货膨胀，是指价格上升的幅度比较小而且上升的速度比较慢。从心理的角度来说，政府有喜欢通货膨胀的偏向，而一般老百姓有厌恶通货膨胀的偏向。政府有管理国民经济的责任，所以一般老百姓希望政府的政策既能够保持低失业率，又能够稳定物价。由于政府具有通货膨胀的偏向，而一般老百姓具有厌恶通货膨胀的偏向，所以政府的政策取向是要尽可能地将通货膨胀控制在人们能够容忍的范围之内，这种在人们心理上能够容忍的通货膨胀也就是比较温和的、良性的通货膨胀。

在温和、良性的通货膨胀情况下，对于政府来说，维持这样的通货膨胀，不仅能够使就业增加，经济繁荣，而且也有利于政府在社会再分配过程中隐蔽地得到较大的收入。而对于企业来说，轻度的通货膨胀，有利于扶持物价，刺激生产，增加公司的利润，从而可以增加股息和红利，提高股票对投资者的吸引力，因此有利于股价的上升。投资者的投资行为始终是股市行情的决定力量，轻度的通货膨胀一般不会引起投资者的警觉，在适度的通货膨胀范围内，投资者仍然会比较理性地选择投资方式，增加股票投资。

（2）严重的、恶性的通货膨胀。严重的、恶性的通货膨胀，是指物价上升的幅度比较大而且上升的速度比较快，这种通货膨胀一旦发生，对证券市场的负面影响非常明显。

第一，虽然政府有通货膨胀偏好，但是当通货膨胀成为问题的时候，政府就要考虑老百姓的要求而采取措施，最直接的措施就是减少货币供应量、提高利率等。这些措施将会直接影响股市，使股价下跌。

第二，当通货膨胀率上升到令人无法忍受的程度，成为恶性通货膨胀时，投资者的心理预期将会发生很大变化，对未来的经济形势会产生悲观的预期。

第三，由于货币贬值严重，股息等货币收入的未来价值在降低，因此对于包括股票在内的金融资产的投资偏好也跟着下降，投资者会转向重视实物资产的投资，对实物资产投资偏好的程度会上升，比如房地产、黄金等。由于投资者资产组合偏好结构的改变，当然就会增加股票的出售，使资金流出证券市场，引起股价的下跌。

第四，恶性通货膨胀使各种商品价格具有更大的不确定性，也使得企业未来的经营状况具有不确定性，从而增加了证券投资的不确定性和风险。这是因为在通货膨胀情况下，并不是所有的商品和生产要素的价格都是按同一比率变动的，如果有的企业生产要素价格的上升幅度超过本企业商品价格的上升幅度，就会导致经营困难。这种由于价格上升幅度的差距所导致的财富和收入的再分配，是一种使得投资人和企业都无法估计的风险。

4. 通货紧缩的影响

与通货膨胀相反，通货紧缩则是指物价水平的持续下跌。通货紧缩将损害消费者和投资者的积极性，造成经济衰退和经济萧条，对股市是比较严重的负面因素。从理论上来讲，通货紧缩与通货膨胀一样，会给人们的经济活动带来未来的不确定性，它会通过以下几条途径对股票市场产生不利的影响：

第一，从消费者的角度来说，物价持续下降，等于是鼓励延迟消费，因为消费者的普遍心理状态是买涨不买跌。通常在一个国家的总需求中，个人消费占60%以上，物价一下跌，消费者就会产生将来可能还会下跌的心理预期，从而延期消费。而大家都延期消费，经济自然会趋于疲弱。

第二，通货紧缩通过名义利率下调和企业收益滑坡的途径，使居民的收入水平下降，它一方面会引起社会总需求的减少，另一方面还会引起国内居民对证券投资需求的减少。

第三，就企业部门来说，物价持续下降，就意味着未来产品的价格可能要低于当前的价格，企业的名义销售额将减少，工资、销售额、利润等名义经济变量都成了不确定因素，企业难以根据对未来的展望制定长期性的投资计划，这就等于是鼓励企业推迟设备投资，造成企业谨慎投资，使投资需求逐步减少。

第四，在物价下降过程中会发生由债务者向债权者的收入转移，因为伴随着物价的下降，债务的实际价值在提高，从而使债务的实际返还负担加重。尤其是对普通居民来说，房地产一般都是靠贷款购买的，物价下跌不仅减少了名义收入，而且造成债务的实际负担加重，从而使还款计划变得更加严峻。

第五，物价下跌如果长期持续，有可能发展成螺旋式的通货紧缩。所谓螺旋式的通货紧缩就是指物价的下跌导致宏观经济进一步不景气，而景气的后退引起物价进一步下跌，从而形成恶性循环。

5. 国际收支的影响

在开放的经济条件下，随着商品市场、资本市场、劳务市场、技术市场的形成和完善，促进了商品、资本、劳务、技术的国际流动，这种流动客观上形成一定的资金流向，这种资金的流向最终将构成一个国家的国际收支。可以说在经济开放程度日益提高的情况下，国际收支对国民经济的影响也日趋明显，所以在考察股市行情的变化时，也必须将国际收支作为一个非常重要的经济变量加以分析。对于国际收支与股市的关系，可以从总量和结构两个方面进行考察。

(1)国际收支总量变动的影响。从国际收支的总量关系来看，国际收支与股市的波动呈正相关的关系。国际收支余额=(出口－进口)+(资本流入－资本流出)。国际收支余额大于零，就是国际收支顺差，体现为总需求的增加；国际收支余额小于零，就是国际收支逆差，体现为总需求的减少。而总需求的增加或者减少，最后必然表现为消费需求和投资需求的增加或者减少，从而影响到证券市场。国际收支发生顺差后流入的资金有一部分是进入与国外有经济关系的政府、企业、居民手中，另有一部分经过国民收入的再分配流入与国外没有经济关系的政府、企业、居民手中，但是不管怎么样都会影响到证券市场，国际收支长期顺差，会使一个国家的外汇储备不断增加，从而有利于汇率的稳定。具体来说，可以从以下三方面进行把握：

第一，国际收支顺差会造成国外资金流入，成为国内政府、企业、居民的可支配收入，其中肯定会有一定比例用于消费，形成对消费品市场的需求，使生产消费品的企业销售形势好转，利润增加，有利于这部分企业的股价上升；反之，造成这部分企业的股价下跌。

第二，国际收支顺差所造成的国外资金流入，也会使其中的一部分被政府、企业、居民用于购买投资品，形成对投资品市场的需求，使生产投资品的企业销售形势好转，增加利润，所以也有利于这部分企业股票价格的上涨；反之，造成这部分企业的股价下跌。

第三，国际收支顺差形成的国外资金的流入会有一部分被政府、企业、居民直接用于投资证券市场，这就是增加了证券市场的需求；反之，流向国外，直接减少证券市场的需求。

（2）国际收支结构变动的影响。从国际收支的结构关系来看，国际收支各个组成部分的变化对股市的影响各有不同的侧重点。国际收支主要分为经常项目和资本项目，分析国际收支不同部分的变化，对于选择应该持有的股票种类有一定的帮助。

经常项目虽然包括贸易收支、劳务收支、转移收支等，但是最重要的是贸易收支。在贸易顺差的情况下，尤其要关注出口企业的股票，特别是出口产值占总产值比重比较大的企业，这类公司的股票一般会因为贸易顺差而能够取得较好的经济效益。

资本项目主要包括外国直接投资、间接投资以及企业购并等。外国直接投资的流入，一方面会促进有关企业的技术改造和设备更新，产品的升级换代和产业结构的调整，有利于这一类企业增强竞争力；另一方面，外国直接投资还必然对国内的生产资料产业直接形成需求。但是也要看到，有的外国直接投资是引进国外成套技术装备的，这样就对国内的需求没有影响。

外国间接投资就是外国对本国的资本市场的投资，如果有大量的外国间接投资的进入，毫无疑问能够增加对本国证券市场的直接需求。所以，外国人（包括自然人和法人）在本国证券投资资金量的变动是一个非常重要的指标，应该予以关注。因为在国际收支当中，外国间接投资的顺差或者逆差对于证券市场的影响是最直接的。对于外国间接投资国际上有两种做法：一种是完全的直接开放，另一种是部分的间接开放。间接开放最典型的做法就是 QFII（合格的境外机构投资者）制度和 QDII（合格的境内机构投资者）制度，前者是外国投资者通过基金的形式对本国证券市场的投资，后者是本国投资者对外国证券市场的投资。我国已经分别从 2003 年和 2007 年开始正式实行 QFII 制度和 QDII 制度，通常 QFII 额度的放宽以及交易的活跃被看成是利好因素，而 QDII 额度的放宽和交易活跃被看成是利空因素。此外，2011 年 8 月，我国又进一步推出 RQFII（人民币合格境外机构投资者）制度，允许 RQFII 运用其在境外的人民币资金在批准的额度范围内投资境内证券市场。2014 年 11 月，在 RQFII 的基础上，又实施了 RQDII（人民币合格境内机构投资者）制度，RQDII 可以进行境外人民币计价资本市场的投资活动。与 QDII 额度的审批制度不同，RQDII 以实际募集规模为准。RQFII 制度和 RQDII 制度对境内资本市场的影响与 QFII 制度与 QDII 制度类似。2014 年 4 月，中国证监会与香港证监会联合发布公告实施沪港通机制，即上海证券交易所和香港联合交易所允许两地投资者通过当地证券公司（或经纪商）买卖规定范围内的对方交易所上市的股票，这是沪港股票市场交易互联互通机制。沪港通包括沪股通和港股通两部分。沪股通是指投资者委托香港经纪商，经由香港联合交易所设立的证券交易服务公司，向上海证券交易所进行申报，买卖规定范围内的上海证券交易所上市的股票。港股通则反过来，是指投资者委托内地证券公司，经由上海证券交易所设立的证券交易服务公司，向香港联合交易所进行申报，买卖规定范围内的香港联合交易所上市的股票。2016 年 12 月在沪港通顺利实施的基础上，又进一步推出深港通机制，即深圳和香港股票市场交易的互联互通机制。同样，深港通下面包括深股通和港股通，与沪港通的情况大体类似。由于沪港通和深港通的开通，内地与香港之间的资金流动方向与规模的变化，自然也会对两地的证券市场行情带来一定程度的影响。至于企业购并更是直接增加了对该企业股票的需求，如果是通过证券市场进行购并，其影响将会更大。

6. 就业率与失业率的影响

就业率与失业率是一个事物的两个方面，就业率提高意味着失业率下降，而失业率提高则意味着就业率下降。这两个指标可以测量经济运行中生产能力的运用程度，从中可以得出其他生产要素以及经济周期运行的信息。从就业率和失业率的角度看，就业率与股价呈负相关的关系，失业率与股价呈正相关的关系，可能的原因是在经济发展的最后阶段，就业才会显著增加，失业才会减少，而在这一阶段公司盈利大致会开始下滑，所以股价也随之下降。

第三节　宏观经济政策分析

一、经济周期与政策周期的互动关系

1. 分析经济周期与政策周期互动关系的意义

经济周期是指以实际国民生产总值作为衡量指标的经济活动总水平周期性扩张与收缩交替的现象，而政策周期是指宏观经济政策随着经济周期波动而出现的周期性松紧变换的现象(见图 6—1)。

宏观经济运行与自然运动一样，客观上存在着周期性，这种周期变化我们将其称为景气循环。在现代市场经济社会，景气循环已经成为一种非常明显的经济现象。自从凯恩斯主义产生以后，国家可以通过宏观经济政策对经济进行干预，尽管国家的经济政策不能够消除经济周期，但是会对经济周期的变化产生影响，而经济周期的变化又会引起股市周期的变化，所以需要了解经济周期与政策周期的互动关系。比如，我国从 1996 年以后由于经济增长速度放缓，所以政策由紧变松，这就是所谓的积极的财政政策和稳健的货币政策，这些政策明显地起到了阻止经济增长速度下滑的作用。从 2003 年下半年开始，由于经济增长速度过快，出现局部经济过热现象，政策又由松变紧，进行宏观调控，经济过热状况得到一定程度的缓和。在经济周期受到政策周期的

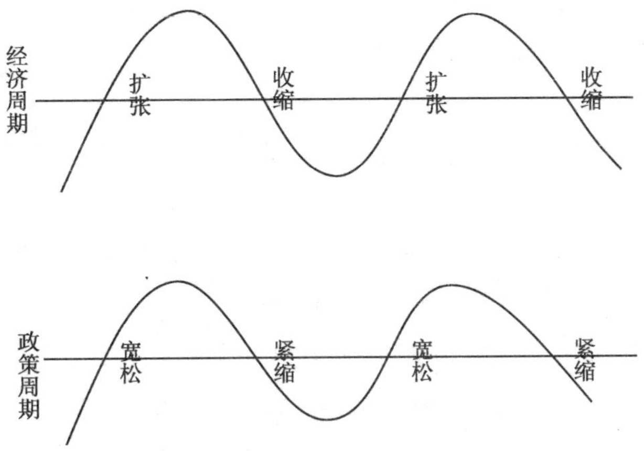

图 6—1 经济周期与政策周期示意

影响之下，股市周期也发生了相应的变化。

2. 经济周期与政策周期互动关系的表现形式

经济运行是客观的，而政策制定是主观的，所以经济周期决定政策周期，而政策周期可以引导经济周期。经济在发展中会时快时慢、时热时冷、不断地变化，政策在调控中就要时紧时松、时强时弱、不断地变换，这在客观上就出现了经济的周期性波动与政策的周期性转变之间的互相影响关系，这种互动关系就是经济周期决定着政策周期，而政策周期又引导着经济周期的运行。概括地说，经济周期与政策周期的互动关系主要表现为：(1)经济过热，政策从紧(反向)；(2)政策从紧，经济收缩(同向)；(3)经济收缩，政策放松(反向)；(4)政策放松，经济扩张(同向)。

3. 经济周期与政策周期互动关系的复杂性

在现实的经济生活中，由于各种因素的影响，经济周期与政策周期的互动关系会表现出复杂性和不固定性的特征。其原因是：

第一，经济周期与政策周期的互动存在着时滞现象，即政策周期对经济周期发生影响是有时差的。这是因为经济周期的变化具有一定的趋势性，经济政策对经济活动的引导是一种逆向调节，两者在短期内的运行方向是背离的。由于经济运行的惯性作用，形成趋势需要时间，扭转趋势也需要一个时间过程，所以政策调控的效果不可能立竿见影。

第二，在政策影响经济方面，由于政策种类的不同也会使政策发挥作用的时滞不同。一般来说，财政政策的作用比较直接，时滞也比较短；而货币政策的作用比较间接，因此时滞较长。

第三，经济周期的变动是客观的、自发的，在变动中往往是缓慢的、滞后的；而政策周期的变动是主观的、能动的，在变动中是快速的、超前的。政策周期的快速和超前的变化，对于投资者预期的改变具有不容忽视的作用。

4. 我国股市对宏观经济政策变化反应的特点

宏观经济政策的变化是通过人们对经济周期变化的预期来影响股市的，我国股市在反应政策周期的变化时，具有以下几个特点：

(1)夸张性特点。主要表现在股市常常以股价指数的大幅度涨跌对政策周期的变化作出夸张性的反应。比如，政策周期由紧转松，政策力度放松了10%，但是股市有可能会暴涨100%；政策周期由松变紧，政策力度收紧了10%，但是股市有可能会暴跌50%。这种夸张性反应形成的原因，一是与股市中的从众心理有很大的关系，二是与资本市场中存在的大量游资有很大的关系。由于夸张性反应的存在，因此会发生在大牛市中暴跌，而在大熊市中暴涨的现象。

(2)超前性特点。主要表现在政策周期将要发生转变但还没有发生转变时，或者重大政策将要出台但还没有出台时，股市已经提前做出了反应。这种超前反应的原因，一是由于投资者超前的心理预期，当经济周期调整到位，人们预期政策周期将要发生变化时，股市可能率先做出了反应；二是由于信息披露中存在问题，当管理层决定推出重大政策时，消息提前泄露使股市做出提前反应。

(3)滞后性特点。这是指当政策周期出现转变或者某一项重大政策出台后，股市没有马上做出反应，等到过了一段时间以后才做出反应，或者是在短期内做出相反的反应，等过了一段时间才做出相应的反应。造成滞后性特点的原因，一是政策出台时未被广大投资者理解和接受；二是因为政策转换过快，机构投资者还没有能够完成进货或者出货的过程，因此继续打压或者拉抬股市。

二、主要政策手段及其影响

1. 财政政策

财政是在市场经济条件下与金融政策相提并论的国家调控经济的最主要的政策，财政政策可以通过不同的政策手段对证券市场产生影响。

(1)国家财政预算政策。第一，国家财政预算反映的是国家的基本财政收支状况，从国家财政预算中可以看到国家的财力规模与财政收入和财政支出的平衡情况。国家的财政支出虽然受到财政收入的制约，但是国家财政预算对社会总需求的影响可以超出财政收支平衡的范围，这就是财政赤字的作用。财政赤字具有扩张社会总需求的功能和作用，反过来财政结余则有压缩社会总需求的功能和作用。因此，通过赤字预算、平衡预算或者结余预算，可以体现财政政策的倾向性，这就是扩张性的财政政策、中性的财政政策和紧缩性的财政政策。扩张性的财政政策是为了刺激经济，有利于经济增长和股市的走强；紧缩性财政政策是为了控制过热的经济，使经济降温，从而降低经济增长率，使股市走弱。

第二，国家财政预算的支出方向会对社会总需求的结构产生影响，财政支出中的政府投资是要完成私人部门不愿意投资的重要建设项目，主要是能源、交通等基础设施建设，可以刺激相关产业的发展，并影响这些产业的证券价格。

(2)国家税收政策。第一，税收政策的作用方向也可以分为刺激经济和抑制经济两个方向。为了刺激经济，就要减少税收、降低税率、扩大减免税的范围；为了抑制经济，就要增加税收、提高税率、缩小减免税的范围。前者可以增加微观经济主体的收入，刺激经济主体的投资或者消费需求，从而对证券市场产生正面的效应；后者的效果正好相反。

第二，不同的税收政策可以在结构上对证券市场发生影响。比如，房地产方面的税增加或者减少直接影响房地产行业的发展，还有证券交易中的印花税直接影响到证券交易的成本。从我国股市运行的历史来看，印花税的调整往往是政府直接调控股市的重要信号，应该加以重点关注。印花税调整到历史低点或历史高点，通常就是政府“救市”或者政府“挤泡沫”的主要措施之一。

(3)国债发行政策。国债的发行本身就是为了弥补财政赤字的。国债发行规模扩大，表明国家加大扩张性财政赤字的力度，从这一点来说，是股市中长期的利好因素。但是，要注意在大量发行新国债的时候，如果发债条件比较好的话，在短期内可能会在资金面上对股市产生挤出效应。另外，如果政府举债过度，会增加经济中的信贷需求，从而对私人信贷及投资产生挤出效应，引发利率上升，并进一步阻碍企业投资。

2. 金融政策

金融政策主要是通过三大政策手段即存款准备金率、中央银行贴现率和公开市场业务发生作用的，其作用机制都是通过调节货币供应量，进而影响利率。也可以分为刺激经济方向和紧缩经济方向。刺激经济就要降低准备金率，降低贴现率，在公开市场买进有价证券；紧缩经济就要提高准备金率，提高贴现率，在公开市场卖出有价证券。除了三大常规性政策工具以外，有时候货币政策当局也可以采用带有一定行政色彩的选择性货币政策工具，包括直接信用控制和间接信用指导。直接信用控制工具是指央行依法用行政命令的方式，对商业银行等金融机构的信用活动进行管制和直接干预而采取的各种措施，主要有消费者信用控制、证券市场信用控制、不动产信用控制、优惠利率或利率限制、流动性比率调节、特种存款或特种贷款等。间接信用控制工具则是指央行凭借其在金融体系中的特殊地位，通过与金融机构之间的磋商、宣传等，指导和控制其信用活动，主要方式有窗口指导、道义劝告等。

2013 年 11 月，我国央行新增加“常备借贷便利(SLF)”这一新的货币政策工具。

所谓常备借贷，就是商业银行或金融机构根据自身的流动性需要，通过资产抵押的方式向央行申请信用额度的一种融资方式。由于常备借贷便利提供的是央行与金融机构"一对一"的模式，因此这种货币操作方式更像是定制化融资和结构化融资。

货币政策的特点主要是通过控制货币供应量来影响宏观经济，货币供应量的增加会使短期利率下降，并最终刺激投资需求和消费需求，而且，增加的货币供应量也会使一部分剩余资金直接流入股市，因为当投资者发现他们的资产组合中现金剩余了，就会通过购买证券的方式来重新调整其资产组合。因此，在一般情况下货币供应量与股价存在正相关关系。在我国，很多证券分析师也会经常运用信贷投放量这一与货币供应量密切相关的指标，作为分析流动性与股市关系的工具。

但是，货币供应量与股市的关系是一个很复杂的关系，因为虽然扩张的货币政策可能会在短期内降低利率从而刺激投资并增加消费，但是如果货币供应量增长过度，会导致出现极高的价格水平，引发市场通货膨胀的预期。在这种情况下，货币供应量(M1)与股价之间可能会产生负相关关系，尤其是货币供应量的非预期变动与股价变动存在明显的负相关关系，即货币供应量的非预期增加将会造成股价下跌。因为货币供应量的非预期增加，将会导致通货膨胀的发生。

3. 财政政策与货币政策作用的比较

第一，财政政策对经济影响的作用比较直接，是刺激或延缓经济发展的最直接的方式。比如，政府支出下降直接减少对商品和劳务的需求，税率的提高会直接减少居民的收入。而货币政策的作用比较间接，其影响经济的方式是迂回曲折的，它主要通过对利率的影响而产生效果。

第二，财政政策的实施比较复杂和困难，这是因为财政政策的实行需要经过行政机构和立法机构之间反复的沟通，在程序上需要获得国会的批准。尤其是在西方国家需要经过大量的政治谈判，手续非常繁杂，以至于在现实中不能用于作为宏观调控的微调工具。甚至有些财政政策比如与财政支出有关的医疗和社保政策，其本身不仅是政策，而且还是法律，不可能按照经济情况的变化而随时调整，因此也缺乏灵活性。而货币政策相对容易实施和操作，货币政策一般由央行负责执行，不需要经过很复杂的政治谈判过程。

4. 财政政策与货币政策作用的路径

财政政策与货币政策作用的路径可以分成需求冲击和供给冲击。需求冲击是指可能影响到商品或劳务需求的事件，而供给冲击则是指可能引起生产能力和成本变化的事件。需求冲击通常会使总产出与利率和通货膨胀率同向变动，而供给冲击则使总产出与利率和通货膨胀率反向变动。

传统的财政政策和货币政策都是需求管理的重要工具，是通过需求冲击影响经济活动的。比如，巨额的财政赤字意味着政府支出大大超过了它总税收中的收入，于是其净效果就是对产品和劳务的需求刺激超过了对产品和劳务需求的压制，因此巨额赤字会刺激经济。货币政策也是另一种主要的需求冲击政策，货币供应量以及利率的变化，会最终影响到投资与消费需求。

与传统的财政政策和货币政策相反的是供给政策，供给政策重视的是经济发展中的生产能力问题，强调通过供给冲击影响经济发展。比如，进口石油价格的大幅提高会引发通货膨胀，通货膨胀的上升会引起更高的名义利率，在这种情况下总产出就会减少，因此应该实施防止原材料价格上升的政策。供给学派的经济学家们也重视税收政策，但他们的侧重点在于由此产生的激励因素，甚至认为减税政策反而会增加税收，因为较低税率所引起的经济增长幅度会超过税率减少的幅度。我国目前进行的供给侧结构性改革，就是要从供给侧方面的相关要素，比如劳动力、土地、资本、制度创造、技术创新等要素出发，用改革的方法调整经济结构，使要素实现最优配置，提高全要素生产率，从而扩大有效供给、提升供给质量，并使我国的经济增长不仅有数量的保证，而且有质量的保障。这些政策措施的实施，必将对我国证券市场的发展带来长远的影响。

了解需求冲击和供给冲击对证券投资分析的意义在于，当我们面临一个宏观经济的环境，应该首先分清楚各种经济政策的影响对哪些产业是有利的，对哪些产业是不利的，从而作出正确的投资决策。

第四节　经济周期与股市周期关系的分析

一、经济周期与股市周期的基本关系

如前所述，经济周期是指以实际国民生产总值作为衡量指标的经济活动总水平周期性扩张与收缩交替的现象，而股市周期是指股票市场长期升势与长期跌势周期性更替的现象。图 6—2 表示经济周期的循环。水平线表示经济处于均衡状态，其上侧代表经济处于扩张期，下侧代表经济处于收缩期。在经济循环经历过峰位后，经济仍然会持续增长，但增长率已经减缓，直到经济循环低于均衡水平，经济活动开始收缩。一般而言，经济扩张持续的时间长于收缩

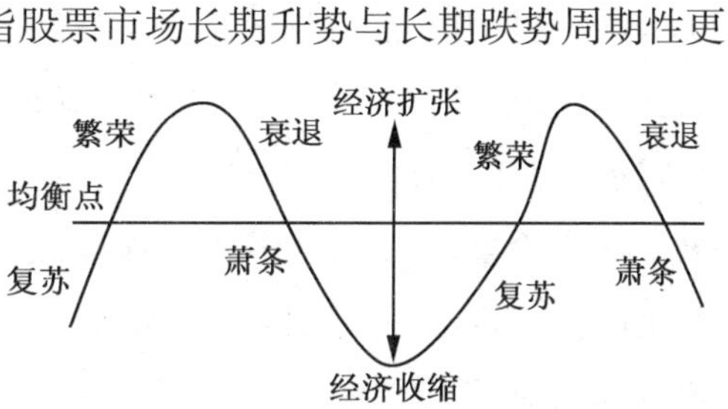

图 6—2　经济周期的循环

期，因为建设所需要的时间总会比破坏所需要的时间长。因此，股票多头市场持续的时间通常要比空头市场持续的时间长。

股票市场是国民经济的重要组成部分，从根本上来讲，经济从繁荣到衰退、萧条、复苏的周期性变化是形成股市牛市熊市周期性转换的最基本原因，即经济周期决定股市周期，股市的周期性变化反映了经济的周期性变化，所以我们说股市是国民经济的晴雨表。

宏观经济的周期性变化不可避免地会导致股价也产生周期性的变化。在繁荣时期，由于消费旺盛，生产规模扩大，社会需求增加，股份公司的盈利水平提高，从而使公司股票的股息和红利水平也提高，于是人们踊跃购买股票，促使股价上扬。但是繁荣不可能永远持续下去，当繁荣超过了社会的承受能力，经济形势就会转坏，景气循环就会转入衰退，人们就会抛售股票，导致股价连连下跌。随着经济衰退的发展，必然会以经济危机的形式解决生产过剩的问题，从而使景气循环进入萧条阶段，生产大幅度萎缩，股价进一步暴跌，此时，因为人们对经济的前景很茫然，人人心有余悸，股票交易的数量也很少。但是，这种局面也不会维持太长，经济危机虽然很残酷，但是它解决了生产过剩的矛盾，人们发现经济朝好的方向发展，于是景气循环又进入复苏阶段，股价也会跟着回升，经济又走向下一个周期的繁荣阶段，如此循环下去。

二、股市周期反映经济周期变化的基本特征

1. 股票市场对经济周期具有预先反应机制

经济周期对股市周期的决定性作用是内在、长久和根本性的，但是这并不代表两个周期是完全同步的。在实际运行中，股市周期反映经济周期的变化是独特的，根据对一些国家的景气循环与股价变动关系的分析，可以发现一个现象，就是股价是宏观经济变动的先行指标。有人通过对第二次世界大战后美国经济的长期观察，可以看到股票市场的价格指数在经济进入衰退前的平均约 6 个月的时候上升到最高点，然后回落，其间离衰退起点最近的是 1 个月，最远的是 1 年；而股票市场的价格指数在经济开始复苏前的平均约 5 个月的时候跌到最低点，然后回升。也就是说，股价的周期变动与宏观经济的周期变动并非完全一致。由于经济很少处于稳定状态，一般而言，要么处于扩张阶段，要么处于收缩阶段。经济周期周而复始的循环特征，为投资者提供了大量的获利机会。因为股市领先于经济活动，所以最大的获利机会出现在经济处于最严重的扭曲（即最严重的不均衡）之前，一旦投资者发现经济运行的方向正朝着均衡点的方向发展，他们就会预先反映这种经济发展状况，买进或卖出合适的资产。在这种情况下，股市获利的可能性也最大。

2. 股票市场与景气变动在短期关系上具有非相关性

如前所述，股票市场与景气变动的关系虽然粗略地说是同方向运行的，但是它们的循环周期并不一致，股票市场要比景气循环先行一步。就股价与 GNP 的关系而言，如果将股价指数与 GNP 的时间序列曲线放在同一平面上，虽然从长期趋势来看运行方向具有一致性，但是如果对比每年的股价指数上升率与名义 GDP 的增长率，两者之间不存在任何有规律的联系，两者完全是不相关的。所以，股票市场与景气变动如果就中长期的循环而言存在着概略的关系，而如果以 1 年为单位进行对比的话，几乎没有什么明确的相关性。其原因：一是股价具有先见性或预期性；二是在股票市场的变动原因中，还有景气以外的其他原因，包括金融繁闲和市场人气。另外，对比同样年份的股价指数上升率与公司收益增长率，也没有任何相关关系，如果将股价指数先行 1 年进行对比，仅有略微的正相关关系。其原因：一是股票市场的价格既不是只看当年的收益，也不是只根据第二年的收益预测，而是基于收益的长期性展望而形成的。二是金融方面的原因，即在收益增加的时候，可能金融方面开始出现紧缩状态，利率可能已经提高，其结果是对于股票投资所要求的应得收益率也提高了，使股价的上涨被抑制。相反，在不景气的时候，因为找不到实体经济投资对象的资金流入股市，容易带来股价上升。

3. 经济周期与股市周期关系的基本模式

股市提前反映经济的原因在于，所有金融市场的趋势基本上取决于投资者对经济前景的预期，买入和卖出股票都包含着投资人对未来经济走势的展望。市场参与者通常会预期未来的经济发展，采取适当的行动买入或卖出一定的资产，使得作为虚拟经济的股市通常会先于实体经济的发展而发生趋势反转。因此往往在经济过热还没有滑坡时，股市先下跌；而在经济过冷还没有回升时，股市已经开始反转向上。所以，经济周期与股市周期关系的基本模式表现为：(1)经济过热，股市下跌(反向)；(2)经济收缩，股市继续下跌(同向)；(3)经济过冷，股市上涨(反向)；(4)经济扩张，股市继续上涨(同向)。

三、受经济周期制约的股市周期的循环阶段

1. 股市周期四个循环阶段

表面上看起来杂乱无章的股市周期，如果进行长期分析的话，可以分成具有一定特征的四个循环阶段，即政策行情阶段、业绩行情阶段、逆政策行情阶段、逆业绩行情阶段，而且其循环的顺序通常不会改变。如果掌握了这四个阶段因何种原因而发生循环，在各个阶段什么样的行业、企业会有什么样的表现，将会对投资决策产生重大的参考价值。见图 6—3。

现代经济社会，不断经历着经济周期上升和下降的反复循环，经济周期的循环既

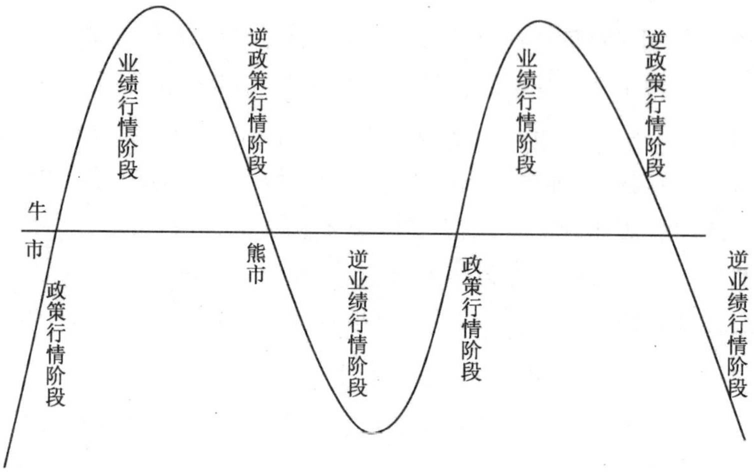

图 6—3　股市周期四个循环阶段示意

有从复苏到繁荣的景气局面，也有从衰退到萧条的不景气局面。与经济周期的循环从复苏到繁荣，又从衰退走向萧条这样四个局面相对应，股市周期也大致可以分成四个阶段。首先，以金融宽松和财政扩张政策为背景，由被称为不景气中的股价上涨的政策行情阶段为发端，牛市开始启动。不久，经济活动走向复苏进入扩张期，业绩行情阶段开始展开。但是，在担忧经济过热、通货膨胀的过程中，股市行情接近顶点，金融与财政紧缩政策一旦实施，就会发生股市大跌，开始走向熊市状态。先要经历逆政策行情阶段，这是对严厉的宏观紧缩政策将会使经济活动衰退的预期而导致的下跌行情。由于利率上升等严厉的紧缩政策，经济活动最终会迎来真正的衰退期，企业的业绩转向负增长，股市周期进入逆业绩行情阶段，并向谷底的方向运行。关于经济周期与股市周期四个阶段的关系可以参见图 6—4。

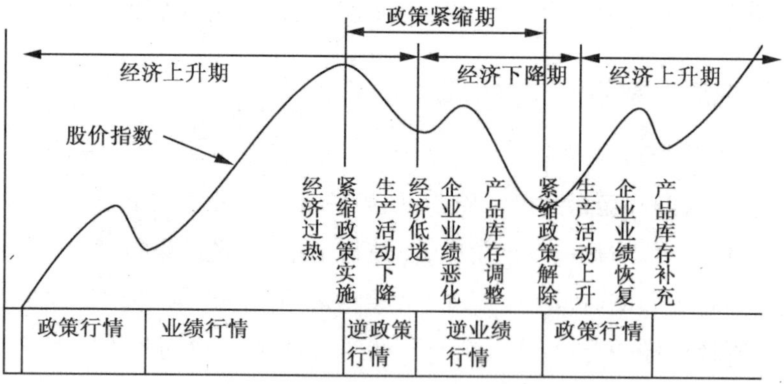

图 6—4　经济周期与股市周期四个阶段的关系

股市周期性循环四个阶段的更替进一步说明了股市相对于经济活动的事先反映作用，即股价指数从谷底反转上升是在经济不景气时期，企业收益也是处于负增长水平。但是，因为通货紧缩、物价下降、失业增加，政策当局实施公共投资扩大政策和宽松金融政策，使利率降低，生产活动开始上升。尽管真正的经济复苏需要相当的时间，但是股市出于对经济将要走向复苏的预期，买盘开始增多，价格从底谷处快速回升，因此股市的牛市行情先行一步。这种经济变动与股市行情的时滞现象在经济繁荣时期也同样表现出来，即尽管企业业绩持续大幅增加，最终需求旺盛迫使产品库存大量补充，个人消费和企业设备投资意愿强烈，经济活动处于高涨阶段。但是，在经济旺盛的同时，物价转为上升，出现通货膨胀以及经济过热的担忧，这时政策当局又逐步调整政策，转为实施紧缩政策，于是利率快速上升，股市行情转为下降，进入逆政策行情的熊市阶段。所以，在判断股市行情长期趋势反转的时候，一定要注意不要拘泥于与经济循环的变化保持同步，在股市行情转换的时滞上看错方向。即股市行情从大的谷底（俗称地板价）反转进入强势的牛市是在最不景气时期，而股市行情从大的峰位（俗称天花板价）反转进入弱势的熊市是在最景气的时期。

2. 股市周期四个阶段中的政策和业绩因素的影响

从基本面的角度来看，决定股价的两大要素是政策和业绩。在政策中，代表性的是以利率为核心的货币政策。一方面，利率上升对股价是负面因素，利率下降对股价是正面因素；另一方面，业绩下降对股价是负面因素，业绩上升对股价是正面因素。因此利率与业绩的基本组合只有以下四种类型：

（1）利率下降＋业绩下降＝正面因素＋负面因素＝？

（2）利率下降＋业绩上升＝正面因素＋正面因素＝股价上升

（3）利率上升＋业绩上升＝负面因素＋正面因素＝？

（4）利率上升＋业绩下降＝负面因素＋负面因素＝股价下跌

从理论上来说，在（1）的投资环境下，股价虽然将会构筑大底，但是作为大底的分歧点，前半段是大势下跌行情（逆业绩行情），后半段是大势上升行情（政策行情）。而在（3）的投资环境中，虽然股价要见大顶，但是作为大顶的分歧点，前半段是大势上升行情（业绩行情），后半段是大势下跌行情（逆政策行情）。参见图 6—5。

如果从投资环境与经济周期的关系来看：（1）是经济收缩期的后半段；（2）是经济扩张期的前半段；（3）是经济扩张期的后半段；（4）是经济收缩期的前半段。从投资环境与经济周期变化的关系来看，股价的大底是比在经济收缩期中建立的经济的谷底先行一步，股价的大顶也是比在经济扩张期中建立的经济的山峰要先行一步。参见图 6—6。

在股市周期四阶段中，利率、业绩、股价的变化可以参见表 6—2。

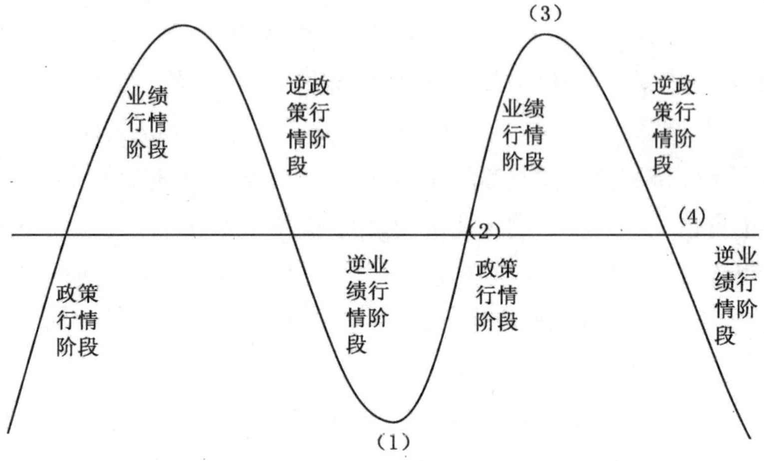

图 6—5　投资环境与股市周期的关系示意

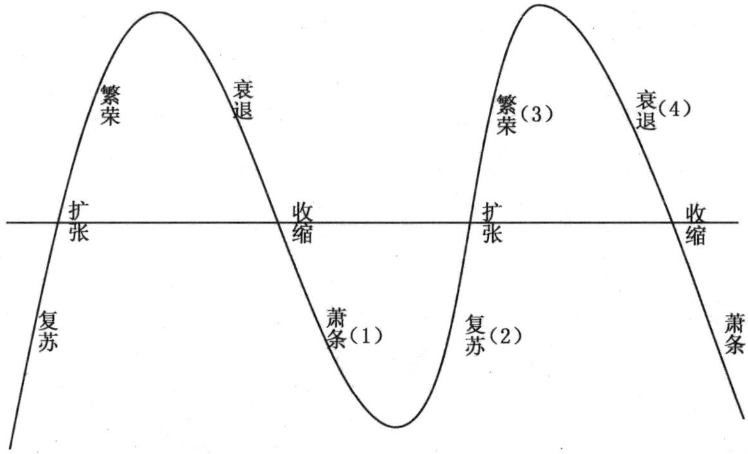

图 6—6　投资环境与经济周期的关系示意

表 6—2　　股市周期四阶段利率、业绩、股价的变化

股市周期四阶段	利率	业绩	股价
政策行情	↓	↘	↑
业绩行情	↗	↑	↗
逆政策行情	↑	↗	↓
逆业绩行情	↘	↓	↘

四、牛市中的两个循环阶段

大约70年前，在华尔街流传着一句股市谚语：行情在悲观中诞生，在怀疑中成长，在乐观中成熟，在幸福中消亡。它非常形象地刻画了投资者的心理转变以及牛市行情的演变过程。

1. 政策行情阶段

（1）政策行情阶段的特征。不景气中的股价上涨这一词语很好地体现了股价的先行性，非常简明扼要地表达了政策行情的特征。如前所述，股市周期的牛市与熊市转换要比经济周期的扩张与收缩转换先行一步。一方面，利率由于经济的收缩而下降，股价会对财政扩张与金融宽松政策而导致的利率下降敏感地做出反应。虽然因利率下降等政策刺激因素使股市趋势发生反转，但是由于强势的牛市行情是在不景气这样的投资者总体悲观的人气状态中诞生的，现实的经济状况仍然比较黯淡，因此只能以在怀疑中成长这样的表现方式而展开行情。

所以，政策行情阶段并非一帆风顺，在股价大幅上涨以后，由于现实的比较黯淡的实体经济表现仍然会夺人眼球，在对股价上升怀疑的情绪中，一旦某些实体经济的不良表现被报道，做空的筹码就有可能会急增，从而引发大的调整。比如，在调整的过程中，除了现货抛售以外，由于一些个体投资者会在信用交易中通过融券的方式进行做空，而一些机构投资者则会通过卖空股指期货合约的方式为现货头寸进行风险对冲。但是，股价在调整完成后仍然会继续上升，随着政府经济刺激政策力度的进一步加大，最终会导致做空头寸发生空翻多的转变，这将成为股价上升的起爆剂，政策行情的规模也将会进一步扩大。

（2）从技术指标看政策行情阶段。在政策行情阶段所能够看到的技术指标特征，首先是成交量的显著增加。按照量价关系理论中"先见量后见价"的观点，可以用成交量的增加来确认股市的上升趋势。所以，一旦进入政策行情阶段，30日均量线将会逐步走高。与此同时，股价指数的长期移动平均线会从横向运行转为上升态势，而表示股票上涨家数与下跌家数数量关系的腾落线指标也会与股价指数联动而转为上升。

（3）政策行情阶段的主导行业。政策行情阶段作为不景气中的股价上涨阶段，是预期经济恢复和业绩增收的想象买入阶段。由于财政政策容易导致巨额财政赤字，因此相对来说在政策手段中更多地依赖金融政策。以三大政策工具为中心的宽松金融政策对短期金融市场来说，无疑是最大的利好，一些利率敏感类股票特别是银行、证券等金融股，在融资成本先行一步下降所带来好处的基础上，手持债券的账面利润也会增加。同时，由于股票、债券的现货和期货交易量增加，佣金和手续费等收入也会增加。再加上由于融资活动开始活跃，证券承销的手续费收入也急增。因此，宽松的金融政策对金融企业来说具有多重的业绩扩大效果。

与金融股相同，在政策行情中能够聚集人气的是以建筑、房地产开发等为中心的财政投资关联股票。财政支出的扩大将会使道路、公营住宅等大型项目的开工增加，利率下降又会引起房地产贷款利率下降以及房地产放贷量增加，新开工的房地产开发项目也会转为增加，从而提升建筑和房地产股票的人气。

在利率下调环境中的政策行情阶段，容易被买入的股票还有公共服务关联股票，比如电力、煤气、铁路、航空、通信等一些收费性的行业。这些行业虽然在景气的时候没有像其他行业那样大幅增收的好处，但是对不景气的抵抗力很强。由于这些行业在资本结构上借入资本的比重很高，利率下降所带来的财务成本下降的好处特别明显。而且，这些股票通常资本规模比较大，整体上属于低价股板块，流动性比较高，在政策行情阶段也是机构投资者最关注的板块之一。此外，在不景气抵抗力较强这一点上，食品、药品等行业在政策行情阶段也往往是具有人气的板块。

政策行情的转换，通常可以用利率见底、债券见顶来确认。有些主导行业中的领头羊股票，从底谷出来经过两三年的时间，股价涨幅可达 5～8 倍，但是它们会在利率见顶时转为一路走低。

2. 业绩行情阶段

(1)业绩行情阶段的特征。如果说政策行情是在悲观中诞生，在怀疑中成长，那么业绩行情可以说是在乐观中成熟。在长短期利率见底的前后，商品行情开始反转向上，以 GDP 或 GNP 为代表的众多经济指标都在告诉大家经济已经走向复苏和恢复，这是因为以财政政策和金融政策为核心的经济刺激政策已经奏效。开始，企业经营者们对设备投资的预期仍然比较谨慎，随着最终需求逐渐增强和大宗商品行情不断改善，产品销量增加、库存减少。反映这方面的实体经济变化的是钢材、化工、水泥等原材料关联股票开始反转上升。在业绩行情阶段的前半段，由于收益水平比较低，因此容易受到景气变动影响的大宗商品股票成为上升行情的主角。

业绩行情规模的大小，自然是由经济扩张规模大小以及伴随经济扩张企业业绩增加幅度大小和持续时间长短决定的。通常在整个牛市行情中，最稳定的上升行情阶段是业绩行情阶段。但是，与政策行情阶段比较，股价指数的上升率有所钝化。这是因为政策行情阶段是从熊市的谷底进行反转产生的，由于前期一般都存在明显的超跌现象，因此就像处于真空状态一样，上升的速度会比较快，上升的幅度也会比较大。

(2)从技术指标看业绩行情阶段。在资本集约的原材料行业集中人气的业绩行情的前半段，首先，成交量创纪录地增加是重要的特征。其次，在开始的时候，大盘股的每股平均成交价格的月平均数会低于全部股票的月平均数，由于对铁路、化工、钢铁等名列前茅企业的集中投资，其股价将会明显提升。可是随着经济的升温，政策可能出现微调，在警告性的第一次升息以后，市场物色的板块就会从大盘股向中小盘股转移，此时中小盘股的每股平均成交价格将会超过全部股票的每股平均成交价格，中小板市场、创业板市场、店头市场的交易也会同时活跃起来。随着业绩行情尾声的临近，股价指数有可能会创出历史性的新高，但是，腾落指数反而开始持续下降，年内价格创新高的股票数目也开始出现下降趋势，长期均量线也同时走低。此时，表明股市行情正在接近峰位水平，应该采取警惕的态度。

(3)业绩行情阶段的主导行业。在业绩行情中，应该物色的投资对象将会发生很大的变化。相对于政策行情阶段是想象的买进阶段，业绩行情阶段则是现实的买进阶段。由于在宏观经济和企业业绩的好转得到证实、不断确认的过程中，各个板块的股票被轮番物色买入，所以被称为业绩行情。即使政策有些微调，利率停止下降、转为上升，只要市场预期企业收益的增加率远远超过利率成本的上升率，业绩行情阶段将会一直持续下去。可是，随着业绩行情的发展，企业业绩的上升率也会逐渐钝化，或者利率上升率进一步加大，此时，业绩行情就会迎来动荡的局面，不久就会揭开熊市的第一幕，发展到逆政策行情阶段。

业绩行情阶段主导行业的角色在前半段和后半段会发生更替。在前半段容易被买进的是钢铁、有色金属、化工、玻璃、水泥等原材料行业，此外，机械、电机、汽车、精密加工行业以及个人消费方面的板块并非无人问津。但是，原材料行业的成交量和价格表现要更好一些。应该注意的是，在业绩行情的前半阶段，比起那些财务内容优质、一直保持增收状态的蓝筹股票的投资效果，那些容易受到景气变动影响、附加价值比较低，或者在加工行业中位居关键地位，具有供给瓶颈行业的股票，其股价上升幅度的排名往往在前列。也就是说，由于经济的扩张，那些在不景气时业绩严重恶化的企业，它们的收益变化率是最高的，因而在业绩行情阶段中，这些属于低价股板块的非一流股票的投资效率会很高。再者，流动性好的大盘低价股，也因为机构投资者的大量买入而变得具有人气。但是，随着经济扩张的长期化，此前比较谨慎的民间设备投资将会增加，因此市场物色的对象将会转向机械、电机、造船等板块。在此阶段，由于金融市场稍微出现紧缩压力，属于中小盘的高新技术等附加价值比较高的加工业行业会被市场青睐，大盘股的走势将会转向钝化。

五、熊市中的两个循环阶段

牛市是在投资者的幸福感中消亡的，在市场一片乐观的情绪中，熊市将会悄然而至。

1. 逆政策行情阶段

(1)逆政策行情阶段的特征。宏观经济运行的目标是物价稳定、充分就业、无通货膨胀的经济增长，可是，要想长期维持这样的理想状态是相当困难的。因而，各国政策当局，在经济循环中煞费苦心地想做到在经济收缩时期要尽量将经济滑坡幅度收窄、滑坡时间缩短。照理，与经济循环关系密切的股市周期的变动，也应该是上升阶段比较稳定和长期，下降阶段的调整幅度较小，调整时间较短。但是现实并非那样，下降阶段的调整仍然是相当激烈的。但是，从总体上来说，与牛市相比，熊市的规模要小一些。除非特殊情况，通常在时间上是牛长熊短，在幅度上是牛大熊小。比如，第二次世界大战后日本股市周期循环时间和幅度见图 6—7。

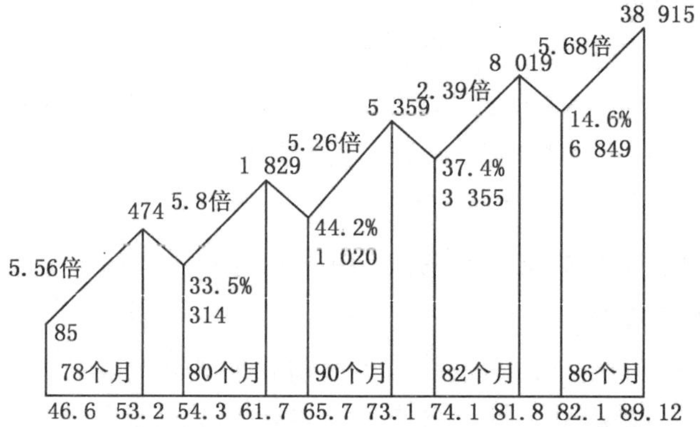

图 6—7　第二次世界大战后日本股市周期循环时间和幅度

逆政策行情所带来的长期调整(12 个月以上)的契机，通常都是以利率政策为代表的金融政策的转换。通常是因为景气旺盛、经济过热，企业收益都预期创出历史新高，宏观政策调控将不可避免。伴随着利率的急升和债券行情的急跌，逆政策行情阶段将会如期而至。因而，逆政策行情阶段是发端于经济繁荣时期的股价下跌。

(2)逆政策行情阶段反向运行的板块。在逆政策行情阶段，除了因利率急升，金融类股票受到打压以外，经济仍然在持续扩张。如果按行业或板块来区分，个人消费类行业股票继续被看好，特别是生产流行商品的骨干企业超预期的增收仍将持续。反映这种动向，综合股价指数或者成份股价指数中的大盘股指数即使大幅下跌，中小板指数等反而逆向上涨。很多小型资本规模的企业，财务状况良好，成长性突出，不受金融紧缩和利率上升的影响，可以持续保持良好的业绩。由于金融市场收紧，一方面企业要继续从资本市场融资，另一方面流入股市的资金流变细，股市的供给压迫表面化，大盘股的供求关系将会恶化。不过，如果经济真的进入衰退期，股市周期发展到逆业绩行情阶段，由于小盘股的流动性相对比较差，容易出现单边走势，在短期内很容易暴跌。对于那些以长期的成长股为投资目标的投资者来说，应该等待单边做空的时机，趁低吸纳。

2. 逆业绩行情阶段

(1)逆业绩行情阶段的特征。在熊市的最终局面,即股价下跌至谷底的逆业绩行情阶段,其规模的大小将由随之而来的经济不景气的性质和内容所左右。由于政策当局宏观调控的手法不同,在经济达到过热的状态下,可能会面临严厉的紧缩政策,如果再加上外部的冲击性负面因素,有时候会引起深刻的经济不景气。但是,在提前做出预防性的调控政策的情况下,即使因逆政策行情阶段而带来股市调整,但因为企业业绩的下滑最终比较轻微,所以逆业绩行情阶段最终也会以较短的时间而告终。

如果在企业业绩还处于增收预期的繁荣时期,因紧缩政策而造成的逆政策行情是想象的卖出,由此造成的下跌是第一次筑底的话,那么因经济衰退、企业收益恶化而造成的逆业绩行情则是现实的卖出,由此造成的下跌将是第二次探底。在这种情况下,有时候由于现实的负面材料被一项一项冷静地反映到市场中去,股价下跌本身会引起市场恐慌情绪蔓延,最后造成投资者无差别地抛售,从而引发金融危机。

(2)逆业绩行情阶段的选股策略。股市中有"峰位三日谷底百日"的谚语,说的是虽然股价的峰位是瞬间而过,逃顶的难度非常之高,但是,在低位徘徊时间很长的逆业绩行情阶段,买进的机会是非常充分的。可是,实际上很多的投资者在进入谷底的阶段,与其说是买进的多,不如说是抛售的多。从股市周期的循环来看,逆业绩行情阶段之后,接下去又将迎来政策行情阶段。所以,在逆业绩行情阶段的最后关头,金融关联股票、财政投资关联股票以及不景气抵抗力较强的电力、煤气、铁路还有食品、药品等行业的领头股票是提前介入的对象。

此外,在经济收缩的后期(通常指经济收缩后的12个月左右),小盘股的上涨远远超过大盘股,这是因为小盘股企业不能像大盘股企业那样进行多元化的经营,经济收缩造成的收益恶化的担忧更强,所以在收缩初期容易被大量卖空,超跌的情况很多。随着经济低迷期接近终点,对小盘股收益恢复的预期将会增强,小盘股行情会先行一步到来。

3. 从技术指标看熊市的各循环阶段

逆政策行情阶段是从牛市向熊市的转折点,这个重要的转折点一方面可以事前感受到经济的过热,另一方面作为结果可以通过股价的大幅下跌来确认。当然,这是市场总体的动向,在行业或个股方面,通常已经在政策行情阶段或业绩行情阶段的前半期创出新高,然后在进入逆政策行情阶段以后逐渐下降,并在逆业绩行情阶段进一步下跌至谷底。与牛市相比,在技术指标方面可以对照的是成交量的急减,在逆政策行情阶段的末期或者逆业绩行情阶段,年内创新低股票的数量会急增,股价指数的200日移动平均线也转向下降。如果中间反弹的力度比较大,虽然200日移动平均线在短期内也会出现上升,但是,如果经济下滑严重,逆业绩行情将使股价进一步大跌,200日移动平均线最终也将再次下跌。

第五节 影响股市供求关系的股市政策分析

一、股市政策与宏观经济政策影响的比较

政策对股市的影响可以分为两个方面:一是宏观经济政策的影响,二是股市政策的影响。在政策体系中,无论是根据经济运行状况而制定的宏观经济政策,还是针对股票市场而制定的股市政策,一旦形成就会对股市产生决定性影响,而且这种影响是快速而直接的。但是,这两方面的政策影响是有不同特点的。

1. 政策方向的稳定性不同

宏观经济政策一般比较稳定,政策方向一旦确定,在较长的时间里不会改变;而股市政策通常比较波动,政策方向经常变化。

2. 影响股市趋势的层次不同

由于宏观政策会导致股市面临的经济基本面发生改变,因此宏观经济政策决定股市的中长期走势;而股市政策主要是调节一段时间内股市的供求关系,因此决定股市的中短期走势。

3. 政策手段不同

宏观经济政策手段主要是财政政策和货币政策。而股市政策主要是直接影响股市供求关系的政策,其政策手段主要有:(1)扩容或者增发节奏的快慢变化;(2)市场准入门槛高低的调节;(3)发行制度的改变;(4)证券公司管理政策的变化;(5)佣金制度和印花税制度的改变等。

4. 影响的方向不同

宏观经济政策与股市政策对股市的影响有时是同向的,有时是反向的。股市政策虽然要顺应宏观经济政策,但是不排除在一定情况下有可能会背离宏观经济政策,比如宏观政策从紧,股市政策可能放松,或者宏观政策放松,股市政策可能从紧。这种背离主要是因为股市对宏观经济政策反应的夸张造成的,比如,宏观政策放松时,股市有可能会过热,这时股市政策有可能会从紧;而宏观政策从紧时,股市有可能会过冷,这时股市政策有可能会放松。

二、影响股市供给状况的股市政策

1. 股票发行的暂停、重启或者发行量的调节

股市的重要功能之一是融资功能,在股票市场上发行股票,对于企业来说是一种

融资行为，而对于市场来说则是一种增加股票供应量的行为。股票供应量的增加，在一定的预期条件下，可以使股价的均衡水平下移，在理论和实践上应该是股价的一个负面因素。因此，证券监管当局往往利用IPO(新股首次发行)或者发行量的调节和增发的重启、暂停来调节股市。当股市进入熊市的极度低迷期，就会暂停IPO和增发，或者减少发行量，以便减少因供给量增加而带来的市场下行压力，刺激股市逐渐恢复；而当股市进入牛市阶段，就会重启IPO和增发，如果市场过度繁荣、发生过热和严重的泡沫现象，就会进一步加大IPO和增发的数量以及频率，保持市场的稳定。所以，证券监管当局IPO和增发方面的政策，是非常重要的影响股市供给状况的政策，是证券分析人员观察当前和今后股市趋势的重要参考。对于IPO和增发问题，要根据市场的不同阶段进行具体的分析，尤其是在股市从熊市中走出来，进入恢复性上涨的阶段，对于证券监管当局重启IPO和增发，不需要过度考虑其增加供给量的负面效应。因为，市场预期的转好，将会完全抵消掉供给量增加的负面效应。但是，当牛市进入尾声，市场出现过热迹象时，对于证券监管当局加大IPO和增发的数量和频率，一定要保持高度的警惕，这种调控政策很容易让市场发生反转。

2. 发行制度的改变

发行制度的改变也会对股票市场的供给数量和质量产生影响。比如，我国在改革开放初期股市刚刚建立的阶段，股票发行实行额度制，由地方政府直接控制股票发行的额度，使市场处于明显的供给不足状态。以后，改革了发行制度，将额度制取消，转为核准制，由证监会根据发行条件来审查股票的发行，改善了股票的供给情况。后来，在核准制的基础上，进一步推行股票发行的询价制，分成初步询价和累计投标询价两个阶段，使得新股发行的定价更加市场化，通过价格机制直接影响到上市公司股票发行的数量和质量。将来，我国的股票发行制度还会进一步从核准制向注册制进行转变，一旦注册制被实施，股票的发行将会变得更加自由化和动态化，其对股票市场供给方面的影响不容忽视。

3. 新市场的设立

股票市场可以分成场内交易市场和场外交易市场，场内交易市场又可以分成主板市场、中小企业板市场、创业板市场和国际板市场等。对于新兴证券市场来说，新市场的设立实际是一个不断丰富资本市场层次的过程，随着各种新市场的设立，股票供给的渠道也将进一步拓宽。所以，新市场的增加无疑会增加整体股票市场的供给水平。从我国资本市场的发展来看，2006年建立了中小企业板市场，2009年又建立了创业板市场，以后还要进一步设立场外交易市场和国际板市场。对于新市场建立的短期和中长期影响，也是分析股市政策的重要组成部分。

4. 流通制度的改革和流通量的调节

在全流通的条件下，股票发行量与股票流通量应该是一致的。但是，由于制度的原因，股票发行量未必与股票流通量完全一致，在股票流通量少于股票发行量的条件下，现实的股票供应量应该是股票流通量。所以，流通制度的改革与流通量的调节是直接影响股票供应量的重要因素，需要认真加以分析。在我国曾经长期实行股权分置政策，国家股和法人股作为非流通股不能够在证券交易所挂牌交易，只有社会公众股作为流通股能够上市交易，因此当时的实际供应量应该是社会公众股。从 2005 年起，我国实行了股权分置改革，以国家股为代表的非流通股的大小股东，通过向流通股的股东支付对价的形式获得了流通权。但是，为了减轻对市场的供应量增加的压力，对大小非(大的非流通股东和小的非流通股东的总称)已经获得流通权的股票实行限售期制度，即规定大小非的股票必须在股权分置改革完成以后，再经过一定的过渡期才能上市交易。因此，在过渡期结束后，大小非解禁(完成过渡期允许上市交易)就成为影响市场行情的非常重要的供给方面的因素。此外，我国目前在股票发行时实行网上发行与网下发行两种方式，在主要面向机构投资者的网下发行市场，通常对战略投资者和普通投资者实行股票锁定期制度，前者最低为 6 个月，后者通常为 3 个月。还有，为了防止上市公司高管、上市公司控股股东、上市公司实际控制人等一些特定对象在股票刚上市交易时就套现，严重影响股价稳定，也对他们设定了股票锁定期。股票锁定期一般期限是 12 个月，特殊情况下是 24 个月或 36 个月。比如，一般特定对象以资产认购而取得上市公司股份，自股份发行之日起 12 个月内不得转让，如果特定对象属于上市公司控股股东、实际控制人或者其控制的关联人，则 36 个月内不得转让。在借壳上市的情况下，上市公司原控股股东、实际控制人及其控制的关联人也必须实行 36 个月的锁定期；除收购人及其关联人以外的特定对象，其以资产认购而取得的股份，则有 24 个月的锁定期。证券监管当局也可以通过对锁定期的调节，来影响中短期的股票供给，这也是我们在分析股市中短期行情时应该关注的一个方面。

5. H 股和红筹股回归内地证券市场

H 股是指我国内地的企业在香港证券市场发行和上市的股票，而红筹股是指具有内地资本背景的、在海外(主要是香港)注册登记并在海外发行上市的股票。由于内地证券市场和以香港为代表的海外证券市场之间的关系是一种市场分割的关系，因此在海外发行股票并不能形成内地股市的供应量。但是，为了改善内地证券市场的上市公司质量，加强海内外证券市场的联动效应，已经出现了 H 股和红筹股回归内地证券市场的发展趋势，这将会成为直接影响内地股市供应量的一大新的因素，这也是我们在中国股市不断国际化的新形势下，分析中国内地股市供求关系的新视角。在 H 股和红筹股回归内地证券市场的过程中，通常会采取存托凭证(DR)的形式，发行中国存托凭证(CDR)也是内地股票市场增加供给的一条新的途径,其必然会对股票市场的行情产生影响。比如,2018 年 7 月,小米公司在香港上市后,原定将以上市的小米港股为基础,在内地证券市场发行小米的 CDR,实现在内地证券市场的上市交易,但因内地证券市场股市行情不佳,暂时取消了小米 CDR 的发行。

三、影响股市需求状况的股市政策

1. 市场准入政策

市场准入政策是指对进入股票市场的投资主体进行限定的政策,包括质的限定和量的限定,前者是指按经济主体的类别进行限定,后者是指对准入的经济主体在投资金额上进行限定,这些限定将会直接影响股市需求量的变化。很显然,在一般情况下,股市需求量的扩张是有利于股市行情发展的;反之,则不利于股市行情的发展。从我国股市发展的历史来看,早期为了控制市场风险,对一些经济主体的市场准入控制较严格,严重限制了股市的正常需求。随着我国股市规模的不断扩大和市场的逐渐成熟,允许入市的经济主体越来越多,为股市提供了大量的增量资金。1999 年以来,证券监管当局先后出台了国有企业、国有控股企业以及上市公司可以直接进入股市的政策,其中影响比较深远的是允许保险公司和社保基金等具有社会保障功能的经济主体入市的政策,因为它们的资金规模比较庞大,对市场需求的影响相对比较明显。所以,保险公司和社保基金入市资金规模的变化,是影响股价的不可忽视的信息。

2. 证券投资基金的发行政策

证券投资基金是股市最重要的机构投资者,它们通过集中社会闲散资金进行股票等证券投资,是形成股市需求的生力军。我们可以通过基金规模的扩张和收缩,直接观察到股市的冷与热。从政府股市政策的角度来看,证券监管当局对基金发行节奏快与慢的调节,可以直接影响到股市的需求量,从而进一步影响到股价的涨与跌。通常,在市场比较低迷的时候,证券监管当局就会加快证券投资基金的发行节奏,以便通过增加股市需求量来提振市场;反之,在市场比较繁荣的时候,就会放缓证券投资基金的发行节奏,以便通过减少股市需求量给市场适当降温。因此,在分析股市需求变化的趋势时,应该适当重视证券投资基金发行节奏的变化。随着我国老龄化的加深,与养老有关的证券投资基金也逐步登上历史舞台,这对于增强股市的有效需求也必将产生正面的促进作用。2018 年 9 月,我国内地首只养老目标基金开始发售,首批共有 14 家基金管理公司获得发行资格。由于市场比较低迷,再加上投资者对养老目标基金认识还不深刻,首发的规模还比较有限。但是,从美国等成熟市场的经验来看,由于养老目标基金享受个人税收递延等优惠政策,随着投资者对其了解的加深和未来业绩表现的提高,将会明显增强大众配置这一基金产品的意愿,其对股市需求的影响不容忽视。

3. QFII、QDII、RQFII、RQDII 以及沪港通、深港通额度的调整

我国已经在人民币尚未实现自由兑换、资本项目还没有完全开放的条件下，逐步地开放资本市场，并且正在向双向开放的目标迈进。作为境外证券投资资金进入我国内地证券市场的渠道，我国已经实行了 QFII（合格境外机构投资者）制度、RQFII（人民币合格境外机构投资者）制度以及沪港通和深港通中的港股通机制；而作为我国内地证券投资资金进入境外证券市场的渠道，我国也已实行了 QDII（合格境内机构投资者）制度、RQDII（人民币合格境内机构投资者）制度以及沪港通中的沪股通和深港通中的深股通机制。作为有管理的、间接的资本市场开放形式，额度控制是其重要的特征之一，而证券监管当局对 QFII、RQFII、QDII、RQDII 以及沪港通、深港通等额度的调整，也是影响我国内地证券市场需求的有效政策之一。从资金流向来看，QFII、QGFII 以及沪港通和深港通中的港股通额度的扩大，意味着境外资金流入我国内地股市，因此有助于提升我国内地股市的需求量，很显然对内地股市具有利好的作用；而 QDII、RQDII 以及沪港通中的沪股通和深港通中的深股通等额度的扩大，则意味着我国内地资金流出到境外股市，因此会降低我国内地股市的需求量，对内地股市产生下跌的压力。实际情况表明，相关信息的发布确实会引起股价相应的反应。

4. 对证券业的扶持政策

以券商为代表的证券业的规模也是影响证券市场需求的现实性的因素之一，因为券商实力增强，必然有助于扩大其自身的自营业务，同时券商软件和硬件能力的提高，也必然有利于扩大其经纪业务。券商自营业务和经纪业务水平及规模的提升，归根结底可以带来证券市场整体的需求水平的上升。因此，证券监管当局对于证券业的一些扶持政策也应该是我们分析股市需求动向内容的一个方面，比如，允许券商在资本市场进行增资扩股，允许券商在同业拆借市场进行股票质押贷款，都会产生增加股票市场的资金供应量，从而增加股票市场证券需求量的作用。还有，推行银证合作的政策，可以利用银行广泛分布的营业网点，让投资者可以在银行的网点上进行证券代理服务，保障投资者的资金安全，客观上也起到了扩大投资者队伍、增加股票市场需求的作用。

练习题

一、名词解释

内生变量　外生变量　领先型经济指标　同步型经济指标　滞后型经济指标
转嫁率　马歇尔—勒纳条件　良性通货膨胀　恶性通货膨胀　经济周期
政策周期　股市周期

二、单项选择题

下列选项中只有一项是正确的，请将正确选项的符号填在括号内。

1. 货币供应量是(　　)。

A. 领先型指标　B. 综合领先型指标　C. 同步型指标　D. 滞后型指标

2. 电力使用量是(　　)。

A. 领先型指标　B. 综合领先型指标　C. 同步型指标　D. 滞后型指标

3. 商业贷款利率是(　　)。

A. 领先型指标　B. 综合领先型指标　C. 同步型指标　D. 滞后型指标

4. 如果一个国家的国外要素收入为正数，则 GNP(　　)GDP。

A. 大于　B. 小于　C. 等于　D. 小于等于

5. 国内民间企业总投资是由固定资本投资和(　　)所组成的。

A. 企业库存　B. 企业利润　C. 企业资产　D. 企业产品

6. 对外贸易乘数与边际进口倾向呈现(　　)。

A. 正比关系　B. 反比关系　C. 无相关关系　D. 无规则关系

7. 边际进口倾向越大，对本国增加收入的作用(　　)。

A. 越大　B. 越小　C. 相等　D. 不清楚

8. 假定有甲、乙两个国家，甲国的初期条件为 2，乙国的初期条件为 0.5，如果甲、乙两国货币按同等比率升值，在这种情况下，对甲、乙两国经济影响大小的正确表述是(　　)。

A. 甲国的负面影响大于乙国的负面影响　B. 乙国的负面影响大于甲国的负面影响

C. 甲国的正面影响大于乙国的正面影响　D. 甲、乙两国的影响均等

9. 转嫁率越小，本币升值的负面影响(　　)。

A. 越大　B. 越小　C. 相等　D. 不清楚

10. 股市周期对经济周期具有(　　)反应机制。

A. 同步　B. 预先　C. 滞后　D. 不明确

11. 如果从投资环境与经济周期的关系来看，利率下降(代表政策宽松)＋业绩下降应该处于(　　)。

A. 经济收缩期的前半段　B. 经济扩张期的前半段

C. 经济收缩期的后半段　D. 经济扩张期的后半段

12. 随着业绩行情阶段尾声的临近，股价指数有可能会创出历史新高，腾落指数开始持续(　　)。

A. 上升　B. 下降　C. 走平　D. 上下波动

三、多项选择题

下列选项中有两项(含两项)以上是正确的，请将正确选项的符号填在括号内。

1. 下列属于领先型经济指标的是(　　)。

A. 股票价格指数　B. 货币供应量　C. 商品零售额　D. 制造业解雇率

E. 新建筑许可指数

2. 下列属于同步型经济指标的是(　　)。

A. 工业生产指数　B. 失业率　C. 商品零售额　D. 制造业解雇率
E. 国民生产总值

3. 下列属于滞后型经济指标的是(　　)。

A. 平均就业持续周数　B. 厂房及设备投资　C. 商业贷款利率　D. 家庭消费支出
E. 法人税收入

4. 下列领先型经济指标中属于反向的是(　　)。

A. 股票价格指数　B. 货币供应量
C. 生产厂商产品库存率指数　D. 制造业解雇率
E. 原材料库存率指数

5. 下列属于衡量宏观经济总量变化的指标是(　　)。

A. GDP　B. GNP　C. 工业生产总量　D. 经济增长率
E. 货币供应量

6. 受政府支出扩大或收缩影响较大的行业是(　　)。

A. 基础设施建设行业　B. 军工行业　C. 耐用消费品行业　D. 社会福利行业
E. 房地产行业

7. 从技术指标观察,在业绩行情的尾声,下列属于正确描述的是(　　)。

A. 股价指数可能创新高　B. 腾落指数下降
C. 年内创新高股票数目下降　D. 长期均量线走低
E. 腾落指数上升

8. 在逆政策行情阶段,下列关于投资判断的正确表述是(　　)。

A. 看好金融类股票　B. 看好个人消费类股票
C. 看空金融类股票　D. 看好中小盘股票
E. 看空大盘股票

四、问答题

1. 宏观经济分析的意义有哪些?
2. 宏观经济分析的基本方法是什么?
3. 全球经济分析的重要性体现在哪些方面?
4. 全球经济分析的着重点应包括哪些具体内容?
5. 宏观经济的总量变化有哪些不同的表现形式?各种不同的表现形式对证券市场的影响又是怎样的?
6. 为什么个人消费开支与个人可支配收入的变化对股票市场有很大的影响?
7. 如何看待国内民间总投资的变化与宏观经济的关系?
8. 如何从微观与宏观的角度分析外贸状况与股市的关系?
9. 为什么利率与股价之间存在着负相关的关系?
10. 如何从国际贸易的角度分析汇率变化对股市的影响?
11. 汇率变化对企业经营活动和国际收支发生影响受到哪些条件的制约?
12. 汇率变化前的初期条件的含义及影响是什么?

13. 汇率预期如何影响股票市场?
14. 为什么良性通货膨胀对股市有益无害?
15. 为什么恶性通货膨胀会对股市形成明显的负面影响?
16. 为什么通货紧缩也会对股市产生不利的影响?
17. 国际收支的总量变动是如何影响股市的?
18. 国际收支的结构变化是如何影响股票市场的?
19. 经济周期与政策周期互动关系的具体表现是什么?
20. 财政政策通过哪些途径影响到证券市场?
21. 金融政策是通过哪些政策工具来调节货币供应量的?
22. 货币供应量与股市存在着什么样的关系?
23. 财政政策与货币政策在发挥调控作用方面有哪些不同之处?
24. 经济周期与股市周期的基本关系是什么?
25. 股市周期反映经济周期变化的基本特征有哪些?
26. 经济周期与股市周期关系的基本模式是什么?
27. 股市周期通常会经历哪些循环阶段?
28. 如何从股市周期的角度理解股市相对于经济活动的事先反映作用?
29. 华尔街流传的与股市周期有关的谚语是什么?
30. 政策行情阶段的基本特征是什么?
31. 政策行情阶段的主导行业有哪些?
32. 业绩行情阶段的基本特征是什么?
33. 业绩行情阶段的主导行业在前半段与后半段会发生什么样的变化?
34. 逆业绩行情阶段的特征是什么?
35. 在逆业绩行情阶段的最后关头,应该提前介入的股票类型有哪些?
36. 股市政策与宏观经济政策对证券市场的影响有哪些不同之处?
37. 影响股市供给的政策有哪些?
38. 影响股市需求的政策包括哪些方面?

五、计算题

1. 某企业 2013 年度共生产电视机 500 万台,其中内销 200 万台,外销 300 万台,内销价格平均每台 1 200 元,外销价格平均每台 200 美元,人民币兑美元的汇率为 1 美元等于 6.2 元人民币。请计算该企业的外贸依存度。

2. 假定 2013 年某中国制鞋企业,年出口美国运动鞋 100 万双,每双价格为 20 美元,人民币兑美元的汇率为 1 美元等于 6 元人民币。如果 2014 年人民币兑美元的汇率升值为 1 美元兑 5 元人民币,而在美国,运动鞋销售价格只能提高到 21 美元,那么该制鞋企业的转嫁率是多少?

第七章　行业分析

第一节　行业概述

一、行业的定义

尽管我们可能比较清楚行业的含义是什么，但是在实际运用时却往往很难在一个行业与另一个行业之间划出清晰的界限。所谓行业，是指在国民经济中从事同质生产和经营活动的企业的集合体，同一行业的企业在劳动对象、劳动资料、劳动过程和提供的产品或者服务方面具有相同或者相似的特点。行业与产业的概念看上去有些类似，但是在严格的意义上是有区别的。虽然行业和产业都具有职业化和社会功能性的体制，但是在规模上，产业的规模一般要超过行业的规模。当然这也不是绝对的，有时候行业与产业基本上是相同的，比如汽车业、银行业、房地产业，既可以说是行业，也可以说是产业。证券分析师关注的往往都是具有相当规模的行业，特别是含有上市公司的行业，所以在业内通常将行业分析与产业分析视为同一语。

二、行业的分类

1. 我国政府的分类法

我国政府在 1984 年为了准确地反映国民经济内部结构和行业发展的状况，并为国家宏观经济管理提供规范化的信息，颁布了《国民经济行业分类和代码》，把国民经济分成 16 个门类，16 个门类用英文字母排序，门类下面分大类、中类、小类，进行编码。16 个门类是：

A. 农、林、牧、渔业；B. 采掘业；C. 制造业；D. 电力、煤气及水的生产和供应业；E. 建筑业；F. 地质勘查业、水利管理业；G. 交通运输业、仓储及邮电通信业；H. 批发和零售、贸易、餐饮业；I. 金融保险业；J. 房地产业；K. 社会服务业；L. 卫生、体育和社会福利业；M. 教育、文化艺术及广播业；N. 科学研究和综合技术服务业；O. 党政、国家机关;P. 其他行业。

2. 我国证监会对上市公司的行业分类

(1)《上市公司行业分类指引》提出的背景。在我国证券市场的初创时期,没有对上市公司的行业进行统一的划分,上海证券交易所与深圳证券交易所根据各自的情况,对本交易所内的上市公司进行了简单的划分,上海证券交易所将上市公司分成工业、商业、房地产业、公用事业和综合五类,深圳证券交易所将上市公司分成工业、商业、房地产业、公用事业、金融业和综合六类。随着上市公司的数量不断增加,两交易所的分类不足、分类过粗的局限性越来越明显,所以中国证监会在 2001 年 4 月公布了《上市公司行业分类指引》,该指引以在中国境内证券交易所挂牌交易的上市公司为基本的行业分类对象,规定了上市公司行业分类的原则、编码方法,为证券行业内有关机构和部门对上市公司进行行业分类统计和行业分析提供依据。

(2)《上市公司行业分类指引》的分类原则。

第一,证监会将上市公司分成门类和大类两级,中类作为支持性分类参考,一般门类用英文单字母按顺序编码,大类为单字母加两位数字,中类为单字母加四位数字。由于制造业的上市公司最多,所以在门类和大类之间增加了次类,次类编码为单字母加一位数字。

第二,某上市公司归哪一行业,主要根据该上市公司的营业收入。如果某上市公司某类业务营业收入的比重大于或者等于 50%,就将其划入与这项业务相对应的行业;如果上市公司没有一项业务营业收入的比重等于或者超过 50%,那么就要看其中比重最大一项业务的比重是否都比其他业务的比重高出 30%,如果是的话,就将该上市公司划入与这项业务相对应的行业。否则,就将其划入综合类。

第三,证监会负责上市公司行业分类的制定和修改,证券交易所负责上市公司行业分类的具体执行,没有经过证券交易所的同意,上市公司不能够擅自改变自己行业类属,上市公司因为公司兼并等原因而要改变自己的行业类属的话,必须提出申请并由交易所判断决定是否可以变更。

(3)《上市公司行业分类指引》的行业分类。中国证监会将上市公司共分成以下 13 个门类:

A. 农、林、牧、渔业(农业、林业、畜牧业、渔业);B. 采掘业(煤炭采选业、石油和天然气开采业、黑色金属矿采选业、有色金属矿采选业、非金属矿采选业、其他矿采选业、采掘服务业);C. 制造业(食品饮料、纺织服装皮毛、木材家具、造纸印刷、石油化学塑胶塑料、电子、金属非金属、机械设备仪表、医药生物制品、其他制造业);D. 电力、煤气及水的生产和供应业(电力蒸汽热水的生产和供应业、煤气的生产和供应业、自来水的生产和供应业);E. 建筑业(土木工程建筑业、装修装饰业);F. 交通运输、仓储业(铁路运输业、公路运输业、管道运输业、水上运输业、航空运输业、交通运输辅助业、其他交通运输业、仓储业);G. 信息技术业(通信及相关设备制造业、计算机及相关设备制造业、通信服务业、计算机应用服务业);H. 批发和零售贸易业(食品饮料烟草和家庭用品批发业、能源材料和机械电子设备批发业、其他批发业、零售业、商业经纪与代理业);I. 金融、保险业(银行业、保险业、证券期货业、金融信托业、基金业、其他金融业);J. 房地产业(房地产开发与经营业、房地产管理业、房地产中介服务业);K. 社会服务业(公共设施服务业、邮政服务业、专业科研服务业、餐饮业、旅馆业、旅游业、娱乐服务业、卫生保健护理服务业、租赁服务业、其他社会服务业);L. 传播及文化产业(出版业、声像业、广播电影电视业、艺术业、信息传播服务业、其他传播文化产业);M. 综合类。

在证券行情表上,每一个上市公司后面都注明它所归属的行业,一般都按门类注明,只有制造业的上市公司是按次类注明。

三、行业分析的重要性

证券投资分析人员在进行宏观经济分析以后,为什么还要进行行业分析,这是因为:

第一,虽然行业经济是宏观经济的构成部分,宏观经济是行业经济活动的总和。但是,国民经济各个组成部分的发展是不平衡的,有些行业的发展速度会快于国民经济的发展速度,而有一些行业的发展速度可能会慢于国民经济的发展速度,所以,宏观经济分析不能够代替行业分析。

第二,宏观经济分析的重要作用是要掌握证券投资的宏观环境,主要是分析经济周期的变化对证券市场的影响。但是,有一些行业受经济周期的影响比较显著,而有一些行业受经济周期的影响比较轻微,所以,宏观经济分析也不能够代替行业分析。

第三,宏观经济分析虽然能够帮助投资者把握证券市场的总体趋势,但是并不能够提供具体的投资领域和投资对象的建议。而行业是介于宏观经济和微观经济之间的中观经济,行业分析则是连接宏观经济分析与公司分析的桥梁,是公司分析的前提,是基本面分析中重要的连接环节。为了科学、合理地确定投资领域和投资对象,需要进行深入的行业分析和公司分析。

第四,根据市场均衡理论,同行业企业相互竞争的结果会使收益率和风险水平趋于相同或者平均化。但是,由于行业有自己特定的生命周期,在某一个时期,不同行业企业之间的收益率和风险水平会有一定程度的差异,因此也就导致不同行业的企业之间产生投资价值的差别,所以公司的投资价值会由于所处的行业不同而产生明显的差异。

第五,行业的状况虽然千差万别,但是行业的发展和变化所受到制约的基本因素是大致相同的,可以从这些基本因素中分析行业的现状和发展趋势。这些基本因素主要是行业中的公司数目、产品性能、竞争程度、政府管制或者扶持程度、行业生命周期、技术变化速度、消费者偏好的变化等。

第六,行业分析可以帮助投资者解释行业所处的发展阶段及其在国民经济中的地位,分析影响行业发展的各种因素以及判断这些因素对行业影响的力度,预测行业未来的发展趋势,判断行业的投资价值,揭示行业的投资风险,提供投资的决策依据。

第二节 行业的生命周期分析

如同人类一样,许多行业的发展要经过若干个生命周期的阶段,了解行业的生命周期有助于决定投资的方向。每个行业都有产生、成长、成熟、衰退的发展演变过程,这个过程也就是所谓的行业生命周期。一般来说,行业的生命周期可以分为开创期(幼稚期)、成长期、成熟期和衰退期四个阶段,每一个阶段都有不同的特点。在开创期,通常具有较高的发展速度;而到了成长期,其发展速度已经降低,但仍然高于经济的整体发展速度;在成熟期,其发展速度与整体经济基本一致;到了衰退期,其发展速度已经开始慢于经济体系中的其他行业。行业的生命周期,反映了行业兴衰的一般规律,了解行业所处的发展阶段,有助于了解证券投资的风险和收益特点,以便做出合理的选择。

一、开创期(幼稚期)

1. 行业产生的条件

行业的开创期也就是一个行业萌芽和产生的时期,此时在行业体系中的地位属于幼稚行业。行业产生的最基本条件有两个:一是社会物质和精神的新需求,人类社会的发展会不断产生新的物质和精神的需求,这是行业产生最根本的动力;二是新技术的发展催生了新行业的问世,科学技术的进步会不断产生各种新的技术,从而使新的行业诞生,比如,随着移动通信技术的问世,自然而然地产生了移动通信行业。目前,我国很多的新兴战略性行业,比如新一代信息技术、节能环保、新能源、新医药、生物工程、高端装备制造、新材料、新能源汽车、人工智能等都处于幼稚行业阶段。

2. 行业形成的方式

行业形成的方式有三种,即分化、衍生和新生长。分化是指新行业从原有的行业母体中分离出来,分解为一个独立的新行业,比如石油化工从石油工业中分化出来,成为一个新兴的行业。衍生是指出现与原有行业相关的、相配套的行业，比如在汽车业中衍生出汽车修理业，在房地产业中衍生出房地产中介业等。新生长是指新行业并不依附于原有行业而是以相对独立的形式产生，这种行业的产生往往是科学技术出现突破性进步的结果。像生物医药业、网络通信业等都属于新生长的含义。

3. 开创期行业的特点

第一，开创期行业中的很多企业在财务上一般不仅没有盈利，反而大多是亏损的。这是因为处在开创时期，一方面社会大众一般对新行业的产品缺乏了解，其产品只为少数人认识并接受，所以社会需求比较小，市场销售额比较低。另一方面由于产品的研究开发费用很高，造成产品的成本也比较高。

第二，开创期行业中的很多企业一般只能向股东支付很少的股息，甚至根本不能够支付股息，有的还面临随时都会破产倒闭的风险。但是，尽管市场前景不明朗，由于孕育着将来获得巨大市场机会的可能性，所以这些行业往往被人们认为是具有发展潜力、但同时又具有高风险的投资对象，是风险创业资本的考察对象。

二、成长期

1. 成长能力的判断要素

成长期是指行业的生产技术趋于成熟，生产成本趋于下降，市场需求趋于扩大的时期，这个时期意味着行业的发展实现了从高风险、低收益向高风险、高收益的转变。此时，在行业体系中的地位，属于朝阳行业。判断一个行业的成长能力可以从以下几个方面进行考察：(1)收入的需求弹性，一般来说，收入的需求弹性比较高的行业，成长能力比较强；(2)生产技术，生产技术进步快的行业，由于创新能力强，生产率提高快，其成长能力也比较强；(3)产业关联度，产业关联度强的行业，其成长能力也比较强；(4)市场容量和潜力，市场容量和市场发展潜力大的行业，因为有成长的空间，所以成长的机会比较大；(5)行业在空间的转移活动，行业在空间的转移活动停止，一般可以说明行业成长已经达到市场需求的边界，成长期也就进入尾声；(6)产业组织的变化活动，在行业的成长过程中，一般伴随着行业中企业组织的集团化和大型化。

2. 成长期行业的特点

第一，随着技术的逐渐成形和产品的完善与推广，产品的需求量快速上升，销售量也会急剧增加；同时随着生产规模的扩大，产品的单位成本也逐步降低，行业中企业的收益稳步提高，开始能够为投资者提供比较稳定的股息和红利。由于这个时期行业的增长非常迅速，所以会有一些优势企业脱颖而出，使投资于这些企业的投资者获得极高的投资回报，所以，成长期阶段也被称为投资机会期。

第二，由于行业形势向好，因此会导致更多的企业加入这个行业，使行业内部的竞争加剧，出现价格下降的现象。一些经营不良的企业会在激烈的竞争中被淘汰或者被兼并，破产倒闭时有发生，所以，处于这个阶段的行业，从投资的角度来说，仍然具有高风险的特点。

第三，在成长期阶段由于新的机会不断出现，一些实力雄厚、竞争力强的企业逐渐扩大规模并控制整个行业，这些企业需要大量的资金来实现高速成长，因此会出现在资本市场进行大规模融资的现象，融资渠道也从开创期主要依靠风险创业投资基金的投资，转为主要依靠创业板、中小企业板甚至主板市场。因此，对于投资者来说，选择有竞争力的成长企业进行投资是分享成长行业成长成果的关键。

三、成熟期

1. 行业成熟的表现

由于市场竞争优胜劣汰的规律，行业中的企业数量会在一个阶段后出现大幅度减少然后稳定下来；同时，由于市场需求趋向饱和，产品的销售增长率明显减缓，迅速赚取利润的机会也在减少，整个行业便开始进入成熟期。

行业成熟首先表现在：(1)技术和生产工艺的成熟，即行业内企业普遍采用的是适用的、具有一定先进性和稳定性的技术；(2)产品的成熟，是指产品的基本性能、样式、规格、结构等都趋向成熟，已经被消费者习惯使用；(3)产业组织的成熟，是指行业内的企业之间建立了良好的分工协作关系。

2. 成熟期行业的特点

第一，由于产品普及程度提高，市场需求逐步趋向饱和，市场的扩展速度开始放慢，行业的增长趋势开始受阻。

第二，由于竞争的结果，企业的数量减少，开始出现规模巨大的企业，市场主要为少数资本雄厚、技术先进的大公司瓜分，各个大公司的市场份额和生产布局都稳定下来，企业之间的竞争手段也逐渐从价格竞争转为提高质量、改善性能、完善售后服务等非价格竞争。

第三，构成支柱产业的地位，其生产要素份额和产值、利税份额在国民经济中占有较大的比重。

第四，由于行业增长缓慢甚至不再增长，因此整个行业扩大再生产的积极性受阻，企业利润留存的积极性受阻，所以行业中的绝大多数企业都比较倾向于向投资者发放比较稳定、优厚的股息和红利作为前期投资的回报。另一方面，由于一定程度的垄断存在使行业利润达到了较高的水平，而风险却因为市场结构比较稳定，新企业难以进入而得到降低。所以，这一时期是投资的高收益、低风险时期。

四、衰退期

1. 导致行业衰退的原因

在行业的成熟期，行业的增长速度会下降到一个适当水平。如果以后该行业的增长完全停止，甚至出现负增长，则意味着该行业开始步入衰退期，此种行业一般称之为夕阳行业。行业的衰退是客观的必然，它可以分为自然衰退和偶然衰退。自然衰退是指在内在因素作用下自然到来的衰退，这是一种绝对的衰退，就像人类自然衰老一样；而偶然衰退是指在偶然的、外在因素的作用下提前或者延后发生的衰退，这是一种相对衰退，比如电视业的发展导致电影业相对衰退，高速公路运输业的发展导致水运和铁路运输的相对衰退，它们都是由于外在因素造成的。

2. 衰退期行业的特点

第一，产品的市场需求开始萎缩，市场销售量开始下降；利润增长水平停滞不前或者不断下降，行业中的公司收益减少，发放的股息锐减。

第二，行业中的一些企业开始退出本行业向其他的新兴行业转移，行业中的企业数量出现明显的下降趋势。

第三，行业的衰退期要比其他时期长得多，有衰退但不等于消亡，可以说是衰而不亡，这和一般的自然生命现象有所不同。比如，钢铁业、纺织业、造船业在很多国家都是衰退行业，但是不会消亡，会与人类社会共存。

五、行业生命周期的特征

1. 价格的变动

在行业生命周期的各个阶段，价格通常是会逐步降低的，呈现出由高到低的变化过程，上述变化过程，可以参见图 7—1。

2. 增长率变动

以销售额或利润额为考察指标的增长率变动，在开创期呈现出快速不断增长的特点，在成长期则表现出稳定增长的状态，到了成熟期改为缓慢增长，发展到衰退期将体现出最低或负增长的特征。上述变化过程可参见图 7—2。

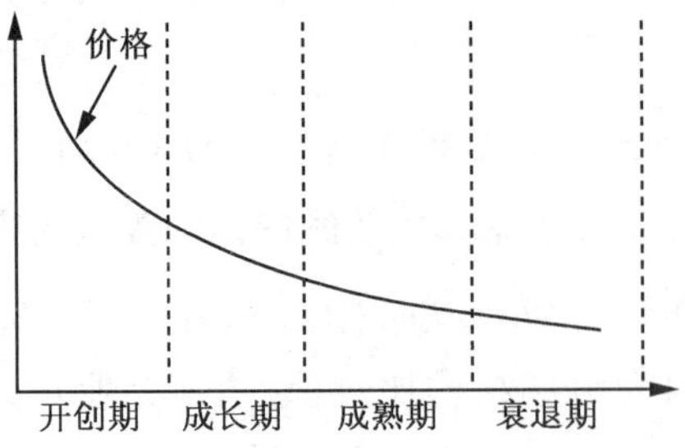

图 7—1 行业生命周期价格的变化过程

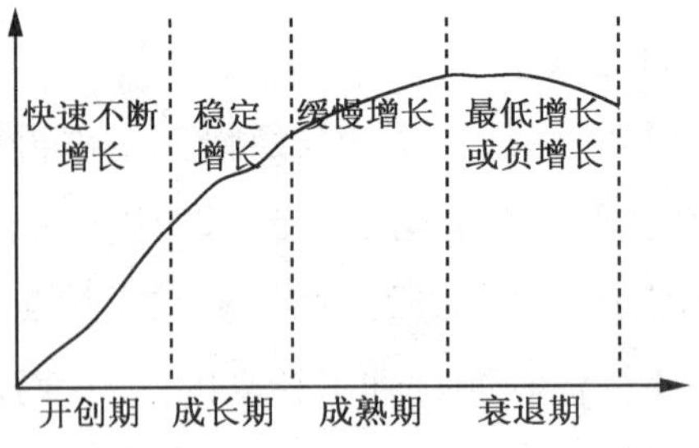

图 7—2 行业生命周期增长率的变化过程

3. 综合特征

为了便于对行业生命周期四个阶段的理解，将各个阶段的一些综合特征整理成表 7—1。

表 7—1　　行业生命周期四阶段综合特征

生命周期阶段	特　征	公司数量	产品价格	盈利	风险
开创期	产品的市场接受度受到怀疑，商业战略的实施并不清晰，存在高风险和破产事件	少	高	亏损	高
成长期	产品已被接受，业务拓展开始，销售额和盈利稳步增长，商业战略的正确实施仍是一个问题	增加	下降	增加	高
成熟期	行业趋势与总体经济趋势相同，参与者在稳定的行业中争夺市场份额	减少	相对稳定	高	降低
衰退期	消费偏好的改变和新技术的出现使产品的需求逐步减少	少	下降	减少或亏损	增加

第三节　行业的兴衰因素分析

一、行业兴衰的表现

行业的兴衰无非是指行业在整个产业体系当中地位的变迁，随着行业四个生命周期的演变，行业在产业体系中的地位也必然经历从幼稚产业到朝阳产业、支柱产业、夕阳产业的演化过程，是资本在某一个行业形成、集中、大规模集聚到分散的过程。行业的兴衰通常表现在以下几个方面：

1. 行业规模

随着行业的兴衰，行业的市场容量有一个从小到大，再由大到小的变化过程，行业的资产总规模也经历从大到小再到萎缩的过程。

2. 产出增长率

产出增长率在成长期比较高，在成熟期以后减低，到了衰退期处于低速运行状态甚至会出现负增长。

3. 利润率水平

利润率水平在开创期是很低的，到了成长期迅速提高，而在成熟期保持稳定以后开始有所下降，到了衰退期降低到低水平甚至出现严重亏损。

4. 技术水平

技术水平也会随着开创期、成长期、成熟期、衰退期的演变，而呈现出由低到高最后到老化的过程。

5. 开工率

在开创期往往会表现出开工不足的现象，在成长期和成熟期一般来说会保持长时期的充足开工率，而在衰退期往往又会伴随开工不足。

6. 从业人员的工资福利水平

从业人员的工资福利水平也伴随着行业生命周期四个阶段——开创期、成长期、成熟期、衰退期的变化，经历从低到高、再从高到低的过程。

7. 资本进退

行业兴衰的过程中，资本进退的特征比较明显。通常，开创期资本进入很少，成长期资本大量进入，成熟期资本进入减少，衰退期资本大量退出。

二、影响行业兴衰的主要因素

1. 技术进步

技术创新是行业新陈代谢的推动力。在开创期，技术更新、产品换代，刺激了对产品的需求，开拓了行业发展的空间；在成长期，技术日趋完善，生产成本降低，企业收益增加，吸引更多企业加入，进一步推动行业的发展；随着技术的稳定和逐渐老化，行业进入成熟期；当技术完全丧失优势，被新的技术所代替时，行业便走向衰退。例如，早期的蒸汽动力行业被电力行业取代，晶体管淘汰了电子管行业，大规模集成电路计算机取代了一般的电子计算机，这些都显示了技术的进步在不断推动新行业诞生的同时，也在迫使旧行业淘汰。目前，科技进步的速度越来越快，技术进步对行业兴衰的影响越来越深刻。新技术的产生，会很快催生一个新的行业，同时迫使旧的行业加速进入衰退期。比如移动通信业发展后，传呼机行业迅速衰退。因此，投资者应该考察欲投资行业的技术进步前景，分析技术先进性，避免对技术落后行业的投资。

在考察技术进步问题时，必须注意不能将传统行业与技术落后画等号。因为新旧行业并存是未来全球行业发展的基本规律和特点，很多传统行业都是国民经济不可或缺的，大多数的传统行业会在新的历史条件下通过技术革新而找到适合发展的新途径以及生存和延续的空间。例如，传统农业已经被先进的技术创新所融合，发展成为具有高科技含量的现代新型农业。

2. 市场竞争

波特理论认为，一个行业内激烈竞争的局面源于其内在的竞争结构，一个行业内存在着五种基本竞争力量，即潜在进入者、替代品、供应方、需求方和现有竞争者。这五种基本竞争力量的状况及其综合强度决定着行业内的竞争激烈程度，决定着行业内的企业可能获得利润的最终潜力，五种力量中每种力量的优势都是行业结构或作为行业基础的经济特征和技术特征的一个函数。

(1)进入威胁。通常高价和高利润会驱使新的竞争者加入这个行业，行业的新进入者会对价格和利润造成重大压力，甚至当其他公司还未真正进入该行业时，进入威胁也会对价格形成压力。所以，进入壁垒是行业获利能力的重要决定因素。进入壁垒包括资本技术壁垒、长期商业关系壁垒、品牌忠诚度壁垒、知识产权壁垒等。

(2)替代品威胁。比如数码技术发展以后，数码相机就对传统相机提出挑战，使传统相机行业走向没落。如果一个行业的产品存在替代品，那么就意味着它将面临与相关行业进行竞争的压力。替代品的存在一方面使行业与行业之间在原材料、资金和劳动力等生产方面要素展开竞争，使行业的扩张费用增加，从而制约了行业的发展速度；另一方面也对行业内的厂商向消费者索取高价做出了无形的制约。

(3)供应方威胁。如果关键投入品的供应商在行业中处于垄断地位，它就能够对这类产品索取高价，进而从需求方行业中获取高额利润。决定供应方谈判能力的关键因素是需求方能否得到替代品，如果替代品存在而且可以被需求方获得，供应商就失去了讨价还价的能力，也就难以向需求方索取高价。

(4)需求方威胁。如果一个采购者购买了某一行业的大部分产品，那么它就会掌握很大的谈判主动权，进而压低价格。比如，汽车厂商可以对汽车零部件行业的生产者施加压力，这会降低汽车零部件行业的盈利能力。

(5)现有竞争者威胁。当在某一行业中存在一些竞争者时，由于它们力图扩大各自的市场份额，于是在市场中就会出现价格战，从而降低了边际利润。如果行业本身增长缓慢，那么这种竞争将会更加激烈，因为在行业增长缓慢的情况下，有扩张活动就意味着掠夺竞争对手的市场份额。

3. 产业政策

产业政策是国家干预或参与经济的一种形式，是政府系统设计的有关产业发展的政策目标和政策措施的总和，包括产业结构政策、产业组织政策、产业布局政策和产业技术政策等方面，政府对于行业的管理和调控主要是通过产业政策来实现的。政府对一些支柱产业以及关系国计民生的产业通常采取扶助政策，在税收和融资方面给予优惠待遇，这些行业就容易得到发展，而政府对某些行业比如高能耗、高污染的行业实行各种限制政策，就会使这些行业加快衰退。所以，政府的产业政策是行业分析中必须关注的重要因素。我国的第一个正式的产业政策是 1989 年 3 月 15 日国务院发布的《关于当前产业政策要点的决定》，20 世纪 90 年代以后，我国先后颁布了一系列产业政策，如《国家产业政策纲要》、《中国农业发展纲要》、《信息产业“十一五”规划》、《煤炭产业政策》、《汽车产业发展政策》等。我国最新的重要产业政策是“中国制造 2025”，这是中国政府实施制造强国战略的第一个 10 年行动纲领。2015 年 5 月，国务院正式发布了《中国制造 2025》的文件。该产业政策要通过“三步走”来实现制造强国的战略目标：第一步，到 2025 年迈入制造强国行列；第二步，到 2035 年中国制造业整体达到世界制造强国阵营中等水平；第三步，到新中国成立 100 年时，综合实力进入世界制造强国前列。其中有五大重要工程：①制造业创新（工业技术研究基地）建设工程；②智能制造工程；③工业强基工程；④绿色制造工程；⑤高端装备创新工程。

产业政策的实施手段主要有以下几个方面：

(1)法律手段。政府可以通过立法措施来影响行业的经营范围、价格水平、融资条件等诸多方面，其目的主要是保护社会公众利益不受垄断行业或是不正当竞争的侵害。比如，日本和我国都曾经制定过为了扶助某些行业发展的行业振兴法。

(2)行政手段。政府可以动用行政权力来直接干预某些行业的发展，包括授权交易以及行政性的限制措施。比如，政府一般将公用事业作为直接管辖行业，公用事业是社会的基础设施，具有投资大、建设周期长、收效慢等不经济性的特征，通过授予公用事业特许权，可以使公用事业厂商保持经营并获得合理的利润。

(3)经济手段。政府可以运用经济杠杆的作用，通过补贴、优惠税、保护性关税等手段来降低某些行业的成本，从而起到扶助这些行业发展的作用，也可以通过制定差别税率、差别折旧率等成本控制方法来调整行业结构，影响行业布局。

4. 社会习惯

社会大多数成员的社会习惯变化，也会对行业的兴衰产生影响。随着人们生活水平和受教育水平的提高，消费心理、消费习惯、文明程度和社会责任感会逐渐改变，从而使某些商品的需求发生变化并进一步影响行业的兴衰。例如，生活节奏的加快，带动了快餐业和方便食品业的发展；在解决温饱之后，人们更加注重物质和精神生活的质量，天然绿色食品逐渐畅销，尤其是双休日和黄金周的普及带动了旅游业和娱乐业的发展，使这些行业成为新的消费热点。还有，社会成员对环境质量要求的提高，必然使各国都要花费巨资来研制和生产与环境保护有关的各种设备以达到规定的标准。总之，社会观念、社会习惯、社会趋势的变化对行业的经营活动、生产成本和经营效益等方面都会产生一定的影响，同样应该在行业分析中加以关注。

5. 经济全球化

所谓经济全球化是指自 20 世纪 90 年代以来，在世界范围内出现的商品、服务、生产要素与信息跨国界流动的规模不断增强的趋势，它通过国际分工使资源在世界范围内进行配置，从而提高了资源的配置效率，并使各国的经济相互依赖。

由于经济全球化可以引导资源的全球配置，促使产业的转移和产业的高度化。在全球化的过程中，有些发达国家和地区通过产业转移，使一些老的传统行业迅速衰退，新的有发展前景的行业快速崛起。而在一些接受产业转移的发展中国家和地区，那些虽然在发达国家和地区已经作为夕阳产业进入衰退状态的行业，可能仍然会有一个快速发展的时期。所以考虑到经济全球化的因素，行业的兴与衰在不同发展阶段的国家和地区是有明显差异的。

第四节　行业的经济周期分析

在进行证券投资分析时，除了从行业自身的特点考察行业的生命周期以外，还要从行业与国民经济周期变化的关系出发研究行业的变化规律。由于行业的不同，行业景气变化与国民经济景气变化关联的程度有很大的差别，根据关联程度的差别，可以分成周期型行业、稳定型行业和增长型行业这三种行业类型。周期型行业的基本特征是，其销售额和利润额随着经济周期的变化而变化；稳定型行业的基本特征是，经济周期的上升和下降阶段其经营状况能够保持基本稳定；增长型行业的基本特征是，其销售额和利润额独立于经济周期而超常增长。

一、周期型行业

周期型行业也可以称之为敏感型行业，是指这一类行业的运行变化与宏观经济的周期变化有着密切的关系，随着宏观经济的周期变化而呈现周期性的波动。也就是说，当经济处于上升时期，这些行业就会跟随扩张，而当经济衰退时，这些行业就会跟随衰退。这一类行业的特点是产品的需求收入弹性比较大，当居民收入水平比较高的时候，需求就迅速增加，而当居民收入水平降低时，需求就急剧下降。比如，汽车业、住宅建筑业就属于周期型行业。经济衰退时，失业率提高，平均收入减少，汽车、住宅等高档耐用消费品的生产行业首当其冲要受到影响。而当经济繁荣时，就业率提高，平均收入上升，汽车、住宅等耐用消费品的生产行业就会跟着繁荣。所以，周期型行业的股票价格也呈现周期性的变动。

一家公司对于经济周期的敏感性取决于三个因素：第一，销售额对经济周期的敏感性。如果销售额随着经济周期的波动而波动，那么显然属于敏感型行业中的公司。第二，经营杠杆比率。经营杠杆比率越高，对经济周期的敏感性越强。我们可以通过计算净利润对销售额的敏感度来量化经营杠杆比率。经营杠杆比率＝净利润变动百分比/销售额变动百分比；或者依赖固定成本的概念来量化经营杠杆比率，经营杠杆比率＝1＋(固定成本/利润)。经营杠杆比率反映了企业固定成本与可变成本之间的分配关系，如果企业中的可变成本相对比较高，那么其对经济环境的敏感性就比较低，因为当经济衰退时，这些公司会由于销售量的降低而削减生产，于是它的成本也下降了。而高固定成本公司的利润额对销售额的敏感度要大得多，因为成本固定，销售额下降必然导致利润明显下降。第三，财务杠杆度。财务杠杆度＝总资本/自有资本。由于总资本＝借入资本＋自有资本，因此融资额越大，其财务杠杆度越高。财务杠杆度也可以称为融资杠杆度，同样可以看成是能够提高净利润敏感度的固定成本。同样，财务杠杆度越高，对经济周期的敏感性也越强。如果公司的资产收益率超过借款利率，增加的负债会给公司的股本收益带来一个正向的贡献；反之，则会带来反向的负面影响。而往往在好年景里，资产收益率容易超过借款利率；在差年景里，则有可能低于借款利率。所以，有大量融资的公司，其对经济周期的敏感度要更强些。

二、稳定型行业

稳定型行业也称防守型行业。稳定型行业是指受经济波动影响比较小的行业，其特点是这些行业产品的需求收入弹性很小，产品的需求与平均收入的高低关系不大。比如食品业，经济衰退时，人们仍然要保持基本的生活条件，经济繁荣时，人们也不会比平时多吃很多。此外，公用事业以及医疗设备业基本上也属于防守型行业，烟草行业也几乎不随经济周期的变化而变化，人们对烟草的需求根本不受宏观经济的影响，因为烟草的消费绝大多数是由习惯决定的，即使在经济衰退时期也只会引起烟草消费的小部分调整。所以，当经济处于繁荣状态，防守型行业的表现可能比其他行业要差一些；而当经济进入萧条时期，这些行业就会比其他行业有更出色的业绩。

从资产组合理论的系统风险（市场风险）概念出发，周期型（敏感型）行业的股票一般是高 β 值股票，系统风险会比较大，因为当人们对经济发展状况变得乐观时，股价会随着盈利预测的上升而上升，由于周期型行业是对经济发展最敏感的行业，所以它们的股价就会上升得最快；反之，如果经济信息令人不满意，那么这些行业的股价就会跌得最快。而稳定型（防守型）行业的股票通常是低 β 值股票，系统风险相对比较小，因为其业绩受市场整体环境的影响比较小。但是，这并不等于投资者总是会对低风险的稳定型行业情有独钟，关键在于该投资的期望收益能否补偿该投资的风险。

三、增长型行业

增长型行业的特点是其行业的运行状况与宏观经济活动总水平的周期波动并没有太大的关系，不管经济活动总水平是处于扩张期还是收缩期，它都保持快速的增长势头。其主要原因是社会对这类行业的产品或服务的需求有着持续增长的趋势。在过去一段时间里，计算机和手机、复印机等生产行业都曾出现过这种情况。但是增长型行业的存在不会很长久，比如在20世纪60年代，航空运输业曾经是公认的增长型行业，可是到了70年代就成为明日黄花。

四、三种行业股票的比较

从投资角度看，上述三种行业的股票各有利弊。周期型行业股票收益率的波动虽然很大，但并不意味这些行业没有投资价值，这一类行业有高收益的机会，只是受经济波动影响的风险比较大；而稳定型行业股票的收益虽然是比较稳定的，风险比较小，但是这一类股票的收益率一般不会很高；增长型行业的股票因为资本增值迅速，所以获得资本利得收益的机会比较大，但是这一类行业不受经济周期影响持续增长的时间不会很长久，所以要注意热点转换的风险。一般来说，在经济形势开始好转时，应抛出稳定型行业股票、买进周期型行业股票，以获得周期型行业伴随经济恢复而带来的收益上升的成果；而在经济形势开始恶化时，应抛出周期型行业股票、买进稳定型行业股票，以避免经济进入萧条以后带来的风险。但是，在实际的投资实践中，要做这样的决策并不容易，因为要想确定经济何时处于波峰或波谷是一件很困难的事情，如此具有吸引力的投资机会不会明显到如此地步，通常人们要在好几个月以后才意识到扩张期或衰退期已经开始或结束。

第五节　行业的集中度与上市公司的行业代表性分析

一、行业高成长与行业内公司高成长的区别

很多投资者在选股的时候，往往先寻找具有成长性的行业，然后试图在高成长的行业中挑选可能成为黑马的股票。这种自上而下的研究方法应该说是正确的，很多成熟市场的基金经理也是将其作为投资理念，用这种方法选择投资对象。

但是要注意的是，投资者在选择股票时，不能够想当然地把行业的高成长与行业内公司的高成长等同起来，有时候会出现行业的成长与行业内上市公司的业绩背道而驰的现象。比如，中国房地产行业在2002年曾经出现30%的高速增长，但是房地产类的上市公司并没有受到投资者的追捧，2002年的中期报表揭示了房地产业上市公司的加权平均盈利水平反而下降了30%。这种上市公司业绩与行业成长之间的背离现象主要与行业的集中度和上市公司的行业代表性有关。中国的房地产行业曾经表

现出行业集中度比较低，上市公司的行业代表性比较差的特征。此外，像工程建筑业、白酒行业等行业也曾经有过类似的情况，上市公司的业绩与行业的发展存在明显的背离。

二、行业集中度与行业代表性

1. 行业集中度的概念

所谓行业集中度主要是指行业中的市场份额被少数厂商集中占有的程度，一般通过多少市场份额被多少家厂商所占有来表示。比如，美国可口可乐和百事可乐两家公司就占据了美国碳酸饮料市场90%的份额，这说明碳酸饮料行业的行业集中度很高。

2. 行业代表性的概念

所谓上市公司的行业代表性，是指某一行业内其上市公司的总体增长速度、盈利变化等与该行业的整体增长、盈利变化的同步性，如果大体相同，就表明上市公司的行业代表性较好。

3. 基于行业集中度与行业代表性分析的投资策略

如果行业的集中度很低，上市公司的行业代表性比较差，投资者从成长行业中选股票容易出错。投资者不能够想当然地把行业的高成长与行业内上市公司的高成长等同起来，或者明明自己也不看好热门行业内的某个上市公司，却刻意买入该公司的股票，期待众人来追捧它。这种单纯着眼于行业增长，不从实际出发认真研究行业与行业中上市公司具体关系的投资策略是难以成功的。尤其是随着中国证券市场变得越来越透明，以往那种炒朦胧、炒题材的投资理念将变得难以为继。

所以，在行业分析中寻找投资机会时，应该注意研究某一行业的行业集中度与上市公司的行业代表性。行业集中度的高低反映了一个国家工业化的发展水平，中国是从计划经济转型到市场经济，有一定的特殊性，原先的垄断性行业一般集中度比较高，如石化、电信、电力、航空等；而有些行业则是在市场竞争中形成集中，如家电等。一般来说，行业的集中度越高，上市公司的行业代表性也会越好。中国上市公司中行业代表性比较强的有钢铁、石化、化学原料、医药等。

上市公司行业代表性比较差有时候是因为成长性行业中的各个产品的增长差异造成的，比如，汽车行业在中国是高速增长的行业，但是曾经出现过汽车行业中上市公司的增长率低于整个汽车行业增长率的情况。其原因是带动汽车行业高速增长的是轿车的需求和生产，然而作为市场需求最大的轿车生产，却没有包含在上市公司的资产里，所以，汽车行业上市公司的增长率低于整个汽车行业的增长率就不足为奇了。

第六节　行业的感应度与基金的行业配置分析

一、行业的感应度分析

从经济增长对不同行业的影响来看，各种产业部门在社会总需求增长中所受到的影响存在着很大的差异，在投入产出分析中主要通过计算感应度系数来反映受影响的大小。

1. 感应度系数概念

感应度系数就是指各部门产出增加数量在总需求增长中的比值，其反映了不同的产业部门的影响程度，系数越高，说明该部门为满足总需求增长而应该增加的产出数量越大。

2. 后关联产业概念

从理论上来说，加快感应度比较高的产业的发展，有利于为其他产业发展提供足够的配套产品。相应的，我们也将这样的产业部门称为后关联产业。一般来说，促进后关联产业的发展是政府供给政策的重点，目的在于为经济的可持续发展提供基础配套条件，因为经济增长对这些领域的需求增长速度将快于其他产业部门，加快这些行业的发展有利于为其他行业的发展提供足够的配套产品，延长产业链条。比如，芯片对我国目前的产业发展来说，就是一个重要的后关联产业。由于智能手机处在不断升级的过程之中，同时，智能家居、智能汽车、智能机器人、虚拟现实应用等都处于爆发的前夜，尤其是还有接踵而至的5G、物联网、人工智能、区块链等新的业态，都形成了对芯片的超大需求。目前，我国是芯片需求第一大国，中国的芯片市场是全球最大、增长最快的市场，但存在着供应紧张和对外依存度过高的问题，中国90%的芯片依赖进口。2017年中国集成电路进口额为2 601亿美元(约合17 561亿元人民币)，占中国进口总额的14.1%，接近原油进口额的两倍。鉴于此，《中国制造2025》明确提出，到2020年我国芯片自给率要达到40%，2025年要达到65%。

二、基金的行业配置分析

1. 基金的行业配置概念

证券投资基金的行业配置是指全国的证券投资基金对各个行业上市公司进行证券投资的资金分布情况，从中可以反映出受关注的行业情况。

2. 基金行业配置分析的意义

在现代基金的投资策略中，自上而下的方法是一种比较流行的策略，它从宏观经济基本面出发，分三步来构建最终的投资组合。西方国家有关的研究表明，大部分个体公司的盈利增长，可以归结为整体行业和市场的繁荣，个体公司的投资回报的变化与其所在行业和市场的投资回报的变化具有较大的正相关。所以，从这一观点出发，证券投资基金的行业配置也是行业分析的一个重要方面。

3. 基金行业配置分析的方法

在分析基金的行业配置时，我们可以将基金的行业配置比例与行业权重进行对照，看看是否有背离。如果行业权重很大，而基金配置比例很小，就说明这个行业缺乏成长性，对基金缺乏吸引力；反之，就说明可能因为有成长性而受到基金的关爱。

第七节 行业的增长动力分析

为了准确地把握中长期的投资机会，可以根据行业增长的动力和源泉进行行业分析。根据行业增长的动力不同可以将其分为以下类型：

一、投资拉动型行业

在分析投资拉动型行业的时候，必须紧密结合国家的财政政策走向，其中一个比较重要的判断就是国家的扩张型或积极财政政策是实施还是退出。如果在某一时期，可以预料我国政府的积极财政政策将会实施，那么国有投资仍将会成为拉动经济增长的主导力量，这将为机械、建筑、建材等投资拉动型行业提供增长的动力，在积极财政政策实施期间，这些行业的股票应该会有比较好的表现。

二、消费升级型行业

根据马斯洛的消费层次理论，可以把消费的升级过程划分为三个阶段：生存温饱阶段，以维持生活和生存的必需品为主；耐用小康阶段，以家电、住房、汽车等耐用消费品为主；服务富裕阶段，以各种信息服务消费为主。在我国经济进入新常态的背景之下，经济增长也逐步由高速增长阶段向高质量增长阶段迈进，高科技产业不断扩大，人均 GDP 也在不断上升，消费结构必将迎来全新的升级。第三产业的崛起是完成消费升级的关键，服务消费在消费中的比例不断提高，这意味着我国正在从以商品消费为主的消费结构向以服务消费为主的消费结构进行消费升级的转型。今后，加快发展现代服务业是完成我国消费升级的必要条件，从我国的消费结构现状来看，医疗、养老、旅游、娱乐、教育、互联网消费等行业有着可观的提升空间，消费结构的升级将会给这些相关行业带来增长动力。

三、比较优势型行业

比较优势是在经济全球化的条件下，各国产业基于各自的资源禀赋在国际市场上的竞争力。我国加入世界贸易组织以后，在具有一些比较优势的行业中开始蕴藏投资机会。这里包括两方面的情况：一是我国传统的比较优势行业有了新的生机，获得了比较大的发展空间。比如，在我国的劳动力密集型行业中具有传统的比较优势，纺织、鞋类、玩具等商品的国际竞争力很强。二是我国的一些新的比较优势产业如电子行业有望形成并快速增长，这是由于国际产业的转移使发达国家的先进技术与我国的低要素成本相结合造成的。但是，在新的历史条件下，我国必须面对“比较优势产业刚性”的问题。所谓“比较优势产业刚性”是指一国（尤其是发展中国家）长期一成不变地依赖传统的比较优势产业来发展对外经济，忽视应有的产业升级，并最终导致该国在国际贸易中虽然能够获利，但是处于贸易结构不合理的不利地位，从而陷入“比较利益陷阱”。所以，在行业分析中，不能够仅局限于传统的比较优势行业，更要重视在我国产业升级过程中不断涌现出来的新的比较优势行业。

四、政策扶持型行业

政策扶持型行业分析的基础是国家的产业政策，由于国家的产业政策并非一成不变，因此需要通过研究国家产业政策变化的趋势，来挖掘基于政策扶持而带来的投资机会。从我国目前产业政策的情况来看，有三类行业值得注意：第一类是环境保护行业，随着全球气候变暖以及我国环境污染的加剧，我国在经济工作中将会越来越提倡可持续发展，环境保护行业将有望获得快速发展的机会；第二类是信息产业，大力发展信息产业是国家整个产业发展规划的重点和目标，包括以信息化带动工业化、实现信息产业跨越式发展和提高全社会信息化水平，这方面国家也有很多的扶持政策；第三类是装备业，以前我国主要的产业导向是大力发展基础工业（重工业），消除基础工业薄弱对国民经济发展的瓶颈制约，目前瓶颈现象已经基本消除。我国今后产业结构的核心问题已经不再是轻重工业的比例、结构问题，而是存量调整和结构升级的问题，其中存量调整和结构升级的关键是装备制造业的升级，国家有关的扶持政策将使装备制造业获得发展的动力。

五、并购重组型行业

从产业组织的角度来看，产业的市场化过程就是一个垄断与竞争格局的调整过程，在调整的过程中，使产业的竞争格局更为合理。产业的重组可以分为两类：一类是自上而下的，其特点是垄断被打破，引入竞争机制，比如电力、电信行业；另一类是自下而上的，其特点是将分散的企业集中起来，把产业链条整理得更加清楚。无论是自上而下（垄断中引入竞争）还是自下而上（分散走向集中），都会使相关行业的市场竞争更加合理，提升原有行业的竞争力。

并购重组型一般是指产业重组中的自下而上型，即由分散走向集中的重组。我国长期以来，产业组织结构不合理，企业规模普遍偏小，行业内过度竞争现象严重。从国际竞争力标准来看，必须对这些行业进行资源整合，做大做强，提高行业竞争力，这些行业包括石化业、汽车业、金融业等。资源整合的方法有两种：一种是市场化方式，另一种是政府主导模式。其中市场化方式将占主导地位，在市场化的方式中，外资和民间资本将会发挥越来越大的作用。随着政策障碍的逐步突破，外资并购将成为热点之一。外资并购会体现出明显的行业倾向，比如像金融、保险业这些市场准入限制严格的行业，外资会在政策逐渐放开的过程中采用并购的方式进入。还有像汽车业等资本密集和技术密集的行业，由于行业集中度的要求比较高，外资也会倾向通过并购方式进入。对于外资并购给我国证券市场影响的分析，一定要结合我国政府的《外商投资产业指导目录》，其中有些产业鼓励外资进入，有些产业限制或者禁止外资进入，这些具体的政策也会随着经济形势的变化而进行相应的调整。

六、产业化趋向型行业

产业化趋向型行业主要是指一些目前尚未产业化的服务业，随着我国经济的不断发展，可以预料一些目前还没有产业化的服务业，今后的产业化过程将会进一步加快。一方面，经济体制改革的继续进行，将加快相关服务业的产业化进程，比如，城市化进程加快、城镇住房体制改革的深化，将加快物业管理业、社区服务业等新兴服务业的发展；另一方面，服务消费时代的到来，将不断催生出各种新型的服务行业。这些行业现在的规模虽然还很小，但是经过发展壮大，其龙头企业有望成为未来资本市场上的上市公司，比如文教娱乐、职业培训、电子商务、物流等。我国服务业在未来将会有很大的发展空间，这是因为：第一，服务业尤其是消费服务业大多数属于劳动密集型行业，扩大服务业规模有利于充分利用中国的劳动力资源，减轻中国长期存在的就业压力。第二，根据投入产出表的分析，在第三产业中，商业饮食、邮电运输、金融业以及居民服务业的后关联性最强，这说明这些行业的需求增长受总需求增长的拉动效果较为明显。第三，服务业将是外商投资扩大的重点行业，因为中国今后将会不断扩大服务贸易领域的对外开放，其中包括金融保险、批发零售、对外贸易、电信和运输等领域，由于服务业与制造业明显不同，是直接投资对方国内市场的主要方式，因此中国庞大的服务市场对于外国服务业企业具有非常强的吸引力。

第八节　行业的市场结构分析

现实中，各行业的市场都是不同的，即存在着不同的市场结构，市场结构就是市场竞争和垄断的程度。根据该行业企业数量的多少、市场进入的门槛限制程度和产品差别，行业基本上可分为以下四种市场结构。

一、完全竞争型行业

完全竞争型行业是指行业内的许多企业处于生产同质产品、竞争不受任何阻碍和干扰的市场结构状态下的行业。市场中的生产者和消费者众多，所以任何一个人或企业都无法影响产品的价格，厂商无法利用自己产品的差别来控制价格，同时各种生产资料可以完全自由流动，市场信息是完全的。在现实经济中，完全竞争的市场类型是少见的，农产品等初级产品的市场类型较接近于完全竞争。

二、垄断竞争型行业

垄断竞争型行业是指行业内的许多企业处于生产同类但不同质的产品，既有垄断又有竞争，既不是完全竞争，又不是完全垄断的市场结构状态下的行业。其主要特点是产品之间存在差别，这种差别可以是实际或想象的，厂商因此可以对产品价格有一定的控制力，同时，由于厂商数量仍然较多，价格的控制能力受到一定限制。在国民经济各产业中，制成品的市场类型一般都属于这种类型。

三、寡头竞争型行业

在寡头垄断的市场上，由于这些少数生产者的产量非常大，因此它们对市场的价格和交易具有一定的垄断能力，处于这种状态的行业就是寡头竞争型行业。同时，由于只有少量的生产者，因而每个生产者的价格政策和经营方式及其变化都会对其他生产者产生重要的影响。因此，在这个市场上，通常存在着一个起领导作用的企业，其他企业跟随该企业的定价和经营方式的变化而进行某些调整。生产资本密集型、技术密集型产品的行业，如钢铁、汽车等重工业以及少数储量集中的矿产品生产业都属于这种行业类型。

四、完全垄断型行业

完全垄断型行业是指整个行业处于独家企业生产特质产品的状态，特质产品是指那些没有或缺少相近替代品的产品。在当前的现实生活中没有真正的完全垄断性市场，每个行业都或多或少地引进了竞争。公用事业和某些资本、技术高度密集型或稀有金属矿藏的开采等行业属于接近完全垄断的市场类型。完全垄断市场类型的特点是垄断者能够根据市场的供需情况制定理想的价格和产量，以获得最大的利润。但是垄断者决定产品的价格和数量的自由度也是有限度的，要受到反垄断法和政府管制的约束。

第九节　行业分析报告

行业分析报告大致可以分为两类：一类是总体性的行业分析报告；另一类是个体性的行业分析报告。

一、总体性的行业分析报告

总体性的行业分析报告主要是从证券投资的角度对国民经济中值得关注的行业进行分析，给投资者提供投资决策的参考。这里所谓值得关注的行业是指有可能形成市场热点的行业，而市场热点的形成无非要从两方面寻找源头：一是产业的增长变动；二是市场的投资理念。只有将这两个源头有机地结合起来，才能具备酝酿市场热点的条件。单个行业的研究虽然有其自身的意义，但是对于一个较长时期的产业增长变动状况的把握，仅有单个行业分析和行业的横向比较是不够的，还必须从更高的层次，即从全球产业联动、经济增长格局的变化、产业政策的导向、国家经济体制改革等因素去综合地把握未来产业发展的方向。总体性的行业分析报告应该从以下几个方面着手：

1. 行业增长格局分析

主要是分析近年来增长最快的行业和增长最慢的行业的排名及其变动情况。分析行业增长情况所用的指标一般是行业销售收入同比增长和行业利润总额同比增长。在分析行业增长格局的变动时，可以充分利用公开发表的各行业指数等现成的统计资料。

2. 行业增长特征分析

主要分析行业增长过程中所表现出来的一些基本面的特点。比如在需求方面，在行业增长中是对投资依赖增长比较大，还是对消费增长依赖比较大；是对内需增长依赖比较大，还是对外需增长依赖比较大。或者是在供给方面，外商投资企业对国内行业增长的影响程度以及国际要素价格变动对国内相关行业的影响程度等。

3. 行业增长格局变动原因分析

关于行业增长格局的变动原因主要可以从这几个方面展开：(1)经济增长格局发生变化引起产业增长格局的变化；(2)与国际产业联动性的加强引起产业增长格局的变化；(3)产业政策的调整引起产业增长格局的变化；(4)经济体制改革的推进引起产业增长格局的变化等。

4. 朝阳行业的状况分析

由于在证券市场上，朝阳行业板块容易成为投资热点，是很好的投资选择。所以，在总体性的行业分析报告中，最好能够对目前的朝阳行业状况进行分析。朝阳行业是与行业生命周期相联系的一个重要的行业概念，它处于产业生命周期的成长阶段，是指在持续的一段时间内产品销售量绝对上升的产业。朝阳行业的明显特征是：(1)需求的递增使市场容量不断增长，并导致一些起补充作用的分支行业也得到扩张；(2)由于尚未进入该行业的企业想方设法进入以分享一块利润，因此行业中企业数量也会有所扩大；(3)由于某种原因行业利润可能偶尔下降，但是这种下降是暂时的；(4)虽然行业产值在GDP中的比重较小，但是因为增长快速，所以随着时间的推移，其在GDP中的比重将逐渐增大；(5)代表国家产业结构特征和产业发展政策的方向。

5. 其他主要的行业类型状况分析

主要包括：(1)基础行业，是指对加工制造业提供原材料、燃料方面的行业，比如电力、石油、煤炭等能源行业和钢铁、有色金属等原材料行业；(2)支柱行业，是指行业的产值和就业人数占国民经济总产值和就业总人数10%以上的行业，如机械工业等；(3)主导行业，是指在国民经济中产生较大连锁带动效应的行业，如房地产业、家电工业；(4)成熟行业，是指增长缓慢、生产能力开始出现过剩的行业，如建筑建材业；(5)衰退行业，是指在持续的一段时间内产品销售量绝对下降的行业，如纺织业等。

二、个体性的行业分析报告

虽然每个单独的行业都具有特殊性，但是在个体性的行业分析报告中，有些分析的角度是共同的，通常个体性的行业分析报告可以从以下几方面进行：

1. 行业的现状分析

行业现状分析主要包括该行业发展的历史沿革，目前该行业的各种经济指标状况比如产量水平、产品结构，当前该行业发展中面临的主要问题以及发展机遇等。

2. 行业的地位和特殊性分析

重点分析该行业是成长型行业，还是成熟型行业，或者是主导型还是支柱型行业；

行业是否有垄断的特殊性，产品是否具有不可再生的资源特性以及强烈的商标和专利的知识产权保护特性等。

3. 行业的竞争状况分析

包括资本竞争、品牌竞争、市场竞争、技术竞争、产品竞争、国际竞争等。比如，手机的核心技术也是利润最高的部分是芯片，但是曾经一直掌握在国外几家大型手机商手里，我国大部分手机企业都是向国外购买，仅扮演组装商的角色，这就影响到了手机业的核心竞争力。目前，我国的华为等手机生产厂商在这一核心技术上已经取得了显著的突破，智能手机的产品竞争力也开始迈入全球先进行列。

4. 行业发展的外部环境分析

包括国家经济发展战略如西部开发对该行业的影响，引进外资对该行业的影响，产业政策对该行业的影响，地区经济发展战略对该行业的影响，国际经济形势变化对该行业的影响，经济体制改革对该行业的影响等。比如，上海要建设航运中心的战略必然对物流业产生影响，因为这是国家战略。又比如，电力体制改革将会对电力行业的发展产生影响，因为它将促使寡头竞争市场格局形成，通过资源重组发挥规模经济效应。

5. 行业发展的前景分析

主要是该行业需求增长的预测和展望。预测也可以用横向比较的方式，比如，从产品的普及率角度可以衡量某一行业的发展前景，我国乳品的普及率曾经与发达国家相比差距很大，巨大的差距存在就表明该行业将会有很大的发展空间。

6. 行业中的上市公司分析

主要对属于该行业中的上市公司进行具体的介绍和分析，为投资者选择该行业中的具体投资对象提供参考意见。

练习题

一、名词解释

行业　行业生命周期　开创期　成长期　成熟期　衰退期　周期型行业
稳定型行业　增长型行业　行业集中度　行业代表性　感应度系数
后关联产业　基金的行业配置　朝阳行业　基础行业　支柱行业　主导行业

二、单项选择题

下列选项中只有一项是正确的，请将正确选项的符号填在括号内。

1. 某上市公司归入哪一行业，主要是根据上市公司的(　　)。

A. 营业收入　B. 营业利润　C. 营业税收　D. 营业成本

2. 从收益与风险的关系来看，成熟期行业是（　　）时期。

A. 高风险低收益　B. 高风险高收益　C. 低风险高收益　D. 低风险低收益

3. 处于高风险高收益状态的应该是行业的（　　）。

A. 开创期　B. 成长期　C. 成熟期　D. 衰退期

4. 从增长率变动的角度来观察，成长期行业表现为（　　）。

A. 快速不断增长　B. 稳定增长　C. 缓慢增长　D. 最低增长或负增长

5. 如果呈现出销售额或利润额快速不断增长的状态，应该是行业的（　　）。

A. 开创期　B. 成长期　C. 成熟期　D. 衰退期

6. 从价格水平观察，成长期的价格表现应该是（　　）。

A. 高　B. 下降　C. 相对稳定　D. 上升

7. 如果价格处于相对稳定状态，应该是行业的（　　）。

A. 开创期　B. 成长期　C. 成熟期　D. 衰退期

8. 如果行业的发展速度与整体经济基本保持一致，那么该行业应该处于行业发展的（　　）阶段。

A. 幼稚期　B. 成长期　C. 成熟期　D. 衰退期

9. 成熟行业在产业体系中属于（　　）。

A. 幼稚产业　B. 朝阳产业　C. 支柱产业　D. 夕阳产业

三、多项选择题

下列选项中有两项（含两项）以上是正确的，请将正确选项的符号填在括号内。

1. 下列符合开创期行业特征的描述是（　　）。

A. 大多亏损　B. 社会需求较小

C. 很少或不支付股息　D. 面临随时破产倒闭风险

E. 风险创业资本的投资对象

2. 行业成长能力的判断要素包括（　　）。

A. 收入需求弹性　B. 收入供给弹性　C. 生产技术　D. 产业关联度

E. 市场容量

3. 下列关于企业对于经济周期敏感性影响因素的正确表述是（　　）。

A. 经营杠杆比率越高，敏感性越强　B. 可变成本越高，敏感性越低

C. 固定成本越高，敏感性越高　D. 财务杠杆度越高，敏感性越高

E. 可变成本越高，敏感性越高

四、问答题

1. 行业分析的重要性体现在哪些方面？

2. 行业产生的条件有哪些？

3. 行业的形成有哪几种方式？

4. 开创期行业的特征有哪些？

5. 成长期行业的特征表现在哪些方面？

6. 成熟期行业有哪些主要特征？
7. 自然衰退与偶然衰退有什么区别？
8. 衰退期行业的特点是什么？
9. 行业兴衰通常表现在哪些方面？
10. 影响行业兴衰的主要因素有哪些？
11. 根据波特理论，有哪些基本竞争力量决定着行业内的竞争激烈程度？
12. 周期型行业、稳定型行业、增长型行业各自的基本特征是什么？
13. 某一企业对经济周期的敏感性取决于哪些因素？
14. 如何根据周期型行业、稳定型行业和增长型行业各自的利弊来制定投资策略？
15. 行业集中度与上市公司行业代表性存在什么样的关系？
16. 如何根据基金的行业配置进行投资决策？
17. 如何根据行业的增长动力进行行业分析？
18. 如何根据行业的市场结构进行行业分析？
19. 朝阳行业的特征有哪些？
20. 如何撰写总体性的行业分析报告？
21. 如何撰写个体性的行业分析报告？

第八章　公司分析

第一节　公司分析概述

一、公司的含义

所谓公司，是指依法设立的从事经济活动并以营利为目的的企业组织。根据《公司法》的规定，公司组织可以分为合伙制公司、有限责任公司和股份有限公司。合伙制公司的出资人一般对公司债务承担无限责任，而有限责任公司和股份有限公司的出资人通常对公司债务承担有限责任。但是，有限责任公司和股份有限公司有很大的区别，前者并不发行股票，而后者才发行股票，所以作为证券投资分析对象的公司主要是指股份有限公司。由于股票发行的公募和私募等原因，股份有限公司的股票有的可以上市交易，属于上市公司，而有的不能够上市交易，是非上市公司，所以证券投资分析中公司分析的重点自然是上市公司的分析。上市公司分析中所需要的相关信息，通常可以通过上市公司的信息披露渠道获得。

二、公司分析的意义

公司分析是证券投资基本分析的核心部分，因为无论是宏观经济分析还是行业分析最终都要落实到对公司经营活动的影响，从投资对象来说也最终要落实到某一个具体的上市公司。比如，当我们认为未来的经济活动将转强，宏观经济环境有利于证券投资，接下来就要选择具有良好前景的行业。但是，在某一行业内会有一批上市公司，究竟选择哪些上市公司为好，这就涉及公司分析，这也是公司分析的最基本的意义。具体而言，公司分析的意义主要表现在以下几个方面：

第一，通过公司分析可以全面了解拟投资上市公司的基本面情况，包括公司的生产、经营、财务、管理等方面的基本状况，从而可以充分地把握相关公司的总体性品质，知晓影响相关公司发展的各项因素，预见相关公司业绩增长的趋势以及可能面临的风险，并在此基础上做出投资判断和建议。因为，公司的基本面决定股价中长期走势，公司基本面的转折必然带来股价的转折。公司基本面转折一般有三种原因：一是由于行业复苏使公司基本面发生转折；二是由于重组等外部的原因导致公司基本面转折；三是由于公司内生的原因导致公司基本面发生逆转或持续的改善。在公司基本面恶化时，如果市场处于牛市，还有可能获得比较从容应对的时间，如果市场处于熊市，则应该果断离场；反之，当公司基本面改善，如果市场处于熊市，还有可能从容吸筹，如果市场处于牛市，则应该迅速介入。

第二，通过公司分析有助于从前景良好的行业内挖掘出具有成长潜力的上市公司，作为长期投资的选择对象。在一般情况下，成长性公司都会通过内源性融资或外源性融资的方式扩大投资规模，同时其投资资金的资本收益率都会高于其融资成本。在这种情况下，公司的盈利将会持续增长，公司的市场价值也会随之提高，投资者将从中获得良好的投资回报。

第三，通过公司分析可以在行业分析的基础上，进一步辨认良好的循环性公司和防守性公司，作为择时投资的选择对象。因为在经济活动转强时，循环性公司的销售及盈利将会随之明显增加，所以在经济活动转强时，应主要投资于循环性公司的股票，从而可以获得更大的利润。但经济活动转弱时，此类公司受到的冲击比一般公司更大，所以应在预期经济活动转弱时，及时卖出循环性公司的股票，以免遭受重大损失。而防守性公司在经济活动转弱时，其销售和利润下降的幅度相对较小，股价下降幅度也相应较低，因此持有防守性公司股票所受到的价格挫折就会比较小。但是，当经济活动转强时，防守性公司销售和利润的升幅将会明显不及循环性公司，持有防守性公司股票的收益将会受到很大的限制。

第四，通过公司分析可以避免资金投向高风险的投机性股票，减轻证券投资中的非系统风险。如果说辨认循环性公司和防守性公司有助于化解证券投资中的系统风险，那么辨认投机性股票则有利于化解证券投资中的非系统风险。所谓投机性股票，是指受到损失的概率比较大，且获得正常或高回报率的概率比较小的股票，包括一些价格严重高估的股票和存在破产或退市风险的股票以及发展前景极具不确定性的股票。

第二节 公司基本状况分析

公司分析从大的方面来划分，可以分成两大块，一块是公司基本状况的分析，另一块是公司财务状况分析。公司基本状况的分析也称为公司的性质分析，它主要是从影响公司经营状况的外部环境和内部因素两个方面对上市公司的质量进行综合性的分析。具体包括以下一些内容。

一、公司竞争能力的分析

公司竞争能力的强弱与其生存能力、成长前景以及盈利水平密切相关，在每个行业中总有为数不多的公司依靠其拥有的资金、技术、管理以及生产资源方面的优势在激烈的市场竞争中占据支配地位。这种竞争的优势是某些上市公司获得可观的经营收益，为股东提供较多投资回报的基础。所以，竞争力强的上市公司就自然成为投资者偏爱的投资对象。公司竞争能力的分析可以从以下几个方面展开：

1. 公司在行业中的地位

公司在行业中的地位是公司竞争力的综合体现，如果我们能够很清楚地了解某一家上市公司在行业中的地位，那么对这家上市公司的竞争能力当然也就比较心中有数，因为行业中的地位讲到底就是某一家上市公司的竞争地位。公司在行业中的地位包括：(1)公司在行业中的影响力，其是否是一家领导企业；(2)公司在行业中的盈利能力，其是否高于同行业其他公司的平均水平；(3)公司的知名度，其知名度是否明显超过行业内的其他公司；(4)公司在行业内的排名，其销售额、利润额等主要经济指标是否在行业内名列前茅；(5)公司在行业内的市场占有率，其市场占有率是否比较高；(6)公司在行业中的销售额增长率水平，其销售额增长率是否快于行业内的其他公司。

其中，市场占有率指标和销售额增长率指标具有更为重要的意义，因为它们可以较好地从动态的角度反映出公司在行业内的地位变化。在考察公司在行业中地位的时候，特别要对那些市场占有率和销售额年增长率不稳定的公司保持警惕，市场占有率和销售额年增长率大起大落，说明公司经营状况不稳定，这会增大投资的风险，投资者的回报得不到保证。

市场占有率就是公司产品的年销售额在行业中所占的比重，这个比重的大小与公司产品的质量、价格、广告宣传、销售策略、售后服务以及公司的知名度等都有密切的关系，它综合反映了公司的产品与其他公司产品竞争的结果。所以市场占有率越高，说明了公司对市场的影响力越大，公司的竞争能力也就越强。而且，市场占有率的变化动态地反映了公司竞争能力的消长，市场占有率提高，说明公司的竞争优势在加强，市场占有率萎缩，说明公司的市场正在被蚕食，竞争能力正在削弱。但是，在评价公司的市场占有率时，必须要考虑到行业所处的生命周期，如果行业已经处于生命周期的衰退期，产品的需求萎缩，行业整体的销售额在下降，不少公司已经陆续退出市场，这时市场占有率的提高就毫无意义。只有在行业的生命周期处于成长期或者成熟期阶段，市场占有率的高低才能反映公司竞争能力的强弱，市场占有率的变化，才能反映公司竞争能力的变化。

就公司销售额年增长率而言，销售额增长越快，说明公司在行业内竞争能力越强。即使规模相当大的公司，至少要保持与市场同步的增长速度，才能够维持其竞争的地位和对市场的支配地位。从某种意义上来讲，销售额的年增长率比当前的销售规模更具有意义，很多投资者愿意持有增长速度高于行业平均速度的具有发展潜力的公司的股票。

2. 公司所处的区位经济环境

分析公司所处的区位经济环境，主要是考察上市公司所在地区的外部环境给公司竞争能力带来的影响，一个很显然的事实是在经济比较繁荣和自然基础条件比较优越的地区，通常公司的发展前景就相对好一些，相对于经济比较落后和自然基础条件比较差的地区，其在人才、服务等各方面都会具有竞争优势。具体可以从以下三方面进行分析：

（1）区位内的自然条件和基础条件。自然和基础条件包括资源、能源、交通、通信等方面的条件，这些条件对区位内的上市公司的发展起着重要的限制或者促进作用，对上市公司的发展前景产生深刻的影响。如果上市公司所从事的行业与当地的自然和基础条件不符合，公司的发展就会受到很大制约。

考察自然和基础条件问题，主要是分析公司的经济地理环境是否符合企业生存和发展的需要。一般而言，企业的选点应该考虑企业与消费地的距离、原材料供给等因素，由于企业的行业特征不同，选点的重点也不同，比如水泥工业偏重于原材料供给因素，所以厂址一般应设在原材料供应地。

（2）区位内地方政府的产业政策。为了促进本地经济的发展，当地政府一般也都会制定一些地区经济发展的战略规划和相关的产业政策，用地方财政等手段支持优先发展的行业，因此相关行业内的上市公司将因此受益。如果区位内的上市公司主营业务符合当地政府的产业政策，相对来说就会获得较多的政策支持，就有一定的竞争优势。

（3）区位内的经济特色。区位内的经济特色主要是指区域内经济的发展环境、发展条件、发展活力、发展潜力以及发展水平等有别于其他地区的特点，还包括区位内经济与区位外经济的联系和互补以及比较优势。如果区位内经济有明显的特色，在某种意义上也就意味着具有一定的比较优势。如果上市公司的业务与区位内的经济特色能够有机地结合起来，那么该上市公司无疑就会具有更大的竞争能力。

3. 公司产品的竞争能力

公司产品的竞争能力可以从以下几个方面进行考察：

（1）成本优势。在质量一定的条件下，成本优势是公司的产品能够获得高于同行业其他企业利润的基本条件，成本优势在竞争中最终体现为价格优势，在很多行业中，成本优势是决定竞争优势的关键因素。影响成本的因素有很多，包括规模经济、管理水平、技术能力、原材料的采购、劳动力的价格等。有些企业有特殊的节约成本的手段，比如，日本丰田汽车公司在中午休息的时候全部关灯，日本昭和汽车公司的采购人员对铁屑都要进行严格的计算。

(2)技术优势。公司的技术优势是指企业拥有比同行业其他企业更强的技术水平和产品研究开发能力。对公司技术水平的评价可以分为硬件部分和软件部分。硬件部分主要是指机械设备，软件部分包括生产工艺、知识产权等。技术水平的评价是比较静态的，反映公司目前的技术状况；而研究开发是比较动态的，反映公司将来技术进步的可能性。研究开发能力的高低是决定今后公司竞争成败的重要因素，所以要特别引起关注。因为，研究开发能力强，就有可能研制出新的核心技术，开发出新一代产品，实现产品创新；研究开发能力强，就可以研究出新的生产工艺，降低生产成本。对于研究开发能力的判断，可以从公司的研发费用的支出水平以及公司研发中心的状况等进行综合性的判断。

(3)质量优势。质量优势是指公司的产品以高于同行业其他企业的产品质量赢得市场份额。在价格一定的条件下，质量好就可以明显地在竞争中占有优势，因为消费者在购买商品的时候，除了价格，质量始终是影响他们选择商品的一个重要因素。可以说质量是产品信誉的保证，只有质量好的产品，才会让消费者产生信任感。此外，公司产品质量的好坏，也反映了公司的技术水平和管理水平。对于质量的评价可以通过用户的反映得到证据，通常可以通过相应的调查活动来取得用户关于质量反映的第一手资料。

(4)品牌优势。品牌是公司产品的商品名称和商标的总称，通过品牌可以明确区别同类产品的生产厂商。品牌不仅仅是一个产品的标识，更重要的它是产品信誉的综合体现，反映了消费者对某一产品的认同程度，也是企业竞争力的一个重要因素。品牌具有创造市场、开拓市场和巩固市场的功能；品牌可以超越使用价值的观念，具有提高产品附加价值的功能。因此，在公司分析中，一定要充分重视公司品牌的经济价值。

(5)范围优势。范围优势主要是分析公司产品销售市场的地域分布情况，从这一角度可以将公司产品的销售市场分为地区型、全国型和世界型三种范围。从公司市场区域的范围大致可以估计一个公司的竞争能力，很显然一个地区范围的公司其竞争能力肯定是比较有限的。

(6)规模优势。规模优势也是公司竞争力的表现，规模优势主要体现在企业规模是否达到经济规模，如果没有达到经济规模，则很难与同行业竞争，比如，汽车生产的经济规模一般要达到30万辆。在需要很大规模才能够实现规模经济的行业，可以不考虑新企业加入竞争行列的可能性，因为新企业很难实现规模经营。在考察规模优势问题时，一定要注意各行业经济规模的可变性，一个时期的经济规模不等于另一时期的经济规模。比如，化工乙烯生产的经济规模曾经为年产10万吨，但后来变成了30万吨以上。还有火力发电，以前5万千瓦已经算是大型，后来60万千瓦才算达到经济规模。

4. 竞争胜负的关键因素

主要是根据公司性质的不同，对一些影响竞争力的关键因素进行重点分析。比如，生产规模很大的企业，资金筹措能力是关键因素；高新技术企业，技术研究开发能力和资本实力是关键因素；原材料占成本费比重很大的企业，原材料采购的谈判能力是关键因素；商标选择性很强的消费品生产企业，商标的影响力是关键因素。

二、公司经营能力的分析

1. 公司治理结构分析

公司治理结构有狭义和广义两种理解。狭义的公司治理结构是指有关公司董事会的功能、结构和股东的权利等方面的制度安排；广义的公司治理结构是指有关公司的控制权和剩余索取权方面的制度安排。公司治理结构从理论上来说主要有两个标准，一是社会伦理性和合法性，另一个是效率性。公司治理的根本性问题是：(1)由谁来任免经营者、怎样任免经营者；(2)具有经营者任免权的人承担什么样的责任；(3)为了使企业妥善经营，如何引导、牵制、制约经营者。上述问题在个人独资企业的情况下比较单纯，但是在现代社会最具代表性的企业形态——股份有限公司里，公司治理成为一个非常困难的问题，这是由于所有权与经营权的分离造成的。由于所有权与经营权的分离产生一种委托代理关系，即作为股份公司剩余请求者同时也是对股份公司的债务承担有限责任的股东，将代表公司的签约权委托给了经营者，由经营者代表公司签订经济合同，这样作为代理者的经营者就有可能签订违反股东利益的合同。在委托代理的关系下，股东权利受到削弱，在公司治理中普遍出现内部人控制问题，即公司内部的经营者随心所欲，损害公司和股东的利益。尽管如此，健全的公司治理结构仍然是各方追求的目标。一般来说，健全的公司治理结构主要体现在以下几点：

(1)规范合理的股权结构。股权结构是公司治理的基础，有很多上市公司的治理结构出现问题都与股权结构不合理有很大的关系。从中国的情况来看，股权结构的合理化主要有两个方向：一是降低股权的集中度，改变一股独大的局面，因为一股独大，很容易通过关联交易，给普通投资者造成损害；二是扩大机构投资者和战略投资者的持股比重，改变主要靠散户持股的局面，发挥机构投资者和战略投资者在上市公司治理中的监督作用。

(2)有职有权的独立董事。建立独立董事制度，有利于改善董事会中的内部人控制问题，使董事会的决策更加符合投资者和各方面的利益。中国现在建立的独立董事制度实际上是英美企业治理制度中外部董事制度的翻版，由于是企业外部人员担任董事，可以不受企业内部经营者的影响而独立地行使职权，所以也可以称为独立董事。尽管有西方学者认为通过外部董事纠正经营者不良行为的报告和文献屈指可数，对此不应过于迷信也不应予以过高的期望，但是通过独立董事制度的改善还是可以在公司治理中发挥出积极的作用。

（3）实际监督的监事会。监事会的存在本身就是公司法人治理中的一个环节，问题是有很多上市公司的监事会纯粹是摆设和点缀，并没有发挥实际的作用。关于加强监事会的作用，德国的做法值得参考。德国的通常做法是股东将股票交给银行托管，由银行代替股东行使监督权；另外，德国上市公司的监事会由股东代表和职工代表组成，拥有很大的权限。

（4）相关利益者的共同治理。公司的相关利益者包括员工、银行等债权人以及供应商、股东、客户等。形成相关利益者共同治理的格局，可以有效地建立起公司的外部治理机制，弥补内部治理机制的不足。我国最高法院的司法解释明确了投资者可以通过诉讼的方式，对上市公司的经营者因为造假等违法行为而造成的损害提起诉讼，这也是一种相关利益者共同治理的途径。

2. 公司管理层素质分析

公司的经营业绩与公司经营者的水平和能力有着密切的关系，正如美国通用电器公司原董事长米尔加斯所说，在影响工业企业未来成功与否的各要素中，领导力已经成为最关键的因素。一个优秀的企业家可以使一家濒临破产的企业起死回生；反之，一个平庸的企业高管也可以使一家辉煌的企业走向没落。公司管理人员可以分为高层决策管理人员、职能管理人员和基层管理人员，其中以董事长、总经理为首的高层决策管理人员是公司获得良好经营效益的重要保证。

公司高层管理人员的素质主要反映在个人所具有的品德、能力、知识、修养和领导艺术等方面。行为科学提出了一整套评价企业高层管理人员的方法和标准。优秀的公司高层管理人员应该具备的基本条件是：（1）积极进取、勇于承担重任、乐意接受挑战的精神；（2）具有敏锐的洞察力，善于发现问题；（3）创造性的思维能力，不断改革的胆量，给公司以新的活力；（4）逻辑分析能力，善于抓住问题的关键，并找出解决问题的方法；（5）充满自信，能够果断地作出决策；（6）具有号召力和说服力以及影响和鼓励别人的能力，能够调动下属的积极性；（7）锲而不舍的精神，在困难和挫折面前不却步；（8）协调组织能力，能够处理好上下级关系，发挥团队合作的力量；（9）尊重、关心他人，富有同情心，正确对待自己，虚心接受别人的意见，勇于纠正自己的错误。由于公司高层管理人员的素质不是天生的，是在学习和实践中不断提高升华的。所以，高层管理人员的学历和经历对于评价他们的素质有一定的参考作用，较高的学历和丰富的经历是反映管理人员素质的一个不可缺少的要素。

此外，员工的总体素质也对公司的发展起着重要的作用，包括员工整体学历层次、专业技术能力、对企业的忠诚心、团队精神、企业文化等。对员工的总体素质进行分析可以判断公司发展的持久力。

3. 公司经营管理效率分析

评价公司的经营管理能力，最终还要落实到经营管理的效率上。经营管理的效率就是公司的生产能力和经营能力的利用程度。公司现有的厂房、设备、人员、资金等资源或者要素的利用率越高，说明公司的经营管理水平越高。在同一个行业中，单位固定资产销售额、人均销售额以及资金周转率和利润率比较高的公司，一般都是经营管理效率比较高的公司，这方面要通过公司的财务分析进行更加详细的了解。

盈亏平衡分析是经常用于评价公司经营效率的方法，其中盈亏平衡点是指公司的收入等于公司总成本时的产量。公司的总成本包括固定成本和可变成本两部分：前者是指不随产量变动而变化的费用，如固定资产折旧费、企业管理费等；后者是指随产量增加而增加的费用，如材料费、人工费等。图 8－1 中，总收入曲线 $I(Q)$ 与总成本曲线 $C(Q)$ 的交点 B 对应的产量 Q_0 就是盈亏平衡点，即盈亏平衡时的产量。

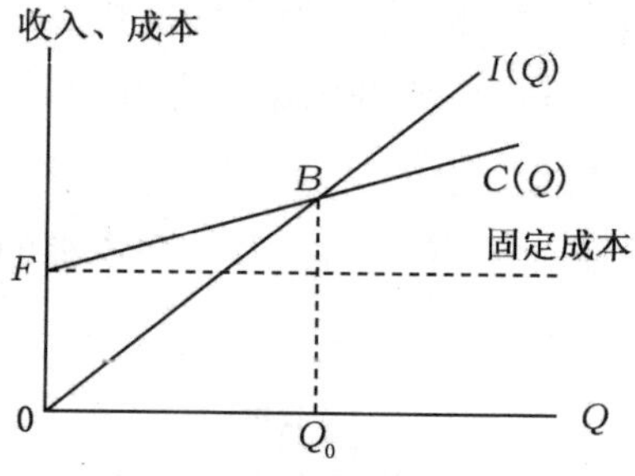

图 8－1

用公式表示：

$$公司总收入\ I(Q)=P\cdot Q$$

$$公司总成本\ C(Q)=F+V\cdot Q$$

式中，P 表示单位产品的销售价格，F 表示固定成本，V 表示单位产品的可变成本，Q 表示产量。

如果公司以现有的市场价格 P 来销售它的全部产品，盈亏平衡时的产量为 Q_0，则：

$$I(Q_0)=C(Q_0)$$

$$P\cdot Q_0=F+V\cdot Q_0$$

$$Q_0=F/(P-V)$$

如果公司的社会需求不足，公司的产量低于盈亏平衡点，表明公司的生产能力没有完全利用，其结果是由于单位产品分摊的固定成本比较高，公司就会发生亏损；反之，公司的产量高于盈亏平衡点 Q_0，单位产品分摊到的固定成本就比较少，公司就有盈利。

4. 公司经营管理组织结构分析

企业的生产经营实际上是一个复杂的系统，需要有一个科学、高效的经营管理组织体系。经营管理组织体系是企业运行的核心，它的优劣可以左右企业的成长。研究公司经营管理组织结构的状况，要从产、供、销等各个环节分析经营管理组织的优劣，比如有的公司可能具有比较优秀的生产和质量管理的组织体系，但是市场营销方面的组织体系比较混乱，同样也会导致企业经营没有很好的效益。

5. 公司经营战略分析

公司经营战略是指企业面对激烈的市场环境变化和市场竞争的挑战，为了求得长期生存和不断发展而进行的总体性的谋划，是企业长远性、全局性发展思路的集中体现，它从宏观上规定了公司的成长方向、成长速度及实现方式。公司实施经营战略的目的是要在利用企业现有的外部环境和内部条件的基础上，寻找企业发展的新的机会。包括确定企业同外部环境的关系、企业经营范围的变化方向或企业发展成长的方向、企业竞争的策略、企业结构的调整方向等。由于公司经营战略涉及的是企业未来的发展，而未来可能遇到的问题又常常是难以完全预料的，有些是突发性的，所以对公司经营战略的评价通常比较困难，难以标准化。

三、公司结构分析

不同种类的公司有不同的公司结构，不同的公司结构对公司的生产经营有不同的影响，一定的公司结构实际上形成了一定的公司经营环境，所以有必要分析公司的结构。

1. 公司生产模式

各个公司都有自己不同的生产模式，如果能够找出其特征，就会对公司分析提供有益的帮助。就公司生产模式的特点而言，可以从以下几方面进行考察：

(1)公司是接受订单生产还是自主计划生产。接受订单生产有三种情况：一是如机械设备、重型电机、船舶、大型运输车辆等，这些产品都有特殊的要求，必须采取个别生产的方式来完成，生产的是单一产品；二是自己没有营销渠道，产品全部靠分销商统购统销，比如很多纺织品企业都是靠外贸公司的订单来安排生产；三是为大企业配套生产零部件的，比如汽车配件企业等。总的来说，接受订单生产的公司由于对外依赖性比较大，所以经营的稳定性不易把握。如果公司是采取接受订单生产方式，设备利用情况自然是依照订单而定，比如替母公司承包生产的转包公司就属于这种情形，在经济好转时，转包公司的生产一般不会有什么问题，但只要母公司因为某种原因而减少生产时，转包公司就容易受到停工的威胁，所以说，转包公司的经营一般不太稳定。自主计划生产产品的公司生产具有独立性，产品销售也具有独立性，而且生产方式一般都是采取大批量生产的方式，如家用电器、化妆品等普通消费品。一般来说，这类公司因为产品是大批量生产的，而且有自己的销售渠道，所以经营状况相对比较稳定。

(2)公司是采取一贯生产方式还是部分生产方式。从原材料加工到成品生产的全过程都由该公司承担完成，就称为一贯生产方式；而在原材料到成品的整个生产过程中只从事某一部分生产的，就称为部分生产方式。如果公司采取一贯生产方式，就要自行采购原材料，虽然可以节约中间流通成本，但是由于面面俱到，生产效率可能会相对降低，而且受原材料供给的影响很大。原材料供给相对缺少时，公司容易陷入困境。如果公司采取部分生产，因为专门生产某一部分产品，生产效率就会相对提高，生产成本也会随之降低；但是市场需求减少时，所受到的损失相对增加。

(3)公司是劳动集约型公司还是资本集约型的公司。同一数量的劳动所使用的资本很少时，就是劳动集约型公司；而同一数量的劳动所使用的资本很大时，就被称为资本集约型公司。上市公司是劳动集约型还是资本集约型，与公司产品附加价值的大小有关。很显然，资本集约型公司一般也是技术集约型公司，其产品的附加价值通常比较大；而劳动集约型公司相对来说，其产品的附加价值要小一些。

2. 公司商品流通形式

商品流通形式是指商品由生产到消费的运行方式。商品的流通形式有以下几种：(1)厂商—消费者；(2)厂商—零售商—消费者；(3)厂商—批发商—零售商—消费者；(4)厂商—代理商—批发商—零售商—消费者；(5)厂商—各种商会—消费者。一般来说，中间环节越少，商品的销售价格可能越便宜，越有利于公司产品的价格竞争。我们分析公司商品的流通形式，主要是看公司商品的流通形式与商品的特点是否相适应。比如第二种形式适用于零售商大批采购，厂商能够负担大批存货，大批发商不愿意承销；第三种形式则适用于零售商采购量不大而且金额很小，直接委托零售商很难获利，这就需要利用强有力的批发商等。

3. 公司价格形成模式

公司价格形成模式也是公司经营中非常重要的结构性因素。比如，在自由竞争的价格形成模式下的生产经营与在垄断性的价格形成模式下的生产经营，对企业的行为会有不同的影响。根据现代经济的实际运行情况，具体的价格形成模式有：(1)政府控价，如水、电、煤气、电信等，其价格变动要受到政府监管和批准；(2)自由竞争定价，可以由公司根据产品的质量和市场供求状况确定和调整其价格；(3)契约价，由供需双方通过订立合同的方式确定价格，适用于具有较强垄断性的企业以及大型产品的生产企业，如原油、海运及大型船舶的价格等。一般来说，自由竞争价格对公司经营的影响比较大，很容易发生价格大战，要关注容易引起价格大战的相关情况。

四、公司重大事项分析

1. 公司的资产重组

公司资产重组主要包括公司扩张、公司调整、公司控制权变更三大类型。

（1）扩张型公司资产重组。扩张型公司资产重组是指扩大公司经营规模和资产规模的重组行为，通常包括购买资产、收购公司、收购股份、合资或联营组建子公司、公司合并等。

（2）调整型公司资产重组。调整型公司资产重组主要是指在不改变控制权或者基本上不改变公司资产规模条件下的重组，包括不改变控制权的股权置换，不改变控制权的股份与资产置换，不改变公司资产规模的资产置换，缩小公司规模的资产出售、公司分立、资产负债剥离等。

（3）控制权变更型公司资产重组。公司的所有权和控制权变更是公司重组的最高形式，通常公司的所有权决定了公司的控制权，但两者不存在必然的联系。常见的公司控股权及控制权的转移方式有以下六种：股权的无偿划拨、股权的协议转让、公司股权托管和公司托管、表决权信托和委托、股份回购、交叉控股。

上述三类重组类型的划分，是从单一上市公司视角出发的。在实践中，一个重组行为有时可以同时包含三个类型。比如收购公司，对收购方来说，是一种扩张行为；而对目标公司来说，是一种控制权或所有权的转移行为；而对目标公司的出让方来说，又是一种收缩或调整行为。

2. 公司关联交易分析

公司关联交易是指关联方之间转移资源、劳务或义务的行为，而不论是否收取对价。《企业会计准则第 36 号——关联方披露》第三条对关联方进行了界定，即“一方控制、共同控制另一方或对另一方施加重大影响，以及两方或两方以上同受一方控制、共同控制或重大影响的，构成关联方”。所谓控制，是指有权决定一个企业的财务和经营政策，并能据此从该企业的经营活动中获取利益；所谓共同控制，是指按照合同约定对某项经济活动所共有的控制，仅在与该项经济活动相关的重要财务和经营决策需要分享控制权的投资方达成一致同意时存在；所谓重大影响，是指对一个企业的财务和经营政策有参与决策的权力，但并不能够控制或者与其他方一起共同控制这些政策的制定。常见的关联交易主要有关联购销、资产租赁、担保、托管经营、承包经营、共同投资等。

从理论上说，关联交易属于中性交易，它既不属于单纯的市场行为，也不属于内幕交易，其主要作用是降低交易成本，促进生产经营渠道的畅通，提供扩张所需的优质资产，有利于实现利润最大化等。但在实际操作中，关联交易有其非经济特性。关联交易价格可由关联双方协商决定，特别是在我国评估和审计等中介机构尚不健全的情况下,关联交易就容易成为企业调节利润、避税和一些部门及个人获取私利的途径,这往往使中小投资者的利益受到损害。

在实际经济活动中经常可以看到的做法是,当上市公司经营业绩不理想时,集团公司或者调低上市公司应缴纳的费用标准,或者承担上市公司的相关费用,甚至将以前年度已缴纳的费用退还,从而达到转移费用、增加利润的目的。此外,由于各类资产租赁的市场价格难以确定,租赁活动也很容易成为上市公司与集团公司等关联公司之间转移费用、调节利润的手段。当上市公司利润水平不理想时,集团公司会调低租金价格,或以象征性的价格收费,或上市公司按照远高于市场价格的租金水平将资产租赁给集团公司使用。上述这些都是有利于上市公司的关联交易,但是也有一些反向的不利于上市公司的关联交易存在,如果发生的话,将会对上市公司的股价产生明显的负面影响。

3. 会计政策和税收政策变化的影响分析

(1)会计政策的变化以及对公司的影响。会计政策是指企业在会计确认、计量和报告中所采用的基本原则和会计处理方法。公司基本上是在法规所允许的范围内选择适合本公司实际情况的会计政策。当会计制度发生变更,或公司根据实际情况认为需要变更会计政策时,公司可以变更会计政策。公司的会计政策发生变更将影响公司年末的资产负债表和利润表,如果采用追溯调整法进行会计处理,则会计政策的变更将影响公司年初以及以前年度的利润、净资产、未分配利润等数据。

(2)税收政策的变化及其对公司的影响。税收政策的变更也将对上市公司的业绩产生影响,比如增值税的出口退税政策的改变。增值税作为价外税,其出口退税是指销售时免征增值税,同时将购进时支付的增值税进项税额退给公司,这就意味着产品是以不含税的价格进入国际市场,从而提高了公司的竞争力。这对出口比重比较大的上市公司来说,这一政策对经营会产生明显有利的影响。由于增值税的出口退税额作为一种收益只计入会计利润而不计入应纳税所得额,因而不需要征收企业所得税。我国实行的新税法,预计将对较高税率的银行业、通信服务业和批发零售业产生较大影响。两税合并后,目前实际所得税较高的银行业将通过当前应纳税所得和递延税款两方面影响其所得税费用。此外,所得税政策改革趋势还会影响上市公司的价值重估。

五、上市公司基本状况分析的调研报告

走访和实地调查上市公司,是公司分析中的一项很重要的工作。调研的目的就是尽可能多地了解和掌握上市公司的外部环境和内部条件,从而对上市公司的优势和劣势有比较充分的认识。根据实际调查得到的第一手资料以及上市公司的信息披露资料,可以将两者结合起来,撰写公司基本情况的分析报告。分析报告可以从以下几方面展开:

1. 公司背景情况和历史沿革

公司的基本性质、关联企业情况、公司的资本和生产规模、股本结构和主要大股东情况、公司的主营业务和利润的主要来源、公司发展的历史沿革等。

2. 公司经营管理状况

高层管理人员的经历和能力、公司员工的技术层次和培训制度、公司的工资制度、公司的组织结构与管理体制、生产能力和生产效率、原材料的采购和供应等。

3. 公司市场营销情况

公司产品的价格需求弹性和收入需求弹性、产品销售的周期波动、主要客户组成及与主要客户的关系、产品覆盖的地区和市场占有率、产品的主要竞争对手、顾客满意度、销售成本的水平和控制能力等。

4. 公司研究开发状况

公司研究开发的重点项目情况、研究设施与研究人员的情况、研究开发费用的支出情况、新产品的开发频率等。

5. 公司融资和投资情况

公司的融资方式和结构、融资资金的主要用途、主要投资项目的基本情况以及投资项目的收益情况。

6. 公司所属行业情况

包括行业的生命周期特点、行业的经济周期特点、行业的增长动力特点以及行业的发展前景特点等内容。

第三节　公司财务状况分析

一、公司财务状况分析简介

公司财务状况分析是对公司进行量的分析，上市公司的获利能力、偿债能力、资金流动状况等财务状况是上市公司股价的基础。通过对上市公司财务数据的比较和分析，投资者可以基本掌握公司的运营情况，预测公司未来的经营前景，判断公司股票的投资价值，作出合理的投资决策。

财务状况分析也叫做财务报表分析，就是将公司财务报表中的会计资料予以适当的安排，使之显示各项信息之间有意义的相互关系，进而分析和解释这些关系，以帮助投资者了解和评价公司过去的经营业绩，衡量公司目前的财务状况，并预测公司未来的发展前景。

在公司财务状况的分析中，主要是以比率分析为最主要的分析工具，可以将比率进行纵向比较、横向比较、与标准比较以及综合比较。对于投资者来说，财务分析的资料主要来自于上市公司的招股说明书、上市报告书、定期公布的财务报表等上市公司的信息披露资料。

二、上市公司会计审计报告与审计意见的基本类型

公司财务状况分析的主要依据是通过信息披露渠道公开发表的公司季报、中报或年报等各类会计报表，会计报表的真实性，是公司财务分析首先要考虑的问题，对于真实性的判断，我们一般只能依赖审计报告。审计报告是注册会计师根据独立审计准则的要求，在实施了必要的审计程序后出具的对被审计单位的会计报表发表审计意见的书面文件。注册会计师根据审计结果和被审计单位对有关问题的处理情况，形成不同的审计意见，出具四种基本类型的审计意见报告。

1. 无保留意见的审计报告

无保留意见的审计报告是指注册会计师对被审计单位的会计报表，依照中国注册会计师独立审计准则的要求进行审查后，确认被审计单位采用的会计处理方法遵循了会计准则及有关规定，会计报表反映的内容符合被审计单位的实际情况，会计报表的内容完整、表述清楚、无重要遗漏，报表项目的分类和编制方法符合要求，因而对被审计单位的会计报表无保留地表示满意。无保留意见意味着注册会计师认为会计报表的内容是合法、公允和一贯的，能够满足非特定多数利害关系人的共同需要。

2. 保留意见的审计报告

保留意见的审计报告是指注册会计师对会计报表的内容有所保留的审计意见。注册会计师经过审计以后，认为被审计单位的会计报表就其整体而言是恰当的，但还存在着以下情况之一时，就应该出具保留意见的审计报告。

(1)个别重要的会计事项的处理或者个别重要的会计项目的编制不符合《企业会计准则》和国家其他有关财务会计法规的规定，而且被审计单位拒绝进行调整。

(2)因审计范围受到局部限制，无法按照独立审计的要求取得应有的审计证据。

(3)个别会计处理方法的选用不符合一贯性原则。

3. 否定意见的审计报告

否定意见的审计报告正好与无保留的审计意见相反，认为会计报表不能够合法、公允、一贯地反映被审计单位的财务状况、经营成果和现金流动情况。注册会计师在经过审计以后，认为被审计单位的会计报表存在以下情况之一的，就应当出具否定意见的审计报告：

(1)会计处理方法的选用严重违反《企业会计准则》和国家其他的有关财务会计法

规的规定，而且被审计单位拒绝进行调整。

（2）会计报表严重歪曲了被审计单位的财务状况、经营成果和现金流动情况，而且被审计单位拒绝进行调整。

4. 无法（拒绝）表示意见的审计报告

无法（拒绝）表示意见的审计报告是指注册会计师对被其进行审计单位的会计报表是否具备合法性、公允性、一贯性的要求无法发表意见。

三、财务报表中的比率分析

财务报表中的比率分析方法就是将同一时期的相关联的项目进行对比，计算其比值，揭示它们之间的内在关系，以此来评价公司的财务状况和存在的问题。其特点是将同一时期里的财务报表中不同项目进行对比，既可以在同一张财务报表中的不同项目之间进行对比，也可以在两张财务报表中（比如资产负债表和损益表）的有关项目之间进行对比，用比率来反映它们的相互关系，并据此发现公司经营中存在的问题、评价公司财务状况的优劣。在证券投资分析中，经常用各种财务比率来分析公司的资本结构、偿债能力和盈利能力。

当我们获得了一些财务比率的数据，并据此给某一公司的业绩进行评估时，肯定需要有一个比较的基准。通常比较的基准来自于横向与纵向的关系。就纵向关系而言，主要是同一指标的历史数据；就横向关系而言，则主要是同行业中其他公司的同一指标。此外，从证券投资分析的需要出发，大致可以将财务报表的分析分为五大类，简称“五力分析”，即安定力分析、收益力分析、活动力分析、成长力分析和生产力分析。

1. 安定力分析

安定力分析就是测试企业的经营基础是否稳固，企业的财务结构是否合理，偿债能力是否具备。一个企业如果没有足够的偿债能力，那么即使获利能力再高，也是很危险的。如果企业应付突发事件的能力很弱，那么企业的经营是潜伏着危机的。一个企业只有在安定力上过了关，才能有条件和基础去平稳发展。安定力分析包括短期偿债能力分析和长期偿债能力分析。

（1）短期偿债能力分析。企业短期偿债能力又称短期周转能力，是指企业以流动资产支付流动负债的能力，一般用于衡量短期偿债能力大小的指标有：

①流动比率。流动比率又称运营资金比率，是衡量企业短期偿债能力最常用的一种比率，它以流动资产除以流动负债而得，即：流动比率＝流动资产/流动负债。

计算流动比率所需要的数据，在资产负债表中就能够得到。由于企业的流动负债经常是依靠流动资产来偿付的，所以计算流动资产与流动负债的关系，可以测量公司短期偿债能力的强度。一般来说，流动比率越高，企业短期偿债能力越强，根据经验数据，流动比率达到200%以上才符合标准。但是比率太高，表示资金运用发生呆滞，没有有效运用，一般认为600%以上，表示资金运用过于呆滞。总体而言，某一公司计算出来的流动比率，只有和同行业平均流动速率、本公司历史的流动比率进行比较，才能知道这个比率是高还是低。

但是，流动比率会因企业的特征不同而有所不同。比如，银行类公司的流动比率经常会小于2，但这并不等于说银行的短期偿债能力比较差，因为银行接受的存款额经常会高于其贷款额。此外，营业周期比较长的公司其流动比率通常相对较高，而零售业公司的流动比率一般要比制造业公司低一些。

在运用流动比率来分析公司短期偿债能力时，需要考虑动态的因素，应注意观察该公司最近5年流动比率的走势是否有逐年降低的倾向，如果有的话，应追究其原因何在，并分析是否有继续恶化的趋势。此外，还要注意观察是否存在虚构流动比率的情况，比如通过筹措长期借款或出售固定资产来增加现金，虽然可以促使流动比率增加，但是这种流动比率的虚构上升并不一定能够增强公司的偿债能力，反而暴露出公司可能存在不可告人的缺陷。

②速动比率。由于流动资产中各项目的变现能力不尽相同，所以在衡量企业短期偿债能力时，除流动比率以外，还应对流动资产的构成加以分析，这就需要计算速动比率指标。速动比率也被称为酸性比率，之所以要在计算流动比率的基础上进一步计算速动比率，是因为在流动资产中包括存货，它并不代表易变现的资产。一是因为有些存货容易过时或腐败而失去价值；二是因为有些存货是预留给某些特定债权人而不能变现。

速动比率＝速动资产/流动负债

速动资产＝流动资产－存货－预付费用

速动资产是流动资产的一部分，是流动资产中能够比较容易变现的资产。它把流动资产中不能够立即变现的存货和无法变现的预付费用加以剔除，仅包含流动资产中的现金、银行存款、短期投资、应收票据及应收账款等较容易变现的资产。一般认为，速动比率等于100%比较适当，不宜太高，也不能太低。在分析流动性时，流动比率与速动比率通常可以配合使用。在单期财务报表中，如果流动比率大于200%，看上去流动性应该没有问题，但是如果速动比率小于100%，说明公司的存货或预付费用过多，实际的流动性存在一定的问题。但是，在运用速动比率指标时，也要注意因公司性质不同而有所差异，不能够一刀切。比如，像零售业和其他以现金交易为主的公司，并无应收账款项目，所以其速动比率指标经常会小于1，但这并不代表其短期偿债能力比较薄弱。不同行业的速动比率会有很大差别，没有统一标准。

(2)长期偿债能力分析。长期偿债能力分析又称公司资本结构或财务结构分析，这是因为企业未来的长期偿债能力有很多不可控制的因素，只能通过间接的方式即公司资本结构分析的方式予以评估。所谓资本结构无非是指企业自有资金与借入资金的比重，如果企业拥有的自有资本比重比较高，说明企业结构比较健全，长期偿债能力比较可靠；反之，则说明企业资本结构脆弱，长期偿债能力比较差。具体用于衡量企业长期偿债能力的指标有以下几种：

①负债率（负债比率）。公司的资产总额等于负债总额加上股东权益总额，负债总额除以资产总额就是负债率，负债率实际上就是借入资本比率。

负债率＝负债总额/资产总额

负债率在70％～75％以上，一般认为指标值太高，长期偿债能力有问题。但是，负债率太低，也未必是好事，它会降低财务杠杆作用的发挥，对股东未必有利。一般认为，负债率在25％～30％以下时，指标值太低，不利于财务杠杆作用的发挥。总之，对于负债率指标不能够极端化，过高或者过低都会产生负面作用。

同样，负债率也会因公司经营性质的不同而有所差异。比如，有些公司拥有大量的房地产，其市场价格往往高于账面价值多倍。如果以账面价值计算其负债率可能会显得负债率指标偏高。但这并不能够说明该公司的长期偿债能力有问题，因为房地产的市场价格很高，导致其实际的负债率相应被降低。

②权益率（权益比率）。既然公司的资产总额等于负债总额加上股东权益总额，负债总额除以资产总额就是负债率，那么股东权益总额除以资产总额就是权益率。

权益率＝股东权益总额/资产总额

权益率实际上就是公司的自有资本比率，权益率和负债率之间存在着此消彼长的关系，1减去负债率就等于权益率。负债率太高，就是权益率太低；负债率太低，就是权益率太高。在金融业特别是银行业，权益比重一般要比其他行业低很多，也就是负债率可以比其他行业高很多。国际清算银行的《巴塞尔协议》规定，商业银行的自有资本比率不能够低于8％。

③固定资产对股东权益比率。

固定资产对股东权益比率＝固定资产/股东权益

此项比率除可以测试企业的长期偿债能力以外，也可以显示企业固定资产投资是否适当，企业是否存在短期资金长期使用而可能造成的财务风险。该比率如果小于100％，表示企业购置的固定资产所需资金全部来自股东，公司经营比较稳健；此比率如果大于100％，则表示企业购置固定资产所需的资金有一部分来自于债权人，公司经营不太稳健。

④固定资产对长期资金比率。

固定资产对长期资金比率＝固定资产/长期资金

长期资金＝股东权益＋长期负债

这个比率在分析意义上与固定资产对股东权益比率相同，如果该比率大于100%，表示企业长期资金尚不足以购置固定资产，还必须动用一部分短期债权人(流动负债)的资金，存在着短期资金长期使用的现象。

⑤有形资产净额对长期负债比率。

有形资产净额对长期负债比率=有形资产净额/长期负债

有形资产净额=资产总额-无形资产

这个比率主要衡量公司的资产清算价值对长期负债的保障程度，这是因为考虑到一般企业在取得长期性借款或发行债券时，必须要以其有形资产作担保品。很显然，这个比率大于100%，表示长期负债的债权人有较好的保障。

⑥固定资产对长期负债比率。

固定资产对长期负债比率=固定资产/长期负债

该指标的意义和前面的有形资产净额对长期负债比率基本相同，也是用于衡量长期负债的保障程度。如果该比率大于100%，表示长期负债的债权人有较好的保障。

⑦利息保障倍率。

利息保障倍率=息税前利润/本期利息支出

这是测验公司用所获得的纯利承担应支付利息的能力。很显然，倍率越大，说明公司越有雄厚的盈利来支付利息费用，公司债权人的利息越有保障。而且，即使债务到期，也很容易被银行允许再度延长借款期限，而不必立即偿还本金。一般来说，利息保障倍率应至少大于2，以代表公司具有良好的长期偿债能力。在分析此倍率时，也应考察最近5年来的变动情况，如果5年来倍数高而且稳定，则公司的长期偿债能力比较强；如果5年来不稳定，则说明该公司的长期偿债能力不是很可靠。此外，有些公司因为特殊的资本结构而导致债务比重高，从而使利息保障倍率比较低，但这并不代表此类公司的长期偿债能力很差。比如，电力公司经常发行大量的长期债券以应付庞大的设备支出，利息保障倍率看上去都很低；但是，电力的需求比较稳定，再加上政府对电费的规范管理，使其盈利足够支付利息。

⑧固定支出保障倍率。利息保障倍率只是分析公司盈利对利息的支付能力，并没有考虑到其他的固定支出。所以有必要将保障范围进一步延伸至资本化租金等固定支出，这个新倍率就是所谓的固定支出保障倍率。

$$\text{固定支出保障倍率}=\frac{\text{税前利润}+\text{利息}+\text{资本化租金}}{\text{利息}+\text{资本化租金}}$$

资本化租金是指公司承租长期性的生产或销售设备所必须支付的租金，在证券投资分析中，一般以3.5倍作为标准来判断公司对长期固定支出的保障能力。如果公司的固定支出保障倍率大于3.5，表示对固定支出债权人有雄厚的保障；如果低于3.5，则表示对长期固定支出的保障能力较弱;如果低于 2,则说明该项保障能力很薄弱;如果进一步低于 1,可以认定公司将无力支付长期固定支出。

2. 收益力分析

收益力又叫获利能力,是公司持续存在和发展的必要条件,也是决定和影响公司股票投资者获得股息、红利和资本利得的主要因素。所以,收益力是与证券投资关系比较直接的主要分析要素。公司获利能力的分析可以从股东及公司两方面来进行,有些财务指标直接反映股东投资企业所能够获得的投资报酬水平,称为股东获利能力;有些指标则反映公司经营中的整体获利能力。

(1)股东获利能力分析。

①每股盈余。每股盈余是指公司普通股每股在一年中所获得的盈余,是投资者评价股票价值时的重要指标。

每股盈余=(税后利润-优先股股利)/发行在外的普通股股数

每股盈余的计算关键在于普通股股数的确定,一般来说,如果年度中的股数未发生变动,以年终股数计算;如果年度中增发新股时,新股要按实际流通期间占全年度的比率折合计算;年度中如果发放股票股利或者实施股票分割时,不论在一年中何时发生,均应看作期初发生,以发放股票股利和股票分割后的股数作为计算基础。

比如,某公司 2016 年 1 月 1 日创立时发行普通股 10 万股,9 月 1 日增发 6 万股,2017 年 4 月 1 日又增发普通股 4 000 股,同年 11 月 1 日为便于股票交易,又将原来股票数每股拆成 10 股。2018 年 3 月 12 日公司又发放 20%的股票股利。在这种情况下:

2016 年的普通股股数应为:100 000+60 000×4/12=120 000(股)

2017 年的普通股股数应为:160 000+4 000×9/12=163 000(股)

163 000×10=1 630 000(股)

2018 年的普通股股数应为:1 640 000×1.2=1 968 000(股)

②本益比。本益比又称市盈率,是指投资者获得每股盈余所付出的成本,每股盈余一般都是指每股的税后利润。一般来说,市盈率的倍数越低,说明股价越是被低估,投资的风险越小,今后股价上涨的潜力越大;反之,说明股价越是被高估,投资的风险越大,今后股价进一步上涨越困难。

本益比(市盈率)=每股市价/每股盈余

在运用市盈率指标的时候,可以用存款利率的倒数来大致估算当前市盈率水平是否过分偏离投资价值。假如,当前银行存款的年实际利率为 1.8%,以其倒数计算,股市相对应的参考市盈率在 55 倍左右。此外,对市盈率是否高低的判定不存在千篇一律的标准,特定市场市盈率的高低受多种因素影响。从各国经济发展的历史经验来看,资本市场在各国经济的快速增长期中,发挥了为经济发展提供低成本直接融资的重要作用，其中必然伴随高市盈率现象，所以发展中国家新兴市场的市盈率通常会适当地高于发达国家成熟市场的市盈率水平。就同一个市场而言，在不同的板块之间也会存在市盈率水平的差异，比如中小企业板以及创业板市场的股票，由于上市公司盘子的规模相对比较小，所以其平均市盈率水平要高于主板市场的平均市盈率水平。

③本利比。本利比与本益比的道理相近，只是用每股股利代替每股盈余。所以，其计算公式为：

$$本利比=每股市价/每股股利$$

因为公司的盈余不可能全部派发股利，所以本利比通常要比本益比高。但是，判断的原理是一致的，即本利比越高，说明股价越是高估；反之，则说明存在低估现象。

④普通股权益报酬率。普通股权益报酬率是指普通股股东的投资回报率，如果公司没有发行优先股，那么普通股权益报酬率就等于股东权益报酬率或者自有资本报酬率，该比率当然越高越好。其计算公式为：

$$普通股权益报酬率=(税后利润-优先股股利)/平均普通股权益$$

上述平均普通股权益是指期初普通股权益与期末普通股权益的平均，因此：

$$平均普通股权益=\frac{(期初股东权益总额-期初优先股)+(期末股东权益总额-期末优先股)}{2}$$

权益报酬率也可以称为股本收益率（Return On Equity，ROE），是衡量一家公司收益增长前景的重要指标之一，通常我们可以假设未来的权益报酬率与过去近似是合理的，因此可以将当前的数据作为判断未来收益水平的依据。但是，过去的权益报酬率高不等于公司将来的权益报酬率也一定比较高。此外，如果权益报酬率在下降，说明公司新的投资提供了一个比过去投资偏低的权益报酬率，在这种情况下我们可以预期未来的股本收益率可能会低于最近的股本收益率。在收益能力分析的时候，一定要牢记不要把历史价值看成未来价值的指示器，应该把关注的重点放在未来，因为未来的收益预期决定了股票的内在价值以及价格的走向。

在分析权益报酬率的时候，一定要注意财务杠杆的问题，即必须非常关注公司的资本结构（债务与股权比例）。因为，权益报酬率与总资产报酬率［资产收益率（Return On Assets，ROA）］和杠杆比例之间存在着确切的关系。由于资产报酬率＝税前利润/总资产，权益报酬率＝净利润/股东权益，因此[①]：

---

① $$ROE=\frac{净利润}{股东权益}=\frac{息税前利润-利息-所得税}{股东权益}=\frac{(1-税率)(息税前利润-利息)}{股东权益}$$
$$=(1-税率)\left[\frac{(ROA\times资产)-(利率\times负债)}{股东权益}\right]$$
$$=(1-税率)\left[ROA\times\frac{股东权益+负债}{股东权益}-利率\times\frac{负债}{股东权益}\right]$$
$$=(1-税率)\left[ROA+(ROA-利率)\times\frac{负债}{股东权益}\right]$$

$$\text{ROE}=(1-\text{税率})\times\left[\text{ROA}+(\text{ROA}-\text{利率})\times\frac{\text{负债}}{\text{股东权益}}\right]$$

上述公式表明，如果公司没有债务或者公司的总资产报酬率等于其债务利率，那么公司的权益报酬率将仅仅等于(1－税率)×总资产报酬率；如果公司的总资产报酬率大于利率，那么它的权益报酬率将大于“(1－税率)×总资产报酬率”，而且债务与权益比率越高，权益报酬率也会越高。所以，只有当公司的总资产报酬率大于债务利率的时候，增加的负债才能够为公司的权益报酬率提供一个正向的贡献。但是，财务杠杆增加了股东收益的风险，如果是周期性的公司，其财务杠杆的风险更大。

为了进一步了解影响公司权益报酬率的因素，可以将权益报酬率分解成一系列的比率，每一种比率都有其自身的含义，这种分解法经常被称为杜邦系统(DuPont System)。即：

$$\text{ROE}=\underset{(1)}{\frac{\text{净利润}}{\text{税前利润}}}\times\underset{(2)}{\frac{\text{税前利润}}{\text{息税前利润}}}\times\underset{(3)}{\frac{\text{息税前利润}}{\text{销售额}}}\times\underset{(4)}{\frac{\text{销售额}}{\text{资产}}}\times\underset{(5)}{\frac{\text{资产}}{\text{股东权益}}}$$

其中，因子(1)是税后利润与税前利润的比率，也可以称之为税负担比率，它的数值既反映了政府的税收政策，也反映了公司的避税政策。因子(2)税前利润与息税前利润的比率，也可以称之为利息负担比率。很显然，当公司不用向其债权人支付利息时，税前利润将达到最大；另外，财务杠杆的作用程度越高，则利息负担比率越低。因子(3)是公司的营业利润率或销售利润率，显示了每 1 元的销售收入可获得的营业利润。因子(4)是销售收入与资产的比率，可以称之为资产周转率，它表明公司利用资产的效率，测量 1 元的资产可以产生多少销售收入。因子(5)资产与股东权益比率，它可以测量公司财务杠杆的程度，也可以称之为杠杆率。为了测量杠杠作用在整个权益报酬率结构中的全部影响，可以使用复合杠杠因子的概念，它是利息负担比率与杠杠率的乘积。由于：

权益报酬率＝税收负担比率×利息负担比率×营业利润率×资产周转率×杠杆率

资产收益率＝营业利润率×资产周转率

复合杠杆因子＝利息负担×杠杆率

因此：

权益报酬率＝税收负担比率×资产收益率×复合杠杆因子

⑤现金收益率。现金收益率也可以称为股利收益率，是衡量股东按当前市场价格买入所能够实现的股利报酬率。其计算公式为：

现金收益率＝每股现金股利/每股市价

在一般情况下，可以将现金收益率与银行存款利率进行比较，如果现金收益率超过银行存款利率，则说明投资价值比较明显；反之，如果过于低于银行存款利率，在股价缺乏上涨动力、难以获得资本利得的前提下，表明投资价值不明显。

(2)公司获利能力分析。

①毛利率。在商品生产行业,毛利是销售收入减去销售成本的余额,在服务行业,毛利是劳务收入减去劳务成本的余额。毛利减去管理等各种费用就是营业收益,营业收益加上营业外收入减去营业外支出,就是税前纯益。

毛利率=毛利/销售收入

与毛利率类似的还有营业收益率、税前纯益率、纯益率等。

营业收益率=营业收益/销售收入

税前纯益率=税前纯益/销售收入

纯益率=本期纯益/销售收入

显然,上述各项指标越高,说明公司获利能力越强。

②总资产报酬率。总资产报酬率是衡量公司全部资源运用效果的指标,它可以综合地反映公司的获利能力,可以分税前总资产报酬率和税后总资产报酬率。

税前总资产报酬率=(税前息后纯利润+利息收入)/平均总资产

税后总资产报酬率=(税息后纯利润+利息收入)/平均总资产

平均总资产=(期初总资产+期末总资产)/2

在上述计算公式里,分子部分都加了利息收入,主要是考虑到利息也是企业运用总资产获得的收入,而资产报酬率作为衡量企业利用全部资源所产生利润大小的指标,并不考虑资源的来源是股东还是债权人。当然,对于股东来说,只有当税前总资产报酬率高于企业举债时的利率时,他们才能够从公司债务经营中获得财务杠杆的好处。

上述毛利率或者总资产报酬率,只有对同一行业的公司进行比较时才有较大的意义。如果进行跨行业的比较,经常会没有太大的意义甚至会发生误导。所以对很多重要的比率,必须按照不同的行业标准来理解。

3. 活动力分析

公司活动力分析可以反映公司资产运用的效率和公司经营的能力,通过活动力分析,可以了解一家公司是否能够充分地运用其现有的资产。一家公司资产运用的效率,归根结底是各种资产的周转状况。周转率越高、周转期越短,表明资产运用的效率越高;反之,则表明资产运用的效率越低。分析活动力的指标主要有:

(1)总资产周转率。总资产周转率是衡量公司总资产运用效率的指标,具体的衡量方法是以销售收入为基准,将公司全年的销售收入除以公司平均总资产,它表示公司总资产全年的周转次数或者每1元的总资产能够带来多少销售收入。所以:

总资产周转率=销售收入/平均总资产

平均总资产=(年初总资产+年末总资产)/2

根据总资产周转率的高低,可以判断公司的总资产是否得到充分的利用。总资产周转速度越快，意味着总资产的利用效率越高；反之，则越低。

另外，我们也可以得到总资产平均周转天数：

总资产平均周转天数＝365 天/总资产周转率

为了进一步了解总资产周转率好坏的原因，可以分别对各类具体的周转率进行计算和评估。

(2)固定资产周转率。与总资产周转率的原理相同，固定资产周转率就是销售收入与平均固定资产之间的比率，表示固定资产全年的周转次数。

固定资产周转率＝销售收入/平均固定资产

平均固定资产＝(年初固定资产＋年末固定资产)/2

根据固定资产周转率可以检测公司固定资产的利用效率。固定资产周转率越高，表明固定资产的周转速度越快，固定资产的闲置越少；反之，则表明固定资产的闲置比较严重。

同样，根据固定资产周转率也可以算出固定资产平均周转天数：

固定资产平均周转天数＝365 天/固定资产周转率

(3)流动资产周转率。流动资产周转率就是销售收入与平均流动资产之间的比率，它表示流动资产全年的周转次数。

流动资产周转率＝销售收入/平均流动资产

平均流动资产＝(年初流动资产＋年末流动资产)/2

流动资产周转率越高，表明流动资产的利用效率越高。根据流动资产周转率也可以计算出流动资产平均周转天数：

流动资产平均周转天数＝365 天/流动资产周转率

(4)资本周转率。资本周转率是销售收入与股东权益的比率，反映的是公司自有资本的利益效率。

资本周转率＝销售收入/平均股东权益余额

平均股东权益余额＝(年初股东权益余额＋年末股东权益余额)/2

这一比率的高低关系到股东投入的资本是否得到充分的利用。资本周转率越高，表示自有资本运用效率越高。但是，资本周转率过高，也反映公司可能过度依赖举债经营，自有资本过少。同样，我们也可以算出资本平均周转天数：

资本平均周转天数＝365 天/资本周转率

(5)应收账款周转率。应收账款是指未得到现金的销售收入，其变现的速度反映了资金使用的效率。应收账款周转率就是销售收入与平均应收账款的比率，其计算公式是：

应收账款周转率＝销售收入/平均应收账款

平均应收账款＝(年初应收账款＋年末应收账款)/2

同样，可以应收账款平均回收天数来判断应收账款的变现能力：

应收账款平均回收天数＝365 天/应收账款周转率

应收账款周转率越高，周转天数越短，表明公司收账越快；反之，则说明公司应收账款的变现过于缓慢，应收账款的管理缺乏效率。在计算以上两个指标时，要注意以下几个问题：

第一，严格地说，销售收入应采用赊销净额，不应包括现销额，否则现销部分与赊销部分在销售收入中比重的变化，将会影响分析结果。因此，在公司内部分析时，应尽量采用赊销净额，但是在企业公开发表的资料中，很少表明赊销数字，分析人员很难把销售收入分为赊账销售部分和现金销售部分，只能用总的销售收入来代替。

第二，应收账款应是扣除估计坏账损失后的净额，为了消除季节的影响，最好采用月度应收账款平均余额进行计算，月度平均余额须将年初和各月底共 13 个数字加总后除以 13 得出。

第三，将平均收账天数与公司授信期间进行比较，可以看出应收账款品质的好坏。公司授信期间是指公司允许客户赊账的最长期限，如果平均收账期超过公司在赊销条件中规定的最长欠款偿还期限，说明公司催款不力，客户拖欠严重，公司有较多的资金呆滞在应收账款上。

(6)存货周转率。存货周转率是指销货成本与平均存货余额的比率，用来衡量公司存货周转的速度，可以检测公司推销商品的能力。

存货周转率＝销货成本/平均存货余额

平均存货余额＝(期初存货＋期末存货)/2

存货平均周转天数＝365 天/存货周转率

存货周转速度与公司的获利能力直接相关，应加以重点关注。存货周转率越高，说明公司控制存货的能力越强，利润率也会越高；存货周转率越低，说明公司存货过多，不仅会占用资金，影响资金的流动性，而且还会增加仓储费用，使产品损耗和过时。在计算存货周转率时也要注意以下几个问题：

第一，对于存货的估价方法，每年应该保持一致。如果期初与期末的库存变动幅度不大，可以用期末的存货余额作为计算标准，否则应采用期初与期末的平均数。如果每月的存货变化很大，为获得准确的分析结果，应按照 2 个月予以平均。

第二，销货成本的数字在一般情况下可以在损益表中查到，如果查不到可以用销货收入来代替。但是在销货收入中因为含有毛利的因素，所以求得的存货周转率准确性比较差。

(7)现金周转率。现金周转率是指销售收入与现金的比率，可以用来衡量公司运用现金效率的高低，同时也可以据此分析公司是否保持足够的现金以应付经营的需要。

$$现金周转率=销售收入/平均现金余额$$

$$平均现金余额=(年初现金+年末现金)/2$$

$$现金平均周转天数=365天/现金周转率$$

一般而言,无论何种企业,其销售收入与现金之间必须保持某种适当的关系。如果比率太低,说明公司有闲置资金和不必要的现金存在;如果比率太高,显示公司有可能出现现金短缺情况,从而发生流动性危机。

(8)营运资金周转率。营运资金周转率就是销售收入与平均营运资金的比率,是衡量营运资金运用效率的指标。其计算公式是:

$$营运资金周转率=销售收入/平均营运资金$$

$$平均营运资金=(年初营运资金+年末营运资金)/2$$

$$营运资金=流动资产-流动负债$$

$$营运资金平均周转天数=365天/营运资金周转率$$

对于营运资金周转率的问题,应该与现金周转率是基本相同的,比率太低说明公司营运资金使用的效率不好,但是太高则可能隐含着营运资金不足的问题。

4. 成长力分析

成长力分析主要是考察反映公司发展状况的各项指标的增长情况,以此来判断公司的发展前景。测试的主要指标有:

(1)股东权益增长率。

$$股东权益增长率=\frac{本期股东权益-基期股东权益}{基期股东权益}\times 100\%$$

(2)每股净资产增长率。

$$每股净资产增长率=\frac{本期每股净资产-基期每股净资产}{基期每股净资产}\times 100\%$$

(3)固定资产增长率。

$$固定资产增长率=\frac{本期固定资产-基期固定资产}{基期固定资产}\times 100\%$$

(4)销售收入增长率。

$$销售收入增长率=\frac{本期销售收入-基期销售收入}{基期销售收入}\times 100\%$$

(5)税后利润增长率。

$$税后利润增长率=\frac{本期税后利润-基期税后利润}{基期税后利润}\times 100\%$$

成长力的相关指标都是同一个财务指标的本期数据与前几期数据进行比较,用于反映公司的发展趋势。比较的方式可以分为同比和环比。同比是指本期与上一年度的同一日期进行比较,比如今年 3 月与去年 3 月进行比较就是同比;环比是指本期与前一相隔日期进行比较,比如今年 3 月与今年 2 月进行比较就是环比。

5. 生产力分析

生产力分析就是对公司为了维持其永续生存,从事生产活动所创造的经济附加价值(Economic Value Added,EVA)的大小进行分析。虽然在公司的财务分析中,普遍都用各种利润率来衡量公司的业绩,但是仅利用利润率来测度公司业绩是很不全面的。因为一家公司只有在其收益率超过投资者在资本市场中的期望收益率时,其经营活动才算是成功的。也就是说,只有在公司得到的扩大再生产资金的收益率高于资本的机会成本,即市场的资本化利息时,这些扩大再生产的资金才能够增加公司股票的市净率(股票市价与每股净资产的倍率)水平。所以,可以用资产收益率(ROA)与资本的机会成本(k)之间的差异来衡量经济附加价值的大小,经济附加价值就是 ROA 与 k 的差额乘以投资到公司的资本额,它测量的是公司的收益中超过机会成本的那部分价值。所以,所谓经济附加价值就是公司所创造出的新的价值,在财务指标上,经济附加价值是税后净营业利润与全部资本成本的差额,即:

经济附加价值(EVA)①=税后净营业利润-全部资本成本

用来测试公司生产力的指标主要有以下几个:

(1)附加价值率。

附加价值率=附加价值/营业收入

(2)人均附加价值。

人均附加价值=附加价值/平均从业人员

平均从业人员=(年初从业人员+年末从业人员)/2

(3)资本投资效率。

资本投资效率=附加价值/资本总额

(4)人力使用效率。

人力使用效率=附加价值/用人费

(5)人均产值。

人均产值=总产值/平均从业人员

① $EVA=(ROIC-WACC)\times IC=NOPAT-COIC$,其中,$ROIC$ 是投入资本报酬率,$WACC$ 是加权平均资本成本,IC 是投入资本,$NOPAT$ 是税后净营业利润,$COIC$ 是投入资本成本。资本的加权平均成本=[(债务/总资本)×债务成本×(1-税率)]+(股权/总资本)×股权成本=$D/(D+E)\times Rd\times(1-t)+E/(D+E)\times[Rf+\beta(Rm-Rf)]$。

式中,D 表示债务,E 表示股东权益,$D/(D+E)$ 表示资产负债率,$E/(D+E)$ 表示资产权益率,t 表示所得税税率,Rd 表示债务到期收益率,Rf 表示无风险收益率,Rm 表示股票市场平均收益率,β 表示系统风险程度。

练习题

一、名词解释

市场占有率　公司治理结构　盈亏平衡点　关联交易　关联方　财务状况分析　比率分析方法　安定力分析　收益力分析　活动力分析　成长力分析　毛利率　短期偿债能力　利息保障倍率　生产力分析　经济附加价值

二、单项选择题

下列选项中只有一项是正确的,请将正确选项的符号填在括号内。

1. 在财务状况分析中,主要是以(　　)分析作为最主要的分析工具。

A. 定量分析　B. 定性分析　C. 比率分析　D. 结构分析

2. 短期偿债能力是指企业以(　　)支付流动负债的能力。

A. 固定资产　B. 流动资产　C. 速动资产　D. 无形资产

3. 根据经验,流动比率达到(　　)以上才符合标准。

A. 100%　B. 150%　C. 200%　D. 250%

4. 一般认为,流动比率(　　)以上,表示资金运用过于呆滞。

A. 400%　B. 500%　C. 600%　D. 700%

5. 一般认为,速动比率等于(　　)比较适当,不宜太高,也不宜太低。

A. 50%　B. 100%　C. 150%　D. 200%

6. 固定资产对股东权益比率如果(　　),则表示企业购置固定资产所需资金有一部分来自债权人,公司经营不太稳健。

A. 小于 100%　B. 大于 100%　C. 小于 50%　D. 大于 50%

7. 衡量公司的资产清算价值对长期负债保障程度的指标是(　　)。

A. 固定资产对股东权益比率　B. 固定资产对长期资金比率

C. 有形资产净额对长期负债比率　D. 利息保障倍率

8. 权益报酬率=税收负担比率×利息负担比率×营业利润率×资产周转率×(　　)。

A. 权益率　B. 负债率　C. 杠杆率　D. 毛利率

9. 毛利率=毛利÷(　　)。

A. 销售成本　B. 销售收入　C. 股东权益总额　D. 负债总额

10. 现金周转率太高,表示(　　)。

A. 现金过剩　B. 现金短缺　C. 存在闲置现金　D. 无流动性危机

三、多项选择题

下列选项中有两项(含两项)以上是正确的,请将正确选项的符号填在括号内。

1. 在分析公司在行业中的地位时,具有更为重要意义的指标是(　　)。

A. 市场占有率　B. 销售额增长率　C. 劳动生产率　D. 开工率

E. 利润率

2. 下列属于关联交易的是(　　)。

A. 资产租赁　B. 担保　C. 公司控制权变更　D. 托管经营

E. 承包经营

3. 速动资产中包括流动资产中的(　　)。

A. 现金　B. 银行存款　C. 短期投资　D. 应收票据

E. 应收账款

4. 一般认为,负债率的不太合理范围为(　　)。

A. 70%～75%以上　B. 65%～70%以上　C. 60%～65%以上　D. 25%～30%以下

E. 30%～35%以下

5. 下列属于长期偿债能力分析的指标是(　　)。

A. 流动比率　B. 负债率

C. 固定资产对股东权益比率　D. 固定资产对长期资金比率

E. 有形资产净额对长期负债比率

四、问答题

1. 为什么要进行公司分析?
2. 导致公司基本面转折的原因有哪些?如何根据市场趋势进行应对?
3. 公司竞争能力的分析应从哪几个方面展开?
4. 考察某一公司在行业中的地位应从哪些方面进行?
5. 为什么市场占有率指标在分析公司在行业中的地位时具有重要意义?
6. 分析公司的区位经济环境通常包括哪些内容?
7. 分析公司的产品竞争能力应从哪几个方面进行?
8. 公司经营能力的分析应从哪几个方面展开?
9. 公司治理的根本性问题是什么?为什么在股份有限公司里,公司治理成为一个困难的问题?
10. 健全的公司治理结构体现在哪些方面?
11. 公司高层管理人员的素质主要包括哪些内容?
12. 公司结构分析一般包含哪些内容?
13. 公司重大事项分析通常包括哪些方面?
14. 公司资产重组有哪些基本类型?
15. 在什么情况下,关联交易会对上市公司股价产生明显的负面影响?
16. 审计意见有哪几种基本类型?
17. 比率分析中的纵向比较与横向比较的含义是什么?
18. 财务报表分析中的"五力分析"的含义是什么?
19. 分析股东获利能力一般使用哪些指标?
20. 测试公司生产力的指标有哪些?

五、计算题

1. 某制鞋企业每双皮鞋的平均价格为150元,其固定成本为200万元,每双鞋的变动成本为30

元。如果该企业以上述价格销售全部产品，则其盈亏平衡点为多少？

2. 某公司的流动资产为 5 000 万元，流动负债为 2 000 万元，存货 500 万元，预付费用 800 万元。请计算该公司的流动比率与速动比率。

3. 某公司负债总额为 2 亿元，股东权益总额为 9 亿元。请计算该公司的负债率与权益率。

4. 某公司息税前利润为 1 500 万元，利息支出为 400 万元，资本化租金为 500 万元。请计算利息保障倍率与固定支出保障倍率。

5. 某公司税后利润为 500 万元，优先股股利为 50 万元，期初股东权益总额为 5 000 万元，期初优先股面额为 1 000 万元，期末股东权益总额为 5 500 万元，期末优先股面额为 1 100 万元。请计算该公司的普通股权益报酬率。

6. 假定某公司的税率为 20%，总资产报酬率(ROA)为 15%，债务利率为 9%，公司负债额为 600 万元，公司股东权益为 400 万元。请计算该公司的权益报酬率(ROE)。

7. 某公司的销售收入为 2 000 万元，年初总资产为 1.5 亿元，年末总资产为 1.8 亿元。请计算该公司的总资产周转率与总资产平均周转天数。

8. 某公司的销售收入为 250 万元，年初流动资产为 300 万元，年初流动负债为 50 万元，年末流动资产为 320 万元，年末流动负债为 45 万元。请计算该公司的营运资金周转率与营运资金平均周转天数。

第九章　投资价值分析

第一节　投资价值分析概述

一、投资价值问题的提出

1. 价值投资理念产生之前的更大傻瓜理论

尽管在证券投资中可以称得上为理论的，是从什么时候开始有的，现在也不得而知。但是，伴随着证券交易的产生，人们从很早就开始绞尽脑汁地研究如何进行低买高卖。美国早期著名证券理论家勒纳(E. M. Lerner)曾经说过，在1929年经济大危机以前美国证券市场上占统治地位的投资理论(如果可以那样称呼的话)，就是更大傻瓜理论。也就是说，股价本身不存在所谓合理的水平，不管多高的价格都可以买进，只要有愿意以更高的价格买进的人就可以了。

2. 希法亭的虚拟资本价值论

在理论上最早考察证券价格依据的著作可以追溯到1910年由希法亭(R. Hilferding)发表的《金融资本论》一书。在该著作中，希法亭首次提出了股份公司资本二重形态的观点，即股份公司的资本可以分成机能资本(相当于真实资本)和虚拟资本两种不同的形态。由于股份公司的出资人所取得的股份在本质上是一种虚拟资本，因此以每股股票所能够获得的未来各年的红利为 D，利率为 i，每股股票的虚拟资本价值为 P，则 $P=D/i$。

上述公式反映了股票的投资价值由红利和利率两个因素所构成，与红利呈正比关系，与利率呈反比关系。希法亭的虚拟资本价值评价的观点在证券理论史上具有重大的意义，后来所出现的基本面分析的各种理论和方法在本质上都是力求把握虚拟资本的价值。

作为与希法亭的著作同时在20世纪初出现的股票价格理论文献，有许布纳(S. S. Huebner)1922年发表的《股票市场》和史密斯(E. L. Smith)1924年发表的《作为长期投资品的普通股》。前者首次将股票的价值与价格相区别，指出股票价值是由预期收益和评价利率（相当于贴现率）所决定，而股票价格是由短期性的经济环境所决定，其观点以后一直被很多投资者所信奉；后者主张只要以长期持有为前提，普通股无论何时买进都没有关系，这可以看成成长性股票投资理论的先驱。

3. 格雷厄姆的股票内在价值论

真正作为价值投资法创立者的应该是格雷厄姆，他于 1934 年出版了《证券分析》一书，该书分别在 1940 年、1951 年和 1962 年出版了第二、第三、第四版，在当时全球最发达的股票市场——美国股市具有极大的影响力。1929 年经济大危机爆发以后，作为反省产生了格雷厄姆的《证券分析》，其基本立场就是要分析证券发行主体的基本面因素（主要是公司的财务内容），并根据分析的结果给予其相应的评价，然后以估值水平为基准，来考察市场价格的合理性，它为证券投资的价值分析奠定了理论基础。格雷厄姆在这本划时代的证券理论著作中最强烈主张的有三点：(1)要基于周到的分析进行投资决策。(2)要重视投资的安全性，为此要考虑投资的安全边际。越是被低估的股票，其安全边际越大，同时要进行相应的分散投资。(3)不要基于短期性市场价格变动的预测来获得投资收益。

作为以上投资基本原则的具体方法，格雷厄姆提出了股票内在价值的概念。他指出，股票的内在价值是由公司的资产、收益、红利、经营等基本面的因素决定的，与市场价格完全不同。在市场价格偏离内在价值的情况下，市场价格存在着最终回归内在价值的倾向，因此通过寻找和发现市场价格严重低于内在价值的股票，可以获得股票的高额投资收益。在股票内在价值概念的基础上，格雷厄姆具体地提出了股票定价的基本因素：(1)预期未来每股税后利润；(2)预期未来每股红利；(3)将每股税后利润或每股红利进行资本还原的乘数或利率。上述基本因素的组合，最终决定了股票的内在价值。最典型的方法是，通过未来 5 年乃至 10 年每股税后利润的预测值乘以适当的资本还原乘数（相当于市盈率），或者未来 5 年乃至 10 年每股红利的预测值除以适当的资本还原利率（相当于贴现率），来求得股票的内在价值。

二、投资价值与高估和低估

1. 投资价值的依据

按照投资价值分析的要求，要对证券价格进行估值，所得到的估值金额就是证券的投资价值。在经济学中，关于商品价值的衡量，有两种标准：一是劳动价值理论所主张的根据生产过程中所投入的劳动量为标准；二是边际效用价值理论所主张的根据商品的有用性和稀缺性为标准。但是，每股股票被估值为一定的金额，既非股票的生产中投入了一定量的劳动，也非股票本身的有用性和稀缺性，股票本身之所以有价值，是因为股票的持有人将来有权取得一定的现金收入，将未来所能够取得的收入用一定的收益率换算成当前的价值就是它的投资价值。所以在某种意义上，投资价值与内在价值具有基本一致的含义。当股票的市场价格明显低于其投资价值时，就是低估了；而当股票的市场价格明显高于其投资价值时，就是高估了。

2. 投资价值分析的市场观

在投资价值分析的市场观中包含着市场总是错误的判断。由于很多人是基于错误的判断进行股票买卖，其结果是经常会发生不适当的价格虚高或不适当的价格偏低，因此基于慎重分析和贤明判断进行投资的人就有可能战胜市场，获得比常人更好的投资成果。在基于基本面分析的股票投资中，虽然也有只是以股息、红利这样的收入取得为目的而买进低估的股票。但是很多人是基于股价最终将会接近或回归投资价值这样的设想，以获得资本利得为目的而买进低估的股票。这实际上意味着市场即自己以外的投资者还没有发现这只股票真正的投资价值，但是市场早晚会发现它，人们对公司的认知偏差早晚会得到纠正，或者公司的隐蔽资产价值早晚会被发现，使价格上升到真正的投资价值水平，从而使自己获得价值回归过程中产生的资本利得，这就是基本面或投资价值分析的市场观，与有效市场理论的市场观形成鲜明的对照。

所以基于价值投资的理念，虽然从表面上来看是资金推动市场，但是在本质上应该是价值推动资金，大资金不可能投资没有价值的股票，发掘价值是证券投资的第一要务。投资者应该正确看待市场波动，发现价值被低估的公司，持有这些公司的股票直至价格回归到内在价值，而不是盲从市场波动。投资者应该关注由事实确定的内在价值，而非受到操纵和心理因素干扰的市场价格，通过内在价值与市场价格的比较，来确定内在价值高于市场价格的投资机会。

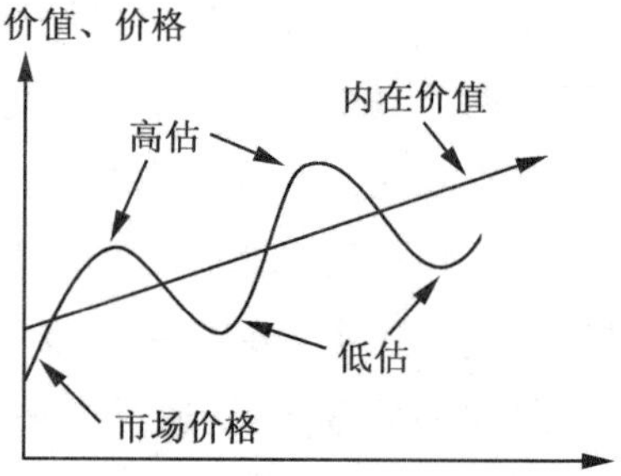

图 9—1　市场价格最终回归内在价值的图示

按照投资价值分析可以取得有效的投资成果的论据如图 9－1 所示，市场上形成的股价在短期内由于市场人气等心理的因素与内在价值衡量发生高估或低估。这种状况无法长期持续，在中长期内总要回归到内在价值。内在价值也可以称为投资价值或基本价值，相对于市场上形成的股价，也可以叫做理论价格。

第二节　资产负债表估值法

资产负债表估值法是指基于资产负债表中的一些财务指标或概念，对股票的投资价值进行评价和判断，主要涉及以下内容。

一、票面价值

票面价值(par value)也称面额，是指每股股票的股份资本额，等于公司股份资本总额除以总股份数。股份是股份有限公司等额资本划分的最小基本单位，每股股票的面额乘以总股份数就是公司股份资本总额(注册资本)。通常，股票发行都采取溢价发行的定价方法，即发行价格大于面额，其中面额部分计入股份资本，超过面额部分计入资本公积金。面额对股票投资价值评估的实际作用很小，因为相同面额股票的当前价格或将来价格的变动率会有很大的差异。但是，面额会随着股份的合并和分割而发生变化，比如原来的面额为 1 元，10 股合并成 1 股，面额将变成 10 元，1 股分割成 10 股，面额将变成 0.1 元。一旦股票进行合并或分割，股票的市场价格将会发生与面额同比例的增加或减少。

二、账面价值

账面价值(book value)是一种常用的估值方法，它是指在资产负债表上所显示的公司的净资产总值，如果除以总股本数，就可以得出每股净资产。公司净资产总额＝公司总资产－公司总负债。通常可以将公司股票的总市值与净资产总值进行比较，也可以将每股股票的市价与每股净资产进行比较，以判断股票的投资价值。一般来说，总市值或市价反映了公司预期的未来现金流的贴现值，如果总市值或市价低于净资产总值或每股净资产，那是很不寻常的。所以，有很多投资者和分析家将账面价值看成是股票价格的底线。

三、清算价值

清算价值(liquidation value)可以更好地反映股票价格的底线，因为清算价值是指当公司破产以后出售资产、清偿债务以后的余额。由于股东享有剩余资产的分配权，因此如果公司的总市值或市价跌落到清算价值以下，即低于总剩余资金或每股剩余资金，公司将会成为被购并的目标。公司购并者会觉得购买足够的股份取得公司控制权会有利可图，因为清算价值超过了公司作为持续经营实体的价值。不过，清算价值的概念通常只适用于公司破产倒闭时的价值评估，并不适用于一般的投资价值分析和投资决策。

四、重置成本

1. 重置成本概念的意义

重置成本(replacement cost)是资产负债表中另一个用于评价公司价值的重要概念,是指重新置办公司各项资产的费用再减去各项负债后所剩余的净值。公司的重置成本相对来说比较能够代表公司的市场价值。公司的市场价值也就是总市值,它是每股市场价格乘以总股份数。通常认为公司的总市值不应该比重置成本高出很多。因为如果总市值比重置成本高出很多,将会导致有人重置复制该公司,使竞争者争相进入该行业,而竞争的压力将会迫使公司的总市值下降和重置成本上升,一直到与重置成本相等为止。

2. 托宾 q 指标

公司总市值与重置成本的比率称为托宾 q,即托宾 q=公司总市值/重置成本,这是因提出这个指标的诺贝尔经济学奖获得者詹姆斯·托宾(James Tobin)而得名。根据托宾的观点,从长远来看,托宾 q 应该趋于 1。如果总市值过分往上偏离重置成本,即托宾 q 大于 1,则意味着公司价值可能高估。因为,在高估的情况下它对同类公司的设备投资等具有激励作用,从而造成竞争加剧和设备价格提高。反之,如果总市值过分往下偏离重置成本,即托宾 q 小于 1,则可能意味着公司价值被低估。因为,在低估的情况下,不仅大家都对同类公司的设备投资毫无意愿,甚至还有出售设备的意愿,从而造成竞争缓和与设备价格下跌。

但是,根据相关的实证研究,有些公司的托宾 q 大于 1 或小于 1 是比较正常的,所以需要区别对待。比如,具有品牌或专利权产品的公司,它们的托宾 q 容易大于 1,因为品牌和专利作为资产很难重置和复制。又如,遭受激烈竞争的公司或者逐渐衰退的公司,它们的托宾 q 容易低于 1,因为缺乏重置的动力和意愿。

第三节　市净率估值法

一、市净率指标的意义

市净率(P/B)是指股票的市价与股票的账面价值的比率,由于股票的账面价值在财务指标上表现为每股的净资产,因此也称为市净率。当市净率小于 1 的时候,在证券市场上被称为“破净”,即股价已经低于每股净资产值。在证券投资的价值分析中,通常认为持有较低市净率公司的股票是一种比较安全的投资,因为可以将股票的账面价值即每股净资产看成是支撑股票市场价格的“地板”，股票的市场价格在账面价值之下将无法进一步下降，公司总是可以选择按照账面价值来变换或出售它的资产。尽管在现实的股票市场上，如果行情处于严重的熊市状态，也会出现股票在每股净资产的水平之下进行交易，但这种情况一般比较少见，也反映出了在这样的市场状态下股票价值的严重低估现象。所以，我们可以认为一个比较低的市净率提供了一个投资的“安全边际”，有不少投资者在选择股票的时候会筛选掉或拒绝接受高市净率的股票。

二、市净率指标的局限性

市净率的观点只是从股票资本存量价值的角度来考察股票的投资价值问题，虽然这种方法对一些公司来说是有效的，但也要看到它的局限性。因为一方面，账面价值不一定完全能够代表清算价值，其提供的安全边际并非完全可靠；另一方面，有时候较高的市净率反而表明投资者认为公司有机会获取一个高于市场资本化利率的投资报酬率。对于一个给定的再投资率，如果预期股本收益率越高，其市净率也会越高。因为公司未来投资机会的预期盈利能力越大，会通过利润高成长的途径，使其投资价值变得更大，所以市净率对于那些具有高盈利能力和高成长特征的公司来说并不适用。

三、基于市净率观点的投资对象选择

股本收益率(ROE)也可以称为权益报酬率，它与市净率(P/B)和市盈率(P/E)存在着如下的关系：

$$\text{ROE}=\frac{\text{收益}}{\text{账面价值}}=\frac{\text{市价}}{\text{账面价值}}\div\frac{\text{市价}}{\text{收益}}=\text{市净率}\div\text{市盈率}$$

进一步整理，股东收益率(E/P)(即收益与市价的比率)等于股本收益率除以市净率，即：

$$\text{股东收益率}(E/P)=\frac{\text{股本收益率(ROE)}}{\text{市净率}(P/B)}$$

所以，一家公司如果股本收益率较高，并且市净率也比较高，则有可能出现一个较低的股东收益率，这表明高股本收益率并不暗示着这只股票就是一个值得投资的好股票，当前的股票价格已经被哄抬起来以反映其具有的高股本收益率特征。在这种情况下，市净率将会大于1，并且股东收益率将会低于股本收益率。所以，有时候对高股本收益率的股票进行投资反而会得到一个比低股本收益率更低的持有期回报。也就是说，在投资对象的选择上，所谓的“绩优股”与“绩差股”并不具有绝对性，美国的相关实证研究表明，投资者完全有可能用同等数量的资金投资于股本收益率较低的“绩差股”而获得比股本收益率较高的“绩优股”更高的回报率。所以，价值投资并不单纯强调绩优，而要看是否物有所值。如果绩优，但是价格被提前透支，处于高估状态，就未必是好的投资对象;反之,即使绩差,但是价格被严重低估,照样可以得到好的投资回报。

第四节 预期持有期收益率估值法

预期持有期收益率估值法是一种将股票的预期持有期收益率与资本化利率进行比较,从而判断股票价格是否高估或低估的分析方法。

一、预期持有期收益率的计算

将公司作为持续经营的主体最常用的估值方法来源于对一个事实的观察,股票投资者期望得到包括现金红利和资本利得或损失在内的收益。为了说明方便,我们可以假定某股票的持有期为一年,预期每股的红利 $E(D_1)$ 为 4 元,现价 P_0 为 48 元,年底的预期价格 $E(P_1)$ 为 52 元,那么投资者的预期持有期收益率的计算如下:

$$\text{预期持有期收益率}\ E(r)=\frac{E(D_1)+[E(P_1)-P_0]}{P_0}=\frac{[4+(52-48)]}{48}=0.167(16.7\%)$$

二、资本化利率的确定

股票的资本化利率(k)反映的是该股票投资的机会成本,也是该股票的未来现金流量(期值)转化为现在价值(现值)的贴现率,它表示投资者应得的收益率。根据CAPP模型,当股票市值处于均衡水平时,投资者期望该股票获得的收益率即资本化利率(k)应该等于无风险利率 r_f 加上系统风险值(β)乘上以股价指数为衡量指标的股票市场风险报酬 $E(r_M)$ 与无风险利率 r_f 的差额,其中的市场风险报酬也可以称为市场风险溢价,它是整体股票市场的期望收益率。因此:

$$k=r_f+\beta[E(r_M)-r_f]$$

其中,$\beta[E(r_M)-r_f]$部分就是风险补偿率(风险报酬),所以贴现率实际上是由无风险利率与风险补偿率所构成的。

虽然证券的系统风险影响着证券市场上的所有证券,使证券市场平均收益水平发生变化,但是每一种具体证券受系统性风险影响的程度并不相同。β 系数反映了某种证券的系统风险程度,代表某种证券受市场影响而产生价格波动性的大小。β 系数的计算来源于统计学上的回归分析,回归分析方法是根据最小二乘法产生的。我们可以根据具体历史资料计算出 β 系数的数值,β 系数就是回归直线的斜率,即 $\Delta r/\Delta R$,可以把 β 系数看成一种证券的收益对市场平均收益的敏感性程度,也即相对于市场收益率的变动而言,某种证券收益率的变动程度,即表示在市场收益率变动 1 个百分点时,某证券收益率变动的百分比。具体来说，如果 β 系数＝1，则说明当市场平均收益率上升1％时，该种证券的收益率也上升1％，其波动幅度与市场相同，说明该证券的风险程度与市场相同。如果 β 系数＜1，比如是0.5的话，则说明当市场平均收益率升降1％时，该种证券的收益率只升降0.5％，此类证券被称为防守型证券，因为这类证券的价格在市场价格上升时，其上涨率往往比市场的要低，但市场价格下跌时，其下降率也往往较小，说明该证券的风险程度比市场的风险要小。如果 β 系数＞1，比如是1.5，则表明当市场平均收益率上升1％时，该种证券的收益率上升1.5％；反之，当市场平均收益率下降1％时，则该种证券的收益率下降1.5％，此类证券被称为进取型证券，因为在市场价格上升时，其价格上升幅度超过平均值；反之，市场价格下跌时，其跌幅也大，说明该证券的风险程度比市场的风险大。

按照回归分析方法，可以得到个别证券收益率与市场平均收益率的回归分析公式：

$$r=\alpha+\beta\times R+\varepsilon$$

式中：r 表示个别证券收益率，为因变量；R 表示市场收益率，为自变量；α 表示回归直线与Y轴的交点；β 表示回归直线的斜率；ε 表示剩余收益率，由于错误或随机因素产生，理论上其数学期望值等于0。

要计算出某种证券的 β 系数，需要分如下几个步骤：

第一步，计算出某证券的各期收益率，公式为：

$$r_t=\frac{D_t+(P_t-P_{t-1})}{P_{t-1}}$$

式中，r_t 表示某种证券的第 t 期收益率，P_t 表示某种证券第 t 期的期末价格，P_{t-1} 表示某种证券第 $t-1$ 期的期末价格，D_t 表示某种证券第 t 期的现金收入。

第二步，计算出市场的各期收益率，公式为：

$$R_t=\frac{I_t-I_{t-1}}{I_{t-1}}$$

式中，R_t 表示第 t 期的市场收益率，I_t 表示第 t 期的市场证券价格指数，I_{t-1} 表示第 $t-1$ 期的市场证券价格指数。

第三步，根据计算所得到的某证券各期收益率和市场收益率的样本值，来进一步计算回归方程式中的 β 系数和参数 α，计算公式为：

$$\beta=\frac{\sum_{t=1}^{n}(R_t-\overline{R})(r_t-\overline{r})}{\sum_{t=1}^{n}(R_t-\overline{R})^2}=\frac{\sum_{t=1}^{n}(R_t\times r_t)-n\times\overline{R}\times\overline{r}}{\sum_{t=1}^{n}(R_t)^2-n\times(\overline{R})^2}$$

$$\alpha=\overline{r}-\beta\times\overline{R}$$

式中，$\overline{R}$ 表示各期市场收益率的平均值，$\overline{r}$ 表示某证券各期收益率的平均值，n 表示各期收益率的样本数。

关于股票市场期望收益率的计算，可以将股价指数看成是一个投资组合，投资组合的期望收益率是各个证券期望收益率的加权平均，其计算公式为：

$$E(r_M)=\sum_{i=1}^{n}X\times E(R_i)$$

式中，$E(r_M)$为投资组合期望收益率，X_i 为证券 i 的投资额占整个投资组合的比重，$E(R_i)$为证券 i 的期望收益率。

单种或个别证券的期望收益率是以该证券每一可能出现的收益率的概率为权数，各种可能收益率的加权平均值，其计算公式为：

$$E(R)=\sum_{i=1}^{n}\times P_i\times R_i$$

例：某投资者认为 A 股票在经济繁荣时收益率为 10%，经济状况一般时收益率为 5%，经济衰退时收益率为 −5%，三种情况出现的概率分别为 30%、40%、30%，则该股票期望收益率为：

$$E(R)=\sum_{i=1}^{3}P_i\times R_i=0.3\times 0.1+0.4\times 0.05+0.3\times(-0.05)=3.5\%$$

在实践中，各种情况下的概率和收益率的预期一般都是根据历史资料和数据计算出来的，即通过收集事后收益率，然后计算发生在各种经济情况下的收益率观察值的百分比和各种经济情况下收益率的平均值，前者可以作为各种经济情况下的概率，后者则可以作为各种经济情况下的收益率。

比如，在某证券 100 个收益率的数据中，发生在经济情况良好时的数据有 25 个，发生在经济情况一般时的数据有 45 个，发生在经济情况较差时的数据有 30 个，那么三种情况的概率分别为 25%、45%和 30%，三种情况的预期收益率可以分别通过对 25、45 和 30 个数据进行平均收益率的计算求得。

三、基于预期持有期收益率估值法的投资策略

如果股票的定价准确，其预期的持有期收益率应该等于应得的收益率（资本化利率），即 $E(r)=k$。由于证券投资分析的重点在于发现被低估的股票，因此作为低估的股票，其预期的持有期收益率将会比作为公平收益水平的资本化利率要大得多，即 $E(r)>k$。

如果，$r_f=6\%$，$E(r_M)-r_f=5\%$，$\beta=1.2$，则，$k=6\%+1.2\times 5\%=12\%$

在上述例子中，股票的预期持有期收益率为 16.7%，比资本化利率 12%要多出 4.7%，很显然股价是被低估了，可以考虑采取增持的积极策略。

第五节 红利贴现模型估值法

一、内在价值与理论价格

股票的内在价值(intrinsic value)是指投资者从股票上所能够得到的全部现金回报的贴现值，所谓全部现金回报包括红利和最终出售股票的损益，而贴现中使用的贴现率是资本化利率，它要反映出经过风险调整的风险补偿率(风险报酬)。因此，在股票价值的评估中也可以将股票市场价格与内在价值进行比较，如果内在价值超过市场价格，即可以认为该股票是被低估了；如果股票的内在价值被证实低于它的现价，则投资者应该少买甚至卖空该股票。

但是，内在价值只是一个抽象的概念，需要加以具体的量化。根据内在价值的定义，用数学模型进行实际的估算而得到的价值量就是股票的理论价格。股票理论价格的基本模型是红利贴现模型，在此基础上又可以进一步派生出零增长的红利贴现模型、定率增长的红利贴现模型、定额增长的红利贴现模型、多阶段的红利贴现模型等估价模型。

二、红利与股价形成根据的关系

1. 股价形成根据的思考

人们在买股票的时候，是以什么目的或者以什么基准来决定自己的行为呢？除了与发行公司有特殊的关系或者以公司控制权为目的以外，一般来说总是以获得投资收益为目的。

那么我们首先想到的是股价上涨的收益即资本利得。比如说买了股票等一年然后高价抛出，这就是买股票的目的。但是，这实际上并没有说明任何问题，因为它没有解释为什么一年以后可以高价卖出。

其次我们可以想到的是，股东可以从公司拿到红利。但是我们在股票市场上经常可以看到股价可能要 10 元，但是每股红利可能只有 0.1 元，股利回报率只有 1%。对比银行的存款利率，好像以此为目的买进股票也是难以想象的。

再深入一步考虑一下稍微特殊的情况。比如优先认股权，即在某一个时点上赋予股东可以按照大大低于市场价格的优惠性的认股价格购买股票的权利；还有无偿增资时的送红股或公积金转增股票。这些表面上看上去都很有魅力，但是仔细考虑一下，如果便宜地发行某一具有较高价值的股票，这样会使每股股票的价值被稀释掉，结果股票总体的价值没有发生变化，好像也并不存在特殊的魅力。

最后再想一下公司解散时的情形。如果公司将所有的资产都变卖换成现金，然后偿还所有的债务，其余额应该是属于股东的财产。股东根据其持股的数量，可以分配到清算资金。虽然在实际生活中确实也有以此为目的买进股票的情形，但这都属于例外状况，对于普通的公司来说很难会有人这样考虑。

2. 红利贴现模型的意义

根据上述的列举，好像非常不可思议，在现代股票市场上作为股票投资的基准似乎不存在。但是，如果从股东总体来考察的话，因为资本利得成不了问题，新股权利也是无意义的，因此最后只有包含清算分配金（这相当于最后一次红利）在内的红利才能成为股票投资评价的根据，这也是红利贴现模型成为股票价值分析理论的出发点的原因。从股票价值分析理论发展的历史来考察，尽管多少也有些不满意，但都是从红利与股价的关系开始进行分析的。虽然将股票的投资价值看成是红利的贴现值这样的想法，最初只是对表面现象的认识，但是尽管以后的环境和条件都发生了变化，后来的各种理论模型都是沿袭这一基本思路而展开的。所以在这个意义上，红利贴现模型至今仍然具有决定性的重要意义。

3. 是红利还是收益

以上探讨中，只是强调红利才是股票投资价值核算的根据。但是如前所述，在现实的股票市场上红利水平往往很低，它也不是代表公司业绩的指标，因此产生了到底是看红利还是看收益（利润）的问题。为此，产生了因为红利的源泉是收益，所以只有收益与股价的关系才具有重要性的主张。关于这一点，必须将概念上的问题与实际上的问题分开来进行考虑。比如，有的公司一方面每期都有丰厚的收益，但另一方面却长期不分配红利。此时如果以红利作为评价的根据，必须要预期遥远未来的红利额，作为这种预期的根据，必须使用当前收益和未来预期收益的数据。也就是说，从实际的观点来看，在很多地方必须重视收益。

三、收入的资本化与威廉姆斯模型

1. 收入的资本化（资本还原）思想的由来

现在假定1年到期的定期存款的利率为4%并且永久不变，这样的话持有100万元的人可以据此每年得到4万元的现金收入，即现在的100万元等于每年4万元的永久性的年金。在这样的现象之下，人们的意识发生了倒错，即从本金到利息这样的关系，逆转为从利息到本金这样的关系。最初是从永久公债这种证券开始产生这样认识的，由于永久公债可以每年得到固定的利息，所以永久公债就成为一种货币资本，可以凭借每年获得的现金收入而进行交易。对这种现象最早在理论上加以认识的是希法亭，他将这种货币资本叫做虚拟资本，这不过是对未来现金收入索取权的价值。将未来的一系列收入用一定的利率进行贴现来寻求虚拟资本价值的操作可以称为资本还原或收入的资本化，这种利率也可以叫做资本化利率。来源于永久公债的认识同样可以适用于股票，如果将现金红利取代公债利息，用股票取代永久公债，就能够得到股票的虚拟资本价值。

2. 威廉姆斯的红利贴现基本模型

如果说格雷厄姆的《证券分析》给证券投资的实务操作带来巨大的影响，那么威廉姆斯(J. B. Williams)1938 年出版的《投资价值的理论》一书则给证券投资理论界带来深刻的影响。威廉姆斯出生于 1900 年，从哈佛大学商学院毕业后在证券业工作，然后又回到哈佛大学搞研究工作，写作了《投资价值的理论》这本著作。在这本书中，他提出了作为股票投资价值评价方法的红利贴现模型的雏形，被称为威廉姆斯模型。他是这样考虑的：

如果有一位投资者打算将某股票持有一年，那么该股票的内在价值或理论价格应该等于第一年末领到的红利 D_1 加上一年后的预期出售价格 P_1 的贴现值，即：

$$P_0=\frac{D_1+P_1}{1+k}$$

虽然我们可以在给出公司历史资料的条件下来预测当年的红利，但是未来的价格应该如何来确定呢？由于：$P_1=(D_2+P_2)/(1+k)$，因此：

$$P_0=\frac{D_1}{1+k}+\frac{D_2+P_2}{(1+k)^2}$$

运用相同的方法，我们可以进一步用$(D_3+P_3)/(1+k)$代替 P_2，在持有期为 n 年的情况下，我们可以得到：

$$P_0=\frac{D_1}{1+k}+\frac{D_2}{(1+k)^2}+\cdots+\frac{D_n+P_n}{(1+k)^n}$$

由于股票具有未来红利不确定以及最终的出售价格不确定的特殊性，因此可以将上式一直代换下去，可以得到：

$$P_0=\frac{D_1}{1+k}+\frac{D_2}{(1+k)^2}+\frac{D_3}{(1+k)^3}+\cdots=\sum_{t=1}^{\infty}\frac{D_t}{(1+k)^t}$$

式中，P_0 表示当前股票的内在价值，D_t 表示第 t 期的红利，k 表示股票投资应得收益率或资本化利率(相当于贴现率)。

3. 威廉姆斯模型的推导

由上式可以进一步推导出：

$$P_1=\frac{D_2}{1+k}+\frac{D_3}{(1+k)^2}+\frac{D_4}{(1+k)^3}+\cdots$$

由上述两个等式的关系可以得出：

$$P_0(1+k)-D_1=P_1 \qquad \frac{D_1}{P_0}+\frac{P_1-P_0}{P_0}=k$$

上面公式左边的第一项相当于红利收益率(红利回报率),第二项相当于资本利得率(投资价值上升率),它表明股票投资的应得收益率(贴现率 k)是红利收益率与资本利得率之和。在威廉姆斯算式中我们可以看到,资本利得不仅仅是投机性的或者是赌博性的交易成果,也是以红利增长这样的经济基本面的因素作为支撑的。因为:

$$P_1-P_0=\frac{D_2-D_1}{1+k}+\frac{D_3-D_2}{(1+k)^2}+\frac{D_4-D_3}{(1+k)^3}+\cdots$$

即本期中所产生的资本利得,是下一期以后所产生的连续两期红利差额的贴现值。

4. 威廉姆斯模型的意义与局限性

威廉姆斯模型在证券投资分析理论史上的意义非常重大,可以说后来很多的投资价值理论都是从这个模型起步的。该模型反映了股票价格应当等于所有预期红利的贴现值,这个公式被称为股价的红利贴现模型(dividend discount model,DDM)。该模型从表面上来看,似乎只关注红利,实际上,在模型中反映了资本利得是股票价值的一部分,只是它假定了未来的出售价格依赖于那个时候对股票红利的预期。红利贴现模型说明了股票内在价值或理论价格的大小取决于两个变量:一是红利水平,它与股票内在价值或理论价格呈正比关系;二是贴现率,也就是资本化利率,它与股票内在价值或理论价格呈反比关系。由于贴现率实际上是由无风险利率和风险补偿率所构成,因此市场利率上升或风险补偿率提高都会使股票的内在价值或理论价格降低。但是,这个模型只是构建了一个原理性的结构,在实践的层次上无法原封不动地照搬使用。后人在威廉姆斯模型的基础上,通过增加一些假定条件,建立了一些可供实际操作或运用的估价模型。

四、零增长红利贴现模型

1. 对威廉姆斯模型简化的必要性

如前所述,威廉姆斯的红利贴现模型虽然在理论分析上有很大的价值,但是在股票的实际估值上缺乏实用性,这是因为它需要在不确定的未来中对每年的红利进行预测,而这实际上很难做到。为了使红利贴现模型能够实用化,需要进行适当的简化。

2. 零增长红利贴现模型的推导

零增长红利贴现模型是假定每年的红利固定不变,各期的红利增长率为零,因此也称为定额红利贴现模型。在红利固定不变的情况下,其估价模型为:

$$P_0=\frac{D}{(1+k)}+\frac{D}{(1+k)^2}+\frac{D}{(1+k)^3}+\cdots$$

由于上式等号的右边是等比数列之和，公比为 $1/(1+k)$，用等比数列求和公式可以得到：

$$P_0=\frac{D}{(1+k)}\times\lim_{t\to\infty}\frac{1-\left(\frac{1}{1+k}\right)^t}{1-\frac{1}{1+k}}=\frac{D}{1+k}\times\frac{1}{1-\frac{1}{1+k}}=\frac{D}{k}$$

式中，D 为固定的现金红利，即各期的现金红利均为 D；k 为资本化利率(贴现率)。

例：某公司采取固定红利政策，每年每股派发现金红利 0.5 元，如果资本化利率为 8%，该公司股票的内在价值为多少？

根据题意：$D=0.5$ 元，$k=8\%$，则 $P_0=D/K=0.5/0.08=6.25$(元)。

3. 零增长红利贴现模型的意义与存在的问题

根据零增长红利贴现模型来考虑股票的投资价值问题，它是由两个因素决定的，一是每股的预期红利，二是资本化利率。股票的投资价值与红利呈正比关系，与资本化利率呈反比关系。由于决定红利水平高低的是税前收益和税率，而决定税前收益大小的又是销售额以及各种费用。这样，公司的实体经济情况也就反映在股票投资价值(虚拟资本价值)的大小上。在定额红利贴现模型中，假定的是每期红利相同，而实际上每期红利并不相同。所以这是为了简化起见而推定一个平均值来代替各期红利，因而平均值如何估计成为实际运用中的一个非常重要的问题。

五、定率增长红利贴现模型

1. 红利回报率革命

如果以 d 代表红利回报率，P 代表股票价格，D 代表红利，则：$d=D/P$。

红利回报率虽然在以前一直作为衡量股票投资的尺度而被采用，但是在美国 20 世纪 50 年代初和日本 20 世纪 50 年代末，红利回报率变得低于债券的收益率，以后进一步出现了快速下降的情况。红利回报率的降低虽然是股价快速上涨的结果，但是这样的股价上涨是因为把收益或红利的增长预期反映到股价当中去了。在当时的美国和日本将这种现象叫做红利回报率革命，而作为解释红利回报率革命的理论，就是考虑红利增长状况的红利贴现模型。

2. 定率增长红利贴现模型的推导

定率增长红利贴现模型假定每年的红利按照一个固定的常数增长，即公司每年发放的红利都比上一年增长相同的百分比。如果以 D_t 代表各年度的红利，以 g 代表红利增长率，则各年度红利存在着以下关系：

$D_1=D_0(1+g)$

$D_2=D_1(1+g)=D_0(1+g)^2$

$D_3=D_2(1+g)=D_0(1+g)^3$

$\vdots$

$D_t=D_{t-1}(1+g)=D_0(1+g)^t$

于是，$P_0=\dfrac{D_1}{1+k}+\dfrac{D_2}{(1+k)^2}+\dfrac{D_3}{(1+k)^3}+\cdots$

$$=\frac{D_0(1+g)}{1+k}+\frac{D_0(1+g)^2}{(1+k)^2}+\frac{D_0(1+g)^3}{(1+k)^3}+\cdots=\sum_{t=1}^{\infty}\frac{D_0(1+g)^t}{(1+k)^t}$$

由于上式右边也是一个等比数列，公比为$(1+g)/(1+k)$，当$g<k$时，$(1+g)/(1+k)<1$，于是根据等比数列求和公式可以得到：

$$P_0=\frac{D_0(1+g)}{1+k}\times\lim_{t\to\infty}\frac{1-\left(\frac{1+g}{1+k}\right)^t}{1-\left(\frac{1+g}{1+k}\right)}$$

$$=\frac{D_0(1+g)}{(1+k)}\times\frac{1}{1-\left(\frac{1+g}{1+k}\right)}=\frac{D_0(1+g)}{k-g}=\frac{D_1}{k-g}$$

例：某公司去年每股支付0.5元的股息，预期每年股息增长4%，如果投资者的期望收益率为8%，该公司股票的理论价格应该为多少？

根据题意：$D_0=0.5$元，$g=4\%$，$k=8\%$，则$P_0=0.5\times(1+0.04)/(0.08-0.04)=13$（元）。

3. 定率增长红利贴现模型的假设与隐含条件

定率增长红利贴现模型仅在g小于k的时候能够成立，如果预期红利永远以一个比k快的速度在增长，那么股票的价值将会无穷大。这是不符合现实的。所以，如果有分析者得出一个比k更大的g的估计值，从长远来看这个增长率是无法维持的。在这种情况下，正确的估值模型应该是多阶段的红利贴现模型。定率增长红利贴现模型还暗示如果发生以下情况，某一股票的价值将会进一步增大：(1)每股预期的红利更多；(2)资本化利率更低；(3)预期的红利增长率更高。

此外，定率增长红利贴现模型实际上还隐含着这样一个内涵，即预期股票价格上升率与红利增长速度是相同的。即：

$$P_0=\frac{D_1}{k-g}\qquad P_1=\frac{D_2}{k-g}=\frac{D_1(1+g)}{k-g}=P_0(1+g)$$

4. 基于定率增长红利贴现模型的资本化利率推断方法

由于定率增长红利贴现模型暗示了在红利定率增长的情况下，每年价格的增长率都会等于固定的红利增长率g，因此对于假定市场价格会等于内在价值的股票来说，预期的持有期收益率$E(r)$将会等于红利收益率加上资本利得率，即：

$$E(r)=\frac{D_1}{P_0}+\frac{P_1-P_0}{P_0}=\frac{D_1}{P_0}+g$$

上述公式提供了一种推断市场资本化利率的方法，因为股票如果按照内在价值出售，那么：

$$E(r)=k,k=\frac{D_1}{P_0}+g$$

这样，通过估计红利增长率，就可以估算出 k 的水平，这个市场资本化利率也可以认为是投资者对该股票进行投资的应得收益率。

例：某公司的利润留存率为 40%，股利增长率为 6%，今年的盈余为 300 万元，股份数为 50 万股，当前的每股市价为 35.5 元，则该公司的资本化利率（资本成本）k 可以按照上述公式求得：

$$D_1=\frac{3\,000\,000\times 6\%\times(1-40\%)}{500\,000}=3.82,k=\frac{3.82}{35.5}+6\%=16.7\%$$

六、进一步改良的定率增长红利贴现模型——戈顿模型

1. 戈顿模型的推导

戈顿模型是假定公司的总资本都是由自有资本构成，未来不进行任何外部融资，维持一定不变的收益率 r，只是由收益的内部留存所产生的资本增加按照一定不变的收益率进行运用带来收益的增加。这样，第 t 期的收益为 E_t，第 t 期的红利为 D_t，第 1 期的利润留存率为 $b=(E_1-D_1)/E_1$，第 2 期以后各期的利润留存率也都保持为 b 不变，红利率则为 $(1-b)$ 并同样保持不变。

这样，第 1 期的收益为 E_1，第 1 期的红利为 $D_1=(1-b)E_1$，则：

$E_2=E_1+rbE_1=E_1(1+rb)$，　$D_2=(1-b)E_2=(1-b)E_1(1+rb)$

同样：

$E_3=E_2(1+rb)=E_1(1+rb)^2$，　$D_3=(1-b)E_3=(1-b)E_1(1+rb)^2$

以下也同样以此类推，并代入威廉姆斯模型，可得：

$$P_0=\frac{(1-b)E_1}{1+k}+\frac{(1-b)E_1(1+rb)}{(1+k)^2}+\frac{(1+b)E_1(1+rb)^2}{(1+k)^3}+\cdots$$

$$=\frac{(1-b)E_1}{(1+k)}\times\frac{1}{1-\frac{1+rb}{1+k}}=\frac{(1-b)E_1}{k-rb}=\frac{D_1}{k-rb}$$

上述模型是假定 $0<rb<k$ 的，这就是戈顿推导出的股票定价模型，也被称为戈顿模型。这个模型与前面的定率增长红利贴现模型是一样的，只是给红利增长率赋予了 rb 这一具体内容。其中的 r 为再投资收益率，通常指权益报酬率（ROE）；其中的 b 则

为再投资率(利润留存比率),是利润留成金额占税后利润的比率,它与红利分配率(红利率)呈现此消彼长的关系,$b=1-$红利分配率,红利分配率$=1-b$。

例:如果某股票的每股税后利润为2.25元,每股红利为0.6元,自有资本收益率(权益报酬率)为13.2%,资本化利率(贴现率)为10%。根据戈顿模型,该股票的理论价格应该为多少元?

$$P_0=\frac{0.6}{10\%-13.2\%\times[(2.25-0.6)\div 2.25]}=\frac{0.6}{0.10-0.132\times 0.733}=185(\text{元})$$

2. 戈顿模型假设的含义与局限性

戈顿模型与前述的定率增长红利贴现模型一样,都是假定$0<g<k$,或$0<rb<k$。因为,$g>k$或$rb>k$,将会使理论价格变成无穷大。但是有人会质疑说可能会有这样的公司存在,如果有这种公司的话,就会有竞争企业加入该公司所在的行业中去,最后使r下降;或者如果有这种股票的话,会有很多人借款购买,使利率上升,最终导致k的水平提高。所以从结果上来看最终会达成均衡,满足上述假定的条件。戈顿模型虽然也是基于较少假定的简洁型的定价模型,但是一定的增长率永远持续这样的假定还是不符合现实的,这个问题一般可以通过多阶段增长模型来加以改善。

戈顿模型的一个重要特征是,随着分母接近于0,所得到的股票内在价值或理论价格的数值会急速地扩大。换言之,无论怎样高的股价,如果将g或rb稍微估计得大一点,就能够很容易地加以解释。这一点是有危险性的。

3. 基于戈顿模型而重视公司再投资率的策略

根据一般的红利贴现模型,公司发放的红利越多,股票的内在价值越高。但是,如果假设有一家增长前景比较好的公司用留存利润进行一些投资收益更高项目的投资,即其再投资的收益率远远高于市场资本化利率或股东应得收益率。此时,公司的红利分配将会减少,因为公司的利润有一部分作为留存利润进行了再投资,用于扩大再生产。在这种情况下,公司的股价会因此而下跌吗?显然不仅不会下跌,反而还应该上升。

在公司的再投资收益率高于市场资本化利率的条件下,公司将所有的盈利都当作红利分派是愚蠢的,因为公司将一些利润留存下来投入高盈利项目,可以为股东赚取高于市场资本化利率的收益,从长远来看是有利于股东的。图9—2显示了在再投资收益率比较高的情况下,低再投资率计划与高再投资率计划的红利增长比较。

从图9—2中可以看出,低再投资率计划虽然可以在开始的时候能够分配更高的初始红利,但是造成了较低的红利增长率;而高再投资率计划虽然最初的红利水平比较低,但是最终可以获得更多的红利。如果再投资的盈利产生的红利增长率足够高,在高再投资策略下该股票的价格应该更贵。

在分析上述问题的时候，我们可以使用两个指标：一是红利分配率$(1-b)$，它是红利占盈利的百分比；二是再投资率(b)，也可以称为利润留存比率，它是再投资资金或留存利润占盈利的百分比。在权益报酬率(ROE)高于市场资本化利率的条件下，红利分配率越低、再投资率越高，则未来公司的红利越高。这是因为红利分配率越低、再投资率越高，权益资本就增加得越多，公司从而会赚取更多的收益。在这种情况下，未来的红利增长率为：$g=ROE\times b$。

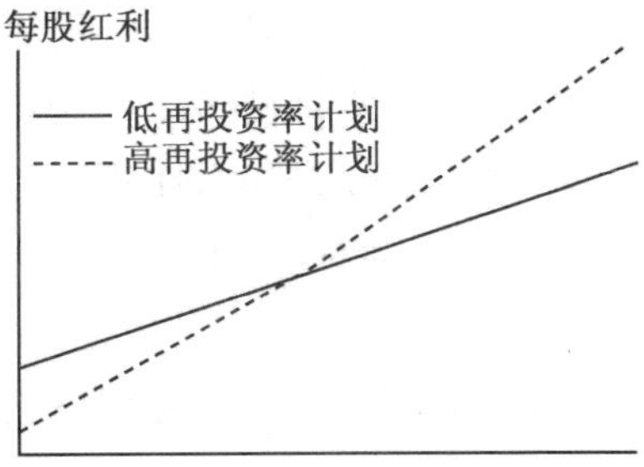

图 9—2 低再投资率计划与高再投资率计划的红利增长比较

当增长前景好的公司将所有的盈利都不分配红利，全部用于再投资，此时再投资率为 100%，在一定的 ROE 水平下，未来的红利增长率将达到最大，从而股价也应增加最多。而如果将所有的盈利都当作红利分配，此时再投资率为 0，在一定的 ROE 水平下，未来的红利增长率将会最小，股价也应增加最少。

4. 基于增长机会贴现值概念的估值方法

所以，存在一种评价公司股票价值的新方法，可以将它描述为红利零增长下的价值加上增长机会的贴现值(PVGO)，即：

股票内在价值＝红利零增长价值＋增长机会贴现值

$$P_0=\frac{D_1}{k}+PVGO \qquad PVGO=\frac{D_1}{(k-g)}-\frac{D_1}{k}$$

在现实中，人们看到的好像都是红利减少以后伴随股价的下跌，但是本质上红利的减少并不是引起股价下跌的原因，而是红利的减少一般被看成是公司前景不良的表现，通过红利减少所表达的关于公司未来前景不良的新信息才是引起股价下跌的根本原因。在证券投资实践中，当投资者相信公司不分配红利的留存利润可以用来更好地进行高收益的新投资时，他们并不要求股票有太多的红利。这里的前提是新投资项目必须满足权益报酬率(ROE)大于资本化利率的条件，当权益报酬率等于资本化利率(k)时，增长机会的贴现值等于零，公司再投资没有任何好处。所以，只有那些虽然拥有很多现金流，投资前景却十分有限的公司，其现金才应该被取出分红，对这样的公司进行“榨干”才会对投资者有利。

七、定额增长红利贴现模型

1. 定额增长红利贴现模型的推导

如果现在以 P_0 的价格购买 1 股股票，1 年以后获得 D_1 的红利，然后再以 P_1 的价格出售，那么1年以后的投资回报率为：$r=[D_1+(P_1-P_0)]/P_0$。

如果将该投资回报率 r 用贴现率 k 来替换，可以去求为了得到今后一年的投资回报率 k，现在应该买进的价格（P_0）为多少是比较合适的。因此：

$$P_0=\frac{D_1+P_1}{1+k}=\frac{D_1}{1+k}+\frac{P_1}{1+k}$$

如果我们进一步计算今后一年时点上 P_1 的价格，则：

$$P_1=\frac{D_2+P_2}{1+k}=\frac{D_2}{1+k}+\frac{P_2}{1+k}$$

将 P_1 代入 P_0 的计算式，可得到：

$$P_0=\frac{D_1}{1+k}+\frac{1}{1+k}\left\{\frac{D_2}{1+k}+\frac{P_2}{1+k}\right\}$$

$$=\frac{D_1}{1+k}+\frac{D_2}{(1+k)^2}+\frac{P_2}{(1+k)^2}$$

以下如果同样的操作无限地进行，则又回到了威廉姆斯模型：

$$P_0=\frac{D_1}{1+k}+\frac{D_2}{(1+k)^2}+\frac{D_3}{(1+k)^3}+\cdots$$

由于：

$$P_1=\frac{D_2}{1+k}+\frac{D_3}{(1+k)^2}+\frac{D_4}{(1+k)^3}+\cdots$$

所以：

$$P_1-P_0=\frac{D_2-D_1}{1+k}+\frac{D_3-D_2}{(1+k)^2}+\frac{D_4-D_3}{(1+k)^3}+\cdots$$

$$=\frac{\Delta D_2}{1+k}+\frac{\Delta D_3}{(1+k)^2}+\frac{\Delta D_4}{(1+k)^3}+\cdots$$

此处的 $\Delta D_t=D_t-D_{t-1}$ 是第 t 期的预期红利增加额。

为了简化，假定 $\Delta D_t=\overline{\Delta D}(t=2,3,4,\cdots)$，则：

$$P_1-P_0=\overline{\Delta D}\left\{\frac{1}{1+k}+\frac{1}{(1+k)^2}+\frac{1}{(1+k)^3}+\cdots\right\}=\frac{\overline{\Delta D}}{k}$$

由于

$$r=\frac{D_1+(P_1-P_0)}{P_0}$$

用 k 替代 r 并进行变换，可得：

$$P_0=\frac{D_1+(P_1-P_0)}{k}$$

将前面 P_1-P_0 的等式代入上式，便可得到：

$$P_0=\frac{D_1}{k}+\frac{\overline{\Delta D}}{k^2}$$

根据上述定价公式，股票的资本利得的根据应该是红利的增配，它是用现在的红利金额与预期增加的红利金额以及贴现率水平来评价股票的投资价值。

例：某公司预期下一期每股的红利为 0.6 元，今后每年按 0.4 元的水平持续地增加红利分配，贴现率为 6%，那么该股票的理论价格应为：

$$P_0=\frac{0.6}{0.06}+\frac{0.4}{0.06^2}=121.1(\text{元})$$

2. 改良的定额增长红利贴现模型——沃尔特模型

沃尔特模型与戈顿模型相似，也是假定公司的总资本都是由自有资本构成，即使未来也不进行外部融资，维持一定不变的收益率，只是由利润的内部留存而产生的资本增加部分按照一定的收益率带来收益的增加。同时，还假定采取这样的红利分配政策，即利润留存金额都与前期相等，保持在一定的水平上，利润减去利润留存以后的余额均充当红利进行分配。

这样，第 1 期的收益（利润）为 E_1，第 1 期的红利为 D_1，第 1 期的收益留存率为 $b[=(E_1-D_1)/E_1]$，第 2 期以后各期的收益留存额也都保持在等于 bE_1 的一定水平上，第 t 期的收益为 E_t，第 t 期的红利为 D_t，再投资收益率为 r，那么：

$$E_t=E_1[1+(t-1)rb],E_2=E_1+rbE_1$$

$$D_t=E_1[1+(t-1)rb]-bE_1,D_2=D_1+rbE_1$$

以下同样，各期的收益和红利都以一定的金额 rbE_1 增加下去，将这样的红利变化系列代入威廉姆斯模型，可得到：

$$\begin{aligned}P_0&=\frac{D_1}{1+k}+\frac{D_1+rbE_1}{(1+k)^2}+\frac{D_1+2rbE_1}{(1+k)^3}+\cdots\\&=\frac{D_1}{1+k}+\frac{D_1}{(1+k)^2}+\frac{D_1}{(1+k)^3}+\cdots+\frac{rbE_1}{1+k}\left\{\frac{1}{1+k}+\frac{2}{(1+k)^2}+\frac{3}{(1+k)^3}+\cdots\right\}\\&=\frac{D_1}{k}+\frac{rbE_1}{k^2}\end{aligned}$$

因为，$bE_1=E_1-D_1$，所以：

$$P_0=\frac{D_1+\frac{r}{k}(E_1-D_1)}{k}$$

以上就是沃尔特模型，其中的 rbE_1 是每年的红利增加额，相当于前述模型中的 $\overline{\Delta D}$。模型中的资本构成不包含负债的假定，也是为了简化说明，并非必须，其解释也与戈顿模型类似。

例：如果某股票每股税后利润为 2.25 元，红利为 0.6 元，自有资本的收益率为年 13.2%，贴现率为 10%，则该股票的理论价格为：

$$P_0=\frac{0.6+\frac{0.132}{0.10}\times(2.25-0.6)}{0.10}=27.8(\text{元})$$

3. 沃尔特模型与戈顿模型的比较

无论是沃尔特模型还是戈顿模型都是假设内部留存利润可以产生未来收益，进而产生未来红利，其结果是在再投资收益率高于贴现率（相当于应得收益率或资本成本）的条件下，可以得出内部留存要比红利能够得到更高市场评价的结论，这就打破了格雷厄姆以来人们所信奉的只重视当前红利的观点。所以两者的共同点都是假定红利无限增长，而且其增长的源泉都是从内部利润留成中寻找，因而也是假定红利政策等于投资政策，所以也可以称为内部金融模型。从前面的举例计算来看，在模型的数学公式的性质上，沃尔特模型对于数据不像戈顿模型那样敏感。如果基于对未来的预期考虑股价与经济和行业增长率的关系时，也许戈顿模型更加适用一些。

八、多阶段红利贴现模型

1. 红利增长路径多元化思考的意义

只要站在红利贴现模型的立场上进行股票价值的评估，最后都要归结到对于该时点以后红利序列的预期上，作为简化的红利序列的预期，通常就是零增长、定率增长、定额增长这三种类型，而实际上可以认为是无数的。作为比较复杂的红利增长路径，可以设想一下多阶段的红利增长路径。

红利增长路径多元化的思考具有非常积极的意义。因为在实际的公司经营过程中，由于存在着行业的生命周期现象，在不同阶段，其红利的分配政策截然不同。比如，在成长期，公司存在着广阔的高盈利再投资机会，此时红利分配率通常比较低，而再投资率则比较高，增长的速度也相应较快；到了成熟期，由于生产能力开始饱和，竞争者也进入市场，要发现好的再投资机会就会比较困难，此时，公司往往会提高红利分配率，不再保留利润，降低再投资比率。所以，运用多阶段的红利贴现模型进行投资价值的评价，能够比较符合由于经济环境的变化而带来的公司收益与红利水平变化的实际情况。

2. 对暂时具有高增长率公司的估值方法

为了评估具有暂时高增长率公司的股价，在证券投资分析实践中普遍使用多阶段红利贴现模型，首先预测早先高增长阶段的红利，并计算它们合并的贴现值；然后，一旦预计公司进入稳定增长阶段，再使用定率增长的红利贴现模型对剩下的红利现金流进行估值。其贴现模型为：

$$P_0=\sum_{t=1}^{n}\frac{D_t}{(1+k)^t}+\frac{D_n(1+g)}{(k-g)}$$

为此，首先要预测在高增长阶段每年的红利水平，并将它们的贴现值加总，然后进一步评估稳定增长阶段红利的增长率 g，对稳定增长阶段的红利进行现值计算。此时的红利增长率 g 可以用前述的公式加以计算，即 $g=\text{ROE}\times b$。

3. 设定两个阶段不同增长率的估值方法

如果本期预期每股红利为 D，从现在开始的 T 期间，每期的红利都以 g_1 的增长率增长，以后又以 g_2 的增长率无限地增长下去（$0<g_2<g_1<K$），贴现率为 k，则：

$$\begin{aligned}P_0&=\frac{D}{1+k}+\frac{D(1+g_1)}{(1+k)^2}+\cdots+\frac{D(1+g_1)^{T-1}}{(1+k)^T}+\frac{D(1+g_1)^{T-1}}{(1+k)^T}\left\{\frac{1+g_2}{1+k}+\frac{(1+g)^2}{(1+k)^2}+\cdots\right\}\\&=\frac{D}{k-g_1}\left\{1-\left(\frac{1+g_1}{1+k}\right)^T\right\}+\frac{D(1+g_1)^{T-1}}{(1+k)^T}\times\frac{1+g_2}{k-g_2}\end{aligned}$$

例：某股票本期的每股红利为 0.6 元，今后 10 年间将以年率 5%增长，其后将以年率 3%永久地增长下去，贴现率为 7%，那么该股票的理论价格为：

$$P_0=\frac{0.6}{0.07-0.05}\left\{1-\left(\frac{1+0.05}{1+0.07}\right)^{10}\right\}+\frac{0.6(1+0.05)^9}{(1+0.07)^{10}}\times\frac{1+0.03}{0.07-0.03}=17.3(\text{元})$$

上述模型如果 g_2 为 0，那么其第二项就变成：$[D(1+g_1)^{T-1}]/[(1+k)^T\times k]$。

4. 经过简化的 H 模型

在多阶段红利贴现模型中，有一种经过简化的模型，称为 H 模型：

$$P_0=\frac{D_0}{k-g_2}[(1+g_2)+H(g_1-g_2)]$$

$$H=\frac{n_1+n_2}{2}$$

式中，g_1 表示第一阶段的增长率，g_2 代表第二阶段的增长率，n_1 表示第一阶段持续的年份数，n_2 表示第二阶段持续的年份数。

例：某公司股票当前的红利为 3.1 元，未来 6 年的增长率为 14%，从第 7 年起的 15 年内增长率将会稳定在 8%左右，资本化利率为 12.96%。

$D_0=3.1$，$g_1=14\%$，$g_2=8\%$，$n_1=6$，$n_2=15$，$k=12.96$，则

$$H=\frac{6+15}{2}=10.5$$

$$P_0=\frac{3.1}{0.1296-0.08}[(1+0.08)+10.5(0.14-0.08)]=106.88(\text{元})$$

九、红利贴现模型应用中需要注意的问题

1. 正确认识红利及盈余公布对股价的影响

由红利贴现模型可知，红利或盈余水平的高低是直接影响股票内在价值的因素。在实际的股票市场中，一旦红利或盈余消息公布，股价也会随之做出相应的反应。从理论上来说，如果公布的红利或盈余金额与投资者的期望值大致相同，在这种情况下，红利与盈余消息的公布并不会影响股票价格，因为当前的股价已经反映了投资者的预期。但是，如果所公布的红利与盈余金额高于投资者的期望值，就会引起股价上涨的反应；而如果所公布的红利与盈余金额低于投资者的期望值，就会引起股价下跌的反应。所以，对于证券投资分析人员来说，能否判断出公司的红利或盈余有没有可能出现超预期的变化，是抢在大众之前进行投资决策的关键所在。

不仅理论分析如此，很多实证研究也反映了上述结论。无论所公布的红利或盈余是利好还是利空，相应股票的股价会在消息公布前的 10 天至 20 天开始上升或下降，这表示投资者的期望已经在红利或盈余公布之前逐步地反映在股价上。等到消息公布之前的 3 天至 5 天不等，如果投资者普遍认为有可能高于此前的预期，则股价会急速上升；反之，如果投资者普遍认为有可能会低于此前的预期，则股价会急速下跌。

2. 对高估和低估的判断应持谨慎态度

在使用红利贴现模型的时候，虽然我们可以根据市场价格与内在价值或理论价格的对比来评价当前价格的高估或低估，但是对这种估计的正确性应该保持一份冷静和谨慎，因为在模型中所使用的近期红利、红利增长率及贴现率都是估计值，只要这些近似的估计值稍微有一些小的错误，就有可能推翻此前的结论。所以，发现廉价的股票并不是一件容易的事情，虽然红利贴现模型易于使用，但是确定模型中需要采用的变量是很困难的事情。

3. 重视使用敏感度分析的方法

在股票估值中，由于未来的实际情况很可能与当前的某一预期有很大的偏差，因此需要进行敏感度分析，即分析影响股票投资价值的因素可能会出现不同程度的变化。在股票估值时敏感性分析之所以很重要，是因为一些变量的微小变化将会对股票的内在价值产生非常巨大的影响。比如，通货膨胀对公司的成本与收入会产生影响，此时可以根据敏感性分析的要求，分析在不同的成本与收入组合下，股票价值的变动范围，并进一步判断哪一组合的成本与收入结构相对来说，更能够体现通货膨胀的实际影响以及在通货膨胀条件下的股票投资价值。

第六节　自由现金流估值法

一、MM 理论与自由现金流估值法的提出

在股票价格估值的红利贴现模型中，都假定留存收益是公司进行再投资的唯一源泉。如果允许公司对新的投资项目进行外部融资，甚至在外部融资中进行债务融资，公司股票的价值将会受到什么样的影响？换言之，公司的红利政策与资本结构如果发生了变化，公司股票的价值会受到什么样的影响？

莫迪格利安尼与米勒提出了所谓的 MM 理论，这是因两人姓名开头的英文字母都是“M”而得名。该理论认为，如果一个公司未来将进行扩大再生产的投资活动，该公司股票的价值将不受这些项目融资方式的影响。因此，无论是红利政策还是资本结构都不会影响股票价值的大小。其理论依据是，一个公司股票的内在价值是公司现有资产加上未来投资的现值所创造的股东净现金流的现值，因此公司的红利政策与融资政策只是影响现有股东获利的方式，比如是红利还是资本增值，而不是它们的现值。为了证明上述观点，MM 理论阐明了三个似乎不同的股票估值方法具有同等的效用，前两个分别是红利贴现法和资本化收益法，第三个是自由现金流法。

二、自由现金流估值法的具体内容

股票投资者所能得到的现金是企业产生的自由现金流，即企业在履行了包括偿还债务在内的所有财务义务和满足了再投资需要之后的剩余现金流。所以，自由现金流就是经营活动的现金流减去为保持预定现金流增长率所需的全部资本性支出之后的现金流。自由现金流估值法就是根据对公司未来自由现金流的预测，按照贴现的方法将公司未来的自由现金流进行现值计算，用以推算公司当前的全部价值，然后再减去公司全部价值中的债务部分，剩下的就是公司股东权益的价值，再用公司股东权益总价值除以总股数，就是每股股票的价值。

因此，首先要预测公司未来的自由现金流。自由现金流＝税后营业现金流－新投资；税后营业现金流＝税后收入＋折旧；税后收入＝应税收入－税额；应税收入＝税前营业现金流－折旧；税额＝应税收入×税率。

比如，预期某公司明年的税前营业现金流为 1 060 000 元，折旧为 106 000 元，应税收入为 954 000 元，税率为 30％，新投资为 159 000 元，则：

应税收入＝1 060 000－106 000＝954 000(元)

税额＝954 000×30％＝286 200(元)

税后收入＝954 000－286 200＝667 800(元)

税后营业现金流＝667 800＋106 000＝773 800(元)

自由现金流＝773 800－159 000＝614 800(元)

如果预期公司将以6％的速度增长，去杠杆化的现金流的资本化利率为10％，则所有未来自由现金流的现值为：

$$V_0=\frac{C_1}{k-g}=\frac{614\ 800}{0.10-0.06}=15\ 370\ 000(\text{元})$$

由于公司的全部价值为债务加上股东权益，假定该公司存在2 000 000元的债务，那么股东权益的总价值就等于15 370 000元－2 000 000元，为13 370 000元。

如果我们认为公司使用债务性的金融杠杆能够增加公司的价值，可以在此基础上再加上杠杆作用的收益。比如，如果因为支付利息而减少了50万元纳税，可以加上50万元，那么股东权益的总价值就调整为13 870 000元。假定该公司的股票总数为100万股，那么每股的估值应为13 870 000元除以1 000 000股，等于13.87元。

三、自由现金流量模型的缺陷

根据MM理论，为了使自由现金流法与红利贴现法相一致，必须在资本化利率确定上采用不同的标准，前者使用的是去杠杆的资本化利率，后者使用的是带杠杆的资本化利率。此外，自由现金流量模型仅仅适用于当前的现金流为正，并且可以比较可靠地估计未来现金流及其发生时间的公司。如果实际的条件与模型假设的前提条件相距越远，自由现金流贴现估价方法的运用就会越困难。

第七节 市盈率估值法

一、市盈率指标简介

1. 市盈率指标的计算

在股票价值评估中广泛使用的另一种方法是市盈率分析法。市盈率(price earnings ratio，P/E或PER)是股票的每股市场价格与每股盈利的倍率。即：

$$P/E=\frac{\text{每股市价}}{\text{每股盈利(EPS)}}$$

2. EPS数据的取得和修正

市盈率指标计算中的分母是EPS，它是每股收益(earnings per share)的简称，通常是将某期的税后利润总额除以该时点上已发行股票的总数就可以得到。问题是虽然获得某一期末税后利润总额的数据比较容易，一般采用公开发表的数据就可以了，但是就作为分母的已发行股票数而言，如果期中有增资扩股行为，这时就需要使用平均已发行股票数。每股税后利润的计算公式为：

$$每股税后利润=\frac{税后利润总额}{发行前总股本数+本次发行股本数\times\frac{12-发行月份}{12}}$$

此外，如果新股发行是无偿发行，或者虽然是有偿发行但以低于市场价格的优惠价格向老股东配售发行，就会引起 EPS 的稀释。有时候为了保持时间序列的连续性，需要计算修正的 EPS。

$$新股发行后修正的\ EPS=修正倍数(v)\times新股发行后\ EPS,\qquad v=P/P^*$$

式中，v 代表修正倍数，P 代表含权价格（股权登记日的收盘价格），P^* 代表除权价格。

通常，可以用修正倍数乘上除权以后的实际股价得到所谓的修正股价，这样就可以和除权之前的股价进行比较，从而可以保持除权以前的股价的连续性和可比性。同样的道理，新股发行以后的 EPS 乘以修正倍数就是修正的 EPS，这样才能够与新股发行前的 EPS 进行比较。但是，如果是同一时点上的股价与 EPS 进行对比，就没有修正的必要。

3. EPS 与合理市盈率的预测作用

EPS 在股票的基本面分析中，之所以受到重视，是因为股价从根本上来说是取决于 EPS 的一定倍数。换言之，股票的投资价值可以通过 EPS 乘以一定的乘数求得，即如果以 P 代表股票的投资价值，m 代表收益乘数，则：$P=\text{EPS}\times m$。

所以，作为一种简单的股价预测方法，只要预测一下 EPS 与 m 就可以了。或者至少为了判断股价的趋势是走强还是走弱，只要先判断一下 EPS 与 m 的走向就可以了。而在实践中，这个收益乘数实际上就是合理的市盈率。

4. PER 的意义

PER 就是市盈率，是如前所述的收益乘数，它是将股价与 EPS 进行比较，只要其他条件相同，如果 PER 的数值低，就说明价格被低估。换言之，其他条件相同的股票应该以 EPS 乘以相同的 PER 来形成其价格，所以 PER 也是一种股价的评价标准。

PER 的第一个意义是资本还原乘数，即假定从当前开始，将以后每期期末的每股收益 EPS 用资本化利率 k 按复利方式进行贴现，其现值的合计额 P 就是还原为资本的金额。即：

$$P=\frac{\text{EPS}}{1+k}+\frac{\text{EPS}}{(1+k)^2}+\cdots+\frac{\text{EPS}}{(1+k)^n}+\cdots=\frac{\text{EPS}}{k}$$

$$\frac{P}{\text{EPS}}=\frac{1}{k} \qquad \text{PER}=\frac{1}{k} \qquad P=\text{EPS}\times\text{PER}$$

所以，资本还原的金额（股票的投资价值）是EPS与资本还原乘数（PER）的乘积，而资本还原乘数是资本化利率的倒数。

PER的第二个意义是资本回收期数。假定今后每期可以取得相同的EPS，那么一定数值的PER就意味着如果要将投入的资本全部回收，就需要与PER数值相一致的年份数。比如，某股票的PER为20倍，则意味着即使将全部收益分红，投资者要回收本金，需要20年。上述两个意义都是在理论上假定将EPS的全部都分配给股东。

5. 合理PER的推断及PER的影响因素

（1）假定红利零增长情况下的合理市盈率。在证券投资实践中，为了使合理市盈率的推断能够简化，可以利用红利零增长模型。

根据红利零增长模型，$P=D/K$，因此，$P/E=\dfrac{D/E}{K}$。

即在红利零增长条件下，合理市盈率应该是红利分配率除以资本化利率。

如果进一步假定盈利全部分红，则$P=E/K$，$P/E=1/K$。在这种情况下，合理市盈率就是资本化利率的倒数。

所以，为了简化合理市盈率的推断，可以根据不同股票的资本化利率水平，将其倒数作为合埋市盈率的水平。比如，资本化利率为10%，则其合理市盈率为10倍。

（2）假定红利定率增长情况下的合理市盈率。根据定率增长红利贴现模型，股票的理论价格为：

$$P=\frac{D_1}{k-g} \qquad P/E=\frac{D_1/E}{k-g}$$

由于D_1/E表示市场平均每股盈余中分配红利的比率，即股利分配率，因此合理市盈率可由股利分配率（$D_1/E=1-b$）、资本化利率（k）、红利增长率（g）三个变量求得。

（3）PER的影响因素。根据前述的PER的意义及合理市盈率的推断公式，可以比较清楚地了解到影响市盈率大小的因素。首先是资本化利率水平。很显然，资本化利率水平与市盈率呈反比关系，资本化利率水平越高，市盈率越低；反之，则越高。其次是风险水平。风险水平也与市盈率呈反比关系，风险水平越高，市盈率越低；反之，则越高。风险水平与市盈率的关系比较容易理解，因为在资本化利率中包含了风险补偿率，风险补偿率越高，资本化利率也会越高；而且从资本回收的角度来看，如果投资的风险提高，投资者回避风险的倾向也会随之增强，所要求的回收期也自然缩短，因此PER应该下降；反之，PER应该上升。再次是红利增长率。增长率与PER呈正比关系，增长率越高，PER越高；反之，则越低。

6. 基于P＝EPS×PER定价公式的指标分解方法

根据股价与EPS和PER的关系，我们可以通过对EPS和PER的预测来进一步判断股票的投资价值。关于PER的预测可以考虑前述影响PER的若干因素，而对于EPS的预测，则可以通过财务指标的分解来间接地求得。具体分解参见图9－3。

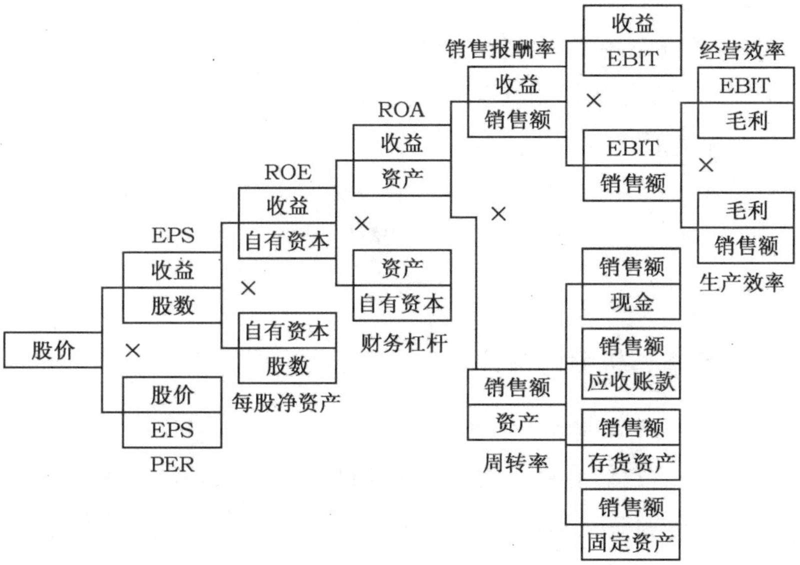

图9－3　股价与EPS和PER关系的指标分解①

在图9－3中，作为形成股票内在价值的因素，首先可以分解成EPS和PER；其次又可以将EPS进一步分解成若干财务指标，即最终可以通过在资产负债表和损益表中入手的几个财务比率而构成一个测算的体系。这个过程如果逆向思考的话，也就是说，如果我们能够适当地预测基于资产负债表和损益表的一些财务比率，就可以适当地预测出将来的EPS，在此基础上再进一步乘上一个适当的PER水平，就可以得到一个能够与当前股价进行对照的理论价格。只是，在将财务比率进行细分的话，会发生这样的难点，即一方面要提高预测的严密性，另一方面需要预测的数据也会变得多起来。在公司财务分析中，会出现很多有关收益性、成长性、安全性的一系列指标，在这三个特性中，涉及股票估值或定价的，应将其重点放在收益性和成长性方面，其中ROE和EPS的成长性是关键点。

7. 综合运用市盈率与红利贴现模型进行估值

在证券投资实践中，可以通过综合运用市盈率与红利贴现模型进行股票的估值。

① EPS：每股收益；PER：市盈率；ROE：权益报酬率；ROA：资产报酬率；EBIT：息税前收益。

首先，可以根据对未来某年度市盈率及每股盈利的预测，计算出未来某年度的股价预测值；然后，再根据红利贴现模型，将当前年份到该年度的每年红利预测值以及该年度的股价预测值代入模型中，就可以计算出当前年份股票的内在价值或理论价格。

比如，某公司2021年的市盈率预测值为25倍，每股盈利的预测值为2.2元。由于市盈率＝每股市价/每股盈利，因此，2021年的每股市价＝市盈率×每股盈利＝25×2.2＝55（元）

当年即2018年的红利为0.17元，2019年的预测红利为0.183元，2020年的预测红利为0.197元，2021年的预测红利为0.21元，贴现率为13.8%，那么根据红利贴现模型，2018年当年的股票内在价值为：

$$P_{2018}=\frac{0.17}{1+0.138}+\frac{0.183}{(1+0.138)^2}+\frac{0.197}{(1+0.138)^3}+\frac{0.21}{(1+0.138)^4}+\frac{55}{(1+0.138)^4}=33.34(\text{元})$$

二、市盈率与增长机会的关系

1. 市盈率的高低反映增长前景的好坏

假定有两家公司，它们的每股收益都是相同的，一家公司缺乏增长前景，因此它将所有的收益都用于红利分配，另一家公司增长前景良好，因此它将相当大比例的收益用于再投资，并且预期的权益报酬率（ROE）会远远超过资本化利率的水平。这时，缺乏增长前景公司的股票内在价值将会明显小于增长前景良好公司的股票内在价值，反映在市场价格上也会表现出前者的股票市价要小于后者的股票市价。由于每股收益相同，因此缺乏增长前景公司的股票市盈率就会小于增长前景良好公司股票的市盈率。

2. 基于增长机会贴现值概念的解释

根据前述股票定价红利贴现模型中的一个关系式：

股票内在价值＝红利零增长价值＋增长机会贴现值（the net present value of growth opportunities，PVGO）

$$P_0=\frac{D_1}{k}+PVGO \qquad PVGO=\frac{D_1}{(k-g)}-\frac{D_1}{k}$$

假定股票按内在价值出售，盈利全部分红，即 $D_1=E_1$，可以得到：$\frac{P_0}{E_1}=\frac{1}{k}\left(1+\frac{PVGO}{E_1/k}\right)$

当 $PVGO=0$ 时，可以得到：$P_0=E_1/k$，股票价值就等于是每股预期收益 E_1 的零增长永久年金，此时的市盈率（P_0/E_1）恰好等于 $1/k$。但是，在增长机会贴现值扩大的情况下，市盈率就会明显上升。这是因为增长机会的贴现值与 E_1/k 的比率有一个简单的关系，这就是公司股票价值是由增长机会贡献部分与现有资产贡献部分（零增长模型下公司的价值，即 E_1/k）的比率所决定，当未来的增长机会主导了对全部价值的估计时，公司股票应该得到相对于目前收益来说较高的价格。因此，一些高市盈率的股票显示出市场对其拥有高增长机会的预期。

所以，在投资分析中一定要注意，对于不同市盈率的股票，并非具有较高市盈率的股票一定是高估的，而具有较低市盈率的股票就一定是低估的，增长机会的差别将使它们的市盈率水平大相径庭。如果投资者认为较高市盈率股票的公司能够比较低市盈率股票的公司更快地增长，那么较高的市盈率就是合理的。此时，较高的市盈率是市场对公司增长前景乐观态度的反映。也就是说，如果投资者预期某一公司的收益将会快速增长，那么就会愿意为 1 元的收益支付更高的价格。

3. 基于定率增长红利贴现模型的解释

如果从定率增长红利贴现模型的角度进行思考，可以使上述观点更加明确。因为：

$$P_0=\frac{D_1}{k-g} \qquad D_1=E_1(1-b) \qquad g=\text{ROE}\times b \qquad \text{所以：}$$

$$P_0=\frac{E_1(1-b)}{k-\text{ROE}\times b} \qquad \frac{P_0}{E_1}=\frac{1-b}{k-\text{ROE}\times b}$$

从上述等式中可以看到，随着权益报酬率（ROE）的上升，市盈率也会很容易地上升。这是因为权益报酬率（ROE）高的投资项目会带来增长的机会，而且只要权益报酬率超过资本化利率（k），市盈率将会随着再投资比率（b）的增加而提高，原因在于如果公司有好的投资机会，并将更多比例的盈利用于再投资，市场将会给出更高的市盈率。但是，如果公司的权益报酬率（ROE）低于资本化利率（k）时，很显然投资者并不希望扩大再投资，而是希望将盈利作为红利派发，此时公司的股票价值反而随着投资率的上升而下跌，市场给出的市盈率也应该比较低。

总之，虽然再投资率（b）越高，增长率就越高，但是高的再投资率并不意味着会出现高的市盈率，只有当公司的预期权益报酬率比市场资本化利率更高的时候，高的再投资比率才会带来高市盈率。

4. 处理市盈率与收益增长率关系的经验性方法

通常，低市盈率或高市盈率往往反映公司要么成长性不足，要么股价已经透支了未来的成长性。有些普通投资者常常以为用市盈率选股就是买进低市盈率的股票，但实际上低市盈率并不一定意味着股价被低估，而是由于公司的预期增长较慢。反过来有些投资者看到一些市盈率很高的股票，认为这未必是高估，可能高市盈率反映了其高成长性，而忽视了高市盈率背后的股价可能已经透支了未来的成长性问题。关于如何处理市盈率与收益增长率关系的问题，在美国华尔街曾经有过一种经验性的方法，这就是将市盈率作为红利或收益的预期增长率，尤其是著名的增长投资法专家彼得·林奇曾经说过，任何公司合理定价的市盈率都将与其收益增长率相等，如果可口可乐公司的市盈率是15，你会希望它以每年15%的速度增长。如果市盈率低于增长率，你可能找到了一个很好的投资机会。有关分析市盈率与增长机会的关系，曾经对网络公司的评价产生重大影响。在20世纪90年代后期，即使许多网络公司还未产生盈利，但是市场却认为它们价值巨大。这其中也存在过分夸大增长机会的情况，为此出现过所谓的"市梦率"的概念以及网络泡沫的现象。自中国资本市场出现创业板市场以来，在创业板市场上市的股票的平均市盈率要比在主板市场和中小企业板市场上市的股票的平均市盈率高很多，这其中也反映了投资者对创业板股票增长机会的认同。

5. 对经验性方法进行量化的指标——价值成长比率(PEG)

由于公司的预期增长是影响市盈率的最重要因素之一，所以需要有一个指标来反映。考虑到公司增长预期的合理市盈率水平，这个指标就是所谓的价值成长比率(PEG)。其计算公式为：

$$PEG=\frac{\text{市盈率}}{\text{每股收益预期增长率}\times 100}$$

在其他条件如风险等因素不变的情况下，PEG越小的股票，投资价值越大。比如，一只股票的市盈率为20倍，增长率为10%，PEG为2；而另一只股票的市盈率为30倍，增长率为30%，PEG为1。在这种情况下，尽管前面一只股票的市盈率比较低，但还是后面一只股票更具投资价值。从市盈率选股的角度来看，凡是市盈率低于增长率的股票应该是理想的投资对象，具体而言就是PEG小于1的股票。

6. 与市盈率类似的市销率指标

对于许多刚刚起步的公司来说，由于公司在会计上往往没有利润，因此市盈率指标对它们来说没有什么实际的意义。在这种情况下，可以用市销率指标加以替代。市销率就是每股市价与每股销售额的倍率，它反映的是对于1元的销售额，投资者愿意支付的价格是多少。在美国很多蓝筹公司股票的市销率大约在2～3倍，而一些初创公司股票的市销率却达到几十倍，尤其是在网络泡沫时代，有一些公司的市销率达到数百倍。这些公司的市销率为什么如此之高？很显然，投资者对这些公司业务所涉及的概念的增长率有很高的预期。尽管与蓝筹公司进行比较时，它们的市销率明显偏高，但是投资者会认为这些公司目前正处于企业发展的高增长率的早期阶段。由于处于高增长率的早期阶段，虽然销售额刚刚开始增长，但在不久的将来就会出现收益的巨大增长，投资者愿意为这些前景光明的公司给出较高的市销率。但是，也有不少市销率过高的股票反映出其存在泡沫的一面，在某种程度上也是投资者需要警惕的地方。因为尽管有些公司被认为市场潜力巨大，增长速度迅速，但要认可其具有天文数字般的市销率，必须要有今后很长时期的收益获得来加以证明，而这往往是很困难的。

三、市盈率与股票风险的关系

1. 基于红利贴现模型的基本观点

在股票的估值模型中，实际上都隐含着一个非常重要的含义，即在其他条件不变的情况下，如果股票的风险越大，那么它的市盈率就会越低。在红利零增长模型中，如果盈利全部分红，则 $P=E/K$，$P/E=1/K$。在红利定率增长模型中，因为：

$$P_0=\frac{D_1}{k-g} \qquad D_1=E_1(1-b) \qquad P_0=\frac{E_1(1-b)}{k-g} \qquad P_0/E_1=\frac{1-b}{k-g}$$

所以，无论是从红利零增长模型还是从红利定率增长模型中都可以清楚地看到这一点。因为公司的风险越大，其资本化利率（贴现率 k 值）也应越高，因此市盈率也就会越小。总之，对于任何预期收益的红利流，当人们认为风险较大时，其红利流的现值就越小，所以股价与收益的倍率也会越小。

2. 对个别高风险、高市盈率现象的解释

在股票市场中我们可以发现，很多处于创业阶段公司的股票尽管其风险很大，但是市盈率却比较高，这似乎与我们上述的结论相矛盾。其实，这是可以解释的。因为我们这里的结论是建立在其他条件不变的前提之下的，而那些处于创业阶段的公司，虽然风险比较大，但是增长的机会也很大。由于市场预期这些公司会有高增长率，并且增长的因素超过了风险的因素，因此会表现出较高的市盈率。所以，完整的表述应当是，在其他条件不变的情况下，高风险公司股票的市盈率比较低；如果对增长率的预期保持不变，对风险的预期越高，其市盈率就越低。

四、市盈率对于整体股票市场预测的作用

1. 运用长期国债到期收益率推断市场整体市盈率水平

由于股价指数可以代表市场整体的价格水平，因此我们可以运用某一股价指数的平均市盈率来对整体市场的变化进行预测。我们在很多国家可以看到，某一代表性股价指数平均市盈率的倒数与长期国债的到期收益率之间存在着走势很吻合的现象。也就是说，在走势图上，两条曲线的轨迹非常接近。比如，某年代表性股价指数的平均市盈率为 20，其倒数就是 1/20=5%，那么长期国债的收益率也会在 5%左右，两者很相近。根据上述现象，我们可以通过股价指数平均市盈率的倒数与长期国债到期收益率对比关系的历史数据进行观察，来推断和预测未来市场整体的市盈率水平。

比如，我们通过对最近15年来股价指数平均市盈率的倒数（相当于收益率）与长期国债到期收益率的对比，发现市盈率倒数的走势比国债到期收益率一直低大约1个百分点，如果今年预测明年10年期长期国债的到期收益率为5.8%，那么可以预计股价指数平均市盈率的倒数为4.8%，其市盈率则应该是1/0.048=20.83。在得到市场整体市盈率水平的基础上，可以进一步推断市场的平均合理股价水平。因为市盈率乘以市场平均每股收益的预测值，就是市场的平均合理股价。比如，市场整体的市盈率为20.83，市场平均每股收益为2元，则市场平均合理股价为41.66元。

2. 根据红利贴现模型推算市场整体合理市盈率水平

根据定率增长红利贴现模型，股票的理论价格为：

$$P=\frac{D_1}{k-g}\qquad P/E=\frac{D_1/E}{k-g}$$

由于D_1/E表示市场平均每股盈余中分配红利的比率，即股利分配率，因此市盈率可由市场股利分配率（D_1/E）、市场资本化利率（k）、市场红利增长率（g）三个变量求得。比如，我们根据上海证券市场上市公司的数据，求得上证综指样本公司的加权平均股利分配率为30%，上证综指的市场资本化利率（期望收益率或应得收益率）为12%，上证综指样本公司的平均股利增长率为11%，则上证综指的平均市盈率应为：$P/E=0.3/(0.12-0.11)=30$（倍）。

同样，在得到市场合理市盈率数值的基础上，可以根据市场平均每股收益，再进一步推算出市场合理的平均股价水平。

3. 对行业或板块市盈率水平的评估

上述方法同样可以推广到对行业等各种板块市盈率的评估和比较，以便用于选择具有投资价值的股票。其中的D_1/E为行业股利分配率，k为行业应得收益率，g为行业股利或盈利增长率。行业应得收益率水平与市场应得收益率水平有所不同。行业应得收益率水平也同样可以根据资本资产定价模型（CAPM）求得，即：行业应得收益率（k）=无风险利率+β（市场应得收益率-无风险利率）。β表示行业的系统风险，是指在市场指数变动1%的情况下，行业指数的预期变动百分比。行业增长率（g）也同样可以通过行业利润留成比率（b）和行业权益报酬率（ROE）求得，即$g=b\times \text{ROE}$。

例：某行业的β系数为1.2，股市整体的期望收益率为12%，政府一年到期债券的票面利率为5%，行业平均股利分配率为40%，行业权益报酬率为14%。则该行业的市盈率应为：

$$P/E=\frac{40\%}{[5\%+1.2(12\%-5\%)]-[(1-40\%)\times 14\%]}=\frac{0.40}{0.134-0.084}=8$$

求得了行业市盈率，同样也可以根据对行业每股收益的预测，进一步求得行业的每股平均价格的预测值。

行业平均每股价格＝行业市盈率×行业平均每股收益

有时候如果发现某一行业过去5年的市盈率变化比较稳定，为了预测的简便，可以采用过去5年行业的平均市盈率乘以所预测的行业平均每股收益，求得未来行业的平均每股价格。

4. 根据市场整体市盈率水平判断市场投资价值和长期趋势的变化

通过对长期的股价指数样本公司平均市盈率的历史数据的观察，可以总结出在牛市和熊市的周期性演变过程中，极端低迷行情时期和极端乐观时期市场整体的市盈率水平，作为判断整体市场投资价值及长期趋势变化的依据。比如，在美国，有很多投资者根据标准普尔指数的平均市盈率进行大致的判断，通常当其平均市盈率达到20倍以上时，代表整体市场可能已经高估。以前，在上海证券市场，通常当上证综合指数的平均市盈率下降到15倍左右时，往往意味着整体市场被严重低估，市场的底部可能已经出现；而当上证综合指数的平均市盈率上升到50倍甚至60倍左右时，则表明整体市场被严重高估，存在很大的泡沫，继续入市风险很大。

五、市盈率分析中应当注意的问题

1. 必须区别静态市盈率与动态市盈率

关于市盈率，要注意建立在财务报表之上的市盈率与来自盈利预测的市盈率有很大的不同，虽然计算公式中的分子是一样的，都是股票的市价，但是分母不同。前者可以称为静态市盈率，其分母中的每股收益采用的是最近会计报表上的会计收益；而后者可以称为动态市盈率，其分母中的每股收益采用的是未来经济收益的预测值。

在证券投资分析实践中，很多人比较看重基于会计收益的静态市盈率，因为他们认为在低市盈率的股票中可以寻找到相对廉价的股票，以此作为投资的安全边际。但是，我们必须要认识到，当前收益与未来收益显然是不同的。静态市盈率较高的股票，如果其收益与红利以更快的速度增长，则它相对于静态市盈率低的股票仍然是便宜货。所以，股票的资产所有权不仅使你能够获得当前收益的权利，而且还让你拥有未来收益的权利。如果我们将分析和考察的重点放在静态市盈率上，就是短视的表现，因为它忽略了未来收益的成长性。总之，如果没有考虑公司的长期增长前景，没有考虑每股盈利的长期趋势，就很难说市盈率是偏高了还是偏低了。

2. 必须重视每股收益的数据容易受会计准则的影响

计算市盈率时的分母是会计上的每股收益，它在某种程度上容易受到会计准则的影响。例如，在折旧与存货估价时要用到历史成本，而在高通货膨胀时期，用历史成本计算的折旧与存货成本会低估其真实的经济价值。因为生产设备与存货的重置成本都会因为通货膨胀而上涨。因此，当通货膨胀比较严重时，市盈率总会降低，这反映出通货膨胀时期盈利的估价是“质量低劣”，被通货膨胀所扭曲，造成了较低的市盈率。又如，由于财务报表中的盈利是根据会计准则计算出来的，并不需要与经济盈利相一致，它会随着经济周期的变化而发生剧烈的波动。正常的市盈率预期隐含了盈利不变或以固定速度上升，而且应该是现在价格 P_0 除以未来盈利 E_1，但是报纸上公布的市盈率一般都是现在价格除以近期盈利，而近期盈利与未来盈利可能会有很大的差别。在经济周期过程中，当会计盈利与未来经济盈利的价值或多或少发生偏离时，价格对近期盈利的市盈率的变动就会很大。如果有两家公司，一家公司的盈利波动比较小，另一家公司的盈利对经济周期变动比较敏感，对于周期性的盈利敏感的公司来说，如果其盈利跌到谷底，它的市盈率反而会上升，因为市场会明显地辨认出其盈利减少只是暂时的。

第八节　基于通货膨胀观点的估值法

一、“中性”通货膨胀条件下的分析

1. 对股价的影响

所谓“中性”通货膨胀条件，是指其他经济变量都按照通货膨胀率进行变化，它们的真实价值不发生变化。在“中性”通货膨胀条件下，关于通货膨胀与股票估值的关系，一个最基本的结论是，只要真实价值不受影响，股票的现在价格也将不受通货膨胀的影响。

假定某公司在无通货膨胀情况下将全部收益都派发红利，每股红利为 1 元，增长率为零，资本化利率为 10%。这样，每股股票的理论价格应该为：$P_0=1/0.10=10$(元)。

现在进一步假定每年的通货膨胀率为 6%，其他经济变量都按照通货膨胀率来进行调整，以便使其真正价值保持不变。这样，预期的红利增长率将从原来的 0%调整到 6%，来年的红利将由原来的 1 元调整为 1.06 元，而资本化利率也根据通货膨胀率调整，从原来的 10%调整到 16.6%[①]。根据红利贴现模型，每股的理论价格为：

$$P_0=\frac{D_1}{k-g}=\frac{1.06}{0.166-0.060}=10(\text{元})$$

① 调整后的资本化利率 $k=(1+k^*)(1+i)-1=1.10\times1.06-1=16.6\%$。其中，$k^*$ 表示无通货膨胀时的资本化利率，i 表示通货膨胀率。

2. 对市盈率的影响

尽管在真实价值不受影响的情况下，股票的当前价格在理论上也不受通货膨胀的影响。但是，它会对市盈率的变化产生影响。这主要表现为在证券投资的实践中，我们可以看到在通货膨胀时期，市盈率会有明显下降的现象。这是因为在通货膨胀时期，有些公司即使没有真实的收益，也会在账面上显示出盈利，或者即使有真实的盈利，其名义盈利远远超过真实的盈利，也就是说，账面上的收益失真，真实的经济收益被高估了，这也是运用市盈率指标时需要注意的地方。导致名义盈利超过真实盈利的原因主要在于，期末的盈利计算是根据期初各项生产要素的价格来确定成本的，而不是按照期末各项生产要素的重置成本确定成本的。

二、非"中性"通货膨胀条件下的分析

上述结论是建立在所谓"中性"通货膨胀条件下的，即其他经济变量都按照通货膨胀率进行变化，它们的真实价值不发生变化。但是，实际上，股票投资不可能完全在中性通货膨胀的状态下进行，有很多经验性研究表明，真实收益率与通货膨胀率呈现负相关性。因为通货膨胀率的上升会引起 D_1 降低、k 增加、g 下降，或者三个变量的综合变化。根据红利贴现模型，这样的变化会降低股票的内在价值。对于在通货膨胀情况下，影响股票估值各个变量变化的趋势，在学术界有不同的观点：

第一，在像石油价格急剧上升这样的成本推动型通货膨胀情况下，容易形成通货膨胀率的提高和预期收益的减少同时发生的状态，从而降低股票的内在价值。

第二，通货膨胀率越高，人们感到股票真实收益的风险就越大，从而导致市场资本化利率提高，而 k 值的上升将意味着股价水平的降低。

第三，现实的税收制度使得税后真实收益会随着通货膨胀率的上升而减少，高通货膨胀率导致了较低的真实红利水平。

第四，许多股票市场的投资者容易受到"货币假象"的蒙蔽，他们误将名义利率的提高当作真实利率，其结果会在高通货膨胀时期低估股票的价值。

三、基于资产的通货膨胀特征差异性的分析

在通货膨胀环境下，具有优异通货膨胀特征的资产，其价格将会随着通货膨胀率的上升而上升；但通货膨胀特征不良的资产价格，会随着通货膨胀率的上升而下降。所以，在通货膨胀环境下，最佳的投资策略是，对通货膨胀特征良好的资产增加持有，而对通货膨胀特征不良的资产采取卖出策略进行减持。一般来说，具有良好通货膨胀特征的资产为房地产、黄金白银等贵金属、石油等重要原材料的生产商或销售商股票，因为这些厂商的产品价格、销售额和利润会随着通货膨胀率的上升而提高。但有些厂

商或公司会因为通货膨胀率的上升，导致其成本支出的增加超过其销售价格或销售收入的提高，与这一类公司有关的股票就属于通货膨胀特征不良的资产。比如，一些劳动密集型公司，在通货膨胀上升时，其工资水平也会随之上升，如果其产品价格因竞争等因素而无法提高，从而其工资上涨的成本也就得不到弥补，盈利就会缩小甚至亏本。还有一些公司因为产品价格无法提高或者提高的幅度不足以弥补通货膨胀所带来的原材料价格的上涨，也同样会导致盈利减少甚至亏损。盈利减少甚至亏损的共同结果，显然是公司股价的下跌。

由于通货膨胀对公司的营运收入和成本具有不同的影响程度，所以用红利贴现方法进行估值可能不太准确。此时，可以采用自由现金流估值法进行估值。在进行估值时，应先对公司的营运收入和成本进行通货膨胀调整，然后在调整的基础上确定公司未来的自由现金流水平，最后，用定率增长红利贴现模型计算出公司的总价值。但是，通货膨胀对公司价值的影响很复杂，有些因素的影响很难量化，这也是在评估通货膨胀对股票价值影响时应注意的问题。比如，举债较多的公司将因通货膨胀而受益，而债权人则受损，这种受通货膨胀影响而产生的财富由债权人向债务人转移的效果被称为财富分配效应。可是在评价公司股票的价值时，这种财富分配效应却很难进行量化。

第九节　成长性估值法

假定在有利的宏观经济背景下，从总体上来说进行证券投资已经有了获利的保证。但是，为了投资收益的最大化，资金必须投资于前景良好的行业，并且还要在前景良好的行业中选择具有成长潜力的公司，挑选成长性的股票。所以，公司或股票的成长性分析，也是投资价值分析中非常重要的组成部分。

一、成长性公司与成长股的区别

1. 成长性公司的必要条件

根据红利贴现模型，公司的增长率(g)等于利润留存率乘以权益报酬率。因此成长性公司的必备条件是：(1)保留一大部分的盈余作为资本扩张用途；(2)所投资的资金的收益率必须高于资本成本。如果一家公司能够持续将大部分盈余投资于报酬率高于资本成本的投资项目，那么该公司的盈余将会持续增长，公司的市场价值也会因此而不断上升。

2. 成长性公司的股票未必就是成长股

但是，投资于成长性公司的股票并不一定获利，因为成长性公司的股票并不一定就是成长股。具体分析如下：

第一，如果投资者对成长性公司的盈利前景已经充分反映在公司股价上，或者说成长性公司当前的股票价格已经基本反映了其未来利润增长现金流的贴现值，在这种情况下，尽管其是成长性公司，但其股价未必具有成长性，按现价买入未必可以获得超额利润。

第二，如果投资者对成长性公司的盈利前景已经过度反映在公司的股价上，或者说成长性公司当前的股票价格已经远远超过反映其未来利润增长现金流的贴现值，在这种情况下，虽然它是成长性公司，但其股价不仅难以继续大幅上升，甚至还存在着下跌的风险，反而可能成为不良的投资。

综上所述，成长性公司的股价如果已经充分或者过度反映了其未来利润增长的前景，那么其股价就未必具有成长性，其股票也就不一定是成长股。只有当成长性公司的股票被市场或投资者低估，其未来价格上升的潜力很大，我们才可以称之为成长股。因此，在投资对象的选择上，绩优股未必就是好的投资对象，如果当前股价已经透支了其业绩，反而有风险；反之，绩差股也未必一定要敬而远之，如果当前股价过度反映了其不良业绩，股价已经被严重低估，其今后反而有升值的可能性。

3. 成长股存在的条件

在有效市场情况下，成长股在理论上是不应存在的，因为股价会很快反映公司的利好或利空因素。但由于信息不对称或者信息的缺乏和不完整，造成股价不能及时反映真正的信息并做出调整，出现一些股票的价格被市场低估，从而成为成长股的选择对象。反之，即使是成长性的公司，将会由于市场对信息的过度反应而使其失去投资价值。

尽管在有效市场条件下，成长股不应存在，但并不表示在有效市场条件下，成长性公司不存在。有些公司经常能够发掘并投资高收益的投资项目，做到投资收益率高于资本成本，从而获得超额利润。如果投资者能够早发现这样的成长性公司，则可以低价买进，因为此时公司的成长性尚未被大多数投资者所发现。

二、基于增长机会贴现值概念的成长性分析模型

从成长性的角度进行分析，可以利用前面提到的增长机会贴现值（PVGO）的概念。

假定公司的每股盈利固定而且盈余全部作为股利发放，则公司的合理价格（理论价格）应为：$P=E/k+PVGO$。

如果公司的利润留存率为 b，那么公司的再投资资金则为 bE；再假定公司每年的投资收益率为 r，则每年的投资净收入为 bEr，增长机会贴现值(PVGO)为：

$$PVGO=\sum_{t=1}^{\infty}\frac{PVGO_t}{(1+k)^t}=\sum_{t=1}^{\infty}\frac{bEr/k-bE}{(1+k)^t}=\sum_{t=1}^{\infty}\frac{bEr/k}{(1+k)^t}-\sum_{t=1}^{\infty}\frac{bE}{(1+k)^t}$$

$$=\frac{bEr/k}{k}-\frac{bE}{k}=\frac{bE}{k}\left(\frac{r}{k}-1\right)$$

上式表明，如果公司投资项目的收益率(r)高于公司的资本成本(k)，则增长机会贴现值大于零，因为 $r/k-1>0$。也就是说，只有在公司持续地将部分盈余(bE)投资于 $r>k$ 的项目，公司的价值才会持续增加。因此成长性公司的合理价格应为：

$$P=\frac{E}{k}+PVGO=\frac{E}{k}+\frac{bE}{k}\left(\frac{r}{k}-1\right)$$

所以，对于成长性公司的分析重点应放在两个方面：一是投资收益率(r)与资本成本(k)的关系，r 越大于 k，公司的增值越大；反之，就越小。二是利润留存率，在投资收益率大于资本成本的前提下，利润留存率越大，公司的增值也就越大；反之，就越小。如果公司不从事盈利的再投资(即 $b=0$)或投资收益率与资本成本相等($r=k$)，那么公司的价值将不会增加，因为增长机会的贴现值等于零。

三、基于市盈率概念的成长性分析模型

1. 市盈率作为公司成长性分析方法的提出

伴随着经济的成长，企业也将成长起来；同样，伴随着公司的成长，股价也会得到相应的成长。这种将股价的成长与经济和企业的成长联系起来的认识，应该说从很早就开始存在了，这在一些证券投资分析理论先驱者的论述中可以看到它们的萌芽。但是，明确地认识到这个问题，开始尝试对成长性公司这类特殊的投资对象采用特定的估值或定价方法，是 19 世纪 50 年代的事情，其中特别值得一提的是关于市盈率(PER)的运用。

虽然关于市盈率运用的详细历史已经无从了解，但是因为在 19 世纪 20 年代就已经存在相应的研究，所以可以确认其已经具有相当长的历史。由于市盈率不是将股价与红利进行对比，而是将股价与作为红利源泉的收益进行对比，或者说是将股价与红利和内部留存利润的合计额进行对比，因此市盈率本身可以说是一个将内部留存利润所具有的未来收益增长效应放入估值中的指标。因为，我们凭借红利回报率无法解释或说明股价水平和不同股票之间的价格差别，而市盈率就是作为解释或说明不同股票之间价格差别的工具出现在证券投资分析的舞台上的。如果我们计算同一时点上很多股票的市盈率，其数值会有很大的差异，能够解释其差异的最有力的因素是企业的

成长性,或者更加明确地说是利润的成长性。因此就出现了一些将企业的成长性放入市盈率计算中去的尝试。

2. 贝尔模型

首先,贝尔(E. Bell)在1958年从凭借收益来回收投入资本的年份数的角度,对市盈率进行分析,并在此基础上设想收益的成长性。以本期每股收益为 E,下一期以后它以每期 g($g>0$)的比率增长。此时,今后 n 年份的每股收益的合计额应该等于现在的股价 P。即:

$$P = E + E(1+g) + E(1+g)^2 + E(1+g)^3 + \cdots + E(1+g)^{n-1}$$

$$= E \times \frac{(1+g)^n - 1}{g} \qquad \frac{P}{E} = \frac{(1+g)^n - 1}{g}$$

上述等式的左边因为是普通意义上的市盈率,所以如果以 m 替代,则该等式可以换写成:

$$1 + mg = (1+g)^n \qquad n = \frac{\log(1+mg)}{\log(1+g)}$$

只要 $g>0$,n 一定会小于 m。因而如果 n 为一定值而使股价形成的话,那么对于 m 来说,它会随着 g 的大小而产生差别。

3. 库尔茨模型

其次,库尔茨(W. Kurtz)在1960年提出了以下一个模型:

$$m_G = q \times m_N (1+g)^5$$

式中,m_G 代表成长性公司的 P/E,q 代表根据股票的投资性而给予的4/3、1、2/3等评级指标,m_N 表示非成长性公司当前的 P/E,g 表示该成长性公司今后5年每股预期收益增长率。由于成长性公司的 P/E 为 $m_G = P_G/E_G$,式中,P_G 表示成长性公司的股价,E_G 表示成长性公司的每股收益。因此,$P_G = q m_N E_G (1+g)^5$。

由于 $E_G(1+g)^5$ 是成长性公司5年后的预期每股收益,所以这个等式就意味着预定5年的投资期,5年后所达到的预期每股收益乘以当前非成长性公司的 P/E 倍数,就是成长性公司的目标股价。

4. 斯特德曼和麦格西斯模型

另外,斯特德曼(S. L. Stedman)和麦格西斯(S. L. Margoches)也在大致相同的年代提出过类似的模型。斯特德曼的模型为:

$$P_G = m_N \times \frac{E_G (1+g)^4}{(1+k)^4}$$

式中,符号的意义与前面相同,只是投资期间改为4年,其特点是要将4年后的预期每股收益用应得收益率 k 进行贴现。

麦格西斯的模型为：

$$\frac{m_G}{m_M}=\left(\frac{1+g_G}{1+g_M}\right)^t$$

式中，m_G 代表成长性公司的 P/E，m_M 代表市场平均的 P/E，g_G 代表成长性公司的每股收益增长率，g_M 代表市场平均每股收益增长率，t 代表投资期间。

麦格西斯的模型也表明，如果成长性公司的 P/E 大于市场平均 P/E，那么一定是成长性公司的收益增长率大于市场平均的收益增长率。

以上是在 P/E 的计算式中加入收益增长的因素进行的股票定价的尝试；但是，这些论述都没有跨出经验法则的范围，并非是在理论上和实证上得到强有力证明的模型。

四、基于内部留存的利润增长率模型

公司的成长性分析归根结底要落实到每股收益（EPS）的增长分析。每股收益如果分解的话，应该是权益报酬率（ROE）乘以每股净资产（book-value per share，BPS）。在进行每股收益预测的时候，需要用到一个重要指标——基于内部留存的利润增长率。该增长率假定自有资本的增加都是来源于内部利润的留存，不是来源于新股的发行，因此，利润额的增长就等于是每股收益的增长。由于利润增长率等于权益报酬率乘以利润留存率，因此可以通过将权益报酬率分解的方法，得到基于内部留存的利润增长率计算公式。

为了简化说明，现将 D 代表公司负债，E 代表公司自有资本（股东权益），i 代表负债利率，T 代表所得税率，b 代表利润留存率，则：

$$\text{利润(收益)}=\text{总资本}\times\text{资产收益率(ROA)}=(D+E)\times\text{ROA} \tag{1}$$

$$\text{支付利息}=\text{负债}\times\text{负债利率}=D\times I \tag{2}$$

由上述(1)式减去(2)式，得到：

$$\text{税前利润}=E\times\text{ROA}+D\times(\text{ROA}-i)$$

将上述等式的两边分别除以 E，可得到：

$$\text{ROE(税前)}=\text{ROA}+(\text{ROA}-i)\times D/E$$

再将上述等式的两边分别乘以 $(1-T)$，又可以得到：

$$\text{ROE(税后)}=[\text{ROA}+(\text{ROA}-i)\times D/E]\times(1-T)$$

$$\text{基于内部留存的利润增长率}=[\text{ROA}+(\text{ROA}-i)\times D/E]\times(1-T)\times b$$

也可以根据简化的杜邦体系，将 ROE 分解成三个指标，然后得出基于内部留存的利润增长率计算公式。即：

$$\begin{matrix}\text{基于内部留存}\\\text{的利润增长率}\end{matrix}=\text{ROE}\times b$$

$$=\frac{\text{税后利润}}{\text{销售额}}\times\frac{\text{销售额}}{\text{总资本}}\times\frac{\text{总资本}}{\text{自有资本}}\times\frac{\text{留存利润}}{\text{税后利润}}$$

$$=\text{销售利润率}\times\text{总资本周转率}\times\text{财务杠杆}\times\text{利润留存率}$$

在财务分析实务中，上述的简化公式虽然经常被使用，但是下面我们基于比较严密的 ROE 与 ROA 的关系式，实际计算一下基于内部留存的利润增长率。

例：在期初总资产 5 000 万元中，负债 3 000 万元，自有资本 2 000 万元，ROA 为 10%，负债利率为 6%，所得税税率为 50%，负债对自有资本的倍率为 1.5 倍，红利率为 30%。则：

ROE＝[10%＋(10%－6%)×1.5]×(1－0.5)＝8.0%

基于内部留存的利润增长率＝8%×(1－30%)＝5.6%

如果红利率提高到 40%，这时基于内部留存的利润增长率将会下降到 4.8%，即：基于内部留存的利润增长率＝8.0%×(1－40%)＝4.8%

所以，红利率的提高，一方面会使增长率下降，另一方面又会使股东的收入增加。如果公司不存在有利的投资机会，这样的红利政策会受到股东的欢迎。但是，如果存在有利的投资机会，公司却不实施，而是以增配的形式分配给股东，反而会对股价产生负面的影响。因此，红利分配对股价的影响不能够脱离对股东来说，是否存在有利的投资机会这一点来进行讨论。

上述基于内部留存的利润增长率模型是假定自有资本的增加都是来源于内部的利润留存，但是在实际的证券市场中，有相当多的自有资本是通过公司合并、公募增资、权证行权、可转换公司债券行使转换权等途径发生增加的，这一点是不能够忽视的。在这种情况下，需要追加相应的分析。

练习题

一、名词解释

票面价值　账面价值　清算价值　重置成本　市净率　股票内在价值
股票理论价格　市盈率　市销率　静态市盈率　动态市盈率　财富分配效应

二、单项选择题

下列选项中只有一项是正确的，请将正确选项的符号填在括号内。

1. 在理论上最早考察证券价格依据的学者是(　　)。

A. 勒纳　B. 希法亭　C. 许布纳　D. 格雷厄姆

2. 价值投资法的创立者是(　　)。

A. 巴菲特　B. 格雷厄姆　C. 希法亭　D. 勒纳

3. 根据托宾 q 比率来衡量股票投资价值，如果高估的话，则托宾 q 比率应该是(　　)。

A. 小于 1　　B. 大于 1　　C. 等于 1　　D. 小于 0

4. 根据预期持有期收益率估值法，如果股价低估应该是(　　)。

A. 预期持有期收益率大于成本化利率　　B. 预期持有期收益率小于成本化利率

C. 预期持有期收益率等于成本化利率　　D. 预期持有期收益率大于无风险利率

5. 根据股票内在价值的观点，如果(　　)，则投资者应该少买甚至卖空该股票。

A. 内在价值超过市场价格　　B. 内在价值低于市场价格

C. 市场价格低于内在价值　　D. 市场价格等于内在价值

6. 根据威廉姆斯模型，资本化利率或贴现率应该是(　　)与资本利得率之和。

A. 再投资率　　B. 红利分配率　　C. 红利收益率　　D. 权益报酬率

7. 在权益资本报酬率(　　)市场资本化利率的情况下，再投资率越高，未来公司的红利越多。

A. 低于　　B. 高于　　C. 等于　　D. 不等于

8. 从市盈率与增长率关系的角度进行选股，应该选择(　　)的股票。

A. PEG 大于 1　　B. PEG 小于 1　　C. PEG 等于 1　　D. PEG 小于 0

9. 当通货膨胀很严重的时候，市盈率会(　　)。

A. 提高　　B. 降低　　C. 不变　　D. 有时提高，有时降低

10. 对于周期性的盈利敏感的公司来说，如果其盈利跌至谷底，其市盈率通常会(　　)。

A. 上升　　B. 下降　　C. 不变　　D. 有时上升，有时下降

三、多项选择题

下列选项中有两项(含两项)以上是正确的，请将正确选项的符号填在括号内。

1. 可以看成是股票价格底线的是(　　)。

A. 票面价值　　B. 账面价值　　C. 清算价值　　D. 内在价值

E. 重置成本

2. "破净"即股票市场价格低于每股净资产，则意味着(　　)。

A. 严重高估　　B. 严重低估

C. 提供了投资安全边际　　D. 未提供投资安全边际

E. 跌破了市场价格的底线

3. 根据威廉姆斯的红利贴现模型，下列属于错误的说法是(　　)。

A. 红利水平与内在价值呈反比关系　　B. 红利水平与内在价值呈正比关系

C. 贴现率与内在价值呈反比关系　　D. 贴现率与内在价值呈正比关系

E. 贴现率与内在价值无关系

4. 影响红利增长率大小的指标是(　　)。

A. 红利分配率　　B. 再投资率　　C. 权益报酬率　　D. 股东收益率

E. 贴现率

5. 下列关于 PER 影响因素的正确表述是(　　)。

A. 资本化利率越高，市盈率越大　　B. 资本化利率越高，市盈率越低

C. 风险水平越高，市盈率越高　　D. 风险水平越高，市盈率越低

E. 红利增长率越高，市盈率越高

6. 增长机会贴现值为零的条件是(　　)。

A. b 等于 1　　B. b 等于 0　　C. r 大于 k　　D. r 等于 k
E. r 小于 k

四、问答题

1. 格雷厄姆的内在价值论的基本观点有哪些?
2. 投资价值分析的市场观具有什么样的具体内涵?
3. 为什么托宾 q 比率可以用来作为估值的工具? 在哪些情况下需要在使用托宾 q 比率时进行区别对待?
4. 市净率指标的局限性体现在哪些方面?
5. 为什么根据市净率的观点,有些高股本收益率的绩优股未必值得投资?
6. 为什么要将红利看成股价形成的重要依据?
7. 收入的资本化思想是如何产生的? 其对股票作为虚拟资本价值的评判具有怎样的影响?
8. 为什么资本利得不仅仅是投机性交易的成果,也是以红利增长这样的基本面因素作为支撑的?
9. 威廉姆斯模型的意义与局限性是什么?
10. 零增长红利贴现模型的意义与存在的问题是什么?
11. 定率增长红利贴现模型的假设与隐含的内涵是什么?
12. 为什么在投资策略的制定中要重视再投资率这一指标?
13. 为什么要对红利增长路径进行多元化的思考?
14. 在使用红利贴现模型中应注意哪些问题?
15. 自由现金流估值法的缺陷是什么?
16. 如果在理论上假定将 EPS 全部分配给股东,PER 的意义体现在哪些方面?
17. 如何从增长机会贴现值的概念与定率增长红利贴现模型来说明理解市盈率与增长机会的关系?
18. 处理市盈率与增长率关系的经验性方法是什么,并请举例说明。
19. 如何理解有些股票风险很高,但市盈率也很高的现象?
20. 如何根据长期国债到期收益率来推断市场整体的市盈率水平?
21. 为什么要区别静态市盈率与动态市盈率?
22. 为什么在通货膨胀时期市盈率会出现下降的现象?
23. 如何分析通货膨胀与股票内在价值的关系?
24. 如何根据资产通货膨胀特征的差异性进行投资决策?
25. 成长性公司的必备条件是什么?
26. 为什么成长性公司股票未必就是成长股?
27. 成长性公司的分析重点在哪些方面?

五、计算题

1. 某公司如果重新置办各项资产需要花费 2 亿元,各项负债为 3 000 万元,公司总股份为 2 000 万股,每股市场价格为 10 元。请计算该公司的托宾 q 比率,并据此判断股价是高估还是低估。

2. 某公司的总资产为 10 亿元,总负债为 2 亿元,发行在外的股票数量为 5 000 万股,每股的市场价格为 12 元。请计算该公司股票的市净率为多少。

3. 某公司股票的市净率为 2.5，市盈率为 30。请计算该公司的股本收益率(ROE)，并进一步计算其股东收益率(E/P)。

4. 某公司股票的当前市场价格为 25 元，预期每年每股红利为 1.5 元，股价预期的年增长率为 6%，1 年期国债的年收益率为 5%，β 系数为 1.3，股票市场的期望收益率为 12%。如果该投资者准备持有该股票 2 年，请计算持有期收益率与资本化利率，并确定该股票是高估还是低估。

5. 如果某股票当前的价格为 15 元，预期下一期的红利为 1 元，下一期的股票价格为 20 元。请据此确定该股票的贴现率。

6. 某公司采取固定的现金红利分配政策，各期每股均分配红利 0.8 元。如果 1 年期定期存款利率为 4%，β 系数为 1.2，股票市场的期望收益率为 15%。请计算该股票的理论价格。

7. 某公司今年的盈余为 400 万元，股份数为 60 万股，预期利润留存比率为 35%，预期股利增长率为 7%，当前股票的市场价格为 29 元。请据此计算贴现率，并根据定率增长模型计算该公司股票的理论价格。

8. 某公司股票今年的每股税后利润为 4 元，今年的每股红利为 1 元，公司的权益报酬率为 14%，资本化利率为 11%。请计算该公司股票的理论价格。

9. 某股票预期下一期的红利为 0.9 元，今后每年将按每股 0.3 元的水平持续地增加红利分配，如果贴现率为 8%，那么该股票的理论价格应该为多少？

10. 某股票预期下一期的每股税后利润为 3 元，利润留成比率为 60%，权益报酬率为 15%，资本化利率为 12%，假定其今后的红利是定额增长的，请计算该股票的理论价格。

11. 某公司预期前 5 年的红利增长很快，第一年的红利为 1 元，第 2 年的红利为 2 元，第 3 年的红利为 2.5 元，第 4 年的红利为 3.2 元，第 5 年的红利为 4 元，从第 6 年起将进入稳定增长阶段，预期红利增长率为 6%，贴现率为 8%。请计算该股票的理论价格。

12. 某公司股票本期的红利为 0.8 元，预期今后 8 年间将以年率 6%增长，其后将以年率 4%增长下去，贴现率为 8%。请计算该股票的理论价格。

13. 某股票当前的红利为 1.5 元，未来 8 年的增长率为 12%，从第 9 年起的 12 年内增长率将会稳定在 6%左右，资本化利率为 14%。请计算该股票的理论价格。

14. 某公司预期明年的税前营业现金流为 20 000 000 元，折旧为 2 500 000 元，税率为 25%，新投资为 1 500 000 万元，公司股票数为 10 000 000 万股，自由现金流的增长率为 5%，去杠杆化的资本化利率为 8%。请根据自由现金流估值法估算其每股的价值。

15. 某公司股票预期明年每股收益为 0.85 元，并预期该公司所属的行业明年平均市盈率为 35。如果以行业平均市盈率作为合理的市盈率，那么该公司股票明年的预期股价应该为多少？

16. 某公司的 ROE(权益报酬率)为 11%，每股净资产为 5 元，红利分配率为 45%，红利增长率为 8%，资本化利率为 10%。请据此计算该股票的理论价格。

17. 某公司股票 2017 年的市盈率预测值为 30，2017 年的每股盈利预测值是 2.5 元，2014 年的红利为 0.9 元，2015 年的预测红利为 0.8 元，2016 年的预测红利为 1 元，2017 年的预测红利为 1.1 元，贴现率为 11%。请据此计算该公司股票当前的理论价格。

18. 某行业的 β 系数为 1.5，股票市场整体的期望收益率为 13%，1 年期银行定期存款利率为 5%，行业平均利润留存比率为 70%，行业的平均权益报酬率为 15%。请估算该行业的合理市盈率。

第十章　基于股票的金融衍生商品的投资分析

金融衍生商品也被称为金融衍生工具，是指在基础金融商品或基础金融变量之上派生出来的新的交易品种，其价格取决于基础金融商品或基础金融变量。比如，股票是一种基础金融商品，从股票上可以派生出股票的期权交易；股价指数是一种基础金融变量，从股价指数上可以派生出股价指数期货交易。随着我国多层次资本市场体系的建设以及证券市场多元化的发展，基于股票的金融衍生商品也逐渐增多，成为证券投资分析不可忽视的重要领域。

第一节　股价指数期货

一、股价指数期货概述

1. 股价指数期货是金融期货的一个门类

期货交易是现货交易的对称，它是指在有组织的期货市场上买卖标准化的合约，按照这个合约，虽然交易现在完成，但是交割在未来进行。期货交易按照交易对象的不同，可以分为商品期货和金融期货。金融期货只是将期货的交易方式引入金融交易，主要有三大类，即外汇期货、利率期货和股价指数期货。股价指数期货(即“股指期货”)是一种以股票价格指数作为合约标的物的金融期货，是在有组织的期货市场里买卖以股票价格指数为标的物的期货合约。

无论是何种期货交易，其买卖的对象是期货合约，这种合约具有以下三个特点：第一，合约是标准化的。所谓标准化，是指合约的标的、标的物的质量和数量、交割方式及时间等合约主要条款都是由期货交易所事先既定的，只有价格是在交易过程中通过竞价方式加以确定的。第二，期货合约具有普遍性的特征。这是指期货合约并不存在初始的签订双方，合约的转让无须背书，可以连续地进行买卖，具有很强的流动性。第三，期货合约存在的主要作用并非约束买卖双方必须履行合约标的物的买卖义务来进行标的物的交割，其主要作用是充当期货交易的载体，使交易者能够通过买卖期货合约来转嫁风险或者投机获利。所以，期货交易在本质上是一种买空卖空的行为，交易者可以通过先买进、后卖出，也可以通过先卖出、后买进来对冲掉实际交割的责任。

2. 股价指数期货产生的背景

股价指数期货是从20世纪80年代开始逐渐兴起的金融期货之一，其产生的背景是自20世纪70年代以来，西方国家受到“石油冲击”的影响，经济极不稳定，特别是美国的股票市场出现很大的波动，系统风险充分暴露。在系统风险不断加剧的情形之下，怎样才能够不受损失或者少受损失呢？人们开始寻找有效的保值方法。由于在股票市场里存在着反映整个市场行情走向的股票价格指数，按照期货合约交易的套期保值原理，人们可以把股票价格指数作为合约标的物进行买卖，从而转移股市中的系统风险，于是股票价格指数期货就应运而生了。实际上，早在1977年，美国密苏里州堪萨斯城商会交易所就向美国商品期货交易委员会提出申办股指期货的申请，但是由于存在着合约到期如何交割的规则问题，该项业务没有被批准。因为，如果按照一般的期货交易原则，如果有人坚持要交割的话，交易所要承担实物交割的责任。但是股指期货到期有人要求交割股票实物时，这时交割的就是一篮子构成股价指数样本公司的股票，这不仅在技术上不太可行，而且成本也很大。1981年“欧洲美元存款”期货的交割采用了现金结算的方法，从而给股价指数期货的交割原则的确定以很大的启发，所以1981的年中，美国商品期货委员会同意股指期货的交割使用现金结算的概念，使该项业务的障碍被克服。所谓现金结算，就是在交割的时候买者和卖者只就交割日期的合约价值与成交时的合约价值之间的差额进行现金清算，对实物股票一律不进行交割。在这个基础上，1982年2月24日，美国堪萨斯期货交易所(KCBT)推出了世界上第一个股指期货，即价值线综合指数期货，这是期货交易史上的重大突破，它的问世引起了期货交易界的巨大反响。以后，各种股指期货相继出现。同年4月，芝加哥商品交易所(CME)开办了标准普尔(Standard & Poor)500指数期货；同年5月，纽约期货交易所(NYFE)又推出了纽约证券交易所股票综合指数期货。以后，伦敦、悉尼、中国香港、新加坡、东京等地的交易所先后仿效美国，提供股指期货交易合约。2010年1月8日，中国证监会宣布在A股市场推出股指期货，沪深300股指期货成为我国第一个股指期货交易品种；2014年又分别推出了上证50股指期货和中证500股指期货。

3. 股价指数期货交易的共性和特殊性

股指期货与其他形式的期货一样，都进行场内集中交易，目前我国的股指期货是在中国金融期货交易所进行交易；另外，股指期货也实行保证金制度，因此具有杠杆效应。所谓杠杆效应，是借用物理学中杠杆定理所描述的力的放大效应来比喻金融交易中投资者实际使用的资金量与实际成交量之间的数量上的放大效应。在股指期货交易中，衡量杠杆效应程度的杠杆比例取决于保证金率，保证金率的倒数就是杠杆比例。

我国目前股指期货的保证金率一般为 10%，因此杠杆比例为 10 倍，意味着交易者实际使用的资金量与实际成交量之间在数量上放大了 10 倍。由于杠杆效应的存在，所以股指期货交易具有以小博大的功能，它在收益可能成倍放大的同时，也使风险成倍地放大。再者，股指期货交易也同样在结算公司与结算会员之间实行逐日盯市制度。所谓逐日盯市制度，是指以一个交易日作为最长结算周期的无负债的每日清算制度，它是以股指期货合约在交易日的收盘指数作为当日的结算指数，与每笔交易成交时的指数作对照，计算每个结算会员账户的浮动盈亏情况，进行随时清算，如果发生亏损，使保证金低于维持保证金水平，就要求结算会员追加保证金。

但是，股指期货作为金融期货的一种，也有其自身的特点：

第一，在存在的基础方面，股指期货是将金融变量即股票价格指数作为合约的标的物，并利用股票价格指数在不同时期的变化进行远期买卖，它是期货市场与股票市场共同发展的产物。在股票市场上，有着多种反映股票市场价格变动情况的指数，这些指数随着股票市场行情的变化而不断变化，在一定时期里会产生一定的差额，因此可以将指数作为一种虚拟的商品进行买卖，给证券市场的投资者提供套期保值的工具。

第二，在交易的目的方面，套期保值者是要通过股指期货的交易，来规避和转移股票市场中的系统风险，而投机者则利用以小博大的功能，通过股指期货交易获得由于股价指数变动而带来的放大的投机收益。

第三，股指期货的合约价值是由事先规定的合约倍数和标的指数的数值所决定的，一份股指期货的合约价值等于合约倍数乘以标的指数的数值。合约倍数，是指针对标的指数的一个指数点，某种货币相对应的若干金额。该倍数意味着 1 个指数点涨跌的盈亏金额。沪深 300 和上证 50 股指期货的合约倍数为 300 元人民币，中证 500 股指期货的合约倍数为 200 元人民币。有了标的指数与合约倍数，就可以知道合约价值，合约价值＝合约倍数×标的指数。由于合约倍数是固定的，所以合约价值是伴随着指数数值的变动而变动，从而使交易参与者产生盈亏。比如，沪深股指期货的合约倍数是 300 元，因此指数每涨跌 1 点，合约价值就增加或者减少 300 元。如果是上涨，则做多交易者盈 300 元，做空交易者亏损 300 元；如果是下跌，则做多交易者亏损 300 元，做空交易者盈利 300 元。

第四，虽然一般的期货交易都允许进行实物交割，但是股指期货交易全部用现金进行结算，不办理股票的实物交割。这是因为股价指数期货代表的是双方同意买卖股票的市场价值，每一份合约只是代表了一种假设的股票资产，而不是买卖某种具体的股票，所以股指期货交易不对任何股票进行实物交割，只就交易双方的盈亏进行现金结算。比如，某投资者进行沪深 300 股指期货的多头交易，买入时的成交指数是 3 327

点，10天后期货合约到期，结算日的指数上涨为3 500点，则该投资者的盈利为：3 500×300－3 327×300＝51 900（元）。该投资者不会因为交易对手提出交割要求而获得沪深300股价指数的一篮子股票，只需现金结算，获得应得的盈利即可。

4. 股价指数期货交易的主要功能

（1）风险规避功能。股票市场的风险可分为非系统性风险和系统性风险两个部分，非系统性风险通常可以采取分散化投资的方式将这类风险的影响降到最低程度，而系统性风险则难以通过分散投资的方法加以规避。由于股指期货一方面代表了市场价值的变动，另一方面又具有做空的机制，从而为证券市场提供了通过套期保值来规避系统性风险的工具，担心股票市场会下跌的投资者可通过卖出股指期货合约，来对冲股票市场整体下跌的系统性风险，有利于减轻集体性抛售对股票市场造成的负面影响。

（2）价格发现功能。股指期货具有发现价格的功能，通过在公开、高效的期货市场中众多投资者的竞价，有利于形成更能反映股票真实价值的股票价格。股指期货市场之所以具有发现价格的功能，一方面在于股指期货交易的参与者众多，价格形成当中包含了来自各方的对价格预期的信息；另一方面在于股指期货具有交易成本低、杠杆倍数高、所需的保证金低和手续费便宜等优点，因此流动性极好。投资者更倾向于在收到市场新信息后，优先在股指期货市场调整持仓，使得股指期货价格对信息的反应更快。一旦有信息影响大家对股票市场的预期，都会很快在股指期货市场上反映出来，并且可以快速传递到股票现货市场。所以股指期货市场的指数变动通常是领先现货市场的指数变动。

（3）资产配置的功能。股指期货交易由于采用保证金制度，可以以小博大，形成放大的杠杆效应；同时，由于股指期货交易具有做空机制，无论指数涨跌，只要方向判断正确，均可以据此获利。因此，被机构投资者广泛用来作为资产配置的手段。比如，如果市场存在下跌的走势，投资者可以通过做空股指期货，并利用保证金制度来放大做空的投资收益。假定沪深300股指期货的保证金率为10%，那么杠杆比例就是10倍，在做空一份沪深300股指期货合约的情况下，只要股价指数下跌5%，则相对于保证金来说，就可获利50%。

5. 股价指数期货交易与股票交易的比较

股价指数期货具有股票和期货的双重属性，股指期货一方面是期货的一种，在期货市场上进行买卖；另一方面，由于它所买卖的是经过统计处理的股票价格指数，这是一种与股票有关的指标，它又与股票市场有关。因此，可以说股指期货是期货市场与股票市场的共同产物，既有期货的特点，又包含了股票的特点。不过，正是由于股指期货结合了两者的特点，才使它与一般意义上的股票交易有很大的不同。

第一，期限不同。正常情况下，股票是没有期限的，只要上市公司不退市，买入股票后就可以一直持有；而股指期货合约有到期日，合约到期后将会下市，同时上市交易新的合约，所以不能无限期持有某一份合约。在最后交割日，如果股指期货合约还没有平仓，将进行强制性平仓。

第二，交易方式不同。我国股票交易需要支付股票价值的全部金额；但股指期货采用保证金交易，在进行股指期货交易时，投资者无须支付合约价值的全额资金，只需支付一定比例的资金作为履约保证。比如，沪深300股指期货最低保证金为合约价值的10%，某投资者做多一份股指期货合约，成交指数为3 500点，则合约价值为3 500×300=1 050 000元，该投资者只需要支付105 000元，就可以获得价值1 050 000元的交易头寸。

第三，交易方向不同。通常股票只能先买后卖，即股票交易是单向交易；股指期货交易既可以做多，也可以卖空。既可以先买后卖，也可以先卖后买，即股指期货交易是双向交易。

第四，交易成本不同。指数期货交易的成本相对股票交易来说是比较低的，一般只有股票交易成本的1/10左右。指数期货交易的成本包括交易佣金、用于支付保证金的机会成本和可能的税项。

第五，结算方式不同。股票交易采取全额交易，并不需要投资者追加资金，在股票卖出以前，不管是否盈利都不进行结算；股指期货交易采用当日无负债结算，当日交易结束后要对持仓头寸进行结算。如账户保证金余额不足，必须在规定的时间内补足，否则可能会被强行平仓。

第六，交割方式不同。股票交易涉及股票的流转，成交以后发生股票的实际所有权的转移；而股指期货市场虽然是建立在股票市场基础之上的金融衍生商品市场，但股指期货交割以现金形式进行，即在交割时只计算盈亏而不转移股票实物，投资者完全不必购买或者抛出相应的股票来履行合约义务，不涉及股票的流转或实际所有权的转移。

二、我国股指期货合约的主要内容及市场结构

1. 我国股指期货合约的标的指数

我国的股指期货是在位于上海的中国金融期货交易所进行交易的，所以股指期货的标准化合约也是由中国金融期货交易所统一制定的，目前股指期货合约的标的指数分别是沪深300指数、上证50指数和中证500指数，因此我国目前证券市场上主要有三个股指期货的交易品种，即沪深300股指期货、上证50股指期货、中证500股指期货。了解这三个标的指数的大致情况，对于投资者参与股指期货的交易具有重要的

意义。

(1)沪深300指数。沪深300指数是沪深证券交易所于2005年4月8日联合发布的反映A股市场整体走势的指数。沪深300指数是以2004年12月31日为基期，基点为1 000点。沪深300指数编制目标是反映中国证券市场股票价格变动的概貌和运行状况,并能够作为投资业绩的评价标准。沪深300指数的300个样本股覆盖了沪深市场六成左右的市值,具有良好的市场代表性。

(2)上证50指数。上证50指数由上海证券交易所编制,于2004年1月2日正式发布,基日为2003年12月31日,基点为1 000点。它是根据科学客观的方法,挑选上海证券市场规模大、流动性好的最具代表性的50只股票组成样本股,以综合反映上海证券市场最具市场影响力的一批优质大盘企业的整体状况。

(3)中证500指数。中证500指数是中证指数有限公司开发的指数中的一种,基日为2004年12月31日,基点为1 000点。其样本股票是扣除沪深300指数样本股及最近一年的日平均总市值排名前300名的股票,剩余股票按照最近一年(新股为上市以来)的日均成交金额由高到低排名,剔除排名后20%的股票,然后将剩余股票按照日平均总市值由高到低进行排名,选取排名在前500名的股票作为中证500指数样本股,所以中证500指数综合反映沪深证券市场内小市值公司的整体状况。

2. 我国股指期货合约的其他条款

除了标的指数以外,其他主要条款包括合约倍数(合约乘数)、报价单位等。以沪深300股指期货为例,其主要条款参见表10—1。与沪深300股指期货相比较,另外两个股指期货只是标的指数不同,合约条款基本类似,但中证500股指期货的合约倍数为200元人民币。

表10—1　　沪深300股指期货的合约条款

合约标的	沪深300指数
合约乘数	每点300元
报价单位	指数点
最小变动价位	0.2点
合约月份	当月、下月及随后两个季月
交易时间	上午9:15—11:30,下午13:00—15:15
最后交易日交易时间	上午9:15—11:30,下午13:00—15:00
每日价格最大波动限制	上一个交易日结算价的±10%
最低交易保证金	合约价值的10%
最后交易日	合约到期月份的第三个星期五,遇法定节假日顺延

续表

交割日期	同最后交易日
交易方式	现金交割
交易代码	IF

为了进行国际比较，世界主要金融市场的股指期货合约参见表10—2。

表10—2　世界主要股指期货合约的条款

股指期货种类	S&P500股票指数期货	NYSE综合指数期货	日经225指数期货	HKFE恒生指数期货
交易单位	500美元×S&P500股价指数	500美元×NYSE综合指数	1 000日元×日经225指数	50港元×恒生指数
最小变动价位	0.05个指数点(每张合约25美元)	5个基本点，或0.05个指数点	10个指数点(每张合约10 000日元)	1个指数点(每张合约50港元)
每日价格波动限制	与股市上标的股票的交易终止协同	无	不高于或低于前收市指数3%	不高于或低于前收市指数500点
合约月份	3、6、9、12月	3、6、9、12月循环	3、6、9、12月	现货月随后一个月以及最近的两个季末月
最后交易日	合约月份的第三个星期四	合约月份的第三个星期五	结算日之前三个营业日	交易月最后第二个营业日
最后结算价格	根据合约月份第三个星期五特别报出的S&P股价指数成分股票的开盘价格确定	根据构成NYSE综合股价指数的所有上市股票在第三个星期五的开盘价格，经特别计算求得	最后交易日收盘时该指数的收盘价	以最近交易日每5分钟报出的恒生指数的平均值法去掉小数后的整数位结算价格
交割方式	以最后结算价格实行现金结算	合约到期时以现金结算	以最后结算价格实行现金结算	合约到期时以现金结算

3. 我国股指期货的市场结构

我国股指期货市场结构的核心是中国金融期货交易所(简称“中金所”)，股指期货在该交易所挂牌并交易。中金所自身不参加股指期货的交易，而是为各类市场参与主体提供股指期货的交易、结算等服务，并作为中央对手方担保股指期货的履约。中金所受股指期货的监管机构中国证监会的监管。中金所有很多会员公司，会员主体是期货公司，投资者可以通过期货公司参与股指期货交易。期货公司同样受中国证监会的监管，同时，期货公司还成立了行业性组织——中国期货业协会。为保证投资者的资金安全，国家还成立了中国期货保证金安全监控中心。此外，还有结算银行、信息服务商、证券登记结算机构等相关服务组织。我国股指期货的市场结构参见图10—1。

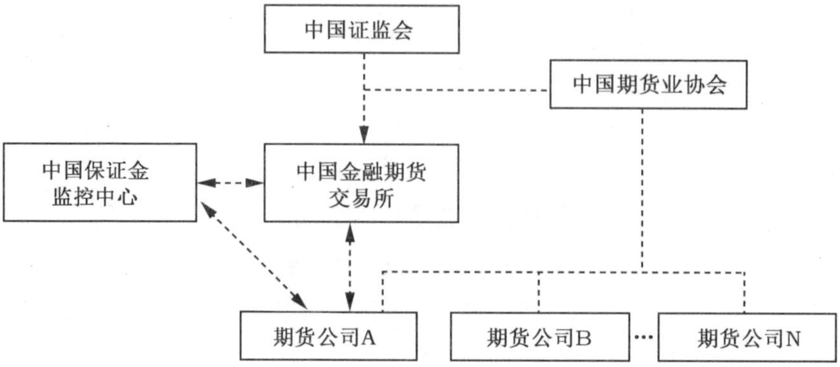

图 10—1 我国股指期货市场结构

三、股价指数期货的套期保值交易

1. 什么是套期保值

(1)套期保值的定义。套期保值也称避险交易,它是规避价格变动风险的重要手段,其基本方法是将现货商品头寸与衍生商品等其他交易头寸进行适当的组合,用某一头寸的盈利来弥补另一头寸的亏损,从而避免现货商品头寸发生损失或减少损失的行为。

(2)套期保值的特点。第一,目的是为了避免现货商品头寸发生损失或减少损失。第二,手段是将现货商品头寸与衍生商品等其他交易头寸进行适当的组合,通常是反向交易头寸的组合,即多头与空头交易头寸的组合。第三,途径是用某一个头寸的盈利来弥补另一头寸的损失。

(3)股票市场套期保值的主要工具。①股价指数期货交易;②股票类期权或权证交易;③股票信用交易即融资融券交易。上述股票市场的套期保值工具,一般都具有如下特点:第一,一般都具有金融衍生商品的属性。第二,一般都具有交易跨期性的特点,跨期性在本质上是交易的成立与实际交割或结算的发生在时间上的不一致性。第三,一般都具有杠杆效应的特点。第四,一般都具有做空机制,即可以在无头寸的状态下进行卖空交易。

2. 为什么要进行套期保值交易

(1)股票市场的不确定性(即风险的存在)。股票市场中的风险的来源甚广,有来自经济的、政治的,也有来自道德、法律等各个方面的。股票市场的风险按不同的标准有不同的分类。按风险影响的范围可以分为系统性风险和非系统性风险,在系统性风险和非系统性风险的大类之下,又可以进一步划分成更细的风险类型。系统性风险是指由于某种全局性因素的影响导致证券市场上绝大多数或所有证券的投资收益发生变化而引起的风险，它包括政治风险、政策风险、经济周期风险、购买力风险、利率风险等。由于系统性风险对绝大多数或所有证券都发生作用，即使采取多样化的分散投资的策略也难以回避，所以也称为不可分散风险。非系统性风险也称微观风险，是指由于某些特定因素的影响导致某种或某类股票的投资收益发生变化而引起的风险。这些特定的因素往往来自某个行业或某个企业内部，对其他行业或其他企业没有影响，各种股票的非系统性风险之间也没有内在的联系，风险的发生是局部性的，并且能够通过分散化投资来避免这些风险，所以也称为可分散的风险。与股市有关的非系统性风险主要有企业经营风险、行业衰退风险、道德风险、退市风险等。

（2）系统性风险本身无法通过分散投资加以规避。从理论上来说，非系统性风险可以通过分散投资加以规避，一般来说，投资越分散，非系统性风险的影响越小。但是，系统性风险自身无法通过分散投资进行规避，即使进行了分散投资，在系统性风险面前，所有的股票或多或少都会受到影响，只是受到影响的程度不同而已（参见图10—2）。

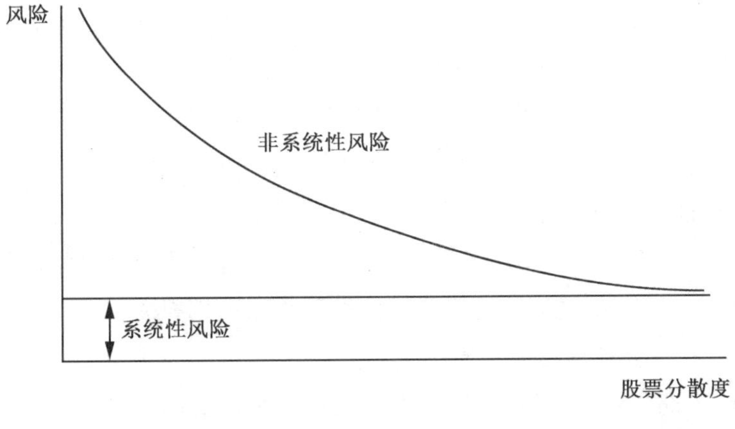

图10—2　分散投资对系统性风险和非系统性风险影响的示意

（3）股票市场中存在着各种非分散或分散程度不高的投资。由于投资理念的不同，在股票投资实践中，客观上存在着大量的非分散或分散程度不高的投资。尽管指数化的投资方法有一定的市场，但是想通过各种选股方式来战胜市场的投资者也大量存在，这就导致在股票市场中需要通过套期保值手段来规避可能发生的非系统性风险。

（4）由于各种原因，导致即使预期存在风险，也无法即时对现货头寸进行处理。①仓位限制：在仓位限制方面，像基金管理公司，即使明知可能行情不好，也无法全部清仓卖出股票，它必须保留相当部分的现货头寸，有最低仓位限制。此时，可以通过卖空股指期货进行套期保值。②流通限制：在流通限制方面，存在着各种限售规定。比如，公司通过公募的形式增发股票，通常投资者可以用比市价低的价格买入增发的股票，但是增发的股票一般不能够马上上市交易，必须等待一段时间，而在这一段时间里股价有可能上升到一定的高位后转入跌势，这时投资者可以在股价处于高位时先进行空头信用交易，以防止增发的股票在上市的时候发生贬值。③资金限制：在资金限制方面，投资者会面临即使行情看好，但因各种原因，导致资金暂时无法到位，从而错失良机的风险。比如，部分个人或者机构投资者看好股票市场的后市，但目前资金周转不过来，担心资金到位时股票价格已经上涨，因此可以事先买入股指期货合约，保证将来的购买成本不会增加。又比如，有些公司用大量股票进行股权质押融资，即使预期到被质押的股票有下跌风险，但在质押期间无法卖出相应的股票，此时也可以通过做空机制进行套期保值。④市场冲击：在市场冲击方面，机构投资者包括基金管理公司、证券公司的自营部门、股票经纪商、保险公司的资产管理部门、银行的资产管理部门，手中时常持有相当数量的股票资产，即使面对不利行情，也担心大量卖出股票，导致对股票市场产生严重冲击，价格暴跌，从而使自身的资产过度贬值，甚至引发金融市场动荡。所以，当他们面对股市前景缺乏信心，又因为担心市场冲击等原因而不愿将手中的股票全部脱手卖出时，可以通过预先卖出股指期货的方法对手中的股票进行套期保值。⑤资本运作：在资本运作方面，通过收购股票而吞并其他公司的企业，会担心在购并过程中股票价格上升。所以在进行购并之前，可以预先进行多头信用交易或买进股指期货，以此来减轻可能出现的价格上升风险。⑥市场营销：在市场营销方面，一些投资银行或者股票包销商为新上市公司包销股票时，若市场行情不好，他们要在包销之前就预先卖出股指期货，以防止被包销的股票因价格下跌而造成损失。

3. 期货交易能够实现套期保值的原因

股价指数期货作为期货的一个特殊品种，在股票市场被广泛用于进行套期保值交易。期货之所以能够进行套期保值，主要原因如下：

第一，某一特定商品的现货价格与期货价格受共同的经济等因素影响和制约，两者变动的方向与变动的幅度基本上是一致的。

第二，期货合约临近到期时，现货价格与期货价格具有趋同性的特点，一旦合约到期，两者的价差为零。

4. 套期保值最基本的方法

(1)现货头寸与套保头寸在品种方面要尽量保持同质。在商品套期保值交易中，大豆对大豆，黄金对黄金。同样道理，在股票套期保值中，也应尽量做到同质，比如，宝钢股票对宝钢股票。但是，由于股票市场的特殊性，不可能完全做到同质，比如在股票信用交易中，作为融资融券标的物的股票，可以与现货头寸构成完全的同质关系，但是融资融券标的物以外的股票，则无法构成完全的同质关系，此时需要寻找替代股票，尽可能保持同质。股票的个股期权和权证，与其正股的现货头寸具有良好的同质性，同样道理，股价指数期权或权证，与投资组合比较分散的现货头寸，也具有较好的同质性。至于股价指数期货，由于其标的物是股价指数，所以更加不可能与个股保持同质，但对投资组合比较分散的现货头寸来说，同质性则比较强。

(2)现货头寸与套保头寸在价值量方面要尽量保持等价。即现货头寸根据市场价格所计算的价值量要尽可能地与套期保值头寸的价值量保持一致。在价值量保持一致方面，股票信用交易相对来说比较容易做到。但是，在运用股价指数期货进行套期保值时，对于金额较小的现货头寸来说，则很难做到。因为股价指数期货合约的价值量头寸由标的指数与合约倍数的乘积所决定，通常一份合约的价值量比较大。

(3)现货头寸与套保头寸在交易反向方面要保持反向或同向关系。①反向关系。绝大多数的套期保值交易都是反向关系，比如，已经持有或打算即时持有的现货头寸，代表着过去买进或当前准备买进，毫无疑问，这属于现货的多头头寸，其必然担心价格下跌，此时的套期保值头寸自然是反向交易，即进行卖空。同样道理，已经卖出或打算即时卖出的现货头寸，属于现货的空头头寸，其必然担心价格上涨，此时的套期保值头寸自然也是反向交易，即进行做多。②同向关系。套期保值的同向关系安排一般具有两个特点：第一，无论是多头还是空头的现货头寸并非已经持有或即时持有，而是未来打算持有。第二，套期保值的目的是为了锁定未来的购买成本或未来的出售收入，避免未来的购买成本增加或未来的出售收入减少。所以，在现货头寸与套保头寸的安排上要做到同向。将来现货头寸打算买入做多，其必然担心未来价格上涨导致购买成本提高，所以套保头寸应该也是做多；反之，将来现货头寸打算卖出做空，则其必然担心价格下跌导致出售收入减少，所以套保头寸应该同样是做空。

5. 股指期货套期保值交易中合约量的确定

(1)合约量确定的目的。这是根据套期保值方法中的保持等价的原则，通过确定合约量，使需要套期保值的现货头寸的价值量，尽可能地与期货头寸的合约量保持一致。

(2)确定合约量的两个步骤。①确定现货股票投资的总价值，可以用 V 来表示。②在股指期货市场上确立一个与现货股票投资总价值(V)相对应的期货交易部位。

(3)计算合约量的基本公式。根据等价原则：

$$V=(L\times I)\times N$$

所以：

$$N=V/(L\times I)$$

式中：N 代表股指期货合约的合理数量；L 代表合约倍数；I 代表股价指数。

(4)基本公式的缺陷。该公式存在一个最基本的缺陷,因为它是假定现货股票投资组合总价值与期货合约总价值的变动幅度是一致的,这与实际情况不相符,原因在于股指期货标的物是股价指数,与其他的商品期货或者金融期货不同,无法与现货头寸保持完全同质。比如,黄金期货,其标的物是黄金,与现货黄金是完全同质的,因此现货总价值与期货总价值的变动幅度基本上是一致的,而股指期货做不到这一点。

(5)调整后的合约量计算公式。

$$N=V/(L\times I)\times\beta$$

公式中的 β 系数是一个弹性值,具体是指个股或者股票组合在股价指数变动 1% 的时候它的预期变动百分率。可以把 β 系数看成是一种股票的收益对市场平均收益的敏感性程度,这种敏感性程度也反映了其系统风险的程度。

(6)个股 β 系数的求得。每个股票都可以根据历史数据,用线性回归的方式求得 β 系数。具体的计算方法,参见本书第九章第四节。但在实际交易中,并不需要投资者自己计算 β 系数,交易所通常会提供 β 系数一览表,供投资者查询。

(7)投资组合 β 系数的求得。由于投资组合是不确定的,因此交易所无法提供投资组合的 β 系数,需要投资者根据投资组合中各个个股的 β 系数来求得投资组合的 β 系数。计算公式为:

$$\text{投资组合的}\beta\text{系数}=\text{投资组合加权总值}/\text{投资组合总价值}$$

$$\text{投资组合加权总值}=\sum_{i=1}^{n}T_i\times\beta_i\qquad\text{投资组合总价值}=\sum_{i=1}^{n}P_i\times Q_i$$

式中:T_i 表示投资组合中各个股票的总值;β_i 表示各个股票的 β 系数;P_i 表示各个股票的价格;Q_i 表示各个股票的数量。

(8)合约量确定的举例说明。某香港机构投资者持有如表 10—3 所示的股票投资组合,某年 2 月 1 日该机构投资者担心股价下跌导致资产缩水,想通过卖出恒生指数股指期货合约进行套期保值。当时恒生指数为 6 330 点,合约倍率为 50 港元,如果 2 月 1 日该机构投资者以 6 330 点的指数成交的话,它应该卖出几份股指期货合约?

表 10—3　　股价指数期货套期保值合约量计算的例题

股票名称	持股量(股)	市价(港元)	β 系数
和记黄埔	50 000	15	1.2
渣打银行	60 000	12	0.8
香港电讯	10 000	9	1.4
香港电力	20 000	8	1.5

答案:

投资组合总价值＝50 000×15＋60 000×12＋10 000×9＋20 000×8
＝750 000＋720 000＋90 000＋160 000＝1 720 000(港元)

投资组合加权总值＝750 000×1.2＋720 000×0.8＋90 000×1.4＋160 000×1.5＝1 842 000(港元)

投资组合β系数＝1 842 000÷1 720 000＝1.07

合约量＝1 720 000÷(6 330×50)×1.07＝5.8(份)

应卖出大约6份恒生指数股指期货合约。

6. 股指期货作为套期保值工具的优劣

(1)长处。第一,对于分散程度较高的现货头寸来说,股指期货作为套期保值工具,具有简便易行的优势。第二,对于价值量较大的现货头寸来说,由于其保证金比率相对较低,套期保值的成本也相对具有优势。

(2)短处。第一,对于规模较小的现货头寸来说,不利于保持等价性。第二,对于分散程度很低的现货头寸来说,不利于保持同质性。

四、股价指数期货的套利交易

1. 套利交易概述

(1)什么是套利交易。套利交易就是利用相同金融产品在相同时点上的价格差,或者不同金融产品在地域上的价格差,以及某些金融衍生产品的市场价格与理论价格发生偏离等机会,通过一定的交易技术或手段而无风险或以较小的风险获得投资收益的过程。

(2)套利交易实现的前提。前提是价差要大于交易成本。交易成本包括交易费用与冲击成本。交易费用是比较确定的,而冲击成本则相对不太确定,因为冲击成本是指由于套利交易而导致的供求关系变动,从而使金融商品价格发生变化而带来的成本。

(3)套利交易存在的原因。①相同金融产品在相同时点上的价格差;②不同金融产品在地域上的价格差;③金融衍生产品的市场价格偏离理论价格;④金融交易技术和金融市场的不断发展与成熟。

2. 股指期货的期现套利

(1)期现套利的基本原理。所谓期现套利是指利用期货实际交易价格与期货理论价格发生偏离的机会,在期货市场和现货市场同时进行反向的对冲交易,以获取价差的交易行为。无论是商品期货还是金融期货都存在理论价格。期货理论价格也可以称为期货内在价值,是指在某一特定时间、特定条件下的无套利机会的期货价格,由现货价格与期货合约的空间因素成本和时间因素成本构成。空间因素成本就是运输成本;而时间因素成本也就是所谓的期货合约的持有成本,包括仓储费、保险费、自然损耗、资金占用成本等。但是,由于金融期货的标的物与商品期货的标的物不同,它不具有实物形态,是无纸化、无形化、货币化的。所以,空间因素成本和时间因素成本中的仓储费、保险费、自然损耗等都可以忽略不计,时间因素成本即持有成本中只剩下资金占用成本需要考虑。另外,虽然商品期货与金融期货都存在资金占用成本,但是商品期货的标的物本身不会产生任何收益,而金融期货的标的物本身可以产生收益。所以,金融期货理论价格的表达公式为:

$$F=S+C$$

式中,F 表示金融期货的理论价格,S 表示金融商品的现货价格,C 表示持有成本。

持有成本的表达公式为:

$$C=S\times(i-Y)\times\frac{t}{360}$$

式中,C 表示持有成本,S 表示金融商品现货价格,Y 表示持有金融期货标的物的年化收益率,i 表示资金占用成本即借贷利率,t 表示距离合约到期的时间。

因此,金融期货理论价格的表达公式可以进一步演变成:

$$F=S+C=S+S\times(i-Y)\times\frac{t}{360}=S\times\left[1+(i-Y)\times\frac{t}{360}\right]$$

只要我们计算出金融期货的理论价格,并与金融期货的实际价格进行比较,一旦发现两者之间存在价格差,无论是高于还是低于都可以进行期现套利交易,当然前提是价差要大于套利成本。具体方法参见表 10－4。

表 10－4　　期货实际交易价格与期货理论价格发生偏离时的套利方法(期现套利)

实际交易价格与理论价格偏离状况	现货市场	期货市场	结果
期货实际价格大于理论价格	以市场利率借入资金,用借入的资金购买标的商品	卖出与标的商品价值量相等的期货合约	期货合约到期将现货市场买入的标的商品提供交割,用收取期货合约价款还本付息。实现盈利$=f-F$ f:实际价格 F:理论价格
期货实际价格小于理论价格	卖出标的商品,将所得到的资金进行无风险投资	买入与标的商品价值量相等的期货合约	期货合约到期接受交割收取标的商品,用无风险投资的资金支付期货合约价款。 实现盈利$=F-f$ f:实际价格 F:理论价格

(2)正向套利。当期货市场价格高于理论价格,即出现顺(正向)价差时,套利者卖

空高估的资产，即股指期货合约，并同时买进低估的资产，即现货的一篮子股票（可以用指数基金替代），当价差收敛时平仓，此为正向套利。价差一定会收敛，因为期货到期是用现货价格来结算的。

正向套利前提的数学表达式：

$$F(t,T)>S(t)[1+(r-d)\times(T-t)/360]$$

式中：t 代表合约成交时间点；T 代表合约到期时间点；r 代表借贷利率；d 代表红利率。

（3）反向套利。当期货市场价格低于理论价格，即出现逆（反向）价差时，套利者买进低估的资产，即股指期货合约，并同时卖出高估的资产，即现货的一篮子股票（可以用指数基金替代），当价差收敛时平仓，此为反向套利。

反向套利前提的数学表达式：

$$F(t,T)< S(t)[1+(r-d)\times(T-t)/365]$$

如果自身保有相应的指数基金，卖空自然不存在问题。如果自身没有保有相应的指数基金，可以通过融券来自我构建一篮子股票进行卖空。

（4）股指期货期现套利的流程。通常可遵循以下流程：①计算股指期货合约的理论价格；②计算套利成本，确定期货合约无套利区间以及是否存在套利机会；③确定交易规模，同时进行股指期货合约与一篮子股票交易。

（5）期现套利的案例说明。

例：A股市场分红公司年股息率 d 在2.6%左右，融资年利率 $r=6\%$，假设7月1日现货指数为1 350点，那么以8月30日交割的股指期货合约的理论价格为：F(7月1日，8月30日)＝1 350＋1 350×(6%－2.6%)×2/12＝1 357.65（点）。

根据上述流程，在计算股指期货合约的理论价格以后，需要计算期货合约无套利区间。无套利区间是指在考虑交易成本后形成的一个区间，在这个区间内，套利交易不但得不到利润，反而将导致亏损，因而将其命名为无套利区间，只有当实际期货价落在无套利区间之外时，套利才能进行。假设TC为所有交易成本的合计数，则无套利区间为：

$$S(t)[1+(r-d)\times(T-t)/365]+\mathrm{TC}\qquad\text{（正向套利）}\qquad\text{或：}$$

$$S(t)[1+(r-d)\times(T-t)/365]-\mathrm{TC}\qquad\text{（反向套利）}$$

假定：期货合约的交易双边手续费为0.2个指数点，期货市场冲击成本为0.2个指数点，股票交易双边手续费及市场冲击成本为1%，那么折算成指数点：①期货交易双边手续费及市场冲击成本为0.4点；②股票交易双边手续费及市场冲击成本为1 350×1%＝13.5（点）；合计TC＝13.5＋0.4＝13.9（点）。前面已经求得8月30日股指期货合约的理论价格为1 357.65（点），那么：套利区间上界为1 357.65＋13.9＝

1 371.55(点)；套利区间下界为 1 357.65－13.9＝1 343.75(点)；无套利区间为[1 343.75,1 371.55]。

以正向套利为例，假设 7 月 1 日这一天，8 月 30 日交割的股指期货成交点位为 1 420 点，具备正向套利的条件。以做一张期货合约为例，假设股指期货合约的保证金为 12%，每个指数点代表 100 元，首先在股指期货上做空一张合约，需要保证金为：1 420×100×12%＝17 040(元)。同时，在现货市场上买进以该指数为跟踪目标的指数基金(ETF)，对应的现货指数点为 1 350 点，假设该基金的成交价格为 1.150 元，则需买进 1 350×100/1.150＝117 391(份)。到 8 月 30 日，这笔套利交易可以盈利：1 420－1 371.55＝48.45(点)，折合成人民币为 48.45×100＝4 845(元)。

3. 股指期货的跨品种套利

(1)定义。跨品种套利是指套利者利用两种不同品种但到期月份相同的股指期货合约同时进行方向相反的交易，主要是利用不同股指期货合约涨跌幅的差异来套取价差。

(2)通常的策略。①买进涨幅大的股指期货合约，卖出涨幅小的股指期货合约；②买进跌幅小的股指期货合约，卖出跌幅大的股指期货合约。

(3)跨品种套利的案例。

例：某投资者判断美国的主要市场指数(MMI)的上涨幅度将会超过标准普尔 500 指数(S&P500)，于是就买进 MMI 期货合约，卖出 S&P500 期货合约，套利结果见表 10－5。

表 10－5　　跨品种套利的案例说明

时间	MMI 指数 6 月到期合约	S&P500 指数 6 月到期合约
3 月 1 日	买进 2 份合约，成交价格： 500 点合约价值＝500×100 美元×2 份＝100 000 美元	卖出 2 份合约，成交价格： 250 点合约价值＝250×250 美元×2 份＝125 000 美元
6 月 1 日	卖出 2 份 6 月到期合约，成交价格： 508 点合约价值＝508×100 美元×2 份＝101 600 美元	买进 2 份 6 月到期合约，成交价格： 252 点合约价值＝252×250 美元×2 份＝126 000 美元
结果	盈利＝101 600 美元－100 000 美元＝1 600 美元 或盈利＝(508－500)×100 美元×2 份＝1 600 美元	亏损＝126 000 美元－125 000 美元＝1 000 美元 或亏损＝(252－250)×250 美元×2 份＝1 000 美元

跨品种套利收益＝1 600－1 000＝600(美元)

4. 股指期货的跨期(时间)套利

(1)定义。跨期套利是指利用品种相同但到期月份不同的股指期货合约同时进行方向相反的交易，主要是利用同种股指期货不同到期月份合约之间涨跌幅的差异套取价差。

(2)通常的策略。①如果近期月份合约涨幅大于远期月份合约，则买入近期月份的股指期货合约，卖出远期月份的股指期货合约。②如果近期月份合约的跌幅大于远期月份合约的跌幅，则卖出近期月份股指期货合约，买入远期月份股指期货合约。

(3)跨期(时间)套利的案例。例：某投资者判断美国价值线股指期货 6 月到期合约的跌幅将会大于 9 月到期合约的跌幅，于是就卖出 6 月到期价值线指数合约，买进 9 月到期价值线指数合约，套利结果见表 10—6。

表 10—6　　跨期套利的案例说明

时间	价值线指数 6 月到期合约	价值线指数 9 月到期合约
5 月 15 日	卖出 100 份合约，成交价格 192.45 点 合约价值＝192.45×500 美元×100 份 ＝9 622 500 美元	买进 100 份合约，成交价格 192.00 点 合约价值＝192×500 美元×100 份 ＝9 600 000 美元
6 月 1 日	买进 100 份合约，成交价格 188.15 点 合约价值＝188.15×500 美元×100 份 ＝9 407 500 美元	卖出 100 份合约，成交价格 190.45 点 合约价值＝190.45×500 美元×100 份 ＝9 522 500 美元
结果	盈利＝9 622 500—9 407 500 ＝215 000(美元) 或盈利＝4.3×500 美元×100 份 ＝215 000 美元	亏损＝9 600 000—9 522 500 ＝77 500(美元) 或亏损＝1.55×500 美元×100 份 ＝77 500 美元

跨期套利收益＝215 000—77 500＝137 500(美元)

或＝(4.3—1.55)×500 美元×100 份＝137 500 美元

第二节　股票型的期权和权证

一、股票型的期权和权证简介

1. 股票型期权和权证的定义、特点与功能

(1)定义。期权也称为选择权，它是指在未来一定的时间内按照某一特定的履约价格和数量买进或者卖出某一特定商品或期货合约的权利，期权交易就是对这种选择权的买卖。期权根据标的物的不同，可以分为商品期权与金融期权。股票型期权是金融期权的一个门类，是指在未来一定时间内可以按照协议价格买进或者卖出某一股票类资产的权利。而股票型的权证则是证券化的股票类期权。

(2)特点。由于股票型期权和权证都带有期权的性质，而期权一般具有如下特征：

①交易的对象是一种标的物的买或卖的权利。②在有效期内买方可以行使或转让自己的权利。③如果行使权利对自己不利，买方可以放弃该项权利。④权利具有时效性，有效期限一旦超过，权利自动作废。⑤权利与义务不对称，虽然买方在行权对自己不利时可以放弃权利，但卖方在对方行权对自己不利时，必须履行义务。⑥买方可以放弃行权，因此损失限定；而卖方必须履行义务，因此损失不限定。⑦买方行权时的盈利不限定，而卖方的盈利来源于买方放弃行权，因此其盈利限定于买方支付的保证金。⑧权利金即期权的价格是买方为了获得期权而必须向卖方支付的费用，是卖方出售期权的报酬，它是合约中的唯一变量，通过竞价来决定。

(3)功能。①投机功能。预测标的物价格涨跌，买进看涨或看跌期权。②杠杆功能。杠杆比率等于协议价格除以权利金。③控制交易风险功能。可以放弃行权，损失限定于权利金。④套期保值功能。可以为现货头寸提高价格保护。

2. 期权与权证的比较

(1)共同点。它们都具有在未来一定的时间内按照某一特定的履约价格和数量买进或者卖出某一特定标的物的权利。在期权中，买进的权利叫看涨期权，而在权证中，具有买进权利的权证叫认购权证；反之，在期权中卖出的权利叫看跌期权，而在权证中拥有卖出权利的权证叫认沽权证。

(2)不同点。①供给量的差异。由于期权是一种在交易所交易的标准化合约，在理论上，只要期权的买方和卖方能够成交，就会产生一份期权合约，期权合约的供给是无限的。而权证是由上市公司或券商等金融机构发行的，权证的初始卖方实际上就是权证的发行商，其发行总额是有限定的，供给量是有限的。②存续期限的差异。在期权市场中，期权的存续期限通常为3、6、9、12个月，相对比较短。而权证中的备兑权证的存续期限一般为6个月至2年，公司权证的存续期限可以长达3年甚至更长。③灵活性的差异。期权的高度标准化对个人投资者来说缺乏灵活性和市场的流通性，难以应付市场需求的快速变化。由于权证是证券化的期权产品，通常由股票上市公司或者投资银行和券商来发行，发行人可以灵活地根据市场需要自由地制定权证条款，以满足投资者的需要。此外，每个权证都有自己的一个证券代码，可以和普通的证券交易一样在交易所上市交易。

3. 我国股票类期权或权证简介

(1)上证50ETF期权。2015年2月9日，上证50ETF期权正式在上海证券交易所上市交易，中国证券市场迎来了首只场内期权产品，这意味着中国股市正式进入股票期权时代。上证50ETF期权有看涨(认购)和看跌(认沽)两种类型，4个到期月份，5个行权价格，合计40个合约。到期月份为3月、4月、6月、9月，合约单位为10 000份上证50ETF。做多的操作有买入看涨(认购)期权、卖出看跌(认沽)期权两种；做空的操作有卖出看涨(认购)期权、买入看跌(认沽)期权两种。根据开户规定,在资金上,个人投资者需满足证券资产不低于50万元的条件;在经验门槛方面,需在证券公司指定交易6个月以上,具备融资融券交易资格,或期货公司开户满6个月并拥有金融期货交易经历,且具备期权模拟交易经历。

(2)沪深300股价指数期权。股价指数期权是指以某一约定的现货股价指数作为标的资产的期权,这种期权是将股价指数化作一种虚拟资产,通常将指数数值乘以某一倍数的当地货币,以此决定该虚拟资产的价值。交易时协议价格与权利金都是用指数若干点来表示。我国沪深300股价指数期权从2013年4月开始进行仿真交易,仿真交易的对象为小范围的部分机构投资者。沪深300股指期权交易的标的物为现货沪深300指数;每日涨跌幅为10%,最小变动为0.1指数点;合约倍数为100元人民币,即指数波动1点,合约标的价值波动100元;行权日为到期行权,即为欧式期权;合约到期月份为当月、下月以及随后的两个季月;当月和下月合约行权价格间距为50指数点,季月合约的行权价格间距为100指数点;结算方式为现金结算。

(3)通过分离交易可转换公司债券(附带认股权证公司债券)发行的认股权证。分离交易可转换公司债券全称是"认股权证和债券分离交易的可转换公司债券",是一种附带认股权证的公司债券,也是债券和股票的混合融资品种。分离交易可转换公司债券由两大部分组成,一是认股权证,二是公司债券。债券一旦获准发行上市,其认股权证和公司债券可以立即分离开来,分别在证券交易所上市交易,各自形成自己的二级市场。认股权证也叫公司权证,是由公司发行的证明持有人有权按照事先约定的数量和价格认购公司股票的凭证,在本质上是一种股票的看涨期权。

二、股票型期权或权证的主要类型

1. 看涨期权、看跌期权和双向期权

期权或权证按照行权方向可以分为看涨期权、看跌期权和双向期权。

(1)看涨期权。看涨期权在权证中被称为认购权证,也称买入期权,是指期权合约的买方在预测标的物价格将要上涨的前提下,在支付一定金额的权利金以后所获得的能够在规定的时间内按照事先约定的协议价格买进一定数量标的物的权利。买方在期权交易成交以后的四种可能性:①标的物的市场价格上涨幅度(以协议价格为基准)超过权利金,可以获得盈利,升幅越大,盈利空间也越大。②标的物的市场价格虽然上升,但升幅与权利金相同,则盈亏平衡。③标的物的市场价格虽然上升,但升幅没有超过权利金的幅度,将会损失部分权利金。④标的物的市场价格不变或者下跌,将会损失全部权利金。卖方在期权交易成交以后也有四种可能性:①标的物的市场价格不变或者下跌(以协议价格为基准),可以获得全部权利金作为利润。②标的物的市场价格

虽然上涨但没有超过权利金的幅度，可以获得部分权利金作为利润。③标的物的市场价格上涨幅度与权利金相同，则盈亏平衡。④标的物的市场价格上涨并且超过权利金的幅度，将会发生损失，而且升幅越大，损失的空间也越大。

(2)看跌期权。看跌期权在权证中被称为认沽权证，又称卖出期权，是指期权合约的买方在预测标的物价格将要下跌的前提下，在支付一定金额的权利金以后所获得的能够在规定的时间内，按照事先约定的协议价格卖出一定数量标的物的权利。买方在期权交易成交以后的四种可能性：①标的物的市场价格下跌幅度（以协议价格为基准）超过权利金，可以获得盈利，跌幅越大，盈利空间也越大。②标的物的市场价格虽然下跌，但跌幅与权利金相同，则盈亏平衡。③标的物的市场价格虽然下跌，但跌幅没有超过权利金的幅度，将会损失部分权利金。④标的物的市场价格不变或者上升，将会损失全部权利金。卖方在期权成交以后也同样有四种可能性：①标的物的市场价格不变或者上涨（以协议价格为基准），可以获得全部权利金作为利润。②标的物的市场价格虽然下跌但没有超过权利金的幅度，可以获得部分权利金作为利润。③标的物的市场价格下跌幅度与权利金相同，则盈亏平衡。④标的物的市场价格下跌并且超过权利金的幅度，将会发生损失，而且跌幅越大，损失的空间也越大。

(3)双向期权。是指期权买方在支付一定金额的权利金以后所获得的能够在规定的时间内，既可以按协议价格买进一定数量的标的物，也可以按协议价格卖出一定数量的标的物的权利，是在同一价格水平上对看涨期权与看跌期权的综合运用。买方在期权成交以后的四种可能性：①标的物的市场价格上涨幅度或下跌幅度（以协议价格为基准）超过权利金，可以获得盈利，升幅或跌幅越大，盈利空间也越大。②标的物的市场价格虽然上升或下跌，但升幅或跌幅与权利金相同，则盈亏平衡。③标的物的市场价格虽然上升或下跌，但升幅或跌幅没有超过权利金的幅度，将会损失部分权利金。④标的物的市场价格不变，将会损失全部权利金。卖方在期权成交以后的四种可能性是：①标的物的市场价格不变（以协议价格为基准），可以获得全部权利金作为利润。②标的物的市场价格虽然上涨或下跌，但没有超过权利金的幅度，可以获得部分权利金作为利润。③标的物的市场价格上涨或下跌幅度与权利金相同，则盈亏平衡。④标的物的市场价格上涨或下跌并且超过权利金的幅度，将会发生损失，而且升幅或跌幅越大，损失的空间也越大。投资者购买双向期权，一般均需要满足两个条件：①预期标的物的市场价格将会出现很大的波动。②对波动的方向无法作出明确的判断。

(4)与双向期权类似的对敲策略。所谓对敲是指买进具有相同协议价格与到期时间的同一标的物的看涨和看跌期权，其效果相当于购买了一份双向期权。对敲赌的是价格的波动性，购买者认为波动性会很大，而出售者认为波动性没有那么大。在股票市场，对那些预期股价将大幅上升，但不知道往哪个方向变动的投资者来说，对敲是很有用的策略。比如，你认为一场会影响公司命运的官司即将了结，而市场对这一点尚不了解。如果案子的判决对公司有利，股价翻番；如果不利，股价跌一半。在这种情况下，不管结果怎样，对敲就是一种很好的策略。

2. 美式期权、欧式期权和百慕大式期权

期权或权证按行权时间可以分为美式期权、欧式期权和百慕大式期权。

(1)美式期权。是指在期权有效期内的任何时间都可以行使权利的期权。

(2)欧式期权。是指必须在合约到期日才能行使权利的期权。

(3)百慕大式期权。是指介于美式期权与欧式期权之间的期权，即虽然在到期日之前也能够行权，但不能够在任何时间都行权，只能在规定的若干个日期行权。

(4)三种期权的比较。在其他条件相同的情况下，根据行权机会的大小，由于美式期权的行权机会最多，所以通常美式期权的权利金要高于百慕大式期权与欧式期权的权利金。同样道理，百慕大式期权的权利金要高于欧式期权的权利金。

3. 权证按发行人不同的分类

如前所述，权证是一种证券化的期权产品，因此必然有发行人的存在。根据发行人的不同，权证可以分为备兑权证和公司权证。

(1)备兑权证。备兑权证也可以称为衍生权证，一般由标的证券发行人以外的第三方发行，常见的第三方主要是投资银行、证券公司等金融机构或标的证券发行人的大股东等。标的资产除了可以是个股以外，还可以是一篮子股票、股价指数等；行权时，可以采用实物或现金的方式进行结算。发行备兑权证的目的并非是融资，而是为投资者提供一种升值无限，但损失有限的金融杠杆产品；对于发行者自己来说，也可以由此获得发行权证的收入以及用较高的行权价格将所持资产兑现的机会。另外，由于发行备兑权证不是上市公司的行为，所以它不会增加股份公司的股本。

(2)公司权证。公司权证也可以称为股本权证或认股权证，通常是由上市的股份公司以本公司的股票为标的发行，所以它是由标的证券发行人自己发行的权证，主要用于融资或者以派送的形式送给现有股东。

(3)备兑权证与公司权证的比较。备兑权证和公司权证存在着很大的差异，主要是发行人不同、发行目的不同、发行方式不同、行权结果不同、标的资产不同、行权期限不同、结算方式不同、行权方向不同。具体参见表10—7。

表10—7　　备兑权证与公司权证比较

比较项目	公司权证	备兑权证
发行人	由上市公司发行	由投资银行或券商等第三者发行
发行目的	融资	避险、理财、增收
发行方式	附在其他证券之上发行	单独发行

续表

比较项目	公司权证	备兑权证
行权结果	股份总量增加	股份总量不变
标的资产	单一股票	单一股票、组合或其他
行权期限	一般 1～5 年	一般 3 个月～2 年
结算方式	给付股票(实物结算)	给付股票或现金结算
行权方向	只有认购权利	既有认购权利也有认沽权利

三、股票类期权或权证的套期保值交易

1. 我国三种股票类期权作为套期保值工具的比较

(1)上证 50ETF 是一种以上证 50 指数作为标的指数的指数基金，由于上证 50ETF 期权是以上证 50 指数基金作为期权的标的物，因此比较适合于大盘蓝筹股的套期保值。

(2)沪深 300 股价指数期权是以沪深 300 股价指数作为期权的标的物，由于该指数样本较多，因此比较适合于投资组合比较分散的现货头寸的套期保值。

(3)公司权证在套期保值中具有较大的局限性。一是通常只能用于个股的套期保值；二是对于那些没有发行相应权证的股票，除非有很高程度的相关性，否则即使是个股也无法用于套期保值；三是公司权证只有认购权证(看涨性质)，没有认沽权证(看跌性质)，在套期保值的交易方向上也受到限制。

2. 股票类期权或权证的套期保值方法

(1)买入期权与卖出期权方法的比较。在套期保值交易中，对于同样的现货头寸价格下跌的担忧，既可以选择买进期权的方法，也可以选择卖出期权的方法进行套期保值。同理，对于同样的现货头寸价格上涨的担忧，也是既可以选择买进期权的方法，也可以选择卖出期权的方法进行套期保值。买入期权与卖出期权方法的不同之处是：第一，它们交易的期权的行权方向是相反的。第二，买入期权是依靠行权收益，而卖出期权是依靠对方放弃行权后的期权出售收入进行套期保值。参见表 10－8。

表 10－8　　买入期权与卖出期权方法的比较

现货市场	期权市场
担心价格下跌导致资产缩水或未来销售收入减少	买进看跌期权，如果价格下跌，可以用看跌期权的盈利弥补现货市场的亏损
同上	卖出看涨期权，如果价格下跌，看涨期权的买方必将放弃行权，可以用出售看涨期权的收入弥补现货市场的亏损

续表

现货市场	期权市场
担心价格上涨导致出售的资产回购成本增加或未来购买成本增加	买进看涨期权，如果价格上涨，可以用看涨期权的盈利弥补现货市场的亏损
同上	卖出看跌期权，如果价格上涨，看跌期权的买方必将放弃行权，可以用出售看跌期权的收入弥补现货市场的亏损

(2)买入期权与卖出期权方法的选择依据。选择的依据是对价格变动幅度的预期。如果预期价格变动幅度很大，通常选择买入期权的方法比较有利；反之，如果预期价格变动幅度较小，通常则选择卖出期权的方法比较有利。

(3)买入期权与卖出期权方法的优劣。买入期权方法的长处是，如果标的物的价格波动幅度较大，可以比较充分地为现货头寸提供价格保护。买入期权方法的短处是，如果标的物的价格波动幅度较小(小于或等于权利金幅度)，会导致现货头寸与期权头寸同时损失或现货头寸的损失得不到补偿。

卖出期权方法的长处是，如果标的物的价格波动较小(小于或等于权利金幅度)，会发生弥补现货头寸损失后产生盈余或现货头寸损失全部得到补偿。卖出期权方法的短处是，如果标的物的价格波动幅度较大，则无法充分地为现货头寸提供价格保护。

以担心价格下跌买入看跌权为例，看跌期权的买方在期权交易成交以后有四种可能性：①标的物的市场价格下跌幅度(以协议价格为基准)超过权利金，可以获得盈利，跌幅越大，盈利空间也越大。②标的物的市场价格虽然下跌，但跌幅与权利金相同，则盈亏平衡。③标的物的市场价格虽然下跌，但跌幅没有超过权利金的幅度，将会损失部分权利金。④标的物的市场价格不变或者上升，将会损失全部权利金。从上述买入看跌期权的四种可能性来看，在价格下跌的情况下，如果跌幅较小(小于或等于权利金幅度)，要么是盈亏平衡，要么是损失部分权利金。在盈亏平衡情况下，现货的亏损就无法弥补，在损失部分权利金的情况下，现货与期货都将发生损失。只有大幅度下跌，才能产生较多盈利，用于弥补现货头寸的亏损。

3. 股票类期权或权证与股票类期货在套期保值中的选择

(1)问题一。由于股票类期权或权证与股票类期货都能用于套期保值，那么必将面临一个问题：我们在什么情况下应当选择期权或权证作为套期保值的工具，又在什么情况下应当选择期货作为套期保值的工具？比如，当基金管理公司面临市场下跌风险时，既可以买进沪深 300 股价指数期权的看跌期权，也可以卖空沪深 300 股价指数的期货合约，那么究竟选择哪一种工具比较好呢？

(2)问题二。再进一步思考的话，如果某基金管理公司打算增持股票现货头寸，但又担心价格下跌造成损失。不过对于股票市场下跌的概率存在着两种预期：一种认为虽然有下跌的担忧，但概率较小，只有20%，80%的概率还是上升的；另一种认为，下跌的可能性还是非常大的，有80%的概率，上涨的概率只有20%。那么，在第一种预期下应该选择哪一个作为套期保值工具，而在第二种预期下又应该选择哪一个作为套期保值工具？

(3)股票类期权或权证与股票类型期货在套期保值上的差异。①当标的物市场价格发生不利于现货股票资产的变动时，如果利用期权或权证进行套期保值，不能弥补全部现货股票资产的亏损，必须损失权利金；而如果利用股票类期货进行套期保值可以做到几乎全部弥补现货股票资产的亏损。②当标的物市场价格发生有利于现货股票资产的变动时，如果利用期权或权证进行套期保值，可以通过放弃期权来保住部分现货股票资产的盈利；而如果利用股票类期货进行套期保值，则现货股票资产上发生的盈利将会全部被抵消。

(4)金融期权与金融期货在套期保值时选择的依据。当标的物市场价格发生不利于现货股票资产的变动时，用股票类期货进行套期保值要比用期权或权证进行套期保值优越；而当标的物市场价格发生有利于现货股票资产的变动时，则用期权或权证进行套期保值要比用股票类期货进行套期保值优越。采用期权或权证方式还是采用期货方式进行套期保值，主要取决于投资人对价格变动是不利于现货股票资产还是有利于现货股票资产可能性大小的判断。如果前者可能性大，则采用股票类期货方式相对有利；如果是后者，则采用股票类期权或权证方式相对有利。

表10—9　　用期货类方式与股票类期权或权证方式进行套期保值比较的案例说明

现货市场	期货市场	期权市场	结果
10元1股股票10万股，总价值100万元，担心价格下跌导致资产缩水	卖出股指期货合约2份 成交指数10 000点，合约倍率50元，β系数为1 合约量＝100万÷(10 000×50)×1＝2	买进看期跌权10万股 每股协议价格10元 每股权利金1元 权利金总额10万元	
价格下跌20%，由10元1股下跌至8元1股，总价值80万元。 损失＝100万－80万＝20万元	指数下跌20%，由10 000点下跌至8 000点，买入2份合约对冲。 盈利＝(10 000－8 000)×50元×2份 ＝20万元	行使权利，从市场上以8元1股买进10万股，按协议价格10元1股卖给期权卖方，盈利20万元，扣除10万元权利金，实际盈利10万元	期货方式：用盈利20万元弥补现货头寸20万元损失，几乎将现货头寸损失全部弥补。期权方式：不能全部弥补现货头寸20万元的损失，只能弥补10万元，因为必须损失权利金
价格上涨20%。由10元1股上涨至12元1股，总价值120万元。 盈利＝120万－100万＝20万元	指数上涨20%，由10 000点上涨至12 000点，买入2份合约对冲， 损失＝(12 000－10 000)×50元×2份 ＝20万元	放弃权利，损失10万元权利金	期货方式：现货头寸的20万盈利被期货头寸的损失全部抵消。 期权方式：现货头寸的20万元盈利部分被保住，尚剩余10万元

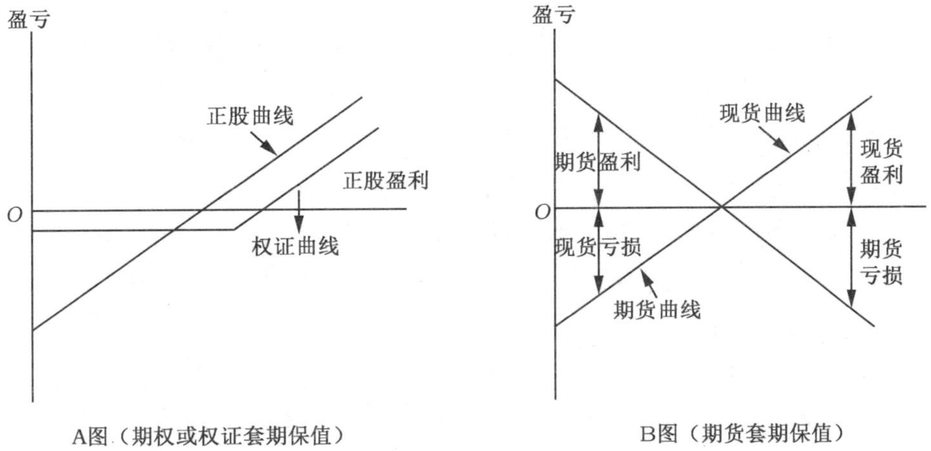

图 10－3　以股票现货头寸多头为例，期货与期权或权证套期保值结果比较的图解

4. 以权证的套期保值策略为例

(1)多头的保护性认沽权证——正股的多头头寸与认沽权证的组合。假如你想投资某种股票，却又不愿意承担超过一定水平的潜在风险，这样全部购买股票看起来是有风险的，因为理论上可能会损失全部投资。或者你手中持有大量正股，打算长线持有，在看不清后市的情况下，卖出股票又担心股价上涨，踏空行情；不卖出股票又害怕股票价格下跌带来损失。这时，可以用正股加认沽权证的方式构造多头的保护策略，既投资或持有股票，又购买该股票的认沽权证，这样可以将损失锁定，但是盈利可以随着股价上涨而扩大。因为，如果正股价格上涨，认沽权证可以看成为正股买的保险，损失有限，只是要在正股上涨的盈利中减去一些权证费用而已。如果正股价格下跌，认沽权证价格上涨，投资者可以减少由于股票价格下跌而带来的损失，并可以将股票的损失幅度控制在权证价格的范围之内。从多头的保护性认沽权证运用的优劣来看，多头的保护性认沽权证提供了防止正股价格下跌的保证，限制了损失扩大的可能性，因此它是一种对多头股票资产的保险。保护的代价是，一旦正股价格上升，购买认沽权证的费用会减少你的利润，因为这时购买认沽权证变得没有必要了。这个例子也说明，尽管人们认为衍生工具意味着风险，但它也是风险管理的有效工具。

如果以 S_0 代表正股当前价格，S_T 代表正股将来或权证到期日价格，X 代表行权价格，P 代表权证价格，则投资组合的成本为：S_0+P。如果 S_T 小于 X，可以行权，投资组合的利润为负，等于为购买权证而付出的成本，最大损失为：$X-(S_0+P)$。一旦 S_T 大于 X，则可以放弃行权，投资组合的利润随股价上涨而同幅上涨，最大利润＝$S_T-(S_0+P)$。

(2)空头的保护性认购权证——正股的空头头寸与认购权证的组合。在可以融券交易的情况下，空头信用交易者预期股价下跌，可以从券商借入股票进行做空。如果股价下跌，则可以进行回购，从而获得做空的投机收益。但是，万一做空以后，股价反向变化，发生上涨，有可能遭受巨额损失。这时，可以在对正股做空的同时，买进认购权证进行价格保护。这样，万一正股价格上涨，损失可以被限定在权证购买费用的范围之内；而如果判断准确，正股价格真的下跌，无非在正股做空的盈利中减去权证购买费用而已。从空头的保护性认购权证运用的优劣来看，空头的保护性认购权证提供了在做空时防止正股价格上涨的保证，限制了损失扩大的可能性，因此它是一种对空头股票筹码的保险。保护的代价是，一旦正股价格下跌，购买认购权证的费用会减少利润，因为这时购买认购权证变得没有必要了。在允许进行融券、存在做空机制的证券市场中，用认购权证对空头头寸进行价格保护是一种行之有效的风险规避手段。总之，在空头的保护性认购权证投资组合状况下，万一正股价格发生上涨，买空的损失与认购权证的盈利正好抵消，最大损失就是支付的权证购买费用，用数学公式可以表示为：S_0-X-P；而如果正股价下跌，则盈利没有限制，最大利润为：S_0-S_T-P。

四、股票类期权或权证的套利交易

1. 期权与权证交易的价格波动范围

内在价值是期权和权证价格的底价，在正常情况下，期权和权证的市场价格不应该低于内在价值。标的物的市场价格是期权和权证价格的最高价，在正常情况下，期权和权证的市场价格不可能高于标的物的市场价格。期权和权证的价格通常是在内在价值与标的物的市场价格之间进行波动，如果超出波动范围，将会产生套利机会。

2. 期权或权证价格的构成

无论是期权还是权证，其价格总是由两部分构成，即时间价值与内在价值。

(1)时间价值。时间价值也称外在价值，是指期权的价格超过内在价值的那部分价值，所以期权的时间价值不能够直接计算，要通过期权的价格减去内在价值间接求得。其内涵是指随着时间的经过，标的物的市场价格发生有利于买方的变动，从而产生或进一步扩大内在价值的可能性。时间价值的大小取决于到期时间的长短与标的物波动性的大小，期限越长、标的物价格波动性越大的期权或权证，其时间价值越大；反之亦然。时间价值具有以下几个特性：①衰减的特性。期权的时间价值会随着有效期限的缩短而越来越小。②加速的特性。当期权临近到期日，时间价值的衰减会呈现出加速的特点。③归零的特性。在期权到期日，期权将不再具有时间价值，时间价值为零。如果此时期权仍有价值，则只包含内在价值，而无时间价值。

(2)内在价值。内在价值也称履约价值，是指立即执行期权所能够得到的收益。一种期权有无内在价值以及内在价值的大小取决于该期权标的物的市场价格与协定价格(行权价格)的关系。如果用 EV 表示内在价值,X 表示协定价格,S 表示标的物市场价格,看涨期权或认购权证的内在价值为:$S>X$,$EX=S-X$;$S\leqslant X$,$EX=0$。看跌期权或认沽权证的内在价值为:$S<X$,$EV=X-S$;$S\geqslant X$,$EV=0$。参见图10—4和图10—5。

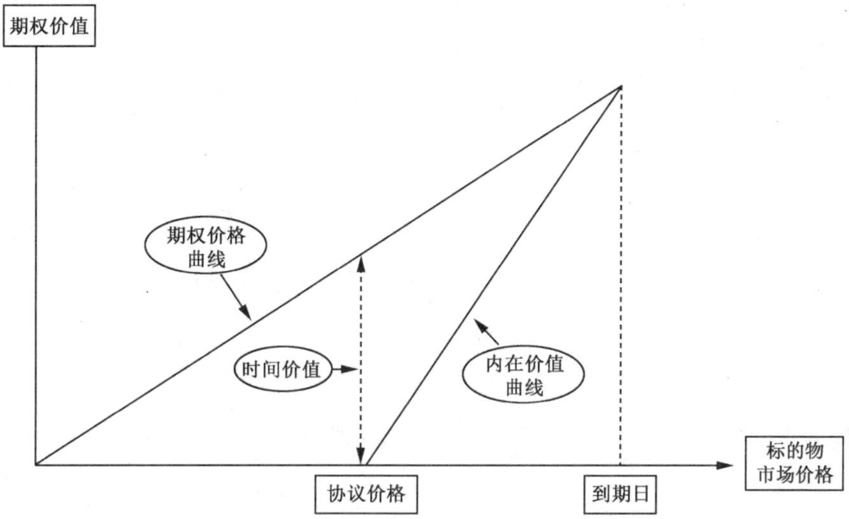

图 10—4　看涨期权或认购权证的内在价值、时间价值和市场价格图解

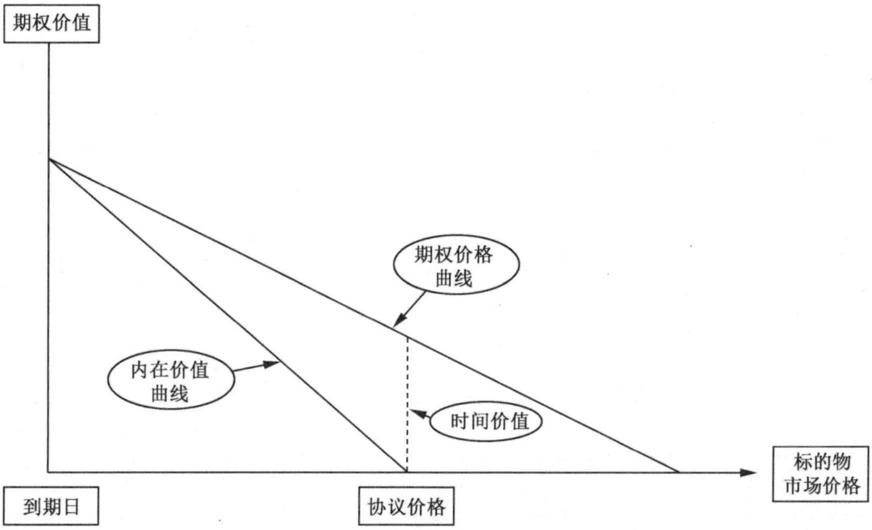

图 10—5　看跌期权或认沽权证的内在价值、时间价值和市场价格图解

(3)按照有无内在价值进行的期权分类。从图10—4和图10—5中可以看到,期权价格中并非一直同时存在时间价值和内在价值。通常在期权成交初期,期权价格中往往没有内在价值，只有时间价值。而在到期日，期权价格中则只有内在价值而没有时间价值。所以，在期权交易中，具有内在价值的期权叫做实值期权，内在价值为零的期权叫做平价期权，内在价值为负的期权叫做虚值期权。实值期权也可以称为价内期权，虚值期权也可以称为价外期权。如果虚值期权负数的绝对值比较大，通常叫做深度价外期权。由于期权买方可以放弃权利，因此不管深度价外期权负数的绝对值有多大，其实际的内在价值与平价期权一样都是零。区别平价期权与虚值期权的意义在于，如果期权仍有较长的有效期，尽管两者的内在价值都为零，但平价期权的获利机会也要远远高于深度的价外期权，因此期权的市场价格显然不同。

3. 期权和权证的市场价格低于内在价值时的套利方法

(1)看涨期权和认购权证低于内在价值时的套利方法。在看涨期权和认购权证情况下，如果期权或权证的市场价格低于内在价值，可以通过卖出 1 份标的物，买进 1 份期权或权证进行套利，最低收益为两者的差价。在股票期权或股票权证的情况下，如果手头没有标的物无法卖出，此时也同样可以通过融券的途径进行卖空。具体案例参见表 10—10。为了便于说明，案例中没有加入套利成本因素，实际套利操作必须满足套利差价要大于套利成本的前提条件。

表 10—10　　看涨期权或认购权证套利方法的案例说明

期权或权证类型	价格情况	期权或权证内在价值与市场价格的关系	标的物现货市场	期权市场	权利行使的条件与盈利	放弃权利行使的条件与盈利
看涨期权或认购权证	协定价格：3.6 元 标的物市场价格：4.7 元 权利金市场价格：0.8 元	期权或权证内在价值＝4.7－3.6＝1.1(元) 内在价值与市场价格的差额＝1.1－0.8＝0.3(元)	卖出 1 份标的物	买进 1 份期权	如果标的物市场价格上涨高于协定价格，行使权利。 实际出售收入＝4.7－0.8＝3.9(元) 回购价＝3.6(元) 套利的最低盈利＝3.9－3.6＝0.3(元)	如果标的物的市场价格下跌低于协定价格，放弃权利行使，在市场上进行回购，套利的盈利必定大于 0.3 元

(2)看跌期权和认沽权证低于内在价值时的套利方法。在看跌期权和认沽权证的情况下，如果期权或权证市场价格低于内在价值，可以通过买进 1 份标的物，买进 1 份期权或权证进行套利，最低收益也是两者的差价，具体案例参见表 10—11。此案例中也没有加入套利成本因素，实际套利操作必须满足套利差价要大于套利成本的前提条件。

表 10－11　　看跌期权或认沽权证套利方法的案例说明

期权或权证类型	价格情况	期权或权证内在价值与市场价格的关系	标的物现货市场	期权市场	权利行使的条件与盈利	放弃权利行使的条件与盈利
看跌期权或认沽权证	协定价格：3.6元 标的物市场价格：2.5元 权利金市场价格：0.8元	期权或权证内在价值＝3.6－2.5＝1.1(元) 内在价值与市场价格的差额＝1.1－0.8＝0.3(元)	卖入1份标的物	买入1份期权	如果标的物市场价格下跌低于协定价格，行使权利。 实际买入成本＝2.5＋0.8＝3.3(元) 卖出价＝3.6(元) 套利的最低盈利＝3.6－3.3＝0.3(元)	如果标的物的市场价格上涨超过协定价格，放弃权利行使，在市场上进行卖出，套利的盈利必定大于0.3元

(3)判断是否低于内在价值或者程度大小的指标。在期权或权证交易市场中，通常会公布溢价率指标。溢价率是指期权或权证到期时，标的资产价格需要变动的幅度(%)，以令投资者达到不盈不亏，实际上反映的是期权或权证的市场价格与内在价值的偏离程度。因此，当溢价率指标为负值时，即意味着市场价格已经低于内在价值，存在套利的机会。溢价率的计算公式如下：

$$认购权证溢价率=\frac{[行权价格+(认购权证价格\div 行权比例)-正股价格]}{正股价格}\times 100\%$$

$$认沽权证溢价率=\frac{正股价格-[行权价格-(认沽权证价格\div 行权比例)]}{正股价格}\times 100\%$$

4. 期权和权证的市场价格高于标的物市场价格时的套利方法

此种情况在实际的市场中很少出现，如果出现很显然也可以获得无风险的套利机会。假定看涨期权或认购权证价格高于标的物市场价格，可以买进一个标的物，同时卖出期权或权证套利。只要将买进的标的物供对方行权(买权)时交付，就可以获得其中的差价。假定看跌期权或认沽权证价格高于标的物市场价格，就可以卖空一个标的物，同时卖出期权或权证套利。只要将卖空标的物所得到的资金供对方行权(卖权)时用于支付，也同样可以获得其中的差价。

第三节　股票的融资和融券交易

一、融资融券交易概述

1. 定义

股票的融资融券交易又称股票信用交易，是指投资者向具有融资融券业务资格的证券公司提供担保物，借入资金买入上市股票(融资交易)或借入上市股票卖出(融券交易)的行为。

在融资融券交易中，投资者需要事先以现金或证券等自有资产向证券公司交付一定比例的保证金，并将融资买入的股票或融券卖出所得资金交付证券公司作为担保物。与普通证券交易不同，融资融券交易中投资者如不能按时、足额偿还资金或证券，证券公司有权进行强制平仓。

2. 融资融券交易的性质

(1)具有"买空""卖空"的性质。在证券市场中经常会碰到所谓的"买空""卖空"的概念。"空"表示你手上没有对价物，却想要参与交易，那就只能借，你想买就借钱，想卖就借股票。在借的时候你必须要有抵押品，想借钱可以拿部分现金或者股票抵押，想借股票也可以拿钱或者其他股票抵押。最后，在你偿还的时候，你借什么就要还什么，且数量相等：借钱就还相同数额的钱，借了股票就还同样数量的股票。

"买空"，其实就是融资交易，是指自有资金不足时，投资者向证券公司交纳一定的保证金，从券商处借入一定数量的资金买入股票的交易行为。如果预期某股票的价格能从 21 元/股上涨到 30 元/股，投资者不仅可以用自有资金买入该股票，还可以用现金或者证券做担保物，向证券公司借入一定数量的资金买入该股票。"卖空"，其实就是融券交易，是指自有证券不足时，投资者向证券公司交纳一定的保证金，融入一定数量的证券并卖出的交易行为。如果预期某股票价格能从 21 元/股下跌到 16 元/股，投资者不仅可以把自有的该股票卖出，还可以用现金或者证券作为担保物，向证券公司借入一定数量的该股票卖出。

(2)具有负债经营的性质。无论是投资者进行"买空"交易还是"卖空"交易，都需要向证券公司交纳一定的保证金，投资者向证券公司提交的保证金可以是现金或者可冲抵保证金的证券。因此只要投资者进行"买空""卖空"交易，就是在负债经营。按照《证券公司融资融券试点管理办法》规定，投资者交付的保证金与"买空""卖空"交易的金额比例不能低于 50%(保证金比率为 50%)。

例如，某投资者信用账户中有 100 元现金，当投资者进行"买空"交易时，可以向证券公司最多借入 200 元进行股票购买，实际上投资者借债 200 元进行负债经营，投资者的负债比例是 200%；再如某投资者信用账户中有 100 元现金，当投资者进行"卖空"交易时，可以向证券公司最多借入 200 元市值的股票进行卖出，实际上投资者也是借债 200 元进行负债经营，投资者的负债比例也是 200%。一般来说，保证金比率越低，即负债比率越高，杠杆效应将会越高；反之，保证金比率越高，即负债比率越低，杠杆效应将会越低。

3. 融资融券交易与通常的股票交易的区别

(1)保证金要求不同。投资者从事通常的股票交易须提交100%的保证金,即买入股票须事先存入足额的资金,卖出股票须事先持有足额的股票。而从事融资融券交易则不同,投资者只需交纳一定的保证金,即可进行保证金一定倍数的买卖。在预测股票价格将要上涨而手头没有足够的资金时,可以向证券公司借入资金买入股票,并在高位卖出股票后归还借款。预测股票价格将要下跌而手头没有股票时,则可以向证券公司借入股票卖出,并在低位买入股票后归还股票。

(2)法律关系不同。投资者从事通常的股票交易时,其与证券公司之间只存在委托买卖的关系。而从事融资融券交易时,其与证券公司之间不仅存在委托买卖的关系,还存在资金或证券的借贷关系。由于存在着借贷信用关系,因此还要事先以现金或证券的形式向证券公司交付一定比例的保证金,并将融资买入的证券和融券卖出所得资金交付证券公司一并作为担保物。投资者在偿还借贷的资金、证券及利息、费用并扣除自己的保证金后有剩余的,即为投资收益。

(3)风险承担和交易范围不同。投资者从事通常的股票交易时,风险完全由其自行承担,所以几乎可以买卖所有在证券交易所上市交易的股票。而从事融资融券交易时,如不能按时、足额偿还资金或股票,还会给证券公司带来风险。所以投资者只能在证券公司确定的融资融券标的股票范围内买卖股票,这些股票一般流动性较大、波动性相对较小,不易被操纵。

4. 融资融券交易和股票质押融资的区别

股票质押融资是用股票等有价证券提供质押担保获得融通资金的一种方式。融资融券和股票质押融资的联系是:(1)两者都是一种信用手段,都需要一定的担保物。(2)在大多数情况下,两者都是用股票作质押。(3)两者对证券市场的资金流都会产生显著影响。

在实际生活中,有的人对融资融券中的“融资”与股票质押融资不加区分,互相代用。实际上两者是有明确区别的:

(1)融得的标的物不同。融资融券,顾名思义,既可以融得资金,也可以融得股票,融得的资金再买股票就增强了多方力量,融得的股票再卖则增强了空方力量,因此融资融券既可做多也可做空。而股票的质押融资只能融得资金,无法做空。

(2)融得资金的用途不同。融资融券中的融资,获得的资金通常必须用来购买上市股票,增强了证券市场的流动性,在一定条件下,加快了证券市场价值发现功能。股票质押融资则不同,融得的资金可不用来购买上市股票,当然,针对具体的融资主体,国家对其融得资金的用途会有一定的要求。例如,证券公司通过股票质押融资取得的资金只能用来弥补流动资金不足,不可移作他用。由此可见,融资融券与资本市场联系更紧密，股票质押融资可能既涉及资本市场，也直接涉及实体经济。

(3)担保物不同。融资融券交易中，担保物既可以是股票，也可以是现金。股票质押融资则不同，它主要是以取得现金为目的，因此担保物不可能再用现金，它的主要担保物是有价证券，例如上市公司股票、证券投资基金以及公司债券等。

(4)资金融出的主体不同。融资融券在各国采取了不同的运作模式，但通常融出资金的中介有证券公司和证券金融公司。我国目前采取的运作模式则规定资金融出的直接主体是证券公司，即证券公司以自有资金、证券向客户融资融券；同时，确立了证券金融公司向证券公司提供转融通的制度。股票质押融资一般由银行、典当行等机构办理，资金融出主体与融资融券有明显区别。

(5)杠杆比例与风险控制不同。一般而言，融资融券相比股票质押融资而言，风险可控程度更高。由于融资融券所获得的资金或证券都有专门的账户记录，因此监控其市值变化、测算风险程度和要求追加保证金相对比较容易。并且，融资融券的杠杆比例可以根据情况调整，在市场整体风险不大时可适当放大杠杆比例，反之则可收紧。股票质押融资实质上是质押贷款，其资金用途虽然可能会有限制，但监控难度显然大得多，当股票市值下跌时，借款债权的风险就随之增加。

(6)产品属性不同。融资融券是一种标准化的产品，在交易规则和合约细节上都有比较明确具体的安排或规定。例如，融资融券在中国证券登记结算公司和第三方存管应分别有专门的账户登记相关的股票和资金并可方便地查询，股票和资金的来龙去脉一目了然；融资融券可采用的杠杆比例有统一规定；融资的资金借出成本不得低于同期金融机构的贷款利率；融资用来购买的股票或者融券可获得的股票都在一定范围之内；等等。股票质押融资则不是一种标准化产品，在本质上更体现了一种民事合同关系，在具体的融资细节上由当事人双方合意约定。

(7)对机构投资者的影响不同。就个人投资者而言，如果融资的目的是用于购买股票，融资融券和股票质押融资都可以取得相同的效果。但两者对机构投资者的影响就不一样了，例如，对于证券公司而言，融资融券拓宽了业务收入渠道，是一个基于创新产品的盈利增长点，而股票质押融资对于券商来说盈利能力没有改变，融来的资金只能用于补充流动资金不足。

5. 融资融券交易的作用

(1)融资融券交易为投资者提供了新的赢利模式。①在股票上升趋势明朗的情况下，对于资金不足或长线持有蓝筹股的投资者而言，可以手头的部分资金或持有的蓝筹股作为抵押，通过融资交易借钱购买证券，只要证券上涨的幅度足以抵消投资者需要支付的融资利息，投资者就可以获得收益。②在股票处于单边下跌的时候，如果没有融券交易，投资者无法产生任何收益。在可以融券交易的情况下，投资者可以选择高估的股票做空、在股票下跌过程中获得赚钱的机会。③可以在传统交易方式的基础上增加很多新的交易方式，丰富证券市场参与者的交易策略，促进市场投资理念多元化的发展。比如，在运用融资融券交易的条件下，除了单独进行“买空”交易或者“卖空”交易，也可以进行配对交易。比如：同时“买入股票 A”和“卖空股票 B”；或者，同时“买空股票 A”和“卖出股票 B”。这里的“买入”“卖出”表示用自有的资金或股票进行的买卖，“买空”“卖空”表示是用借入的资金或股票进行的买卖。此外，一些机构投资者还可以进行一些更复杂的所谓对冲策略的交易等。

(2)融资融券交易可以产生杠杆效应。相对于通常的股票投资来说，融资融券最为显著的特征在于通过保证金的支撑，为投资者提供“以小博大”、扩大交易筹码、发挥杠杆效应的机会。由于具有杠杆效应，所以融资融券也是一把“双刃剑”，它既可以放大投资的收益，也可以放大投资的亏损。因此，“融资”和“融券”都只是一种交易方式，本身无所谓好坏，关键是方向的选择。如果方向选择正确，收益会加倍放大。如果方向选择错误，亏损也会加倍放大。尤其是在将股票作为担保品进行融资时，既需要承担原有的股票价格变化带来的风险，又得承担新投资股票带来的风险，还得支付相应的利息或费用，一旦交易方向判断失误，亏损可能相当严重。所以，融资融券这种新的交易方式，赋予投资判断更高的权重，赋予投资智慧以更高的“溢价”。它一方面给投资者提供了新的投资选择，另一方面对投资者的投资水平、投资素质提出了更高的要求。

(3)融资融券交易可以对市场波动起到缓冲器的作用。融资融券交易有助于投资者表达自己对某种股票实际投资价值的预期，引导股价回归其内在价值，完善股价形成机制，对市场波动起到缓冲器的作用，维护证券市场的稳定。由于各种股票的供给有确定的数量，其本身没有替代品，如果股票市场仅限于现货交易，那么股票市容易呈现单向运行，在供求失衡时，股价必然会暴涨或暴跌。但是信用交易和现货交易互相配合之后，可以增加股票供求的弹性，当股价过度上涨时，“卖空者”预期股价会下跌，便提前融券卖出，增加了股票的供应，现货持有者也不致继续抬价，或趁高出手，从而使行情不致过热；当股价真的下跌之后，“卖空者”为了锁定已有的利润，需要重新买入这些股票以归还融券债务，增加了购买需求，从而又将股价拉了回来，在某种程度上起到“托市”的作用，达到稳定股票市场的效果。

(4)融资融券交易可以增加反映股票价格的信息。信用交易中产生的融资余额(每天融资买进股票额与偿还融资额间的差额)和融券余额(每天融券卖出股票额与偿还融券间的差额)提供了一个测度投机程度及方向的重要指标，融资余额大，股市将上涨；融券余额大，股票将下跌。融资融券额越大，这种变动趋势的可信度越大。公开的融资融券的市场统计数据可以为投资者的投资分析提供重要的信息。

(5)融资融券交易有利于改善证券公司的经营状况。①拓宽券商的融资渠道。我国证券公司的融资渠道比较有限，股权融资仍然是证券公司主要考虑的融资方式。融资融券交易推出以后，特别是中国证券金融公司成立以后，可以为证券公司提供一种新的合规的融资渠道，有利于改善我国证券公司的资产负债结构。由中国证券金融公司向券商提供融资或融券，称之为转融通业务，它可以有效扩大融资融券业务的渠道或范围。②促进券商建立新的盈利模式。我国证券公司经纪业务的交易手续费收入仍然始终是证券公司的主要收入来源，发展融资融券交易业务，可以为证券公司提供一个重要的收入来源。证券公司在融资融券交易业务中的盈利模式包括融资融券业务本身的利息和手续费，由于融资融券带来的交易放大而多收取的佣金，对融资融券账户收取账户管理费等。同时，信用交易对交易活跃度的促进，也有利于改善证券公司经纪业务的生存状态。总之，融资融券交易的开展有利于券商实现盈利模式的转变。

二、融资融券交易的主要规则

1. 融资交易(多头信用交易)的主要规则

(1)融资标的证券。可供融资买入的证券品种，称为融资标的证券。沪、深交易所《融资融券交易试点实施细则》规定，融资标的证券品种可以是在交易所上市的股票、证券投资基金、债券及其他证券。沪、深证券交易所将按照规定确定融资标的证券名单，证券公司可在交易所公布的融资标的证券范围内进一步选择，并随交易所名单变动而相应调整，投资者仅可在此范围内融资买入。

(2)融资的担保。①投资者向证券公司提交的保证金可以是现金或者可充抵保证金的证券。②投资者信用账户内融资买入的证券及其他资金和证券，整体作为其对证券公司所负债务的担保物。

(3)融资保证金比例。融资保证金比例是指，投资者融资买入时交付的保证金与融资交易金额的比例，计算公式为：

融资保证金比例＝保证金/(融资买入证券数量×买入价格)×100%

沪、深交易所规定，融资保证金比例不得低于50%。

(4)融资债务偿还。投资者可通过直接还款、卖券还款两种方式偿还融资负债。①直接还款，是指投资者在信用资金账户内存入资金，通过融资融券交易系统中“直接还款”指令偿还融资债务，结算时该资金直接划转至证券公司融资专用资金账户的一种还款方式。②卖券还款，是指投资者通过其信用证券账户选择“卖券还款”的交易指令进行证券卖出，结算时该资金直接划转至证券公司融资专用资金账户的一种还款方式。

(5)融资利率与标的范围的调整。投资者在从事融资交易期间，如果中国人民银行规定的同期金融机构贷款基准利率调高，证券公司将相应调高融资利率，投资者的融资成本将增加。投资者在从事融资交易期间，如果发生融资标的证券范围调整、标的证券暂停上市或终止上市等情况，投资者可能被证券公司要求提前了结融资交易并可能因此带来损失。

2. 融券交易（空头信用交易）的主要规则

（1）融券标的证券。可供融券卖出的证券品种，称为融券标的证券。沪、深证券交易所根据证券的股东人数、流通市值、换手率、波动幅度等条件确定融券标的证券名单，证券公司可在交易所公布的融券标的证券范围内进一步选择，并随交易所名单变动而相应调整。融券标的证券品种可以是股票、证券投资基金、债券及其他证券，投资者仅可在此范围内融券卖出。

（2）融券委托价格。投资者在进行融券交易时，了解融券交易委托价格规则非常重要：第一，融券卖出交易只能采用限价委托，不能采用市价委托；第二，融券卖出申报价格不得低于该证券的最近成交价，如该证券当天未产生成交的，申报价格不得低于前收盘价。若投资者在进行融券卖出委托时，申报价格低于上述价格，该笔委托无效。

（3）信用账户及担保。投资者融入的证券不进入其信用证券账户，而是在融券卖出成交当日结算时由证券公司代为支付。卖出证券所得资金除买券还券外不得作其他用途。投资者信用账户内的融券卖出资金及其他资金、证券，整体作为其对证券公司所负债务的担保物。

（4）融券保证金比例。融券保证金比例是指，投资者融券卖出时交付的保证金与融券交易金额的比例，计算公式为：

融券保证金比例＝保证金/（融券卖出证券数量×卖出价格）×100％

沪、深交易所规定，融券保证金比例不得低于50％。

（5）融券债务偿还。投资者可通过直接还券、买券还券两种方式偿还融券负债。①直接还券，是指投资者使用信用证券账户中与其负债证券相同的证券申报还券，结算时该证券直接划转至证券公司融券专用证券账户的一种还券方式。②买券还券，是指投资者通过其信用证券账户选择“买券还券”的交易类型进行证券买入，结算时该证券直接划转至证券公司融券专用证券账户的一种还券方式。投资者在买券还券时应注意三个要点：第一，买券还券先使用融券卖出冻结资金，如融券卖出资金不足，则使用投资者信用账户内自有资金；第二，买券还券委托的数量必须为100股的整数倍；第三，投资者买券还券超过融券负债数量的部分称为余券，存放在证券公司融券专用证券账户。投资者可申请将余券从证券公司融券专用证券账户划转至投资者信用证券账户。

三、融资融券交易中的风险

1. 价格波动与预期相反的风险

信用交易风险的具体内容是，多头信用交易者买进股票以后发生价格下跌，或者空头信用交易者卖出股票以后发生价格上涨。

2. 资金或证券被抵押的风险

在信用交易中，除了客户要缴纳保证金以外，多头信用交易者买进的股票以及空头信用交易者卖出股票所得到的价款都要留在证券公司作为融资和融券的抵押物，所以证券公司不承担风险，风险始终是属于客户的。

3. 强制平仓的风险

(1)强制平仓的概念。强制平仓权是指在投资者信用账户内资产未达到规定标准的情况下，证券公司通知投资者补充保证金，如果投资者未及时补充，证券公司可以在没有得到投资者同意的情况下，强行将该投资者账户中的证券卖出，以所得资金和投资者账户中的其他保证金用于清偿融资融券债务的权利。通常，强制平仓的过程不受投资者的控制，投资者必须无条件接受平仓结果，如果平仓后投资者仍然无法全额归还融入的资金或证券，还将被继续追索。在融资融券交易的强制平仓制度下，投资者不能奢望像买卖股票一样“捂着”等待“解套”。

(2)强制平仓的合理性与合法性。在融资融券交易中，投资者与证券公司之间除了普通交易的委托买卖关系外，还存在着较为复杂的债权债务关系，以及由于债权债务产生的担保关系。证券公司为保护自身债权，对投资者信用账户的资产负债情况实时监控，在一定条件下可以对投资者担保资产执行强制平仓。强制平仓具有法律依据，是证券公司的合法行为。融资融券是投资者与证券公司之间的借贷或债权债务关系，而不是股票二级市场上的买卖关系，投资者保证金账户中的现金和证券均属于担保质押物。《担保法》第 63 条规定“在债务人不履行债务时，债权人有权依照本法规定以该动产折价或者以拍卖、变卖该动产的价款优先受偿”；第 70 条规定“质物有损坏或者价值明显减少的可能，足以危害质权人权利的，质权人可以要求出质人提供相应的担保。出质人不提供的，质权人可以拍卖或者变卖所得的价款用于提前清偿所担保的债权或者向与出质人约定的第三人提存”。《证券公司监督管理条例》第 54 条规定：“证券公司应当逐日计算客户担保物价值与其债务的比例。当该比例低于规定的最低维持担保比例时，证券公司应当通知客户在一定的期限内补交差额。客户未能按期交足差额，或者到期未偿还融资融券债务的，证券公司应当立即按照约定处分其担保物。”《上海证券交易所融资融券交易试点实施细则》第 20 条规定：“投资者未能按期交足担保物或者到期未偿还融资融券债务的，会员应当根据约定采取强制平仓措施，处分客户担保物，不足部分可以向客户追索。”

(3)导致强制平仓的主要原因。①低于最低维持担保比率。投资者在从事融资融券交易期间，如果证券价格波动导致维持担保比例低于最低维持担保比例，证券公司将以合同约定的通知和送达方式，向投资者发送追加担保物通知。投资者如果不能在约定的时间内足额追加担保物，证券公司有权对投资者信用账户内资产执行强制平仓，投资者可能面临损失。维持担保比例＝(现金＋信用证券账户内证券市值)/(融资金额＋融券卖出证券数量×当时市价＋利息及费用总和)。《上海证券交易所融资融券交易试点实施细则》第 39 条规定：“当客户维持担保比例低于 130%时，会员应当通知客户在约定的期限内追加担保物。前述期限不得超过 2 个交易日。”②到期未偿还或未全部偿还融资融券债务。投资者在从事融资融券交易期间，如果不能按照合同约定的期限清偿债务，证券公司有权按照合同约定执行强制平仓，由此可能给投资者带来损失。目前，我国融资融券业务中，共设有 3 天、7 天、14 天、28 天、182 天五个固定期限档次。因此，在进行交易的时候，需要对价格波动的时间进行分析或评估。③资产被冻结等。投资者在从事融资融券交易期间，如果因自身原因导致其资产被司法机关采取财产保全或强制执行措施，投资者信用账户内资产可能被证券公司执行强制平仓、提前了结融资融券债务。④违反约定。当发现授信客户违反合同中所做声明与保证时也可以强制平仓。实际交易中，以第一种情况居多，也是投资者需要特别注意和防范的风险。

(4)防止被强制平仓的方法。第一，切忌满仓操作，保证在出现较大浮动亏损时有较充裕的资金补足保证金账户；第二，设立止损、止盈位，特别是及时止损，严格自律，以免亏损面扩大被通知追缴保证金；第三，持续关注维持担保比例指标，维持担保比例可能因多种因素提高，比如交易所或证券公司提高维持担保比例、担保证券价格下跌、证券被调出担保证券范围使得担保证券市值减少、融券卖出证券价格上涨、利率或费率上调，使得负债增加等；第四，当接到证券公司追加保证金的通知时，应及时补充保证金，以免在 2 个交易日后被强制平仓；第五，随时留意自己的账户资产价值的变动情况，并保持手机、家庭电话、邮箱等联系渠道通畅，以防止因未及时补仓而被强制平仓。

4. 杠杆交易的风险

由于融资融券交易具有杠杆交易的特点，因此要面临判断失误，遭受亏损放大的风险。例如投资者以 100 万元普通买入一只股票，该股票从 10 元/股下跌到 8 元/股，投资者的损失是 20 万元，亏损 20%；如果投资者以 100 万元作为保证金、以 50%的保证金比例融资 200 万元买入同一只股票，再将 100 万元现金普通买入该股票，该股票从 10 元/股下跌到 8 元/股，投资者的损失是 60 万元，亏损 60%。所以，投资者需要清醒地认识到杠杆交易的高收益高、风险特征，客观地评判一下自己当前的风险承受能力，让自己的投资处于风险可控的范围之内。在融资融券交易中，杠杆比率与保证金比例、折算率有关系。保证金比例越低，折算率越高，融资融券交易的杠杆比率越高，风险就越大。实际操作过程中，投资者可以根据自身实际情况，适当减少融资融券授信额度申请，或者部分使用授信额度，以控制风险。

5. 费用承担的风险

融资融券交易需要支付利息费用。投资者融资买入某只证券后，如果证券价格下跌，则投资者不仅要承担投资损失，还要支付融资利息；投资者融券卖出某只证券后，如果证券的价格上涨，则投资者既要承担证券价格上涨而产生的投资损失，还要支付融券费用。

6. 监管方面的风险

监管部门和证券公司在融资融券交易出现异常或市场出现系统性风险时，都将对融资融券交易采取监管措施，以维护市场平稳运行，甚至可能暂停融资融券交易。这些监管措施将对从事融资融券交易的投资者产生影响，投资者应留意监管措施可能造成的潜在损失，密切关注市场状况，提前预防。

（1）投资者在从事融资融券交易期间，如果发生标的证券暂停交易或终止上市等情况，投资者将可能面临被证券公司提前了结融资融券交易的风险，由此可能会给投资者造成损失。

（2）投资者在从事融资融券交易期间，如果证券公司提高追加担保物和强制平仓的条件，造成投资者提前进入追加担保物或强制平仓状态，由此可能会给投资者造成损失。

（3）投资者在从事融资融券交易期间，证券公司制定了一系列交易限制的措施，比如单一客户融资规模、融券规模占净资本的比例、单一担保证券占该证券总市值的比例等指标，当这些指标达到阈值时，投资者的交易将受到限制，由此可能会给投资者造成损失。

（4）投资者从事融资融券交易的证券公司有可能因融资融券资质出现问题，而造成投资者无法进行融资融券交易，由此可能给投资者带来损失。

四、融资融券交易的策略

1. 融资融券的套期保值交易策略

（1）对冲个股的风险。对冲个股风险操作是基础和相对简单的，由于融资融券的标的股票并非所有上市股票，标的股票数量有限。假设投资者持有某只股票，先要看它是否是可以卖空的标的证券。在该股票属于标的证券的条件下，为了对冲掉该只股票下跌的风险，投资者只要融券卖出相同数量的股票即可。如果该股票不属于标的股票，投资者可以融券卖出与该股票相关系数较高的标的股票，用相关系数较高的标的股票作为套期保值的替代股票。比如，某公司通过公募的形式增发股票，通常投资者可以用比市价低的价格买入增发的股票，但是增发的股票一般不能够马上上市交易，必须等待一段时间，而在这一段时间里股价有可能上升到一定的高位后转入跌势，这时投资者可以在股价处于高位时先进行空头信用交易，以防止增发的股票在上市的时候发生贬值。

(2)对冲投资组合的风险。由于融资融券标的股票数量有限，股票投资组合可分为以下几种情形：①如果所持投资组合中的股票全部为融资融券标的股票，则对冲风险比较简单，只要融券卖出所有投资组合中的股票即可。②如果所持投资组合中的股票全部不是融资融券标的股票，可将融券标的证券构建成与投资组合相关性较高的组合，并融券卖出这个组合。③如果所持投资组合中的股票部分为融资融券标的股票，则有几种对冲方法可以选择：方法一是在股指期货条件下，将融券标的证券构建成指数组合，卖空指数组合；方法二是卖空所有组合中的融券标的股票，同时对组合中的非融资融券标的股票进行适当替代，卖空与其相关性较高的股票。

(3)融资融券套期保值中替代股票的选择。由于融资融券交易受到标的证券的限制，事实上无法做到一一对应，现货头寸与信用交易的套保头寸有时候无法保持同质性，需要根据相关性的程度来选择替代物。很显然相关程度越高，套期保值的效果越好。一般来说，同行业、同类型的股票具有较好的相关性，相关性还可以通过协方差与相关系数来衡量。

①协方差。协方差是两个随机变量相互关系的一种统计测度，它测度两个随机变量，如证券 X 和证券 Y 的回报率之间的“互动性”。协方差为正值，表明证券的回报率倾向于向同一方向变动。一个负的协方差则表明，一种证券与另一证券存在着相背变动的倾向。一个相对较小的或 0 值的协方差则表明两种证券的回报率之间只有很小的互动关系或没有任何互动关系。协方差的计算公式为：

$$\sigma_{XY}=\frac{\sum_{i=1}^{T}(X_i-\overline{X})(Y_i-\overline{Y})}{T}$$

式中，X_i 代表证券 X 在 T 个连续时期里的收益率，$\overline{X}$ 代表 X 证券的算术平均收益率，Y_i 代表 Y 证券在 T 个连续时期里的收益率，$\overline{Y}$ 代表 Y 证券的算术平均收益率。

②相关系数。相关系数可以用来衡量两个证券收益率之间的相关程度，通常可以按如下公式计算：

$$\rho_{XY}=\frac{\sigma_{XY}}{\sigma_X\sigma_Y}$$

式中，σ_{XY} 是 X 证券和 Y 证券收益率的协方差；σ_X 是 X 证券收益率的标准差；σ_Y 是 Y 证券收率益的标准差。相关系数总是落在－1 与＋1 之间，数值为－1 表明完全负相关，数值为＋1 表明完全正相关，多数情况是介于这两个极端值之间。具体而言，数值等于 0 时，表示两个指标变量之间完全不相关；当相关系数绝对值小于 1 时，在 0 以上至 0.3 为微弱相关，在 0.3 以上至 0.5 为低度相关，在 0.5 以上至 0.8 为显著相关，在 0.8 以上至 1 以下为高度相关。

(4)融资融券作为套期保值方法的优劣。①长处：第一，在保持同质性与等价性方面具有一定的优势；第二，比较适用于现货头寸价值量较小的套期保值交易。②短处：第一，对于分散程度较高的现货头寸来说，由于受到融资融券标的股票的限制，选择替代股票比较繁琐；第二，对于价值量较大的现货头寸来说，由于其保证金比率相对较高，会导致其套期保值的成本也比较高。

2. 融资融券的套利交易策略

(1)盘中 T＋0 多空套利。即在上涨趋势中早盘买入某股票，而在当日尾盘融券做空相应股票；在第二个交易日，用上日早盘买入的股票还券。也可以在下跌趋势中早盘融券做空某股票，在当日尾盘买入相应股票，在第二个交易日，用上日尾盘买入的股票还券。这样，可以规避 T＋1 的限制，锁定当日股价波动的收益。

(2)事件驱动套利。即利用上市公司的突发性事件，快速融券做空其股票，等负面效应导致股价大幅下跌后买回还券，如白酒股的塑化剂风波等。但不排除有心者建立空头仓位后，主动释放真假难辨的负面新闻。食品、饮料、家电等日常消费品行业的股票容易受到突发产品质量事件的影响而在短期内出现快速下跌。

(3)基本面多空套利。基本面多空套利主要是在某一行业内根据基本面条件构建多空投资组合进行套利交易。①融资买入行业内低估股票，融券卖出行业内高估股票。只要投资者对于股票相对强弱走势判断正确，就可以获得套利收益。②通过融券卖出构建一篮子股票组合的空头仓位，来模拟某个大行业的指数效果。同时选择该行业中的突出个股做多。通过这种策略，投资者可以持有某个行业中的优质个股盈利，同时对冲掉行业由于外部因素导致的整体波动。

3. 融资融券的杠杆趋势交易策略

由于融资融券业务实行保证金交易，且证券可以充抵保证金，因此能够发挥资金杠杆作用。具有杠杆作用的投资方式能够提高资金使用效率，对于趋势投资者来说丰富了投资方式，在正确趋势判断的前提下能够获得更高的投资效率。利用杠杆趋势策略，可以构建正向杠杆趋势投资与反向杠杆趋势投资两种交易策略。①正向杠杆趋势投资策略：投资者用自有资金全部买入指数组合，并以此组合作为保证金，融资买入更多的指数组合。②反向杠杆趋势投资策略：投资者可以将自有资金(包括卖出股票所得资金)买入国债等固定收益类资产,然后以债券作为保证金,融券卖空指数组合。

4. 融资融券的套资策略

套资策略是指利用融资融券交易,套取证券公司的资金,用于满足自身融资融券标的证券以外的投资需求。比如,在打新股的时候,通常资金会比较紧张,投资者可以通过套资策略来获取资金,进行新股的申购。套资策略的具体方法是,针对同一标的证券,同时进行数量相等的融资与融券交易,用融资交易所得到的证券,归还融券交易的欠券,从而套取融券交易卖出的资金。比如,某股票为 10 元 1 股,如果想套取 10 000 元资金,可以融资买入 1 000 股该股票,同时借入该股票 1 000 股卖出,然后将融资买入的 1 000 股该股票用于还券,就可以套取融券卖出的 1 000 股的现金 10 000 元。

第四节　股票型指数基金

一、指数基金概述

1. 指数基金是指数投资的一种方法

指数投资(index investment)是成熟市场机构投资者广泛采用的投资方式。所谓指数投资,具体是指通过复制某一标的指数(股价指数或债券指数),以获得某一特定证券市场的基准回报为目的的投资行为。指数投资如果从外延角度进行考察,依据分类标准不同,可以划分为不同的类型。如果按金融资产的属性进行划分,可以分为两大类型,一类是实际金融资产的指数化投资,另一类是虚拟金融资产的指数化投资。

实际金融资产的指数化投资主要可以分为两个小类:一类是投资者自我构建指数化的投资组合,比如可以通过自有资金或融资的形式构建指数化的多头组合,也可以通过融券的形式构建指数化的空头组合;另一类就是指数基金,即投资者通过基金管理公司来进行指数化的投资。至于虚拟金融资产的指数化投资,是指利用股价指数期货、股价指数期权或股价指数权证等金融衍生工具来模拟指数化的实际金融资产的投资组合效应。比如,针对某一股价指数期货合约,可以利用股价指数期货交易只需先行支付保证金的特点,在买入股指期货合约的同时,将扣除保证金后的股指期货合约剩余价值量的资金投资于无风险的固定收益债券(主要是国债或国库券)上。这样的股指期货和固定收益债券的多头头寸的投资组合所产生的回报和持有目标指数所有股票的投资组合所产生的收益类似。

如果按指数的标的证券来划分,指数投资可以分为股票类指数投资和债券类指数投资。比如，证券市场中广泛存在的股价指数ETF和债券指数ETF等。虽然指数投资可以如上述那样有广义的理解，但在证券投资实践中，通常会对指数投资作狭义的理解，一般是指指数基金，而在指数基金中，又主要是以股票类的指数基金为主，本节的介绍也主要围绕着股票型指数基金展开。

2. 股票型指数基金的定义和特点

所谓股票型指数基金(index fund)，是指以复制和跟踪某一标的股价指数来建立投资组合的证券投资基金。这种证券投资基金具有如下的特点：

第一，以追求股市的平均收益水平为基本目标，力求使基金资产价值的变动率与指数变动率保持一致。具体可以理解为以获得与市场指数收益相同的回报为投资目标，不追求战胜市场即获得超额利润的所谓投资抱负。

第二，以证券市场的某一标的股价指数作为复制和跟踪的对象，以属于编制股票价格指数范围内的样本股票作为投资对象。

第三，一般实行购买并持有的策略，除了跟随指数进行样本变更之外，不轻易调整组合，本质上属于一种被动型投资方式。

3. 股票型指数基金的基本分类

(1)按交易机制进行划分。①封闭式指数基金：可以在二级市场交易，但是不能申购和赎回。②开放式指数基金：不能在二级市场交易，但可以向基金公司申购和赎回。③交易所交易基金(Exchange Traded Fund，ETF)：可以在二级市场交易，也可以申购、赎回，但申购、赎回必须采用组合证券的形式。④指数型的上市型开放式基金(Listed Open-Ended Fund，LOF)：既可以在二级市场交易，也可以申购、赎回。

(2)按指数的复制方式进行划分。①完全复制型指数基金：力求按照基准指数的成分和权重进行配置，以最大限度地减小跟踪误差为目标，属于完全意义上的指数基金。②非完全复制型指数基金：在将大部分资产按照基准指数权重配置的基础上，也用一部分资产进行积极的投资。其目标为在紧密跟踪基准指数的同时，获得高于基准指数的收益。

(3)按标的指数的样本股的取样对象进行划分。根据基金所跟踪的股价指数的样本股取样对象的不同可以进一步细分为很多不同的类型。①按股价指数的样本股的取样范围进行划分，可以分为综合指数基金和成分指数基金。前者标的指数的样本股包括某市场中的所有股票，比如上证指数，这类指数也被称为全市值指数或整体市场指数。后者标的指数的样本股只包括某市场中的代表性股票，比如上证180指数、上证50指数、沪深300指数、道琼斯指数、标准普尔指数等。②按股价指数的样本股的取样板块进行划分，这一类的指数基金以反映市场中某一板块的指数作为复制与跟踪的对象。比如，按上市公司规模进行划分的板块指数以及其所对应的基金，也就是大盘股指数基金、中盘股指数基金和小盘股指数基金。在我国有类似的中小企业板指数基金、创业板指数基金等。还有按上市公司行业进行划分的板块指数，以这些行业指数作为复制与跟踪目标的指数基金就是行业指数基金。③按标的指数的样本股的取样国家或地区进行划分。随着证券投资的全球化，股价指数的编制同样出现了跨越国界的情况，由此也出现了全球市场指数基金、国际指数基金（多地区的，包括新兴市场）、地区指数基金（环太平洋地区、欧洲、拉丁美洲）、单个国家指数基金等。

二、股票型指数基金对标的指数的复制方法

如前所述，股票型指数基金是通过复制标的指数来构建投资组合的，其复制的方法可以分为完全复制法和非完全复制法。

1. 完全复制法

(1)定义。完全复制法，是指完整地复制标的指数中所有成分股及其比重。即不仅对标的指数中的样本股进行复制，而且对标的指数中的每个样本股票的相应权重进行复制。所以，完全复制中的复制包括两方面的复制：一是指数成分股的复制，即指数基金投资组合中的股票必须是标的指数中的样本公司的股票；二是各个成分股的权重的复制，即指数基金投资组合中各个股票的持有比例与标的指数中的样本公司股票的权重保持一致。完全复制的目的，是不以战胜市场为目标，而是力求获得与标的指数变动率近似的投资回报率。通常意义或狭义的指数基金一般就是指这一类完全复制型的指数基金。

(2)完全复制法的具体方法。复制标的指数要根据标的指数的不同类型，采取不同的方法。指数按照计算方法可以有：

①等权重指数（简单算术股价指数），计算公式为：

$$I_t = \frac{1}{n}\sum_{i=1}^{n}\frac{P_{ti}}{P_{0i}} \times I_0$$

式中，I_t 表示报告期的股价指数，n 表示样本数，P_{ti} 表示报告期的各样本股票的收盘价，P_{0i} 表示基期的各样本股票的收盘价。

②市值加权指数（加权股价指数），计算公式为：

$$I_t = \frac{\sum_{i=1}^{n} P_{ti} \times Q_{0i}}{\sum_{i=1}^{n} P_{0i} \times Q_{0i}} \times I_0$$

式中，Q_{0i} 表示各样本股票基期的发行量或流通量，其他符号的意义与前面公式相同。

③价格加权指数（简单算术股价平均数），计算公式为：

$$\overline{P}=\frac{1}{n}\sum_{i=1}^{n}P_i$$

式中，$\overline{P}$ 表示股价平均数，P_i 表示各样本股收盘价，n 表示样本股的种数。

根据上述三种不同计算方法的股价指数，完全复制的方法是：第一，由于等权重指数是各个样本股回报率的平均值，它使各种股票回报率的权重相等，所以应该按等权重持有。第二，由于市值加权指数反映的是比例股份资产回报率，所以应该按市值比例持有。第三，由于价格加权指数（股价平均数）反映的是等额股份资产回报率，所以应该按等额股份持有。目前，在包括我国在内的全球股票市场上，市值加权指数占据着主导地位，所以按市值比例持有是绝大多数指数基金通过复制标的指数来构建投资组合的最重要的方法。

(3)完全复制标的指数的举例说明。假定某机构投资者要将 1 000 万元资金进行指数化投资，请分别确定在等权重指数、市值加权、价格加权的情况下，各自投资组合的投资金额与股票数量（参见表 10－13、表 10－14、表 10－15）。指数的样本股情况参见表 10－12。

表 10－12　　完全复制标的指数的举例说明

股票名	价格	发行量	市值	市值比例
A	200 元	10 万股	2 000 万元	73%
B	100 元	5 万股	500 万元	18%
C	50 元	5 万股	250 万元	9%
合计	350 元	20 万股	2 750 万元	100%

表 10－13　　等权重情况下的投资组合

股票名	投资金额	股票数量
A	1 000 万÷3＝333.333 万元	333.333 万÷200 元＝16 666(股)
B	333.333 万元	333.333 万÷100 元＝33 333(股)
C	333.333 万元	333.333 万÷50 元＝66 666(股)
合计	999.999 万元	

表 10－14　　市值加权情况下的投资组合

股票名	投资金额	股票数量
A	730 万元(73%)	730 万元÷200 元＝36 500 股
B	180 万元(18%)	180 万元÷100 元＝18 000 股
C	90 万元(9%)	90 万元÷50 元＝18 000 股
合　计	1 000 万元	

表 10—15　　价格加权情况下的投资组合

股票名	投资金额	股票数量
A	28 571×200=5 714 200(元)	1 000 万÷(200+100+50)=28 571(股)
B	28 571×100=2 857 100(元)	28 571 股
C	28 571×50=1 428 550(元)	28 571 股
合计	9 999 850 元	

(4)完全复制法的优势和缺陷。①优势:第一,方法比较简单明了,易于管理和操作。第二,投资组合的内容透明而且可预期,容易被市场接受。第三,能够最好地拟合标的指数,使得跟踪误差最小。如果基金按照指数的编制方式购买一篮子股票,那么这些指数的涨跌就基本上和指数基金的涨跌同步。②缺陷:第一,若标的指数成分证券过多,全样本维持或跟踪标的指数会带来较大的交易成本,积累下来也会导致较大的跟踪误差。第二,在买卖交易过程中,可能有个别证券存在流动性困难,会导致不能完全复制该类证券。第三,标的指数中个别证券可能存在诸如财务风险、司法诉讼、受人操纵等现象,如果完全复制标的指数,则无法剔除这些不利个案的影响。

2. 非完全复制法

(1)定义与基本特点。非完全复制法是指通过特殊的指数基金策略来获取高额回报,但是要承担更大的风险。所谓特殊的指数基金策略,通常带有一定程度的投机性。非完全复制法具有如下几个特点:第一,这一类指数基金的特殊群体的目标是要战胜市场,并不安于获得市场平均的回报率。第二,这一类指数基金根据策略的不同,在风险程度上可以划分成不同的层次,既有对投资组合不会有太大影响的低风险的基金,也有使投资者的账户可能迅速垮掉的高风险的基金。所以,在投资这一类高风险的基金时,要充分了解它们的风险。第三,由于这一类指数基金都采取了一些特殊的投资组合策略,因此它们的费率通常都会高于普通的完全复制型的指数基金。

(2)主要的类型。非完全复制法的指数基金根据风险程度的大小,大致可以划分成增强型指数基金、杠杆型指数基金、反向型指数基金、合成型指数基金等几大类。①增强型指数基金试图通过小幅调整来战胜市场,但由于对投资组合的调整是小幅的,所以是非完全复制型当中最为安全的基金。②杠杆型指数基金试图通过借入资金来战胜市场,一般要通过借入 50%的资金来购买更多的股票,如果基金的回报率高于借入的资金成本,那么基金就会高于市场的回报;如果基金不能够弥补成本,就会明显低于市场的回报。因此基金的杠杆化操作会极大地增加它的波动性,在市场上涨的时候要比市场上涨的幅度更大;但在市场下跌时,基金借入的钱被套牢,投资组合将会损失惨重。③反向型指数基金则是试图在市场下跌时获利,在股市下跌时赚钱的最好办法就是做空,反向型指数基金就是专门进行卖空的指数基金,包括卖空股价指数期货,或者在卖空股指期货的同时,再另外买入股价指数的看跌期权。所以,它的表现最为特别,它们朝与市场相反的方向变动。也就说,当市场下跌的时候,反向型指数基金赚钱;当市场上涨的时候,反向型指数基金亏钱。④合成型指数基金是投资组合中不含有股票的股票指数基金,这些基金的特点就在于它们使用了与股价指数有关的金融衍生产品,诸如股价指数期货、股价指数权证或股价指数期权之类的投资方法,试图通过各种复杂的方法来战胜市场,这其中涉及很多金融工程学的知识与理论。由于这些金融衍生产品都与股价指数挂钩,尽管它们具有一定的风险性,但是如果投资组合管理得比较好的话,其运作就会与股价指数比较相像了,这就是合成型指数基金。其常用的投资策略除了最常见的股价指数期货的套利交易策略以外,还包括现金盈余策略和期权期货组合策略。前者是指数基金利用购买股指期货只需要支付少量的保证金的特点,就将账户中的其余现金投资于其他的证券。根据股指期货理论价格的定义,只要指数基金中保证金以外的现金部分的回报率高于现货股票的红利回报率,指数基金就能够获得超额收益。后者是在市场上涨的趋势中,卖空股价指数看跌期权,同时买入股价指数期货合约。卖出的看跌期权可以为基金创造额外的现金流。反之,在市场下跌走势中,卖空股价指数看涨期权,同时做空股指期货合约。同样道理,卖出的看涨期权也可以为基金创造额外的现金流量。

(3)增强型指数基金的复制方法。由于增强型指数基金是在非完全复制的指数基金中最为保守的指数投资策略,也就是说万一投资组合没有能够战胜市场,至少基金自身也不会损失太多,因此成为非完全复制法中占主流的指数基金形式。指数化投资的基本思想就是要通过复制和跟踪代表市场回报的股价指数来获得基准收益率。然而,增强型指数基金的经理们相信,通过对投资组合进行适当(微小或较小)的调整,可使基金资产价值的变动率稍微超越基准指数的变动率,从而获得适当(微小或较小)的超额利润。

①基于估值对权重进行调整。这种投资组合的构建方法源自这样一个假定,即指数的投资组合虽然是好的,但并非十全十美,还可以加以改进。并非十全十美的原因在于,在任何情况下,股票市场中都会出现某些股票被严重高估或严重低估的情况,即所谓的偏离均值的现象,而市场又同时存在着回归均值的倾向。因此,不管股票的高估或者低估情况,严格按照指数的权重进行配置,会放弃掉市场回归均值带来的额外收益。经过基金经理对投资组合的稍微修改,投资者能够得到更高的回报而不需要改变指数基金的性质或承担超额风险。基金经理对于认为估值过高的股票,给予低的权重,或者索性将其剔除;反之,对那些认为估值过低的股票,则增加其权重。对高估和低估的处理,也可以按照行业或者其他的板块划分标准来进行。即可以通过改变指数

中的行业的权重来战胜市场，其投资策略就是减少对价值高估行业或部门的投资比重，增加低估行业或部门的投资比重。

②分层抽样调整。这是将标的指数所有成分证券按某种标准分为若干层，每一层为总体中的一个子集，各子集所包含的个体互不重叠，且至少拥有一种共同的特性。然后，再按一定的抽样方式在各层中抽出若干样本，各层抽出的样本，统一组成一个足够大的总样本。一种经常采用的方式是以行业分类和资产规模或市值作为一个二维分类标准。将行业和资产规模或市值作为两个坐标轴，根据坐标轴的数值，将指数成分证券划分到坐标系的不同区域中。按每个区域所含证券总数或总权数分配各区域抽样比例，在每个区域按简单随机或其他指定方法抽样。所选证券的权重可以根据分层的要素来确定，每个行业的权重可以按照各行业在指数中的权重进行确定，而各行业中每一证券的权重则可以根据其在行业中的权重进行重新确定，即将未被抽选到的股票的权重，按照被抽选到股票的权重大小，重新分配到被抽选到的股票的权重中，使被抽选到的股票总权重等于该行业的权重。

③优化选样调整。这是通过对选定的标的指数中各成分股的历史数据和相关指标进行分析，从优化的角度，从中选择适当数量的股票组成跟踪组合，以期拟合标的指数。优化选样法的目的是期待只需用较少数量的股票投资组合就可以达到指数投资的目的。优化选样法在某种程度上说是一种主动型投资与被动型投资之间的妥协或折中。

(4)增强型指数基金的优劣。①优点：第一，降低交易成本和费用；第二，可以避免或剔除一些非正常个券的影响，譬如流动性困难、财务风险、法律处分、市场操纵等。②缺点：第一，更复杂、更难管理和操作，并需要持续地对跟踪误差进行评估和判断；第二，增强的标准、方式和方法没有一定之规，可能没有那么客观和透明，容易引起投资者的疑虑，或可能给人以主观操纵之口实。

三、指数基金的理论基础和主要优势

1. 理论基础

指数基金是依靠复制标的指数来构建投资组合的，因此属于被动型投资方法。其理论基础有以下几个方面：

(1)有效市场理论。有效市场理论认为，证券市场价格对于新的信息做出反应的灵敏程度和正确程度是衡量市场有效性的标志，如果市场上的每个投资者都能迅速了解新的信息，并根据该信息做出理性的反应，使得证券价格得到及时的调整，这种市场就是有效的证券市场。在一个有效的证券市场里，当给定当前市场信息集合时，投资人不可能发展出任何投资战略，可以获得超出由投资对象的风险水平所对应的投资收益率的超额收益。

(2)投资组合理论。投资组合理论提出了有效投资组合的概念。有效投资组合具有如下要求:在相同的风险水平下,投资组合有最高的收益;在相同的期望收益率下,投资组合有最低的风险。市场组合是最有效的投资组合,没有其他具有相同风险的投资组合能比市场组合提供更高的预期收益,也没有任何具有相同预期收益的投资组合能比市场组合拥有更低的风险。这意味着,从长期来看,没有投资者能够战胜市场,最好的投资策略就是买进并持有一个尽可能分散的投资组合。市场组合就是复制与跟踪某一市场股价指数的一篮子股票。所谓一篮子股票,就是与市场股价指数的样本股与权重保持一致的股票投资组合。

(3)随机游走理论。该理论认为,股票价格的变化是随机的,机会的精灵每次任选一个随机数加到现行价格上,就形成了下一期的价格。也就是说,今天的价格不过是昨天的价格加上一个随机数,而明天的价格又不过是今天的价格加上一个随机数。股票价格的变化是相互独立的,每次价格的上升或下降与前一次的价格变化毫无联系,对下次的价格变化也毫无影响。股票价格的变化就像人们抛硬币一样,哪一面朝上,哪一面朝下,完全是随机的。

2. 主要优势

第一,从事实角度来看,积极管理基金的业绩在整体上很难胜过指数基金。虽然存在着有才华的基金经理,但为数不多。虽然总有一些基金经理能够战胜市场,但遗憾的是从投资者立场出发,从中获益的唯一有效方法是事先知道谁是成功者,然而这又是不可能的。因为,在现实的证券市场中,尽管每年都会有基金经理成为明星,可大部分都是碰运气而已,绝大多数明星会在市场方向发生变化时陨落。

第二,虽然可以有各种理由来持有指数基金,但其中最好的理由应当是业绩,即指数基金能够比大多数期待击败市场的积极管理型基金取得更高的回报。而产生相对良好业绩的根本原因在于,指数基金的被动式管理成本要远低于积极型基金。指数基金更低廉的成本为其带来了明显的业绩优势,尽管积极型基金经理经过研究后或许可以选出超过市场平均业绩的股票,但他们不能持久地做到这一点以弥补更高的管理费用。其成本低廉的原因在于指数基金一般采取买入并持有的投资策略,其股票交易的手续费和税费支出会较少;同时,由于它是通过复制指数来构建投资组合,所以相关的调研成本、人力资本费用等大大降低。

第三,从投资者选择的心理来看,尽管低成本的指数基金要比绝大多数的积极型基金收益更高,但绝非最高。而大多数投资者的选择心理却是更看重或更偏好指数基金的稳定性,而不愿意冒险寻找更优回报的积极型基金。在现实中,绝大多数的人会选择回报虽然不是最高但相对比较稳定的投资,其理由都是一样的,尽管可能会有更高回报的选项，但成功的概率很小，而且选对的收获不足以抵补所冒的风险。有这种思维的投资者一般都会比较倾向于指数基金。

第四，可以有效规避或分散金融市场的非系统性风险。由于指数基金分散投资，任何单个股票的波动都不会对指数基金的整体表现构成大的影响，从而规避了个股风险。

第五，指数基金完全按照指数的构成原理进行投资。也就是说，指数基金通常不允许基金经理根据自己的判断来决定应该包含或取出哪些股票，透明度很高，可以减少对投资的人为干预，有效降低基金管理中的道德风险。

第六，由于指数相对于个股更容易预期，使投资风险具有一定的可预见性。另外，指数基金所投资的一篮子股票是经过权威的指数发布机构筛选，并经过市场检验，凸显出业绩稳定、流通市值高、兼具行业代表性等特点，购买这些股票，本身安全性也相对较高。

尽管学术界一直都在支持指数基金，但是指数基金一直到 20 世纪 70 年代才出现。除了缺乏计算机等技术上的原因以外，基金行业自身不愿意接受这样的理念。因为，基金经理们都期望他们能够战胜市场，他们认为指数化策略是对他们智力的侮辱。世界上第一只指数基金即先锋 500 指数基金的创始人博格在推出指数基金时，曾经被美国很多基金经理描述成"博格的谎言"，"认为我们不相信大量投资者仅满足于获得平均收益，平均收益是给普通投资者的，我们认为我们的客户并不普通"。还有一些人反问，谁愿意和平庸的医生、平庸的律师或平庸的基金经理打交道？所以，尽管指数基金有它的长处，但不能够使主动型基金消失。与主动型基金相比，被动型指数基金有一个明显的弱点，就是它不具备主动调仓的能力，也就是说它一直要满仓运作，否则就会偏离指数。或者说，当市场存在明显泡沫的时候，指数基金也没有办法规避风险。

四、指数基金的运作环节和投资策略

1. 运作环节

(1)标的指数的选择。目前，证券市场中存在着大量的股价指数，指数基金首先要根据自己的投资风格选择适当的标的指数作为复制与跟踪的对象。在选定标的指数时，一般的倾向是选择知名的股价指数，但是在采用名牌(或著名)指数对指数基金的成功运作是否有帮助的问题上，存在着争议。有一种观点认为，将指数基金的标的指数集中于知名基准指数的做法未必是好的选择，将许多流行的指数作为基金基准指数未必恰当，一种新型的指数即所谓的基金友善型指数比许多流行的基准指数可能更适合担当指数基金的基准指数。而基金友善型指数为什么对基金持有者更为有利，就是因为这一类指数是专门为了基金复制指数结构和指数规则而设立的，它们考虑到了指数基金结构的需要，考虑到了指数基金交易的经济性与投资目标以及市场中其他投资者的存在。在我国证券市场上，从市场ETF所跟踪的各个指数来看，中证500指数是众多基金公司看好的标的指数，该指数具有基金友善型指数的特点，是指数开发公司专门为基金管理公司编制的。

(2)投资组合的构建。如前所述，可以采用完全复制法或者非完全复制法来构建投资组合。

(3)及时调整投资组合的对象和权重。由于股价指数并非一成不变，会随着经济形势的变化而做相应的调整，有的成分股会被踢出，而有的股票会新加入到成分股中去。因此，在指数成分股发生增加或剔除时应实施相应的组合调整。此外，由于股票增发等原因，成分股的权重也会发生改变，在这种情况下，也要对其权重进行调整。

(4)跟踪和监控误差并进行调整。由于指数基金并不打算战胜市场，只是要复制这一基准水平。在这种情况下，如何判断一个指数基金表现得好还是坏呢？很显然，指数基金好坏的评判标准就是根据它们的运作与事先设定的基准的接近程度。指数基金与基准(即标的指数)的差异被称为跟踪误差。衡量跟踪误差程度叫跟踪偏离度，跟踪偏离度以"%"为单位。理想的指数基金的跟踪误差应该为零，即基金的表现与基准完全同步。然而，因为存在各种成本，包括管理费、佣金以及现金流入流出造成的营运的无效率，零跟踪误差几乎是不可能达到的。通常，指数基金每年低于基准大约0.25%的跟踪误差是可以接受的。

2. 投资策略

(1)长期配置策略。①大盘在非泡沫期间可以长期配置，作为投资组合配置的一部分长期持有。②定期定额投资法长期配置，即采用定投指数基金的方式长期持有。这种长期配置的策略一般投资期限要在8～10年，适合精力和时间有限的投资者，或者一些金融知识比较匮乏又不太愿意花时间关注市场的投资者。指数基金适于长期投资。曾经有一名30多岁的投资者求教巴菲特他这一年龄段的最佳投资办法。巴菲特说："我会把资金用来购买低成本的指数基金。"巴菲特看到提问者的年龄是30多岁，所以给他投资指数基金的建议。投资如果从30岁算起，到60岁左右退休，大约是30年，30年真的是很漫长的时间。我们回顾美国的道琼斯指数从1979年5月16日828.5点增长到2009年5月13日的8 285点，30年戏剧化地增长了整整10倍，年均增长率约为8%。

(2)阶段配置策略。为什么要采取阶段配置的策略呢？第一，选择合适的购买时机对投资指数基金也很重要。巴菲特的观点是，在大牛市的顶部购买指数基金，风险是非常大的。但如果市场处于底部或者中部，投资风险已经充分释放，那么在市场恢复过程中，指数基金的表现是足够好的。第二，有不少投资者认为，中国的股票市场并不是一个完全有效的市场，有很多超额收益的投资机会存在，所以中国股市的波动频率和幅度都很大。具体方法可采用：①在指数基金跟踪的股价指数市盈率处于相对低位时介入，高位时退出。②低位配置指数基金，逢高转换成混合基金或债券基金。

五、ETF与LOF

1. ETF简介

(1)定义。交易所交易基金(Exchange Traded Fund，ETF)，是指一种能够在证券交易所交易的兼有封闭式基金和开放式基金特点的指数基金。目前，包括我国在内的全球证券市场上，指数基金大都采用ETF的形式。

(2)特征。第一，同时具有封闭式基金和开放式基金的双重交易机制，既可以在交易所挂牌交易，也可以与基金管理公司之间进行申购和赎回。第二，采用被动式的指数投资方法。第三，申购和赎回采用“以货易货”方式，即申购时用一篮子股票换取基金单位凭证，赎回时用基金单位凭证换回一篮子股票。第四，申购和赎回有严格的数量门槛，必须是一个创造单位或者一个创造单位的整数倍。

(3)作用。关于ETF在证券市场上的作用，可以从三个方面进行分析：第一，作为指数基金，自然就具有一般指数基金的优势，包括费率较低，具有较高的透明度，可以较好地避免基金管理中的道德风险等。第二，由于具有双重交易机制，就可以结合封闭式基金与开放式基金的优点，一方面在流动性上它高于普通开放式基金，另一方面在市场波动性上又好于封闭式基金。此外，它虽然在短期内可以给投资者带来套利的机会，但由于套利机制的存在，使封闭式基金的折价和溢价问题基本上可以消除。第三，ETF特殊的申购与赎回方式，一方面有利于降低证券市场的波动程度，另一方面也使它成为指数基金的最理想的形式，比起一般的指数基金来，它能够较好地保持基金单位净值变动率与标的指数增长率的高度拟合。

(4)运作过程。交易所交易基金的运作过程如下：①确定标的指数和投资目标。基金管理人首先要确定交易所基金所复制和跟踪的标的指数，而投资目标就是跟踪标的指数，力求使基金单位资产净值的增长率与标的指数的增长率保持同步。②一级市场的申购和赎回。由于一级市场涉及的金额巨大，因此只适合机构投资者，可以说一级市场是ETF管理人与机构投资者之间进行“创造单位”交换的市场，这种交换采取“以货易货”的方式进行，申购是用一篮子股票交换基金单位凭证，赎回是用基金单位凭证换回一篮子股票。③二级市场的交易。二级市场就是在交易所进行ETF的买卖，通常由机构投资者将“创造单位”分解以后在交易所卖出。对于个人投资者来说，“创造单位”的门槛限制很难从一级市场直接申购和赎回基金单位，但是二级市场的交易机制为他们提供了进入ETF市场的机会。④税务和费用处理。投资者在交易所买卖交易基金的资本利得税和印花税一般都是参照股票买卖的资本利得税和印花税执行，但是投资者用一篮子股票申购基金单位或者用基金单位赎回一篮子股票时，通常免交资本利得税和印花税等税金。交易所基金的费用主要有信托人和管理人费用、代理费、过户登记费和其他费用等。上述费用如果超过基金从其所持有的股票投资组合中获得的股息红利以及现金存款中的利息等收入时，不足部分将通过出售基金的部分股票投资组合来补充。⑤管理人、信托人和发起人。ETF 的管理人就是基金公司；信托人一般都是由从事基金托管业务的商业银行、信托银行或信托公司担任；发起人通常由大型证券公司、商业银行、信托银行以及保险公司等金融机构担任，发起人可以联合或单独发起设立 ETF，但必须用自己持有的一篮子股票申购能够满足基金设立最低要求的基金单位。⑥指定经纪人和结算代理人。指定经纪人一般由证券公司担任，指定经纪人必须与管理人、托管人、结算代理人签订经纪协议。在基金的申购和赎回过程中，机构投资者只能通过指定经纪人提交申购和赎回指令，并由指定经纪人将指令转达给结算代理人。结算代理人一般由证券登记结算公司担任，结算代理人设有基金单位持有人登记名册，遇到申购和赎回时，负责具体的结算业务。可参见图 10－6。

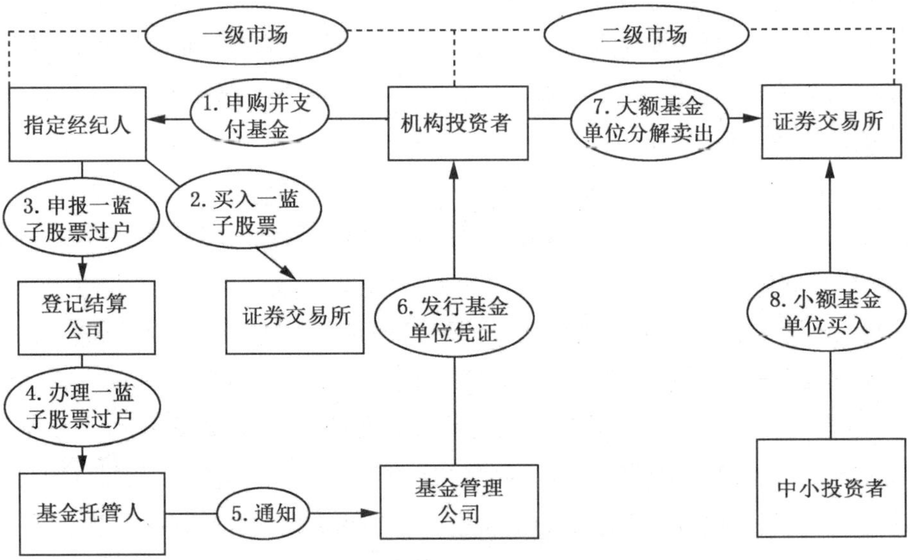

图 10－6　ETF 一级市场与二级市场的结构

2. LOF 简介

(1)定义。LOF(Listed Open-Ended Fund)，即上市型开放式基金，是一种可以在交易所挂牌交易的开放式基金，它兼具封闭式基金交易方便、交易成本较低和开放式基金价格贴近净值的优点。

(2)特点。第一，投资者既可以在指定网点申购、赎回基金份额，也可以在证券交易所买进、卖出该基金单位。第二，投资者如果在指定网点申购基金份额，想在证券交易所卖出，则须办理一定的转托管手续；同样，如果在证券交易所买进的基金份额，想在指定网点赎回，也要办理一定的转托管手续。第三，LOF 通过转托管机制连通场内交易系统与场外代销系统，出现了"可交易的开放式基金"和"可赎回的封闭式基金"，基金场内买进、卖出采用与现行封闭式基金相同的方式，基金场外申购、赎回采用与现行开放式基金相同的方式，基金管理公司直销机构、银行、证券公司均可代理基金的申购赎回业务。

(3)转托管机制的作用。转托管机制是上市开放式基金最核心的制度安排，其作用是，一方面实现了场外、场内两个不同性质市场的有效区隔，另一方面也使得场外、场内两个市场有机地结合在了一起。在基金设立后，由于二级市场交易只影响基金份额在投资者之间的易手，转托管交易只影响场内、场外基金额的交换。因此，上市开放式基金的总份额只会因场外市场的申购、赎回而变化，而不会由于基金份额的转托管、二级市场的交易活动而变化。在不进行转托管的情况下，场外份额将只随申购、赎回活动而发生变化，场内市场份额则保持相对固定。在转托管机制发生作用时，场外份额不但会因场外申购、赎回活动而发生变化，而且会因场内份额的转入、转出而发生变化；场内基金份额也会因转托管活动不再固定不变。参见图 10—7。

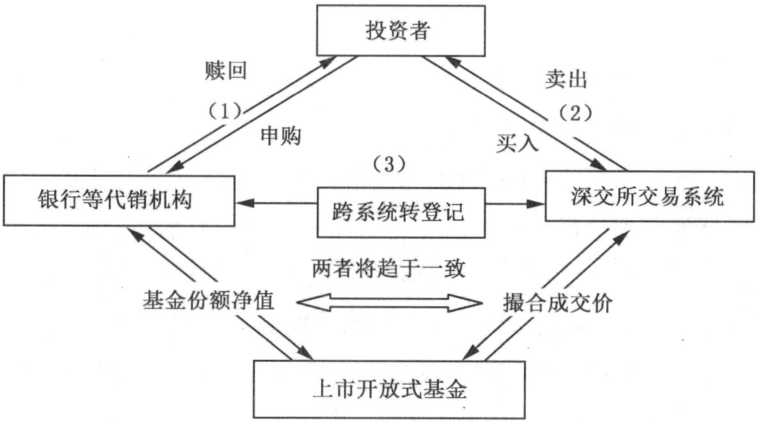

图 10—7　LOF 基本制度设计

3. ETF 与 LOF 的比较

(1)相同点。第一，ETF 和 LOF 都存在一级和二级两个市场。一级市场价格由其净值决定，二级市场价格由供求关系影响。由于两个市场的存在，ETF 与 L0F 都可以像开放式基金一样在一级市场进行申购赎回，同时也可以像封闭式基金一样，在交易所上市交易。第二，ETF 与 LOF 都存在不同的市场套利机会，使投资者能够获得套利收益。当 ETF 和 LOF 的二级市场交易价格与其净值产生差异时，两个市场间就出现了套利机会，引发投资者的套利行为。套利的结果，使得产品的二级市场价格与其净值最终又趋于一致。

(2)不同点。第一，ETF 属于指数基金；而 LOF 在投资组合的构建方面，既可以采用指数化的被动型投资方式，也可以采用非指数化的主动型投资方式，所以 LOF 既可以是指数基金，也可以是非指数基金。第二，ETF 可以实现实时套利，具有套利的低等待成本的优势，套利时涉及一篮子股票的买卖。而 LOF 的套利因为属于跨市场交易，存在着转托管的问题，因此具有高等待成本，相对来说，套利成功的难度比较大。但是，套利时不涉及股票的买卖，手续比较简单。第三，从投资者方面来看，ETF 在一级市场以一篮子股票进行申购和赎回，投资者一般是机构投资者，中小投资者基本上无法参与；而 L0F 在一级市场是用现金进行申购和赎回，对投资者没有限定。第四，在二级市场的净值报价上，ETF 每 15 秒钟提供一个基金净值报价，而 LOF 则是一天提供一个基金净值报价。

第五节　股票的存托凭证

一、存托凭证概述

1. 存托凭证的定义和产生的背景

存托凭证(Depositary Receipt，DR)，是指在本国证券市场上流通的代表某一个外国所发行的股票的一种替代性证券。存托凭证既可以代表某一外国发行的普通股票，也可以代表某一外国发行的优先股票，但以代表某一外国发行的普通股票为主。

存托凭证最早是由美国金融业巨子 J. P. 摩根创建，背景是解决美国投资者在股票的跨国投资中所产生的困难。1927 年，当时美国的投资者都看好英国百货业公司塞尔福里奇公司的股票，由于地域上的差异，美国的投资者要投资该股票很不方便，于是摩根就设立了一种美国存托凭证(ADR)，他让美国持有塞尔福里奇公司股票的投资者把该股票交给摩根指定的在美国和英国都有分支机构的一家银行，再由这家银行向投资者发行美国存托凭证。这种存托凭证可以在美国的证券市场上流通，这样一来，原来持有塞尔福里奇公司股票的美国投资者就没有必要再跑到英国去抛售股票，同时，想要投资塞尔福里奇公司股票的人也没有必要再到英国的证券交易所去购买，他们可以在美国的证券交易所买卖该股票的存托凭证。同样，每当塞尔福里奇进行配股或者分红的时候，发行存托凭证的银行在英国的分支机构都会帮助美国的投资者进行配股或者分红，这样，美国的投资者也就省去了到英国去配股或者分红的麻烦。

2. 存托凭证的特点

第一，存托凭证是为了方便本国投资者投资外国股票而发行的，投资者通过购买和交易存托凭证，实际上等于是购买和交易外国股票，从而省去了投资者需要到当地证券市场进行购买和交易的一切成本和麻烦。所以，存托凭证是本国投资者与外国资本市场联系的一种方式。

第二，存托凭证是一种外国股票的替代性的证券，进行替代的原因是外国股票如果要直接在本国交易，股票的运送、转交、保管等方面会产生很多的困难。同时，由于股票的样式、券面的语言表达、交易习惯以及制度的差异等各方面的障碍，也给外国股票在本国进行直接交易和流通带来困难，所以需要发行替代性的证券来克服这些困难，使外国的股票能够在本国顺利地流通和交易。

第三，存托凭证的发行主体不是外国原来基础股票的发行公司，而是由本国投资者或外国原来基础股票发行公司所指定的本国的存托机构。存托机构一般是本国的信托银行或者商业银行。本国的存托机构必须在外国原来的基础股票所在地有分支机构。外国的基础股票必须托管在存托机构在当地的分支机构，当地的分支机构作为代理人接受原来的基础股票的存托并进行保管等事宜。然后，由存托机构以被保管的基础股票为基础，发行与原来的基础股票具有同样权利和义务内容的替代证券。股票的存托凭证，其所享有的一切权利与原来的基础股票完全一致，公司可进行优先配股或者分红等，存托凭证的持有人与外国股东一样，具有同等的权利。

第四，按照国际惯例，存托凭证票面的语言文字一般用发行地（即本国）的语言文字来表达，存托凭证的交易也完全按照发行地的交易方式进行交易，交易中使用的货币也以发行地的货币作为交易币种，所有的交易活动必须符合发行地交易所的规则和有关的法律与法规。

第五，存托凭证的作用是两方面的，对于外国原来的基础股票的发行主体来说，通过本国的存托机构发行存托凭证，实际上等于是在海外进行筹资活动，等于将股票进行海外发行和海外上市；而对于本国的投资者来说，购买存托凭证，等于是进行海外的股票投资活动。

第六，存托凭证发行以后，其对应的原来的基础股票名义上归存托机构所有，原来的基础股票的股东权通常由存托机构来行使。所以，股利全部是由外国公司一次性地支付给存托机构，由存托机构在本国统一转付给本国的存托凭证持有人；同时，存托机构可以代表本国的存托凭证持有人统一行使投票权。

二、存托凭证的类型

1. 海外既有的存托凭证

因为存托凭证最早是在美国产生的，所以存托凭证中最主要的种类是美国存托凭证（ADR），可以说到目前为止，存托凭证主要是以美国存托凭证的形式存在的。在美国，除了美国存托凭证以外，还有全球存托凭证（GDR）和国际存托凭证（IDR）。GDR与ADR的共同之处是，都以美元标价，以美元支付，都可以通过与欧洲清算系统联网的美国存托机构进行无纸化的账户交割；不同之处是营销的方向不同，GDR的投资者包括非美国投资者。至于IDR是以非美国货币计价而且是以不记名方式发行的存托凭证。在美国以外，还有伦敦存托凭证（LDR）、欧洲存托凭证（EDR）等。

2. 沪伦通下的中国存托凭证（CDR）和全球存托凭证（GDR）

我国一直在酝酿发行中国存托凭证（CDR）。2018年上半年，小米公司在香港上市后，曾经计划以在香港上市的小米股票为基础，在内地证券市场发行小米的CDR，后因内地证券市场行情比较低迷而暂缓。CDR就是在中国内地发行和流通的代表外国或者境外证券市场上某一种股票的替代性证券，中国内地投资者购买了CDR，就相当于购买了外国上市公司或者境外上市公司的股票。

按照中国政府进一步开放证券市场的战略部署，2018年内将要实施“沪伦通”。沪伦通是上海证券交易所与伦敦证券交易所互联互通机制，是指符合条件的两地上市公司，依照对方市场的法律条件，发行存托凭证（DR）并在对方市场上市交易。所以，沪伦通是通过存托凭证与基础股票之间的跨境转换机制安排来实现两地市场的互联互通。沪伦通与沪深港通的区别在于，沪深港通是两地投资者互相到对方市场直接买卖股票，投资者跨境，但金融商品仍然在对方市场；而沪伦通则是将对方市场的基础股票转换成存托凭证（DR）到本地市场挂牌交易，金融商品跨境，但投资者仍然在本地市场。

沪伦通将会包括东向业务与西向业务两个方向。东向业务是指伦敦证券交易所的上市公司股票在上海证券交易所挂牌中国存托凭证（CDR），沪伦通下的CDR就是由存托机构以伦敦证券交易所上市股票为基础证券，在中国签发的替代伦敦证券交易所上市基础股票权益的证券。在CDR方向上，境外基础股票发行人应为伦敦证券交易所主板高级上市公司，上市年限和市值应符合一定标准，其目的是选取在英国市场流动性好，有比较广泛投资者基础的发行人参与东向业务。西向业务是指上海证券交易所A股上市公司股票在伦敦证券交易所挂牌全球存托凭证（GDR），沪伦通下的GDR则是由存托机构以沪市A股为基础股票，在英国签发的替代中国境内基础股票权益的证券。在GDR方向上，英国方面也要求上海证券交易所主板市值规模达到一定标准的公司发行 GDR。总之,CDR 和 GDR 的基础股票都是两地主板市场的蓝筹股票,并且上市年限和市值规模符合一定的标准。东向业务暂不允许伦敦证券交易所上市公司在我国境内证券市场通过新增股份发行 CDR 的方式直接融资,CDR 的上市交易通过中国境内跨境转换机构(即存托机构)建立初始流动性的方式加以实现,具体而言,就是由境内转换机构将其在境外市场买入或者以其他合法方式获得的基础股票按照相关规定和存托协议的约定转换成 CDR 以后上市交易。在西向业务中,则允许上海证券交易所的上市 A 股公司通过发行 GDR 直接在英国市场融资。

CDR 和 GDR 的发行对我国证券市场的发展来说具有重大意义:

第一,中国资本市场的对外开放是一个必然的趋势,而真正的对外开放应该是双向的开放,除了要允许外国投资者购买和投资中国的证券,也要允许中国内地的投资者购买和投资外国或境外的证券。在中国的资本项目还没有实现人民币可以自由兑换的情况下,中国内地的投资者要购买和投资外国或境外的证券,先前只有合格境内机构投资者制度(QDII)的途径;反之,外国投资者要购买中国的证券,先前也只有合格境外机构投资者制度(GFII)的途径。而随着 CDR 和 GDR 的发行,中国投资者对外国证券的投资和外国投资者对中国证券的投资就从原来的通过证券投资基金的间接形式发展为直接形式,投资者可以根据自己的判断投资于某一个具体的股票,增加了投资的选择权和自主性。

第二,对于中国内地的投资者来说,CDR 的发行和流通等于增加了投资品种,增加了投资机会。因为在资本项目还没有完全开放的情况下,中国内地的投资者很难直接涉足国际投资领域,采用 CDR 的方式,可以规避这一限制,丰富投资组合,分散投资风险。中国内地的投资者要投资 CDR,既可以在 CDR 一级市场从 CDR 的承销商处购买,也可以在 CDR 二级市场通过证券交易所从 CDR 的持有者手中购买。CDR 持有者的股票权益在公司每年分红的时候会由中国国内的存托机构代为办理,并将红利自动划入 CDR 持有者的账户之中。

三、存托凭证的发行

存托凭证的发行实际上有两种不同的情况:一种是与融资不挂钩的存托凭证发行,其目的仅仅是要让外国已经发行的股票在本国能够流通和转让;另一种是与融资挂钩的存托凭证发行,这是外国公司在发行新股的时候要达到在海外募集资本的目的。

1. 与融资不挂钩的存托凭证发行

与融资不挂钩的存托凭证发行,是指不伴随新股发行而单独发行存托凭证,其发行程序一般是由本国的机构投资者通过本国证券经纪商委托外国的证券经纪商在外国的证券市场购买一定数量的外国股票，并交付给当地的保管银行托管；然后由保管银行通知本国的存托银行在本国发行代表该股票的存托凭证，并将存托凭证转交给本国的证券经纪商，再由本国的证券经纪商交付给本国的投资者。这种存托凭证发行的目的纯粹是为了给本国的投资者提供可以在本国进行外国股票交易的便利，而对外国发行股票的公司来说，在资金筹措方面没有任何实质性的好处。虽然对外国公司来说，暂时没有实质性的好处，但是如果存托凭证在发行以后很快转入本国的证券交易所上市交易，这实际上为外国公司将来通过发行存托凭证在海外进行资本募集做了准备工作。海外的与融资不挂钩的存托凭证发行，可参见图 10－8。

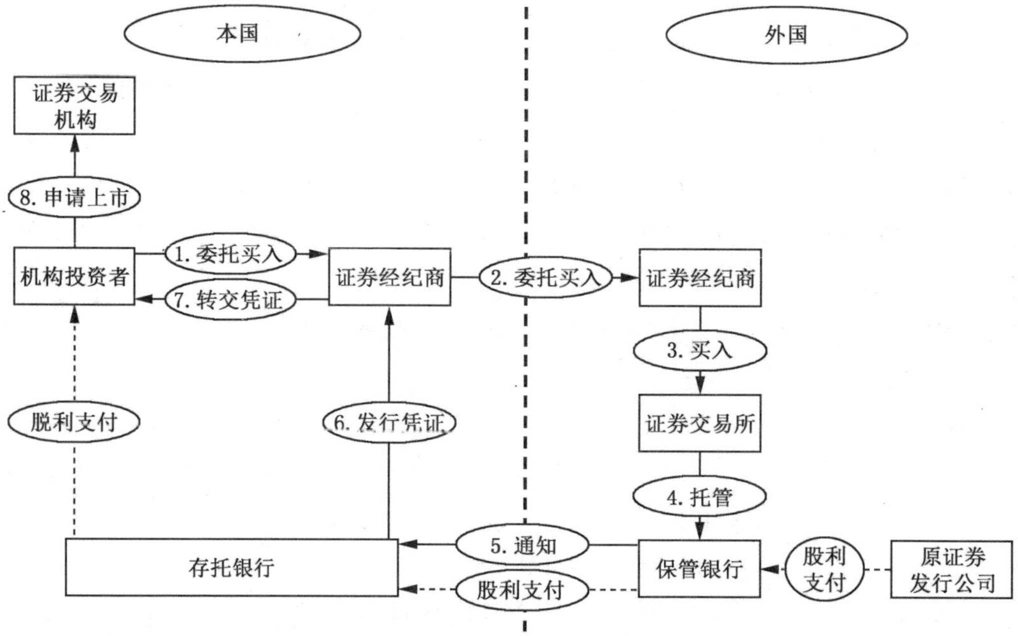

图 10－8 海外的与融资不挂钩的存托凭证发行程序

目前，由于沪伦通下的东向业务暂不允许伦敦证券交易所上市公司在我国境内证券市场通过新增股份发行 CDR 的方式直接融资，所以目前的沪伦通下的 CDR 发行是与融资不挂钩的。根据沪伦通的合作协议，符合条件的两地证券经营机构可以直接到对方市场开立证券和资金账户，并按照有关规定，进行存托凭证跨境转换业务。根据规则，以非新增股票为基础证券发行上市 CDR 的，要由境外基础证券发行人向中国证监会提出申请，中国证监会通过上海证券交易所受理境外基础证券发行人报送的申请文件。上海证券交易所根据其业务规则对境外基础发行人是否符合中国存托凭证上市条件等进行审核，证监会对申请进行核准。

2. 与融资挂钩的存托凭证发行

与融资挂钩的存托凭证发行是指伴随新股发行而同时发行存托凭证，如果是伴随外国公司发行新股进行公募增资而发行存托凭证的话，外国公司要将新发行的股票直接交给当地的保管银行托管，再由当地的保管银行通知本国的存托机构，然后由本国的存托机构发行存托凭证，并通过本国的证券承销机构向本国的投资者进行公开销售。所以，伴随外国公司发行新股而发行存托凭证，对于外国公司来说，等于是在海外进行一级市场的股票发行，而对于本国的投资者来说，虽然应募增资得到的是作为基础股票替代证券的存托凭证，但是该存托凭证与原来的基础股票的权利完全一致，所以等于是在一级市场上买进外国公司的股票。这种存托凭证的发行必须要以发行以后能够上市交易为必要条件，所以按照惯例，在存托凭证发行的同时必须办理各种上市手续，使存托凭证发行以后能够马上进行交易。海外的与融资挂钩的存托凭证发行，可参见图 10—9。

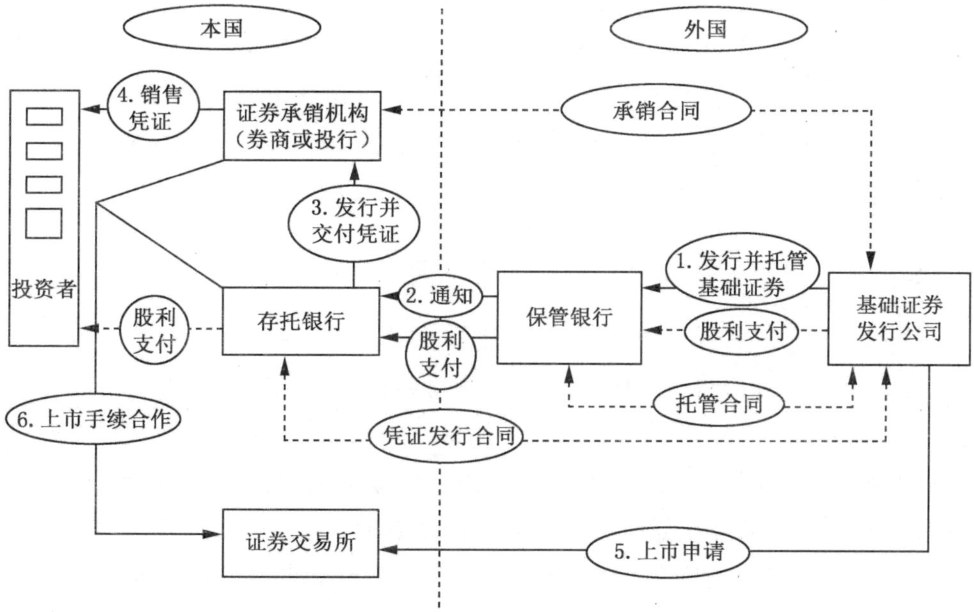

图 10—9 海外的与融资挂钩的存托凭证发行程序

在沪伦通下的西向业务中，是允许上海证券交易所的上市 A 股公司通过发行 GDR 直接在英国市场融资的，这也是中国企业在海外直接进行股权融资的一种新形式。西向业务中的境内上市公司以其新增股票为基础证券发行境外存托凭证时，发行价格原则上不低于定价基准日前 20 个交易日基础股票收盘价均价的 90%。

3. 发行存托凭证对基础股票发行公司的利弊

(1)发行存托凭证的有利之处。如果我们从中国企业通过发行存托凭证到海外进行筹资活动的角度来分析，那么中国企业对于存托凭证发行地的投资者来说，就是外国公司，而对于中国企业来说，等于是到海外去发行证券。在海外发行存托凭证的好处主要有：①发行存托凭证有利于提高公司在海外的知名度，由于海外广泛的投资者成为公司实质性的股东，必然使海外的投资者能够更加积极地关心基础证券公司的状况，这种关心将会强有力地增强公司的知名度，对于企业的国际化经营具有积极的意义。②发行存托凭证实际上等于扩大了股票实质性的发行范围，拓宽了公司的股东范围，因此也等于是进一步拓宽了公司资金筹措的渠道，使公司的融资活动国际化。③发行存托凭证能够帮助外汇短缺的公司筹措到外汇资金。④发行存托凭证可以使公司拥有广泛的海外实质性股东的群体，从而具有稳定股东队伍和稳定公司控制权的作用。

(2)发行存托凭证的不利之处。对于中国企业来说，在海外发行存托凭证也会有一些负面作用：①与公司发行外债一样，因为是在法制与发行手续完全不同的海外市场进行发行工作，所以需要向海外有关当局办理发行与上市手续，需要申报和提交很多申请发行与上市的资料文件，还要向海外的会计师事务所、审计事务所、律师事务所支付高额的费用。②公司在海外的形象很容易受公司经营状况的影响，由于海外存托凭证的持有人是实质性的股东，因此存托凭证发行以后股价的变化以及企业收益水平的变化将引起海外投资者的高度关注，如果发生经营不振的情况，很容易损害公司在海外的形象。

四、存托凭证发行和交易中存托人与托管人的作用

在海外的存托凭证发行和交易中，存托人(存托机构)与托管人(托管机构)一般都是由信托银行或商业银行来担任，且两者一般都是同一金融机构在两地的分支机构。目前，在沪伦通机制下规定，存托人是指按照存托协议的约定持有境外基础股票，并相应签发代表境外基础股票权益的存托凭证的境内金融机构；托管人是指受存托人委托，按照托管协议托管存托凭证所代表的基础股票的金融机构。虽然存在着存托人和受托人，但是存托凭证的持有人依法享有存托凭证所代表的境外基础股票的权益，可以通过存托人行使对基础股票的股东权利，比如现金分红、股份分红、配股权等，存托人按照法律及存托协议，为存托凭证持有人提供相应的服务。

1. 存托机构的作用

存托人主要发挥境外基础股票和境内存托凭证之间“转换器”的作用。存托人根据投资者的意愿，可将基础股票转换为 DR，或者将 DR 转换为基础股票，从而实现 DR 与基础股票的跨境转换。存托机构的主要作用是：(1)作为存托凭证的发行人，存托机构负有在基础证券的所在国安排好托管机构的责任；当基础证券被交付给托管机构以后，存托机构应立即向投资者发行存托凭证，并且安排存托凭证的承销和上市工

作;如果存托凭证被注销,必须指令基础证券所在地的托管机构将基础证券重新投入当地证券市场。(2)存托机构在本国进行存托凭证发行和募集工作时,可以参加承销团进行存托凭证在本国的承销和招募业务,并向基础证券的发行公司提供各种方法和市场信息的指导。(3)存托机构在存托凭证的交易过程中,负责存托凭证的注册、过户和清算等事宜;同时还要代理行使股东权,负责向存托凭证的持有人发放红利、股息等投资收益,并进行股利发放时相关的外汇兑换业务。(4)存托机构负有向存托凭证持有人提供基础证券的市场行情信息以及基础证券发行公司的相关信息,承担向存托凭证的持有人进行公开信息披露的有关责任。

在沪伦通的机制下,东向和西向业务都允许 DR 与基础股票按既定比例互相转换,从而有利于市场自主调节 DR 的供需关系,保持 DR 与基础股票的价格联动。跨境转换分为基础股票转换成 DR 的"生成"过程和 DR 转回基础股票的"兑回"过程。生成过程是指基础股票的持有人将基础股票交付给存托人,由存托人按照存托协议的安排,办理存托凭证的签发手续,在存托凭证上市地使基础股票转换为存托凭证的过程。兑回过程则反过来,是指存托凭证持有人将存托凭证交付给存托人后,由存托人根据存托协议的安排,办理存托凭证的注销手续,并在基础股票上市地将存托凭证转为基础股票的过程。境内上市公司首次公开发行的境外存托凭证自上市之日起 6 个月内不得兑回。

2. 托管机构的作用

托管机构又称副存托机构,这是由发行存托凭证的存托机构在基础证券所在地安排的金融机构,通常是存托机构在基础证券发行所在地的分支机构、附属机构或者至少是代理机构。托管机构的主要作用是:(1)负责保管存托凭证所代表的基础证券;(2)负责领取基础证券的股息和红利并汇回存托凭证发行国;③向存托机构提供基础证券的当地市场行情等相关信息。

第六节　可转换成普通股票的证券

一、可转换证券的定义和特点

1. 什么是可转换证券

可转换证券是指持有者可以在一定的时间内按照一定的比例或价格将其转换成一定数量普通股票的证券。股票按股东承担风险的程度和享有权利的大小可以分为普通股和优先股。

普通股是股份公司自有资本结构中最基本的股份，是优先股的对称，是最具风险的一种股票，但享有广泛的权利。该种股票的股利随着股份公司利润的变动而变动，属于非固定收益证券；在公司盈利和剩余财产分配的顺序上位于优先股之后，但具有在公司股东大会上投票的权利。

优先股则是普通股的对称，是一种特殊的股票，具体是指在股东的权利和义务中附加了某些特别条件的股票，其持有者与普通股股东相比，一方面享受某些优先的权利，另一方面有些权利受到限制。其特殊性有：第一，股息率固定，与债券类似，属于固定收益证券；第二，领取股息与剩余财产分配优先的权利；第三，在公司股东大会上无投票权，对公司控制权不发生影响。我国证券市场也已经有了优先股，优先股也成为新的投资品种。2013 年 12 月证监会公布了《优先股试点管理办法》。

可转换证券主要有可转换公司债券与可转换优先股票两大类，两者都可以在一定条件下转换成普通股票。它们在转换之前是公司债券或优先股票，但是经过转换以后，就成为普通股票。在可转换证券中，主要以可转换公司债券为主。

2. 可转换证券有哪些特点

第一，可转换证券的性质随着证券的转换而改变，持有者的身份也随着证券的转换而改变。可转换公司债券的持有人可以不行使转换权，而到债券期满为止，在此情况下，证券的性质就是债券，持有人的身份就是债权人。如果行使转换权，公司债券就变成股票，公司债券持有人就成为普通股股东。同样，可转换优先股的持有人也可以不行使转换权，此时，证券的性质就是优先股票，持有人的身份就是优先股股东；如果行使转换权，优先股票就变成普通股票，优先股持有人也变成普通股股东。

第二，无论是可转换公司债券还是可转换优先股票，都是固定收益证券。在通常情况下，固定收益证券的交易价格都是在面额的基础上，跟随市场利率的变动而发生波动。但是，因为可转换证券可以在一定条件下转换成普通股票，因此，其交易价格将会跟随标的普通股票市场价格的变动而波动，价格变动要比非转换的公司债券或优先股票剧烈和频繁。

第三，可转换证券具有期权的性质，是一种变相的股票看涨期权。由于具有股票看涨期权的性质，因此对于投资人来说，是一种很有吸引力的风险防范与收益获取相统一的投资方式，给他们提供了一种可进可退的选择机会。如果普通股票价格不理想，投资者可以不行使转换权，公司债券可以到期收回本息，优先股票可以一直按时获取股息。如果普通股票价格理想，就可以行使转换权，获得转换收益。同时，因为可转换证券的发行人向投资者提供了看涨期权，该期权当然不会免费提供，因此，对于发行公司来说，公司债券或者优先股票上的利率或者股息率就自然而然地要低于非转换的公司债券或优先股票，从而有利于减轻公司的利息或股息负担，降低融资成本。

二、可转换证券的要素

1. 有效期限和转换期限

由于股票是无期证券，所以可转换优先股票不存在有效期限。而债券一般都是有期证券，所以可转换公司债券有效期限的定义与一般非转换债券的定义是相同的，是指从发行之日到最终还本付息之日为止的时间。而转换期限则是指可转换证券允许其转换为普通股票的起始日到结束日的时间。有效期限和转换期限通常由法律规定或者发行公司约定。比如我国法律规定，可转换公司债券的期限最长为 5 年，最短为 3 年，自发行之日起 6 个月后可以转换成普通股票。上市公司发行可转换为普通股的优先股时，自发行结束之日起 36 个月后方可转换为普通股。发行公司也可以根据法律规定自主决定相应的转换期限。

2. 票面利率或股息率

可转换公司债券或可转换优先股票都有票面利率和股息率，但其票面利率或股息率通常都会低于相同条件的非转换的公司债券或者非转换优先股票，其原因在于可转换证券中包含了期权的因素，需要通过降低票面利率或者股息率的隐性方式收取期权的费用。

3. 转换比例和转换价格

转换比例是指一定面额的可转换公司债券所能够兑换的普通股票的数量。其公式为：

转换比例＝可转换公司债券的面值/转换价格

转换价格是指可转换证券转换成普通股票时支付的每股价格，其公式为：

转换价格＝可转换公司债券的面值/转换比例

转换价格的性质类似于看涨期权中的协议价格，持有人是否行使转换权利，取决于标的股票市场价格与转换价格的关系。转换价格确定的依据是以债券募集书公布前的 30 个交易日的平均收盘价为基准，并上浮一定幅度。

4. 回购条款和回售条款

回购条款是指可转换证券在发行时约定的在证券发行一段时间以后，发行人可以提前赎回未到期的发行在外的可转换证券的条款。其条件是公司普通股票价格在一段时间内连续高于转换价格并达到一定幅度，目的是利用回购条款迫使投资者行使转换权。回购条款的存在对投资者来说是一种风险，称之为回购风险。因为回购条款的存在等于变相地缩短了转换期限，限制了升水的幅度。所以，在其他条件相同的情况下，有回购条款的可转换证券的市场价格要低于没有回购条款的可转换证券的市场价格。回售条款是指在发行时约定的可转换债券的持有人可以按照事先约定的价格将持有的可转换债券卖还给发行人的条款，条件是公司股票价格在一段时间内连续低于转换价格并达到一定幅度。回购条款与回售条款相比较，其相同点是买卖的方向一致，都是债券持有人将可转换债券卖给发行公司。不同点是：(1)按照条款行使权利的主动性不同。前者是发行人掌握主动权，自己要求买回；后者是投资者掌握主动权，要求卖还给发行公司。(2)条件不同。前者的条件是公司股票价格在一段时间内连续高于转换价格并达到一定幅度；而后者的条件是公司股票价格在一段时间内连续低于转换价格并且达到一定的幅度。(3)目的不同。前者是发行公司出于自身利益的考虑，迫使投资者行使转换权；后者是发行公司出于保护投资者利益，承诺对投资者的补偿。(4)影响不同。前者是投资者的风险；后者是发行人的风险。

三、可转换证券的价值和价格

1. 转换价值

(1)定义。所谓转换价值，是指可转换证券进行转换时所得到的普通股票的市场价值。

(2)计算公式。

$$CV = P_a \times CR$$

式中，CV 代表转换价值，Pa 代表普通股市场价格，CR 代表转换率(转换比例)。

(3)转换价值与面值的关系。①如果标的股票的市场价格大于转换价格，转换价值将会大于面值；②如果标的股票的市场价格等于转换价格，转换价值将会等于面值；③如果标的股票的市场价格小于转换价格，转换价值将会小于面值。

(4)转换价值指标的意义。转换价值指标的大小决定了投资者是否会行使转换权。因为只有在标的普通股票市场价格大于转换价格，即转换价值大于面值的时候，可转换证券持有人行使转换权才有利可图。否则，只能放弃转换权利。

2. 纯粹价值

(1)定义。可转换证券的纯粹价值是指假定可转换证券失去可转换性能后的价值，也就是其他条件相同，但没有转换功能的非转换证券的价值。

(2)事例。假定有两种债券，前者是可转换公司债券，后者是非转换债券，它们的其他条件比如面值、票面利率、有效期限等完全相同，但是前者的市场价格为 1 200 元，后者的市场价格仅为 900 元，在这种情况下，很显然 300 元是前者转换功能的价值，而 900 元则是前者的纯粹价值。

(3)纯粹价值指标的意义。纯粹价值与可转换证券市场交易价格的底价有一定的关系。

3. 底价

(1)定义。可转换证券的底价是指可转换证券转让时的最低价格，如果低于底价将会发生套利机会。

(2)底价的确定。转换价值与纯粹价值两者中的较高者即为可转换证券的底价，用公式表示为：

$$MV=\max(CV,Pb)$$

式中，MV 代表底价，CV 代表转换价值，Pb 代表纯粹价值。

(3)投资意义。底价是可转换证券市场价格的下限，如果纯粹价值小于转换价值，这时转换价值为底价；如果纯粹价值大于转换价值，这时纯粹价值为底价。

4. 升水

(1)定义。升水是指可转换证券的市场价格与转换价值的差额。

(2)升水率的计算。升水率也常用百分比来表示，用公式表示为：

$$升水率=(Pc-CV)/CV\times 100\%$$

式中，Pc 表示可转换证券的市场价格，CV 表示转换价值。

(3)升水的性质。升水从性质上来看，类似于看涨期权中的时间价值。

(4)升水指标的意义。升水存在与否决定了投资者对盈利方式的选择。很显然，如果有升水，升水率越大，则意味着投资者直接转让可转换证券要比行使转换权利更加有利。

(5)升水的变化规律。①升水的存在是由于投资者存在普通股股价上涨的预期，转换期限越长，正股(标的股票)价格波动越大，升水率越大。②随着转换期限的临近，升水会逐渐衰减，直至完全消失。③如果存在回购条款，将会使升水递减加快，因为回购条款等于变相地缩短了转换期限。

为了理解上述可转换证券价值分析的概念，以可转换公司债券为例，参见图10—10。

5. 可转换证券的理论价格

(1)定义。可转换证券的理论价格就是对可转换证券的内在价值所进行的理论上的估算价值，也就是可转换证券未来现金流量的贴现值。内在价值是决定可转换证券市场价格的基础，可转换证券的市场价格是受供求关系影响的，可能与内在价值不一致，但它总是围绕着内在价值上下波动。

(2)计算公式。

$$P_a=\sum_{t=1}^{n}\frac{R\cdot F}{(1+r)^t}+\frac{P_b\cdot CR}{(1+r)^n}$$

式中，P_a 代表可转换证券理论价格，F 代表可转换证券面值，R 代表可转换证券票面

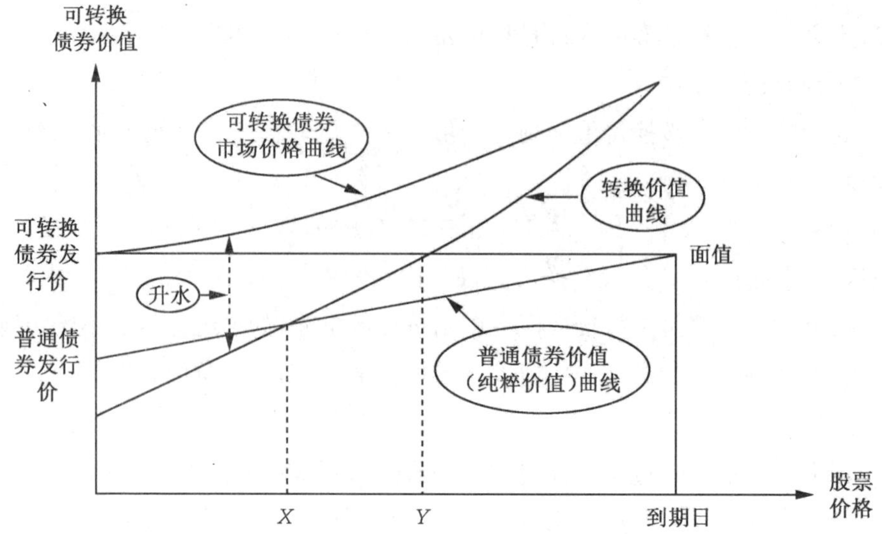

图 10—10 可转换债券价值分析

利率，r 代表贴现率，n 代表转换年限（转换年限不是转换期限，是指行使转换权以前的年份数），P_b 代表预期股票的市场价格，CR 代表转换比例。

如果用 C 代表年利息，CV 代表预期转换价值，上述公式可以简化为：

$$P_a = \sum_{t=1}^{n} \frac{C}{(1+r)^t} + \frac{CV}{(1+r)^n}$$

$$CV = P_b \times CR = P_0 \times (1+g)^n \times CR$$

式中，P_0 代表当前股票市场价格，g 代表股价预期增长率。

(3)例题。某可转换公司债券的面值为 1 000 元，转换价格为 40 元，票面利率为 9%，债券的有效期限为 10 年，自发行第 5 年起可以行使转换权。该债券所能够转换的股票当前的市场价格为 35 元，股价预期的年增长率为 8%，贴现率为 6%。请计算该可转换公司债券的理论价格。

答案是：

$$\text{理论价格} = \sum_{t=1}^{4} \frac{90}{(1+6\%)^4} + \frac{35 \times (1+8\%)^4 \times \frac{1\,000}{40}}{(1+6\%)^4}$$

$$= 90 \times \left[\frac{1-\frac{1}{(1+6\%)^4}}{6\%}\right] + \frac{35 \times 1.36 \times 25}{1.26} = 90 \times \left(\frac{1-\frac{1}{1.26}}{0.06}\right) + 944.44$$

$$= 90 \times 3.5 + 944.44 = 1\,259.44(\text{元})$$

6. 可转换证券的市场价格低于底价时的套利方法

如前所述，在市场交易中如果出现可转换证券的市场价格低于其底价的情况，投资人可以买入可转换证券并行使转换权，从而获得套利收益。

以可转换公司债券为例，前几年，受益于中石化即将启动对油品销售业务的重组，并计划引入社会和民营资本，中石化 A 股表现强劲，中石化可转换公司债券的价格也大幅上涨。有机构投资者通过测算，发现该可转换公司债券的市场价格与转股价值(转换价值)之间有 2%的折价，便通过买入中石化可转债，转股后赚钱套利差价。

在可转换公司债券套利交易中需要注意的是，尽管当天买入的可转换债券可以转股，但转换的股票要在次日才能卖出，如果次日股价低开低走，套利可能会失败。不过，中石化股票是融资融券标的证券，套利者可以在买入可转换债券进行转股的同时，融券卖空中石化股票，这样就在当天锁定利润，次日只要将转换的股票归还即可。可转换优先股与可转换公司债券一样，当市场价格低于转换价值时，也可以进行类似可转债的套利交易活动。

练习题

一、名词解释

股价指数期货　套期保值　期现套利　期权　权证　看涨期权　看跌期权
双向期权　美式期权　欧式期权　百慕大式期权　期权内在价值　期权时间价值
备兑权证　公司权证　融资融券交易　强制平仓　指数基金　ETF　LOF
存托凭证　CDR　可转换证券　普通股票　优先股票　转换价值　纯粹价值

二、单项选择题

下列选项中只有一项是正确的，请将正确选项的符号填在括号内。

1. 期货交易具有杠杆效应，其杠杆比例是(　　)。

A. 保证金与合约价格的比率　　B. 保证金率的倒数
C. 合约价格与剩余保证金的比例　　D. 合约价格与维持保证金的比例

2. 对双向期权的买方来说，最不利的情况是(　　)。

A. 标的物市场价格上涨(以协议价格为基准)
B. 标的物市场价格下跌(以协议价格为基准)
C. 标的物市场价格不变(以协议价格为基准)
D. 标的物市场价格上涨(以协议价格为基准)但未超过权利金幅度

3. 我国融资融券交易规则规定，维持担保比率为(　　)。

A. 50%　　B. 100%　　C. 130%　　D. 150%

4. 某可转换债券的面值为 1 000 元，转换价值为 1 100 元，纯粹价值为 900 元，理论价格为 1 200 元，该可转换债券的底价应该为(　　)。

A. 1 000 元　　B. 1 100 元　　C. 900 元　　D. 1 200 元

5. 存托凭证交易时所使用的货币通常是(　　)。

A. 基础证券发行人所在地货币　　B. 存托凭证发行地货币

C. 国际通用货币　　D. 第三地货币

6. 用金融期货进行套期保值比用金融期权进行套期保值优越的前提条件是(　　)。

A. 市场价格发生不利于现货金融资产的变动　　B. 市场价格发生有利于现货金融资产的变动

C. 金融期权的权利金上涨　　D. 金融期权的权利金下跌

7. 在期权到期日，如果处于价外状态，则期权价格中(　　)。

A. 既有内在价值又有时间价值　　B. 只有内在价值没有时间价值

C. 只有时间价值没有内在价值　　D. 既无内在价值又无时间价值

8. 某一看涨期权合约规定，期权持有者可以按照协定价格 20 元购买某股票 100 股，现在该股票的市场价格为 21 元，而该看涨期权的市场交易价格为 110 元，则该看涨期权的内在价值为(　　)。

A. 110 元　　B. 100 元　　C. 10 元　　D. 0

9. 在其他条件相同的情况下，欧式期权的价格应该(　　)。

A. 与美式期权无关系　　B. 等于美式期权　　C. 高于美式期权　　D. 低于美式期权

10. 期权的权利金就是(　　)。

A. 期权的协议价格　　B. 期权的价格　　C. 期权的保证金　　D. 期权的内在价值

三、多项选择题

下列选项中有两项(含两项)以上是正确的，请将正确选项的符号填在括号内。

1. 以下符合股价指数期货特点的是(　　)。

A. 可以规避系统性风险

B. 全部用现金进行结算，不办理股票的实物交割

C. 既可以用现金进行结算，也可以进行一篮子股票的实物交割

D. 用股价指数作为合约的标的物

E. 合约价值取决于标的指数与合约倍数的乘积

2. 下列(　　)为虚值期权。

A. 标的物的市场价格高于协定价格的看涨期权

B. 标的物的市场价格高于协定价格的看跌期权

C. 标的物的市场价格低于协定价格的看涨期权

D. 标的物的市场价格低于协定价格的看跌期权

E. 标的物的市场价格等于协定价格的看涨或看跌期权

3. 如果将来准备卖出股票，担心价格下跌使销售收入减少，可以考虑采用股票期权套期保值的方法是(　　)。

A. 买进股票的看跌期权　　B. 买进股票的看涨期权

C. 卖出股票的看涨期权　　D. 卖出股票的看跌期权

E. 同时买进股票的看涨和看跌期权

4. 下列带有期权性质的金融衍生商品是(　　)。

A. 认股权证　　B. 存托凭证　　C. 可转换债券　　D. 备兑凭证

E. 交易所交易基金

5. 下列符合存托凭证特点的描述是(　　)。

A. 存托凭证是一种外国证券的替代性证券

B. 存托凭证的发行人是本国的存托机构

C. 存托凭证的交易使用本国货币

D. 对本国投资者来说购买和交易存托凭证等于购买和交易外国证券

E. 对外国原始证券发行人来说,通过存托凭证的发行等于是进行海外融资活动

6. 关于融券交易中委托价格的正确规定是(　　)。

A. 融券卖出申报价格只能采用限价委托,不能采用市价委托

B. 融券卖出申报价格既能够采用限价委托,也能够采用市价委托

C. 融券卖出申报价格只能采用市价委托,不能采用限价委托

D. 融券卖出申报价格不得低于该证券的最近成交价

E. 融券卖出申报价格不得高于该证券的最近成交价

7. 可转换证券包括(　　)。

A. 可转换国债　　B. 可转换公司债券　　C. 可转换国库券　　D. 可转换优先股票

E. 可转换普通股票

8. 交易所交易基金具有的特征是(　　)。

A. 同时具备封闭式基金与开放式基金的双重交易机制

B. 采用被动式的指数化投资方式

C. 申购和赎回采用以货易货方式

D. 申购和赎回有严格的数量门槛

E. 基金单位价格始终与基金单位净值保持完全一致

9. 下列关于双向期权正确的描述是(　　)。

A. 双向期权无非是同时买进一个看涨期权和看跌期权

B. 双向期权的权利金要比单向期权的权利金高

C. 购买双向期权的人一般相信市场价格将会发生大的波动但不能确定波动方向

D. 在有效期限内只要价格上下波动幅度超过权利金,买方就能获利

E. 双向期权没有有效期限

10. 期权价格是由(　　)构成的。

A. 权利金　　B. 协议价格　　C. 内在价值　　D. 时间价值

E. 保证金

四、问答题

1. 股价指数期货有哪些特点?

2. 股价指数期货有什么样的功能?

3. 股价指数期货交易与股票交易有哪些区别?

4. 套期保值有哪些基本特点?

5. 为什么要进行套期保值交易?

6. 套期保值最基本的方法是什么?

7. 期权有哪些最主要的特征?

8. 期权与权证有哪些不同之处?

9. 在期权的套期保值中买入期权方式与卖出期权方式有哪些不同之处? 其选择的依据是什么?

10. 股票型期权或权证与股票型期货在套期保值上的差别是什么? 选择的依据是什么?

11. 融资融券交易的性质是什么?

12. 融资融券交易与通常的股票交易有哪些区别?

13. 融资融券交易的作用有哪些?

14. 融资融券交易面临什么样的风险?

15. 融资融券交易有哪些套期保值的策略?

16. 融资融券交易有哪些主要的套利策略?

17. 指数基金有哪些主要的特征?

18. 什么是指数基金的完全复制法? 其具体方法又是什么?

19. 指数基金有哪些主要的优势?

20. ETF 与 LOF 有哪些区别?

21. 存托凭证有哪些主要特点?

22. CDR 与 GDR 的发行对我国证券市场有什么样的意义?

23. 可转换证券有哪些主要的特点?

五、计算题

1. 某投资者进行中证 500 股价指数期货交易，合约倍率为 200 元人民币。当前现货市场上的中证 500 股价指数为 10 026 点，国内金融市场上的一年期借贷利率为 4%，中证 500 股价指数投资组合的年平均股利收益率为 2.5%。如果该投资者买入 1 份 6 个月期限的中证 500 股价期货合约，请问该份股指期货合约的理论价格应该为多少元人民币?

2. 某股票认沽权证的行权价格为 5 元，当前的正股价格为 4 元，当前的认沽权证价格为 0.5 元。此时，对投资者来说存在套利机会，如果投资者进行套利交易，当正股价格上涨到 7 元，其套利收益是多少元? 而当正股价格下跌到 3 元时，其套利收益又是多少元?

3. 某机构投资者想在未来两个月买进 A 股票 10 万股，由于出现价格上涨趋势，因此想进行套期保值交易。该机构投资者有以下三种套期保值方法可以选择：一是购买股价指数期货合约；二是购买看涨期权；三是卖出看跌期权。假定当前 A 股票每股价格为 10 元，当前股指期货合约的标的指数为 1 000 点，合约倍率为 100 元人民币，A 股票的 β 系数为 1，协定价格 10 元的看涨期权权利金为每股 1.5 元，协定价格 10 元的看跌期权权利金为每股 1 元，两个月后股票价格上涨至每股 13 元，标的指数上涨至 1 300 点。请分别计算三种套期保值方法的结果。

4. 某股票认股权证的协定价格为 30 元，期限 3 个月。投资者按 3 元的价格买进该认股权证，如果在买入后 2 个月，正股的价格(标的股票价格)上涨到 38 元，权证的价格为 9 元，这时该权证的内在价值为多少元? 时间价值为多少元? 如果权证价格只有 6 元，这时该权证的内在价值为多少元? 时间价值为多少元? 如果投资者进行套利操作的话，在不考虑套利成本的情况下，其套利的最低收益为多少元?

5. 某可转换债券的面值为 1 000 元，转换价格为 40 元，票面利率为 8%，债券的有效期限为 10 年，自发行第 5 年起可以行使转换权。该债券所能够转换的股票当前的市场价格为 35 元，股价预期的年增长率为 6%，贴现率为 5%。请计算该可转换债券的理论价格。

第三篇

证券投资心理分析

第十一章　心理分析概论

第一节　心理分析简介

一、心理分析的定义

心理分析流派是指以证券投资过程中的个体心理和群体心理作为投资分析对象和投资决策依据的一种投资分析流派，它是根据社会心理学、经济心理学、投资心理学、行为金融学等基本原理，对心理因素在市场价格决定以及投资决策中的影响进行分析，并据此来判断市场的投资机会，作出合理的投资决策。

二、心理分析的主要特点

心理分析的主要特点有以下几个方面：

第一，心理分析流派的投资分析主要有两个方向，一是个体心理分析，二是群体心理分析。前者主要是分析投资者在投资决策过程中由于个体心理障碍而引起的非理性决策问题，后者主要是分析投资者在投资决策过程中由于受外界因素的干扰所引起的群体性非理性行为问题。

第二，心理分析的核心是研究非理性因素对证券价格的影响以及心理价格因素在证券定价中的作用。尽管随着高性能电脑和网络的广泛使用，人们普遍认为可以了解到最新的信息，利用适当的分析系统（依据精确的曲线和图表），可以找到市场价格的变动轨迹，作出更加明智的决策。但是，投资大众的心理状态（比如反应迟钝或反应过度）会妨碍他们对价格的正确估计，从而加大了他们在把握投资时机以及选择投资组合上的难度。另外，投资者在投资行为上彼此影响，常常使得市场价格走势呈现螺旋形上升或下降的局面，而这种局面的形成，事先并不可预知。所以，正确的投资决策，离不开对心理因素与证券价格关系的分析。

第三，心理分析在对待市场的态度方面，既不像技术分析流派那样，认为市场是永远正确的，也不像基本分析流派那样，认为市场永远是错误的；而是采取一种折中的看法，认为市场有时是正确的，有时是错误的，其根本原因在于心理因素的影响。当市场处于错误的状态时，一定是市场心理发生了严重的失衡。所以，证券价格的波动，在本质上应该是对市场心理平衡状态偏离的调整。

第四，心理分析在使用数据方面也是采取比较折中的方法，既不像技术分析那样只采用市场内的数据，也不像基本分析那样只使用市场外的数据，而是兼用市场内和市场外的数据。因为市场内的数据（比如价格）和市场外的数据（比如经济增长率）等作为信息都会影响到投资者的情绪，从而影响到证券价格的变化。

第五，心理分析流派的基本信条是证券市场是非理性的，这种非理性的存在会导致证券投资者产生系统性的错误。所谓系统性的错误，就是指受个人成见驱使或受外界投资大众影响而一再重复的同类型错误。因此，心理分析流派的基本目标就是让投资者从容应对金融市场的狂热，克服恐惧、贪恋以及市场非理性的影响，避免被自己或投资大众的错觉所误导而犯系统性错误。

第六，心理分析的最终任务是帮助投资者理性决策，而理性决策的关键在于处理好头脑中的市场与外在的金融市场之间的关系，具有良好的心理控制水平。所谓头脑中的市场，无非是基于个体心理与群体心理的想象中的市场，对这一关系的两个方面的有效协调可以确保稳定的利润。当然，能否协调取决于诸多因素，例如对外界及媒体信息的敏感程度，个人偏好、期望、愿望、生活状态、人生目标以及正确进行金融价值评估的能力等，此外就是投资者的心理控制水平。成功的投资不仅需要正确的市场分析和风险管理，而且需要心理控制。市场分析、风险管理、心理控制是投资成功的三大要素。一个投资者如果心理素质不好，往往会偏离正确的市场分析方法，以主观愿望代替客观实际，也常常会背离风险管理的基本原则和市场运作的基本规律。

三、心理分析的假设

1. 金融市场是非理性的市场

传统金融学认为，金融市场是理性的市场。从经济学角度理解的理性包括两个核心特征：一是市场参与者的行为必须合乎逻辑；二是市场参与者的行为应该增加经济福利，即追求利润最大化。所以，长期以来，人们认为金融的世界是纯粹理性的世界，大家都拜一个神——利润。但是，心理分析流派认为，金融市场的定价常常是千奇百怪，极不理性，产生价格波动的部分行为机理可能是理性的和明智的，而另一些则是愚蠢和荒谬的。其主要论点是：

第一，只有在有限的情况下，人们的行为才是理性的，除了理性之外，在金融市场上人们会表现出各种各样的行为。之所以金融市场的参与者的行为各异，是因为他们的动机、心智、思维方式、风险态度和交易视野可能完全不同。

第二，人们参与金融市场并不总是为了获得最大利润，利润并非是金融市场参与者的唯一目的。金融市场中存在着很多让人熟视无睹的行为动机，如有些人买卖股票是为了寻找兴奋和娱乐，有些人则是为了与人交流，或者是因为其他动机，而行为动机的多样化会影响和扭曲人们的思维方式。

第三，金融市场的参与者掌握的信息不可能是完全的，行为人常常无法获得影响他们决策的重要信息，某些信息可能永远无法得到，由于只能得到有限的信息，这就意味着信息必须按照其重要性进行甄别和评估，而在甄别和评估过程中经常会采用非理性的标准，预感、小道消息、潮流、谣言或者纯粹对损失的恐惧都有可能成为投资者决策的基础。

第四，在金融市场上，每个投资者都试图理性，但实际上却表现出非理性行为，其原因在于市场趋势与心理感应相互控制，金融市场可能会对某一事件反应过度，但这往往被主观的、感情的甚至是狂想所控制，这种狂想又被变幻的市场趋势所左右。所以，证券价格并不是由证券价值所决定，而是在大众的疯狂与冷漠中摇摆不定。

第五，对理性行为的偏离并不是简单的例外，而是一种常态，投资者在金融市场上会重复犯同样的错误，当前的非理性错误并非是最后一次错误，它们构成了每日行为的一部分；同样，金融市场也会每隔若干年重复发生群体性的狂热和恐慌反应。

由于金融市场是由那些时而具备经济上的理性、时而又失去理性的个人投资者所组成，因此不可能存在经济意义上的完全理性，或者只能肯定在有些时候具有一定的理性，有效或无效的预期、乐观或悲观的态度以及个人的心理都会影响投资者的行为，进而导致价格的变化。实际上，所有的金融市场会时不时地受到大众情绪或他们疯狂行为的影响。

总之，金融市场的理性随着投资者的兴致、潮流以及投资大众的压力而不断变化，要想取得投资的成功必须了解市场上投资者行为之间的相互作用。虽然我们无法改变市场，但可以提高自己的洞察力。如果其他的投资者都对某条热门的消息做出了反应，你不一定也要这么做。从心理分析的角度看，保持理性意味着不断提高把握自己情感特点的能力，从而作出符合自己心理特点的决策，而不会轻易被其他投资者所左右。

在这种背景下，也有对冲基金等试图利用金融衍生工具来消除市场的非理性，使自己无论是在市场处于上升还是下降状态都能获利。但是，长期资本等一些高度投机性的基金引发的金融危机和灾难说明，仅凭复杂的数学工具或仅凭对各种投资工具的优化使用并不足以控制市场的非理性，也无法完全避免市场风险。一旦非理性的投资者行为的影响完全超过了严密的金融模型或所谓的合理估价的影响，上述策略将会导致失败。而且对冲基金自身的交易行为也会反过来对市场造成很大影响,从而进一步推动价格的剧烈波动。

2. 金融市场是投资者容易犯系统性错误的市场

所谓系统性错误,就是指受个人成见驱使或受外界投资大众影响而一再重复的同类型错误。从心理学的角度来看,当不确定性、经验的匮乏以及市场压力等因素结合在一起削弱人的决策能力时,是系统性错误最容易乘虚而入的时候。以下是一些需要极力避免的主要的系统性错误:(1)高估自己的技巧,把成功归因于自己并不具备的能力或自己对信息、数据重要性的排序。(2)对某项投资有特殊的偏好,然后为强化这项决策的正确性而曲解一切信息。不能改变原来的观念,即使存在大量证据证明自己的想法是错误的,还是执迷不悟。(3)只记得自己成功的经历,忽视甚至忘记自己失败的教训。(4)思想过于极端,把可能视同为确定,同时把可能性不大等同于不可能。(5)遭受一点损失就开始怀疑,畏首畏尾;获得一点盈利就忘乎所以,鲁莽行事。(6)人云亦云,容易受到其他投资者或看似权威的新闻影响,而不去寻求事实的真相。(7)仅凭有限的信息就主观臆断,以为自己拥有与众不同的先见之明。(8)被价格起伏的表面现象所困扰,而忽略了价格背后的基本经济信息。

出现系统性错误的原因在于:在金融市场上存在着一种心理现象——"思维定式"。思维定式意指投资者对某项投资的处理在很大程度上受到最初该项投资决策时的思维方式的影响。投资者的有些决策并非因为那是最佳的投资选择,而仅仅是因为这样的选择让他们在心理上更容易接受,因而具有更大的吸引力。这种思维定式可以归结为个人的理解和偏好。而当众多的投资者都以这种方式进行决策时,市场的不稳定性就增强了。而且很多实验表明,股票市场的波动幅度往往会大大超过投资者的预期,这对市场的不稳定性无疑产生了火上浇油的效果,因为在惊讶和焦虑情绪的影响下,投资者所预计的情况会远远超过市场的真实情况,从而做出一些过激的投资行为。

还有一种普遍存在的心理现象是过度自信。如果投资者对股票市场的高涨有着无比的信心,在市场上获利颇丰以后,就会理所当然地认为形势将会继续一片大好。但是,过度自信会令投资者错误地估计市场前景,同时低估市场低迷的可能性与后果。当这种过度自信占据上风时,投资者往往无法意识到自己的行为完全被感情所支配。再有,尽管心理学上的重要发现揭示,如果每个投资者都按自己的意愿行事的话,他们的表现将有很大不同,但实际上投资者愿意与大众保持一致,因为那样他们会感觉更加安全,从众心理也是系统性错误的重要根源。

还有,来自于内心深处的内部压力与来自市场的外部压力会相互作用,共同影响投资者的决策。如果进行决策时不能够把握好这种心理上的平衡,就很可能会错误估计投资价值,以至于实施不恰当的投资行为。在这种时候,市场价格将更多地取决于心理因素而不是经济因素。这里有一个外汇市场小试验，可以用它来说明由于这种相互作用，市场有时会飞快地与实际脱离。

设想某一天欧洲的外汇交易情况，欧洲人当然不希望价格大起大落，花了整整一个上午研究过去24小时全球金融信息，他们猜测欧洲时间下午四五点钟时，美国人起床后会干什么，他们是卖出美元，还是买入美元？仔细研究所有卖出或买进的理由后，欧洲人必须决定当美国汇市开市时，美元对英镑是看空还是看多。如果假设绝大多数支持看空，然后你也选择做空。午餐后，你也开了一个巨大的空头美元头寸，这个头寸是如此巨大，以至于任何反方向的价格变化所产生的后果都将是极其严重的。然后你就坐下来紧盯着计算机屏幕，观察美元价格的每一分钟的变化。由于头寸巨大，再加上很紧张地盯住屏幕，你就会感受到非理性的感觉。当美国人在伦敦时间下午四五点钟开始交易时，一旦价格有了第一个微小的变化，它将会以一种奇特的方式影响你经过深思熟虑的整个逻辑推理，而且这些影响将支持价格继续朝前走下去。通过这项试验可以发现情绪跟着价格走，如果美元价格下跌，你会想我早就知道应该是这样；但是，如果是美元开始上涨，就会突然间在你的脑海里大大增加买进的理由。这无论是对职业人士还是新手都一样，只不过职业人士能够保持冷静。有时候一种特殊的情绪会从少数几个人逐步蔓延到更多的人，演变成群体运动，最终导致具体性的歇斯底里。

所以，在这样一个容易犯系统性错误的证券市场里，要想成为一个成功的投资者不仅需要根据某一既定原则决定买卖时机，同时还需要一个正确的心理方法。从心理经济学的角度来说，硬币的两面——金融标准和心理方法，需要结合，才能使你成为成功的投资者。

3. 金融市场是混沌的、长期不可测的市场

传统金融学对于一直令人感到惊奇的证券价格波动都采用下述似乎最自然的解释：一方面，短期价格波动反映供求关系的小幅变化，这种变化通常是不可预测的和随机的；而另一方面，从长期来看，因为人是理性的，所以股票价格反映其真实价值。由于通过假设经济世界完全由理性人所组成，可以建立数学模型，模拟每一个个体或组织逻辑上的行为，然后将这些小的模型加起来，组成一个大的模型，研究整个系统的作用。这样的模型可以模拟一个公司、一个行业、一个国家甚至全球的经济。据此也同样可以建立金融市场理性人的数学模型。这些模型假设所有市场参与者都对基本经济条件做了详细的研究，并且根据他们的研究结果，理性地确定金融资产的价格，金融市场是一个能够充分反映当前所有信息的有效市场。因此，从长期来看金融市场的定价是“有效的”，只要尽量收集最多的信息以确定金融资产的“真实价值”，金融市场的价格是可以预测的。但是，心理分析流派认为，所谓的“有效市场假设”并非符合实际，根据市场理性假设建立的价格预测模型虽然在数学上可能很完美，但不实用，很多预

测很少有准确的时候，实际上效果非常之差。其主要的观点为：

(1)金融市场是混沌的市场。历史上的金融泡沫事件说明了市场有时会完全沉浸在一种希望、贪恋、恐惧的非理性情感之中，虽然心理学家可以部分解释这种群体现象的原因；而从数学的观点来看，金融市场是一个动态系统，而动态系统有其固有的系统不稳定趋势，其中存在着强烈的正反馈力量，因此要预测长期走势是不可能的。这种状态在数学上叫做混沌，而金融市场就是一个混沌的市场。

蝴蝶效应是说明混沌现象的最好例子。美国麻省理工学院的爱德华·洛伦兹于1960年建立的气象学计算机模型是一个非常有意义的事物。该模型虽然详细，但其原理却很简单，将天气实测图像作为输入值，计算下一步的天气变化，这一步的计算结果又作为下一步的初始条件，如此循环往复。计算机的连续计算可以模拟24小时内每分钟的未来天气变化的情况，人们对此寄予很大的希望，或许有一天可以利用它来预测未来几个月的天气变化。1961年的一个冬日，洛伦兹发现了一个非同寻常的、很奇怪的现象，他想做更长一点的天气预测，因此计算的序列更长一些，算了一次以后，想再计算一次，他没有从头开始，而是走捷径，利用以前的中间过程打印结果作为初始输入值。但是，当洛伦兹查看重新计算的结果时感到非常奇怪，照理计算结果应该与以前的序列完全相同，但实际上一点也不像。尤其到后面越差越多，两个月后天气预测的计算结果与第一次没有任何相似之处。

起初，洛伦兹把这种现象归咎于计算机的错误，但是很快他想到了真正的原因。在连续计算时，他由键盘输入的初始值是3位小数，而计算机的运算处理器处理的是6位小数，这点微小差别被证明是至关重要的。因为输入时认为完全可以忽略的最后3位小数属于气象仪器所能感受到的外围边缘，好像没有什么特别的重要性，但是在计算机气象模型中，却起着非常重要的作用。洛伦兹的发现不仅仅为气象学所独有，也是一个很普遍的数学现象，只是科学家以前从来没有注意到，这种现象很快被称为蝴蝶效应。正如实际模拟结果所显示的那样，复杂系统的计算结果与初始值有很大关系。这种关系是如此的紧密，以至于巴西的一只蝴蝶扇动翅膀，都可能是得克萨斯州飓风的诱因。用金融术语来说就是，布鲁塞尔的一个老妪卖掉一些国债有可能引发日本的崩盘。

这个现象发现的影响是革命性的，洛伦兹可以证明现在不可能、以后也永远不可能作出长期天气预报，这不仅使每个人感到惊奇，而且也与洛伦兹本人的初衷相悖。蝴蝶效应自发现后被称为“确定性混沌”，塞耶(Chera L. Sayers)在1989年给出此现象的如下定义：“一个可以用确定性混沌来刻画的过程，它是由完全确定性系统产生的，但按照标准的时间序列方法又表现为随机的。”混沌的产生主要与自我强化有关，设想在一个系统中，事件A导致事件B，事件B又导致事件C，如果事件C最终又导致事件 A，这就是一个非常简单的正反馈。

除了蝴蝶效应以外，分叉现象也能够进一步说明混沌现象。澳大利亚生物学家罗伯特·梅(Robert May)是最早描述分叉现象的科学家之一。在 20 世纪 70 年代初，梅开发了一套模拟鱼的数量增长的数学模型，其中一个参数是描述鱼类的繁殖趋势。当他给出一个较小的值时，模型计算出的鱼的数量有一个特定的平衡点，如果给出一个较大的值，鱼的数量来回震荡，永远稳定不下来，它显示的是混沌。梅认为这真是一件奇怪的事情，于是给繁殖趋势取所有可能的值来进一步研究该模型的最终结果。最后的结论很有意思，取最小值时，鱼的数量将会自然消亡；如果繁殖趋势值逐步扩大，并控制在某个水平内，鱼将生存下来，一条平滑的曲线给出其数量的平衡值；繁殖趋势越大，平衡量也越大。但是，到某个值时，曲线突然分成两支，这意味着鱼的数量可以在两个平衡点之间震荡，这种现象称为"分叉"。如果进一步增大繁殖趋势，计算结果越来越怪，原来的两个平衡点变成 4 个、8 个、16 个、32 个……最终是混沌。"分叉"的原因是不同正反馈之间主导作用的突然转换。据此，心理分析流派认为，金融市场就是一个存在众多强烈正反馈的市场，比如在股票市场，当股票价格上升时，该公司的信用得到改善，获得贷款和增发新股的机会也增多，公司在用户中的形象也随之改善，并且可能赢得更多的用户，由此带来股价的进一步上涨。这就是所谓的自我验证过程。因此金融市场在本质上也是一个混沌的市场。

(2)金融市场是长期不可测的市场。从直观看来，经济和金融系统服从蝴蝶效应和分叉规律，或者换句话说服从混沌规律。所有的征兆都表明，许多经济和金融系统存在着固有的长期不可预测性，而确定性混沌是长期预测深不可测的一个重要原因。因为经济间相互的关系常常受到小的、但非常关键的细节的影响，这种细节可以改变一切，但无人可以预测或猜测到。金融市场实际上是由强烈的高阶混沌所主宰，这些高阶混沌在数学上很难求解。上述结论一方面来源于数学实验，表明存在某些非随机性的东西；另一方面来源于反复出现的泡沫和崩盘，表明存在着强烈的反馈效应。

传统上，经济模型依旧建立在基于均衡函数的线性模型基础上，而线性模型与实际情况相去甚远。线性模型表明了经济活动中的各种因素是如何连续适应其他因素变化的，但是没有正确考虑到许多正反馈。即使考虑到了反馈因素，一般也都是负反馈，也就是导致稳定的反馈，而不是导致不稳定的正反馈。这些模型在实践中表现不佳，通常归咎于"外界随机扰动"以及模型的细节精度不够等原因。所以，蝴蝶效应问题的影响非常之大，它表明线性模型不是不够完善，而是可能从本质上就不对。另外，即使理论上正确的非线性模型也可能导致完全的不可预测性，这意味着系统不仅受到外部随机的无规律性干扰的影响，而且不可预测性可能就是经济系统自身固有的内在本质。所谓"分叉"现象可以解释上述结论。

联系到金融市场的实际，就像诺贝尔经济学奖得主瓦西里·列昂惕夫对经济模型的评述，没有哪一个实证研究领域使用如此众多的精细的统计模型，却得到如此众多彼此迥异的结果。即使两个学者使用的计算方法看起来相差不大，其最终结果也因为使用的假设略微差异而相距甚远。比如，估算股票整体市场的真实价值，也就是大量股票的组合价值。目前，一种合理也是最常用的方法是使用所谓的“美联储”模型，这个模型来源于美国联邦银行1997年发表的汉弗莱·霍金斯报告。该报告建议，估计股票合理价格的最好方法是比较它们的市盈率相对于10年期国债的收益。如果国债收益较低，你就愿意接受较低的股票收益，也就是较高的市盈率。这不仅因为其他投资方法(国债)收益较低，而且因为较低的国债利率意味着通货膨胀的可能性也很小，金融资产保值或增值的要求也随之降低。

虽然这种方法看起来非常合理，但是事实反复证明，不同的银行、不同的分析家同时对同一个市场、用同一种方法分析，得到的结果却大相径庭。其中的原因是方法之间的些微差异。首先，绝大多数的方法都要将预期收益代入模型，但是这些预期收益如何增长？即使这些假设只有微小的差别，都会对结果产生重大影响。其次，有的方法是用不同到期的一篮子债券替代10年期国债，这同样会大大改变计算的结果。最后，还有时间的因素。为了估计股票和国债收益的高低，必须研究历史平均收益水平，但是研究多长的历史，是5年还是10年？时间的选取也对结果的影响很大。对于同一个预测，12个专家可能有12种不同的结论。如果过一会儿，条件稍微改变一下，再给他们一次机会的话，他们立刻就会改变自己的预测。

4. 证券市场价格中包含着心理价格的因素

传统金融理论尤其是有效市场假说理论认为，因为金融市场是一个理性的场所，股票的价格不仅反映了它们目前的真实价值，同时还包括已知的、对它们的未来具有影响的所有因素的价值。由于理性与价值具备本质上的联系，并假定投资者在市场上总能保持理性，所以现在的价值衡量已经包含了未来的因素。在这种情况下，客观的金融分析方法是最有效的投资方法，证券价格由其内在价值(真实价值)所决定，证券溢价是市场价值与内在价值与之间的差价，理性投资者的行为导致了这种差价的产生，因为随着投资者不断调整自己对未来收益增长、公司成长潜力、红利增长等方面的预期，市场上的供求不断变化，从而产生差价。所以证券价格的波动是对市场价格偏离内在价值的调整。

但是，心理分析流派认为，由于金融市场是非理性的，因此必须重新审视基于理性基础的客观评价与股票定价之间的关系，将可能导致非理性的心理因素纳入价值的考虑范畴。基于理性假设的客观分析方法不能解释投资者的一些异常行为，比如它无法解释在公司的基本情况并没有发生变化的情况下，投资者的认知变化是如何导致对该公司毫无理由的超乎寻常的兴趣的。所以,客观评价仅仅是筛选股票方法的一个组成部分,不应该完全剔除主观评价方法,主观性、客观性以及投资收益之间存在着复杂的关系。即使存在客观的内在价值,但是市场价值与决定内在价值的资产负债表仅有部分关系,市场价值主要由以下因素决定:人性的希望与恐惧、贪婪、野心等无数的不可能都罗列出来的东西,这些都与人们的主观感受密切相关,因此,在评价证券市场价值时,必须引入心理价格因素。

此外,心理分析流派还认为,在心理因素的影响下,投资者的决策基础往往是建立在预感、小道消息、潮流、谣言或纯粹对损失的恐惧之上,非理性投资者的认知将会对市场价值的决定产生重大影响。投资者的各种偏好与错觉对市场的影响,导致了市场的失效和心理因素的折价或溢价。正是这种体现在市场价值中的心理因素的折价或溢价,为一部分精明的投资者提供了绝妙的有利可图的投资机会,所以,心理价格的成分在投资决策中具有重要的运用价值。比如他们可以利用投资者对公司的盈利情况、分红、股票拆分等信息的滞后反应对这类股票进行操作,从中谋利。图 11—1 为心理分析流派关于在股票定价中心理价格成分的说明。

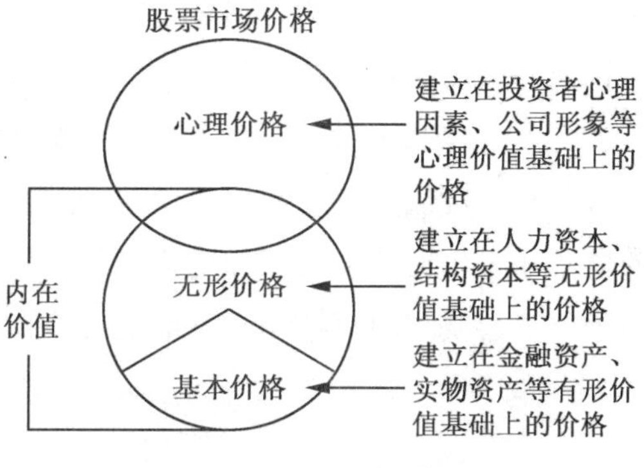

图 11—1　心理分析流派对股票市场价格的说明

从图 11—1 中可以看到,心理分析流派定价模型的最重要特征就是它是动态的,在某一特定时刻,由投资者的情绪所决定的心理价格成分可能在总价当中只占一小部分,也可能占据很大一部分。由于市场价格中包含对潜在利润的预测,所以市场价格中不可避免地存在着心理成分。由于潜在的利润并未真正实现,投资者只是根据自己对未来的判断进行买或卖,这种判断有可能是对的,也有可能完全不符合实际。在股票价格的某一价位上,由于心理价格因素的影响,它有可能是一只充满投机泡沫的股票,因为人们仅仅是因为他人买进而买进,而无任何实质性内容。相反,也可能会在没有恰当理由的情况下,存在某一股票价格低于无形价格甚至基本价格的情况。

从上述定价模型中的主观因素的角度看,主观评价首先要从自己的内心世界开始,避免受到外部不恰当传闻的干扰。其次,主观评价要关注公众情绪,一方面要防止受股票经纪公司或个人投资者出于各自目的对某些股票过度推崇或过度贬低的影响,另一方面也要考虑到其他投资者积极介入或不积极介入总是有一定的理由。再次,主观评价应该转向评价对象的社会形象,比如可以观察公司在公众心目中的品牌形象、管理者形象等。图 11—2 是关于股票市场价值主观评价和客观评价因素的分解。

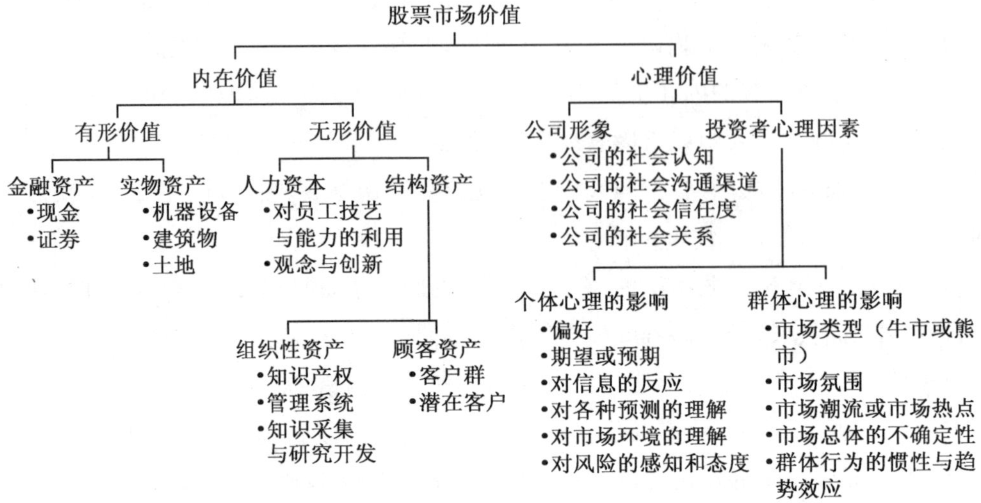

图 11－2 股票定价的主观评价因素和客观评价因素分解

上述有形价值虽然比较容易量化，但是对无形价值和心理价值的衡量便显得很主观。虽然它很难衡量，但是股票价格中的非有形因素能够更加体现公司的真实价值和增长潜力。比如，在微软的资产负债表中，你会发现它的资产只有 6%体现在股价中，其余 94%根本无从体现。成功投资者的成功原因在于他们能够更加准确地确定无形价值和心理价值。就无形价值而言，它是由人力资本价值和结构资产价值构成的，它的含义在于公司的发展比如销售额与利润的增长，不仅来自于各种有形的因素，还得益于员工素质和内部结构等方面的提高。

第二节 心理分析的理论基础——行为金融理论

一、行为金融理论概述

金融市场是一种群体行为，研究人们群体行为的科学叫做“社会心理学”。社会心理学的典型试验可以这样描述，把一群人关在一个房间里，共同求解一个问题，然后研究他们如何相互作用，尤其是他人的存在如何影响个人行为。社会心理学中的一个分支是经济心理学，虽然经济心理学中与金融市场有关的有货币心理学、投资心理学、股票市场心理学等分支学科，但是目前通常将心理与金融进行结合的经济心理学的研究领域称为行为金融学。行为金融理论是证券投资心理分析的理论基础。

行为金融理论简单地说就是以行为为导向的金融市场理论，它是研究信息吸收、甄别以及由此带来的后果的学问,同时它也研究人们的异常行为。这种新研究方法认为,只有在有限的情况下,人们的行为才是理性的。尽管许多市场的参与者的目的是行为理性,但他们决策的后果常常偏离被认为最优的结果。尽管市场参与者尽了最大的努力,但是仍然会犯错误,而且这种错误并非最后一次,这种结果将会影响人们的情绪,自然又会干扰人们进行理性思维和做出理性行为,最终自然会妨碍理性决策。其中的原因是市场参与者掌握的信息并非完全,行为人常常无法获得影响他们决策的重要信息。某些信息可能永远无法得到,或由于简略而常被忽略,或被错误理解。因为只能得到有限的信息,这就意味着信息必须按照重要性进行甄别和评估,而甄别和评估的过程往往采取了非理性的标准,错误也就难免。而且,不同的人对于同样的信息会做出不同的评判,由此也会得出各种不同甚至完全相反的结论。

行为金融理论认为,上述对理性行为的偏离并不简单归于例外,如每隔几十年发生的群体狂热和恐慌反应,它们构成了每日生活的一部分。这些非理性行为也同时影响其他人,所以市场参与者之间的相互影响也应予以重点关注。一个重要的发现是,如果几个人共同酝酿一个观点时,错误解释和决定经常会发生,团体或群体并不总是得出正确的结论。为了研究群体行为,行为金融理论借用了社会心理学的研究方法和成果。

行为金融理论还进一步讨论金融市场参与者的决策行为。当人们的认识依赖于通常难以量化的事件发生概率,而且他们的决策选择也并不清晰时,将会发生行为人真实但常常是直觉的行为,不管这些行为是貌似合理还是非理性,并以此作为基础对决策前、决策中和决策后的情形做出预测。由于决策行为可以预测,所以对其他人就有了可资利用的经济价值。如果市场参与者认识到了这种行为,他们就能认识自身的错误并试图避免它。为了刻画市场参与者的行为并以此为基础对未来行为做出预测,行为金融学的研究绝大多数建立在实证研究和实验的基础上。

二、行为金融理论的主要代表人物及其演进

1. 卡尼曼与特维斯基

丹尼尔·卡尼曼(Daniel Kahneman)和阿莫斯·特维斯基(Amos Tversky)是对行为金融理论作出重大贡献的学者,是行为金融理论的开创者。卡尼曼和特维斯基通过很多心理实验,验证了人们在必须作出经济决策时会犯的一些重复出现的错误,两人也因为他们的心理实验而出名。1979 年他们创立了"预期理论",该理论对传统的风险决策理论进行了修正,证明了不确定条件下的判断和决策很容易系统地偏离传统的经济学理论,特别是偏离预期(期望)效用理论。因为,经济学是以在行为上和思维上完全理性的人为分析对象的,而理性就是预期效用最大化。概括而言,预期理论有

三个最基本的理论观点：(1)面临“获得”，人们倾向于“风险规避”；(2)面临“损失”，人们倾向于“追求风险”；(3)获得和损失是相对于“参照点”而言的。

卡尼曼和特维斯基的重大发现是，相比用绝对值衡量的结果，人们常常对结果偏离某一非固定偏好水平(比如现状态)更加敏感。根据这种法则，人们对于外部环境(比如温度和光线)的变化要比其强度更加敏感。这种对变化而不是大小的重视可能与心理学的认知法则有关。而且与偏好水平相比，在同等大小的损失和收益之间，人们常常更加讨厌发生损失，卡尼曼和特维斯基估计，在适度规模的损失和收益之间，人们对损失的看重程度是对收益看重程度的两倍。这一发现说明了人们为了避免损失，会情愿非理性地冒比实现收益大得多的风险。就此而言，关于冒险行为的有关证据与关于风险厌恶的传统经济学假设并不一致。由以上三个基本观点可以得出如下两个重要的结论：(1)如果改变人们在评价事物时所使用的参照点，可以改变人们的风险偏好；(2)人们对损失与获得的敏感程度是不一样的。卡尼曼和特维斯基的预期理论对于我们更加准确地描述风险条件下的个人行为具有重要的指导意义。

除了预期理论以外，卡尼曼和特维斯基的另一项杰出贡献就是发现了在不确定条件下进行判断和决策与传统经济学理论所假定的理性发生系统性偏差的机理，这种机理就是所谓的启发式偏向。它包括代表性偏向、可得性偏向和锚定效应，并由此得出基本结论：人们一般无法充分分析涉及经济判断和概率判断的环境，在这种环境下，人们依靠某些捷径或原则做出判断，这些捷径和原则有时会与预期效用最大化的假设之间存在系统性偏差。而“启发式偏向”形象地说就是人们在做出判断的过程中，会走一些思维捷径，这些思维捷径有时候会帮助人们快速地做出准确的判断，但有时也会导致判断的偏差。这些因走思维捷径而导致的判断偏差就称为启发式偏向。

其中的代表性偏向是指当人们在判断事情是否真实或可能发生的概率时，判断的依据是这件事情与另外一件事情或者已经发生的事情的相似程度。一个常用的例子是陪审团在判决被告是否有罪时，往往因为“被告长得像罪犯”，就认为他们犯罪的可能性大。金融市场也常常出现代表性偏向，即人们倾向于认为最近的趋势在将来有可能延续下去。人们认为某个趋势将继续下去，仅仅是因为直到目前为止这个趋势一直保持不变，价格走势存在着相似性。而“可得性偏向”是指当人们需要做出判断时，往往会依赖快速得到的信息，或者是最先想到的东西，而不是去致力于挖掘更多的信息。人们在使用“可得性”进行判断时，从记忆中最先搜寻到的信息往往成为判断的依据。至于“锚定效应”是指当人们需要对某件事情定量估测时，会将某些特定数值(比如买入价)作为起始值，这些起始值就像“锚”一样使估测值落于某一区域中，如果这些“锚”的定位有误，那么估测就会产生偏差。卡尼曼和特维斯基的上述发现可以用来解释金融市场的很多奇怪现象。

2. 理查德·塞勒

理查德·塞勒(Richard H. Thaler)与卡尼曼和特维斯基一样，也是研究判断和决策理论的，但他的重点是股票市场和其他市场的反常行为，他还撰写了《行为金融学的进展》和《赢家咒语》两本著作并得到出版，他的主要贡献是对心理账户现象的研究。

传统经济学认为钱是可以替代的，不管100元钱是如何得到的，它的价值是相等的，人们就这100元的消费行为也应该是相同的。但是，塞勒的行为金融学研究表明，钱并不具备传统经济学认为的可替代性，他根据钱的不完全可替代性提出了"心理账户"概念。心理账户的研究主要关注三个因素：(1)收入的来源。根据钱的来源不同，人们会把它们分到不同的账户中去，不同账户的边际消费倾向是不一样的。(2)收入的支出。人们会将收入分配到不同的消费项目中去，各个项目之间的资金不具有完全替代性。比如，当人们将本月收入一部分作为储蓄，其余部分分摊到食品、房租、水电等项目中去以后，通常很不愿意再去动用储蓄这个心理账户中的钱，但钱在其他账户之间的流动性却较强。(3)对心理账户核算的频率。心理账户是每天核算、每周核算还是每月或每年核算，对人们的决策行为有很大的影响。从金融市场的投资者行为来看，价格波动越大，核算的周期将会越短，而核算周期越短，将会导致容易做出短期交易的决策。

将心理账户的短期核算与预期理论结合起来可以很好地解释困扰金融学领域很久的"股权溢价之谜"。所谓"股权溢价之谜"，是指在美国和英国的证券市场上，股票的历史回报率远高于国债的历史回报率，而投资者却更乐于投资后者的现象。在过去的70年里，在美国和英国的股票市场上，如果把分红计算在内，股票的年平均收益率达到6%～7%的水平，而债券的年收益率只有1%，这种收益上的显著区别被称为"股权溢价之谜"。

通常对于那些厌恶风险的人来说，人们的投资建议都是劝其投资债券而不要买股票。确实，从历史上来看，股票价格的波动要远远超过债券。有一种理论认为，因为股票的波动性大，所以风险更高，承受这种风险的投资者应该得到风险补偿。事实上，股票的风险可能并不比债券高。从表面上看，股票的风险较大，这是因为投资者不能适应股票价格的波动性或不确定性，他们感到焦虑，总是担心价格波动造成自己的损失。在这种情况下，他们很容易对股票的心理账户进行短期核算，并做出买卖的决定。

由于人们在心理上较之盈利对损失更为敏感，所以当股票投资者面对价格波动，频繁地对自己的投资价值进行衡量时，损失带来的伤害会进一步加剧。由于股票价格每天都在波动，这就强化了股票的短期交易。而从长期来看，虽然股票回报率高于国债回报率，投资股票可能会获得超过债券的收益，但这些投资者因为短期交易已经失去了机会，因此尽管股票的长期回报率高，但很少有人能够忍住不抛，做长期投资。所以，行为金融学家塞勒对股票高收益率的解释是，股票的高收益率是用以补偿那些因价格波动而感到焦虑，并时不时地衡量股票心理账户价值的短期投资者。也就是说，对那些比较耐心的投资者而言，股票代表着很好的投资机会，具有较高的投资价值。

3. 罗伯特·希勒

罗伯特·希勒(Robert Shiller)的贡献是对实际世界尤其是金融市场心理现象的研究，比如他经常在市场出现大的波动时给投资者寄去调查问卷，试图发现他们当时的所想所为。希勒写了好多有影响的书，尤其是《非理性繁荣》一书曾经非常流行，这本书恰好在2000年全球性大牛市顶峰时出版，书中准确地预示了随后发生的全球性股市的崩盘。

希勒针对20世纪90年代后期，美国股市在新经济神话的刺激下所呈现出的前所未有的繁荣状态，他首先用事实和数据论证了投机性泡沫的存在，进而也结合行为金融理论研究了过度繁荣的原因：(1)引发性事件。互联网热、网上交易的急增、共同基金的发展、实用主义价值观的高涨、媒体对乐观财经新闻的大量报道、分析师日益乐观的市场预测等，都成为推动股市过度繁荣的引发事件。(2)反馈机制的作用。股票市场中的各种正反馈机制发挥作用，导致市场价格节节攀升，形成股市泡沫。(3)新时代的经济思想。理论界和经济学家对新经济时代的美好描述，使人们对股票价格的进一步上扬充满信心。

希勒还深入地探讨了股市中投资者的心理因素对投机性泡沫产生的影响，这种影响包括"心理依托"和"从众行为"。心理依托是指投资者总是努力去做正确的事情，但当无法把握自己行为的准确性时，有限的能力和特定的行为模式将会决定他们的行为。比如，数量依托就是一种心理依托。数量依托是指投资者自己给出股市应达到的水平，并以此为标准来衡量股市是定价过高还是过低以及是否应该买进。在希勒看来，从众行为对市场起了巨大的支配作用，即使在信息极为对称的情况下，人们仍然很难做出理性判断。经济学家可以有力地论述为什么股票市场被高估了，人们会从内心深处感到这样的分析是正确的，但在从众心理的支配下，没有人会改变自己的行为。从众行为的力量会驱使人们继续做别人都在做的事情，如果这种基本力量是乐观或贪婪，市场就会持续繁荣。

4. 安德瑞·西勒弗

安德瑞·西勒弗(Andrei Schleifer)的主要贡献在于挑战有效市场理论，他提出了金融市场存在噪声交易者的假说。所谓噪声，是与信息相对的概念，信息是与投资者判断资产价值变动有关的正确信息，而噪声则是与资产价值无关但会影响资产价格使之发生非理性变动的错误信息。由于噪声的存在，资产价格会偏离资产真实价值；同时，由于噪声与信息不易区别，市场当中始终存在着噪声交易者。噪声的作用应该是两方面的，可以是非理性的乐观，也可以是非理性的悲观，前者会产生溢价，后者会加大折价。所以，噪声交易者就是那些受错误信息误导，而对收益和风险做出非理性预期的交易者，他们对股票等金融资产的买卖并不是建立在基于正确信息收益与风险的预期之上。所以，证券的市场价格是由部分理性投资者与非理性的噪声交易者共同决定的，在总体上是非理性和不公平的。

噪声交易产生的原因是个体投资者受心理因素影响而产生的投资决策变化，由于市场价格对信息的反应不足和反应过度，可以得出以下两个结论：(1)短期内股票价格波动在时间序列上呈现正相关，因为股票价格稍有上涨时，市场上的噪声交易者就会买进，导致市场的需求量和价格都会上升。(2)长期内股票价格波动在时间序列上又呈现出负相关，这是由于经过一段时间以后，股票价格又回归于其实际的真实价值。这一发现有力地证明了股票市场的价格并非随机游走，投资者在对收益预期进行判断时，会分为“均值回归”和“趋势效应”两个维度，这种决策方式自然很容易导致“反应不足”和“反应过度”，当投资者认为收益是“回归均值”时，那些被低估(市场价格低于真实价值)的股票价格的初始上扬会被投资者看成是一个偏离平均收益的“异常点”，因此一个正的信息冲击不会使投资者过分偏离原先的投资决策，这就造成“反应不足”。然而，当一连串正的信息不断强化，最终使投资者落入“趋势效应”这一维度的时候，价格在上升过程中会产生“惯性”，即使价格已经充分反映了资产的真实价值，由于投资者认为上升的趋势会延续，而导致价格上升到高于资产真实价值的水平，这就引发“反应过度”。

练习题

一、名词解释

心理分析流派　系统性错误　思维定式　蝴蝶效应　美联储模型　行为金融学
噪声　启发式偏向　代表性偏向　可得性偏向　锚定效应　股权溢价之谜
心理依托

二、单项选择题

下列选项中只有一项是正确的，请将正确选项的符号填在括号内。

1. 行为金融理论中的预期理论的创立者是(　　)。

A. 卡尼曼　B. 塞勒　C. 希勒　D. 西勒弗

2. 对心理账户问题作出重要贡献的学者是(　　)。

A. 卡尼曼　B. 塞勒　C. 希勒　D. 特维斯基

3.《非理性繁荣》是行为金融学中的名著，其作者是(　　)。

A. 卡尼曼　B. 塞勒　C. 希勒　D. 西勒弗

4. 根据卡尼曼和特维斯基估计，在适度规模的损失和收益之间，人们对损失的看重程度是对收益看重程度的(　　)。

A. 0.5 倍　　B. 1 倍　　C. 1.5 倍　　D. 2 倍

5. 根据噪声交易理论,投资者在决策时分为均值回归与趋势效应两个维度。当认为是均值回归时,会导致(　　)。

A. 反应过度　　B. 反应不足　　C. 反应中性　　D. 无反应

三、多项选择题

下列选项中有两项(含两项)以上是正确的,请将正确选项的符号填在括号内。

1. 下列有关预期理论基本观点的正确表述是(　　)。

A. 面临获得,人们倾向于风险规避　　B. 面临获得,人们倾向于风险追求

C. 面临损失,人们倾向于风险规避　　D. 面临损失,人们趋向于风险追求

E. 获得与损失是相对于参照点而言的

2. 下列关于心理账户问题的正确表述是(　　)。

A. 价格波动越大,核算周期越长　　B. 价格波动越大,核算周期越短

C. 核算周期越长,越容易长期交易　　D. 核算周期越长,越容易短期交易

E. 核算周期越短,越容易短期交易

3. 下列关于锚定效应中参照点的正确描述是(　　)。

A. 最初的价值水平容易成为参照点

B. 最初的价值水平不容易成为参照点

C. 在金融市场上,参照点一定是某一具体数值

D. 在金融市场上,参照点不一定是某一具体数值

E. 在金融市场上,某种选择或态度也可以成为参照点

四、问答题

1. 心理分析有哪些主要特点?

2. 理性的含义是什么?为什么心理分析流派认为金融市场是非理性的市场?

3. 常见的系统性错误有哪些?为什么金融市场的投资者容易犯系统性错误?

4. 心理分析流派是如何看待传统金融学的市场预测观点的?为什么心理分析认为金融市场是长期不可预测的市场?

5. 为什么在证券市场价格中包含着心理价格因素?心理价格因素又具体体现在哪些方面?

6. 心理分析的基本假设是什么?

7. 卡尼曼和特维斯基预期理论的三个最基本理论观点与两个重要结论是什么?

8. 卡尼曼与特维斯基关于在不确定条件下进行决策与传统金融学所假定的理性发生偏差的机理是什么?

9. 影响心理账户的主要因素有哪些?

10. 为什么用心理账户概念可以解释股权溢价之谜的问题?

11. 希勒是如何分析金融市场中过度繁荣现象的?

12. 为什么金融市场中总是存在着噪声交易者?噪声的作用是什么?噪声交易产生的原因又是什么?

第十二章　个体心理分析

第一节　人性基本弱点分析

证券投资的个体心理分析是针对在现实证券投资过程中个体投资者所表现出来的各种心理现象而进行的，当人们从事其他社会活动时，人性的弱点也许可以用某种方法掩盖起来，但是，在证券市场这样的充满投机性的场所里，由于投资者要面对认知不确定性和市场不确定性，因此必然会把自己的人性弱点充分地表现出来，而能否克服这些在个体心理活动中所表现出来的人性弱点，对于投资的成功与否具有重大的影响。归纳起来证券市场中人性主要的弱点包括贪婪心理、恐惧心理、偏执心理、惰性心理等。

一、贪婪心理

贪婪是人类的天性，是普遍的心理形态。尽管人人都知道知足者常乐，但是绝大多数人都戒不了贪婪的欲望。证券投资上的贪婪是指对于投资获利的追求永无止境、永不满足。正是因为贪婪心理，人们对于证券投资充满热情。这是因为股票投资可以大大缩短积累财富的时间，可以获得高于其他行业数倍的利润，所以对于那些试图快速致富的人具有极大的诱惑力。但是问题在于，一旦人们受贪婪心理的支配，就会招致更多的紧张感，从而容易失掉客观性。在证券投资中，贪婪的心态主要表现在以下一些方面：

1. 见好不收与一味贪低

尽管现实的股票价格不可能无止境地涨跌，但是在贪婪心理的支配下，总是期待涨了以后还要再涨，跌了以后还要再跌，所以股价高了以后还要等再高，股价低了以后还要等再低，总是希望自己是最聪明的，能够在最高处逃顶，在最低处抄底。由于股市的顶和底实际上是很难判断的，因此贪婪心理过强的人很可能总是失去机会。所以对于贪婪心理的控制来说，要清楚地意识到证券市场上的收益程度总是相对的，最大收益是难以确定的，如果总是幻想追求最大收益，见好不收或一味贪低，结果反而会错失很多良机，最终后悔当初因小失大。有经验的投资者都知道，在输的时候戒贪难，而在赢的时候戒贪更难，有人甚至认为，在赢的时候不能够戒贪是获得巨大成功的最后障碍。

2. 过量交易与过频交易

在贪婪心理支配下，也很容易发生过量交易与过频交易的问题。很多投资者往往有这样的经历，一开始的时候，都是小心谨慎，会觉得“二鸟在林不如一鸟在手”，急于获利了结。但是到赚了钱以后，在贪欲的支配下，会忘记风险，进行过量交易。此外，投资者由于贪欲的驱使，往往患有一种美国华尔街称之为“市场症”的心理病症，每时每刻都有一种想进市场的冲动，如果哪一天甚至更短的时间不去证券公司看盘，就会坐立不安、茶饭不思。这种贪欲的表现在证券投资者当中也是十分普遍。具体来说，就是一笔交易赚了钱以后，钱放在口袋里还没有捂热，不管行情如何，按捺不住又去交易。

3. 羡慕与嫉妒

贪婪的心理总是会伴随着羡慕和嫉妒的情绪，而这两种情绪的不断深化又会加深贪婪的欲望。我们常常会看到这种情况，在上升趋势刚开始的时候，很多投资者持观望态度，犹豫不决。等过了一段时间，发现当初入市的人都变成了有钱人，内心充满了悔恨、羡慕甚至嫉妒，于是便会丧失理智，盲目入市，这一切都是内心的贪婪心理在作怪。

二、恐惧心理

恐惧是一种复杂的心理情绪，从心理学上来说，就是人类对当前危及自身安全和对未来不可知事件表现出的担忧、害怕、惊慌、恐慌等心理体验。当一个人处于恐惧之中，常常混合着其他一些否定性的情绪，诸如愤恨、敌意、愤怒、报复心等，因而会形成一种极大的破坏力。在证券市场里，恐惧的心态无时无刻都会存在。有的人是怕到手的利润没有了，也就是人们常说的煮熟的鸭子飞走了，而有的人则担心投入的资金亏损了。当然，恐惧的情况也有所区别，有经验的投资者是对市场恐惧，他们对市场很敬畏；但对自己不恐惧，他们对自己很自信。这正如股神巴菲特所说的那样，当绝大多数的人都在贪恋的时候，自己应该恐惧；而当绝大多数的人都在恐惧的时候，自己应该贪婪。可是，有些投资者正好是相反，对市场是毫不畏惧，而对自己很恐惧，没有自信。他们往往在市场一涨再涨达到接近最高点时，对市场毫不惧怕、照样入场；而在市场一跌再跌接近低点时，又害怕世界末日到来而急于抽身逃跑。在证券市场中，最常见的恐惧心理有以下两种：

1. 惧怕亏损

由于投资者从事证券投资的目的是为了从中盈利，因此对损失的恐惧心理是普遍存在的，不管是穷人还是富人、散户还是大户都会受到这种心理的影响，在现实中常常是一个人拥有的越多反而就越害怕失去。如果投资者发生亏损，会在心理上承受痛苦，比如家人的数落、朋友的嘲笑等，这些心理上的痛苦就会使恐惧的心理不断强化和暗示，从而形成越亏越怕、越怕越亏的状况。

2. 惧怕踏空

踏空就是本来可以有的赚钱机会，因为没有把握住而错失了良机。投资者的贪婪心理使得他们总想抓住每一个赚钱的机会，所以害怕踏空的心理是投资者恐惧心理的一种表现。这种心理现象常发生在股票价格大幅上涨之后，之前没有采取投资行为的投资者就会产生强烈的错失机会的感觉。所以，他们会对以后的股价波动更加敏感，很容易在股价稍有回落时就急着买进。比如，在一个大的波段行情发生之前，可能会由于某种原因没有介入，或者是介入后因为一个利空消息而早早退出了，这时常常会产生一种既后悔又愤恨不已的惧怕踏空心理，迫使他们重新投入市场。

三、偏执心理

偏执心理也就是人们俗称的一相情愿的心理，它也是人的本性中的一种心理倾向，表现为只愿意相信自己潜意识当中愿意相信的事情，而这种事情不一定是真实的事情；或者说只愿意听到自己潜意识当中感到舒服的话，而这种话不一定是真实的话。虽然在现实生活中，谈恋爱可能是最容易发生一相情愿心理的状况，但是在股市中，一相情愿的心理也是投资者普遍存在的一种心理障碍。

一相情愿的心理主要表现在：(1)寻求对自己有利的信息，从自己的利害得失出发，往往对市场走势有一种主观上的期盼，因而特别愿意得到对自己有利的小道消息，一旦得到对自己有利的小道消息，往往不会从理性的角度进行判断，而是从感性的角度轻易相信这是真的。(2)用有色眼镜来观察市场，即对市场的观察总是朝有利于自己的方向进行考虑，从而导致对市场的观察不能够客观化。(3)明知自己的判断已经错误，还是潜意识地希望市场出现奇迹，朝有利于自己的方向发展，如果发生亏损就会用孤注一掷的方法进行加码，结果使损失进一步扩大。总之，一相情愿的心理，其错误之处就是不尊重市场。而市场是客观的，客观的东西是不以人的主观意志为转移的，对抗市场自然不会有好的结果。在证券投资中，如果发生错误，必须尊重市场，千万不要一相情愿。

四、惰性心理

惰性心理也是人人都有的一种人性弱点，虽然谁都知道天下没有免费的午餐，但是绝大多数的人还是想获得免费的午餐。惰性体现在证券投资里，就是赌博心理或者说是不劳而获的心理，很多人不能够正确区别证券投资到底是一项事业还是赌博活动，有相当部分的人把它看成是一种赌博活动。既然是赌博活动，不是一项事业，因此就完全凭运气，对于证券投资也就没有投入多少时间和精力做各种准备工作。具体表现在总想走捷径，通过从朋友处或者券商处或者其他渠道打听所谓的内部消息，或者通过互相打听对股市的看法以及听取所谓专家的看法，然后凭借小道消息或者别人的看法行事。总之，不劳而获的心理在证券市场是广泛存在的，但是仅凭运气是不可能从证券市场获得相应回报的。

上述四种人性的弱点要完全克服是不可能的，因为它们是人性的表现，是生来就有的。但是它们的表现程度可以控制，要想成为成功的投资家必须把它们控制在一个合适的范围之内，使它们不影响理智的思维。

第二节　认知过程中的心理偏差分析

证券投资的心理活动过程非常复杂，也十分微妙。投资者的行为从心理活动的过程来考察，主要包括认知过程、评判过程和满足心理需要过程，投资者在这样的心理活动过程中做出相应的投资决策。认知过程主要是搜寻信息并对信息进行加工处理；评判过程是对得失进行相对评价；而满足心理需要过程则是对行为结果进行心理上的调节。以下我们将先对认知过程中的心理偏差展开分析，从中可以了解到一系列由于这种偏差而导致的非理性投资行为。

一、市场信息多样性与复杂性的心理影响

信息是证券投资决策的基础，证券市场上充斥着大量信息，不断影响着证券价格的走势，刺激着投资者的心理预期，因此如何获取、接受和评价信息是投资决策最重要的一个步骤。可是，不管如何费时费力，没有人能够完全把握判断实际市场形势的全部信息，因为市场形势太过复杂，它涉及大量相关因素，而且这些因素相互影响，使得人们不可能对每个因素孤立起来进行单独研究。对于每种因素的实际作用程度，以及它们互相依存的程度和效果总有不确定的地方。市场参与者怎样才能够持续不断地处理好源源不断涌来的信息呢？如果考虑到任何一种决策都不可能在稳定不变的形

势下进行的现实，他们又怎么能从以盈利为目的而且不断变化的资讯和事件中作出正确判断和决策呢?

在证券等金融市场里做出反应的时间是以秒来计算的，市场参与者的解决方法是尽可能地简化资讯中所包含的内容，并简单地看待它们对交易产生的影响。在被信息所淹没，或者没有时间来充分处理信息的情形下，人们常常会使用直观判断式思维。直观判断式思维也经常被用于问题看上去并不重要，或者人们对解决某一具体问题没有过去经验可以参照的情况。虽然决策者一般都知道有意识地运用直观判断式思维蕴藏着风险，但是人们往往不清楚潜意识地运用直观判断式思维所得出的结论更加不透明和充满风险，而有意识与潜意识的直观判断式思维之间并无明确的界限。

二、减少复杂性的直观判断式思维

1. 简化效应

在面对复杂、繁乱的决策形势时，第一步的工作就是简化。例如，凑成完整容易处理的数字，或者当它们明显不重要时，忽略信息间的微小差别。但是，忽略微小差异虽然有助于简化决策时面临的复杂情形，有利于从认知上把握局面，但是如果不细心应对，也会面临错误的风险。

2. 心理会计账户核算

当然也可以通过其他方法对复杂的情形进行简化，例如通过行为的种类进行项目划分来简化，比如购买股票或投资某特定财产，甚至包括参加音乐会等都可以分成不同的项目进行得失的考虑，这就引出了心理账户的概念。根据这一概念，人们在心理上不仅要对所有项目的总量和结果保留心理账户，而且对他们各自的项目也都有分类账户。当人们对事情进行权衡时，他们会特别集中于一个账户，与其他责任和账户的关系往往被忽略掉。可以用以下的具体事例来说明心理账户的计算过程。

情形 A：你已经花了 150 元买了一张音乐会的门票，当你到达音乐厅的时候，你发现门票不见了，售票处还在以同样的价格售票，你是否会再买一张呢?

情形 B：你已经预定了一张 150 元的门票到场取票，当你到达音乐厅的时候，发现丢了 150 元，假设你仍然有足够的钱买一张门票，你会按原定价格买票吗?

从经济支出的角度来看，这两种情形没有什么区别，两种情形都是当你到音乐厅的时候，发现丢了 150 元，你面临的选择是再付 150 元听音乐会还是扭头回家。但是卡尼曼和特维斯基的实验证明，在第一种情形下，绝大多数人不再去听音乐会，而在第二种情形之下，仍然会去买预定的门票。

这是因为决策者有两个心理账户，一个是音乐会账户，另一个是一般现金账户。听音乐会提供的价值是欣赏艺术带来的欢愉，这会贷记在音乐会账户中，这一价值用于弥补购买门票的票款。在第一种情形下，当到达音乐厅的时候，音乐会账户已经借记了票价支出，如果再购买第二张门票，将加大账户中的借方项目，使音乐会的成本突然变成了300元。这对于听一场音乐会的人来说，成本太高了，所以大部分人会选择放弃听音乐会。而在第二种情形下，丢失的150元将被借记在一般现金账户上，这一账户的损失虽然也带来不愉快，但并不影响音乐会账户的金额，所以没有理由在第二种情形下不去听音乐会。

这个例子说明，当收支情形清楚明朗的时候，决策人的行为将会受到各个心理账户互相分开、各不串账的影响。但是，通过心理账户减少复杂性的做法在金融市场中会特别成为问题，是很多非理性行为的心理根源。

3. 信息可得性效应

人们对每种信息掌握的程度并不相同，一些事关公司发展前景的资料对那些与公司关系比较近的人（内部人）来说容易获得，但外部人却要花费很大力气；由于种种原因，媒体报道也不可能平均地展现给每一个人。所以，每个人都有容易获得的信息，也有不容易获得的信息。如果仅仅从效率的角度来看，合理的情形应该是容易获得的信息会被经常使用，而对于决策来说特别重要而又不容易获取的信息要不遗余力地获取。

卡尼曼和特维斯基对信息的可得性如何影响判断的概率和频率做过实证研究，他们发现决策者对某种事件能够得到的例证越多，他们对该事件发生的概率和频率的估计值也会越高。比如说，一个投资者从来没有经历过股市的崩盘，那么他对股市崩盘风险的估计就没有那些经历过股市崩盘的人那么强烈。在信息可得性的心理活动中，回忆发挥着重要的作用。此外，那些影响信息可得性的因素也会导致判断的扭曲，这些因素主要有四种：近因、显著性、鲜活性和情感上的认同性。比如人们刚刚听到飞机失事的消息后，就很可能高估飞机坠落的可能性，高估事件发生的概率仅仅是因为近因的心理作用。对股票市场信息处理的研究也得出同样的结论，人们对于最近引人注目的消息常常会感情用事。对股票投资者来说，当有所收获、心情不错时，往往会做出乐观的预测；而当遭遇霉运、心情不佳时，又往往把当前的市场形势看坏。

4. 选择性感觉效应

除了可得性以外，其他的心理活动也会导致人们对消息的忽略。人们通常并不希望思考所有的事情，有忽略信息的倾向，不仅是有意为之，而且潜意识中也是如此，尤其是对不喜欢的信息，这就是所谓的选择性感觉的心理现象。通常，分析人士仅仅选择适应自己知识结构与他们个人对业绩理解的有关信息，并以此来配合他们的预测。所以，分析人士得出不同的预测结论是因为他们个人的观察范围各不相同，而且特定的预期对同样的事实可能做出完全不同的解释。如果一名股市分析人员预期股价将要上涨，那么他会把失业率升高的消息看成是股价上涨的信号，因为通货膨胀的风险降低了。而从另一方面来说，如果他预期股价将要下跌，他将考虑失业率提高是经济增长放缓的标志，所以股价将要下跌。由于选择性感觉效应的影响，在事件发生以后，人们在对自己的决策进行评价时，会特别主动地进行选择性观察。每个人都希望自己的决策是正确的，因此在潜意识中会尽可能地选择自己关心的信息，而对自己不感兴趣的信息视而不见。

5. 对比效应

人们对强烈反差背景条件下呈现的信息经常不可能按同样的认识程度去认知。比如，你正想租一套公寓但尚未租成功，这件事情已经比较急迫了，因为原来的合同已到期。起初你的中介公司让你看一套歪歪斜斜、日久失修的房子，当你听到租金报价后拒绝了。中介公司很快又让你去看第二套房子，虽然这是一套外表很平常的房子，租金也要比前面的稍微贵一点，但是你会迫不及待地定下来，这就是对比效应的例子。

在股票市场里，被有关某种股票盈利前景比较悲观的消息淹没的市场参与者，如果最后收到的是一则有些一般但仍属利好的盈利预测消息时，对比效应的影响就表现出来了。当股价已经连续两周下跌，然后出现了小幅反弹，也会引起市场很大的关注。这样的两则消息尽管本质上并不引人注意，但被市场如此看重，是因为它们与前面的信息形成鲜明对照，产生了对比效应。

6. 呈现顺序效应、先入为主效应和飞沫效应

信息的呈现顺序的不同，对人的心理影响是不同的，几则消息呈现的顺序至关重要。按照信息可得性原理，最后一则信息在投资人心中占有最重要的位置，因为它是最新的。可是这种效应常常被影响力更大的先入为主效应和飞沫效应所抵消。我们比较如下两句句子：

(1)美国失业率徘徊在历史上的低水平区域，但是非农工作岗位的增加低于预期。

(2)尽管非农工作岗位的增加低于预期，但是美国失业率仍在历史上的低水平区域。

绝大多数的市场参与者很可能从第一则消息中得到的是积极的判断，而第二则不会。这就是说第一则消息的影响大于第二则，这就是先入为主效应(也称初始效应)。对先入为主效应的解释有两种：一方面随着信息获得量的增加，注意力将逐步降低；另一方面，第一印象一般来说被赋予更大的权重。飞沫效应是指前面信息对后面信息的影响效果，第一则消息在飞沫效应中扮演了重要的角色，因为它影响着对后续信息的解释。飞沫效应与媒体的报道方式有密切的关系，与金融市场相关的报道方式，比如公司年报信息的披露顺序以及市场分析人士的分析思路决定着普通投资者的反应。

三、快速决断的直观式判断思维

如前所述,减少复杂性的直观判断思维有简化、心智账户核算、信息可得性几种。以下讨论快速决断的直观式判断方法。

1. 锚定效应

迅速做出决断的能力在金融市场特别重要,但是在快速决断的过程中,最初的价值水平占有异常重要的位置。通常认为,在预测股价、利率或汇率时,大部分人都会根据第一手资料做出估价或判断,随后当掌握的信息越来越多,或者经过更加仔细的研究,逐渐向信息包含的真实价值靠拢。但是,实际情况并非如此,由于最初的价值水平占有异常重要的位置,对价值判断调整的过程通常非常短,所以也并不充分,这种将某一参照点作为快速决断依据的心理现象叫做锚定效应。下面的一个实验可以说明锚定效应的作用:

学生被分为两组,他们被要求在 5 秒钟内对下述连乘凭本能计算出结果:

第一组的计算式是:1×2×3×4×5×6×7×8=?

第二组的计算式是:8×7×6×5×4×3×2×1=?

实验的结果也令人吃惊,第一组的平均值为 512,第二组的平均值为 2 250,实际值为 40 320,这说明前面几个数字的连乘明显影响了他们的判断。还有当有人告诉你在 12 个月内发生严重车祸的概率仅为 0.1%时,绝大多数人会对 50 年内发生意外车祸的风险往往低估,实际上概率为 5%。此时 0.1%就成了定位值(参照点)。

在金融市场上,定位有多种表现方式。定位值不一定就是某一个具体的数值,也可以是某种选择或态度,比如某些权位人士的意见。例如,当得到股价指数将走牛的咨询意见时,投资者将去适应高股价指数;反之,投资者则去适应低股价指数。而分析人员给出的意见,可能也会受到一个更有影响力的定位值的影响。另外,即使最初看来并非切合实际的数据和预测也同样具有定位效应。比如,大多数分析家预测半年中股价指数将上涨 30%,但也有少数分析者认为应该会上涨 60%,几乎所有的市场参与者都认为这不可能,但后来实际上涨了 50%,此时大部分市场参与者并非感到很意外,因为 60%的预测值仍然留在他们的脑海中,成为定位值。

2. 表征效应

除了锚定效应以外,表征效应也是一种快速判断的直观式思维方式。所谓表征效应就是运用表征性方法进行判断,也就是我们通常所说的想当然的判断方法。引起错误判断的表征性效应有三种表现方式:第一种形式,人们有错误估计表征性事件发生概率的倾向;第二种形式,人们容易将实际观察到的结果解释为因果关系;第三种形式,人们有时候会想象出不存在的原因与结果有关系。

(1)错误估计事件发生概率。比如,一对年轻夫妇将要生育6个孩子,什么样的出生顺序最有可能呢?如果G表示女孩,B表示男孩,是GGGGGG的可能性高,还是GBBGGB的可能性高?大多数人认为第一种顺序的可能性要小于第二种顺序。但是这种看法并不正确,如果一个小孩的性别不受之前小孩性别的影响,两种顺序的概率应该是一样的,都是$0.5^6=1.562\%$。

更为典型的错误估计事件发生概率的例子被称为赌徒谬误,这是发生在赌场中的轮盘赌桌上。假设没有欺诈行为,概率理论清楚地表明,在下轮(或随后的各轮)出现红色或黑色的概率是相同的。但是,在连续出现9个红色点数以后,人们相信该出现黑色点数了,因为人们相信机会应该是相等的。实际情况是,每轮游戏完全独立于此前的游戏。金融市场的投资者,如果根据“下跌总会上涨”来操作,也会成为赌徒谬误的牺牲者。一项实验是参与人购买虚拟股票,其价格涨跌完全是随机的,结果发现,在股价长期下跌后,大多数试验者预期股价要上涨,所以愿意持有股票的平均时间要长一些。

上述错误估计事件发生概率的表征效应,同样会导致非理性行为。比如在买彩票或奖券时,人们并不喜欢序号为1的彩票或奖券,尽管它像其他号码一样可以为我们赢得奖金,通过计算概率我们可以非常清楚地认识到号码为1的彩票与其他任何号码有完全相同的机会,但有个发自内心深处的声音在告诫我们不要选它,有谁听说过拿到这样一个小号码获得大笔奖金吗?这是一种非常经典的在不确定条件下由于心理因素而进行非理性决策的情形。

(2)条件概率谬误。条件概率谬误是指人们混淆事件本身和条件,引人注目的条件概率谬误的例子是对股市崩溃风险的估计。著名的股市崩溃事件大都发生在10月份,根据概率理论和基于对历史数据的观察,10月份发生股市崩溃的概率相对要高一些。考察1929～1998年间的道琼斯指数,如果把在几天内股价指数下跌10%以上界定为股市崩溃的话,可以发现其发生的概率为34%,也就是说在29次的股市崩溃中,有10次发生在10月份。但是,一般的股票交易人员经常会想到10月份到了,股市崩溃的风险增大了,在这种情况下,条件概率就被高估了。因为在1929年以后的62个10月份中,股价下跌仅仅发生了10次,这一概率大约为16%。所以,条件和事件或者说原因和结果被混淆了。

(3)幻想联系谬误。幻想联系谬误是指高估实证关系(实际观察到的结果),通过思维定式引导自己想象出一些实际上并不存在的关系。比如关于股票市场中的创业板市场,我们知道在其中挂牌的一般都是高新技术公司。如果这一类公司的股票公开发行上市,需求非常旺盛。因为投资者认为这一类公司发展前景广阔,必然会带来快速的价值增值。在股票市场上一定会有许多投资者对高科技公司的公开发行与高成长率建立起联系，这些投资者随后的需求推动了价格朝着他们希望的方向发展，然而之后的价格下降表明，这仅是一种幻想联系，而实际并非如此。

还有，假设有两名投资分析人员每日发布关于股市大盘短期走势的预测，一名委托人对这两名分析员连续观察两天，分析人员甲连续两天都做出准确的预测，而分析人员乙连续两天的预测都是错误的，那么这个委托人在接下来的预测中就会相信甲而不是乙。预测的准确与否都会在委托人的头脑中形成一种思维定式：甲的预测是准确的，乙的预测是错误的。由此可见，实证联系已经转变为因果关系。但是，实证上的联系并不一定意味着因果关系。虽然实证关系并不一定意味着因果关系，当然也无法排除。但是在做预测时，人们常常习惯于把这种依赖于实证建立起来的关系认定为因果关系。所以，实际存在的因果关系一般都会被高估，而不存在时也会被认为存在因果关系。最后要举的因果关系被明显高估的例子是裙摆股价论，人们常说女士的裙子越短时，股价将越高，而裙子越长时，股价将越低，这是真的吗？

第三节　评判过程中的心理偏差分析

一、相对评判的心理学依据

相对评判的理论依据是心理学的一些基本结论，比如在听觉方面，当背景噪音量相对越低时，一定分贝声音的刺激越能被深刻地感觉到。更为一般化的科学表述是，背景刺激越强烈，为了被感知所需要增加的刺激量越大。一个物理学的经典实验是：取三只碗，第一只盛满冷水，第二只盛满温水，第三只盛满热水。实验者先把手放进冷水中，然后再放进温水中，绝大多数人认为这是热水，而那些先把手放进热水，然后再放进温水的人则认为这是冷水。相对感知概念在心理学中是用适应水平的概念来表达的。由于适应性水平的现象同样也适用于对事物的判断，所以也一定会影响到决策和行为。

人们不仅主观地感知他们所处的环境，也同样主观地做着评价。感知的中性水平点可以称之为参照点，与参照点处在同样水平的结果被认为是中性水平，在心理学中对应的概念是适应性水平。高于参照点之上被感觉为相对增加，而低于则被感觉为相对减少。这就是说对增加和减少的感觉和评判要依赖于参照点。如果参照点因为这样或那样的原因而发生了改变，那么决策行为也会随之发生改变。大部分人在他们买进一种股票时，买进的价格就成为参照点，当价格超过买进价格就会因盈利而高兴，而当价格跌破买进价格就会因损失而沮丧。但是，高兴或沮丧的敏感度会出现递减的现象。

二、相对评判的模型——价值函数

如前所述，高兴或沮丧的敏感度会出现递减的现象。就像人们在进食时一样，随着食物的递增，人们的满足感是递减的。这同样也可用于针对货币的感觉，盈利的敏感性递减意味着人们获得第一块人民币的快感要大于第二块，第二块又大于第三块……敏感性递减在亏损状态下也有同样的效应。也就是说在参照点以下时，人们对损失的第一块人民币会非常恼火，但随后这种感觉会逐渐降低。这一结论可以用卡尼曼和特维斯基预期理论的价值函数来表示，价值函数表示的是与决策人相关的具体所得或所失的主观价值，参见图 12－1。

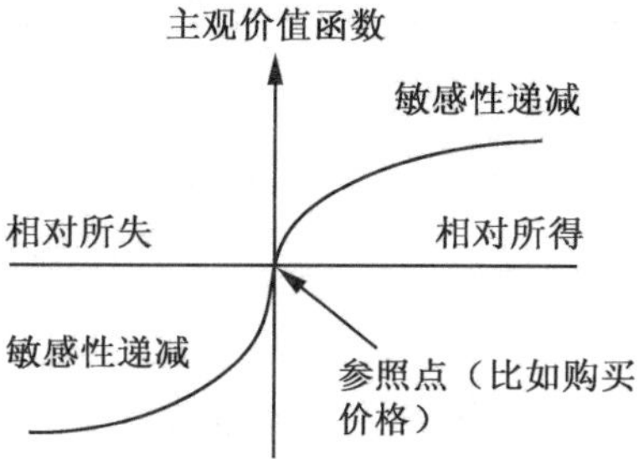

图 12－1　价值函数

价值函数表现的仅仅是概念化的东西，递减的敏感性不仅因人而异，而且也因境遇不同而不同。递减的敏感性对股票市场中一些现象的形成有重要的作用。如一名投资者最近以每股 50 元的价格购买一种股票，随后股价下跌到 47 元，对这一损失他很恼火，而当股价进一步下跌到 26～23 元时，他反而对此无动于衷，已经不再把它当成一回事了。不过，准确的图形应该是在亏损区域的曲线要比在盈利区域的曲线陡，这意味着对于同样数量的变化，人们对亏损要比盈利看得更重。

但是，敏感性递减实际上是非经济性的。比如，某人开车进城买厨房用的灶具，同时买 1 斤香肠做午餐。他先跑到商店 A，然后又到商店 B。他中意的品牌两家都有，商店 A 的价格是 2 480 元，比商店 B 便宜 10 元。因为很匆忙，而且他也认为 10 元的差价不算什么，所以他决定购买商店 B 的商品，尽管贵了 10 元。现在我们假设灶具在两家商店的价格是一样的，但是香肠的价格是：商店 A 是 2 元，商店 B 是 8 元。在这种情况下，大多数人会到商店 A 去买。尽管在灶具的例子中消费者认为能节省 10 元不值得回到商店 A；但是在香肠的例子中，他却会为了 6 元而回到商店 A。这种所谓的香肠效应产生的原因在于心理账户与敏感性递减的相互作用。在评价灶具价格时，由于心理账户的敏感性递减，使得 10 元被忽略不计，而在香肠的价格上，2 元与 8 元的差距在参照点的紧邻区域，所以敏感度高。这一分析同样可以用于金融市场，因为每种资产或每一投资头寸都有自己的心理账户和价格参照点。

三、反射效应和架构效应

1. 反射效应

由敏感性递减引起的典型行为可用下面的例子做说明：行为人面临如下的选择，

他可直接得到1 000元，或者去参加一个赌局，他有50%的机会获得2 000美元，另外50%的机会是一无所获。根据敏感性递减的理论，我们能对他的行为做出预测吗？根据实证研究，在一般情况下，他会选择拿1 000元这一稳妥安全的做法。可用图12—2来说明。

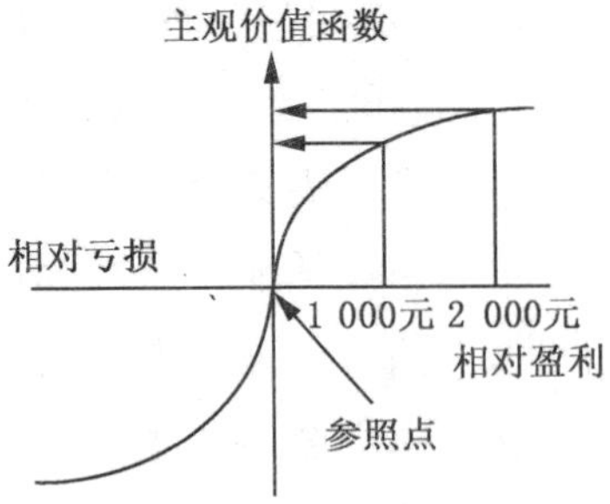

图12—2 反射效应

从图12—2中可以看到，获得2 000元的价值并非等于获得1 000元价值的2倍。如果获得2 000元的概率为50%，那么1 000元的确定值总体上要高于前者。所以，由于敏感性递减，行为人决策时尽可能避免风险而偏好确定性选择。也就是说，此时他的行为都是风险规避型的。当用亏损来重复上述实验时，可以意外地发现行为人突然变成了风险偏好者，也就是说，相对于确定的损失，他偏好风险，结果是要么不再付出，要么亏损更多。如果用上述例子中同样的数据来讨论，可以发现亏损2 000元的价值不等于亏损1 000元价值的2倍。如果考虑到50%的可能性，该行为人不确定亏损的主观价值要大于确定亏损，因此行为人选择了一个风险决策。所以，行为人的风险态度从盈利变为亏损时是完全相反的，这就是所谓的反射效应。反射效应可以简单地概括为：行为人面对盈利，会选择保守（风险规避）；而面对损失，会选择冒险（风险偏好）。

2. 架构效应

当参照点被通过一种具体的事实来呈现时，反射效应会导致一种被称之为"架构效应"的有趣的行为方式，这是指同一情形由于被呈现时的方式不同而导致不同决策后果的现象。下面是卡尼曼和特维斯基的一个实验：

情形A：在一组实验中，你已经得到1 000美元，另外你面临一个选择，确定得到500美元；或者你有50%机会获得另外的1 000美元，50%的机会一无所获。结果84%的实验参加者选择了第一项，16%的人选择了第二项。

情形B：在另一组实验中，你已经得到2 000美元，另外你面临一个选择，确定损失500美元；或50%的机会是损失1 000美元，50%的机会一无所失。结果31%的人选择了第一项，69%的人选择了第二项。

从经济意义上来说，如果只看最后得失的结果，两组的实验没有任何差别。两组实验的核心点在于决策上，是偏好获得确定的1 500美元，还是选择有50%的机会获得1 000美元，有50%机会获得2 000美元。之所以在相同得失的情形下，得出不同的决策，主要依赖于问题的表达方式。

应用参照点和反射效应的理论可以比较容易地解释这样的架构效应。在前面的实验中，第一阶段的收入对第二阶段形成了一个参照点。在情形A中，第二阶段的参照点是 1 000 美元，额外增加的数额是相对所得；而在情形 B 中，第二阶段的参照点是 2 000 美元，评价关注的重点是相对损失。所以，在盈利区域做出确定性选择，在亏损区域做出风险性选择仍然是符合反射效应的。

卡尼曼和特维斯基在 1981 年做的另一个心理实验也同样证明了上述理论。实验设想让你回答以下问题：

600 人感染了一种致命的疾病，有以下两种药物可供选择，你选择哪一种？

(1)可以挽救 200 人的生命。

(2)有 1/3 的概率能治愈所有人，2/3 的概率一个也救不活。

选择(1)你确信可以救活 200 人，选择(2)你要赌可以救活多少人。因此，这个选择很容易，72%的人选择了(1)，你不敢赌可以救活多少人。

下面是另外一个问题：

600 人感染了一种致命的疾病，有以下两种药物可供选择，你选择哪一种？

(1)肯定有 400 人会死亡。

(2)有 1/3 的概率能治愈所有人，2/3 的概率一个也救不活。

对这个问题只有 22%的人选择了(1)，因为你会选择让 400 人死亡吗？至少还存在全部救活的希望。

实际上这两个问题也完全相同，只是表达的方式有差异。第一个重点是放在收益上，而第二个重点是放在损失上。所以，从架构效应中也同样可以看到，人们更愿意赌损失而非收益，即面对损失选择冒险，而面对盈利选择保守。上述结论运用在金融市场上可以发现，如果你买的股票已经出现亏损，会和大多数人一样选择等待解套机会；而如果你买的股票已经获利，则会与很多人一样立刻卖出，落袋为安。由于这种心理的影响，我们也可以看到牛市与熊市的区别，牛市中的成交量一般都大于熊市中的成交量，其原因在于人的心理。

3. 反射效应和架构效应的非经济性

根据上述卡尼曼的预期(期望)理论所揭示的反射效应和架构效应，人们在面临收益与损失期望时，相对于收益会倾向于风险规避，成为风险厌恶者，而相对于损失则会倾向于冒险，成为风险偏好者，这种反射效应和架构效应从理性的角度来看，并非是经济的。假设你必须在以下两种情况下做出选择：

(1)6 000 元的确定收益。

(2)存在 80%的可能性获得 8 000 元收益，但是存在 20%的可能性会一无所获。

大多数人会成为风险厌恶者，因此他们会选择第一种方案。如果你认为很可能会遭受损失，那么这看起来是一个合理的选择，但是事实上这并不是理想的选择。如果投资者选择第二种方案，在平均基础上他们的总体表现会更好，因为他们平均能获得

6 400元的收益。这是将两种结果乘以各自的概率然后相加得到的：(8 000×0.8)+(0×0.2)=6 400(元)。

然而，很多投资者可能在更大程度上是因为不喜欢损失，而不是因为害怕风险而做出了错误的决定。假定你可以有以下两种选择：

(1)6 000元的确定损失。

(2)存在80%的可能性损失8 000元，存在20%的可能性毫无损失。

很多人选择了第二种，从表面上看这种选择好像风险较小，因为你可能不会有损失。但是实际上风险更大，因为可能的损失可以通过两种结果乘以各自的概率得到：(8 000×0.8)+(0×0.2)=6 400(元)。

四、意向效应和沉淀成本效应

1. 意向效应(处置效应)

意向效应也称为处置效应，是指投资者倾向于出售所持有投资组合中的盈利组合而留下亏损的组合。股票等金融市场的投资者在亏损区域和盈利区域对风险做出不同的评价，使得他们对短期交易的账面利润在获利之初就有了认识。也就是说，他们偏好于确定的利润，而对可能一本万利或可能血本无归的选择并不看好。另一方面，假设他们已经遭受损失，他们会坚持下去捂牢股票而不会兑现亏损。这种获利即果断出局、亏损则顽强支撑的现象被称为意向效应。

为什么会产生由预期理论所描述的意向效应呢？心理学家认为，“后悔理论”可以部分解释这个现象。梅·斯塔特曼是后悔理论的权威学者，他在1994年发表的《跟踪误差、后悔和资产配置策略》中指出，人们更愿意赌输而不是赌赢，是因为我们不愿面对失败的现实。我们可以想象，守住一只亏损的股票死捂不放，我们就不必承认自己犯错了。毕竟股票还在手上，你能说我亏了吗？因此，当股票价格下跌时，他们就会倾向于停止交易、按兵不动。谢夫林和斯塔特曼在1985年给出了人们为什么不愿意止损的如下解释：总的来说，人们因为认知和情绪方面的原因而炒股，他们炒股的原因是他们自认为掌握信息，而实际上他们掌握的只是噪声。他们炒股的原因还因为炒股可以给他们带来骄傲。当决策正确时，炒股带来骄傲；而当决策错误时，炒股带来后悔。投资者都想避免后悔带来的痛苦，只好将亏损的股票拿在手里，以免亏损真正发生。人们不愿意面对失败的现实，实际上是一种认知失调，这种认知失调可以最终解释熊市交易萎缩的原因，因为卖出亏损的股票等于承认自己对市场的看法和市场残酷的现实之间的不一致。

我们经常听到的股票交易原则是：盈利持有，亏损抛出。当股价变动表现出一种长期趋势时，这一原则毫无疑问是千真万确的。假设是这样的情况，目前是人气恢复时期，股价上涨可能性很大，或者在连续下跌以后，股价被认为还要下一台阶。那么最好的决策是，如果盈利则继续持有股票，如果亏损则应坚决抛出止损。可是，意向效应表明，很多投资者在购买股票以后，不管股价是上涨还是下跌，在做决断的时候往往是损失不兑现，而盈利则及时中止，所谓的股票交易原则正好与意向效应相反，其中的原因除了后悔理论解释的以外，可能还有其他的心理因素妨碍了投资人作出正确的决策，这就是沉淀成本效应。

2. 沉淀成本效应

沉淀成本效应是指在进行投资的过程中已经支出的成本将会有助于进一步推动增加投资，或者说人们在已经付出代价的情况下更可能会冒险。因为你一旦为某件事情付了钱，你就不愿意浪费这些钱。生活中有很多这样的例子，比如有一个人手里有一辆旧汽车，由于汽缸的密封圈有些问题，汽车修理厂为他做了修理，花了 1 000 美元。汽车正常行驶几天后变速箱又出了问题，修理厂告诉他修理费需要 2 000 美元，并建议他不要再修理了，因为这辆车也不值这么多钱。可是他仍然决定继续修理，因为他已经为这辆老爷车花了 1 000 美元，如果报废，此前的花费就无法挽回了。下面一个心理学实验也证明了沉淀成本谬误现象。

实验是这样进行的，随机挑选一些人卖给他们大学剧院的剧票，让这些人当中一部分人支付 15 美元的全票，另一部分人只支付 13 美元，还有一些人仅支付 8 美元。然后观察这些支付了不同价钱的人来看演出的次数，结果钱花得越多，就越有可能来看演出。

由于沉淀了成本，产生的心理效果是，在已经支付成本的基础上，能够尽量得到好处；如果新的投入不能够使已经支付的成本带来好处，就不投入；如果新的投入有可能使原来的投入得到一些好处就追加更多的投入。在股票或金融投资中，成本沉淀谬误也非常普遍，人们买进一只股票后，一旦套牢下跌，会买进更多以期降低平均成本，如果继续下跌，他们会更多地买进。

在面对损失的时候，沉淀成本效应与意向效应有明显的相似之处，投资者虽然可能在面对收益前景时希望避免不必要的风险，但他们在面对损失前景时却很可能会作出更具风险的投资决策。就像一名购买股票后遭遇股票价格下跌的人一样，修车人遭遇的同样是一种损失，因为他的车在修了以后又开不了了，于是他成了风险爱好者，不想就此结束这一投资，因为成本沉淀在某种无法补救的特定项目中。在汽车的例子中就是 1 000 美元的修理费，在购买股票的例子中，沉淀成本就是购买股票的价格下跌。所以，在任何其他情况下，意向效应往往存在着对应的沉淀成本效应。许多人继续坚持在他们已经投入资金的项目上，尽管这些项目是亏损的，而不是马上退出。

由于心理账户的存在，所以每个心理账户都有各自用 S 形主观价值函数描述的参照点,如果将不同的心理账户放在一起进行分析,可以看到沉淀成本效应的非经济性。假设有一名企业家有两项风险资本投资,也就是说开了两个心智账户。第一个投资项目不幸亏损 1 000 美元,另一个项目获得 1 000 美元的利润。现在这个企业家必须决定要在哪一个项目上投入时间和精力,假如他在亏损的项目上只能再得到 1 500 美元(这里已经有了沉淀成本),而在盈利项目上,如果付出同样的努力,他将能够再获得 3 000 美元的利润。结果是由于敏感性递减的作用,企业家选择了亏损项目,因为相对于盈利项目中的利润再增加 2 倍,亏损项目的选择尽管增量价值低,但会给他带来较高的主观价值,很显然这一选择导致了 1 500 美元自愿的但却是非理性的牺牲。

第四节 满足心理需要过程中的心理偏差分析

人们为什么喜欢在顺境中,其实这是一种满足心理需要的结果。人性的弱点特别是在认知和评判中表现出来的弱点,其实也是出于某种心理需要的结果。下面我们对满足心理需要过程中的心理偏差展开分析。

一、满足融洽的心理需要——期望摆脱失调感

一名投资者已经决定购买了某股票,但一直犹豫是否购买其他的股票更好。作出的决策当然可以反悔,即卖出该股票,尽管这会付出一些交易成本。但是在这样的情形之下,该投资者往往发现已经很难再卖出该股票,他将不得不寻找原因和理由来验证最初决策的正确性,而那些不利于购买股票的信息将会被尽可能忽略。这种行为可以用心理学中的认知失调理论来解释。

1. 认知失调理论

几乎所有涉及各种选择的决策都会引起纷争,之所以如此是因为选择任何一种决策都不可能十全十美,而任何被抛弃的决策也有可取之处。之所以放弃目前的选择只是因为这种选择的可取之处与决策者的选择不一致,而决策者又认为已经做了最好的选择。这种不一致在心理学中被称为认知失调。所以,认知失调实际上就是感觉与思维之间不一致,如果两者之间相一致就是认知协调,如果相互抵触,就是认知失调。

认知失调理论的基本前提是:所有人试图尽可能以最快的方式解决感觉与思维之间的任何冲突,因为这种冲突使人非常不舒服。比如去餐馆吃饭,根据以前的认识点了牛肉,当牛肉的味道没有期望的那样美味时,选择的负面性就会表现出来,使失调的感觉很强烈。为了缓解这种不愉快,就要试图与已经作出的决策相协调。你可以这样想,虽然算不上很美味,但也是最近一段时间以来吃到的最好吃的牛肉,或者想象一

下，原来准备点的羊肉可能会有焦味，这也就是我们平常所讲的阿 Q 精神。认知失调产生的先决条件是一种具体的认同感，当我们对决策带有感情色彩时，就会产生认同感，认同感越强烈，就越容易出现失调。

2. 决策中存在认同感的原因分析

在具体决策中，认同程度以及认知失调的程度依赖于四个因素：选择的自由度、不可逆成本、应负责任以及偏离标准的程度。

(1)选择的自由度。只有当决策是自愿做出，也就是说至少是两选一的抉择中自由地作出了决策，才会产生认知失调的问题。如果没有选择性和自由度，就不存在认同感以及感情的依附问题，也就不会有内心的冲突。在金融市场中，认同感非常高，因为通常没有人是被强迫进行投资的，决定完全是自愿做出的。如果是一名证券交易人员(比如红马夹)只是执行委托人指令，将不会有认知失调问题。

(2)应负责任。当涉及是自己的责任还是他人的责任时，应负责任问题就必须区分清楚。一般来说，认同于某种决策的程度，将随着所负责任的增加而提高，两种情形都是如此。承担责任的前提条件是行为的后果在某种程度上已经被预计到，许多基金经理对由于无法预计的意外政治事件所造成的损失觉得应负很小的责任，在这种情况下，他的认知失调感也会比较弱。

(3)不可逆成本。认同感也包括决策后导致的无法挽回的成本支出，这也代表了一种沉淀成本，如果决策在实际上被推翻时会导致成本支出，这将会产生高度的认同感。这里的成本不仅包括实际的经济上的成本，也包括心理上的代价(比如长时间的思考)。

(4)背离标准。行为越背离标准，认同感会越强烈，或者说符合标准的决策不会引起太大的认同感。这里的标准状态是指在一定的环境中，绝大多数的人都认为是正确的所作所为。比如在欧元诞生之初，绝大多数的政治家和经济学家都看好欧元，对于卖空欧元的人来说就是对标准的背离。当作出背离标准的决策时，该决策者就与其所选择的决策之间形成了一种具体而引人注目的关系，这就意味着他对自己决策的认同感比仅作出正常决策者要高，一旦这一决策被证明是错误的，将会引起非常强烈的失调反应。所以，在一般情况下人们不会作背离标准的决策，这种现象在证券市场也会看到。依据标准的投资策略，多数投资者倾向于在他的投资组合中购买蓝筹股票，如果投资于无名的小公司股票就是对标准的背离，也就意味着高认同感。在这种情况下，人们对收益与风险的评判将比蓝筹股更加苛刻。

3. 避免认知失调的心理需要所导致的后果

由于认知失调是一种不愉快的感受，因此人们有一种本能的需要想要消除它。失调越严重，降低失调的心理需要就越迫切。有几种可能的方法来降低或消除这种失调感，如果通过推翻已经作出的决定来降低不协调，必须克服内在或外在的障碍，这种做法不仅可能要付出代价，而且还可能酿出心理疾病。由于很难推翻已有的决定，那么不协调的解决就必须另谋出路，有两种可行的方法：选择性感知和选择性决策。

(1)选择性感知。选择性感知是这样一种现象，当决策伴随高度的认同感时，人们只注意那些对自己有利的决策，当决策实际上已经有迹象表明将要出现多重不利后果时，人们的注意力只关注所做选择的优点和放弃选择的缺点。在金融市场上就表现为人们主要关注对决策有利的市场信息，与此相左的信息最好略过或者减少它们与结果的联系。比如，某公司发布了这样一条关于盈利情况的消息："上个季度，由于竞争激烈，营业收入和盈利都有所下降。管理者希望通过采取措施来实现预定的营业收入和利润目标。"作为投资人你将特别关注消息中的哪一点？或者是看轻、忽略哪些内容？很显然，做空的人会看重前面一点，而做多的人则看重后面一点。

(2)选择性决策。选择性决策也是人们用来证明自己当初作出的决策具有正确性的一种心理反应，这一决策的目的是要确保在任何情况下都会出现一个理想的结果，尽管他们可能会为此付出高昂的代价。比如，人们对某一项目继续进行投资，希望目前已进行的投资不会出现颗粒无收的局面，当投资人看到自己购买的股票下跌时，也会做出同样的行为，为了早日达到盈利区域，他们将在股市中不断加码，以降低所购股票的价格。作出选择性决策，与前面讨论过的意向效应和沉淀成本效应相差不大。

4. 评判中的失调预期

(1)损失规避与禀赋效应。大量研究表明，对同样的价值，人们对所失的感觉要比所得的感觉强烈得多。人们失去 100 元的痛苦要大于得到 100 元的快乐，这种现象叫做损失规避。这可以借助失调理论来解释，招致损失意味着决策错误，由此带来失调感，使决策者感到压力并试图为自己的决策辩护，那么就有了心理成本，而在盈利区域没有心理成本，这也就解释了对盈利与亏损的不对称。

损失规避在权衡是否改变目前状态的决策时可以发挥作用，这就引出一个更为重要的效应——禀赋效应(赋予效应)，该效应也称为"安于现状偏见"，是指大部分人对自己拥有东西的索要价格大大高于他们想买入物品价格的现象(敝帚自珍)，这种现象表明在人们的身上存在一种让一切事物保持其原有状况的行为倾向，这也就是消费者为什么有一种品牌忠诚度的原因，生产商邀请消费者试用商品，实际上就是利用禀赋效应。比如，汽车销售商让你星期五试用一辆豪华车，下周一归还，但是周一的心理损失比周五的心理盈利要大得多。

(2)后悔规避。后悔规避是一种更加严重的行为异象，是指行为人想要避免或担心某一事件发生后，后悔当初作出了错误决策的心理现象。当人们面对多项选择时，考虑的是如果我作出不同的选择后果将会是什么，由错误决策引起的失望感可能会远远大于由成功决策带来的兴奋感;由错误决策导致的后果所造成的负面效果远远大于什么都不做带来的损害。所以,当人们需要在不确定的情形下作出抉择时,将采取一种被动而不是主动的态度,即按照过去的方法办。在股票投资中,当投资进入亏损区域时,人们为什么迟迟不作清仓的决定,就是受后悔规避心理的影响。

5. 降低失调感的后果

人们为了降低失调感,作出的决策并不总是最优的。假如有一个购买股票的投资者目前出现亏损,如果他能卖出股票然后将资金转向有更好收益的其他项目上,这应该符合理性的做法,从金融学的观点来看这应该是明智之举,但却会造成投资满足感和心理福利的损失。因为第一,他必须承认自己过去作了错误的决策;第二,如果做出这种改变,他将失去该股票投资带来的任何盈利的机会,如果该投资者拒绝兑现亏损,而是继续持有直到有盈利产生,那么他最终还是获得了成功,尽管这花去了较长的时间。所以,尽管他们不愿意投向其他更好的项目可能在经济价值上不利,但是他们却保留了一份快乐的心情。

二、满足控制欲的心理需要——追求确定性

在证券市场中,渴望把握市场局面的心理需要更为强烈,这里每天都诞生着成功者与失败者。人们成功的诀窍是:领先于市场大部分参与者一步,通过运用一定的策略、技术手段和成功的分析,把握市场的波动趋势。

1. 控制动机的重要性

每一个人都有一种需要,即认为自己是其所处境遇改变的导航者,这会引发一种竞争感和自我实现的满足感,一种未能实现的控制欲对心理有极大的负面影响。

(1)控制幻想。在金融市场我们必须假定投资者一般没有机会来影响价格走势,所以也就无法实施控制。但是,很少有人相信对价格预测是非常有限的,大量的经济和技术分析人士相信,根据他们的预测就能把握市场走势,预测可以唤起市场的控制欲,这种现象被称为“控制幻想”,在股票市场中经常可以看到。

(2)本国资产偏好效应。另外,当投资者进入一个陌生的市场,他对市场的了解将会非常模糊,那么这位投资者会感到无能为力,自认为无法掌控局面。大量的实证研究表明,大多数投资者宁愿回避这种无法控制的局面。所以,投资者一般都愿意在自己熟悉的本国而不是外国进行投资,这被称为本国资产偏好效应。

2. 控制幻觉与过度自信

当人们相信他们已经控制了局面而实际上并没有做到时,就产生了控制幻觉。当控制幻觉被运用于对事件的预测,就会产生“过度自信”。人们往往对自己的能力过度自信,一个人越相信自己,过度自信的风险就越大。过度自信心理可以解释牛市成交

量放大的现象，当市场上涨，投资者开始赚钱时，作为赢家的人们更愿意认为自己的成功是个人努力的结果，而不是凭运气，这种现象从心理学的角度来看就是人的自负心理。在牛市中的投资者一般会认为，自己赚到钱（哪怕他们的收益率低于市场平均水平）是自己水平高超，把盈利归功于自己超过常人的投资水平。由于自认为水平高超，所以他们的操作更加频繁。因此，牛市中成交量显著放大的原因主要是由于过度自信，这与熊市中的后悔心理使得大家都按兵不动、成交量大幅萎缩是同样的道理。

投资者会因为过度自信而影响他们对市场信息的正确处理，过度自信会使他们在过滤各种信息时，注重那些能够增强他们自信心的信息，而忽视那些伤害他们自信心的信息。历史已经证明，由于过度自信，很多非常成功的高手，在连续多年的不败纪录后，突然间亏得血本无归。这方面的典型例子是美国股市早期的天才杰西·利弗莫尔，他 14 岁开始当报价员，练就了非常敏锐的市场判断能力，他一直把股市赚来的钱都投向股市中去，一点也不留以防不测。他因为准确判断到了 1929 年的崩盘并从中牟取巨利，1931 年个人财富达 3 000 万美元，但后来赔光老本，掏枪自杀。

控制幻觉在金融市场中是一种极为重要的现象，因为交易是买卖双方的事情，买方预期未来价格将要上涨，而卖方则相信未来价格将要下跌，如果没有对控制的相信，交易也就很难完成。在金融市场中，自负解释了为什么证券组合的管理者要进行大规模的交易，为什么养老金要雇用积极型的基金管理者，他们都相信自己能够战胜市场，成为赢家。但是，当控制幻觉造成资产暴露规模太大时，就会产生严重的问题。比如，当市场参与者幸运地在一系列的交易中获得成功后开始高估自己的能力，甚至贪心到会在一切事情上下赌注，即使需要他们退出时还敢冒风险，此时将面临巨大的投资风险。

控制幻觉的现象可以从归因理论中推出。该理论的一个重要部分是“自尊成就归因”的现象，意思是说，如果人们取得成功，他们会相信这完全依赖于个人能力，会将成功归因于自己并不存在的能力；如果失败了，那么他人或外在环境即成为推卸责任的对象。金融市场的参与者很容易将一切成功揽在自己头上，在较长时间段内取得一系列成功后，他们会产生强烈的控制幻觉，他们相信自己似乎可以随心所欲。如果不成功，他们就对自己或他人说股票交易的成功常常是靠运气的，这一次运气不佳。

3. 失控现象

当人们最初以为可以控制局面，但是到后来不得不承认无法实现自己的控制愿望时，就会发生失控的心理反应，它表现为会导致严重的情绪剧烈波动、不确定感，甚至恐惧和恐慌。当经历失控后，有强烈控制欲的人会痛苦不堪。而当失控发生以后，一般会有两种可能的反应：第一种是向那些自己认为还能把握局面的人征询意见，这些人可能是知名的分析家或股票交易的行家，因为过去他们的预测总是正确的，这在美国证券市场已经得到证明。该项研究是调查投资者在阅读《华尔街日报》的专栏"读懂华尔街"以后，他们的行为如何得到影响。在这个专栏里，著名的股票交易专家就金融市场现状及未来的走势发表看法，当股价处于上涨阶段，那些看法对投资者行为的影响不大；但是在股价下跌阶段，情况正好相反，因为大多数投资者遇到了麻烦，已经处于无法把握局面的失控状态。第二种方法是寻找相同看法的人，通过相互间交流能产生一种看法正确的幻觉，同时也恢复了把握局面的感觉。

4. 控制不足评判的结果——风险规避

你认为自己是风险规避者还是风险偏好者呢？大多数人都无法给出一个一般意义上的答案。比如，那些在风险投资上大把烧钱的人却不敢参加跳伞那样的危险性大的运动。每个人接受风险程度的关键在于要看处在什么样的情形之下，说得明白一些就是对局面控制程度的把握上。如果他们相信自己可能已经能够把握局面，那么他们表现出来的行为不会是风险规避而是风险偏好；如果他们怀疑存在控制不足，那么他们的行为就会变成风险规避。比如，我国证券市场在2010年正式推出了股指期货交易，但是在初期开户期间，申请开户的投资者非常之少。这是因为大多数投资者都对股指期货了解不多，表现在心理上就是怀疑自己难以把握，因此就会采取风险规避的谨慎态度。

所以，如果由于控制不足而引起了风险规避，那么风险规避的决定因素也同时成了控制不足的决定因素，这意味着：(1)随着风险决策资本数额的增大，风险规避倾向也随之增强；(2)风险规避倾向因将要发生事情的概率无法清晰预测而增大。

第五节　市场循环过程中的个体心理分析

一、价格变化的心理分析

1. 投资者的地位与价格心理

在股市中，当多头和空头在进行交易时，还常有贪心的人在岸边等待，他们等什么呢？不用说是想要等更好的价格。我们平时常说的心理价位概念，就是指在价格上面所反映出来人的心理情绪，对于股票的价格来说，同样有一个心理的问题。对于价格的定义，经济学虽然有明确的定义，比如，价格是供求曲线的相交点，或者说价格是商品价值的货币表现。但是，从心理的角度来说，价格是某一个人认为一件东西所具有的价值，或者说价格是下一位买家或者是最后一位买家所愿意支付的金钱。

在证券市场中，每个投资人都处于三种状态或者说面临三种选择，即买进、卖出、等待，所以，在股市里就形成三类人：买家、卖家和观望者。卖家是讨价，当然是越高越好，买家是还价，当然是越低越好，他们之间永远是矛盾的，如果双方不妥协，交易就不可能成立，也就无所谓价格了。在买卖双方之外，还有观望者在等待机会，观望者不是局外人，他们对股票的买卖起到一定的促进作用，他们加入哪一方的力量较强会使股市上升或下跌，起到推波助澜的作用，所以，股市上的价格是由买家、卖家和观望者三方共同决定的。某一个股价的形成是三方对股票价值共同认识的暂时平衡，所谓暂时就是这种共识是要变化的，它代表了一种心理反应。投资者对股价的心理反应讲到底就是他们对市场前景的看法，这就叫做心理预期，技术分析中的强弱判断，实际就是体现了投资者的价格心理。

2. 价格变化时的买卖心理

如果有人问股票价格为什么上升，很多人会回答，因为买进股票的比卖出股票的多，这很显然是错误的，因为，在任何证券市场上买和卖的数量都是均等的。股票价格的涨跌实际是由买家和卖家对股市看好看坏的强度变化造成的，由于想买进的股票数量超过了想卖出的股票数量，股价才会上升。在股市中能够完全做到理性的投资者很少，受到价格变化影响的情绪化买卖行为比比皆是。从心理学的角度来看问题，有以下几个特点：

第一，股市上涨是买家贪心超过卖家担心；股市下跌是因为卖家贪心超过买家担心。在一般情况下，多头们感到非常乐观时，生怕错过任何上涨的机会，积极买进；而同时卖家则担心在上涨的时候不卖出，将来可能没有机会了。只要贪心的人超过担心的人，上涨就不会停止。反之，在空头们感到非常悲观时，生怕错过了任何下跌的机会，积极卖出，这时表现为贪，因为跌得越多，将来回购后的利润越多；而同时，买家则担心现在下跌的时候不买进，以后可能没有机会了，所以是担心以后没有机会。只要贪心的人超过担心的人，同样下跌就不会停止。所以，在股市中有一句非常辩证的谚语，叫做"空头不死，涨势不止；多头不死，跌势不止"，很能说明问题。

第二，从心理学的角度来讲，害怕是比贪婪更加强烈的情感，也就是说恐惧的情感在强度上是超过贪婪情感的。道理很简单，就是人们虽然希望以后得到更多，但是更要求已经到手的东西不要失去。所以，在股市里我们可以看到，当股市上涨、多头出于贪心买进股票以后，如果买进的股票出现损失，这时害怕就会占据主导地位，会导致因为恐惧而不顾一切将股票卖出，这种恐慌性的抛盘会造成股市急剧下跌；同样，在股市下跌时，当空头出于贪心卖出股票后，如果卖出的股票反而是上涨的话，空头就会感到很害怕，积极补救，当空头进行补救时，价格会出现直线式的上涨。

第三，价格是投资者的真正领导者，如果价格朝着他们所希望的方向运动，投资者在心理上就会认为得到了奖励；如果价格向相反的方向运动，投资者就会在心理上感到受到了惩罚。英国的投资家布鲁墨写过一本书，叫做《金融市场预测——技术分析背后的真相》。他在书中写道，价格是投资者的真正领导者，当价格上升时，多头觉得受到奖励，上升时间越长，他们越感到有信心；此时，空头认为他们因为卖空而受到惩罚，于是很多人就补救。由于多头买进，空头补救，就会将上涨推向新的高潮，双方都注入了感情因素。反之，如果忽然由于某种原因使价格转为下跌，这时空头就会觉得受到奖励，造成空头的队伍不断扩大，而多头则觉得受到惩罚，转而做空，使下降趋势进一步加剧。

第四，价格长期朝一个方向运动容易造成思维定式，成为群体心理，投资者在作为个体进行分析时，也很容易被群体心理所包围。比如，高峰时间越长，做分析的人就越容易被牛市情绪所感染，而忽略危险信号，错过牛市转向信号；而下跌时间越久，做分析的人就越容易被熊市情绪所感染，而忽略好转信号，错过熊市转向牛市的信号。所以，对长期的牛市和熊市一定要保持心理上的警惕。

第五，价格上涨和下跌的快慢取决于投资者的感觉，如果买家觉得价格比较高了，上涨就慢，而卖家觉得价格比较低了，下跌也慢。所以，价格变动幅度的变化，实际上反映了投资者对价格的心理感觉的变化。为了避免受价格变动的影响而导致心理变化的不健康，应该从以下几方面进行心理调整：一是挑选有用的股市信息；二是充分研究市场状况；三是制定风险管理计划；四是注意自己的思维方式。

二、市场周期性变化中的心理偏差和心理控制

每个金融交易者都在重压之下进行金融交易活动，他们始终徘徊于希望与恐惧之间。他们熟练地利用各种设备以便及时得到最新的信息，一切都是为了一个目的，即把握市场动向。一个典型的市场参与者的行为轨迹是，每天都要深入分析报纸杂志中的金融版面，对与市场相关的基本面因素变化以及它们对价格的影响了然在心，然后通过与同事、同行、朋友的讨论，刻画出今后价格走势的基本框架。如果认为要涨就会买进筹码，一旦建仓就希望上涨越快越好，这样可以快速地卖出获利。如果如其所愿真的上涨了，希望就变成了快乐，然后就会变得得意扬扬、充满自信，利润的获得进一步增加了正确决策带来的心理满足感。当然，由于各人的自制能力不同，表现也会不同。持有的头寸及早清仓变现，利润到手，不会再有亏损之虞，也避免一旦形势变坏，由于头寸暴露而担惊受怕。

成功孕育自信，然后带来第二轮投资。交易者在此轮的投资中通常不会花太多的时间和精力去收集信息，与同事或朋友的信息交流也仅仅是为了证实自己对近期价格变化的看法，与其他人的讨论已不具有关键意义了。相反，其他人开始向他请教，通常别人不会对他提出相反的意见。如果第二轮投资也成功了，不仅交易者自身感觉极

佳，而且他投资成功的消息也会很快传播出去，其他的人需要而且依赖成功者，成功者的观点就会有很大的市场，客观信息的解释不仅被淡化甚至被边缘化，交易者自身也会变得只依赖本能进行交易，很容易被胜利冲昏头脑，强烈地希望再次获得这种成就感、幸福感和认同感。而不断增强的自信会使他进一步加码买进，对可能出现的亏损开始忽略不计。在许多成功的市场参与者身上都可以观察到从希望、快感直到狂热的情感逐级升级，这也会或多或少地扭曲他们对真实情况的认识。对投资有利的信息常常会被放大，而可能会对市场有害的变化则几乎视而不见。最好的结局是，当未预见的事件威胁到交易者的筹码时，他能清仓或获利了结。

但是，如果情况的发展并非如其最初所愿时，结果就不一样了。因为投资都是从满怀希望开始的，他也同样坚信自己的决策正确无误。开始的些许亏损并不会引起交易者太多注意，即使有一些怀疑，通过向他人征求意见后也会消除。问题是当价格缓慢但确定地朝相反方向变化，或者是快速地下跌时，投资者开始感到失望和焦虑不安。这种心态的典型特点就是它会阻碍人们的决断能力和理性地控制个性，此时交易者会从其他角度理解基本面信息和技术面信息，他会压抑所有不利的消息和信息，而同时却会高估对自己有利的信息，仍然会相信自己并没有什么地方做得不合适。但是市场并非如其所愿，尽管情况比较糟糕，交易者也不想兑现亏损，因为任何人对丢面子的事情都很谨慎。

对市场参与者来说，由于过去的连续成功会导致其仓位越来越重，这样，焦虑阶段就成为最关键的一个阶段了。他们开始的不可能完全做错的过度自信迷住了他们对市场实际正在发生事情的视线，而焦虑感的逐渐加剧，最终将会变成一种严重的恐惧。问题是当价格继续向相反方向变动时，恐惧又会马上变成希望，这种心态的变化带来的是一种勇气，因为交易者倾向于购买更多的价格已经降低的筹码，以便摊低成本。一些交易者可能会在心态上走向另一个极端，从担惊受怕到不畏风险。

尽管额外加码买进经常被证明并非明智之举，但是很多交易者仍然认为对自己没有太大的坏处，原因在于价格的变化降低了“成本”，更主要的是自己的面子得到了保全。问题是加码买进等于是持有了更多的新头寸，交易者的亏损并不会因为购进新的头寸而降低多少，反而有可能会进一步扩大亏损。一旦价格再次朝对自己不利的方向变动，交易者的压力和紧张又会再次加大，而且双倍的筹码意味着双倍的压力，交易者的情绪又会很快变成恐惧。此时，他会变得不知所措，不明白市场怎么了，与他人的交流也会越来越少，因为生怕失去面子。而当自己希望的点位似乎已经难以企及，心理压力的累积达到极致时，就会引起孤注一掷的绝望行为，将全部筹码进行清仓。事情过后，交易者的神智恢复了，开始寻找出错的原因，导致交易者出错的原因通常被归结为一些信息和传言或者是他人的看法。以后他可能会谨慎地参与交易，但随着自信的恢复，新的一轮循环又开始了。

通过对盈亏循环周期中不同情绪变化阶段的分析，可以发现任何极端情绪即使是有利于交易者的，也是危险的。一旦持有筹码，信息处理的方式马上就会改变。情绪越强烈，对数据和信息越容易形成歪曲，看问题越不客观，交易者会对所有不利于自己的信息和传闻熟视无睹，而对有利于自己的信息却人为放大。当交易者处于焦虑或兴奋阶段，对信息的这种过滤会更加严重。在焦虑情绪支配阶段，焦虑情绪支配的时间会因为间歇性出现的希望而延长，那些不时闪现的希望之光的剧烈程度，不亚于此前经历过的所有焦虑，有时甚至更强烈。而当贪恋和恐惧控制了人的情绪后，信息几乎不起作用了，在极端的兴奋或绝望的时候，消息不再发挥影响作用。

尽管人们各不相同，但是许多典型的行为调整会一而再，再而三地发生在所有市场参与者的身上。由于存在显著的焦虑情绪，相对于那些控制力很强的人，一些市场参与者会较早地出现恐慌，即使是控制力很强的人也无法避免出现恐慌。总的来说，在承受压力之下，任何人都会面临无法作出理性决策的风险。

第六节　基于心理因素的市场参与者类型分析

证券市场的参与者是一个人数极为广大的群体，每个人的心理素质具有很大的差异性，根据心理素质的差异，可以对投资者的类型进行划分。市场参与者如果能够把握自己的投资者类型，有助于自己更有效地运用各种策略，作出一项既明智又令自己心情愉快的决策。知己知彼是投资成功的要素之一，对自己的把握包括确定自己的投资者类型，比如是冒险型的还是谨慎型的，并了解自己的处理风险的方式。这样不仅可以避免投机性过强的交易，而且还可以正确理解、从容应对市场上的突发事件。总之，由于在市场中不存在医治人性弱点的百灵药，所以将市场参与者进行分类就有特别的意义。性格品质决定了在交易的哪个环节需要特别注意，在哪个阶段需要提防误算。

一、类型划分的生理学基础——“三脑合一”理论

“三脑合一”理论是由脑神经学家麦克林提出，他认为从功能上来讲，人的大脑在进化的过程中形成了三个独立的部分，每个部分都有不同的结构和化学构成成分。三脑中最古老的部分是爬行类脑，形成于 5 亿年前；继续进化形成第二部分：边缘系统，这是由哺乳类动物在 2 亿～3 亿年前通过进化形成的；最新的部分是新脑皮层，在 10 万年前形成，它标志着哺乳动物特别是人类进入新纪元。他通过研究得出的结论是，

"三脑"有不同的心理:本能、情感和理智,三者经常相互冲突。人脑并非是一个均衡的整体,而是三位一体。对于人来说,习惯于运用三种不同心理中的一种可以形成人的性格,具体可以分为本能型人、感性型人和理智型人。但是并非每个人都能清楚自己被归于三种类型中的哪一类,因为尽管人们可能偏好脑中的某一部分,但也在一定程度上使用其他部分。所以,虽然我们可以强调每个人三种特性中的一种,但我们面对是一种混合型。据此,我们可以将证券市场的参与者分成三个大类:依据本能而动的直觉型投资者、全身心投入的情感型投资者以及固执己见的理智型投资者。

二、依据本能而动的直觉型投资者

直觉型投资者受到人脑中爬行类脑的支配,在一个凭直觉进行交易的人群中,特别是需要在非常短的时间内作出决策的情况下,我们一般可以发现本能型人。即使他们有足够的时间获得信息,本能型人也不会对形势进行详细的分析。本能型人可以在那些仅在短期内进行操作的市场参与者中找到,这种人群包括每日完成交易者。因为直觉型行为人在决策时费时很少,所以他们必须利用自己潜意识中的例行方式。因为所有事情必须尽快完成,所以他们一般会对比较复杂的事情做很大程度的简化。为了能够即刻对形势做出判断,本能型人会求助于直观推断方法。由于他不会为评判花太多的时间,他参照的信息会非常少,只有那些能及时和轻易获得的信息才会影响到他的判断和认同感,这样的话很容易成为选择性判断的牺牲品。对于本能型的人来说,所有直观性的推断方法都成为其成功的绊脚石,有些人的交易频率可能增加到这样的程度,获得的些许盈利到头来甚至不足以支付交易成本。总之,本能型的人特征是快速决策、快速投资,尽可能最快获得利润。

从证券市场的实际情况来看,那些交易型的投资者基本上都是本能型的或者说是直觉型的投资者。所谓交易型的投资者就是指那些不喜欢静止、总是不停地变换手中的投资筹码,以求获得短期收益的人。这类投资者一旦进入交易所,就会有交易的冲动。他们有强烈的获利动机,希望一买进就能获利,一看不能获利就害怕被套牢,于是不停地进行交易。交易型的投资者往往不会采取定式思维,一般擅长于技术分析,只要技术分析显示有效,就会马上采取交易行动,他们相信股票的历史价格走势反映了公司股价的信息,注重交易时机,所以灵活性是其一大特点。交易型投资者的一个重要的优势就是比较容易发现一些交易价格偏低的股票,特别是市场波动频繁时,他们的易动性会获得较多的投资收益。但长期身居股市的交易型投资者也有着明显的心理缺陷,一是情绪波动较大,二是情绪比较冷漠。

还有一类人也应该属于直觉型投资者,可以称之为开创型投资者,他们往往富有创造性思维,做事别具一格且不愿随波逐流,具有很强的自主性和独立性,处理问题的思路和方法往往都让常人难以理解和把握。开创型投资者智商一般都很高，喜欢变化，讨厌墨守成规，善于用自己的思维去看问题，不易受市场舆论、专家意见、大众心态等的影响，坚持自己独到的见解。正是由于这些性格特点，开创型投资者往往能在别人没发现的地方找到投资机会。但是，开创型投资者容易过度自信，甚至自负，一旦认定自己的观点，很难听取他人的意见，从而导致严重的判断错误。开创型投资者在投资行为上容易极端化，一旦认定可以乐观，会一次性地将资金全部投入，而一旦认定应该悲观，则会一点资金也不投入。

三、全身心投入的情感型投资者

情感型投资者受到人脑中边缘系统的支配，我们可以清楚地知道在哪里可以发现金融市场中的情感型人群，在任何有群体参与的场合，喜欢由集体做出决策的便是。情感型的特点是尽量强化良好感觉而减少不良感觉，情感型的最大弱点在于他们特别需要协调，任何可能干扰或降低这种协调的变化，即使非常小，也会尽力避免。他们典型的行为是规避失调，对承认错误非常不情愿，对于艰难情形总是要寻找机会争取最好的结果。因此，他们处理事情时容易依赖选择性的意见，对于肯定他们交易的信息会乐意收集，而同时看淡或忽略对他们不利的消息。因为情感型的人力图避免失调，所以当市场变化出现对他们不利的情况而出现损失时，他们会花很多时间才能认识到，很可能对自己的资产状态不断恶化而无动于衷，直到彻底绝望。

从证券市场的实际来看，大部分的投资者在性格上都是情感型的人，情感型投资者是典型的情绪性投资者，其行为带有很浓的感情色彩，他们会因自己对某个行业、某家公司、某只股票的喜好和厌恶来判断投资与否，特别容易对自己所投资的股票产生感情，对那些曾经给他们带来过丰厚收益的股票，即使卖了之后极有可能再买回。情感型的投资者往往会因内心情感的作用而容易感情用事或意气用事，而忽略公司基本面的改变，或是对其进行符合自己心理需要的合理分析，从而错过有利的投资时机。由于情感型的投资者喜欢选择他们熟悉的、了解透彻的，并且有浓厚感情的投资对象，不易接受新的事物，所以常常会因这种心理倾向而错过新领域、新行业、新增长点的获益机会。

四、固执己见的理智型投资者

理智型的人是指那些受到人脑中新脑皮层控制的人。在金融市场理智型的人常常会首先想到危险，他们最恐惧的是对危险无法充分了解和不知道如何转移风险，所以他们会尽最大努力不去背离标准。由于他们害怕作出错误决策，这种担心有时会强烈到尽可能推迟作出决策，甚至根本就作不出决策。理智型投资者喜欢从金融市场中自身的角度来把握市场的价格变化，他们试图去把握影响市场参与者行为的所有可获得的信息，并喜欢据此进行预测。理智型的人最多地存在于分析人士中，在进行长期投资的人中有较多的理智型的人，他们不倾向于短期投机。这些市场参与者的交易动机并非快速获利，而是追求资本的持续、长远的稳定增长。

从证券市场的实际来看，具有以下这些性格的投资者基本上都属于理智型投资者。比如，追求经济性动机的经济型投资者，他们有着很强的经济头脑，会对自己的行为做经济性（成本收益）的分析，会比较短期和长期利益，会进行合理的预测。还有追求安全性动机的安全型投资者，他们不仅希望能获得投资收益，并总想要把风险降到最低，以免自己的心理受到强烈冲击。对于片面追求安全的投资者来说，他们的心理缺陷特别明显：由于具有挑剔的性格，特别容易追求完美，要求自己的每个决策都正确，做到既安全又获利，因此投资决策时特别小心谨慎，往往犹豫不决、神经紧张，所以安全型投资者的性格决定了他们的获利能力受到很大的限制。此外，那些性格上比较优柔寡断、患得患失的多疑型投资者也基本上属于理智型投资者，多疑性格的人会特别谨慎，对周围的一切都有一种天然的戒备心，特别怕自己被骗。在证券市场上，多疑型的投资者，往往会表现出不买股票会担心失去获利机会，买了股票又会担心价格下跌赔钱的心理状况，所以他们与安全型的投资者会有共同之处，即保持一种谨慎的态度。

练习题

一、名词解释

贪婪心理　恐惧心理　偏执心理　惰性心理　简化效应　心理账户　表征效应
信息可得性效应　选择性感觉效应　对比效应　锚定效应　条件概率谬误
幻想联系谬误　反射效应　架构效应　意向效应　控制幻想　成本沉淀效应
选择性感知　选择性决策　禀赋效应　本国资产偏好效应

二、单项选择题

下列选项中只有一项是正确的，请将正确选项的符号填在括号内。

1. 下列关于心理账户描述的正确说法是（　　）。

A. 各个心理账户互相分开，各不串账　　B. 各个心理账户互不分开，相互串账
C. 各个心理账户互相分开，相互串账　　D. 各个心理账户互不分开，各不串账

2. 根据相对评价的价值函数模型，人们对由于损失和收益带来的沮丧和高兴的敏感度是（　　）。

A. 递减的　　B. 递增的　　C. 不变的　　D. 无规律的

3. 反射效应可以简单概括为：行为人面对盈利，通常会（　　）。

A. 选择冒险　B. 选择保守
C. 选择不作为　D. 有时冒险有时保守

4. 在满足心理需要的过程中，控制不足将会导致(　　)。
A. 风险偏好　B. 风险规避　C. 控制幻想　D. 无规律的选择

三、多项选择题

下列选项中有两项(含两项)以上是正确的，请将正确选项的符号填在括号内。

1. 下列属于影响信息可得性的因素是(　　)。
A. 近因　B. 显著性　C. 鲜活性　D. 情感的认同性
E. 心理账户

2. 下列属于判断认知失调程度的因素是(　　)。
A. 选择的自由度　B. 应负责任　C. 可逆成本　D. 不可逆成本
E. 背离标准

四、问答题

1. 在证券市场中，贪婪心理主要表现在哪些方面？
2. 有经验的投资者与无经验的投资者在恐惧心理方面的差异是什么？
3. 证券市场中最常见的恐惧心理有哪些具体类型？
4. 什么是偏执心理？在证券市场上偏执心理主要表现在哪些方面？
5. 惰性心理在证券市场中是如何体现出来的？
6. 投资者心理活动的过程包括哪些具体的类型？
7. 减少复杂性的直观判断式思维有哪些具体的类型？
8. 为什么有些人将失业率上升看成是股价上升的信号，而有些人将失业率上升看成是股价下跌的信号？这是受到哪种心理因素的影响？
9. 呈现顺序效应与先入为主效应和飞沫效应的关系是什么？
10. 快速决断的直观式判断思维有哪些具体类型？
11. 表征效应有哪几种表现方式？
12. 什么是反射效应？产生反射效应的原因是什么？
13. 为什么牛市中的成交量一般都大于熊市中的成交量？其心理机制是什么？
14. 如何解释意向效应产生的原因？
15. 成本沉淀效应的心理效果是什么？
16. 根据意向效应与成本沉淀效应，为什么人们总是喜欢保留亏损的投资组合？
17. 满足心理需要的过程中会产生哪些具体的心理现象？
18. 认知失调程度的大小取决于哪些因素？
19. 避免认知失调的心理需要将会导致什么样的后果？
20. 降低失调感的后果是什么？
21. 控制幻想与过度自信存在怎样的关系？
22. 牛市中成交量放大现象与过度自信心理有什么样的关系？

23. 归因理论的含义是什么？它能否解释控制幻觉现象？

24. 人们在失控以后可能出现的反应是什么？

25. 价格变化时的买卖心理表现在哪些方面？

26. 如何在市场变化中防止心理偏差、做好心理控制？

27. 根据心理因素，投资者可以分成哪几种类型？各种类型的投资者具有哪些基本特征？

第十三章　群体心理分析

第一节　群体及群体心理概述

一、群体分类

社会心理学对群体有着许多不同的分类。根据群体内各成员相互作用的目的和性质，可将群体分为正式群体与非正式群体。

1. 正式群体

正式群体是指为完成组织目标而产生的正式的、官方的组织机构。它是在有关管理机关的领导和规定下，按有关指标、命令、决定和文件所建立的。比如学校里的学生组织、工厂里的车间小组、部队里的组织等，都是正式群体。

2. 非正式群体

非正式群体是指未经官方规定，自然形成的一种无形组织，是非正式的联合体。它是在心理动机方面的方向一致、观点一致、信仰一致、爱好相同、感情共鸣、类似的经历或背景等基础上产生的非官方组织。例如自发形成的球友、影迷等就是一些非正式群体。由于证券市场的参与者所组成的群体是一种松散的无组织的群体，所以我们在这里讨论也是无组织群体的心理和行为。

二、群体特征

不同的群体有着各自的特征表现，结合群体一般的心理特征和证券投资市场的背景，就投资者群体来说，其特征可以概况为以下两点：

1. 群体作用

群体有着内部作用的特点，这个作用的表现就是群体内部会形成共识，互相影响，形成群体内的互动。特别是在投资现场，单个投资者的行为和想法很容易受到当时其他成员的行为、言论甚至情绪的影响，股市常会有跟风的现象就是这种群体内互动的体现。

2. 群体意识

群体意识就是指通过群体的相互影响而逐渐形成的共同认知，群体内有着一种默契和信任感，当一种现象或情况出现时，会通过群体内的成员不断强化，最后形成统一观点，产生共同的行为。

三、群体心理及其特征

1. 群体心理概念

群体心理是指群体成员在群体的活动中共有的、有别于其他群体的价值、态度和行为方式的总和，群体心理不是独立存在的精神实体，但又体现在群体现象之中；群体心理不是每个群体成员个人的心理过程，但又存在于每个个体身上，所以它是一种十分复杂的心理现象。

在证券市场或者股票市场上，人群比在其他社会生活中更容易形成群体心理，这是因为，股票价格的信息传播网络非常容易地把广大投资者编织在一起，由于投资者关心对象的一致性，因此，股票价格的变动以及与市场有关的事件等信息的迅速传输功能可以轻易地起到情绪激发和情绪传递的作用。股票市场是人类社会中最初的完整的信息传输网络，同样也就成为人类社会中第一个最完备的群体心理的产生机制。

2. 群体心理特征

(1)共有性特征。群体心理是群体成员共有的价值、态度和行为方式的总和，这些共有的东西正是群体活动的心理基础。在由形形色色的投资人构成的群体中，人性的两极——恐惧与贪婪正是该群体所共有的心理基础，而由此引发的各种行为就是这种心理的外在表现。群体心理的共有性，也把群体心理和一般的社会个体心理区分开来。

(2)互动性特征。群体心理是群体成员在群体活动中形成的，群体心理的根源不在于个体之间的心理沟通、心理影响，不在于个体间的相互作用或社会相互作用本身，而在于人们共同的活动中。个人在群体活动中相互联系、互相制约，最后形成共有的心理关系。所以在群体活动中形成的群体心理具有互动性的特征。

(3)冲动性特征。在群体活动中，由于互动作用容易导致情绪感染，进而导致情绪激发，使群体心理产生冲动性的特征。由于存在这样的特征，所以应当更加清楚地理解并警惕证券市场上价格急速变化或者急速运动的情况，从而更加有效地防范投资风险。

(4)服从性特征。在证券市场上特别表现为投资者对权威的崇拜以及由此而来的投资者在投资概念上的统一性和投资行为上的一致性。所以，投资者对服从性特征的警惕,应该特别表现为对所谓市场权威及其观点的警惕。在证券市场上的所谓权威,可以分成以下三种成分,即个人(分析师)、机构(投资银行等)、抽象概念。在实际生活中,权威们在市场的重大转折关头,往往会做出严重的误判。

针对上述群体心理的特点,作为一名投资者应该注意避免使自己成为群体心理人群中的一员,其中的关键环节是避免自己情绪波动或者说情绪激发,只有控制住自己的情绪,才能够进一步避免群体心理对自己的感染。

四、证券市场中的主要群体心理现象

1. 流言传播效应

流言一般是指没有什么确切的根据,而在人群中相互散布、传播的一种特定消息,我们通常所熟知的谣言就是一种典型的流言。流言作为一种十分普遍的社会心理现象,在股票市场中表现得淋漓尽致。流言所传布消息的真实性虽然难以确定,但是其在群体中所引起的连锁反应却极为迅速。一般来说,流言对股市的波动和影响主要表现为两种情况,即"利多传言"与"利空传言"。由于股市中信息传递具有不对称性的特点,人们获取信息的途径千差万别。某些机构主力为了做行情,有时候会故意制造一些流言,以达到操纵市场的目的。流言在传播过程中,其内容会发生变化,甚至产生歪曲。社会心理学的研究表明:流言的内容在传播过程中,由于经过多次传播会变得简明扼要,甚至会遗漏许多具体细节,失去一些信息。由于证券市场是一个对消息极度敏感的场所,常常一有风吹草动,就会引起市场动荡。因此,流言的传播特别会通过群体的心理感应引起股市价格变动。

2. 情绪和行为传染效应

传染也称为感染,主要表现在情绪的传染和行为的传染。人们的行为常常会受到情绪的控制,而在一个群体中,不同成员之间的情绪状况会互相流动波及。群体中很容易形成某种情绪场,进而使群体中的个体都被传染并表现出情绪趋同的现象,比如球迷很容易被比赛场的气氛所感染而做出一些非理性的行为。随着情绪的趋同,接下来就是行为上的互相传染。行为上的传染影响会从一个人传递给另一个人,以至于最后形成群体性行为。传染这种群体心理现象从其作用机制上看,具有一些明显的特点,比如模仿、提示,并且传染是循环反应,会相互强化,会在群体中树立一种认同作用。我们可以在金融市场中看到,最激烈的情绪传染的严重后果,就是金融危机或者是全球性的金融动荡。

3. 群体决策效应

社会心理学的一个重要概念是"群体思维"。该领域的开创者欧文·詹尼斯(Irving Janis)于1972年出版了一本名为《群体思维的牺牲品》的著作,他的结论是高度团结的群体很容易形成可怕的群体决策，其中两个重要原因是：第一，人们愿意接受与他朝夕相处的人的意见（适应态度）；第二，人们对于自己难以理解的事物，愿意使用他人的行为作为信息来源（社会比较）。在证券投资活动中，当人们由某种目标而统一，并由某种情绪的支配而组成一个心理群体时，人就会完全丧失理性的个性，而只剩下非理性的个性。可以说有这样一个定律，即在证券投资领域中，当人们组成一个心理群体时，该群体总体在决策或行为时所表现出来的智能水准，将远远低于该群体成员在作为个体决策或者行为时所能够体现出来的智能水准。所以，投资者应该特别警惕由群体心理所形成的决策方向和行为方向。群体决策对个人而言，就是讨论行情，美国一些著名的投资家都对讨论行情的行为深恶痛绝，认为有百害而无一利。因为，讨论行情的过程不仅是一种群体决策的过程，也是一种情绪相互感染的过程。很多有经验的投资者都有这样的感受，在自己家里作出的决策往往要比在证券营业部的交易大厅里作出的决策更冷静、更客观。

五、证券市场中群体思维的形成机制

1. 参照点和框架

无论是在个体还是群体心理活动中，参照点是很重要的一个心理现象。卡尼曼和特维斯基曾经做过这样一个实验：房间里有一个正常人和一个采访者，还有一个转盘。正常人转动转盘，转盘随机停在任意一个数字上（1～100），采访者问这个正常人，联合国中非洲国家的数量比转盘得到的那个随机数是多还是少，回答以后再问，联合国到底有多少个非洲国家。将这个实验用不同的人重复进行，最后分析统计数据发现，在转盘上抽中大的随机数的人，他们平均认为联合国中非洲国家数量要比那些抽中小的随机数的人认为的要多。实验证明，人们对于困难问题的决定，倾向于同一环境下呈现在他们面前的数据，即使他们完全清楚这些数据是随机的，跟正确答案没有任何关系。

为了描述上述现象，心理学家使用了参照点和框架的概念。所谓参照点又称锚定点，是指那些看起来可以提供答案或线索的事物，尽管那些事物可能是无意义的；而框架则是指根据参照点对问题进行表述和判断的方式。在上述的转盘实验中，出现的随机数是参照点，实验参与者的整个判断步骤就是框架。如果在群体活动中，人们都受到类似的参照点和框架的影响，那么就很容易形成群体性的思维。

用上述方式推广到金融分析，也同样可以适用。比如，你是一个金融分析师，要求你预测某个给定的公司或者给定的股价指数在未来 12 个月的目标位，如果已经有 10 多个分析师进行了预测，最近的实际价格或者实际指数出现了明显的变化，这时所有的信息将会限制你的思维，这个框架的参照点是实际的股价或指数以及最近的走势和舆论对未来 12 个月目标位的预测。对于金融市场的投资者来说，参照点往往决定框架，框架是由下列一系列的因素所决定：(1)从分析师和大众媒体所读和所看到的；(2)自己认识的人所说和所做的；(3)价格运动中反映出来的他人的行为。由于信息是可以自由流动的，因此在参照点和框架的作用下，会使投资者之间成为一个相互联系的群体，从而形成所谓的“群体思维”现象，集体性地被参照点所框住。

群体思维的特点是，相当一部分参与者准备认可明显的错误，仅仅是因为他们认为其他人也认可。这个原理也适用于金融市场，有时候金融市场的价格错误也是很明显的。群体思维主要出现在精神高度紧张和情况非常复杂的时候，此时群体领导者(比如分析师或分析机构)或利用相似决策法或高估自己的能力。当存在同意群体意见的压力时，人们特别容易屈服于群体意见。

在金融市场上，金融价格往往是人们精神上的参照点。金融群体思维的一个重要的因素是金融资产的价格，因为没有任何信息能够比价格更好地反映其他人在干什么。它告诉我们其他人所认为的合理的并愿意出的价格，这使它成为一个参照点。价格作为参照点不仅是一个静态的信息，也是一个动态的信息，因此最近的价格变化趋势同样也是一个参照点。一般人都会有这样的心理倾向，认为最近的价格变化趋势会延续下去，可以称之为方向性参照，这种方向性参照的现象也叫做代表性效应，即我们倾向于认为最近的趋势在将来有可能延续下去。由于群体思维的存在，人们做一些事情是因为其他人也这么做，即使这意味着以极低或极高的价格进行金融资产的交易。进一步考虑到方向性参照和代表性效应，问题将更加严重。因为框架和参照点不再是静态的，而是动态的，产生一种趋势，并且趋势可能延续下去，直到事情变得稀奇古怪为止。群体性思维的表现参见表 13—1。

表 13—1　　群体性思维的表现

说服效应	我们更容易被一个可靠的消息来源所说服，而不是可靠的论据
适应态度	我们容易形成和我们认识的人相同的态度
社会比较	我们对某些事情拿不准的时候，容易借鉴别人的行为作为自己的信息来源
选择性暴露	我们只是试图让自己接触那些确认自己行为和态度的信息
选择性理解	我们总是按照对自己行为和态度有利的方式来解释信息

2. 态度的效果

态度是隐藏的需求和愿望，虽然人们并不一定能察觉到这种需求和愿望，但是它影响到人们的行动。人们几乎对所有的事情都会采取某种态度，而不管自己是否熟悉这些事情。心理学家达成一致意见，认为这种影响可以分成四类，分别是适应态度、自我实现态度、知识态度、自我防御态度。这些态度的效果也与群体思维有密切的关系。

(1)适应态度。适应态度是指我们无意识地形成和我们认同的人一样的态度。有一项心理试验,一群被关在黑屋子里的人通过一个金属盒子观察外面的亮点,他们被告知那个亮点在移动,他们的任务是观察它移动的距离,每一组很快就此问题达成一致意见。这项试验的关键在于那个亮点根本就不动,因此试验小组的答案纯粹是心理操纵的结果,试验结束后对小组成员的调查表明他们是无意识地受到他人影响。我们无意识地受到周围环境的影响,显然也适用于股票市场,当我们的银行、经纪人、朋友告诉我们股票要上涨时,我们在形成同样的意见时,不是通过逻辑推理,而是无意识地适应他们。如果市场处于大规模上涨阶段,所有人都受到价格上涨和他人反应的影响,形成一致的态度。如果我们面临不同的观点,就会立刻拒绝它,否认甚至嘲笑提出这种观点的人。

适应态度的一个特例是,如果由于经理人员不遵守规则而导致赔钱,客户们有一种强烈的倾向要惩罚那些经理人员;而如果经理人员是由于随大流而赔了钱,客户们就会原谅他们。适应态度可能是人与生俱来的,因为人是一种社会动物,他要适应社会。但是,这种模式常常让人陷入千奇百怪的股票市场灾难之中。

(2)自我实现态度。绝大多数人认为,股票市场交易比老虎机更有吸引力,如果这就是我们炒股的原因,心理学家称之为自我实现态度:我们之所以做某些事情,是因为它令我们觉得自己是一个人物。虽然这种自我实现纯粹是个人的事情,但是生活方式的选择依赖于群体时尚,因此与适应态度有关。纽约证券交易所的调查表明,证券交易所和股票经纪人的社会声望与股票价格波动息息相关:当市场上涨时,他们大受欢迎;当市场下跌时,他们无人理睬;而当市场崩盘时,他们在公众中的社会地位沦落到与毒贩不相上下。自我实现态度的结果是,牛市的最后阶段将吞没所有的散户,因为他们急于提高自己的社会地位。

(3)知识态度。知识态度是解决信息问题的,在金融市场上给人们提供的信息实在是太多了,人们无法消化吸收,只能以一种简单的态度概括所有与议题有关的信息。通常人们会将信息或数据分成几块,每一块都用一种简单的态度来处理:比如股票应该上涨。人们会保持一切有可能产生内心冲突的正反两方面的材料,同时通过接受信息来源,使自己的态度产生免疫能力。态度一旦形成,有关的知识很快就被遗忘,但人们对态度的坚信程度也会随着时间的流逝而慢慢削弱。知识态度在市场也极为重要,它有可能是某些趋势指标能够产生预测作用的主要原因。

(4)自我防御态度。最难以理解的态度是自我防御态度,它是由人的强烈的协调欲望所产生的,这种协调要求在两方面做到和谐统一:一方面,他所知的和他所信的;另一方面,他所说的和他所做的。由于股票交易是一个社会过程,可以从中了解自我防御态度对金融市场的影响。设想有一个投资者认为股票应该上涨，他有可能告诉他的朋友或家人，他的态度是市场很快就会有一次获利机会。结果股市未涨反而下跌，观察一段时间后他逐渐丧失了获取短期利润的信心。现在他所说的和所做的与他所知的和所信的事情之间不再一致，他必须改变自己的态度：他的交易不再是短期的，而是长期的。接下来发生的是媒体上出现了最初的利空消息，又引起他的心理冲突，因为所说与所做的与实际情况又不协调，他必须借助态度转变，现在他使用防御机制，可以称为选择性暴露和选择性理解。选择性暴露是一种忍耐机制，比如他开始在报纸上关注对他有利的消息，而忽略那些对他不利的消息。选择性理解是如果面临的消息仍然不利于他的行动，他就无意识地曲解这些消息，使它们看起来支持他的行动。但是，自我防御到最后，有可能会突然改变态度——退出观望，承认失败。

自我防御态度产生的另一种结果是金融市场最重要的心理现象之一：交易费用合理化。任何一个交投活跃的短线客总是想在他自己错误的卖出价位买回来，或在自己错误的买进价位卖出去，以弥补愚蠢的交易损失，其良苦用心是想免除旧的交易损失，而不是评估基本面价值和市场运行规律。这种做法的心理原因是自我防御态度，总是想保护自己，避免失败。

自我防御还会导致很多散户赚一点钱就跑，而亏了就长期持有不动。看见资金流进自己的账户时感到很自豪，而对于当前交易的潜在损失却视而不见，不承认自己失败，只要亏损没有变成现实。

第二节　从众心理（羊群效应）分析

一、从众心理概述

1. 从众心理的定义

从众心理是群体心理中极为常见的一种心理效应，也有人称之为“羊群效应”。它是指居于群体中的个人往往会受到群体的影响和压力，从而表现出在知觉、判断及行为上与群体多数人相一致的现象，是群体心理的极端化表现。从众心理的具体表现就是投资行为受潮流影响，所谓潮流是指时下流行的某种策略或某只股票，其依据是大家都用相同的方式进行思考，并且得出了同样的结论。谁都不愿意离群体太远，因此大家都选择了跟随潮流。避免陷入潮流漩涡的方法就是要求自己绝对诚实地回答一个问题，这个投资决策完全是由我自己做出的吗？

2. 证券市场中的从众心理及其影响

从众心理是证券市场上的最常见的心理状态，绝大多数的投资者包括绝大多数的机构投资者往往都缺乏独来独往的心理承受能力，而在从众心理的支配下，形成从众的市场行为，而这种市场行为本身就成为证券投资市场上最常见的投资陷阱。证券市场的羊群行为是一种特殊的非理性行为，它是指投资者在不确定的信息和环境下，其行为受到其他投资者的影响，模仿他人的行为，或过分依赖舆论，而自身不对信息进行分析。特别是作为证券市场主导者的机构投资者也由于具有高度的同质性，关注同样的市场信息，采用相似的经济模型、信息处理技术、投资组合和对冲交易策略。因此对同一外部信息也可能做出类似反应，在交易活动中表现出羊群效应，导致买卖压力超过市场所能提供的流动性，引起股价的连续大幅波动，破坏市场的稳定运行。所以，为什么在证券市场上看不到固定波长的周期现象，所看到的都是不规则的周期循环，这是由于群体心理的极端化倾向即从众心理所导致的证券市场波动的不规则扩张和收缩。由于羊群行为涉及多个投资主体的相关性行为，对市场的稳定性和效率有很大的影响。中国股市自 1990 年恢复开市以来，在接近三十年的发展过程中，几经大起大落，从中不难发现，从众效应对投资大众所起的引导作用。

二、从众心理形成的原因

1. 寻求安全感的心理

对一般人来说，特别是处于某个群体内的成员，自己的行为与群体行为一致会在心理上获得一种安全感和归属感。在一般情况下，大多数投资者都存在从众心理的倾向，因为他们认为远离普通投资大众是危险的，认定以普通大众普遍认同的方式进行投资是安全的。所以，无论是散户投资者还是机构投资者都会选择跟风。有很多投资者之所以买某个股票，是因为跟着别人一起买，好像在心理感觉很踏实。当然寻求安全感的心理因个体的不同会产生一些差异，当面对群体压力时，是从众还是保持独立性，主要取决于当时的情境和个体的性格。首先，一个群体的性质、凝聚力以及氛围都将对个人是否选择从众行为产生影响。例如，证券市场上的投资者是非组织的群体，这个群体中的每个投资者可以说都是微小的，所以个体会感觉群体成员的地位或能力都高于自己，从而容易产生从众行为。其次，个体的人格特点也会影响从众行为的产生。通常智商水平高、情绪很稳定的个体一般比较容易保持自我的独立性，而具有相反特点的个人则会偏好从众行为。通常，普通的散户大部分都因为没有专业的金融、股票知识，并且由于资金量小，对于股价波动、收益变化的承受能力很小，所以他们的从众现象特别常见，表现为盲目跟风。当然，采取与普通投资大众相同决策的跟风也并非完全不对，如果是建立在充分的信息、丰富的经验以及深思熟虑的基础上，也未尝不可,其前提条件是普通投资者的决策是适当的。其中的关键点是何时该跟风,何时该逆行。

2. 感染效应的影响

前面已经简单地讨论过感染效应问题,感染效应虽然本身是股票市场的一种群体心理效应,但它又是引起从众心理或羊群效应的重要原因之一。如前所述,感染效应是指群体中的个人受到他人或群体的影响,而不由自主地产生相应的情绪反应,并且这种情绪会在群体中互相传染,最后扩散到群体中的大部分个体中去,形成从众行为。股票市场的投资大众组成一个松散型群体,在社会心理学中属于非正式群体。在这样一个相对无序的群体之中,投资大众的情绪感应与传染有其独特作用。感染效应在股市中的作用表现出以下几个特征:

第一,这种效应的实现并不是一定要使受感染者接受某种信息或行为模式,而是通过以传播为主的情绪状态来实现的。行情看好时置身于其中的投资者们也会通过传染形成乐观情绪,甚至一些原来并不乐观的投资人,在看到大家都一致看涨时,也会转变自己的观点,投入到多方的行列。同样,当一些投资者由于某个利空传闻做出卖出反应时,恐惧的情绪也会使更多的人相信这个消息的可靠性,结果也加入到抛售的行列。

第二,股票市场中的情绪感染效应与投资大众的群体特征有关,由于市场参与者的水平参差不齐、性情各异,但追求利益、避免损失的动机则极为一致。因此,在证券市场中,投资者经常会体验着来自群体的种种无形影响,自我意识在群体氛围之中趋于淡化,市场中的人们处在一种极易使自己失去个性化的环境之中。在一片人声鼎沸之中,个人的观感常常被群体的影响所淹没,从而失去独立思考和理性判断能力,而感染效应将使很多投资者不由自主地产生"追涨杀跌"从众心理状态。在证券市场的发展历史上,无数次投机狂潮的掀起,在很大程度上都是受到基于感染效应的羊群行为的影响。

第三,在感染效应的作用下,人们相互之间的情感影响会经历多次的相互强化,这一现象称为"循环反应"或"连锁反应"。例如,在股市中,一个投资人受其他人的乐观情绪所影响加入到看多的行列,购进股票,而这个行为又会进一步增加市场中其他人的多头气氛,也纷纷买进股票,由此,产生相互感染、相互刺激并相互强化反应,以致多头阵营愈加强大,直至演变成一种群体性的狂热。

第四,感染效应的作用使投资大众在心理上产生一种共同感受,基于心理上的共同感受又进而诱发出广泛的群众性模仿行为。其中,现代大众传媒扮演着重要角色,由于股票市场是一个对信息极度敏感的地方,有关信息通过现代传媒广泛迅速地传播,更加容易对投资大众发生传染性影响。值得注意的是,随着现代电子计算机在证券市场上获得广泛的应用，股市中的从众效应得到了进一步的强化。当计算机机械地发生买入或卖出的信号时，就好像给广大投资人下达了一个相同的指令，于是投资人会采取步调一致的行动。这种由于计算机所导演的趋同行为，在许多盲目相信所谓“技术分析”的投资人群中更是常见。

3. 暗示作用的影响

除了寻求安全感和感染效应外，暗示作用的影响在从众心理的形成过程中也发挥着重要的作用。暗示就是指在不存在对抗的情况下，用间接含蓄的方法对人的心理行为产生影响，从而使人们按照一定的方式去行动或接受一定的意见，以求与暗示者的行为和思想相一致。暗示的形式有语言、行为，甚至是表情。从类别上可以把暗示分为自我暗示和他人暗示。自我暗示的信息是来自本人，它可以对自身产生积极的作用，也可以是消极的作用。他人暗示的信息是来自于外部，特别是有专业知识或权威的他人暗示将会带来很大的群体影响。由于投资证券具有高收益、高风险的特点，处在其中的投资者对于信息总是十分敏感，并且信息具有高度流动性。因此，传到投资者耳中的一些所谓的权威性信息往往能产生暗示的作用，这种暗示主要是一种社会暗示。

4. 投资者情绪与市场压力相互强化的影响

在金融市场上，除了你以外还有其他投资者存在，在有其他投资者并存的市场上，问题就变成了你与其他投资者之间的博弈，随着这种影响在市场上的扩大，投资大众的行为就成为推动价格上涨或下跌的主要力量。由于不同投资者的行为会相互影响，用心理经济学的语言就是内心世界与外在市场不断相互作用、相互促进。由于这种相互作用及群体压力不断波动，总体投资者情绪也会发生变化，这又反过来作用于个人的投资决策。所以，必须清楚地了解群体压力是如何改变投资者情绪的，这样可以避免不切实际的心理价格而错误地评价投资价值，也不会仅仅因为目前市场赋予他的价值就不假思索地认为这就是合理定价。

三、从众心理下的市场行为

1. 一般投资者的从众心理与市场行为

(1)要求信息确认的心理。对投资不确定性的态度，是一般投资人与资深投资人的重要区别之一。一般投资人对不确定性缺乏必要的勇气，为了达到尽量减少不确定性所带来的心理压力，很多投资人往往在投资过程中特别强调信息确认的原则，也就是说，他们的投资行为必须置于相关信息的被完全确认之上，被确认的信息可以为自己提供心理上的安全感。一般投资人对信息确认的要求有各种各样的表现，比如，要求信息越多越好，要求信息的来源越权威越好；相信来自上市公司高层主管、证券公司资深人士、市场有关权威人士的内幕消息；只相信被某些投资专家所认可的投资建议等。但是，有经验的投资者都知道，当某一消息被完全确认之时，也就是它对市场的作用临近终结之时，利好出尽是利空，利空出尽是利好。

（2）追逐投资热点的心理。追逐投资热点也是在一般投资人中常见的市场行为，投资媒体和股评机构的任务之一，就是为投资大众提供确认有关投资热点的信息和服务。但是，资深的投资家都知道，成为热点的投资对象不一定是一个好的投资对象，更为重要的是，当一个投资对象成为投资热点时，往往意味着冷静的投资人离它而去的时机已经临近。

（3）追随庄家和机构大户的心理。追随庄家和机构大户的心理也是一种从众心理，这种心理状态与歌迷追逐歌星、球迷追逐球星、服装爱好者或者说喜欢穿着打扮的人追逐著名设计师的时尚、群众运动的积极分子追逐领袖人物一样，都是群体心理形成后所表现出来的追随群体带头人的心理倾向。

2. 机构投资者的从众心理与市场行为

（1）模仿正统投资方法。模仿正统的投资方法是机构投资者中最常见的从众行为之一。正统投资方法包括国际著名投资家的投资方法、正统的基本分析方法、正统的技术分析方法等。

（2）追捧公认的绩优股。追捧公认的绩优股也是机构投资者中常见的从众行为之一，很多机构投资经理以被市场认同的绩优股作为投资组合的重心。他们在投资这一类绩优股的时候，自己并不一定真的喜欢这一投资对象，但是选择公认的绩优股是对自己名望地位的保护措施。

（3）追逐热门的股票。不仅是个体投资者，机构投资者也喜欢追逐热门股票。在历史上各次热门股票的投机狂热中，机构投资者都起了推波助澜的作用。但是，行为金融学的发现之一是，一般而言（不是绝对的），以3～5年为周期，原先表现不佳的股票开始摆脱困境，而原先绩优的股票开始走下坡路。换言之，冷门股票开始变成热门股票，热门股票又复归成冷门股票。所以，如果时机把握不好，追逐热门股票也可能未必是理性的选择。

四、技术分析与从众心理——技术图形的自我实现

1. 技术分析智能化与电脑化对从众行为的影响

随着技术分析智能化和电脑化的发展，证券市场的从众行为又出现了新的特征，即出现了技术图形自我实现的普遍现象。所谓技术图形的自我实现是指在没有外在的基本面因素影响的情况下，价格走势随着技术图形而运行，这显然是一种受到技术图形影响的从众行为。

在证券市场中，由于从众心理的影响，每一个人都在猜测别人将会采取什么样的行动。就像凯恩斯在关于选美比赛的比喻中所描述的那样，当时英国的报纸上有一种选美比赛，比赛参与者要从报上刊登的100幅美人头像中，选出他们认为最美的人，但游戏规则是得奖者是自己选择的美人要获得最多的选票。于是，每个参加的人都从同一观点出发，都不选他自己真认为最美者，也不选一般人真认为最美者，而是推测一般人认为一般人所认为的最美者。

联系到上述情况，在当今的证券市场中，成千上万的市场参与者都在相同的技术图形上画线，或者在个人电脑中装入相同的程序。由于使用的人多了，它也有可能产生强烈的信号。通过观察可以发现，移动平均线、趋势线和通道是自我实现意识最强的信号，虽然媒体试图用各种政治和经济事件来解释价格变化，但券商的理由却截然不同，他们说："市场运行在通道之中"，"市场在考验阻力位"，或者"市场在60日移动平均线受到支撑"，等等。因此，图形分析得到广泛使用的背后不仅仅因为它是一种理解市场的技巧，有时还在于技术分析所产生自我实现的心理作用。在证券市场上，互不相识的技术派兄弟可以猜测彼此的想法，共同控制市场，形成各种美妙的模式和图形。

2. 罗伯特·希勒关于技术图形自我实现的实证研究

1986年9月11日，星期四，美国股市道指大跌87点，出现了所谓的"黑色星期四"。"黑色星期四"过去不久，行为金融学家罗伯特·希勒(Robert Shiller)在全国范围内随机选出175家机构投资者和125位个人大户，向他们发出调查问卷。他提出的问题是，这期间你买进卖出的理由是什么？他一共收回113份问卷，只有3份谈到经济消息和传闻，而这是媒体归罪的下跌的原因。强调最多的是与经济完全不同的事情——市场下跌自身。人们不是因为害怕通货膨胀而卖出，而是因为市场已经开始下跌而卖出。在1987年10月份的全球股市崩盘中，希勒再次进行问卷调查，结果基本相同。希勒调查中最有意义的一项研究是对投资者"真实价值"的看法以及他们的交易行为。他先询问在崩盘之前的一个月里，对股市基本面而言是否高估，然后再问是买进还是卖出。但是，总结调查问卷的情况得出自相矛盾的结果，超过68%的个人投资者和93%的机构投资者认为股市高估了，但是他们还是买进股票。席勒还询问被调查者一直到崩盘时是否受到200日移动平均线的影响，200日移动平均线被认为是股市的长期趋势线，对于这个问题有37%的个人投资者和33%的机构投资者给予了肯定的回答，这再次表明价格变化自身促使人们买进卖出，而技术图形起了很大的引导作用。

3. 从众行为的极端化——技术图形的自我毁灭

问题是，如果所有的人都使用同样的技术分析，那么它的效果就不是自我实现而是自我毁灭。设想市场由 1 000 位实力雄厚的投资者组成,其中 900 位是思维同步的技术分析派,剩下的 100 位是基本分析派。所有的人都是多头,大家都买进,市场稳步走高。但是到了某个价位,比如前期高点,所有 900 位技术派人士都想出局,也就是卖出。当图形接近这个价位时,这 900 位技术派中越来越多的人不再买进,剩下 100 位基本派在苦苦挣扎。最后当达到这个价位时 900 张卖单同时抛出,价格直落千丈。过了一段时间,市场重拾升势,这一次 100 位基本派也记住了上次的教训,他们也决定达到上次头部价位时退出,所有的 1 000 人都成了技术派。但是有两件事情不同:第一,在接近这个价位时没有任何人想买;第二,大家都想早溜一步,以便自己的卖单能够成交。因此,这个价位已经难以达到,图形自我毁灭。

第三节　逆向思维心理(物极必反效应)分析

一、逆向思维心理概述

1. 逆向思维心理的定义

所谓逆向思维心理,是一种与主流观点相悖的心理倾向,是对极端化的从众心理进行修正的心理活动和行为。由于在实际的证券投资活动中,从众心理与行为往往会产生并不理想的结果,有时候甚至带来灾难性的结果。因此,从另一个方向进行思考,就产生了逆向思维的心理,这种心理的思想基础就是中国传统哲学思想中的“物极必反”的思维方式。

2. 证券市场中的逆向思维心理及其影响

逆向思维心理的特征主要是反从众心理,表现为对主流观点的反思与不认同。在证券市场中,所谓的主流观点往往带有以下特征:(1)媒体的观点往往代表主流观点;(2)分析家一致同意的观点往往代表主流观点;(3)一般民众经常议论的观点往往代表主流观点。当某一种观点同时兼有以上这些特点时,你就可以比较准确地确认这一观点代表着当前的主流观点。具体而言,逆向思维心理的基本特征是:(1)不认可有精确的预测,认为股市作为社会经济现象具有不可预测性;(2)要求保持判断视角的多样性和灵活性,打破循环式思维模式。

证券市场中逆向思维心理的出现不是偶然的,在股市中经常会出现当众人都一片看好股市时,股市却突然掉头一个劲地往下走;而当众人一片看坏股市时,股市却突然发力一路上扬。于是,有人就提出了所谓的基于逆向思维心理的相反理论。相反理论对股市的判断很简单,当市场内投资者趋于一致地看好后市时,后市将下跌;而当市场内的投资者都趋于一致地看淡后市时，后市却会上涨。为什么会出现这样的现象，这要从一般投资人的从众心理去理解。

二、证券市场中行情发展物极必反的原因

1. 作为股市需求的基础资金面角度的分析

以上升趋势为例，当上升趋势刚开始的时候，市场内多空双方的意见极不一致。而当多头行情进入发展阶段时，这时，后知后觉者也注意到上升趋势已成定局，于是不断有人加入多方阵营。这时应该说，大多数投资者的看法是正确的。而此时，市场主力会不断火上浇油，将人气搞得旺旺的，由此引发更多的后知后觉者参与，把上升趋势急速推高，使上升趋势达到结束阶段。因此，结束阶段往往就是人气最高的时候，是一片乐观的时候。由于一片乐观，能够参战的资金都加入股市战场，但是这样就会造成股市资金枯竭，导致危机的到来。因此，股市中一直有这样的说法："行情在幸福中灭亡，行情也在绝望中产生。"在一片幸福的乐观声中，代表了做多的能力消耗殆尽；而在一片绝望声中，代表了做空的能力消耗殆尽，这就是物极必反。

2. 从股市多空双方力量对比角度的分析

以上升趋势为例，一般的投资者都会听从媒体或分析师建议买进股票。但是，市场上有一笔买进，就有同样大小的卖出。到了趋势的末期，如果大部分人买进，则平均来说卖出者就是比买进者更大的主力。如果 90%的人看多，那么 10%看空的力量就 10 倍于看多的平均值，如果 95%看多，空方的力量就 20 倍于多方。换句话说，绝大多数的人看多，经典的派发过程接近于尾声，市场即将反转。

三、逆向思维心理运用的主要观察点

1. 散户行为

在股票市场有一大群最不精明的人，这些人常常被称为散户。德鲁(Garfield Albee Drew)是最早研究散户交易统计数据的学者，他提出了最基本的规律：当市场上涨时，散户坚定地卖出；而当市场下跌时，散户坚定地买进。德鲁还发现在大熊市的底部区域，散户的净买入很低，而在牛市的头部区域，他们的净卖出也很低，因此散户实际上担当了著名的"更大傻瓜"的角色。当市场接近熊市的底部时，从他们的手中总可以买到地板价的股票，而当市场接近牛市头部时，又总是可以以天花板的价格将股票卖给他们。

在我国，观察散户行为的逆向思维指标是证券账户的新开户数，如果新增加的开户数急剧增加，达到前所未有的水平，这往往意味着牛市行情将要终结，新的趋势将要形成。比如，2007 年牛市末期，我国的每日新增开户数目曾经达到 50 万户。同样，在

熊市末期，新增开户数会非常低迷。

2. 媒体报道

美国著名技术分析师约瑟夫·格兰威尔在其1960年出版的《股票市场短线操作策略》一书中指出："大家都看出来的，显然是错误的。"很难确定到底怎样才算全民皆知，但是当媒体开始预测涨势或者跌势将要持续很多年时，市场即将变盘。比如，中国2007年下半年的时候，媒体上到处都是中国股市黄金10年的宣传。有人曾经将美国著名的财经杂志《商业周刊》上的文章对照实际的金融市场，也证明存在上述有趣的关系。

比如1984年10月8日《商业周刊》的文章"超级美元将改变整个世界——并将持续10年"，5个月后美元见顶开始下跌，出现了历史上下跌最快、持续最久的熊市之一。还有1987年，就在全球牛市见顶之前，《商业周刊》7月6日的封面大标题是"股票仍是投资首选"，其中一篇文章的标题是"投资者的好时光"，7个星期后股票开始下跌进入熊市。在1990年日本股市崩盘前夕的1989年12月23日，《商业周刊》的一篇文章标题是"日本股市的黄金时期还没有到来"，4天后日本股市见顶，并于1990年2月崩盘。2000年2月14日出版的《商业周刊》是最具煽动性的，封面是用彩色美元组成的大字"THE BOOM"（繁荣），但是紧接着而来的崩盘也是很壮观的，几个星期以后股市见顶，全球范围的大熊市标志着全球经济繁荣终结。

3. 好友指数

在如今的西方发达国家，散户现象已经不太明显，因为散户现在大多通过共同基金投资股票。由于散户交易指标逐渐变得不那么可信，逆向思维派正在寻找更精细的方法，这就是好友指数。

好友指数的来历与一家美国咨询公司创办的杂志有关，这家公司名叫哈达迪（Hadady），其产品是一份期刊——《好友指数》，每周哈达迪都要对职业投资机构本周推荐的证券等情况进行调查统计。实践证明，这些咨询家往往是错误的，事实上到了这样的程度，应该反其道而行之，与大多数人的意见相反，才能赚钱。主要原则是，如果大多数人建议买进，你就卖出，大多数人建议卖出，你就买进。

为了具有可操作性，哈达迪便开始编制好友指数。在实践中，好友指数是这样得到的，公司统计全国主要报刊每周的买进卖出建议，然后通过打分评估它们的乐观程度，分数从−3到+3，−3表示极度悲观，0表示中立，+3表示极度乐观。然后根据报刊的发行量对分数进行加权，最后将推荐的平均值转换为每一种证券的指数，大小从0到100，0表示所有的建议都极度悲观，100表示所有的建议都极度乐观。在使用好友指数时最重要的原则是，不要在好友指数超过70时买进，不要在好友指数低于30时卖出。

由于我国作为一个新兴证券市场，散户投资仍占很大比重，因此好友指数通过对散户投资者的抽样调查取得。“好友指数”的数值为 0～100%之间，全体投资者一致看淡后市，好友指数为 0，全体投资者一致看好后市，好友指数为 100%。如果有一半投资者看好后市，一半投资者看坏后市，好友指数为 50%。好友指数一般以 50%为中心，呈现正态分布。越靠近 50%，出现的概率就越大；越接近 0%或者 100%，出现的概率就越小。通常好友指数的判断方法如表 13－2 所示。

表 13－2　好友指数的判断方法

好友指数区间	股价方向	后市判断
0～10%		强烈看好
10%～20%		看好
20%～40%	上涨	一般看好(上涨初期)
20%～40%	下跌	谨慎看淡(下跌未止)
40%～60%		方向不明(观察)
60%～80%	上涨	谨慎看好(上涨未止)
60%～80%	下跌	一般看淡(下跌初期)
80%～90%		看淡
90%～100%		强烈看淡

4. 牛熊指数

牛熊指数也是基于逆向思维的相反理论中的一种判断方法，牛熊指数与好友指数类似，只不过统计调查的对象是股市分析师，而不是全体投资者。将全部股市分析师看好或看空后市的比率用 0～100%来表示，如果有一半的分析师看好后市，一半的分析师看坏后市，那么，牛指是 50%，熊指也是 50%；如果有 60%的分析师看好后市，40%的分析师看坏后市，那么，牛指是 60%，熊指是 40%。一般来说，牛指 85%以上，后市行情出现下跌的概率很大；而熊指 85%以上，后市行情出现上涨的概率很大。

四、逆向思维运用的原则

1. 小心为妙的原则

虽然我们已经看到，逆向思维的概念得到统计数据和心理学理论的支持，既有参考价值也很吸引人，但是在具体使用时应采取谨慎的态度——小心为妙。如果用好友指数来预测投资，当指数上升时我们不用害怕，只要它没有超过临界值。同样，如果媒体用小号字体，不是很突出地用温柔的语调指出市场正处于上升或下跌的趋势，这也用不着紧张。当有一天我们在报纸上猛然看到市场上升趋势将持续几年，真正的危险可能即将来临。反之，当下跌已久，投资者已经麻木，报纸上仍然出现“现在买进纯粹是投机”的说法时，往往已经开始接近买进机会。

2. 空前一致的原则

基于逆向思维的相反理论是根据物极必反的哲学思想采取行动，在实践中有很多人尝试运用相反理论，但是成功率却不高，这里的关键在于没有抓住“物极”这个根本点。当股价趋势仍然处于上升阶段，多数投资者看好时，有些投资者就会利用相反理论抛出股票，结果聪明反被聪明误，股价仍在上涨，到手的利润逃掉了，这叫做踏空。这里的错误在于多数不是一般的多数，必须是绝大多数投资者和绝大多数分析师的看法发展到空前一致时，利用相反理论成功的可能性才会很大。相反理论强调的是，市场必须达到真正的空前一致后，才会出现逆转。可以设想一下，如果所有的人都按照逆向思维来做，将会怎么样？这就好像当你胳膊下夹着《好友指数》出现在股票市场时，发现人家和你一样，这时你的感觉就是糟糕透顶，就如同自己穿着和主人一模一样的晚礼服出现在舞会上。当这一天出现时，你如果要成为一个逆向思维者，就必须进行逆向/逆向思维。从辩证法的思想来说，当几乎所有的投资者都已经忘记相反理论的作用时，相反理论才会发挥作用，这正是相反理论的奥妙之处。

第四节　基于反馈效应的群体心理分析

一、引起群体性狂热和群体性冷漠的反馈效应

如前所述，心理分析认为金融市场是混沌的、长期不可预测的市场，其中一个很重要的原因就是金融市场中存在各种各样的反馈效应。联系到股票市场，我们可以看到，在牛市中，所有的正反馈交织在一起互相作用，产生强烈的内在动力，通过群体心理的作用，形成群体性的狂热，使得价格疯狂上涨，远远超过任何一种经济理论可以接受的价格，最后造成严重的股市泡沫。而一旦价格趋势逆转，也同样会在反向的反馈效应影响下，形成群体性冷漠，造成市场长期的非理性低迷。因此，了解各种反馈效应，对于我们认识群体性的狂热和群体性的冷漠、把握市场发展动向和趋势，具有非常重要的积极意义。以下以牛市为例，对各种反馈效应加以说明。

二、牛市中可以观察到的正反馈

1. 基于事后偏见和后悔心理的正反馈

在牛市行情中，如果股价涨上去了，很多人会感觉到早就知道它会上涨，于是一种

强烈的后悔感油然而生。因此，只要股价稍有下跌，便迫不及待地冲进去，从而导致股价继续攀升。

2. 基于技术图形的正反馈

股价的上涨引起技术分析师的注意，然后根据技术图形不断发表买入建议。由于大家都使用基本上相同的技术分析软件，根据技术分析师的建议市场上买盘会增加，而买盘的增加又使得技术图形更加漂亮，于是买入建议又进一步增加，从而形成价格的螺旋式上涨。

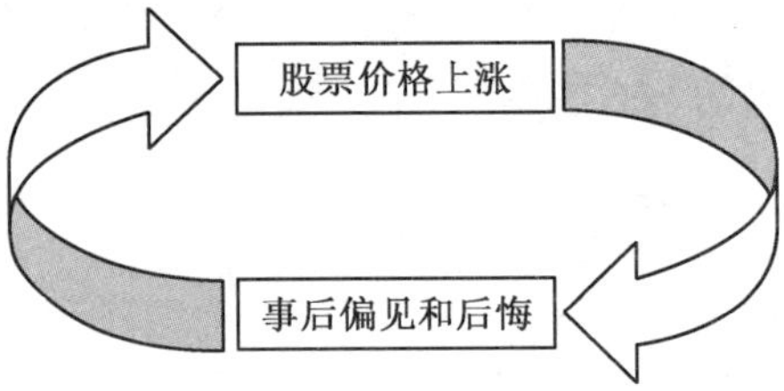

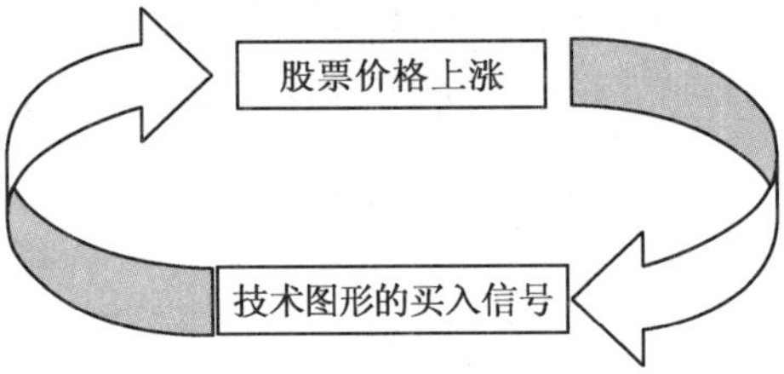

3. 基于代表性效应的正反馈

随着股价的进一步上涨，越来越多的人认为上涨已经成为趋势，成为市场代表性的看法，这种看法产生代表性效应，从而使人们更加想买进。

4. 基于赌场心理的正反馈

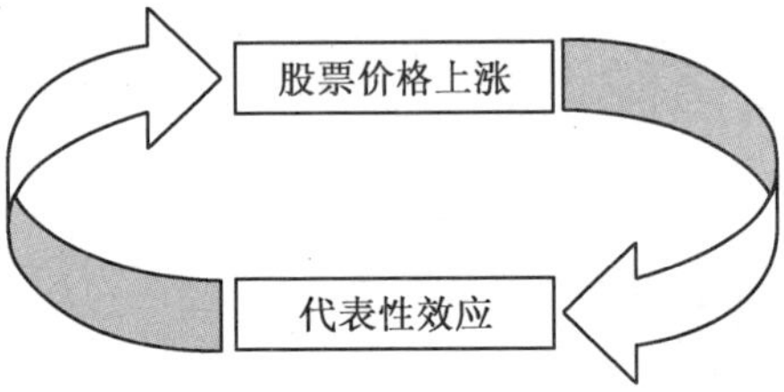

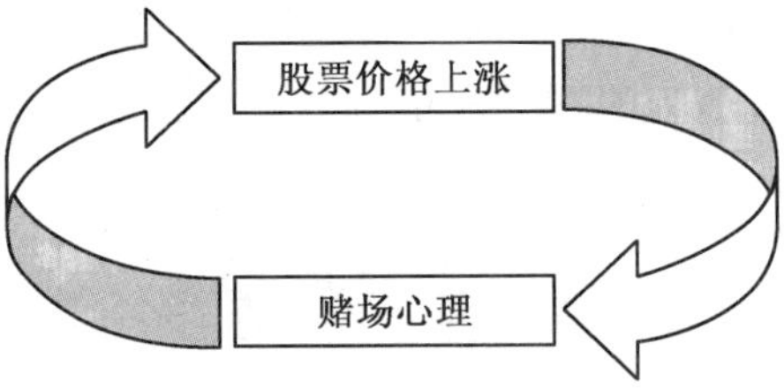

当牛市持续一段时间以后，会使越来越多的投资者尝到赚钱的甜头。但是，其中会有很多人愿意将更多甚至所有的钱再投向股市。社会心理学家将这种现象称为“玩庄家的钱”，这是借用赌场的说法。因为许多人在夜总会里大赢了一把以后会一直赌下去，直到输光为止。因为他们不认为自己赌的是自己的钱，而认为赌的是庄家的钱。

5. 基于自我验证的正反馈

随着股价的上涨，上市公司也将从中受益，很容易筹集资金，新筹集的资金投向商品和服务业，导致经济基本面开始支持金融趋势，金融市场的趋势得到了自我验证。

6. 基于媒体合理化的正反馈

股票市场的变化自然逃不过媒体的眼光，媒体专注于报道大众心态，它们的加入使牛市更加有理。同时，媒体还会受到金融分析师的影响，在强大的群体压力下，分析师们会发出更多的买进建议。

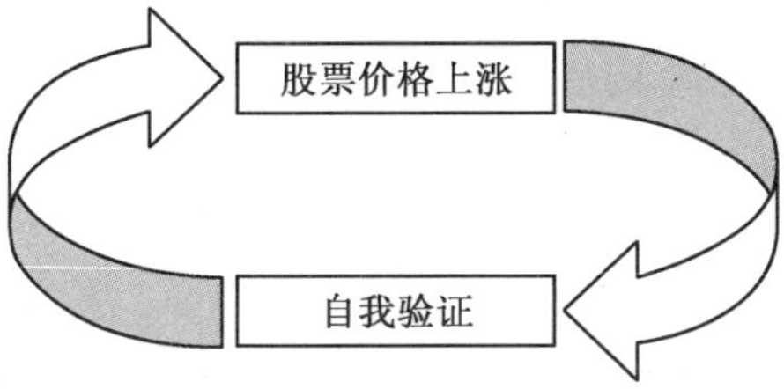

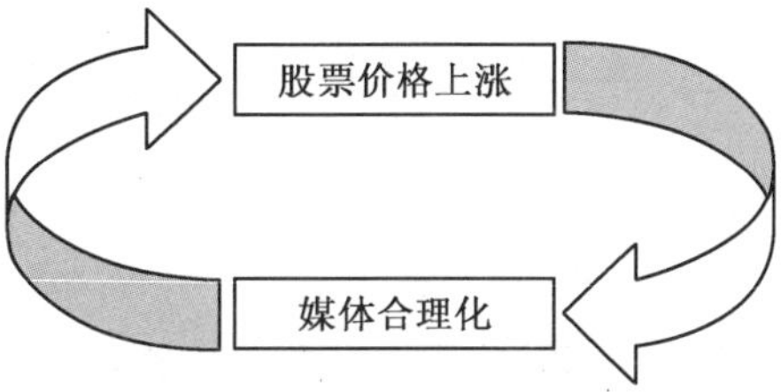

7. 基于银行和券商日益增加的销售活动而产生的正反馈

牛市中成交量会不断放大，日益放大的成交量对银行和券商来说是大好事，因此它们也会趁势使用更大的力度来接触更多的客户，鼓励客户更多地买进股票。

8. 基于示范效应的正反馈

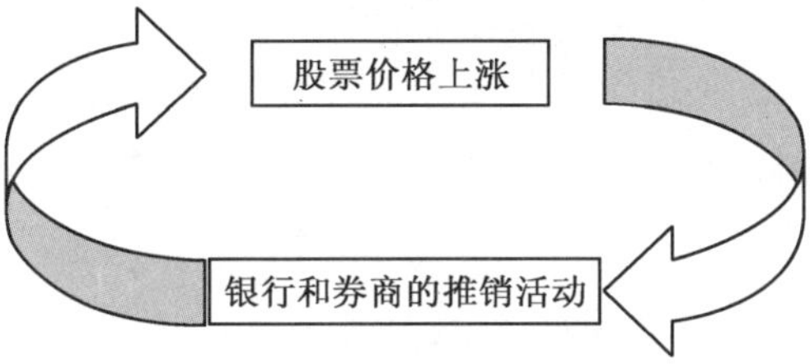

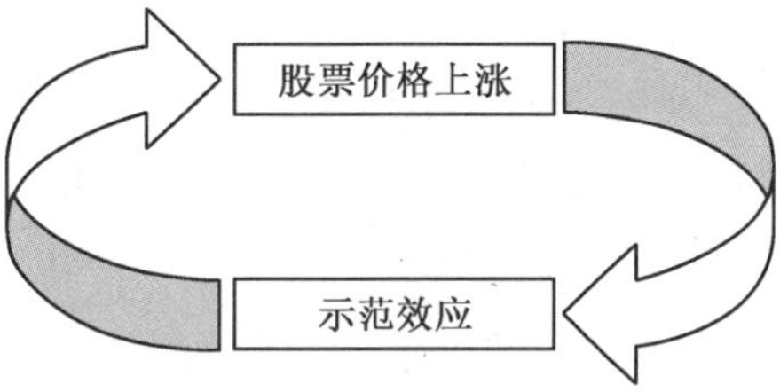

当先入场的投资者赚钱以后，他们开始富有起来，这种示范效应会引起更多的投资者跟风仿效，于是便有更多的钱投向市场，从而推动股价进一步上涨。

9. 基于错误舆论的正反馈

当牛市发展成为金融泡沫时，可能会出现越来越多的警告信号。然而，错误的舆论导向（比如2007年中国股市黄金十年的报道）给大众留下了错误的印象，即大多数人同意他们的牛市看法。

10. 基于卖空者的止损买进指令的正反馈

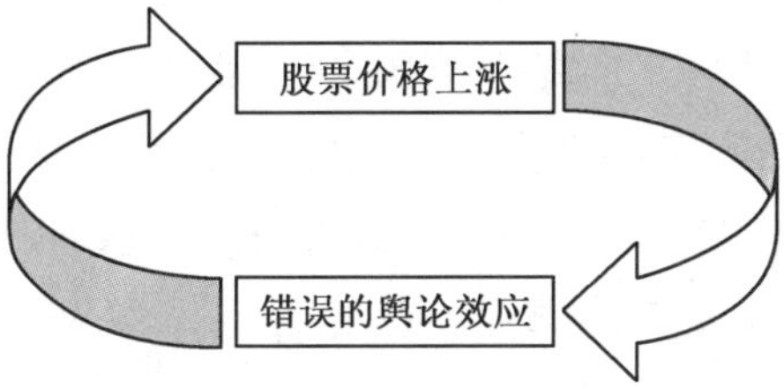

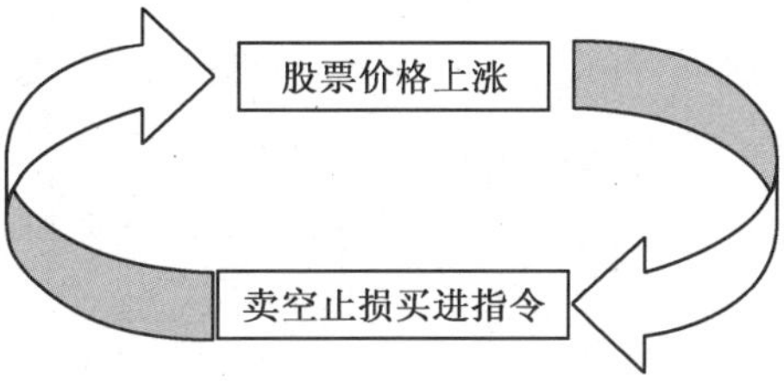

当大多数最有经验的投资者开始看空时，金融泡沫的最后阶段来临了。但是，由于很难确定准确的转折点，市场有时会远远超出预期值，因此看空的人还必须止损买回股票。这就产生了最后的爆发——价格疯狂上涨，大顶就要出现。

三、牛市正反馈的结果——自然发生的庞氏骗局

1. 庞氏骗局的由来

1920 年,一个名叫查尔斯·庞氏的意大利移民在美国开设了一家证券交易公司,他向投资者推荐自己的金融投资产品——美元期票。此人在其提供的期票上郑重写下如下一段话:证券交易公司认可此期票 1 000 美元整,并且同意在收到此票之后的第 90 天,在本公司的办公室或任何银行,支付 1 500 美元整。90 天的收益率达到 50%,非常具有诱惑力。庞氏向人们解释之所以能够承诺如此不可思议的收益,是因为碰到了一个巨大的获利机会,他发现在一些欧洲国家用 1 美分买进的邮政回信礼券(一种在其他国家使用的邮资预付的邮票),在美国可以兑换成 6 美分的邮票,因此卖出这些邮票,就可以获得 500%的利润。为此,他急于通过发行期票来融资,自己发一笔财,同时也给投资者以丰厚的回报。他宣称已经在欧洲请人购买邮政礼券,同时在美国本土已经雇用员工来处理其他事情。

这个诱人的期票迅速使他成为家喻户晓的人物,钱也快速地流入他的证券交易公司,据说钱多的时候已经随便堆在储藏室里和办公室的抽屉里,尽管一直有人持怀疑态度,但大多数人喜欢他并崇拜他。实际上,他的邮政礼券套利计划根本行不通,原因很简单,因为每年发行的邮政礼券平均只有 75 000 美元,根本不可能支付每个月上百万美元的利息。事实上,庞氏根本就没有去买过邮政礼券,他不是用新投资者的钱去买邮政礼券,而是用来支付老投资者的本息。

后来由于《波士顿环球时报》的记者经过调查发现了问题,于是向司法机关报告。但是,包括检察官在内的任何人都无法控告他,因为迄今为止他一直都如期按照期票上的约定,按时还本付息。不过检察官要求他停止发行新的期票,一直到审计官作出计划可行的结论为止。这样一来,庞氏的真相瞒不住了,终于东窗事发,庞氏这个名字已经永久地记录在金融史上了。以后庞氏骗局就是指那些传销活动或非法集资活动,在传销活动或非法集资活动中,早来投资者的回报不是来源于商业收益,而是来源于那些新加入投资者的现金。这种活动可以一直持续下去,直到没有任何新人加入为止。

2. 群体性狂热是自然发生的庞氏骗局

行为金融理论的代表人物罗伯特·希勒在他 2000 年的名著《非理性繁荣》中,将庞氏骗局的术语推广到更一般的情况,泛指那些脱离经济基本面的金融市场泡沫,他将这些现象称之为自然发生的庞氏骗局。说是自然,因为没有人为操纵;说是庞氏骗局,因为先入场者总是希望不断有新人进入,好让他们高价脱手,早加入投资者的盈利并不是真正来源于商业活动的收益。也就是说,绝大多数的利润取决于先到者把手中

的股票卖给后来者的能力，而不是来源于上市公司的现金流。与传统的“庞氏骗局”一样，当不再有新投资者接手时，整座大楼将轰然倒塌。

第五节　基于信息反应效应的群体心理分析

一、冷热门股票转换的现象

行为金融学的发现之一是，一般而言，以 3～5 年为周期，原先表现不佳的股票开始摆脱困境，而原先绩优的股票开始走下坡路，当然这不是绝对的。换言之，冷门股票开始变成热门股票，热门股票又复归成冷门股票。冷门股票一般受到的认同度较低，因而其市盈率也较低，而热门股票（题材股或成长股）往往因为受到投资者的追捧而有较高的价格。著名的行为金融学者理查德·塞勒对于将热门股看成是赢家，而将冷门股等同于输家的观点进行了验证，他分别构造了一个赢家投资组合和一个输家投资组合。结果他们发现在此后的 3 年间，输家投资组合的收益率比赢家投资组合的收益率高出了 25％。

出现这种现象的原因是因为投资者被市场上对热门股的宣传与吹捧所吸引而不断买入，结果市场价格被推到了远高于真实价值的水平。而当投资者最终发现热门股的价格虚高时，热门股的价格走势掉头向下，出现了大逆转。反之，一只股票下降可能也确实有它的内在原因，随着市场上这些股票利好消息踪迹难觅，这些股票不再受到分析师的推崇，也不再受到市场的关注，投资者开始心灰意懒，争相减持手中的股票，使股票价格不断创出新低。但是为什么热门股与冷门股的转换需要较长的时间呢？这是由于投资者对真实价值的滞后性判断造成的，其心理学上的依据就是投资者很难放弃自己原来认定的看法，往往因为反应过于迟缓而丧失良机。此外还有锚定效应（买入价格作为参照点）和沉淀成本效应在作怪。然而，冷门股票和热门股票之间的交替存在一个循环，你并不知道自己在这个循环中所处的阶段，因此购买一只你认为有很大上升空间的冷门股票可能意味着你必须长期持有这只股票，这在心理上并不容易做到。

此外，也有人发现了与冷门股有关的季节性波动现象，即所谓的元月效应，具体是指在 1 月份的时候，那些冷门股或小盘股的表现往往超过大盘蓝筹股。因为在每年 12 月中旬与 1 月中旬之间，将会出现针对这些股票的大量交易，此时这一类股票价格飙升的主要原因在于基金经理所面临的年终汇报压力。每年年底，基金经理需要证明他们在过去 12 个月里有着很好的理财业绩，如果股票投资组合中的股票都是业绩好的蓝筹股，不存在业绩不佳的股票，他们的宣传年报就可以做得很漂亮。

二、惯性效应现象

从物理的角度看，惯性是指物体的驱动力停止后，该物体拥有的继续运动的趋势。在股票市场中也会由于心理因素的影响而产生类似的现象，比如，某股票的最近表现不佳，投资者认为它将一直保持这种状态，直到出现大量的反面证据，他们才会改变看法。同样，如果某股票最近几个月一直有不俗的表现，那么投资者也会相信这种势头将得以继续。这就是惯性思维，它可能会完全违背事实，比如市盈率可能远高于同行业平均水平，预期收益并不足以支持投资者所支付的高价。现在，利用这种系统性错误而盈利的投资策略越来越受到人们的关注。

在现实生活中我们可以看到，当共同基金的理财业绩大为改善并向公众公布这一信息时，几乎是一夜之间投入到基金的资金会爆炸式增加。一旦投资于基金之后，投资者对那些基金业绩可能下滑的信息开始置若罔闻，更极端的是他们可能回避不利信息，曲解事实，并消极地不采取任何措施，因为他们不愿意承认自己实际上选了一个差劲的基金。因此可以利用这样的惯性现象寻找投资机会，有学者的研究结论是，通常高惯性股票（根据股票前 6 个月的投资回报率或根据股票暴涨的收益率进行界定）较之低惯性股票，在此后一年间的收益率要高出将近 10 个百分点。也就是说，利用投资者的惯性行为，再加上自己的迅速判断，可以找出那些开始价值回升的股票。然而，你等的时间越长，发现这种投资机会的人就会越多，股票就会变得越贵。很快，它就不再是惯性股票，而变成了热门股票。购买惯性股票与购买冷门股票的区别是，购买惯性股票不必像购买那些价值被严重低估的冷门股票那样，为股票的升值经历漫长的等待时间。总之，必须保持高度的敏感，才能把握好惯性股票。以下是冷门股票与惯性股票介入的时机比较（见表 13－3）。

表 13－3　　冷门股票与惯性股票介入时机的比较

市场状况	投资者反应	介入的时机与比较
股票价格被低估，并稳定在某一水平，不受市场关注	观望	冷门股介入的时机，可能需要的等待时间比较长
股价开始上涨，高于其最低水平	投资者开始试探性买入，态度日益积极	惯性股介入的时机，需要的等待时间可以适当缩短
股价飞涨，成为热门股票	投资者已经观望太久，现在只能以较高的溢价买入	不再介入

寻找以惯性为基础的股票的事实依据在于，当投资者发现那些不受注意的股票存在增值潜力时，这些股票的价格开始上涨，当股票的价格开始上涨时，投资者会买进这

些股票，并寄希望于股价的继续上涨，这些股票就成为惯性股。从中长期来看，如果能够选准交易时机，这将是一种盈利性很强的方法。所以，你并不一定要通过购买市场上最绩优的股票获利，而应该购买那些所有投资者都认为将成为绩优股的股票。

惯性效应在股票的投资组合中也同样有效。有一项关于投资组合收益的研究表明，本周收益与下周收益之间存在联系，下周收益变化中的4%通过本周收益可以得到预测，如果投资组合中股票构成都是小盘股，这种影响将扩大到10%。这种效应只存在于投资组合，并且是只在短期有效，也就是在日收益和周收益范围内有效。

三、信息反应效应

上述冷热门股票转换和惯性股票现象都与群体性的信息反应效应有关系，有时候对信息的反应是同步的、适当的，而大量的信息反应模式是错误反应或者反应过度和反应不足。

1. 信息的错误反应

投资者出于各种原因进行投资，这些原因可能具备金融上的合理性，可能只是受感情驱使，也可能出于投资者对自己所喜爱公司的前景预期。结果，价格往往偏离在市场保持完全理性时的轨道，并不断创出新高或新低，而信息则成为推动这一过程的重要力量。当市场上出现利润公告、意料之外的收益、令人兴奋事件或任何重要的新闻时，投资者、分析师以及股票经纪人会快速地做出反应。

在对待信息的问题上，要认识到内心世界及外部市场的作用使得你对自己所看到、所听到的信息进行分析时具有一定的主观性，心理经济学认为除了基本价值以外，构成股票价格的其他成分会受到投资者对信息的反应过度或反应不足倾向的影响。由于很多投资者根据信息采取相似的行为，股票并不是在正确的价位而是在投资者认为合适的价位成交。

通常我们可以从以下渠道获得信息：年度报告、收益公告或预警、电视报道、网络消息、报纸或杂志上的文章、小道消息、股票经纪人的建议、分析师的报道或预测、专业投资出版物、经济评论、市场谣言、行业研究报告、内情报告、在酒吧遇见的人透露的消息等。当你获得了信息以后，可能会以自己的方式理解这些信息并采取行动，但是你所听到的信息与你所采取的行动往往并不相配，问题在于你是否真正消化和理解了这些信息。表13—4说明对信息的错误理解是如何导致错误的投资决策的。

投资者的偏好容易导致对信息做出错误的反应，以下是行为金融学研究所强调的三种常见的投资者偏好：(1)总是记住自己成功的经历，却忘记自己的失败经历。在自己的心目中，总是夸大自己的成功，忽视自己的失败，这称之为“后见之明偏好”。(2)选择性地吸收信息，对不利于自己选择的信息往往会曲解或者忽视，这种现象被称为"个人倾向偏好"。(3)墨守成规，拒绝变化，喜欢让所有的事物维持现状或原样，因为这让人感到熟悉、舒适；尤其是当面临两难选择时，往往担心自己做出错误的决定，因此索性不做决定，选择不作为，这就是"维持现状偏好"。

表 13—4　　对信息错误理解的后果

听到的信息内容	对信息的理解
这是某公司创纪录的一年	去年的业绩很好，明年会更好
市场价格已经严重虚高，到了需要调整的时候了	市场虽然可能要开始下跌了，而且永远无法恢复；但是还不至于立刻下跌，或许还有一次上升机会，我要等到市场的最高点再抛售股票
熊市看来还需要持续一段时间	熊市可能要延续很长的时间，甚至无法结束了，我的投资毫无价值，还是及早抛售股票减少损失吧！
某公司是一家高速成长公司，作为成长型股票，这么高的市盈率是合理的，投资者今后可以获得很好的收益	专家们肯定知道自己在说什么——尽管我并不了解这些比率的真正含义，还是买吧！
经纪人说这是一只很好的股票，我要让我的所有客户都买这只股票，你也绝对不会受到损失	我马上就要发财了，真是幸运，我遇到了多么好的经纪人
道琼斯股价指数暴跌，恐慌情绪席卷整个华尔街，这是多年来美国股价指数跌幅最大的一天，世界上的其他股市也应声下跌	市场快要崩溃了，卖，赶快卖掉所有的股票！我现在就要逃离市场

2. 信息的反应过度

行为金融学表明投资者对信息的明显反应方式就是反应过度，或过于乐观或过于悲观，因此很容易将股价一窝蜂地推得过高或过低。在股票投资的过程中，你会接触到各种各样的信息，此时排除媒体宣传的干扰非常重要，你需要根据市场情况作出买或卖的决策。无论什么原因促使你反应过度时，你应该停下来问自己一个问题，这只股票的价值是否符合市场定价。

对新闻的敏感反应可以促使牛市或熊市的产生，但是，在牛市或熊市中，人们对新闻的理解开始出现不同。美国学者的研究证明，在牛市年份，投资者变得非常自满，对那些负面的经济新闻以及总统选举等社会新闻根本不予理会，股票价格受情感错觉的驱使不断向上攀升，会远远超过其内在价值。相反，到了熊市时期，伴随着经济的不稳定，投资者开始对负面的经济新闻、小道消息以及专家建议非常敏感，容易对利空新闻反应过度，而有意无意地忽视正面经济新闻。总之，当市场处于上升过程中，投资者会出于个人偏好对利好新闻反应过度；如果是牛市，投资者又会在希望的带动下，用各种内在的个人原因为市场的成功提供佐证，并有意无意地忽略其他负面因素的影响。而当市场处于下降过程中，投资者往往会由于市场上存在的不确定性而对利空新闻反应过度；如果是熊市，投资者又会寻找各种看似合理的外部原因为股票业绩不佳提供理由。

3. 信息的反应不足

有时候公布了公司业绩表现超出预期的新闻，很多投资者会经过较长时间的考虑才作出买或不买的决定。结果，尽管是好消息，但是公司的股价仍然需要经过数个月才能达到在消息公布时就应该具有的价格水平。坏消息也是一样，投资者也同样需要经过一段时间以后才能做出反应。比如，股息的减少可能意味着公司财富发生变化，但股价可能需要经过好几个月时间才会达到与公司的业绩相符合的水平。

新闻导致反应过度相对比较容易理解，而不太容易理解的是，为什么新闻有时候引起反应不足，从而导致股票的错误定价。这一现象也引起了行为金融学研究者的关注，有学者根据公司在最近报告中公布的收益变动规模的大小将它们分成若干组，并研究它们的变化结果。其中一种研究方法是将收益变动与分析师的预期进行对比，他们构造了两组投资组合，其中一组由拥有额外收益的股票组成，即利好投资组合；另一组由遭受意外损失的股票组成，即利空投资组合。对这两个组合的跟踪研究表明，经过 6 个月之后这两组股票才开始发生变化，此时，利好组合比利空组合的平均收益高出 6 个百分点。这很令人惊讶，因为从理论上来讲，根据对有效市场的合理预期，投资者应该马上对利好或利空做出反应。但是，事实证明，投资者并不总是马上做出反应，而是需要一段时间对消息进行消化。投资者的个性、他们获取的信息量、他们的处世态度以及他们所属的投资者类型都将影响反应时滞的长短。

在利空消息的反应时滞方面，由于股票的类型不同，通常对那些低价的冷门股票而言，投资者对负面消息的反应一般较慢；而对热门的高价股票则反应比较快，利空能使那些"看似诱人的股票在一夜之间失去光环"，市场对它们的负面传闻非常敏感。

4. 防止反应过度或反应不足的方法

为什么投资者会错误地理解信息，并由此反应过度或反应不足？从众心理是其中的一个原因，大多数投资者都不愿意与潮流背道而驰。在从众心理效果形成的过程中，媒体宣传等信息与心理感应相互作用，起到了强化彼此的作用。还有过度自信、选择性感知以及代表性谬误等心理现象也会造成对信息的错误理解或反应过度等问题。

投资大众对利好或利空消息的滞后反应给我们提供了获利机会，我们可以及早发现股票价值或及时脱手那些业绩不佳的股票。但是对自己而言如果不能够克服反应过度或反应不足，则将成为他人的投资机会。如何防止反应过度或反应不足呢？答案是时刻注意自己的投资行为是否脱离了自己的意志而被个人偏好或投资大众的理论所左右，这两方面的力量可能会同时发生作用。为此需要注意以下几点：(1)不要仅仅因为媒体或其他投资者的观点而轻率地决定投资时机；(2)思考自己是否受新闻故事的影响而对某一投资机会过度乐观或过度悲观，即思考自己的预期是否发生了毫无理由的变化;(3)虽然要认知大家都认为是"输家"的股票并不一定不具有投资价值,但是在做出购买决定时应该反复衡量其真实价值,而不是仅仅依赖于受媒体影响的反常规主义方法;(4)当市场上出现重大新闻时,如果需要作出决策,一定要考虑影响价格的因素,比如公司的基本经济情况是否真的发生了变化;(5)如果在金融上有充分的理由保持某项投资,那么决不要因为恐慌、广告宣传或市场氛围而匆忙卖出这只股票;(6)以绝对正直的态度考虑当前的牛市或熊市状态是否使你的投资决策受到了情绪的影响;(7)当市场开始上升,媒体中充斥着各种利好消息的时候,你需要问自己,市场上是否同时存在着利空。

5. 反应过度(太快)与反应不足(太慢)的变化模式

很多投资者在反应过度与反应不足之间来回反复,有时太早采取行动,有时又太晚。图13—1揭示了反应过度(太快)与反应不足(太慢)的变化模式:随着左边特征不断强化,反应过度的趋势不断加强,投资者会急于作出投资决策,匆忙进入市场买或卖;与此相似,随着右边调整不断强化,投资者又会表现出反应不足,慢条斯理地作出决策。另外,有些特点的对立面会导致反应特点的相应转变,比如,如果你对新闻非常敏感并且非常自信,那么你会趋于反应过度;而对新闻不太敏感或不太自信,将会导致反应不足。

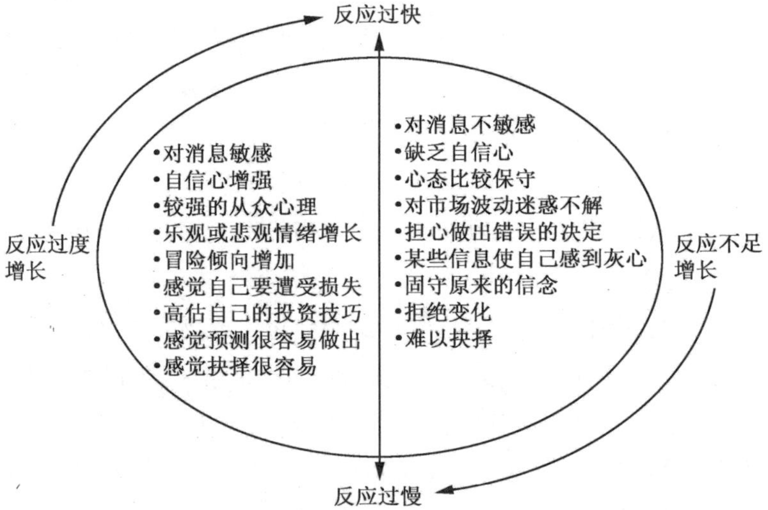

图13—1　反应过度(太快)与反应不足(太慢)的变化模式

第六节　基于市场类型划分的群体心理分析

要获得投资收益,并不一定要求市场保持理性,但你自己必须保持理性。在分析市场类型时，除了要考虑影响市场变化的经济等外部因素以外，还需要考虑情感等心理因素。虽然我们可以确定市场趋势总是会出现逆转，市场终将在某天发生转向，但是你可能不知道需要等多久，这就是合理判断市场的难点所在。所以，当我们面对目前是何种类型的市场这样的问题时，心理分析也能够发挥一定的作用，群体心理在不同的市场类型中具有不同的表现，分析不同市场类型中的群体心理特征，有利于把握市场整体走势，获得良好的中长期投资机会。

一、牛市中的群体心理

1. 牛市开始形成时的群体心理

美国早期股市投资成功者巴鲁克说，一个好的投机客应该能够预测人们会把手中的钱投向何方，另一位成功人士则说，与明显的群众性趋势作对是不明智的。金融市场的价格运动大部分时间是一边倒，当它们上涨时，会遇到不同的阻力区而回落，但是跌下来时又会受到支撑。如果价格一旦突破了重要的阻力区，就会坚决地开始往上走。上升趋势刚开始的那段时间，大多数投资者都把这看成是又一个新的随机运动，认为价格很快就会回来，许多人匆忙地兑现利润，抓住这次意外的上涨机会。然而新的买主加入，经过短期震荡后，市场重拾升势。此时，那些刚刚卖出、落袋为安的人开始后悔了，希望在适当的价格再买回来，这就说明上升趋势正在形成。

当一个上升趋势开始形成时，它往往持续很长时间，超出任何人的想象。大部分投资者搭了一程车后，心满意足地退出观望，然后看着行情一直延续下去，简直难以置信。有些趋势会演变成群众运动，可以持续多年，中间偶尔被短期的、暂时的波动所打断。由于这种情况在人的一生中是不多见的，因此一旦出现一定要抓住机会，要记住趋势是挣大钱的机会，这就需要好好地了解趋势心理学。

2. 牛市延续时的群体心理

作为一个先知先觉的投资者，有可能在市场极度低迷的时候已经觉察到股价很快就要上涨，但是不知道到底什么时候开始上涨，所以除了等待出现第一个明确的上涨买进信号以外别无选择。假定在整个漫长的夏天或冬天，价格在某一区间波动徘徊，然后开始缓慢上涨。突然价格发生突破现象，同时市场也出现巨量买单，在狂热的交易中，价格快速推升。这时所有的人都注意到了这一情况，评论家们蜂拥而至，纷纷寻找上涨的原因，任何行情的背后总能找到一大堆理由。突然间，所有的人都听到了正面的声音，没有人听到反面的声音（适应态度起作用），这说明趋势已经形成并将延续下去。但此时，人们的心态各异，不同立场的人会有不同的心理表现。

（1）幸运者的心理表现。有些投资者突然间感到非常幸运，那些在上涨之前买入而且一直守住的人因为赚取了巨大的财富当然会感到幸运，这时他可能一直坚定地按着计数器不放,并在贪婪和恐惧之间摇摆不定。贪婪告诉他守仓,一定要赚个够,恐惧又提醒他,绝对不要让煮熟的鸭子飞走了。于是他决定再等等看,如果价格没有重拾升势,他情愿卖掉,落袋为安。

(2)悔恨者的心理表现。另外一些人就没有幸运者那样的好心情了,他们刚刚在价格上涨之前出局观望,即使出局但是对行情的注意力仍然没有减弱。显然,他们犯了一个重大的错误,一开始相信价格会上涨,但是慢慢失去耐心,最后卖出。但是不卖不涨,一卖就涨,此时的感觉将会非常难受。他难受的是,他已经比以前更加相信价格还会上涨,如果现在买回来,价格已经比他卖出时高了许多。因此他唯一能做的就是,等价格稍微回落一点马上再买回来,这样他冲进去仍然可以保持一份自尊心(自我防御态度起作用)。

(3)糟糕者的心理表现。更糟糕的是那些卖空①的可怜虫,这时他感受到的是恐惧、惊奇和绝望,他害怕会遭受更大的损失,而且他的经纪人也可能会逼他平仓。此时,他也会尽可能在较低的价格买回股票出局,如果是铁血型赌徒可能会选择在合适的价位反手做多,也就是加倍买进,这样他由空头转为多头,因此也有可能挽回损失。

(4)旁观者的心理表现。在价格暴涨之后,各种心态不同的市场参与者都会紧盯价格,因为那些幸运的人要考虑是否卖出,而那些后悔的人和糟糕的人却在伺机买进。实际上,他们的决定早已做出,剩下的只是时机问题。至于旁观者,就像凯恩斯所说的那样,把市场当作选美比赛,等待别人的反应,保持头脑的足够冷静,再耐心等待几天,觉得市场可能有些超买。于是,大多数人保持观望,在随后的几天里,市场好像屏息静气,仿佛什么也没有发生,每个人都在看其他人的反应。

(5)观望过程中不同投资者的心理反应。在大多数进行观望的过程中,谁会最先跳出来打破平静?即使我们不是弗洛伊德,也可以知道,人们往往容易采取令人愉快的行动,而难以执行令人讨厌的举动(又是自我防御态度起作用)。所以,幸运者通常会首先采取行动,一开始是几个人,马上就会有人跟随。因此,在股价走势图上可以看到价格会出现一些回落。但是,可以发现成交量很低,所有的人无论是市场参与者还是评论家,都看出这仅仅是投资者获利回吐。获利回吐造成的下跌正是那些在成交密集区卖出感到后悔的自我防御者所期待的,也是那些此前在上涨前想买进但因为犹豫而又没有买进的旁观者所期待的,更是那些做空的糟糕者所盼望的。于是,人们蜂拥而入,价格不再下跌,而这个位置正是前期密集成交区的头部。

在上升趋势延续过程中,事后偏见的心理发挥了很大的作用。事后偏见也可称为

① 卖空一般是指在信用交易制度下的融券交易,即投资者通过向券商借入证券将股票卖出,期待在价格下跌后买回股票并归还给券商,从中获得卖出价与买入价的价差收益。广义的卖空还包括卖出股指期货合约。

“早就知道效应”，一旦我们听说几种可能性中的某一种发生时，我们就改变了在知道这件事情之前的看法，我们现在可能会认为，早就有这样的预感，知道它会发生的，虽然实际上一点线索也没有。据此我们可以得出结论，实际上已经发生的事情可以准确地预测，这将令我们后悔不已：因为我们没有在第一时间采取行动。因此，我们想做出正确行为的愿望强烈膨胀，这种现象有助于解释上升趋势中的如下倾向：如果价格跌回到我们最初犯错误的价位，我们非常想买回来。

当越来越多的人出现事后偏见心理时，这时市场开始进入一个大家都有点陌生的状态，投资者不再像以前那样神经质，越来越多的人看出行情开始进入牛市状态，很多还没有找到买进理由的人也开始入市。于是在价格走势图上会逐渐出现越来越完美的上升通道，这个通道也有人将其称为抢座位游戏通道，当价格上升到上升通道的上轨时，就会有卖盘出现，于是回落。而一旦回落到上升通道的下轨时，由于此时行情的演变已经成为街头巷尾谈论的话题，很多人都愿意买进，尤其是那些职业投资者开始感到害怕，害怕错过机会让老板做空他们（被解雇），因此价格很快又重拾升势。在上升的过程中，不仅有新人加入，而且许多在前面上轨附近退出的人又重新冲了进来。这种沿着完美的上升通道运行的情况虽然会延续很长一段时间，但是，终于有一天，完美的上升通道结束了，这时市场心理就会开始发生新的变化。

3. 牛市反转前的群体心理

在上升通道运行的过程中，市场在出现大的上涨之后，随之而来的便是下跌调整，这是由于前期的投资者获利回吐，新的投资者则利用这个机会逢低买入。全程参与的卖出者注意到，每次市场创出新高，他们都应该坚守不动，而小幅回调恰好是买进的机会，每次上涨都会引来更多的新投资者愿意在现价介入。而从一开始就介入的买主，发现市场没有走弱的迹象，于是就会推迟做出卖出决定，一直守仓不动。由于市场缺乏供应，任何获利回吐都会引来更强烈的购买欲望——来自同样的投资者的新需求。

问题是，如果在回落调整后虽然重拾升势，却没有能够创出新高就回落，这时市场的心理将会发生很大的变化，这种市场心理的改变也会导致市场行情彻底改变，从而使上升趋势发生反转。投资者先是惊奇，然后是不确定和紧张，大部分在最后的成交密集区介入的新买主此时已经处于亏损状态，他们面临三重打击：首先，他们在市场外旁观时市场却高歌猛进；其次，终于忍不住全线杀入，市场却首次未创新高；再次，现在居然处于亏损状态。

至于幸运的投资者，也就是一开始就介入一直守仓不动的人，也感到紧张和不安，头一回承认他们的利润得而复失，这种感觉会很不舒服。还有那些因各种原因想要买进的人，此时都会推迟买进计划，因为他们发现现在买入可能已经难以赚钱。尽管如此，大家还是抱有最后一丝希望，因此会出现转势前的最后犹豫，价格在高位表现出徘徊不定的走势。等市场安静了一段时间以后，最后终于有人打破沉默，这就是那批新投资者，在遭受三重打击之后，他们的选择自然是退出市场。如果查尔斯·道在这个市场的话，他也会选择退出，因为他注意到两件事情：首先最重要的是市场价格不再创出新高；其次，当价格跌破前期底部以后，毫无疑问价格将会出现新低。

二、平衡市中的群体心理

在主要趋势发展的过程中，会出现横向盘整的平衡性市场，使得前面的市场趋势暂时停止，这时在技术图形上可以看到三角形、矩形等技术形态。当市场趋势暂时停止时，在现价之下逐渐出现买进兴趣的支撑位，同时在现价之上出现卖出兴趣的阻力位。因为矩形是价格在两个明确的价格范围之间的一种循环往复运动，因此它是在两条水平线之间的交易，一条是支撑线，一条是压力线。矩形的出现是那些无论如何想卖出的空头在等待图形的高点出现，而那些无论如何想买进的多头在等待图形的低点出现。而三角形中的对称三角形更加表现出势均力敌之态势，多方愿意以稍高的底部价格买进，空方也接受不断降低的顶部价格。道氏说过，如果市场有不断抬高的头部和不断抬高的底部，那么它将保持上升趋势；如果市场头部和底部不断降低，那么市场将保持跌势。但是，如果头部不断降低，而底部不断抬高；或者头部没有上升，底部也没有下降，这意味着什么？答案是不确定性。

所以，在平衡市中可以体现出投资者对价格走势判断的不确定和不明朗，因此表现在心理上面，意味着市场参与者开始表现出怀疑和犹豫的情绪，在这样的情绪中会有相当一部分投资者进入兑现利润的行列。但是如果市场是处于牛市过程中的平衡市，没有比退出一个正在强势上涨的市场更糟糕的事情，而退出的原因仅仅是因为这个市场休息停顿了一些日子，而这正是成千上万的人经常做的事情。我们假设市场处于一个极强的、近乎垂直的上涨中，开始时这种暴涨是因为几乎没有任何卖盘，或者强大的买盘源源不断而造成的，这可能是由于大量强烈的正反馈正在形成。

钱这么容易赚到的事实诱使很多人忍不住兑现他们的利润，因此经过最初的疯涨后，许多人匆忙兑现自己的利润，卖压暂时出现，上涨突然停止。用心理学的词汇来描述，就是自适应态度需要短期巩固，以便赶上实际价格的变化。在兑现利润的过程中，市场形态中容易出现矩形和三角形等盘整形态，随着盘整的延长，不确定性也在与日俱增，市场僵持越久，参与者的不确定性也越强。由于不确定性增强，观望情绪也会浓厚起来，所以在整固期的最后阶段，市场活动几乎停止，因此表现为成交量萎缩。这是由于在盘整期，其他人要么由于厌倦，要么由于失去耐心，早已离开市场。

但是，盘整毕竟只是主要趋势的暂时性中断，随着盘整的深入，多空双方的斗志也逐渐被削弱，力量较弱的一方迟早要被清除出局，市场最后会选择突破的方向。而且，市场僵持得越久，最终打破这种僵局的暴风雨也会越强烈。这是因为在现价之上的潜在空方力量和现价之下的潜在多方力量都在与日俱增，这将有助于形成一种强烈的突破。如果是在牛市中的平衡市，一段时间过去了，价格基本没有多大变化，最后没有人想卖了。与此同时，很多人的心理已经调整到适应新的价格了。兑现利润的获利回吐结束后，正反馈又开始形成，市场再度飙升形成向上突破。而成交量不断萎缩是突破展开前的一个信号，如果向上突破，空方被消灭，大量的多头就会蜂拥而进，价格跳空向上，直指空方真空区。而且向上突破的实现将会使很多人改变他们的想法，吸引大量的新买主（适应态度起作用）；反之亦然。在一个主要趋势延续的过程中，通常会出现若干次平衡市的现象，绝大多数平衡市的突破方向都是继续原来的趋势，但是在趋势的末期，其突破方向有可能是趋势的反转。

三、熊市中的群体心理

1. 由牛市向熊市反转时的群体心理

一个大的上升趋势（牛市）迟早要结束，转势必然要发生。由牛市向熊市转势的发生过程，实际上也就是熊市产生的过程。这样的转势时会发生什么？为什么会转势？其内因是什么？为了理解这个问题，首先必须清醒地认识市场到底是什么。市场的核心是一群数量较少的职业投资家。这些人关注一切事情，分析最细微的价格变化。市场的短线波动大部分是由于他们投机的结果，而他们的投机活动有可能使市场的“零星冲突”在某种特殊的市场环境下，发展为市场的“战略决战”，从而产生趋势的反转。

可以说零星冲突往往是转势的导火线，比如，有若干名短线投机客想炒作某个股票，在市场上不断加码买进造成价格不断上涨，这对卖空的投资者（融券交易者）将会产生巨大的压力，这种轧空的形势使他们必须在约定的时间买回自己的股票，封闭自己的空头头寸。而他们为了封闭自己的空头头寸即买回自己的股票，往往又需要卖出其他股票来筹集资金，这样市场上就会感受到那些准备封闭空头头寸的交易者的压力，同时，其他一些聪明的投机客在感受到这种市场压力后，又乘机将其他的股票也卖空，结果引起市场恐慌情绪。

这种情况用军事术语可以称之为“零星冲突”，仅是一些圈内人士做了他们想做的事情，在一般情况下，市场很可能马上就会恢复平静和正常，因为其他市场参与者并没有想做任何事情。但是，当价格表现出长时间的非常显著的变化后，所有这些市场参与者就有可能受到影响而采取行动，一旦最终出现这种情况，那就不是“零星冲突”，而会演变成“战略决战”。关于战略决战，《战争论》的作者克劳斯维茨写道“决战的作用是更多地削弱敌人的士气，而不是更多地消灭敌人”。主要趋势的反转也是一样，是人气的变化，涉及勇气和心理的结合。

在牛市后期，市场主力将会觉察到有些事情不对劲，他们或许认为价格相对基本面而言显得太高，或者他们的情绪指标发出警告。因此在“零星冲突”这样的导火线引爆下，他们开始大肆减仓，于是市场开始激烈波动，这时新手在震荡低位认为是绝妙的买进机会，而很多职业投资者则利用新的上涨机会卖出。在市场主力刚开始全面展开派发过程时，有许多人无法及时地识破他们的诡计，要么是他们缺乏分析手段，要么是他们的自我防御态度和知识态度在作怪。但是，连续的上下震荡加剧了市场的怀疑心理，怀疑心理也会使越来越多的新手加入到抛售大军。通常，仅仅依靠市场主力派发，很少诱发趋势反转，只有当主力派发完成，散户也开始抛售时，反转才真正开始出现。当派发完成，再也没有买主，市场崩溃，所有牛市的正反馈开始反向运转，熊市开始形成。

2. 熊市崩盘时的群体心理

崩盘是熊市延续过程中的一种怪物，比如 1987 年 10 月 19 日，美国发生的黑色星期一股市大崩盘，一天里道琼斯指数暴跌 23%。这种崩盘的出现是一种自发的、集体性的恐慌，也是一种从有序的牛市趋势到疯狂的熊市恐慌的转变。

崩盘是如何发生的呢？证券市场出现崩盘的情况与人类的态度有关，态度是大自然的产物，可以用来简化我们的事情，并且给我们做事情的方式提供一些稳定性。态度是我们对事物总体印象的总结，是我们有意识或无意识地参考了正反两方面的信息而得出的结论。态度不一定建立在理性的基础上，它不仅反映我们的理性，而且还反映我们的行动和我们的感觉。比如，我们看多股票市场，这就是态度。我们因此买进股票，并且告诉朋友股市要上升，这就是行动或者行为。我们也许认为那些看不出股票市场要上涨的人是傻瓜，这就是情绪或情感。我们可能认为投资于上市公司有利于经济发展，有利于自身资产增值，这就是认知。以上是通常的作用方式，态度与我们的所为（行为）、所感（情感）、所思（认知）紧密联系，它具有心理防护的作用，具有稳定性，可以让我们平静下来，适应社会，免于经常对各种问题进行费力的揣测。态度和心理的协调如图 13－2 所示。

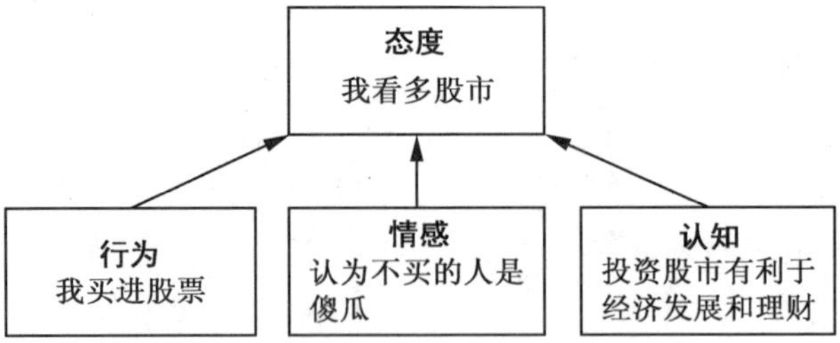

图 13－2 态度和心理的协调

现在，假设证券市场的价格变化与我们的设想大相径庭。我们是多头，但是市场却已经开始大幅下跌。起初可能不会在多大程度上改变我们的态度，因为态度具有一定的稳定性，不容易改变。但是，它确实会使我们的态度有所动摇，所以我们开始进一步注意这个问题。注意力是智力和判断力的重要组成部分，注意力是一种社会现象，注意力在很大程度上受周围其他人注意力的影响。如果市场下跌，我们也开始注意那些因素，由此产生认知失调。不知什么原因我们也开始觉得这个市场可能有点偏高，或许太高，我们的感觉不再那样好了。随着市场进一步下跌，这种不安逐渐加剧，开始产生焦虑。

焦虑是面临危险时的一种很自然的也是很必要的反应，当我们患有以下六种状态的三种以上时，就可以认为已经患有焦虑症：(1)坐卧不安，或感觉紧张和着急；(2)容易疲劳；(3)很难集中精力，大脑空白；(4)易怒；(5)肌肉紧张；(6)睡眠不安。而恐慌与焦虑既有联系又有区别，很难明确区分什么时候是焦虑，什么时候是恐慌。恐慌是断断续续的强烈的恐惧和不安，比如会出现心悸、心跳加重或加快，出汗、战栗或颤抖，感到呼吸困难或有类似反应，感到窒息、恶心、眩晕或腹部难受，丧失现实感等症状。焦虑和恐慌不仅会伤害人体健康，还会对我们的态度产生影响：当我们处于很大压力时，我们改变自己态度的倾向大大增加。

通常态度的改变需要经过几周甚至几个月的时间，但是当我们处于巨大压力之下时，改变态度可能只需要几个小时、几分钟甚至几秒钟。因为，当面临巨大威胁时，任何人必须做出快速应。因此，价格下跌产生精神压力，精神压力引起态度迅速改变。这将导致新的卖压，反过来又促使价格进一步下跌，形成循环，从而引起崩盘。崩盘时的心理现象可参见表13—5。

表13—5　　崩盘时的心理现象

肉体心理理论	强烈的威胁产生身体反应，反过来又强化了持续的恐慌。这可能出现在价格大幅下挫期间，因为崩盘时的恐慌导致态度迅速改变
社会比较	当我们对某一事物难以理解时，我们使用别人的行为作为自己的信息来源。群体性恐慌发出了别人对于市场看法的非常明确的信号，这可能会影响我们也加入进去
框定	我们的决策容易受到外界输入信息的影响，如果这种输入看起来像是正确答案的话。由于输入的信息是价格正在迅速下跌，我们很可能得出这样的结论，经济正在或即将与股市同样的方式崩溃
事后聪明偏见	我们过高地估计了从过去的事件预计未来的可能性，我们认为自己可能预见到崩盘，这使我们更急于修正自己的错误

当股市崩盘、市场价格如自由落体般直线下降时，即便是最明智、最有经验的投资者也有可能会在震惊之中匆忙作出决策，此时投资者是否会在深思熟虑的情况下购买

那些价格存在很大程度折价的优质股票呢？事实上恰恰相反，投资者往往一卖再卖。基于这样的群体心理表现，从介入时机的角度来看，可以不用操之过急，应该在投资者过度反应开始平缓、股价已经明显触底的时候介入。

3. 熊市低迷期的群体心理

在经过熊市的崩盘冲击以后，人们似乎都从原来的狂热中清醒起来，都希望自己能够保持理性，此时容易发生所谓的理性冲突现象。如果每个人都保持完全理性以及每个人都试图看透他人时，经常会出现投资者之间的行为相互干扰的情况。如果你想把股票卖给我，我知道你是理性的而你也知道我是理性的，而且我知道你知道我是理性的，我会纳闷你还知道什么我不知道的信息？如果你认为这是一只好股票，那你为什么想卖掉它？如果它不值你所设定的价格，那你凭什么认为我会买入这只股票？这意味着在经历了严重的崩盘式下跌以后，投资者对于返回市场进行交易将持非常谨慎的态度。他们会在一段时间内受极端理性的影响，认为其他投资者必定掌握一些秘密信息，所以才选择了不加入交易。这将使市场持续萧条，直到恢复活力。

练习题

一、名词解释

正式群体　非正式群体　群体心理　群体决策效应　适应态度　自我实现态度
知识态度　自我防御态度　从众心理　逆向思维心理

二、单项选择题

下列选项中只有一项是正确的，请将正确选项的符号填在括号内。

1. 从众心理的具体表现就是投资行为受(　　)影响。

A. 环境　B. 风险　C. 潮流　D. 幻想

2. 机构投资者(　　)形成从众的市场行为。

A. 不会　B. 也会　C. 很难　D. 有时会，有时不会

3. 行为金融学的发现之一是，一般而言，以(　　)为周期，冷门股与热门股会发生转换。

A. 3～6 个月　B. 1～2 年　C. 3～5 年　D. 5～7 年

三、多项选择题

下列选项中有两项(含两项)以上是正确的，请将正确选项的符号填在括号内。

1. 下列关于证券市场对信息反应的正确描述是(　　)。

A. 牛市对利好新闻反应过度　B. 牛市容易忽视负面新闻
C. 熊市对利空新闻反应过度　D. 熊市容易忽视正面新闻
E. 牛市与熊市对新闻反应相同

2. 下列关于利空信息反应时滞的正确描述是(　　)。

A. 冷门股反应较慢　B. 冷门股反应较快　C. 热门股反应较慢　D. 热门股反应较快
E. 两者反应时滞差不多

四、问答题

1. 群体特征表现在哪些方面?
2. 群体心理具有哪些基本特征?
3. 证券市场中的主要群体心理现象有哪些?
4. 为什么群体决策是不可靠的?
5. 群体思维的形成机制与主要表现是什么?
6. 从众心理形成的原因是什么?
7. 普通投资者与机构投资者在从众心理的作用下会表现出哪些市场行为?
8. 为什么会出现技术图形自我实现的现象?
9. 基于逆向思维的相反理论的股市判断原则是什么?
10. 逆向思维心理运用的主要观察点有哪些?
11. 逆向思维运用的原则是什么?
12. 证券市场中存在哪些具体的反馈机制?
13. 冷门股与热门股转换时间较长的原因是什么?
14. 介入冷门股与惯性股有什么区别? 如何把握它们各自的介入时机?
15. 在牛市与熊市中,投资者对信息的反应有什么区别?
16. 防止反应过度或反应不足的方法有哪些?
17. 牛市中的群体心理是怎样的?
18. 平衡市中的群体心理有什么样的表现?
19. 熊市中的群体心理是如何表现的?

第四篇

证券投资学术分析

第十四章　学术分析概论

第一节　学术分析简介

一、学术分析的定义

学术分析流派是指以证券投资过程中收益与风险的关系作为投资分析对象和投资决策依据的一种投资分析流派，它是一些正统的学院派经济学家运用数理统计等数学工具，对证券投资中的收益与风险进行定量分析，并据此来选择合理的投资组合，力求在一定的风险水平之下收益最大，或者在一定的收益水平之下风险最小。

二、学术分析的主要特点

第一，学术分析流派的理论基础是"有效市场理论"，该理论认为证券市场价格对于新的信息做出反应的灵敏程度和正确程度是衡量市场有效性的标志，如果市场上的每个投资者都能迅速了解新的信息，并根据该信息做出理性的反应，使得证券价格得到及时的调整，这种市场就是有效的证券市场。在一个有效的市场里，当给定当前市场信息集合时，投资人不可能发展任何投资战略，可以获得超出由投资对象的风险水平所对应的投资收益率的超额收益。

第二，学术分析流派的投资分析目标是按照投资风险水平选择投资对象，用长期持有的投资战略来获取市场平均的长期收益率。所以，学术分析流派与其他证券投资分析流派的最重要的区别之一，就是它不是以战胜市场为投资目标，而其他流派大多以战胜市场为投资目标。

第三，学术分析流派在分析中所使用的数据与心理分析流派类似，即兼用市场内数据与市场外数据，其对证券价格波动原因的解释是，这是对价格与它所反映信息内容偏离的调整，证券价格的变化反映了投资者在一定的市场信息集合条件下的收益与风险的态度。

第四,学术分析流派在分析的方法上主要采用数理统计的定量分析方法,通过数学模型可以对单一证券或者证券投资组合的收益与风险进行具体的量化,并且也可以对收益与风险的动态关系进行具体的量化。

第五,学术分析流派在投资对象的选择上强调证券投资组合的重要性,证券投资组合不仅可以规避非系统风险,而且还可以产生有效投资组合的效果。所以,基于学术分析的投资决策不仅具有较强的风险控制能力,而且比较适合于战略规模的投资行为,对于证券投资基金等大规模的证券投资活动具有一定的指导意义。

第二节 学术分析的主要内容

学术分析流派理论和方法的最重要组成部分就是现代投资组合理论,1952 年时年 25 岁的马柯维茨最早提出了投资组合理论,引起了股票投资理论的革命,他与夏普和米勒分享了 1990 年度的诺贝尔经济学奖。

一、马柯维茨对学术分析的主要贡献

(1)提出了如何定量计算股票投资收益和风险以及投资组合收益和风险的方法。

(2)用模型揭示出股票投资收益和风险呈正比关系。

(3)说明股票投资风险由系统风险和非系统风险两部分构成,通过适当的投资组合可以避免非系统风险。

(4)提出了有效投资组合的概念。有效投资组合具有如下要求:在相同的风险水平下,投资组合有最高的收益;在相同的期望收益率下,投资组合有最低的风险。

(5)提出了建立有效投资组合的方法,如果有三个变量的数据,即每个股票的收益、收益的标准差、每个股票之间的协方差,就可以决定投资组合的期望收益和期望风险,从而建立有效投资组合。

二、夏普对学术分析的主要贡献

由于马柯维茨的投资组合理论需要大量的计算,很难大量地用于实践。1963 年,马柯维茨的学生夏普对其理论进行了简化,根据简化模型所选取的有效投资组合与马尔柯维茨体系下的投资组合十分类似,但是计算量大大地减少了。

夏普首先将统计学上的简单回归分析中的两个系数 α 和 β 引入股票分析中来,β 系数反映某个股票或投资组合对市场组合方差的贡献率,用来衡量该股票的系统风险。β 大于 1,说明该股票比较活跃;β 小于 1,说明该股票比较稳定;β 等于 1,说明该

股票与指数同步波动。α 是某个股票的非系统风险，它主要用于检验某个股票或投资组合是否有异常收益。

1964 年，夏普提出了著名的资本资产定价模型（CAPM），在投资理论上再一次取得重大突破。夏普系统地提出了如下的分析方法：

（1）资本市场线，该线反映有效组合的风险与收益之间的关系，在资本市场线（CML）中，用标准差衡量组合的全部风险。

（2）证券市场线，该线反映达到均衡时每个证券与投资组合的风险和收益的关系，在证券市场线（SML）中，用 β 系数衡量系统风险。

（3）市场组合是最有效的投资组合，没有其他具有相同风险的投资组合能比市场组合提供更高的预期收益，也没有任何具有相同预期收益的投资组合能比市场组合拥有更低的风险。这意味着，从长期来看，没有投资者能够战胜市场，最好的投资策略就是买进并持有一个尽可能分散的投资组合。

（4）市场组合就是复制与跟踪某一市场股价指数的一篮子股票，所谓一篮子股票，就是与市场股价指数的样本股与权重保持一致的股票投资组合。

练习题

一、名词解释

学术分析　　有效投资组合　　市场组合　　一篮子股票

二、问答题

1. 学术分析流派有哪些特点？
2. 马柯维茨有哪些主要的学术贡献？
3. 夏普有哪些主要的学术贡献？

第十五章　有效市场理论

第一节　有效市场的概念和有效市场假说的提出

有效市场假说(efficient market hypothesis,EMH)是学术分析流派的支柱之一,也是现代金融学的理论基石之一。有效市场假说可以说是亚当·斯密“看不见的手”这种经济学的理念在证券投资分析领域的延伸,这一假说在获得很多支持的同时,也引起了不少的争论和质疑。

一、有效证券市场的概念

证券市场的价格是经常波动的,市场价格对于新的信息做出反应的灵敏程度和准确程度是衡量市场有效性的标志。如果市场上的每一个投资者都能够迅速地了解新的信息并根据这些信息做出理性的反应,使得证券价格得到及时的调整,那么这种市场就是有效的市场。反之,如果某个市场信息传递不畅通,投资者获取信息的时间很长、成本很高,价格调整的过程十分缓慢或者经常调整过头,这样的市场就是有效性很差的市场。

有效的证券市场与完善的证券市场在概念上是有区别的,我们通常所说的完善的证券市场是指满足以下条件的证券市场:(1)市场无阻力,即不存在交易成本和政府税收,所有证券资产都能进入市场交易,而且交易量是资产数额的任意比例(资产无限可分);(2)完全竞争性,即产品市场和证券市场都是完全竞争市场,产品市场上的所有产品生产者和服务提供者均以最低平均成本提供产品和服务,证券市场上的所有交易者都是完全竞争条件下价格的接受者;(3)信息传递高效性,即所有信息均可不需任何成本而同时为所有人获知;(4)交易者理性化,即参加市场交易的人都是理性的,每个人都追求效用的最大化。

所以,有效的证券市场标准要比完善的证券市场标准宽松得多,它不要求市场无阻力,可以存在某些阻力;不要求市场的完全竞争性,允许不完全竞争的存在;也并不要求获得信息的成本为零，允许有成本地占有信息。它只要求价格能够完全和瞬时地反映所有可获得的相关信息，信息能够全面和迅速地在证券价格上表现出来，保证在证券交易过程中价格是资本配置的精确信号。

二、有效市场假说的提出

1. 随机游走理论与有效市场假说

有效市场的研究是从对证券价格的历史变化趋势的研究中开始的。长期以来，以技术分析流派为代表的证券投资理论一直认为证券价格的变化是有一定规律可循的。但是，1953 年，肯多尔（Maurice Kendall）对股票价格的历史数据进行了大量的序列相关分析研究，试图找出股票价格变化的规律性。但是他惊奇地发现，实际上并不存在所谓股票价格变化的规律性，股票价格序列就像在随机游走一样，因此提出了随机游走理论，该理论也被叫做随机漫步理论。实际上在肯多尔之前法国数学家、经济学家巴里亚在 1900 年最早描述和检验了随机游走的模型，巴里亚认为，价格行为的基本原则应该是“公平游戏”，投机者的期望利润应为零。他通过对巴黎股市的研究，提出了股价随机漫步的思想，但是，他的论文未能引起学术界的重视。1934 年沃尔金也提出过类似肯多尔的看法，只是沃尔金的论述缺乏像肯多尔那样有力的实证研究根据，沃尔金所提出的股价变动是随机游走的观点是建立在观察的基础上的，并没有对这一结论进行合理的经济学解释。以后，美国著名经济学家萨缪尔森发现了巴里亚和肯多尔的论文，大为推崇，1965 年萨缪尔森提出了“在股市上赚钱和在赌场上赢钱的难度相等”的观点，认同随机漫步理论。

随机游走理论认为，股票价格的变化是随机的，机会的精灵每次任选一个随机数加到现行价格上，就形成了下一期的价格。也就是说，今天的价格不过是昨天的价格加上一个随机数，而明天的价格又不过是今天的价格加上一个随机数。股票价格的变化是相互独立的，每次价格的上升或下降与前一次的价格变化毫无联系，对下次的价格变化也毫无影响。股票价格的变化就像人们抛硬币一样，哪一面朝上，哪一面朝下，完全是随机的。随机游走理论是这样来认识传奇投资人物巴菲特的，人们公认向上抛硬币出现正反面是随机的，如果有人连续抛 30 次均出现正面，大家肯定会称其为抛硬币大师。但是，$2^{30} \approx 10$ 亿，10 亿人中必有一个抛 30 次硬币均出现正面的人，其出现的概率是 100%。而在巴菲特的投资生涯中，决定其巨大成功的选择有 3 次：投资于可口可乐公司、吉利公司和华盛顿邮报公司，从纽约证券交易所最近 30 年平均 1 000 多只股票中连续选中这三只股票的概率是 $1/1\ 000^3 = 1/10$ 亿，在全球数亿投资者中出现一个巴菲特式的成功者也不足为奇，他只不过是最为幸运而已。更有甚者，有些随机游走理论的信奉者还进行对比实验，让略有思维能力的动物狒狒随意选择一组股票，与经过投资专家选择的一组股票进行比较，结果前者的收益率不比后者的收益率低，投资专家并不比狒狒高明。随机游走理论将股票价格的随机变化用下列式子加以描述：

$$F(\Delta P_{j,t+1}|\phi_t)=f(\Delta P_{j,t+1})$$

式中，f 为股票价格变化的概率密度函数，$\Delta P_{j,t+1}$ 为股票 j 在 t 时刻到 $t+1$ 时刻发生的价格变化，ϕ_t 为 t 时刻所有股票价格公开发布的信息。

上述公式表明了以下几点意思：(1)证券价格反映了所有已经公开发表的有关信息；(2)证券价格的变化是相互独立的；(3)证券价格变化的概率密度函数与时间无关。

随机漫步理论的提出应该说是为有效市场假说理论的正式提出起了开端的作用，因为随机游走理论强调证券价格变动是随机变化，无规律可遵循的，没有人能够预测随机运动的东西，如果某个时期价格不是随机变化，而是适用经验规律，则这些经验的广泛使用也就失去了存在的价值，投资者不可能通过价格分析战胜市场并获得超额利润，如果有的话也无非总有一些人的运气比一般人好，而这些结论正是有效市场假说的核心所在。

2. 有效市场假说的正式提出

1970 年美国芝加哥大学教授法玛(E. F. Fama)在美国的《金融》杂志上发表了题为《有效的资本市场：理论与实证研究》的论文，第一次提出了有效证券市场的概念。法玛是有效市场假说的集大成者，他为该理论的最终形成和完善作出了卓越的贡献，他不仅对有关有效市场的研究进行系统的总结，而且还提出了一个完整的理论框架。

法玛认为，当证券价格能够充分地反映投资者可以获得的信息时，该证券市场就是一个有效市场，在有效市场中，无论选择何种证券，投资者都只能获得与投资风险相对应的正常收益。因为，与证券价格有关信息的发掘和利用是高度竞争的商业行为，不存在尚待开发的超额利润；在价格发现中，人们依据所获得的信息形成对市场价格的理性预期，不存在可以利用的定价错误。新的信息出现以后，证券市场的价格是如何迅速地完成调整的呢？由于投资者都是理性的，作为理性的投资者对其所拥有的投资组合是经过风险与收益关系的权衡以后进行选择的，理性的投资者一旦获得新的信息，就会重新衡量现有投资组合的风险与收益的关系，并立即进入市场，选择新的投资组合，而众多投资者的买卖决策会迅速影响证券价格，如果有足够多的投资者都如此行动，市场就会变得有效。上述结论用数学公式可以描述为：

$$E(P_{j,t+1}|\phi_t)=[1+E(r_{j,t+1})|\phi_t]P_{j,t}$$

式中，E 表示预期价值，$P_{j,t}$ 表示证券 j 在 t 时刻的价格，$P_{j,t+1}$ 表示证券 j 在 $t+1$ 时刻的价格，$r_{j,t+1}$ 表示证券 j 从 t 时刻到 $t+1$ 时刻这一时间内的收益率，ϕ_t 表示在 t 时刻充分反映在股价中的信息集。

这个方程表示的意思是：给定 t 时刻的所有可获得的信息集，证券 j 的预期价格等于证券 j 的当前价格乘以 1 加上证券 j 的预期收益率所获得的积。预期的未来收益率应该充分反映 t 时刻所有可获得的信息，包括当前和过去的所有有关变量，如通货膨胀、利率、GDP 等等。另外，模型还假设这些变量之间的相互关系以及它们与股票价格的关系也都包含在信息集里。如果市场均衡价格是由充分反映现有信息的预期收益来决定，那么试图利用现有信息来赚取超额收益是不可能的。因此，如果用 $x_{j,t+1}$ 表示 $t+1$ 时刻的实际价格与 t 时刻所预期的 $t+1$ 时刻的价格之间的差，则：

$$x_{j,t+1}=P_{j,t+1}-E(P_{j,t+1}|\phi_t)$$

上述公式可以看成是对超额收益的表述，它等于实际价格与预期价格之间的差。在有效市场上，可以得出：

$$E(x_{j,t+1}|\phi_t)=0$$

该方程反映了基于信息基础之上的"公平博弈"，它意味着股票价格充分反映了所有信息并与其所包含的风险保持一致。

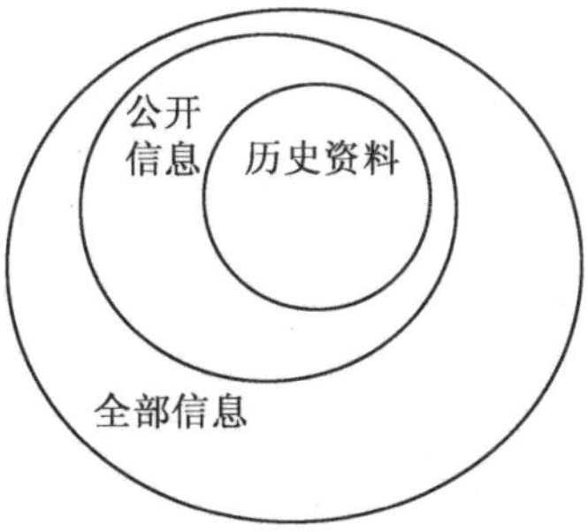

图 15—1　历史资料、公开信息、全部信息之间的关系

法玛进一步将证券市场上投资者可以获得的有关与证券的信息分为三个层次：历史资料、公开信息和全部信息。它们的关系如图 15—1 所示。

图 15—1 中，最里面的小圆圈表示有关某证券价格的历史资料所传递的信息；当中的圆圈表示有关某证券价格所有公开的信息，即除了该证券成交价格的历史数据以外，还包括公开发表的经营状况、财务报表、投资项目、人事变动、行业发展、经济形势、国家政策等相关的信息；最外面的圆圈表示有关某证券的全部信息，即除了上述公开的信息以外，还包括尚未公开的只有董事会或者高层管理人员所掌握的内幕信息。法玛根据以上的信息层次的划分，将证券市场分成弱有效市场、半有效市场和强有效市场三种类型。

三、有效市场的三种类型

1. 弱有效证券市场

弱有效证券市场是指证券的价格完全反映了证券交易的历史资料所包含信息的证券市场，技术分析方法无效。在这种市场里，所有的投资者都了解过去证券交易的历史行情资料，并据此来判断证券的价值，指导自己的投资决策。在这种市场里，投资者要想根据证券价格的历史变化的技术分析来判断价格的未来走势将毫无用处，掌握历史行情不会给投资者带来超额利润。因为，在弱有效的证券市场上，全部投资者都了解某个证券的历史行情,都会做出同样的判断,所以证券的价格将会根据历史的交易行情迅速地做出调整。

弱有效市场假说用通俗的话来说,就是市场没有记忆,它指出证券的市场价格与其历史状况无关,不论证券价格过去是如何变化的,都不会对当前的市场价格产生影响。很多投资者在股价下跌后不愿意出售手中的股票,希望价格回升;很多企业在公司股票价格下跌时不愿意发行股票,希望在股价上升时增资发行。而实际上,在成熟的证券市场上,证券价格与它的历史状况无关,投资者和企业所依赖的价格变动趋势并不存在。某种股票虽然已经连续下跌了一段时间,但是其市场价格可能仍然高于其内在价值。这时,不论是投资者出售股票还是企业发行新股,都是有利可图的。而连续上涨股票的市场价格也可能仍然低于内在价值,这时购入股票就是一个好时机。所以,依靠对证券历史价格的分析确定当前和未来的股价走势是靠不住的。

2. 半有效证券市场

半有效证券市场是指证券的价格完全反映了与某一证券有关的全部公开的信息,是弱有效市场的进一步发展,基本分析方法无效。在这种市场里,所有的投资者都能够迅速地获得各种公开的信息,并根据这些信息来判断证券的价值和进行证券的投资决策;不仅所有证券价格的历史资料对判断证券价格的变化毫无用处,而且所有公开发表的最新消息也对判断证券价格的变化毫无用处。由于证券的价格完全消化了所有公开的信息,证券的价格在信息公开以后会马上反映出来并及时调整,所以掌握公开信息的投资者也不能够在这个市场上赢得超额利润。通常证券价格的基本分析就是对公开发表的各种信息进行分析,在半有效的市场里,基本分析并不能够帮助投资者始终如一地获得超额利润。证券价格对各种最新消息的反应速度是衡量市场效率的关键因素,图 15－2(a)和图 15－2(b)表示两种不同的市场效率。

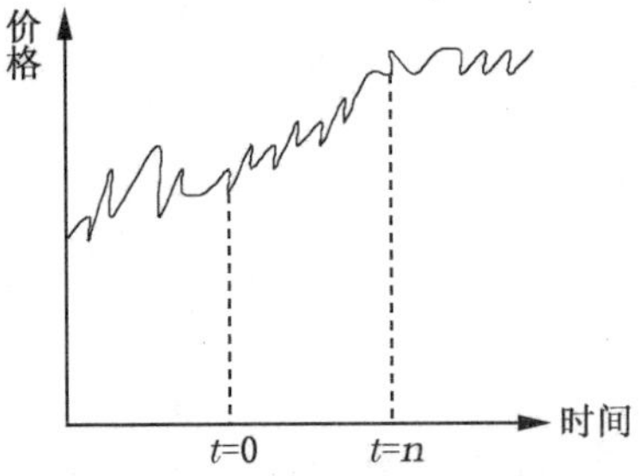

图 15－2(a) 弱有效市场

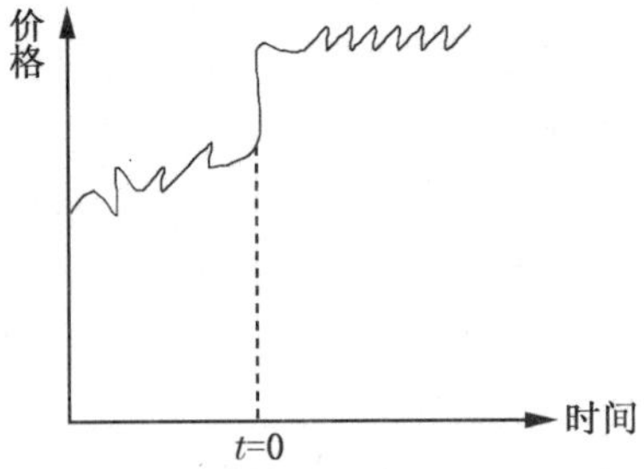

图 15－2(b) 半有效市场

在图 15－2(a)中,$t=0$ 时之前的价格是随机游走的,在 $t=0$ 时公开发布了有关该证券的利好消息,从而、导致该证券价格上升。但是,从消息公布到价格上升到一个新的均衡点需要经过时间 n,说明这一市场效率较低,达不到半有效市场的要求。而在图 15－2(b)中，消息一公布，证券价格立即上升到新的均衡点，说明该市场是一个半有效市场。

在理解半有效市场时，必须注意两点：一是虽然市场价格对公众所知的信息是有效的，但并不排除内部信息的可能性。在证券市场中存在着所谓的信息不对称现象，内部股东和高层管理人员处于信息优势地位，他们掌握更多、更准确的有关公司现状和未来发展的信息，很容易形成信息垄断。所以，在半有效市场中，利用内部信息可以获取超额利润，只有掌握并利用人所不知的内幕信息并进行交易，才是在证券交易中能够始终如一地获取超额利润的唯一保证。而为了保证证券市场的公平和公正，法律和法规对内幕交易都有严格的限制，否则证券市场就无法维持下去。二是市场有效是一个相对的概念，表现为市场并不具有甄别信息真假的功能，虚假信息的存在和传播，会导致投资者做出错误的预期，并据此做出错误的决策，从而使市场丧失其有效性。

3. 强有效证券市场

强有效证券市场是指证券的价格完全反映了影响证券价值的全部信息，尽管某些消息一开始是秘密的，但很快就会透露出来并迅速地反映在证券价格的变化上，所以内幕操纵无效。在这样的市场里，不管是公开发表的信息，还是内幕信息，都不能够使某些人获得超额利润。因为在强有效市场中，即使某些投资者比其他人更早了解到某公司的内幕信息，比如某公司将推出新产品，并因此而扩大市场份额和增加巨额利润，但是掌握内幕信息的人或者这些人的亲朋好友买进该公司股票的行为，必然招致一些不了解内幕信息投资者的仿效，使得证券价格在消息公布以前就已经完成了调整的过程。显然，强有效证券市场是一个极端的假设，是一种理想的市场，它实现了证券价格与证券内在价值的统一。在弱有效市场里，因为证券价格只反映了与证券价值有关的一部分信息，所以价格与内在价值之间有一定的差距，半有效市场介于两者之间。但是在现实的证券市场里，强有效证券市场几乎是不存在的，如果某些投资者拥有某种内幕消息，是完全有可能利用这一消息获取超额利润的。

有效市场的三种形式是有密切关联的，因为信息集是嵌套的。如果弱有效市场不存在，则半有效市场和强有效市场更不会存在；反之，如果强有效市场不存在，并不意味着弱有效市场和半有效市场也不存在。有很多美国的经济学家对美国证券市场的有效性进行了实证研究。研究结果表明，美国的股票市场符合弱有效市场的条件，与半有效市场还有一些距离，与强有效市场标准的距离更大。有效市场三种形式的划分具有重要意义，它能使人们运用不同类型的信息对有效市场进行实证的检验。

四、有效市场假说的前提

证券市场的有效性是建立在一定的前提上的，这些前提是：

第一，信息公开的有效性。证券市场存在着充分完善的信息披露制度，能够保障与证券价格相关的信息及时地、全面地、准确地公开和传播，不存在任何尚未公开的内幕消息。

第二，信息接收的有效性。证券市场具有广泛的社会性，市场向全体社会成员开放，很少或者几乎没有进入或退出市场的限制；与某种资产相关的信息公开后，每个投资者都能够免费或者花费很少就可以及时地获得有关的信息，所有投资者掌握的信息都是同样充分的。

第三，信息判断的有效性。证券市场按照公开竞争的原则，自由、独立地确定证券价格，很少受政府或其他非市场因素的干预；证券市场上的所有投资者都能够对所获得的信息进行独立的分析，从而对证券的内在价值做出合理的、正确的、及时的判断；证券市场上的所有投资者都密切注意证券价格的走势，并根据它与内在价值的关系制定交易策略，每个投资者都能做出及时准确的投资行为。

第四，证券交易的成本很低，投资者能够根据证券价格的波动，合理地调整自己持有的证券数量和品种。

以上四点中，前三点解释了证券市场上价格与内在价值保持一致的原因，而最后一点则说明了证券市场上资金流动的阻力很小，一旦发生价格与内在价值背离的情况，在利益机制的驱动下，资金能够很合理地流动，从而保证了证券市场的有效性。

由于新兴证券市场与成熟证券市场在上述四个前提方面存在着很大的差异，因此，新兴证券市场通常离有效证券市场的标准差距甚远，证券的价格往往需要经过很长的时间才能消化新的信息。而成熟的证券市场相对来说，更加接近于有效证券市场的标准，即使证券价格偶尔偏离其内在价值也能够比较迅速地予以纠正。

五、有效证券市场的经济特征

有效证券市场的经济特征可以概括为以下几点：

第一，在有效的证券市场上，每种证券的价格等于其内在价值。因为，在有效的证券市场上，如果证券价格低于现有信息所决定的内在价值，证券分析人员会很快发现价格被低估的事实，分析的结果也会迅速地在市场上传播开来，从而刺激对该证券的需求，推动价格上升。反之，如果证券的价格高于现有信息所决定的内在价值，就会招致投资者的抛售，从而增加证券的供给，使证券价格下跌。

第二，在有效的证券市场上，证券的价格对于掌握了相应信息的投资者都是公平的，任何企图获得超额利润的努力都是徒劳的。根据前面所述的有效市场的分类，很显然，在弱有效市场上，掌握历史信息的投资者只能得到市场平均利润，只有利用了其他公开信息和内幕信息的投资者才能获得超额利润。同样，在半有效市场，除非了解公司内幕信息，否则投资者只能获得平均利润。而在强有效市场，投资者无论掌握什么信息都只能得到市场的平均利润。

第三，在有效的证券市场上，证券价格的波动呈随机游走的状态。根据有效市场假说，证券价格是建立在现有信息基础之上的，并根据新的信息做出调整。由于新信息的内容、发生的时间以及对股价的影响程度是不可预见的，事先无人知晓证券的价格将如何变动，所以证券的价格是随机游走的。

第四，在有效的证券市场上，证券价格能够迅速、准确地对新信息做出反应。市场的有效性意味着证券价格根据新信息做出调整的过程十分短暂，这种调整往往在几分钟内就可以完成。所以，在一个完全有效的市场里，投资者只要随机选择若干种投资对象就能够取得市场平均利润，只要随意购买某一种证券，就能够得到公正的收益，承担相应的风险。股票价格能够及时反映信息的原因在于投资者之间的相互竞争，他们都想获得超额收益的动机导致他们都愿意在收集信息上花费时间和金钱，正是投资者之间的这种相互竞争导致了市场效率的提高。

第二节　有效市场的检验和质疑

自从法玛提出有效市场假说，以一种全新的观点向传统的证券投资理论发出挑战以后，在证券投资界引起了轩然大波，有人支持，有人反对。特别是由于其锋芒直指证券分析家安身立命的基石，招来一些非议和质疑。比如，巴菲特、索罗斯等投资大师都是有效市场假说的反对者，证券投资顾问、证券投资基金经理也是有效市场假说的强烈反对者。

20 世纪 70 年代前后，法玛(Fama)、费雪(Fisher)、杰逊(Jenson)和罗尔(Roll)等学者通过大量的实证研究工作来检验和确认证券市场的有效性问题。按证券价格对不同信息集的反应，可以将关于有效市场检验的实证研究工作分为三类，即弱有效市场检验、半有效市场检验和强有效市场检验，之所以作这样的划分，是为了说明在何种信息层次上支持或者不支持有效市场假说。

一、对弱有效市场的检验

弱有效市场强调的是证券价格的随机游走，不存在任何可以识别和利用的规律性。因此对弱有效市场的检验主要是侧重于对证券价格时间序列的相关性研究之上，这种研究又分别从自相关、过滤法则、相对强度等方面进行。

1. 时间序列的自相关检验

时间序列的自相关是指时间序列的数据前后之间存在着相互影响的相关关系，如果股票价格的升降对后来的价格变化存在着某种影响，那么在时间序列上应表现出某种自相关关系。有不少学者的研究结果认为，股票价格的变化并不存在这种自相关关系，即使少数交易量和交易次数较少的股票的自相关系数较大，但仍然无法用于价格预测；既然股票价格在时间序列上不存在自相关的关系，那么反过来证明了随机游走的正确性。在自相关检验中，有一种被称为操作检验的非统计检验方法，这一方法将股票价格的变化方向用正负号来表示，价格上升为正，经过下降为负。如果价格变化的自相关较强，应该可以看到一个较长的同号序列，表示价格连续下降或上升，这方面的研究者也认为没有发现这种序列，也肯定了随机游走的观点。

2. 过滤法则检验

过滤法则检验是通过模拟股票买卖的过程来检验随机游走理论的可信性。这一方法是将股票价格变化作为买入或卖出股票的指示器，如果价格上升，表明股市看好，则在次日买入一定比例的股票；如果价格下跌，表明股市看空，则在次日卖出一定比例的股票。如果价格变化存在某种相关关系，这种买入卖出方法的收益应该显示出一定的特性。但是很多学者经过对美国证券市场和英国证券市场等这方面的研究，他们认为没有找到价格变化对投资决策有重要影响的证据。

3. 相对强度检验

相对强度检验也是模拟证券投资过程对随机游走理论进行检验。检验者首先选择一个与股票价格变化有关的指标，然后按照这一指标数值的指示，决定买入卖出某种股票的数额。比如，有的学者选用 $PR_{jt}=P_{jt}\sqrt{P_{jt}}$ 作为指标，其中，P_{jt} 表示 j 股票在 t 时刻的价格，$\overline{P_{jt}}$ 表示 j 股票在 t 时刻之前 27 周的价格平均值。同时，将 PR_{jt} 达到最大值作为买入股票的信号。有些强度检验的研究者也认为，按照上述方法并不能够获得超额利润。

上述这些学者的实证研究都一致认为，一般的证券市场都是弱有效的市场。

二、对半有效市场的检验

对半有效市场的检验，主要是侧重于市场反应速度的研究，即研究股票价格对各种最新公布的消息，如股利政策变化、公司收益增加等信息反应的速度。这种研究一般都是事件研究，即研究某些特定事件对股票收益的影响。

1. 基本研究方法

事件研究一般都以资本资产定价模型（CAPM）作为出发点，具体步骤如下：

第一步：根据 CAPM 写出下列回归公式：

$$r_{jt}=\alpha_j+\beta_j r_{mt}+\ell_{jt}$$

式中，r_{jt} 为 j 股票在 t 时刻的收益率，α_j 为常数，β_j 为 β 的估计值，r_{mt} 为 t 时刻风险报酬的实际值，ℓ_{jt} 为随机项。

第二步：在有关事件发生前后各选取 30 个星期（也可以是其他长度的时间间隔）的数据，利用前面的回归公式计算出 α_j 和 β_j 的估计值。

第三步：利用事件发生前 20 周（$t=-20\sim-1$）和事件发生后 10 周（$t=0\sim9$）的数据，用已经估算出 α_j 和 β_j 以及公式 $\hat{r}_{jt}=\alpha_j+\beta_j r_{mt}$ 计算出 j 股票收益的期望值 $\hat{r}_{jt}$。

第四步：用这 30 周内每周股票收益的实际值 r_{jt} 减去期望值 $\hat{r}_{jt}$，算出残差项：$\ell_{jt}=r_{jt}-\hat{r}_{jt}$。

如果 $\ell_{jt}>0$，表明实际收益大于预期收益，即事件发生后股票价格的增加大于预期的增加值。

第五步：对所有样本股票计算每周收益残差项的平均值：$\overline{\ell}_t=\frac{1}{n}\sum_{j=1}^{n}\ell_{jt}$。

第六步：将 $t=-20$ 至 $t=9$ 这 30 周内的平均残差相加，得到累积的平均残差：$\text{CAR}=\sum_{t=-20}^{9}\overline{\ell_t}$。

如果事件发生前后股票价格没有意外变化，累积残差项应围绕零值波动，且平均值为零；如果事件发生前后，股票价格确有意外变化，则残差项将有所反映。

2. 实证研究结果

这方面的实证研究主要是拆股、分红、收益变化，兼并、大宗股票交易等事件的研究。大多数的研究都认为，市场能够对各种信息做出判断并迅速做出反应，市场是有效率的。如法玛本人就曾经对公司拆股对股票价格的影响进行过实证研究，一般来讲，拆股不会影响股东财富的实际价值，但有可能影响公司股利的发放额，很多人通常都认为伴随拆股而来的是公司股利发放额的增加，因此股价应在拆股日之前或拆股之时上升。研究表明，在拆股之前股票收益高于预期收益（CAP＞0），但拆股以后收益已经没有任何显著变化，这说明市场是能够对拆股信息做出反应的，但也有少数研究提出了相反的意见。

三、对强有效市场的检验

强有效市场是一个极端的假设，对这一假设的检验主要是对内部人员的股票交易和专业投资机构的股票交易的盈利状况进行检验。上市公司内部人员从事本公司的股票交易通常要受到严格的法律限制，他们只能在法律允许的范围内进行合法交易。

如果公司内部人员利用内幕消息进行非法交易无疑是可以赚钱的，但是由于合法和非法的界限在实际区分时比较困难，所以对内部人员合法交易研究所得出的结论是不明确的，有些研究认为公司内部人员从事股票交易可以获得额外利润，特别是公司高层管理人员的股票交易收益要高于其他公司内部人员。但是，也有一些研究认为，公司内部人员作为一个整体在股票投资方面并没有太突出的表现。

专业投资机构由于拥有专业投资人员，具备专门的分析技巧和预测方法，同各上市公司的联系也比较密切，因此人们一般都认为他们能够比普通的投资者掌握更多的信息，能够发现一些在股票价格中未曾反映出来的信息，其投资收益理所当然地应该高于普通投资者。但是，有很多研究结果认为，这些专业投资机构的表现并不突出，这一研究结论是对强有效市场假设的支持。

从总体上来看，各种实证研究对弱有效市场和半有效市场假设的肯定较多，而对强有效市场假设的支持则明显不足。

四、提出质疑的实证研究

除了上述的实证研究以外，还有很多其他的关于有效市场假说检验的实证研究，这些研究的出发点是对有效市场假说提出质疑。因为对很多证券市场的参与者来说，有效市场假说好像是一种"宿命论"，不甘心宿命、希望战胜市场的人努力地寻找各种能够证明市场并非有效的异常现象，他们用这些异常现象提出质疑和挑战，所提出的一些现象和问题也确实很耐人寻味。当然，这些质疑如果要在理论上能够成立，必须符合两个条件：第一，异常现象必须持续，因为对收益率暂时的随机偏离可以忽略；第二，异常现象导致的收益必须超过搜寻成本，因为抵补不了搜寻成本的异常收益也可以忽略。如果异常现象收益持续而且显著，则意味着存在无风险套利机会，这种机会能够持续存在，显然意味着信息没有被充分反映，市场并非是有效的。这方面比较典型的研究是：

1. 日历效应

日历效应是指某些特殊的日历能够使股票交易的收益率明显提高或降低。股市中经常有所谓的"黑色星期一"的说法，美国有一位证券理论学者对在纽约证券交易所上市的标准普尔 500 指数的样本股从 1953～1973 年间的收益状况进行研究，发现这些股票在星期一的平均收益率明显为负值，而其他交易日则为正值，具体见表 15－1。

这种周一效应在规模仅次于纽约证券交易所的东京证券交易所也同样存在，根据有关学者利用 1970～1983 年这 14 年统计数据所进行的研究结果，也证明了周一的平均收益率为负，而在周三至周六的其他 4 个交易日的平均收益率为正。东京证券交易所与纽约证券交易所不同的地方是，东证周二的平均收益率也为负，该情况是否由于东证周六上午也开市这一特殊性所导致的，虽然还不得而知，但周一效应在日本股市中确实是存在的。

表 15－1　　纽约证券交易所标准普尔指数样本股的周一效应

时间	周一	周二	周三	周四	周五
1953 年 1 月～1977 年 12 月	－0.17	0.02	0.10	0.04	0.09
1962 年 7 月～1978 年 12 月	－0.13	0.00	0.10	0.03	0.08

对这一现象的解释是，那些要公布坏消息的企业总是在星期五市场关闭之后才公布，而企业之所以要在星期五闭市后公布坏消息，是希望人们利用星期六和星期日这两天更好地考虑和消化这些坏消息，避免过分冲动，一下子给股价带来过大的影响。这样，星期一就成为坏消息公布后的第一个交易日，所以收益不佳理所当然。但问题是，人们应该很快就会发现这一现象并利用它来牟利，从而使这一现象消失，可是这一现象却长期存在。有人解释这是由于收益差额不足于抵消交易成本，因此没有人去利用这一机会牟利。即使如此，这种现象可以看成是某种程度的市场无效率，因为人们可以将购买股票的日期放在星期一，将出售股票的日期放在星期五之前，而不是星期一，这样就能得到一定的额外收益。对该现象的另一种解释是由于市场关闭带来的"闭市效应"，但也有人对所有因假日闭市后又开市的现象做了研究，发现除了假日后的第一个营业日是星期二之外，其余各天作为假日后的第一个营业日，股票收益均为正值，排除了"闭市效应"的解释。

周一效应的另一种说法是周五效应。我国学者张思奇的研究认为，中国股市中存在着周五效应，投资者可以不考虑行情涨跌、心情好坏、天气变化以及政策信息，只要不断地在周四下午收盘时买入，在周五下午收盘时卖出，其他时间可以玩牌、看书，就能够获得一般投资者收益水平 4.8 倍的回报率。而且，无论是牛市还是熊市，无论宏观经济是过热还是过冷，周五效应稳定存在。市场的高收益率集中在周五，这显然不是投资者主观选择的结果，而只能说明市场存在明显的缺陷，市场是非有效市场。任何证券市场，如果明显存在某种机会，使某些投资者可以得到异常的超额利润，那么这个市场一定是非有效市场。

与周一周五现象类似的还有年末年初现象，这就是所谓的 12 月效应与 1 月效应。通常 12 月份是全年股票价格最低的月份，而 1 月份是全年股票价格最高的月份，即在每年 12 月股票价格呈现下降趋势，而在次年 1 月份又重新回升。这一现象的存在也同样可以看成是市场某种程度的无效率，因为投资者可以利用这一现象调整自己买卖股票的时机，以获得一定的额外好处。

以美国纽约证券交易所普通股票 70 年的统计数据所做的研究结果表明，1 月份的股票平均月收益率为3.84%，而其他11个月的股票月平均收益率仅为0.42%，详见表15—2。

表15—2 纽约证券交易所普通股票的1月份效应

年份	1月份平均收益率(%)	其他月份的月平均收益率(%)	月平均收益率差异(%)
1904～1928	1.30	0.44	0.86
1929～1940	6.63	−0.60	7.23
1941～1974	3.91	0.70	3.21
1904～1974	3.38	0.42	3.06

日本也同样存在1月效应，在东京证券交易所20世纪50年代至80年代的近30年的时间里，采用算术平均计算所得的月平均收益率中，1月比其他月份高出6.7%，采用加权平均计算1月比其他月份的收益率高出3.3%。我国学者朱宝宪以1997～2000年的统计资料所做的研究也认为，中国证券市场存在着1月效应，除1999年1月涨幅为−1.05，呈现异常以外，其他年份1月涨幅比其余月份的涨幅高出许多。

对1月效应的解释之一是税收因素，某些企业为了减少纳税而在12月份有意识地出售股票。在国外，投资者所持股票一旦在全年市值下跌，则他们通常在年底采取卖出策略以实现资本损失，从而使税负降到最低，到了1月份这种抛售压力消失，股价将跳回合理水平。对于我国的1月效应，有人解释是由于年末各种资金面临从股市回流的压力造成的，所以在每年12月大盘上涨受到抑制，在1月由于压力释放会有一定程度的回抽或补涨行情。

2. 小公司效应

小公司效应是指投资小公司的股票能够获得超额利润的现象，具体来说就是指市场价值总额小的公司股票平均收益率明显大于市场价值总额大的公司股票平均收益率的现象。从20世纪80年代初开始，一些研究结果表明在排除风险因素以后，投资于小公司的收益要高于投资于大公司的收益。比如，有的实证研究证明，1973～1987年美国纽约证券交易所市值最小的500家上市公司的年平均投资收益率比标准普尔500种股票的年平均收益率高出了7.8%，同期在日本东京证券交易所上市交易的东证二部小盘股与东证一部大盘股的年平均收益率的差异竟然高达8.4%。

美国学者班茨在1981年利用美国的股价数据发现，股票的市值大小能够对该股票的收益率变化做出令人满意的解释，总收益率和风险调整后的收益率都有随公司相对规模的上升而下降的趋势。班茨把所有在纽约证券交易所上市的股票按公司规模分成6组，结果最小规模组公司的年平均收益率比最大规模组公司的年平均收益率要高19.8%。美国学者凯姆1983年在一项以纽约证券交易所和美国证券交易所全部上市股票为研究范围，以 1963～1979 年为研究时间段，将市值最大的 10%的上市公司和市值最小的 10%的上市公司作为两个投资组合所进行的分类研究中也证明了小公司效应的存在。而且研究还发现，小公司效应与 1 月效应高度相关，小公司效应现象大多发生在 1 月份，而 1 月效应现象则主要表现为小公司效应。

所以班茨和凯姆等人认为，小公司效应构成了对有效市场假说的挑战，而拉克尼索克等其他学者则明确认为小公司效应应该是市场无效的证据。因为根据有效市场假说，任何已有的信息都会在当期价格中得到反映，既然小公司的超额收益率明显高于大公司，那么投资者能够轻易地发现这一效应并利用它牟利，从而使之消失，然而小公司效应却一直存在。我国学者宋颂兴在 1995 年研究了 1993 年 1 月至 1994 年 8 月上海证券交易所 29 只股票交易日的数据，将这 29 只股票按股本大小分成 6 组，发现上海股市也存在小公司效应。其他学者还进一步分析了中国证券市场存在小公司效应的原因：第一，由于中国小公司的流通市值规模很小，所以供求关系变化对价格的影响更突出；第二，由于小盘股具有控盘资金成本小的优点，所以主力在拉升前只要吸足筹码，以后轻轻拉抬就可推动股价上扬；第三，由于小公司总股本和流通股本小，股本的扩张潜力大，高比例送配股的想象空间大，所以只要稍稍提升业绩，股价即可上升。但是，朱宝宪以 1995 年 1 月 1 日前挂牌上市的 286 家上市公司 1995～1997 年的市场数据作为样本，进行了实证统计分析，认为按市值规模排序组合，并没有呈现出规模越小收益率越高的结果，不存在小公司效应。

由于小公司效应研究的基本方法是，将各种上市股票按公司规模的大小分成不同的等级，将各级别股票的实际收益与资本资产定价模型(CAPM)给出的理论收益相比较，找出其间的差异，因此如何解释这一现象存在不同的看法，因为人们在讨论究竟是市场无效率，还是 CAPM 本身有问题。一种意见认为，由于小企业的风险普遍高于大企业，这一点能否在 CAPM 模型中的 β 值中得到充分体现值得怀疑，所以 CAPM 不适合于分析小企业。因为，如果发现股票的收益率有异常现象，我们既可以说是市场有效性不成立，也可以说可能是研究者采用的定价模型不理想。另一种意见认为这可能是所谓的“被遗忘效应”作用的结果，由于小企业规模小，不像大企业那样受到投资者的关注，特别是机构投资者通常钟情于那些引人注目的大公司，而不愿意花费人力、物力、财力去研究小公司，因而市场参与者对小公司的经营管理状况知之甚少，存在着信息不完全的状况。由于信息不完全，就使得小公司股票的价格未能充分反映有关的信息，从而使小公司股票的投资有一定的额外收益。第三种意见认为，小企业现象是一种行业分类现象，某些行业内小企业集中，另一些行业则以大企业为主，因此大量购买小企业股票相当于投资于某行业；但是，有不少研究认为，即使排除行业因素的影响，小企业股票收益偏高的现象仍然存在。总之，对于小企业收益偏高的现象，目前仍然不能给出完美的解释。

3. 其他异常效应

此外,还有学者研究发现了以下一些异常效应:

(1)价格调整滞后效应。美国股票价格根据公司每季度财务报表的信息进行调整通常要滞后 90 天,这表明投资者迅速根据财务报表的资料来指导决策就可以盈利。

(2)超常易变性效应。希勒等人在 1981 年从标准普尔股票 1971～1979 年的数据分析中发现,股票价格变化得太厉害,呈现出超常易变性。所谓超常易变,是指股票价格的变化脱离了与有效市场假说相一致的未来现金流的贴现值变动标准,超常易变性可能提供短期的套利机会,显然与有效市场假说不合,它表明股价变化超出了可以由有关因素解释的范围。

(3)反转与惯性效应。德庞和希勒在 1985 年提出了股票价格长期反转现象,即过去赚钱的股票组合在随后的 3～5 年中的表现,平均来说比过去长期亏钱的股票组合差,杰格迪什和莱曼在 1990 年还进一步观察到了月时间甚至周时间尺度上的价格反转现象。与长期价格反转相对应的是杰格迪什和蒂特曼在 1993 年发现了中期惯性现象,即过去 3～12 个月赚钱的股票组合在随后的 3～12 个月平均来说仍然比过去亏钱的股票组合表现要好。反转和惯性效应与前面的因子分析不同,它着眼于收益率随时间而演化,反映了在不同时间尺度上的收益率的动态变化。对此的解释是,德庞和希勒认为价格反转源于交易者的反应过度,杰格迪什和蒂特曼认为价格惯性源于交易者反应不足。看起来反应过度和反应不足是矛盾的,但它们其实是不同时间尺度上的行为。反应过度和反应不足可以用图 15—3 表示。

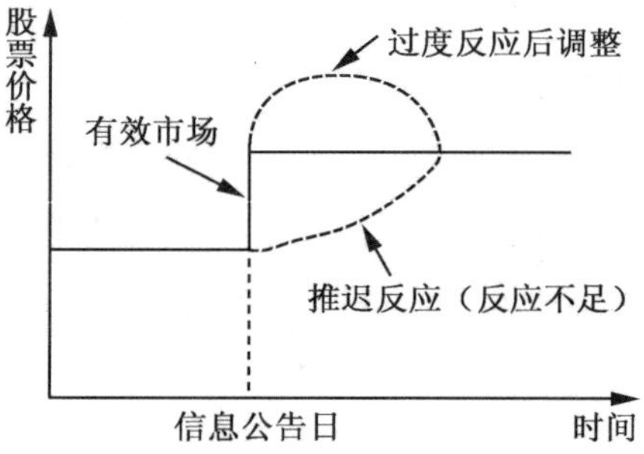

图 15—3 反应过度和反应不足

另外,巴斯卡兰等人进一步将股票交易量和反转、惯性结合起来进行观察,发现赚钱的低交易量股票组合和亏钱的高交易量股票组合显示更强的价格惯性,而赚钱的高交易量股票组合和亏钱的低交易量股票组合显示更快的价格反转;而且,低交易量股票总体来说比高交易量股票表现好,因为低交易量股票价值容易被低估。

(4)低市盈率和低 β 系数效应。还有一些学者用一些实例说明投资者购买市盈率低、风险系数 β 比较小的股票往往可以获得超过市场平均水平的投资利润。

总之,上述这些研究认为证券价格并非完全是随机游走的,市场存在着无效率,投资者如果能够掌握某种价格变动的规律,就有可能利用市场的无效率获得超额利润,从而否定有效证券市场的假说。

第三节　有效市场假说对证券投资分析的启示

一、证券市场中的“噪音”

现在围绕有效市场假说的争论不再像20世纪80年代那样激烈了，尽管分歧尚未完全弥合，但是对立已经有所缓和。否定者不再怀疑在绝大多数的时间里，证券价格确实呈现随机游走的特点；而支持者也开始承认在个别情况下，证券的价格遵循非随机游走的规律。美国金融协会前主席勃兰特在1986年做了著名的题为“噪音”的主席演讲，他将掌握信息不全面、产生误导作用的证券投资分析家与利用虚假信息、爱跟潮流、盲目追涨杀跌、情绪波动的投资者的证券交易行为称之为证券交易中的“噪音”，由于这些“噪音”的存在，常常使证券的价格偏离其价值，影响证券市场的有效性。不过，“噪音”的存在，提高了资产的流动性，这也不失为对证券市场的重要贡献。随后勃兰特对有效证券市场做了更加富有弹性的定义：“证券的价格围绕内在价值波动，只要不小于内在价值一半、不大于内在价值2倍，这个证券市场就是有效的市场。”总之，现在大多数的证券理论学者似乎已经达成了某种共识，尽管从严格的意义上来讲，现实生活中的证券市场无论从哪一个层次进行考察都不是完全有效的，但是证券的价格确实能够及时地反映绝大多数现有的信息。或许搜寻现行价格中还没有考虑的因素，发现价格与价值的背离现象，能够为投资者带来超过市场平均利润的机会，但是在现实生活中，这种机会微乎其微，瞬间即逝。在这个基础上，有效证券市场的概念还是可以被大多人所接受的。

二、证券市场中的混沌

传统经济学家的基本信条是长期变化趋势有其深刻的经济原因，而短期不规则的涨跌原因是外在随机因素，与之相应的经济数学模型通常是线性方程加上随机项的方法，而关于有效市场假说的大多数实证研究都是建立在线性模型的基础之上。20世纪60年代以来，一些令人瞩目的研究比如非线性时间序列分析等，使人们对有序和随机的认识发生了革命性的变化，有些系统特别是非线性系统会表现出一些非常复杂、类似随机的行为，无法根据给定的初始条件确定系统的将来状态，这种情况被称为混沌。如果经济现象的不规则波动被证明为属于混沌现象，即是由经济系统内部因素之间或内部因素与外部因素之间的内在的非线性作用所决定的貌似随机行为，那么传统经济理论关于随机性来源的假定对于该类经济现象就不适用。如果资产价格出现混沌现象，则基于非线性交易规则，在短期是有利可图的，但是长期预测是不可能的。持有效市场假说观点的学者一般认为，资产收益率时间序列服从与时间无关的独立、相同的正态分布，或者进一步认为资产价格变化率是一个白“噪音”过程，因而在这一类市场数据中，不存在关于系统结构的信息。但是，有些经济学家发现，看似“噪音”的市场数据并不一定真是“噪音”，其中可能隐含特定的非线性结构。显然，混沌的说法与有效市场假说是不一致的，但这是一个值得重视的想法。总体来说，检验金融市场中的非线性结构的工作通常可以分为两类：一类只是一般地检验数据中是否存在非线性结构；另一类则进一步确定这种非线性结构是什么，并尽可能给出特定的模型。

三、无为而治的被动式投资理念

有效市场假说的一个基本推论是资产收益率的变化犹如醉汉漫步，是随机游走的，因此预期未来资产收益率变动是不可能的，任何人都无法长时间地获得超额利润。在有效证券市场上，人们可以相信市场价格的正确性，因为证券的市场价格反映了所有关于该证券的信息。需要强调的是，有效市场并不否认投资者可以在某次投资活动中获得超额利润，而是说投资者不可能始终一贯地在证券投资中获得超额利润。要想始终一贯地获取超额利润，就要始终比每一个投资者知道得更多，而除非总是能够利用内幕消息，人们一般是无法做到这一点的。所以，投资者可能在某一次投资中获取暴利，也有可能在某一次投资中蒙受巨额损失，但是平均来讲是不可能长期获取超额利润的，股票交易是一场公平竞争，投资者一般只能得到平均利润。与有效市场假说几乎等价的另一个说法是不存在无风险套利机会，不存在无风险套利机会表明任何套利机会都或隐或现地伴随着风险，收益与风险是一种替代关系。从上述推论中所引申出的一个深刻的含义就是战胜市场是不可能的，主动管理都只是白费心机，而且还要花费巨额的成本。对个别投资者来说，与其幻想战胜市场，不如顺应市场，这就是被动投资的理念。指数基金和交易所交易基金的流行就是被动式投资理念的具体实践，它们完全按照标的股价指数来构建投资组合，即建立起与标的股价指数的样本和权重相一致的一篮子股票组合，使得基金所持有的股票种类和比例与标的股价指数相同。

从理论上来说，如果市场是强有效的，那么完全采取被动式投资理念的消极型投资组合是合理的，因为此时市场没有被低估与被高估的证券。但是，如果市场是弱有效的，完全被动式的消极投资组合就未必是合理的，此时应当不断挖掘被市场错误定价的证券，买入低估的证券，卖出高估的证券，对投资组合不断进行调整，使投资组合处于最佳状态，这样的投资组合是积极型投资组合。但是，积极型投资组合的建立面临反应过度和反应不足的风险，泰勒和布莱克提出了一个解决此问题的方法，这就是将积极型投资组合和消极型投资组合进行优化组合。

四、价格预测的局限性

无论对金融学家还是普通中小投资者，证券市场最让人心动的问题无疑是证券价格的运动规律，尤其是对于投资者来说，进行证券投资的真谛就是通过低买高卖获得超额利润，因此对证券价格的预测是证券投资活动最基本的出发点。但是，围绕着证券价格的可预测性问题，一直存在着证券分析家和学院派的两种比较对立的观点和方法。一般来说，机构投资者和中小投资者都十分热衷于技术分析和基本分析，相反学院派的学者对技术分析和基本分析这一类证券分析技术嗤之以鼻。学院派的质疑依据就是有效市场假说，因为证券价格在市场有效的条件下随机游走，因此技术分析和掷骰子办法选出股票没有什么两样。有效市场假说认为，竞争使新信息对证券内在价值的全部影响瞬时反映在现实的价格中，法玛对瞬时性反应做了概率意义上的解释：第一，最初现实价格向内在价值调整时，过度调整和不足调整的机会均等；第二，在现实价格向内在价格进行完全调整时，相对于影响内在价值事件的发生，现实价格的调整有时会领先，也就是在事件发生前已经被市场预期到，而有时候会滞后。预测证券价格的技术分析和基本分析有悠久的历史，近百年来长盛不衰。但是，从有效市场假说出发，要充分认识到这两种预测方法的局限性，无论是技术分析还是基本分析方法都有很大的缺陷，都缺乏严密的理论体系，不能够盲目崇拜。我国证券市场属于新兴市场，在证券价格的可预测性方面可能有一些自身的特点，由于法制、监管不完善等因素，容易造成市场信息传递效率低下，使投资者在博弈中处于信息不对称的状态，而且这种不对称状态并不能够在市场中迅速消失，因此不能够达到价格对信息反映的瞬时性。这种市场特点可以使某些证券分析方法在预测中有一些用武之地，人们常说中国证券市场是政策消息市场，确实也反映了中国证券市场并非是一个有效的市场，使得市场中存在一定的可预测成分。

五、正确认识会计信息

在有效证券市场上，企业市场价值的升降是企业各方面信息综合作用的结果。会计作为一种人造的机制，其目的就是将关于公司的信息传递给证券市场。根据有效市场假说，对于会计信息应该持如下的态度：

1. 会计信息并非是证券市场获取信息的唯一渠道

在 20 世纪 60 年代，很多人都将公司会计报表看成是获取公司信息的唯一来源，当时有不少会计学者认为公司经营者可以通过选择使公司盈利最大的会计程序来瞒骗证券市场。但是，有效市场假说认为，证券价格能够同步地迅速反映全部有关和可用的信息，这就蕴涵了会计信息和其他来源信息的相互竞争，比如来自媒体、财务分析师、公司管理人员甚至私人提供的信息，所以，要充分认识到信息竞争的重要性。当然，就目前而言，会计信息对投资者还是普遍适用的，因为它毕竟具有一定的稳定性、连续性和综合性。

2. 市场不会对财务报表产生幻觉

在有效市场上，表面的变化并不会影响企业的风险程度和预期的现金流量，当然也不会影响证券的价格。因为市场有效意味着证券市场接受的是信息披露的实质内容，而不是信息披露的形式。所以，只要会计手段的选择不会带来现金流量的差别，就不会影响证券的价格。实证研究证明了公司采用某些特殊的会计手段不会影响证券价格，比如罗尔研究了当企业通过将加速折旧法改为直线折旧法而提高报告期盈利时股票价格的变化情况，结果表明，当折旧法改变后，盈利增加的初步披露促动了股价微小的非正常上扬，这是因为投资者并未被告知会计方法的改变，但是很快股价就回落到正常的水平。所以，有效市场假说给企业管理人员和会计人员带来启示，在有效的证券市场上，投资者关注的是证券的内在价值，他们是从公司实际的现金流量来判断证券的投资价值。因此，企业通过会计处理方法的选择来虚增盈利对提升企业价值毫无用处，企业无法通过拆股、改换会计方式、调整财务报表等手段欺骗投资者，影响股票价格，市场不会对财务报表产生幻觉，有效市场不会被会计手段所愚弄。

3. 会计信息充分披露和真实披露的重要性

充分披露会计信息有以下原因：一是证券市场中存在虚假和不相关的信息，因此充分披露会计信息，可以使理性投资者随时修正他们的风险报酬预期。当某一产品的替代物很多时，其价格弹性很大。在证券市场上，每一种股票都是一个有很多替代物的金融商品。由于股票的替代物多，所以股票价格的弹性很大。股票的价格弹性主要取决于风险与收益的对应关系，投资者购买某种股票并不是因为它有什么与众不同之处，而是因为它能够提供与其风险水平相当的收益。如果风险收益低于风险水平，投资者对这种股票将无人问津；如果风险收益高于风险水平，这种股票将趋之若鹜。因此，公司要想保持其股价的合理，就必须保证公司信息的透明，让投资者了解公司的状况，认识到公司股票确实是物有所值。否则的话，将难以保证股票价格的合理性，也难以吸引投资者。二是在半有效市场中，有效仅仅是指对公开信息的有效，会计信息的充分披露包括内部信息和可能泄露竞争优势的信息，无疑会增加公众所获取的信息量，减少内部人凭借信息优势获取超额利润的机会。同时，可靠、真实的会计信息能使投资者做出正确的判断，从而提高市场的有效性，而虚假的、不相关的会计信息则会误导投资者扭曲证券市场的正常反应机能。我国会计信息虚假问题特别严重，这是我国证券市场有效性降低的重要原因之一，所以必须通过监管的强化和法制的完善来加以克服。

六、寻找规律者自己消灭了规律

有一个笑话讲的是两位教授在华尔街讨论有效市场假说的故事。这两位教授在走路时发现地上有 100 美元，开始争论是否应该捡起。一位认为应该捡，因为别人的损失就是自己的利益，别人没有发现的机会就是自己的机会；而另一位则认为不值得捡，因为如果是真币的话，别人早就捡走了，所以这钱肯定是假币。很显然那位主张不捡的人当然是有效市场假说的信奉者，看上去好像有点荒谬。所以，有效证券市场是一个非常有趣的假说，这一假说强调的是证券价格充分反映了所有有关的信息。如果证券价格不能够充分地反映有关的信息，则投资者可以通过对这些信息的分析和利用获得超额利润；如果证券价格已经充分反映了有关的信息，则投资者通过努力获取超额利润的希望就会落空。但问题是，如果人人都相信证券市场是有效的，都不去做市场分析，那么证券价格肯定不能够充分反映各种信息，市场就是无效的市场，进行市场分析者就会有利可图。反之，如果人人都认为市场是无效的，通过市场分析等努力可以发现价格变化规律和投机机会，并因此而战胜市场，这样反而使市场变成有效的市场，进行市场分析的人都无法获得超额利润。所以，有效的市场正是由那些认为市场无效或效率不高的人的努力所造成的，这些人越多、工作越努力，市场就越有效。所以，在西方证券界有一句流行的话："你可以因此而闻名天下，但不可能因此而富甲天下。"

练习题

一、名词解释

有效证券市场　　弱有效市场　　半有效市场　　强有效市场　　日历效应　　小公司效应

二、单项选择题

下列选项中只有一项是正确的，请将正确选项的符号填在括号内。

1. 有效的证券市场标准要比完善的证券市场标准(　　)。

A. 严格　　B. 宽松　　C. 一样　　D. 略有不同

2. 有效市场假说的集大成者是(　　)。

A. 法玛　　B. 萨缪尔森　　C. 肯多尔　　D. 巴利亚

3. 在有效市场条件下，试图利用现有信息来赚取超额收益是(　　)。

A. 可能的　　B. 不可能的

C. 很难的　　D. 有时可能，有时不可能

4. 全部信息中除了公开信息以外，还包括(　　)。

A. 历史资料　　B. 财务报表信息　　C. 经济形势信息　　D. 内幕信息

5. 根据有效市场假说，在弱有效市场里，(　　)无效。

A. 技术分析方法　　B. 基本分析方法　　C. 学术分析方法　　D. 心理分析方法

6. 根据有效市场假说，在半有效市场里，(　　)无效。

A. 技术分析方法　　B. 基本分析方法　　C. 学术分析方法　　D. 心理分析方法

7. 根据有效市场假说，在半有效市场里，(　　)可以获得超额利润。

A. 历史信息　　B. 财务信息　　C. 经济形势信息　　D. 内幕信息

三、问答题

1. 完善的证券市场需要满足哪些条件？

2. 随机漫步理论的主要观点是什么？它与有效市场假说的联系又是什么？

3. 有效市场假说的主要观点是什么？

4. 证券市场上投资者获得的信息可以分为哪几个层次？各个层次包含哪些具体的内容？

5. 有效市场有哪几种类型？各自的特点是什么？

6. 在理解半有效市场时，必须注意哪些方面的问题？

7. 有效市场假说的前提条件有哪些？为什么新兴证券市场与成熟证券市场在市场有效性方面的差距比较远？

8. 有效证券市场有哪些具体的经济特征？

9. 常见的日历效应有哪些类型？产生日历效应的原因是什么？

10. 对于小公司效应的存在有哪些不同的理论上的解释？

11. 有效市场假说对证券投资分析有哪些重要启示？

第十六章　投资组合理论

第一节　证券组合的收益与方差

一、证券的收益

1. 单个证券的收益率

单个证券的1期回报率可由以下公式计算：

$$收益率=\frac{期末财富-期初财富}{期初财富}$$

式中，期初财富是单个证券 $t=0$ 时刻的价格，期末财富是该单个证券在 $t=1$ 时的市场价值以及在 $t=0$ 到 $t=1$ 时期内的现金支付（如现金红利）或资产支付（如股票红利）。

2. 投资组合的收益率

因为一个组合是各种证券的聚集，所以它的收益率也可以用同样的方式计算：

$$r_p=\frac{W_1-W_0}{W_0}$$

式中，W_0 记为 $t=0$ 时包含在组合中的证券的综合价格，W_1 是 $t=1$ 时这些证券的综合价格，以及它们在 $t=0$ 与 $t=1$ 之间收到的现金或资产的综合价值。上述方程可以通过代数变化为：

$$W_0(1+r_p)=W_1$$

所以，期初财富乘以1加上综合的收益率就等于期末财富。

二、证券投资组合的期望收益

证券投资组合的期望收益（portfolio's expected return）是构成投资组合的证券的期望收益的加权平均。定义 n 个证券的投资组合的期望收益率为 $E(r_p)$，则：

$$E(r_p) = \sum_{i=1}^{n} x_i E(r_i)$$

式中，$E(r_i)$表示第 i 个证券的期望收益率，x_i 表示第 i 个证券在投资组合中的权重。

例：A 公司和 B 公司这两只普通股的收益率和权重如表 16—1 所示，计算以 A 公司和 B 公司这两只股票所构成的投资组合的期望收益率。

表 16—1　　A 公司和 B 公司两只普通股的收益率和权益

公司名称	期望收益率 $E(r)$	权重
A	8%	1/4
B	12%	3/4

该投资组合的加权平均收益率为：

$E(r_p) = x_a E(r_a) + x_b E(r_b) = 1/4 \times 8\% + 3/4 \times 12\% = 11\%$

三、单一证券投资风险的度量——方差与标准差

期望收益的方差或者标准差是一种众所周知的测量风险的方法，它是对收益与其预期值的离散程度的一种度量方法，较大的方差或标准差意味着离散程度大。对期望收益的离散程度越大，则对未来收益的不确定性就越高。方差和标准差的方法被广泛使用的原因是：(1)这种测量方法比较直观；(2)这是一种被普遍认同的正确的风险测量方法；(3)大多数资产定价模型理论都已经使用这种方法。

一个有用的风险测度应该以某种方式考虑各种可能的"坏"结果的概率及"坏"结果的量值。取代测度大量不同可能结果的概率，风险测度将以某种方式估计实际结果与期望结果之间可能的偏离程度。方差和标准差就是这样一个测度，它估计实际回报与预期回报之间的可能偏离，可以有效地评估证券投资的不确定性程度。方差的计算公式为：

$$\delta^2 = \frac{1}{T} \sum_{i=1}^{T} (r_i - \bar{r})^2$$

标准差的计算公式为：

$$\delta = \sqrt{\frac{1}{T} \sum_{i=1}^{T} (r_i - \bar{r})^2}$$

式中，$r_1, r_2, \cdots, r_i, \cdots, r_T$ 代表在 T 个连续时期里的收益率，$\bar{r}$ 代表算术平均收益率。

四、证券之间的关联性

1. 协方差

协方差是两个随机变量相互关系的一种统计测度，它测度两个随机变量，如证券

X和证券Y的回报率之间的“互动性”。协方差为正值，表明证券的回报率倾向于向同一方向变动。例如，一种证券的高于预期回报率的情形很可能伴随着另一证券的高于预期回报率的情形。一个负的协方差则表明，一种证券与另一证券相背变动的倾向。例如，一种证券高于预期回报率的情形很可能伴随着另一证券的低于预期回报率的情形。一个相对小的或0值的协方差则表明两种证券的回报率之间只有很小的互动关系或没有任何互动关系。协方差的计算公式为：

$$\sigma_{XY}=\frac{\sum_{i=1}^{T}(X_i-\overline{X})(Y_i-\overline{Y})}{T}$$

式中，X_i 代表X证券在 T 个连续时期里的收益率，$\overline{X}$ 代表X证券的算术平均收益率，Y_i 代表Y证券在 T 个连续时期里的收益率，$\overline{Y}$ 代表Y证券的算术平均收益率。

2. 相关系数

与协方差密切联系的另一个统计测度是相关系数，相关系数可以用来衡量两个证券收益率之间的相关程度，通常可以按如下公式计算：

$$\rho_{XY}=\frac{\sigma_{XY}}{\sigma_X\sigma_Y}$$

式中，σ_{XY} 表示X证券和Y证券收益率的协方差，σ_X 表示X证券收益率的标准差，σ_Y 表示Y证券收率益的标准差。

所以，两个证券收益率之间的协方差，等于这两个证券之间的相关系数乘以它们的标准差的积，即：

$$\sigma_{XY}=\rho_{XY}\times\sigma_X\sigma_Y$$

相关系数是对协方差的重新标度，以便于同另一对随机变量的相对值进行比较。相关系数总是落在－1与＋1之间，数值为－1表明完全负相关，数值为＋1表明完全正相关，多数情况是介于这两个极端值之间。具体而言，数值等于0时，表示两个指标变量之间完全不相关；当 $|\rho_{XY}|<1$ 时，如果 $0<|\rho_{XY}|\leqslant 0.3$ 为微弱相关，$0.3<|\rho_{XY}|\leqslant 0.5$ 为低度相关，$0.5<|\rho_{XY}|\leqslant 0.8$ 为显著相关，$0.8<|\rho_{XY}|<1$ 为高度相关。

图16－1(a)展现的是假想的完全正相关的两个证券A和B的回报率的散点图，可以看到所有这些点都是严格地落在一条上倾的直线上的。这意味着，当两种证券中的一种有较高的回报率时，另一种证券也将如此。同样，当两种证券中有一种有相对较低的回报率时，另一种证券也将如此。

图16－1(b)表现的是另一种完全负相关的情形，可以看到散点图上的点都严格地落在另一条下倾的直线上，这显示两种证券的回报率将呈反向运动。即当一种证券

有相对较高的回报率时，另一种证券有相对低的回报率。

图 16－1(c)反映的是回报率之间完全不相关的情形，证券回报率的散点图十分分散，即使用近似的方法也不能用一条上倾或下倾的直线来表示出来。此时，当一种证券有相对较高的回报率时，另一种证券可能有一个相对较高或相对较低或平均的回报率。

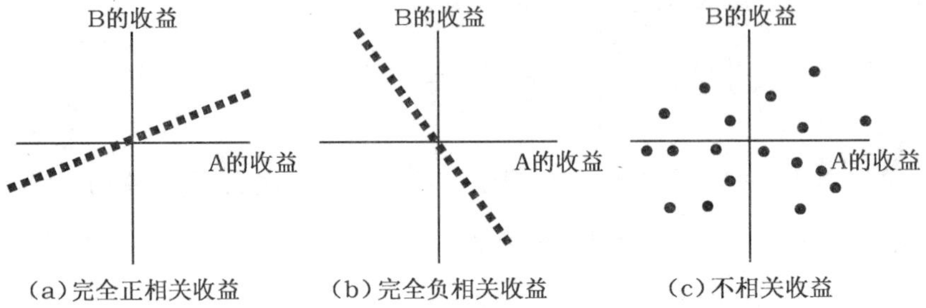

图 16－1 证券 A 与 B 收益的散点图

五、证券投资组合风险的度量

一个证券投资组合的方差包括每个证券的方差和证券之间的协方差，可以用 N 代表投资组合中的证券数量。为了进行马柯维茨的资产组合分析，必须将投资组合的方差分解为方差和协方差，分别代表了单个资产的风险和资产间的相互联系。

协方差衡量的是两个变化的量如何同时变化，如果两项资产正相关，它们的协方差也会是正的。同一个证券市场中的大部分普通股之间都会有正的协方差，这些正的协方差和相关系数衡量的是，同一个证券市场里所有的股票在熊市时相同的下跌趋势和牛市时相同的上涨趋势。如果两个变量是相互独立的，它们的协方差以及相关系数等于零。如果两个变量反向运动，它们的协方差以及相关系数是负的。协方差和相关系数的计量在马柯维茨的投资组合分析中有重要作用。

第二节 有效边界

一、马柯维茨投资组合分析的主要假设

马柯维茨的投资组合分析模型主要是基于以下五个相关的假设：(1)假设要求投资组合中的各种证券资产的权重之和等于 1；(2)资产组合的收益等于组合中资产收益的加权平均；(3)资产组合的经理人在追求资产组合的最高收益时，要求资产组合的

风险最小化；(4)一个有深刻见解的投资组合的风险公式，应该显示每一个投资资产的风险如何决定组合的风险；(5)资产组合是否需要通过借钱融资。

二、有效边界的概念

1. 有效组合的定义

有效组合是指该证券投资组合与其他证券投资组合相比，在同样的风险水平下，具有最高的收益率；或者在同样的收益水平下，具有最小的方差即最小的风险水平。

2. 有效边界的定义

有效边界是指基于有效组合的概念，由所有的有效组合在风险与收益关系的平面上所形成的曲线。

3. 有效边界的定理

根据理性的投资原则，一个投资者将从在各种风险水平上能够带来最大收益率的，以及在各种期望收益率水平上能够使风险最小的证券投资组合的集合中选择出最佳的证券投资组合。

三、有效边界的确定

1. 有效集定理

在构造投资组合时，投资者希望在他们可以接受的既定风险水平上，使他们投资的期望收益最大化，满足这种要求的投资组合被称为有效组合。为了构造一个有效组合，有必要对投资者在制定投资决策中的行为进行一些假设。一个合理的假设是，投资者都是风险规避型的。风险规避型投资者在面临具有相同的收益率但风险不同的两种投资时，倾向于选择具有较低风险的投资。假定存在很多有效组合可供投资者选择，最优组合就是投资者最愿意选择的那个组合。

如前面提及，无穷多个组合可由 N 个证券形成。考虑 A、B 两个公司的情形，这里 $N=2$，投资者可以只购买 A 的股票或只购买 B 的股票，此外投资者也可以购买由 A 和 B 构成的一个投资组合。例如，投资者可以将资金的 50%分别投资于每一公司的股票；或者以 40%的资金投资于一个公司的股票，而以 60%的资金投资于另一个公司；或者投向一个公司股票的资金为 28%，另一个比重为 72%；或者以任何一个百分比(介于 0%和 100%之间)投资于一个公司，其余的全部投资于另一个公司。我们可以看到，此时已经有了无穷多种的投资组合可以提供选择了。

投资者有必要对所有的这些投资组合进行评价吗？很幸运，答案是不需要。根据有效集定理，投资者只需要考虑那些可行组合的一个子集而已，其理由是一个投资者在选择最优组合时将从下面的组合集中进行：(1)对每一风险水平提供最大的预期回报率;(2)对每一预期回报率水平提供最小的风险。因此,满足这两个条件的组合集被称为有效集或有效边界。

2. 可行集

图 16—2 对可行集的位置提供了描述。可行集也称为机会集,由它可以确定有效集。可行集代表由一组 N 种证券所形成的所有投资组合,这就是说所有可能的投资组合可以位于可行集的边界之上或边界的内部,图 16—2 中的 G、E、S 和 H 就是这种组合的具体例子。一般来说,这个可行集合有一个如图 16—2 所示的伞形形状,具体形状依赖于其所包含的特定证券,它可能更右或更左,更高或更低,更胖或更瘦一些。除非出现反常情况,其形状看起来应该与图 16—2 中所示类似。

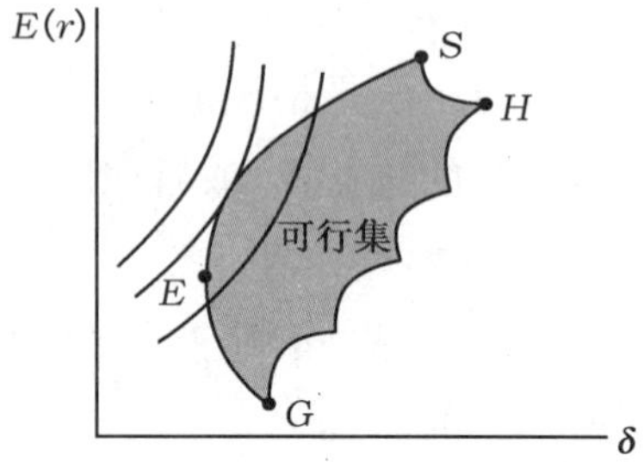

图 16—2 可行集

3. 有效集定理应用于可行集

将有效集定理应用于可行集,可对有效集进行定位。首先,必须确定能够满足第一个条件的组合集。如图 16—2 所示,没有哪一个组合能够提供比组合 E 更小的风险。这是因为如果过 E 画一条垂线,在可行集中将没有哪一点位于这条线的左边。同时也没有一个组合能够提供比 H 更大的风险,这是因为如果过 H 画一条垂线,可行集中没有哪一点位于这条直线的右边。于是,随着风险水平的变化,提供最大预期回报率的组合集是可行集介于 E 和 H 之间的“北部”边界上的组合集。

接下来要考虑第二个条件,没有哪一个组合可以提供比组合 S 更大的预期回报率,因为没有一个可行集中的点位于过 S 的水平直线的上方。同样,也没有哪一个组合提供比组合 G 更低的预期回报率。因为可行集中没有一个点位于过 G 的水平直线的下方。于是,随着预期回报率水平的变化,提供最小风险的组合集是可行集介于 G 和 S 间的“西部”边界上的组合集。

为了确定有效集,两个条件必须被同时满足。我们可以看到只有位于 E 和 S 之间“西北部”边界上的组合是如此。由此,这些组合形成有效集,从这个有效组合的集合中,投资者将发现其最佳组合。所有其他可行组合是无效的组合,忽略它们应该是没有关系的。

4. 最佳组合的选择

投资者如何选择最佳组合呢? 如图 16—3 所示。

投资者将在有效集的同一图形中画出其无差异曲线,进而选择位于“最西北”的无差异曲线上的组合,这个组合对应于无差异曲线与有效集的切点,在图 16—3 中所看到的这一组合是无差异曲线 I_2 上 O' 点的。虽然投资者更偏好 I_3 上的组合,然而可行组合中不存在这样的组合。至于 I_1 上，有很多组合可以选择（例如 O），图中显示了高风险厌恶的投资者将会选择接近于 E 的一个组合，只有轻微风险厌恶的投资者将会选择接近 S 的组合。图 16—4(a) 和图 16—4(b) 分别表示高风险厌恶者的组合选择和轻微风险厌恶者的组合选择。

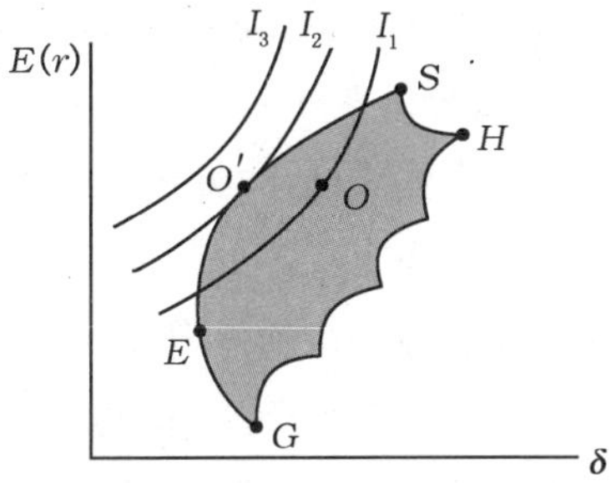

图 16—3　最佳组合的选择

风险厌恶投资者的无差异曲线是正斜率且下凹形的。现在我们将要说明的是，有效集一般是正斜率且下凹形的，这意味着在有效集的任何两点之间画一条直线段，这条直线段将位于有效集的下方。有效集的这一特征是很重要的，因为这意味着投资者无差异曲线与有效集的切点将只有一个。

最后要总结的是，有效集定理是建立在投资者具备相当理性的前提下的（符合两个条件），投资者将选择使其处于最西北的无差异曲线上的组合。所以有效集定理声称，投资者不需要关心那些不落在可行集西北边界上的组合，这是一个自然的推论。

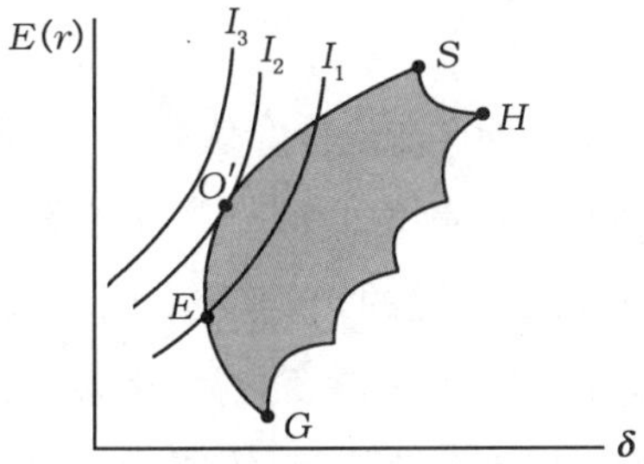

图 16—4(a)　高风险厌恶者的组合选择

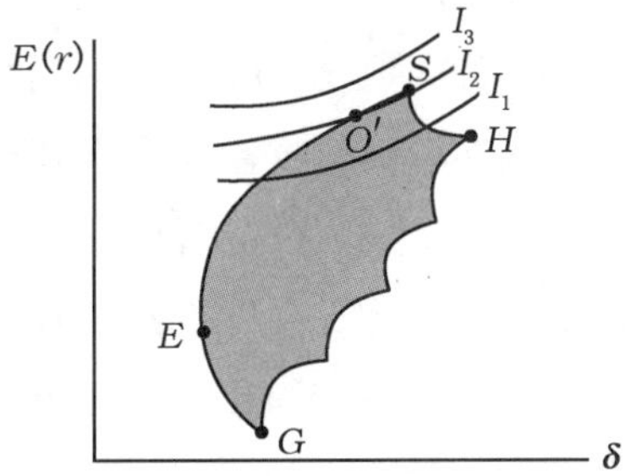

图 16—4(b)　低风险厌恶者的组合选择

第三节　效用分析与最优证券组合

一、效用的定义

在经济学中，效用(utility)的意思是快乐。效用反映人们对财富的满意程度或精神感受。经济学的效用理论假设每个人都要寻求他个人的效用最大化，经济学家用效用理论分析决策的制定。

经济学假设效用随财富的增长而增加。人们可以用他们的财富来获得衣服、汽车、食物、医疗、旅游、体面等方面的需要，也可以用财富为退休储蓄，或者用财富获得精神上的安宁和任何可以提升他们效用的环境。虽然这些消费物品和服务(不是现金本身)带来了快乐,但经济学只关注金钱,因为金钱是最一般的衡量物,而消费的物品有不同的优缺点,而且价格也不同。经济学家并不想弄清楚一个人吃了一个橘子比吃了一个苹果能多多少单位的快乐,经济学家仅仅假设人们愿意拥有更多的财富,而且他们可以将钱花到任何他们想花的地方来使他们的效用(快乐)最大化。

证券投资组合效用研究的是,投资者对一定证券投资组合的收益所产生的满意程度,它可以衡量不同证券投资组合的偏好程度。所以,在选择最优投资组合时,要研究证券投资组合的效用。

二、效用函数与无差异曲线

1. 效用函数的概念

经济理论中有许多这种情况,即实体(个人或企业)会面临在两种选择之间进行权衡。选择理论描述了一个在被称为效用函数概念的帮助下制定决策的过程。就证券投资组合与效用函数的逻辑关系而言:(1)效用是消费品的正函数;(2)由于消费品是用金钱购买的,因此消费是财富的正函数;(3)财富随投资收益率的上升/下降而上升/下降,因此,财富是投资收益的正函数。

对投资者来说,正的收益是带来效用(快乐)的,负的收益是降低效用的(不快乐)。在无不确定性的世界里,投资者可以通过选择具有最高收益的资产来使他们的效用最大化。但在现实世界中,一项投资的收益是事先无法知道的,未来的结果包含着不确定性,投资收益存在着一定的风险,不确定性的存在使得投资决策更为复杂。在现实的不确定的世界中,投资者必须在他们的风险投资中,让他们的期望效用最大化。可以假设理性投资者是风险规避型的,因为风险会降低效用。理性的人只有在期望的高收益(风险溢价)能够补偿他们的风险暴露时才会投资于风险资产,下面的公式表示了经济学家人为定义的投资者使他们的期望收益最大化的方式:$E[U(r)]=F[E(r),\delta]$。它说明了在一个不确定的世界里,投资者可以通过关注投资的期望收益和标准差来实现投资带来的期望效用最大化的目标。所以,效用函数是一个数学表达式,它为所有可能的选择赋予了一个值,这个值越高,效用越大。

2. 无差异曲线的定义

由于在投资组合理论中,效用函数表达了经济实体对可了解的风险和期望收益的偏好。因此,效用函数能用无差异曲线以图形的形式表达出来,或者说在选择最佳的组合时,将使用到无差异曲线的方法。无差异曲线表示一个投资者对风险和收益的偏好,可以画出一个二维图,其中横轴表示用方差或标准差测度的风险,纵轴表示用预期回报率测度的收益。

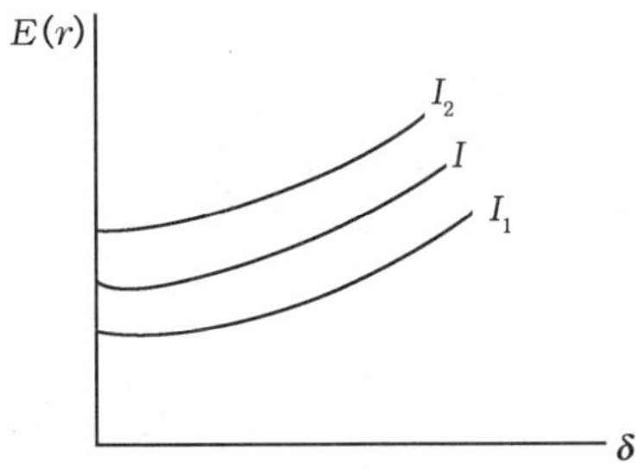

图 16－5 无差异曲线

一个投资者有无限多条无差异曲线，即任何两条无差异曲线之间可以画出第三条无差异曲线。如图 16－5 所示，给定无差异曲线 I_1 和 I_2，可以画出第三条无差异曲线 I，位于 I_1 和 I_2 之间。这意味着同样可以在 I_2 的上方画出一条无差异曲线，也可以在 I_1 的下方再画出另一条无差异曲线。

图 16－6 画出了 $E[U_{(r)}]_1$，$E[U_{(r)}]_2$，$E[U_{(r)}]_3$ 和 $E[U_{(r)}]_4$ 四条无差异曲线，代表四个不同投资者的 $\delta-E(r)$ 偏好，并且 $E[U_{(r)}]_1<E[U_{(r)}]_2<E[U_{(r)}]_3<E[U_{(r)}]_4$。假设 $E[U_{(r)}]_1$ 表示第一个由一项或多项投资组成的资产组合，能为投资者带来 1 个效用单位的快乐；$E[U_{(r)}]_2$ 表示第二个资产组合，可以为投资者带来 2 个效用单位的快乐；$E[U_{(r)}]_3$ 是第三个资产组合，能够提供 3 个效用单位的快乐；$E[U_{(r)}]_4$ 是第四个资产组合，可以带来 4 个效用单位的快乐。从这些数字中，我们可以知道第一项投资比第二项投资给投资者带来的快乐少，因为其产生的效用低，其余的以此类推。

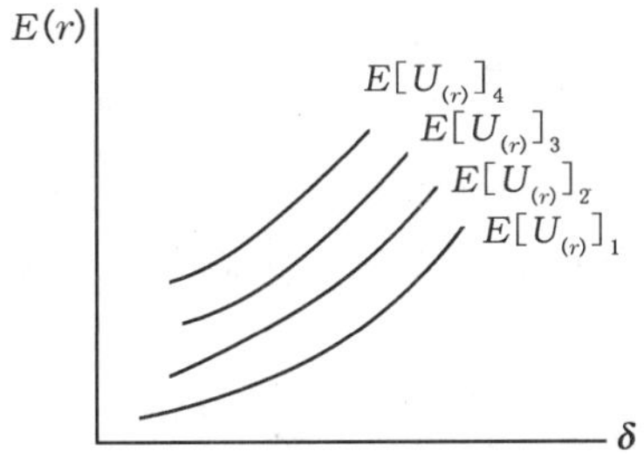

图 16－6 四条无差异曲线

3. 无差异曲线的特征

无差异曲线也可称为效用等量曲线，因为在任意一条无差异曲线上，人们都有相同水平的快乐感。因此，在一条给定的无差异曲线上，人们在每一个点上都是无差异的。图 16－7 描述了一个假想的投资者拥有的无差异曲线的"图形"，每一条弯曲的线，表示该投资者的一条无差异曲线，代表所有提供同一给定满意水平的组合整体。例如，拥有图 16－7 中无差异曲线的投资者，将发现 A 和 B 是同样满意的，虽然他们有不同的预期回报率和标准差，但它落在同一条无差异曲线 I_2 上。组合 B 的标准差（20%）高于 A 的标准差（10%），因此在这一个指标上，组合 B 的满意程度小于 A。然而这方面的满意程度的不足，恰好被 B 的期望收益（12%）高于 A 的期望收益（8%）所提供的满意程度所弥补。这个例子导出了无差异曲线的第一个重要特征：一条给定的无差异曲线上的所有投资组合对投资者来说，其提供的满意程度是相同的。

虽然图 16－7 所示的投资者将发现 A 和 B 是同样满意的，但他或她将发现预期回报率为 11%、标准差为 14%的组合 C 比前两者都要好。这是因为组合 C 在无差异曲线 I_3 上，而 I_3 在 I_2 的"西北"方向。现在 C 相对 A 有一个足够大的预期回报率，超过对其高标准差的弥补，这个差额使得它比 A 更满意。等价的，C 相对 B 有一个足够小的标准差超过对其低预期回报率的弥补，其差额使得 C 比 B 更满意。这就导出了无差异曲线的第二个特征：一个投资者将发现一条位于“更西北”的无差异曲线上的组合要比位于“更东南”的无差异曲线上的组合更满意。

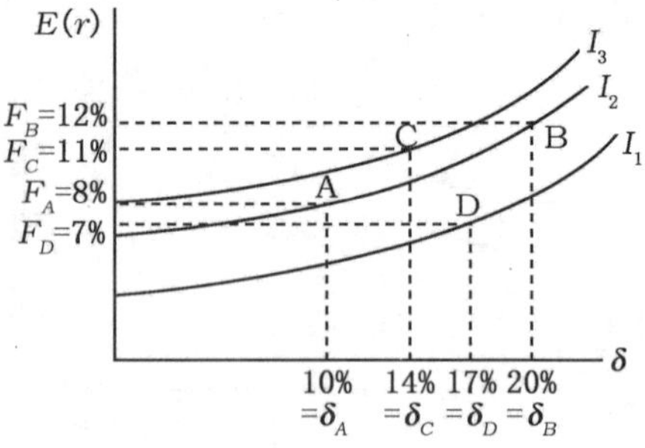

图 16—7

综上所述，每一个投资者都拥有一条无差异曲线来表示他对预期回报率和标准差的偏好，投资者将对每一个可能的投资组合确定其预期回报率和标准差，然后选择位于最西北的那条无差异曲线上的组合。最后需要补充的是，根据无差异曲线的第一个特征，可以得出一个推论，这就是无差异曲线不能相交，图 16—8 说明了这一点。

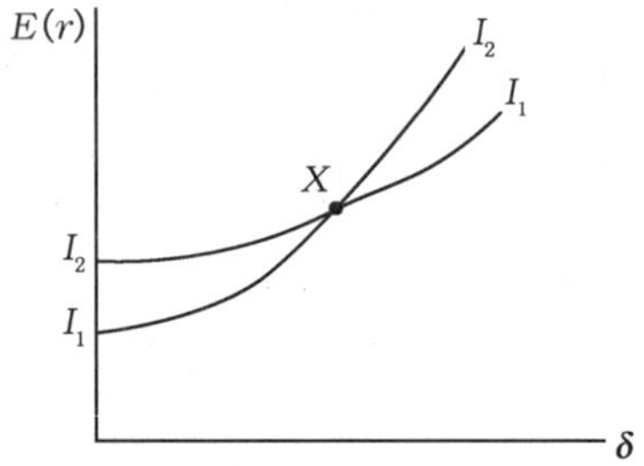

图 16—8　无差异曲线不能相交

考虑两条曲线相交的情况，交点用 X 表示。I_1 上的所有组合对投资者来说是同样满意的，这意味着它们与 X 有相同的满意程度，因为 X 在 I_1 上。同样道理，I_2 上所有组合是同样满意的，且与 X 的满意程度相同，因为 X 也在 I_2 上。于是给定 X 在两条无差异曲线上，则 I_1 上的所有组合必须与 I_2 上的所有组合有相同的满意程度。这就出现了矛盾，因为 I_1 和 I_2 是假设代表不同满意程度的两条曲线。因而为了不引起矛盾，这些曲线不能相交。

4. 风险爱好投资者的无差异曲线

图 16—9 显示的是向下倾斜的无差异曲线，它反映了风险爱好者的风险与收益偏好。风险爱好者愿意花钱参与风险赌博，即使他们赌的次数多了将很有可能减少他们的期末财富。风险爱好者只是理论上存在的可能性，而不会存在于实际生活中，因为我们只考虑理性投资者。去蒙特卡洛或拉斯维加斯赌博的人大部分并不是风险爱好者，赌博的人大部分是娱乐者，他们只赌他们能够支付的钱，他们不是真正的赌博，他们是在购买快乐。这些娱乐性质的赌博者，在管理他们的生活储蓄时往往表现得像一个风险厌恶者。

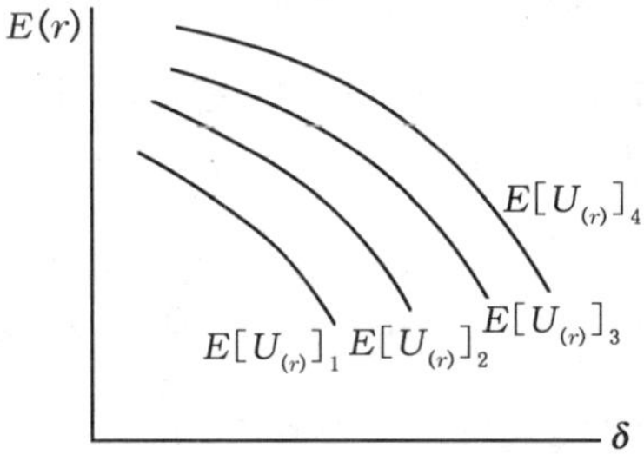

图 16—9　风险爱好投资者的无差异曲线

5. 风险中性投资者的无差异曲线

既不爱好风险也不惧怕风险的投资者是风险中性投资者，风险中性投资者的无差异曲线是直线而非曲线。图 16—10 描述了风险中

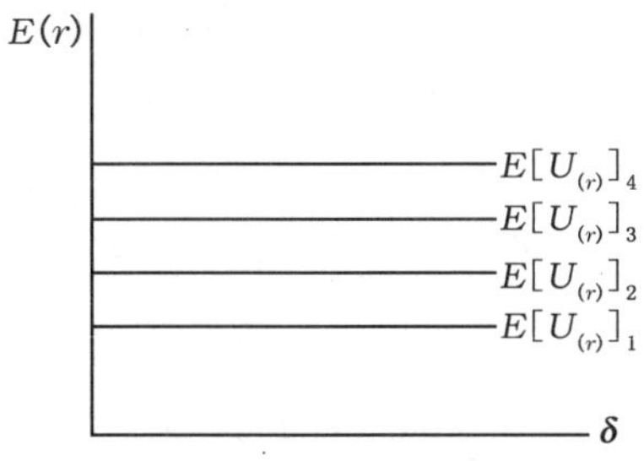

图 16—10　风险中性投资者的无差异曲线

性投资者的无差异曲线。风险中性投资者的无差异曲线是由平行的水平直线构成。好收益带来高效用,但高风险却不会影响风险中性投资者的快乐程度。一些大公司在寻求公司价值最大化的决策过程中没有清楚地考虑风险,这时他们表现得像一个风险中性投资者。

6. 影响投资者风险收益偏好的因素

决定一个人的风险与收益偏好的因素有:(1)老年人一般比年轻人更厌恶风险;(2)在经济衰退时期,由于失业风险要高于经济增长时期,因此大部分人会更厌恶风险;(3)悲观者往往比乐观者更厌恶风险;(4)大部分人在经历一次挫折后会更加厌恶风险。

虽然效用是主观的,不能准确衡量,但上述效用分析理论提供了一个分析决策制定过程的主观方法。

三、不满足与风险厌恶

1. 不满足

在无差异曲线的讨论中,隐含着两个假设:第一,假设投资者在其他情况相同的两个组合中进行选择时,总是选择预期回报率较高的那个组合。更基本的,在马氏方法中所做的"不知足"的假设意指假定相对于较低水平的期末财富,投资者总是偏好较高水平的期末财富。这是因为高水平的期末财富能够为投资者在 $t=1$(或更远的将来)时提供更多的消费。从而给定两个相同标准差的组合,如图 16—11 所示的 A 和 E,投资者将选择有较高预期回报率的组合 A。

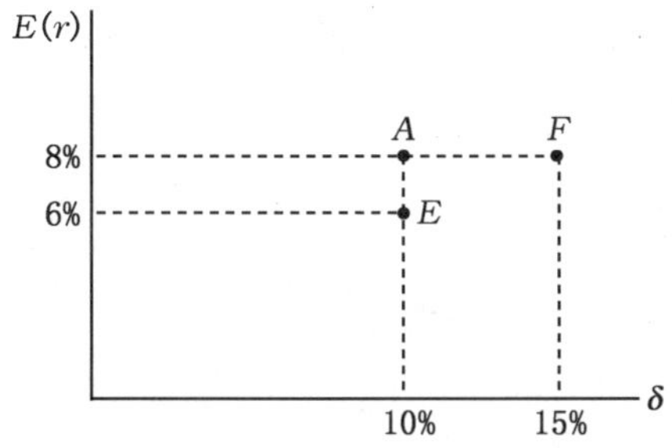

图 16—11　投资者的"不满足"假设

然而,要在两个具有相同的预期回报水平,但不同标准差水平的组合中(例如 A 和 F)进行选择时,投资者将选择哪一个也是需要明确的,这就要进入需要讨论的第二个假设。

2. 风险厌恶

一般都假设投资者是风险厌恶的,即投资者将选择标准差较小的组合。一个投资者是风险厌恶的,其含义是什么呢?一个投资者,如果选择的话,不会选择一个对等的赌博,这里所说的一个对等的赌博是指预期回报为 0 的赌博。例如,考虑投掷一枚硬币,"正面"意味着你赢 10 元,而"反面"意味着你输 10 元。因为硬币出现正面或反面的机会各有 50%，所以预期回报为 0[0.5×10+0.5×(−10)]。直观地来看，风险厌恶者将回避这样的赌博，原因是"输"带来的"不愉快"的量要大于"赢"所带来的"愉快"的量。

不知足和风险厌恶这两个假设导致无差异曲线是正斜率而且是下凹的，虽然假设所有投资者都是风险厌恶的，但并未假设他们有相同的风险厌恶程度。所有风险厌恶投资者的无差异曲线都表现出以下两个特点：(1)无差异曲线斜向上，因为风险厌恶者需要更高的收益(风险溢价)才能接受更高的风险。(2)无差异曲线在更高的风险水平下更陡峭，反映了投资者承担额外风险的意愿递减，除非他们能获得更多的风险溢价。

有些投资者具有较高的风险厌恶，而其他一些投资者则可能只有轻微的风险厌恶，这意味着不同投资者将有不同的无差异曲线，图 16−12(a)、(b)、(c)分别展示了高风险厌恶者、中等风险厌恶者、轻微风险厌恶者的不同情况。从这些图形可以看出，一个越是厌恶风险的投资者有着越陡的无差异曲线。

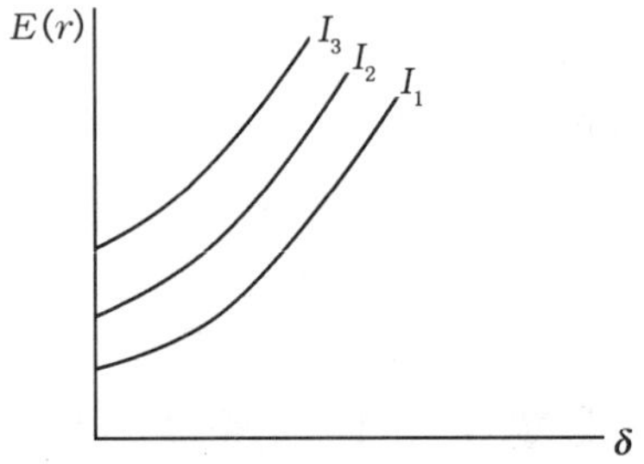

图 16−12(a) 高风险厌恶者的无差异曲线

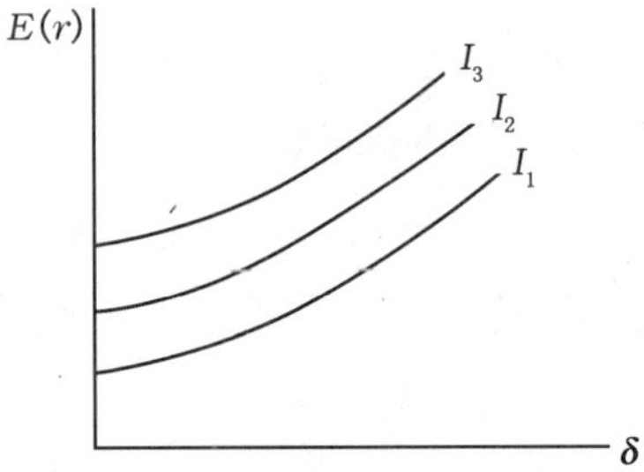

图 16−12(b) 中等风险厌恶者的无差异曲线

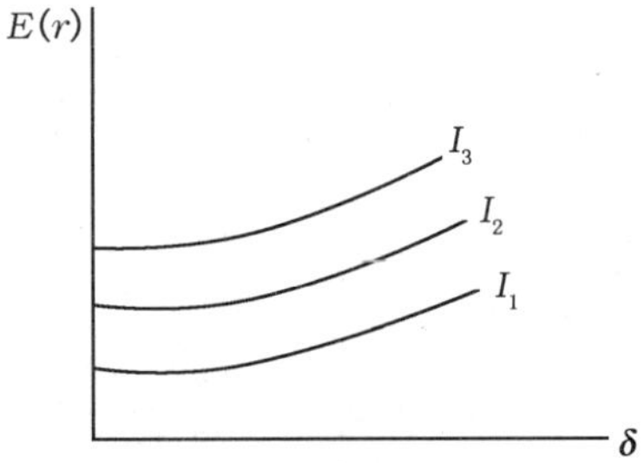

图 16−12(c) 轻微风险厌恶者的无差异曲线

四、最优证券投资组合的选择

为了期望效用最大化，我们必须选择最合意的投资。首先，优势投资在相对应的风险水平下有最大的收益。让我们重新考虑效用理论，通过无差异曲线可以找出投资者的效用(快乐)最大化程度的投资点。图 16−13 加入了两个风险厌恶者的无差异曲线，这两条无差异曲线表明不同的人在相同的投资机会面前作出了不同的投资决策。胆小的风险厌恶者最高可达到的无差异曲线在 T 点，胆大的风险厌恶者最高可达到的无差异曲线在 A 点。胆小的风险厌恶者在 T 点上找到了他的效用最大化点。在 T 点上胆小的风险厌恶者将他的一半资金投资于有效组合 M，另一半投资于无风险资产。胆大的风险厌恶者在 A 点找到他的效用最大化点，胆大的风险厌恶者通过以无风险利率借入资金使他达到了高风险的点位 A 点。

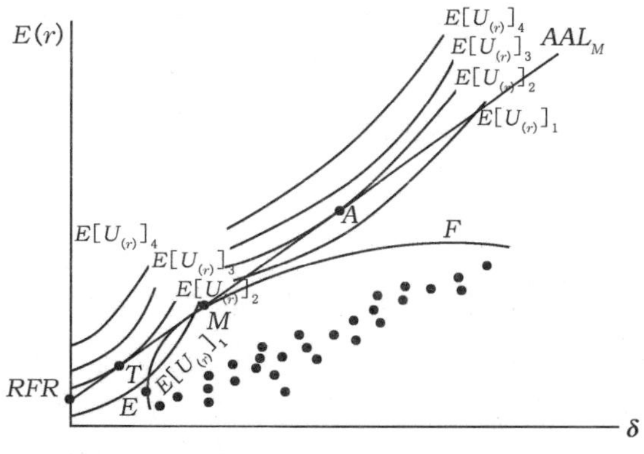

图 16—13 胆小和胆大者的无差异曲线

这两个风险厌恶者如果可以找到高于他们第二条无差异曲线以上的投资机会，他们会更高兴。但不幸的是对于这两位投资者来说，在图 16—13 中我们发现再也没有高于它们的第三条或第四条无差异曲线的投资机会了。他们在第一条无差异曲线 $E[U_{(r)}]_1$ 上仍有投资机会，但这些投资不能产生比他们所选择的资产组合更高的收益。

第四节 包含无风险借贷的扩展模型

一、投资组合分析假定的扩展

根据马柯维茨理论，假定投资者有一定数量的初始财富 W_0，在一个给定的时期内用这笔财富投资，在所有可供选择的投资组合中，最好的那一个组合应与投资者的某一条无差异曲线和有效集的切点相对应。在投资者的投资时期结束时，投资者的初始财富将根据投资组合的回报率而增加或者减少，获得的期末财富将能被全部重新用来投资，或是全部用于消费，或是部分用于投资，部分用于消费。

马氏理论假设被考虑的投资资产各自都具有风险，也就是说在 N 个风险资产中，每一个资产在投资者的持有期内都具有不确定的回报率。因为没有哪个资产与其他资产之间具有完全的负相关性，所以所有的投资组合在持有期内都将具有不确定的回报率，即具有一定的风险。

在前面的分析中，是假定投资者不投资无风险资产，并且不允许投资者借钱与初始资金合并一起去购买一个资产组合，这意味着投资者不允许使用金融杠杆手段，或保证金交易。在这一节里，将马氏的投资分析方法逐步扩展，首先，将允许投资者不仅能投资于风险资产，而且也可以投资于无风险资产；在 N 种可以被购买的资产中，将含有 $N-1$ 种风险资产和一种无风险资产。其次，投资者将被允许借入资金，但必须支付与贷出相同的利率。

二、无风险资产

在马柯维茨方法中，无风险资产确切的含义是什么？无风险资产是指将来可以实现的收益在当前是确定的资产。因为这一方法仅涉及投资于单一持有期，这意味着无风险资产的回报率是确定的。如果投资者在期初购买了一种无风险资产，那么他将准确地知道在持有期的期末这笔资产的价值。由于无风险资产的最终价值没有任何不确定性，因此无风险资产的标准差应为零。反过来，这也意味着无风险资产的回报率与风险资产的回报率之间的协方差也是零，因为任何两种资产 i 和 j 之间的协方差，等于这两种资产之间的相关系数和两种资产各自的标准差这三个数的乘积，即 $\sigma_{ij}=\rho_{ij}\cdot\sigma_i\cdot\sigma_j$，如果 i 是无风险资产，给定 $\sigma_i=0$，于是可以得到 $\sigma_{ij}=0$。

因为依定义无风险资产具有确定的回报率，所以这种类型的资产必定是某种有固定收益，并且没有任何违约可能的证券。由于所有公司的证券从原则上讲都存在着违约的可能性，无风险资产不可能由公司来发行，因而必须是由政府发行的证券。但是，必须注意，并不是任何一种政府发行的证券都是无风险证券。

实际上，任何一种到期日超过投资者持有期的证券都不能作为无风险资产看待。因为投资者不知道他在投资期末时这笔证券将值多少钱。由于在投资者的持有期内，利率极有可能以不可预料的方式变化，证券的市场价格也将同样以不可预料的方式变化。利率风险的存在使得国库券的价值不确定，所以它不能被视为无风险资产。例如，考虑一种国库券，它在投资者的持有期结束之前到期，比如一个 30 天到期的国库券，而此时投资者的资产持有期却为 3 个月。在这种情况下，投资者在持有期的期初时不知道在 30 天后利率会是什么样子。这意味着投资者将不知道 30 天后的利率，而这个利率正是投资者将其 30 天到期的国库券的收益在剩下的持有期内进行再投资的基础。所有到期日少于投资者投资期的国库券都存在这种“再投资利率风险”，这种风险的存在意味着这样一些证券也不能被视为无风险资产。

这样，就只留下一种类型的国库券可以作为无风险资产，即到期日与投资者的投资期长度相匹配的国库券。例如，持有期为 3 个月的投资者发现 3 个月到期的国库券具有确定的回报率。因为这种证券的到期日与投资者的投资期限相同，而且在投资期满时它将给投资者带来一笔资金，而这笔资金的数量早在投资者作出投资决策时就已经确切地知道。

另外，对无风险资产的投资通常被称为“无风险贷出”，因为这样的投资意味着购买国库券，实际上表现为一笔投资者向政府提供的贷款。

三、无风险资产与单个风险资产的组合

1. 无风险资产与单个风险资产组合的预期收益和风险

假设有两项资产，一项是无风险资产 A，另一项是风险资产 B。无风险资产的收益率恒定为 R_A，风险 $\delta_A=0$。这时，组合的预期收益和风险可以表示为：

$$E(r_p)=x_AE(r_A)+x_BE(r_B)=(1-x_B)E(r_A)+x_BE(r_B)$$

$$\delta_p=x_B\delta_B$$

由上述两式可得：

$$E(r_p)=E(r_A)+\frac{E(r_B)-E(r_A)}{\delta_B}\delta_p$$

2. 引入无风险贷出时的无风险证券与风险证券的组合线

如果引入无风险贷出，但不允许投资者借用资金，则组合线为一条连接 B 与 $E(r_A)$的线段，如图 16—14 所示。如果同时投资于无风险资产 A 和风险资产 B，则投资者的投资组合位于 B 与 $E(r_A)$线段之间的某一点上。

3. 引入无风险借入时的无风险资产与风险资产的组合线

如果我们允许投资者借入资金，我们可以进一步扩展分析。这意味着当投资者在决定将多少资金投资于风险资产时，他们将不再受初始财富的限制。当然，当投资者借入资金时，他们也必须为这笔贷款付出利息。由于利率是一定的，而且偿还贷款也没有任何的不确定性，投资者的这种行为常常被称为“无风险借入”。

如图 16—15 所示，当引入无风险借入时，组合线是一条由 $E(r_A)$向 B 无限延伸的射线。如果投资者投资于无风险资产和风险资产的组合位于线段 $E(r_A)$和 B 之间，则该投资者是贷出人。如果这一投资者投资于风险资产和无风险资产的组合位于 B 点右上方的射线上，则该投资者为借入人。借入越多，该投资者的投资组合距离 B 越远。

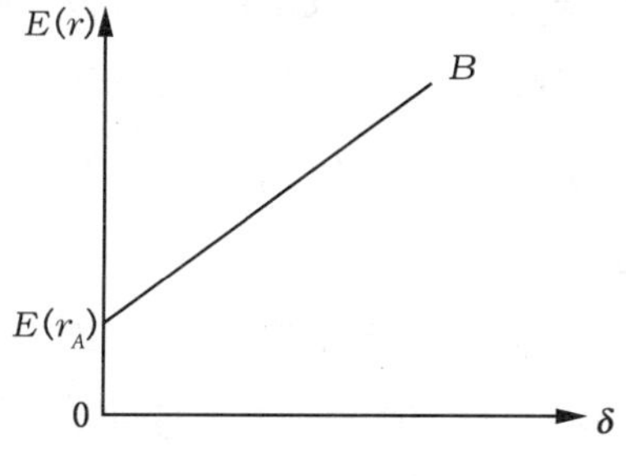

图 16—14　引入无风险贷出的无风险证券与风险证券的组合线

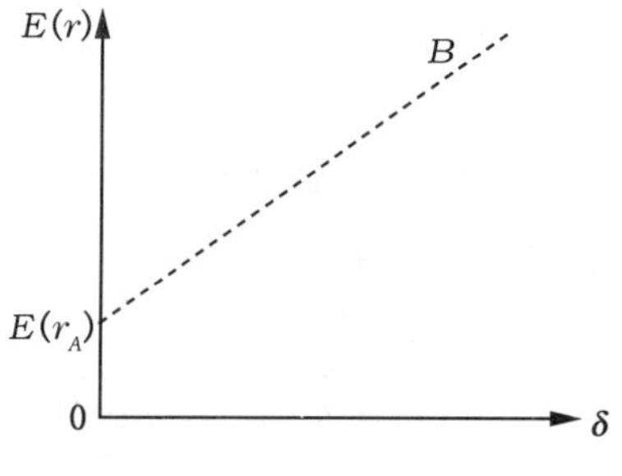

图 16—15　引入无风险借入的无风险资产与风险资产的组合线

综上所述,如果允许投资者同时进行无风险的借入和无风险的贷出,那么投资者可以根据自己的偏好,通过无风险的借入和无风险的贷出获取在组合中的任何位置。不仅如此,这一结论还可以被推广到任意的无风险资产与风险资产的组合上。这意味着,对于任意一个由无风险资产和风险资产构成的组合,其相应的预期回报率和标准差都落在连接无风险资产和风险资产的直线上。

四、包容无风险贷出的模型

1. 引入无风险贷出后的有效边界

在介绍了无风险资产后,投资者现在可以将他的资金的一部分投资于这种无风险资产,并把剩余的部分投资于包含在马柯维茨的可行集中的任一投资组合。增加这种新的投资机会明显地会扩展可行集,并且重要的是它极大地改变了马柯维茨有效集的位置。在无风险资产和任意风险资产的组合与无风险资产和单个风险证券的组合之间可以认为没有区别,在这两种情况下,最终投资组合的预期回报率和标准差都将落在连接两个端点的直线上。

2. 无风险贷出对有效集的影响

如前所述,由于无风险贷出的引进,可行集将会有明显的改变,图 16—16 显示出它是如何改变有效集的。在这里所有的风险资产和组合,都能以各种可能的方式同无风险资产相结合,正是它代表了由风险资产和无风险资产所构成的所有投资组合。

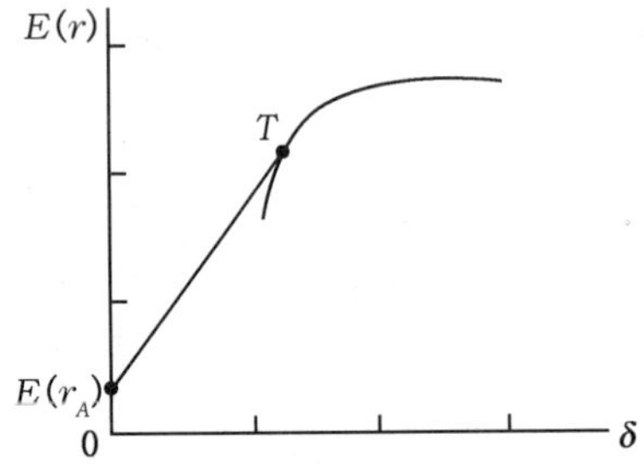

图 16—16 无风险贷出对有效集的影响

由无风险资产出发的直线代表了无风险资产与马柯维茨模型中的有效集上某一特殊组合的结合,这条直线与有效集相切,切点命名为 T。尽管马柯维茨模型中其他有效风险组合也能与无风险资产相结合,但是为什么只对 T 点给予特别的注意呢?因为对于所有由风险资产所构成的组合来说,没有哪个点与无风险资产相连形成的直线会落在 T 点与无风险资产的连线的西北方。换句话说,在所有从无风险资产出发到风险资产或是风险资产组合的连线中,没有哪一条线能比到 T 点的线更陡。

由于马柯维茨有效集的一部分是由这条线所控制,因而这条线就显得很重要。特别是当投资者可投资于无风险资产时,马氏模型有效集合中从最小风险组合到 T 的那部分组合将不再有效,新的有效集将由一条直线段和一条曲线段构成,这条直线段从无风险资产到 T 点,它代表了无风险资产和在 T 点的以各种比例结合形成的一些组合，而这条曲线段所代表的组合就是在马氏模型有效集中的那些位于 T 点的东北方向的组合。

3. 无风险贷出对证券组合选择的影响

图 16－17(a)显示了当投资者在除了有风险资产可供选择外，还有无风险资产时，他是如何选择一个最佳的有效组合的。如果投资者的无差异曲线像图 16－17(a)所显示的那样，那么投资者的最佳投资组合 O' 将包括两部分投资，一部分是对无风险资产的投资，剩下的部分是对 T 的投资。这是由于投资者的无差异曲线在无风险资产和 T 点之间的有效集相切。如果投资者更倾向于冒险，具有像图 16－17(b)所显示的无差异曲线，那么投资者的最佳投资组合 O' 中将不包括任何无风险贷出。这是因为投资者的无差异曲线与有效集的曲线段部分相切，而这部分曲线段位于 T 点的东北方向。

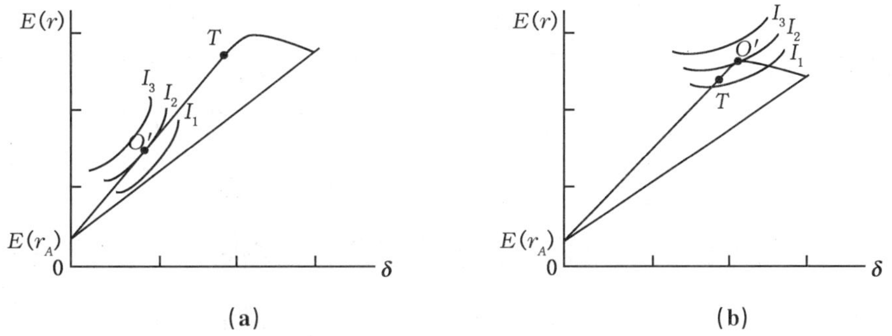

图 16－17　无风险贷出对证券组合的影响

五、包容无风险借入的模型

为了便于分析，我们假定为贷款而支付的利率与投资于无风险资产而赢得的利率相等。如图 16－18 所示，为了评估引入“无风险借入”对有效集的影响，我们考察组合 F、G、H、和 I，投资者将把他借来的资金连同他自有的资金全部投资于股票，从而形成这些组合。可见任何类似的组合，即借入资金并全部投资于股票的组合，都将落在这条线的某一点上，具体位置则取决于投资者借入资金的多少。更进一步地说，这一结论可推广到任意一个组合，即一个由无风险借入与任一单个风险资产的组合。这意味着，投资者以无风险利率借入资金，并连同他自有的资金一起全部投资于某一风险资产，所形成的组合的预期回报

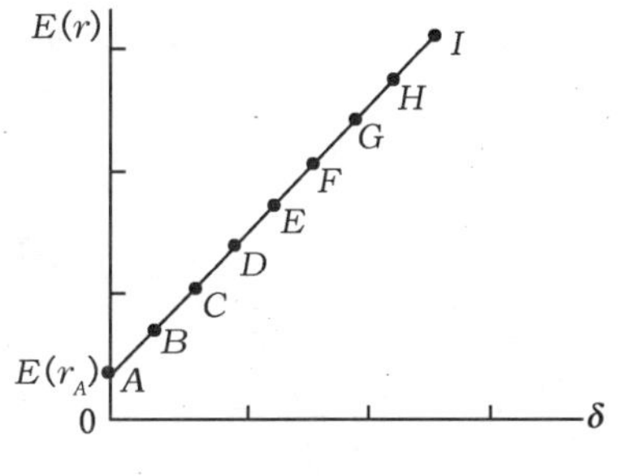

图 16－18　无风险借入对有效集的影响

率和标准差正好能使该组合位于图中连接无风险资产和风险资产的线段的延长线上。

六、无风险借入和无风险贷出对有效集的影响

图 16—19 显示了当既允许无风险借入又允许无风险贷出(两者的利率相等)时,可行集是如何变化的,在这里要考虑所有的风险资产及其组合。如果假定投资者借入资金的数量没有限制的话,那么这条射线可以无限地向右延伸。

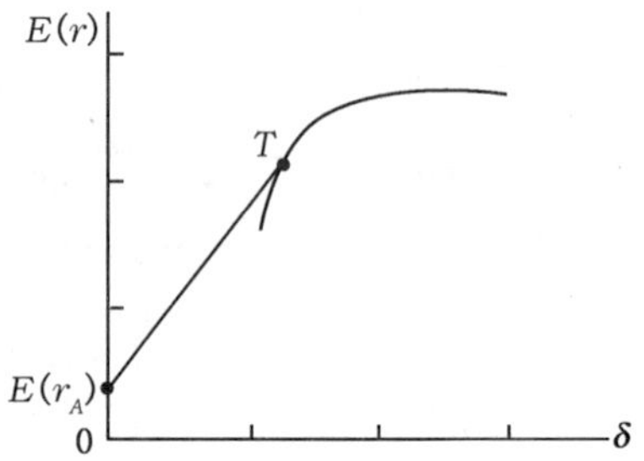

图 16—19 无风险借入和无风险贷出对有效集的影响

通过组合 T 的直线特别重要,因为它代表了有效集。也就是说,这条直线代表着能提供最好机会的投资组合集,这是由于它是可行集中位于最西北方向的组合集。像前面一样,通过 T 点的线正好与马氏模型有效集相切。在引入无风险借入和贷出之后,除组合 T 之外,那些曾经是马氏有效集上的组合将不再有效。这一点在图上看得很清楚,在每一个组合(除 T 外)的上方都有一个同它具有一样的标准差但预期回报率要比它大的组合。

七、无风险借入和无风险贷出对投资组合选择的影响

假定投资者具有以无风险利率借入和贷出的机会,他将在图 16—20 中画出他的无差异曲线,找出无差异曲线与有效集的相切点,从而确定投资者所需要的最佳投资组合。图 16—20 显示出两种不同的情况,如果投资者厌恶风险,如图 16—20(a)那样,那么投资者的最佳组合 O' 将由对无风险资产的投资和对风险资产 T 的投资所构成。相反,如果投资者更加偏好冒险,具有像图 16—20(b)所呈现的无差异曲线,那么投资者的最佳组合 O' 将由无风险借入和对 T 的投资(包括借入资金和自有资金)所构成。

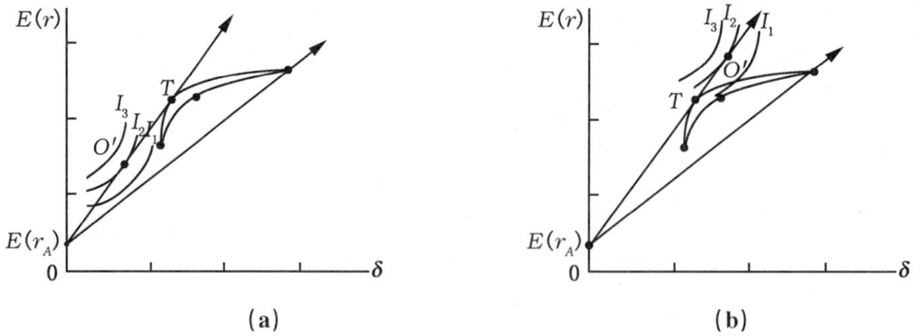

图 16—20 无风险借入和无风险贷出对投资组合选择的影响

练习题

一、名词解释

有效组合　　有效边界

二、单项选择题

下列选项中只有一项是正确的，请将正确选项的符号填在括号内。

1. 分析证券 A 与证券 B 回报率之间互动性的指标是(　　)。

A. 标准差　　B. 方差　　C. 协方差　　D. 价格差

2. 显示两个证券之间存在显著相关的相关系数绝对值区间是(　　)。

A. 大于 0.3，小于等于 0.5　　B. 大于 0.5，小于等于 0.8

C. 大于 0.6，小于 0.8　　D. 大于 0.8，小于 1

3. 风险爱好者的无差异曲线是(　　)。

A. 向上倾斜的　　B. 向下倾斜的　　C. 水平的　　D. 交叉的

4. 不知足与风险厌恶这两个假设导致无差异曲线是(　　)。

A. 下凹的　　B. 上凹的　　C. 水平的　　D. 无规则的

三、多项选择题

下列选项中有两项(含两项)以上是正确的，请将正确选项的符号填在括号内。

1. 下列关于协方差的正确表述为(　　)。

A. 协方差为正，表示两个证券收益率同向变动

B. 协方差为正，表示两个证券收益率反向变动

C. 协方差为负，表示两个证券收益率同向变动

D. 协方差为负，表示两个证券收益率反向变动

E. 协方差为零，表示两个证券收益率无互动关系

2. 下列关于无风险资产与风险资产关系的正确表述是(　　)。

A. 无风险资产与风险资产的协方差为 0

B. 无风险资产与风险资产的协方差为 1

C. 无风险资产与风险资产的相关系数为 0

D. 无风险资产与风险资产的相关系数为 1

E. 无风险资产与风险资产的协方差为−1

四、问答题

1. 为什么方差和标准差作为一种测量风险程度的方法被广泛使用?

2. 根据相关系数，相关程度可以分为哪几个层次？各个层次的相关系数或相关系数区间是什么？

3. 如何确定有效边界？

4. 有关风险与收益的无差异曲线的特点有哪些?

5. 影响投资者风险收益偏好的因素有哪些?

6. 所有风险厌恶者的无差异曲线有什么样的特点?高风险厌恶者、中等风险厌恶者与轻微风险厌恶者在无差异曲线上有什么不同之处?

五、计算题

1. 假定某投资组合由A、B、C、D四只股票组成,A股票的期望收益率为11%,权重为25%;B股票的期望收益率为6%,权重为15%;C股票的期望收益率为15%,权重为30%;D股票的期望收益率为8%,权重为45%。请计算该股票投资组合的期望收益率。

2. 如果某股票有下列8个时间序列的收益率:4%、6%、8%、8.5%、9%、9.5%、12%、7%,请分别计算该股票的方差和标准差。

3. 如果股票A在连续时期里有下列8个收益率:4%、6%、8%、8.5%、9%、9.5%、12%、7%;股票B在连续时期里也有下列8个收益率:1%、3%、2%、4%、4%、4.5%、2%、5.5%。请计算股票A与股票B的协方差以及相关系数。

第十七章　资本资产定价模型

资本资产定价模型(Capital Asset Pricing Model,CAPM)是现代金融学的奠基石之一,它是从最优资产组合理论的基础上发展起来的市场均衡定价理论,模型对于资产风险及其预期收益率之间的关系给出了精确的预测。马柯维茨在 1952 年建立了现代资产组合理论,12 年后威廉·夏普(William Sharp)、约翰·林特纳(John Lintner)和简·莫辛(Jan Mossin)分别将其发展成为资本资产定价模型。后来,有关学者又为该模型进入现实的应用领域做了大量工作。资本资产定价模型因形式简单直观,在证券投资分析中得到广泛的应用。

第一节　假设条件

为了弄清资产是如何定价的,需要建立一个模型,即一种理论。为了使模型简单明了,模型的建立者必须提炼复杂的形式,以达到将注意力集中到几个要素研究中去的目的,这就需要对环境做出一定的假设。正因如此,资本资产定价模型隐含着下面的假设。

一、基本性假设

(1)投资者通过投资组合在某一时期内的预期回报率和标准差来评价这个投资组合。

(2)投资者永不满足,因此当面临其他条件相同的两种选择时,他们将选择具有较高预期回报率的那一种。

(3)投资者是风险厌恶的,因此当面临其他条件相同的选择时,他们将选择具有较小标准差的那一种。

(4)每一个资产都是无限可分的,这意味着如果投资者愿意的话,他可以购买一个股份的一部分。

(5)投资者可以以一个无风险的利率贷出(即投资)或借入资金。

(6)税收和交易成本均忽略不计。

二、补充性假设

在上述基本性假设的基础上,再加入以下一些补充性假设:

(1)所有投资者都有相同的投资期限。

(2)对于所有投资者,无风险利率相同。

(3)对于所有投资者,信息是免费的并且是立即可得的。

(4)投资者具有相同预期,即他们对预期回报率、标准差和证券之间的协方差具有相同的理解。

通过上述假设可知,资本资产定价模型是一个将现实情况极端简化的模型。由于每个人均被假设为拥有相同的信息,这表明他们对证券的前景有相同的看法,且使用同一种方式来分析和处理信息。不仅如此,由于证券市场是完全市场,意味着投资可以自由流动。由于潜在的投资流动阻碍已经被消除,这就使我们有能力把注意力转向假设证券市场每个人采取相同的投资态度,证券的价格将会如何变动的问题。因此,我们可以通过资本资产定价模型,考察证券市场投资者的集体行为,进而获得每一种证券的风险与收益之间的均衡关系。

第二节　资本市场线

一、分离定理

在建立了本章第一节中总共十项假设以后,我们可以检验一下其含义。首先,投资者将分析证券的状况,进而确定切点组合,这是因为所有投资者对证券的预期回报率、方差和协方差的估计及利率大小的看法完全相同,这就进一步表明线性有效集对所有投资者来说都是相同的,原因在于线性有效集只是包含了意见相同的切点组合与无风险借入或贷出所组成的集合。

既然所有的投资者都面临着相同的有效集,那么投资者选择的不同主要在于他们不同的无差异曲线。由于每个投资者对于风险和收益的不同偏好,不同的投资者将从同一有效集中选择不同的组合。虽然被选中的组合不同,但是投资者所选择的风险资产具有相同的组成成分。这意味着每一个投资者将他的资金投资于风险资产和无风险借入和贷出上,而每一个投资者选择的风险资产是同一个资产组合,加入无风险借入和贷出只是为达到满足投资者个人对总风险和回报率的偏好。

资本资产定价模型中的这一特征被称为分离定理：一个投资者的最佳风险资产组合，可以在并不知晓投资者对风险和回报率的偏好时就加以确定。这就表示在确定投资者的无差异曲线之前，我们就可以确定风险资产的最佳组合。

对分离定理的论证将引入线性有效集的性质：在线性有效集的任何一个投资组合，都由一个对切点组合的投资与不同程度的无风险借入和贷出构成。在资本资产定价模型中，每一个人面对同样数量的有效集，表明每一个人将会投资于相同的切点组合，进而每个人的组合中风险部分相同。

二、市场组合

资本资产定价模型的另一个重要特征是在均衡的时候，每种证券在切点组合的构成中具有一个非零的比例，这表示没有一种证券在均衡组合中的比例为零。原因在于根据分离定理的结论，在每一个投资者的投资组合中，风险资产部分与投资者对风险和回报率的偏好无关。这个定理认为在每个投资者的投资组合中，风险部分仅仅是对于切点组合 T 的投资。如果每一个投资者都购买 T，而 T 并不包含所有风险证券，那么 T 组合中比例为零的证券就没有人进行投资。这就可以提示我们，这些零比例的证券价格最终会下降，从而导致这些证券的预期回报率上升，一直到在最终的切点组合 T 中，这些证券的比例非零为止。

最终每一种股票都将平衡，当所有价格调整停止时，这个市场就已经进入均衡状态。首先，每一个投资者对每一种风险证券都将愿意持有一定的数量。其次，市场上每种证券的现有价格都将处在股票需求与供给相等的水平上。再次，无风险利率水平正好使得借入资金的总量与贷出资金的总量相等。

最终的结果是，在均衡时切点组合的比例将与市场组合的比例相对应，这样我们可以给出市场组合的如下定义：市场组合是由所有证券构成的组合，在这个组合中投资于每一种证券的比例等于该证券的相对市值；一种证券的相对市值等于这种证券的总市值除以所有证券的市值总和。

市场组合在资本资产定价模型中具有非常重要的地位，原因在于有效集是由市场组合的投资和无风险投资的借入或贷出两部分构成。正因如此，我们习惯用 M 表示切点组合，即市场组合。在理论上，M 不仅包括普通股票，而且包括其他种类投资，例如优先股和房地产等。然而，在实践中，一些人将 M 局限在普通股票的范畴之中。

三、线性有效集——资本市场线

根据资本资产定价模型，可以快速地决定有效组合的风险和收益。以下的“资本市场线(CML)”图示(见图 17－1)，生动形象地描述了上述内容。

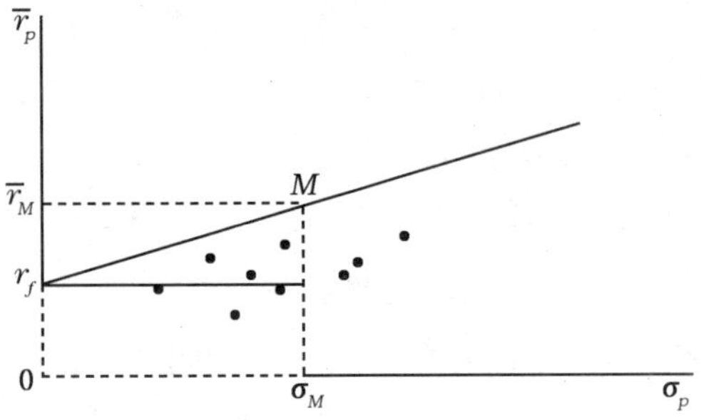

图 17—1 资本市场线

在图 17—1 中，点 M 代表市场组合，r_f 代表无风险利率，有效组合落在从 r_f 出发穿过 M 的直线上，这条直线是通过将市场组合与无风险借入与贷出的结合所获得收益和方差搭配而成。这一线性有效集就是资本市场线，任何不是使用市场组合以及无风险借入或贷出的组合都将位于资本市场线的下方，尽管有一些组合会非常接近资本市场线。

资本市场线的斜率等于市场组合的预期回报率和无风险利率的差($\bar{r}_M - r_f$)除以风险的差($\sigma_M - 0$)，即($\bar{r}_M - r_f$)/σ_M，这是因为资本市场的截距为 r_f，所以资本市场线的方程形式如下：

$$\bar{r}_p = r_f + \left[\frac{\bar{r}_M - r_f}{\sigma_M}\right]\sigma_p$$

在这里，$\bar{r}_p$ 和 σ_p 表示一个有效组合中的预期回报率和标准差。

第三节 证券市场线

资本市场线代表有效组合预期回报率和标准差之间的平衡关系，单个的风险证券将始终位于该线的下方，因为单个的风险证券本身是一个非有效的组合。资本资产定价模型没有暗示任何单个证券的预期回报率与标准差之间的特定关系，为了更多地了解单个证券的预期回报率，我们需要进行更深入的分析。

一、任意组合与市场组合的标准差

为了计算任意组合的标准差，我们将用到如下公式：

$$\sigma_p = \left[\sum_{i=1}^{N}\sum_{j=1}^{N} x_i x_j \sigma_{ij}\right]^{\frac{1}{2}}$$

式中，x_i 和 x_j 分别表示投资于证券 i 和证券 j 的比例，σ_{ij} 表示证券 i 和 j 的协方差。现在考虑用这个式子来计算市场组合的标准差：

$$\sigma_M = \left[\sum_{i=1}^{N}\sum_{j=1}^{N} x_{iM} x_{jM} \sigma_{ij}\right]^{\frac{1}{2}}$$

式中，x_{iM} 和 x_{jM} 分别表示证券 i 和 j 在市场组合中的比例。能够证明，上述公式的另一种写法是：

$$\sigma_M = [x_{1M}\sum_{j=1}^{N}x_{jM}\sigma_{1j} + x_{2M}\sum_{j=1}^{N}x_{jM}\sigma_{2j} + x_{3M}\sum_{j=1}^{N}x_{jM}\sigma_{3j} + \cdots + x_{NM}\sum_{j=1}^{N}x_{jM}\sigma_{Nj}]^{\frac{1}{2}}$$

在此，可以用到协方差的一个性质：证券 i 与市场组合的协方差 σ_{iM}，能够表示为每个证券与证券 i 协方差的加权之和：

$$\sum_{j=1}^{N}x_{jM}\sigma_{ij} = \sigma_{iM}$$

将这个性质应用到市场组合中的 N 个风险证券，可产生如下结果：

$$\sigma_M = [x_{1M}\sigma_{1M} + x_{2M}\sigma_{2M} + x_{3M}\sigma_{3M} + \cdots + x_{NM}\sigma_{NM}]^{\frac{1}{2}}$$

式中，σ_{1M} 表示证券 1 与市场组合的协方差，σ_{2M} 表示证券 2 与市场组合的协方差，等等。于是，市场组合的标准差等于所有证券与市场组合的协方差的加权和的平方根，在这里，权数等于各种证券在市场组合中的比例。

二、基于协方差分析的证券市场线

在这里我们可以观察到一个非常重要的问题，在资本资产定价模型中，每一投资者持有市场组合并关心它的标准差，因为这将影响到资本市场线的斜率，并进一步影响到他们投资于市场组合的资金比例。每一证券对市场组合标准差的贡献可以从上面的公式中看出，这取决于它同市场组合协方差的关系。相应的，每一个投资者也将发现，对每一个证券的相对风险的度量，是它与市场组合的协方差（σ_{iM}）。这意味着，具有较大协方差值的证券将被投资者认为对市场组合的风险有较多的贡献；这同样意味着，不能认为那些具有较大标准差的证券，相对于那些具有较小标准差的证券，必然就会给市场组合增加更多的风险。

从这样的分析可以得到结论，那些与市场组合具有较大协方差（σ_{iM}）值的证券，必须按比例地提供更大的预期回报率以吸引投资者。为了弄清其原因，考虑如果有某种股票没有给投资者提供相应比例的预期回报率的话，将会发生什么样的情况。此时这些证券将给市场组合提供风险，但同时却没有按相应的比例给市场组合提供预期回报率。还意味着如果将这些证券从市场组合中删除的话，将会导致市场组合的预期回报率相对于其标准差出现上升。由于这一理由，市场组合将不再是最佳风险组合，于是证券价格将偏离均衡。所以，风险和回报率之间均衡关系的公式是：

$$\bar{r}_p = r_f + \left[\frac{\bar{r}_M - r_f}{\sigma_M^2}\right]\sigma_{iM}$$

上述公式如果用图来表示，即为基于协方差分析的证券市场线，参见图 17－2。

就像图 17－2 所表示的那样，方程代表一条直线，其截距为 r_f，斜率为$[(\bar{r}_M - r_f)/\sigma_M^2]$。由于斜率为正，这个等式表明，那些与市场组合有较大协方差的证券将被

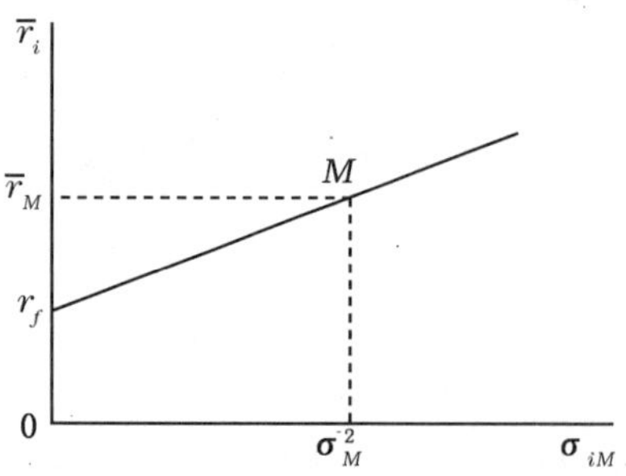

图 17—2 基于协方差分析的证券市场线

认为具有较高的预期回报率 r_i，这种协方差与预期回报率之间的关系即为证券市场线(SML)。

三、基于贝塔系数分析的证券市场线

有趣的是，一个 $\sigma_{iM}=0$ 的风险证券的预期回报率必须等于无风险证券的回报率。因为这种风险证券就像无风险证券一样，没有对市场组合的风险作出任何贡献，虽然风险证券具有正的标准差而无风险证券具有 0 的标准差。

有时候，有可能一些风险证券(即具有正的标准差的证券)将具有比无风险证券还要低的预期回报率。因为根据资本资产定价模型，如果 $\sigma_{iM}<0$，这种情况就会发生。而 $\sigma_{iM}<0$ 表明它们对市场组合的风险作出负的贡献(即投资于这些证券的资金越多，市场组合的风险也越小)。

同样，引起我们兴趣的还有：如果一个风险证券的 $\sigma_{iM}=\sigma_M^2$，它必须具有同市场组合相等的预期回报率 $\bar{r}_M$。这是因为这种证券对市场组合风险作出平均程度的贡献。

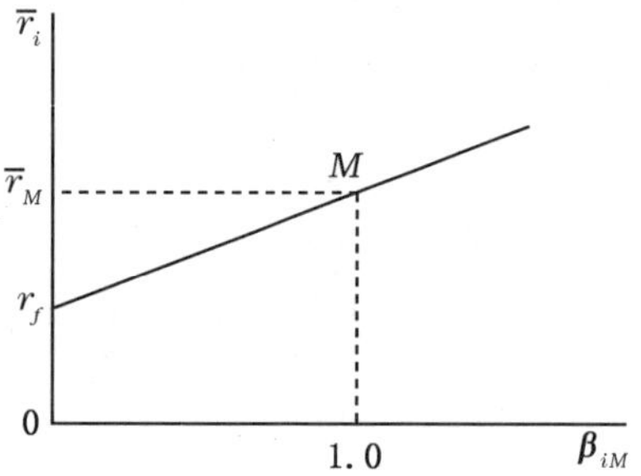

图 17—3 基于贝塔系数分析的证券市场线

由此我们可以得出如下的证券市场线的另一种表示方法：

$$\bar{r}_i=r_f+(\bar{r}_M-r_f)\beta_{iM}$$

$$\beta_{iM}=\sigma_{iM}/\sigma_M^2$$

β_{iM} 即为大家所熟知的贝塔系数(或简称贝塔值)，这是对于证券 i 而言的，它也是表示证券协方差的另一种方法。上述基于贝塔系数分析的证券市场线公式可以用图 17—3 表示。

从图 17—3 中看出，尽管与基于协方差分析的表达式具有相同的截距，但它却具有不同的斜率。该表达式的斜率是$(\bar{r}_M-r_f)$，而前一个表达式的斜率是$(\bar{r}_M-r_f)/\sigma_M^2$。

贝塔值的一个性质是：一个组合的贝塔值只是它的各成分证券贝塔值的加权平均，而权数即为各成分证券的比例。也就是说，一个组合的贝塔值可以按以下方式计算：

$$\beta_{PM}=\sum_{i=1}^{N}x_i\beta_{iM}$$

前面已经说明一个组合的预期回报率是它各成分证券预期回报率的加权平均，投资于各证券的比例即为权数。这意味着，既然每一证券都落在证券市场线上，那么由这些证券构成的组合也不例外。说得更明确一点，不仅是每一个证券，而且包括每一个证券组合，都必须落在以预期回报率为纵轴，以贝塔值为横轴的二维图的一条斜线上。这意味着，有效组合既落在资本市场线上也落在证券市场线上，然而非有效组合则落在证券市场线上，但位于资本市场线之下。

有意思的是，证券市场线必然经过表示市场组合的那一点。这一点的贝塔值为1，预期回报率为$\bar{r}_M$，所以它的坐标为$(1,\bar{r}_M)$。因为无风险证券的贝塔值为0，所以证券市场线必须经过一个预期回报率为r_f，坐标为$(0,r_f)$的点。这说明，证券市场线的截距为r_f，斜率等于这两点之间的垂直距离$(\bar{r}_M-r_f)$除以两点之间的水平距离$(1-0)$，即$(\bar{r}_M-r_f)/(1-0)$。有这两点已足够确定证券市场线，而且还能指出具有不同贝塔值的证券或组合的合理的预期回报率。

通过投资者对其持有证券的不同调整和证券价格所承受的最终压力这两者的综合作用，证券市场线所表示的均衡关系逐步形成。给定一组证券的价格，投资者可以计算出预期回报率和协方差，并进一步确定其最佳组合。如果某种证券总的需求量与实际可投资量不相同，那么其价格就会承受向上或向下的压力。给定一组新的价格，投资者将重新评估他们对各种证券的需求。这个过程将一直持续下去，直到每一种证券中的需求量与实际可得到的量相等为止。

第四节　市场风险与非市场风险

一、市场风险与非市场风险的划分

一个证券的风险σ_i^2可以分解为以下两部分：

$$\sigma_i^2=\beta_{iL}^2\sigma_I^2+\sigma_{\varepsilon i}^2$$

式中，$\beta_{iL}^2\sigma_I^2$表示市场风险（系统风险），$\sigma_{\varepsilon i}^2$表示个别风险（非市场风险或非系统风险）。

与市场模型一样，证券i的总风险由它的方差来计算并表示。它的总风险由两部分组成：第一部分是与市场组合的变动相关的部分，它等于贝塔值的平方与市场组合方差的乘积，它常常被称为证券的“市场风险”。第二部分是与市场组合的变动无关的部分，用$\sigma_{\varepsilon i}^2$来表示，可以看做“非市场风险”。根据市场模型的假设条件，非市场风险是证券特有的风险，因而也称“个别风险”。市场风险与非市场风险的关系如图17—4所示。

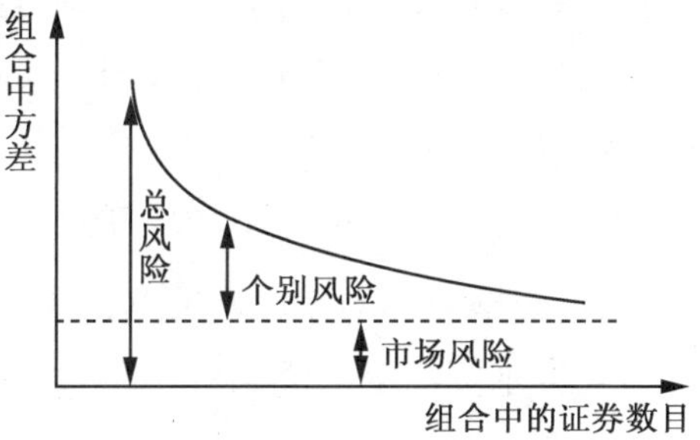

图17—4　市场风险与非市场风险的关系

从图17—4中可以看到，随着组合中证券数目的增加，投资组合的总风险不断地降低,最后越来越接近于市场风险水平,这说明通过分散投资可以规避掉个别风险(非系统风险)。

二、风险分解的原因

也许有人会奇怪:为什么要将全部风险分解为市场风险和非市场风险两部分?对于投资者而言,似乎风险就是风险,而不必管它从哪里来。问题的答案在于预期回报率的归属。一个证券的市场风险同该证券的贝塔值有关,具有较大贝塔值的证券具有较高的市场风险。在资本资产定价模型中,具有较大贝塔值的证券将具有较高的预期回报率,把这两个关系结合起来则说明,具有较高市场风险的证券应该具有较高的预期回报率。

非市场风险与贝塔值没有关系,也就是说,具有较高非市场风险的证券没有理由应该获得较高的预期回报率。因而,根据资本资产定价模型,投资者会因为承担了市场风险而获得报酬,但不会因为承担非市场风险而获得报酬。

第五节 模型的小结与实际运用

一、模型的小结

(1)资本资产定价模型(CAPM)是建立在一组关于投资者行为和存在完全证券市场的特殊假设基础上的。

(2)基于这些假设,所有投资者都持有相同的由风险资产所构成的有效组合。

(3)投资者之间的不同点在于他们在无风险借入或无风险贷出数量上的不同。

(4)所有投资者都持有的同一个风险组合即为市场组合。

(5)市场组合包括所有的证券,其中每个证券所占的比例等于它的市值与全部证券市值的比例。

(6)资本资产定价模型中的线性有效集即为资本市场线,资本市场线代表有效组合的预期回报率与标准差之间的均衡关系。

(7)在资本资产定价模型中,对一种证券风险的相对测度是它与市场组合之间的协方差。

(8)协方差与预期回报率之间的线性关系即为证券市场线。

(9)证券的贝塔值是衡量该证券对于市场组合所增加的风险的另一种测度,贝塔值测度的是相对于市场组合方差的协方差。

(10)在资本资产定价模型中,证券的风险可分解为市场风险和非市场风险,证券的非市场风险对于该证券来说是独有的,因此也称为证券的个别风险。

二、模型的实际运用

根据资本资产定价模型,我们可以对各种投资组合的绩效进行评价。

1. 单位风险回报率

假设有A与B两项资产,A资产的期望报酬率高于B资产的期望报酬率,但是我们不能得出结论说A资产比B资产好。为了便于比较,可以使用单位风险回报率的方法。单位风险回报率是将回报率的绝对水平与所面临的风险联系起来,并以此为标准对投资组合(或基金)的绩效进行排序。很显然,每单位风险回报率最高的投资组合是绩效最好的投资组合,反之则是绩效最差的投资组合。根据资本资产定价模型,单位风险回报率可以有以下两种计算方法:

(1)夏普比率。夏普比率(Sharpe ratio)是根据资本市场线的要求,将收益率的标准差作为衡量风险的标准。因此它是将所实现的投资组合的收益率 r_p 超过无风险利率 r_f 的部分,除以收益率的标准差 σ_p,即:

$$\text{夏普比率}=(r_p-r_f)/\sigma_p$$

式中,r_p 代表投资组合实际收益率,r_f 代表无风险利率,σ_p 代表投资组合收益率的标准差。

(2)特雷诺比率。特雷诺比率(Treynor ratio)是根据证券市场线的要求,将投资组合的 β_p 值作为衡量风险的标准。因此,它是将所实现的投资组合的收益率 r_p 超过无风险利率 r_f 的部分,除以投资组合的 β_p 值,即:

$$\text{特雷诺比率}=(r_p-r_f)/\beta_p$$

(3)夏普比率与特雷诺比率的优劣比较。对于单位风险回报率的两种方法,即夏普比率与特雷诺比率的选择一般取决于对风险测量的观念。当投资组合构成了一个投资者在特定资产类别中最主要或全部资产时,以标准差来衡量投资组合的风险并使用夏普比率比较合适;而当所要评价的投资组合只构成了投资者在特定资产类别中多个组成部分之一(比如由多个基金经理管理的养老金计划)时,使用 β 值和特雷诺比率相对更为合适。

另外,如果投资组合完全多样化或者高度多样化,使用上述两种方法的评价结果在排序上是一样的。但对于非高度多样化的投资组合可能会表现出不同的结果。例如使用特雷诺比率时,一个非高度多样化基金可能会优于另一个高度多样化的基金;但当使用标准差计量风险时,非高度多样化的基金往往会表现出更高的风险,因而也劣于高度多样化的基金。

同时,特雷诺比率反映的是因承担每单位市场风险而获得的收益,可以对投资管理人为现有投资组合增值的边际风险收益进行调整,因此比起夏普比率更有助于反映资产管理人的管理水平和能力。如果只比较投资组合中某一部分资产与适当的市场指数时,夏普比率更为适用,相对于整个市场而言,夏普比率受到投资组合中非系统风险的反向影响,即投资组合中的非系统风险越高,在其他条件相同的情况下,夏普比率越低。

2. 差异回报率——詹森指数

差异回报率(α)又称詹森指数(Jensen index),它是在给定投资组合所面临风险的条件下计算期望报酬率,并同时与该投资组合实际实现的回报率进行比较。在CAPM模型的基础上,假定投资者可以购买市场组合,也可以使用无风险利率的借贷行为来调整自己所面临的风险,此时可以引入α作为特有收益来评价投资组合的绩效。詹森指数的运用必须假定投资组合已经经过充分多样化,使得投资组合中仅存在系统风险。

根据证券市场线,投资组合的期望收益率应为:

$$E(r_p)=r_f+\beta_p[E(r_m)-r_f]$$

在资本市场均衡的条件下,所有的资产组合都应当落在证券市场线上。但是在进行证券投资分析时,投资者希望能发掘被市场所低估的股票或投资组合。因为投资于被低估的股票才能够获得额外的收益,也就是在正常的期望收益率以外的特有收益。如果资产组合的实际收益率在证券市场线的上方,代表它是被市场低估的股票或投资组合,此时它的实际收益率r_p是期望收益率$E(r_p)+\alpha$,α将会大于零。所以这种被市场所低估的股票或投资组合是一种良好的投资对象。反之,如果其实际收益率在证券市场线的下方,代表它们被市场高估,其α将会小于零。因此,詹森指数的评价模型为:

$$(r_p-r_f)=\alpha+\beta_p(r_m-r_f)$$

即:

投资组合超过无风险利率的收益=特有收益+贝塔值×市场组合超过无风险利率的收益

将上述等式进行变换可得:

$$\alpha=(r_p-r_f)-\beta_p(r_m-r_f)$$

即:

特有收益=投资组合超过无风险利率的收益-贝塔值×市场组合超过无风险利率的收益

詹森指数的解释如下:

(1)如果$\alpha>0$,则股票或投资组合被市场所低估,所以具有额外的特有收益,此时它们的实际报酬率高于期望收益率。大于零的α值越大,说明该投资组合相对于市场组合的业绩越出色。

(2)如果$\alpha<0$,则股票或投资组合被市场所高估,所以不仅没有具有额外的特有收益,还发生额外的特有损失,此时它们的实际报酬率低于期望收益率。小于零的α绝对值越大,说明该投资组合相对于市场组合的业绩越差劲。所以,不仅不应当投资

于此类资产，还需要进行卖空来获利。

(3)如果 $\alpha=0$，代表该股票或投资组合已经被市场合理评价，所以无额外报酬可言，只能得到正常的期望报酬率。

举例说明：假定过去两年来市场的平均报酬率及无风险利率分别为 12%及 4%；共同基金 1 的风险(β_1)为 1.6，其实际收益率为 13.2%；共同基金 2 的风险(β_2)为 0.9，其实际收益率为 11.9%。试比较这两种共同基金的业绩。

$$\alpha_1=(r_p-r_f)-\beta_p(r_m-r_f)=(13.2\%-4\%)-1.6(12\%-4\%)=-3.6\%$$

$$\alpha_2=(r_p-r_f)-\beta_p(r_m-r_f)=(11.9\%-4\%)-0.9(12\%-4\%)=0.7\%$$

由于共同基金 2 的 α 为正值，而共同基金 1 的 α 为负值，所以共同基金 2 的业绩比共同基金 1 的业绩要好。

3. 风险嫌恶系数

根据资本资产定价模型，可以用 β 系数衡量系统风险程度，可以用 $\beta[E(r_m)-r_f]$来反映投资组合的系统风险报酬。由于市场组合的 β 值为 1，因此市场组合的系统风险报酬为 $E(r_m)-r_f$。从理论上来说，市场组合的系统风险报酬与市场组合总风险 σ_m^2 及市场风险嫌恶程度 $\overline{A}$ 呈比例关系，即：

$$E(r_m)-r_f=\overline{A}\cdot\sigma_m^2 \qquad \overline{A}=\frac{E(r_m)-r_f}{\sigma_m^2}$$

式中，$\overline{A}$ 代表风险嫌恶系数，$E(r_m)$代表市场组合的期望收益率，r_f 代表无风险利率，σ_m^2 代表市场组合的方差。

上述公式表明，如果整体投资者对市场风险嫌恶程度增高或承担风险的耐心降低(即 $\overline{A}$ 值升高)，则他们所要求的承担市场风险的报酬也因此升高；反之，如果投资者的风险嫌恶降低(即 $\overline{A}$ 值降低)，则投资者所要求的承担市场风险的报酬也降低。所以，当投资者的风险嫌恶程度提高或降低时，他们所要求的期望收益率也将上升或降低。

例：根据 1926 年到 1985 年 60 年的实际资料研究，显示美国股票市场的市场风险报酬($E(r_m)-r_f$)为 8.5%，且市场总风险为 21.5%(σ_m^2)，据此我们可以计算出美国投资者在 1926～1985 年的平均风险嫌恶系数为：$\overline{A}=\frac{[E(r_m)-r_f]}{\sigma_m^2}=\frac{8.5\%}{21.5\%}=0.395$。

练习题

一、名词解释

市场组合　　资本市场线　　证券市场线　　夏普比率　　特雷诺比率　　詹森指数

二、单项选择题

下列选项中只有一项是正确的，请将正确选项的符号填在括号内。

1. 某一证券的市场风险（系统风险）等于β值的平方与市场组合（　　）的乘积。

A. 标准差　　B. 方差　　C. 协方差　　D. 价格差

2. 下列属于衡量差异回报率的指标是（　　）。

A. 夏普比率　　B. 詹森指数　　C. 特雷诺比率　　D. 风险嫌恶系数

3. 如果某股票或投资组合被市场低估，其α值应该（　　）。

A. 等于1　　B. 等于0　　C. 大于0　　D. 小于0

三、多项选择题

下列选项中有两项（含两项）以上是正确的，请将正确选项的符号填在括号内。

1. 下列属于衡量单位风险回报率的指标是（　　）。

A. 夏普比率　　B. 詹森指数　　C. 特雷诺比率　　D. 风险嫌恶系数

E. β系数

2. 下列属于证券市场线分析的对应关系是（　　）。

A. 预期回报率与标准差的关系　　B. 预期回报率与协方差的关系

C. 预期回报率与β系数的关系　　D. 预期回报率与α系数的关系

E. 预期回报率与方差的关系

四、问答题

1. 证券的总风险是由什么构成的？投资组合的证券数量增加对风险的影响是什么？

2. 衡量单位风险回报率的方法有哪几种？它们各自的优劣是什么？

五、计算题

1. 某股票市场的市场组合的标准差为0.3，市场组合的预期收益率为14%，无风险利率为5%，投资组合A的标准差为0.4。请根据资本市场线模型，计算投资组合A的预期收益率。

2. 某股票与市场组合的协方差为0.8，市场组合的方差为0.2，市场组合的期望收益率为12%，无风险利率为4%。请计算该股票的期望收益率。

3. 某投资组合是由A、B、C、D四只股票所组成，其中A股票的权重为20%，β系数为0.8；B股票的权重为30%，β系数为1.5；C股票的权重为45%，β系数为1.3；D股票的权重为5%，β系数为0.9。无风险利率为7%，市场组合的期望收益率为15%。请计算该股票投资组合的期望收益率。

4. 某投资组合的收益率为16%，无风险利率为7%，标准差为0.5，β系数为0.8。请计算该投资组合的夏普比率和特雷诺比率。

5. 某投资组合的实际收益率为13%，无风险利率为4%，投资组合的β系数为0.9，市场组合的期望收益率为9%。请计算该投资组合的詹森指数，并判断其是低估还是高估。

第十八章 套利定价理论

在资本市场中，所有的资产价格都将遵守一价定律，即在竞争性的市场上，如果两种资产在所有经济意义的相关方面都相等，则它们的市场价格应倾向于一致，而一价定律体现的结果便是投资者的套利行为。1976 年，美国学者斯蒂芬·罗斯提出了套利定价理论(APT 理论)，该理论试图以多个变量去解释资产的预期报酬率，本质上是一个多因素定价模型。本章将先介绍与套利有关的概念，然后从多因素模型入手，推导出多因素的证券市场线，并运用无套利条件下的因素模型来分析证券期望收益与风险的简化关系即 APT 理论，最后比较套利定价理论与资本资产定价模型的异同点。

第一节 多因素模型综述

一、单因素模型的回顾

在证券市场上，一种股票价格的波动被分解为系统风险(市场风险)和非系统风险(非市场风险)。系统风险是整个证券市场本身所固有的风险，它是指由于某种因素使所有证券市场上所有股票价格都出现变动的现象，它在不同程度上影响所有证券的收益。例如，某项经济政策的变化、有关法规的颁布，都会影响到整个证券市场的价格。系统风险主要有经济周期风险、利率或通货膨胀风险、购买力风险和政策风险等。非系统风险也叫特有风险，是指某一企业或行业特有的那部分风险，它影响个别股票的收益。一个公司的股票不但受到整个市场、整个国民经济和消费者信心的影响，同时还受到所在行业和这个公司特有因素的影响。例如，产品市场占有率、管理水平、科研成就、技术开发、竞争对手、成本费用等。对于非系统风险，在实务中主要考虑企业经营风险和财务风险，系统风险和非系统风险合起来便是市场总风险，但它不是简单的相加，而是根据几何的勾股定理计算出来的。

单因素模型由威廉·夏普在 1963 年提出，它是描述证券收益率生成过程的一种模型，建立在证券关联性的基础之上。认为证券间的关联性是由于某些共同因素的作用所致，不同证券对这些共同的因素有不同的敏感度，这些对所有证券的共同因素就是系统风险。单因素模型正是抓住了这些系统风险对证券收益的影响，并用一种线性关系来表示。

假定系统风险具有零期望值，因为它测度的是与宏观经济有关的新信息。用 F 表示宏观经济因素期望的偏差，β_i 表示公司对这一宏观经济因素的敏感性，e_i 表示公司特有的风险，则单因素模型表明公司的真实收益等于其初始期望收益加上一项未预料的经济事件的随机量，再加上一项公司特有风险所引起的随机量，用公式可以表示为：

$$R_i = E(R_i) + \beta_i F + e_i$$

上式被称为证券市场收益的单因素模型。式中，R_i 表示证券 i 的真实收益，$E(R_i)$表示证券 i 的期望收益。

二、多因素模型

单因素模型将证券收益的波动分解为系统风险和公司特有风险两部分，但并没有继续将系统风险进行细分，其前提是假定每一种证券价格对各种系统风险的敏感度是相同，这一假定忽视了各种系统风险的细微差别，虽然简化了运算，但却使结果不够精确。

如前所述，系统风险包含经济周期风险、利率或通货膨胀风险、购买力风险和政策风险等。如果股票对各系统风险的敏感度能够精确测度，我们就可以构建出更精巧实用的多因素模型，它能够更好地描述证券收益与风险之间的关系。

假设经济周期和利率变动的不确定性是宏观经济风险的来源，用 GDP 增长和利率变化（IR）来衡量风险。在对系统风险进行划分之后，我们可以把单因素模型扩展为一个双因素模型，即：

$$R_i = E(R_i) + \beta_{i\text{GDP}}\text{GDP} + \beta_{i\text{IR}} IR + e_i$$

等式右边的两个宏观经济因素包含了经济中的系统因素，在单因素模型中这些宏观经济因素的期望值都为 0，它们代表在这些变量中没有被预料到的变化。

将上述的宏观经济因素继续进行细分，如经济周期风险、利率或通货膨胀风险、购买力风险和政策风险等。再把证券市场的收益与这些因素相联系，我们就可以得到证券市场的多因素模型了。对于与 N 种证券的收益相关的 M 个因素（$N<M$），证券 i 的收益可以表示为：

$$R_i = E(R_i) + \sum_{k=1}^{M} \beta_{ik} F_k + e_i$$

式中：$i=1\sim N$；F_k 表示影响证券 i 收益因素的非预期的变动；$E(R_i)=0$，$i \neq k$，

$k=1\sim M$；β_{ik} 表示证券 i 对第 k 个因素的敏感性。

第二节 套利定价原理

一、套利定价理论的提出

套利定价理论导出了与资本资产定价模型相似的一种市场关系。套利定价理论以收益率形成过程的多因素模型为基础，认为证券收益率与一组因子线性相关，这组因子代表证券收益率的一些基本因素。事实上，当收益率通过单一因子形成时，将会发现套利定价理论形成了一种与资本资产定价模型相同的关系。因此，套利定价理论可以被认为是一种广义的资本资产定价模型，为投资者提供了一种替代性的方法，来理解市场中的风险与收益率间的均衡关系。

斯蒂芬·罗斯 1976 年提出了一种新的资产定价模型，也就是所谓的套利定价理论（APT 理论）。在资本市场中如果存在无风险套利机会，价格就会变动，每种资产的平均收益及风险也会发生改变，直到套利机会消失为止。所以斯蒂芬·罗斯对资产价格应该在什么状态才会减少套利机会这一问题进行了大量的研究，严格地说当可以进行套利交易时，市场处于不均衡状态，这就是套利定价理论之所以被称为均衡定价模型的原因。因此，当所有的套利机会都被消除时，根据套利定价理论得出的资产价格就是均衡价格。比如：某投资组合由资产 A 与 B 构成，其期望收益率与贝塔值如表 18—1 所示。

表 18—1　　某投资组合的构成

资产构成	期望收益率	贝塔值(β_i)
A	15%	1.3
B	10%	1.3

根据表 18—1，资产 A 与资产 B 具有同样的系统风险水平（β 值均为 1.3），但资产 A 却具有较高的期望收益率，这显示了无风险套利机会的存在。投资者可以卖空资产 B，而后以所得的资金（比如 100 万元）购买资产 A。如果我们建立这样的投资组合，则该投资组合的期望收益率如表 18—2 所示：

表 18—2 **调整后的投资组合**

资产与投资组合	交易部位	期望收益率
B	—100 万元(卖空)	—10%
A	+100 万元	+15%
投资组合	0	+5%

上述投资组合可以以零的投资成本获得 100 万元交易额的 5%的无风险报酬,之所以是无风险是因为该组合的 β 值为零(−1.3+1.3=0)。这种无风险套利机会的存在,只需要少数投资者的套利行为,就可以将资产 A 与 B 的价格或收益率的失衡得到纠正,使之重新回到均衡水平(新的等同价格或期望收益率)。也就是说,只要少数投资者尽量卖空资产 B,而后再购买资产 A,将使资产 B 的价格下降、期望收益上升,同时带来资产 A 的价格上升及期望收益率的下降。这种价格的升降调整,最终使资产 A 与资产 B 的价格相等,并且期望收益率也相等。

再比如,某投资组合由如表 18—3 中的资产 A、B、C 构成,它们的期望收益率与 β 值如表 18—3 所示。

表 18—3 **某投资组合的构成**

资产	期望收益率	贝塔值(β_i)
A	15%	1.4
B	12%	1.2
C	10%	1.3

从表面上看,好像并没有任何无风险套利机会,但是如果将资产 A 与 B 组成一个权重相等的组合,则其收益率与风险的关系如下:

$$E(R_{AB})-\frac{1}{2}E(R_A)+\frac{1}{2}E(R_B)=\frac{1}{2}(0.15+0.12)\times 100\%=13.5\%$$

$$\beta_{AB}=\frac{1}{2}\beta_A+\frac{1}{2}\beta_B=\frac{1}{2}(1.4+1.2)=1.3$$

所以,资产 A、B 的组合与 C 资产具有相同的风险,但期望收益率比 C 资产要高,这也同样提供了无风险套利的机会。我们可以卖空 C 资产 400 万元,而后将所得资金平均地投资于 A 资产和 B 资产,此时整体组合的 β 值为:−1.3+(1.4+1.2)/2=0,而整体组合的收益率如表 18—4 所示。

表 18－4　　调整后的投资组合

资产与投资组合	交易部位	利润
B	＋200 万元	200 万×15％＝30 万元
A	＋200 万元	200 万×12％＝24 万元
C	－400 万元	－400 万元
组合	0	14 万元

从上述例子中可以看到，如果无风险套利机会存在，投资者可以上述方法建立零投资额却无风险的套利组合。由于无风险套利机会很快就会被投资者发现并加以利用，所以无风险套利机会可以迅速地消失，市场回归到均衡状态。在均衡状态下，投资组合的期望系统风险和非系统风险均为零，其实际收益等于期望收益率加上各种系统风险因素非预期变动的报酬率。据此，我们可以建立起套利定价模型。

二、单因素套利定价模型

与前述的因素模型相似，套利定价理论也可以分为单因素模型和多因素模型。首先要明确套利定价理论的假设。主要假设有：(1)证券收益能用单因素模型表示；(2)有足够多的证券来分散掉不同的风险；(3)功能强的证券市场不允许有持续性的套利机会。

在上述假设的基础上，我们将从简单的单因素模型入手，分析风险与期望收益之间的关系；再从单因素模型扩展到多因素模型，对这种更一般的情况进行研究。

假设只有单个系统性风险因素影响证券收益，即考察一个单因素的情况。在这一模型中，证券收益的变动来自两个方面：系统性因素和公司特有的因素。如果我们用 F 代表系统性因素的影响，β_i 表示公司 i 对该因素的敏感性，e_i 表示公司特有的风险，则：

$$R_i = E(R_i) + \beta_i F + e_i$$

上式即为单因素套利定价模型，上式中所有非系统风险 e_i 均相互独立，同时与系统风险也相互独立。

为了理解 F 在单因素套利定价模型中的作用，我们假设宏观经济因素 F 代表 GDP 的意外变化比例。如果投资者一致认为今年的 GDP 增长率为 8％，而实际增长率为 7％，则 F 值为－1％，表明在与期望增长率相比较时，实际增长率有 1％的偏差。如果我们进一步假定某股票的贝塔值为 1.2，即可将该股票的收益较之前的预测降低 1.2％。这就是单因素对证券收益的影响。

三、多因素套利定价模型

在以上的研究中，我们将系统性风险因素概括为一个抽象的 F，这就是单因素套利定价模型的实质。而实际上，正如前述的多因素模型所指出的，系统风险是由多种因素构成的，如利率变动、通货膨胀的变动等。考察这些因素的变动对预期收益的影响，即是所谓的多因素套利定价模型。

如果我们考虑 GDP 和利率这两个因素的影响，则多因素套利定价模型为：

$$R_i = E(R_i) + \beta_{iGDP} GDP + \beta_{iIR} \mathrm{IR} + \varepsilon_i$$

上述各因素的期望值均为零，且公司特有风险因素的期望值也为零。

当我们将系统风险进行更为详细的划分之后，就可在上述双因素模型的基础上得出多因素模型：

$$R_i = E(R_i) + \sum_{k=1}^{M} \beta_{ik} F_k + e_i$$

式中：R_i 表示证券 i 的实际收益率；$E(R_i)$表示证券 i 的期望收益；$i=1\sim N$；F_k 表示影响证券 i 收益因素的非预期的变动，$E(F_k)=0$，$i \neq k$，$k=1\sim M$；β_{ik} 表示证券 i 对第 k 个因素的敏感性；e_i 为非系统因素，且其期望值也为零。

上述方程式表明，造成证券 i 收益率偏离其期望收益率 $E(R_i)$的原因是系统风险各个因素的非预期变动以及证券本身非系统风险的非预期变动。

如前面所述，如果无风险套利机会存在，投资者可以建立零投资额且无风险的套利组合，在这种组合内，资产投资权重的总和为零，即：$\sum_{i=1}^{N} X_i = 0$(零投资额)。式中，X_i 表示证券 i 的权重。

根据上面的多因素模型，该无风险套利组合的收益率 R_p 可以表示为：

$$\begin{aligned} R_p &= \sum_{i-1}^{N} X_i R_i \\ &= \sum_{i=1}^{N} X_i E(R_i) + F_1\left(\sum_{i=1}^{N} \beta_{i1} X_i\right) + F_2\left(\sum_{i=1}^{N} \beta_{i2} X_i\right) + \cdots + \sum_{i=1}^{N} X_i e_i \\ &= E(R_p) + F_1\left(\sum_{i=1}^{N} X_i \beta_{i1}\right) + F_2\left(\sum_{i=1}^{N} X_i \beta_{i2}\right) + \cdots + e_p \end{aligned}$$

式中，$E(R_p)$表示无风险套利组合的期望收益率，e_p 表示无风险套利组合的非系统风险报酬率。

由于 $\sum_{i=1}^{N} X_i \beta_{i1} = \sum_{i=1}^{N} X_i \beta_{i2} = \cdots = 0$，所以该无风险套利组合的系统风险为零。此外，我们还假设该组合是一个风险分散良好的组合，对于一个高度分散化的资产组合，由于非系统风险将被分散掉，所以该组合的非系统风险也趋于零。这种无风险套利机会的存在，将诱使投资者建立更多的零投资额且无风险的套利组合，最终使市场回归到均衡。在这种情况下，一个零投资额且无风险套利组合将无利润可言，其期望报酬率应为零：$E(R_p)=\sum_{i=1}^{N}X_iE(R_i)=0$。

由于

$$\sum_{i=1}^{N}X_i=0,X'l=0$$

$$X'=(X_1,X_2,\cdots,X_N),l=(1,1,\cdots,1)$$

$$\sum_{i=1}^{N}X_i\beta_{i1}=\sum_{i=1}^{N}X_i\beta_{i2}=0$$

$$X'\beta=0$$

$$X'=(X_1,X_2,\cdots,X_N),\beta=\beta_{i1},\beta_{i2},\cdots,\beta_{ik}$$

$$E(R_p)=\sum_{i=1}^{N}X_iE(R_i)=0$$

$$X'E=0$$

$$X'=(X_1,X_2,\cdots,X_N),E=[E(R_1),E(R_2),\cdots,E(R_N)]$$

根据向量空间理论，上述等式中的向量 l 及 β 是期望收益率空间的基础向量，也就是说在期望收益率空间内的任一期望收益率，向量 E 都是向量 l 及 β 的线性组合，可以用公式表示为：

$$E=\lambda_0 l+\lambda\beta$$

式中，λ_0 与 λ 都是常数，$\lambda=(\lambda_1,\lambda_2,\cdots,\lambda_k)$，$\beta$ 是一个矩阵，矩阵内的组成成分为 β_{ik}，代表资产 i 对第 k 个共同因素非预期变动的敏感度。

上述公式代表了在若干共同因素下的套利定价模型，如果将其应用于任一资产 i 时，我们可以得到如下的在均衡条件下的资产期望收益率的决定模型：

$$E(R_i)=\lambda_0+\beta_{i1}\lambda_1+\beta_{i2}\lambda_2+\cdots+\beta_{ik}\lambda_k$$

式中：λ_0 为无风险因素所得到的补偿额，即无风险收益率 r_f，λ_k 为投资者承担第 k 个风险所得到的补偿额；β_{ik} 表示对第 k 个宏观经济因素的敏感性，当证券 i 对所有 k 个因素都不敏感时，该证券或证券组合即是零风险组合。因此我们可以将公式重新表述为：

$$E(R_i)=r_f+\beta_{i1}\lambda_1+\beta_{i2}\lambda_2+\cdots+\beta_{ik}\lambda_k$$

假设证券 i 只与因素 1 有一个单位的敏感度，即：

$$\beta_{i1}=1,\beta_{i2}=\cdots=\beta_{ik}=0\quad 则：E(R_i)=r_f+\beta_{i1}\lambda_1$$

由于，$\beta_{i1}=1$，因此有：

$E^1=r_f+\lambda_1$

从而有：

$\lambda_1 = E^1 - r_f$

上述等式中的 E^1 是第 1 共同因素的期望报酬率，等式反映了对第 1 共同因素的风险补偿，是第 1 共同因素的预期收益率超过无风险收益率的部分。如果将上述方法类推，同样可以运用于第 2 共同因素，即：

$\lambda_2 = E^2 - r_f$

这样，我们可以得到多因素套利定价模型的另一表达式：

$E(R_i) = r_f + (E^1 - r_f)\beta_{i1} + (E^2 - r_f)\beta_{i2} + \cdots + (E^k - r_f)\beta_{ik}$

公式中的 $(E^1 - r_f)\beta_{i1}$，可以解释为第 1 因素的风险报酬或贴水，其余以此类推。某一资产对某一风险因素的敏感度越大，则其应得的补偿或贴水也越大。

在市场均衡的情况下，所有资产价格都应该根据套利定价模型落在收益率与风险空间的某一平面上，否则将会有无风险套利机会的存在。为了说明的方便，仅以单 1 因素为例，即：

$E(R_i) = r_f + (E^1 - r_f)\beta_{i1}$

上述等式如图 18－1 所示。

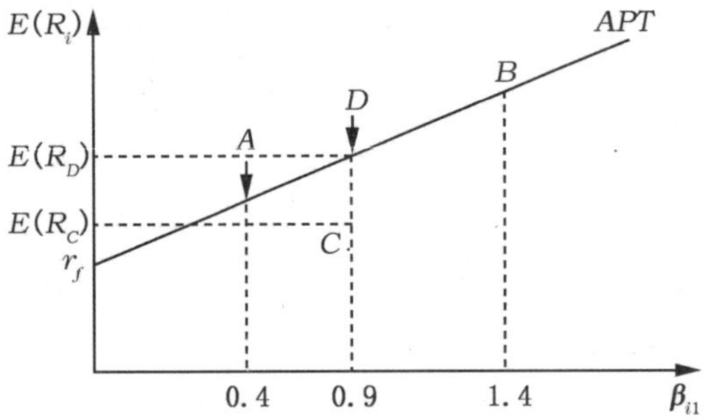

图 18－1　套利定价模型

从图 18－1 可以看到，资产 C 落在 APT 线的下方，代表资产 C 为市场所高估，所以可以卖空资产 C，再以所得资金平均地投放到资产 A 与资产 B，得到资产组合 D，而组合 D 与资产 C 具有相同的系统风险，但却具有更高的期望收益率。所以，卖空资产 C，用所得资金购买 A 资产与 B 资产，可以建立无风险套利组合 D，从而可以获得无风险收率 $E(R_d) - E(R_c) > 0$。由于这种无风险套利机会的存在，投资者将会建立更多零投资额且无风险套利组合，导致套利机会消失，使资产 C 回到 APT 线上，实现市场均衡。

以下，我们对套利定价模型进行总结：

假设投资者认为资产报酬率的不确定性可以由 k 个不同因素的系统风险所决定，则 k 因素的收益率决定模型可以表示为：

$$R_i = E(R_i) + \sum_{k=1}^{M} \beta_{ik} F_k + e_i$$

根据上述模型建立零投资额且无风险以及分散良好的套利组合，可以得到：

$$E(R_i) = r_f + \beta_{i1}\lambda_1 + \beta_{i2}\lambda_2 + \cdots + \beta_{ik}\lambda_k$$

或者：

$$E(R_i)=r_f+(E^1-r_f)\beta_{i1}+(E^2-r_f)\beta_{i2}+\cdots+(E^k-r_f)\beta_{ik}$$

四、影响股票资产定价的主要系统风险因素

自从套利定价模型诞生以后，有不少学者用因素分析法、多元回归分析法进行实证研究，以便确定主要由哪些具体的系统风险因素对股票定价产生重要的影响。综合这些研究，主要的因素有如下若干项：

1. 总体经济因素

总体经济活动的强弱可以用 GDP 或 GNP 的增减以及工业生产的强弱来代表。国内或国民生产总值的增加或者工业生产转强，代表经济活力上升，公司现金流量增加，股票价格反应上升；反之，则意味着经济活力衰退，公司盈利减少，导致股价下跌。所以代表总体经济活力的 GDP 或 GNP 以及工业生产是股票评价的一个重要因素。

2. 通货膨胀因素

通货膨胀也对经济活动影响较大。通常，通货膨胀升高时，经济活力衰退，对股价有一定的负面影响，所以通货膨胀也应是股票评价的一个重要因素。

3. 利率因素

利率的非预期变动，影响公司的资本成本，进而影响公司的投资扩充计划及未来的流动资金，公司的价值将受到影响。所以，利率的非预期变动应是股票评价的重要因素。此外，利率的期限结构也是需要考虑的因素，因为利率结构的变动将会影响资产的贴现率，进而影响股票的价值。通常可以用政府长期公债与短期公债收益率的差距来衡量利率结构的变动。

4. 风险报酬因素

只要投资者对风险有厌恶，承担风险就应得到报酬，所以承担风险的报酬也应是资产评价的重要因素。在一些实证研究中，通常用政府长期公债的收益率与低信用等级长期债券收益率的差距作为承担风险报酬的估计值。

5. 能源因素

能源因素的非预期变动影响消费者的消费行为，进而影响投资者对投资组合的选择。尤其是能源价格(包括原油及油气)对通货膨胀的消长具有重要的影响，因为它是一切生产的重要成本，所以能源价格的非预期变动会对股票价格产生广泛的影响，应当是股票评价的重要因素。

6. 实际消费因素

企业或者居民实际消费的变动也影响到经济活力，实际消费的提高或者下降，会使经济活力增强或减弱，这样，实际消费也是重要的评价因素。

五、套利定价理论在股票投资中的具体应用

在 CAPM 模型下，投资者应考虑的风险是整体性的系统风险(市场风险)，其程度即为 β 值。但是，系统风险有不同的类型，个别公司因其经营特征及财务(或资本)结构的不同，其股票价格对这些不同类型风险因素的非预期变动会产生不同程度的反应。比如，生产能源的公司对通货膨胀的上升具有正面的反应，但其他公司则对通货膨胀具有负面效应。所以，不同公司对不同类型的系统风险具有不同程度的反应。在进行证券投资分析时，需要对个别公司进行分析，以决定这些风险因素非预期变动的敏感度。以下为便于说明，以两因素为例：

$$E(R_i)=r_f+(E^1-r_f)\beta_{i1}+(E^2-r_f)\beta_{i2}$$

式中，E^1 表示工业生产非预期变动的期望收益率，E^2 表示通货膨胀非预期变动的期望收益率，β_{i1} 表示股票 i 对工业生产非预期变动的敏感度，β_{i2} 表示股票 i 对通货膨胀非预期变动的敏感度。

如果股票 A 和股票 B 对工业生产指数及通货膨胀的敏感度分别为：

股票 A：$\beta_{A1}=1.5$，　$\beta_{A2}=-0.8$

股票 B：$\beta_{B1}=1.1$，　$\beta_{B2}=1.2$

$E^1=10\%$，$E^2=6\%$，$r_f=4\%$

如果我们忽略通货膨胀因素，则股票 A 和股票 B 的期望收益率分别为：

$E(R_A)=0.04+(0.10-0.04)\times1.5=13\%$

$E(R_B)=0.04+(0.10-0.04)\times1.1=10.6\%$

如果我们将通货膨胀因素考虑在内，则股票 A 和股票 B 的期望收益率分别为：

$E(R_A)=0.04+(0.10-0.04)\times1.5+(0.06-0.04)\times(-0.8)=11.4\%$

$E(R_B)=0.04+(0.10-0.04)\times1.1+(0.06-0.04)\times1.2=13\%$

以上例子说明，如果忽略通货膨胀因素，则股票 A 的期望收益率高于股票 B 的期望收益率；但如果将通货膨胀因素考虑进去，则反过来，股票 A 的期望收益率低于股票 B 的期望收益率。所以，如果不考虑通货膨胀因素，那么股票 B 对通货膨胀反应的优良特征将完全被忽略，导致投资分析发生偏差。

练习题

一、名词解释

系统风险　　非系统风险

二、问答题

1. 套利定价模型中的单因素模型与多因素模型的主要区别是什么？

2. 影响股票定价的系统风险因素主要有哪些？

三、计算题

假定某股票收益率对GDP、利率和通货膨胀率三个因素的变动具有相关性，对GDP、利率、通货膨胀率的敏感度分别为1.2、0.9、−0.7，GDP非预期变动的期望收益率为10%，利率非预期变动的期望收益率为8%，通货膨胀率非预期变动的期望收益率为5%，无风险利率为3%。请根据套利定价模型计算该股票的期望收益率。

参考文献

1. 侯本慧、郭小洲:《K线图投资技巧详解》,浙江大学出版社1996年版。

2. 汤羡祥、许耀钧:《现代证券理论》,中国纺织工业大学出版社1996年版。

3. 陶韦拟:《股市赢家》,中华工商出版社2001年版。

4. 葛正良:《证券投资学》,立信会计出版社2001年版。

5. 王振明:《中国股经》,上海文艺出版社2001年版。

6. 张行瑞:《股市技术指标大全》,百家出版社2002年版。

7. 中国证券业协会:《证券投资分析》,上海财经大学出版社2002年版。

8. 陈松男:《投资学》,复旦大学出版社2002年版。

9. 滋维·博迪、亚历克斯·凯恩、艾伦·J. 马库斯等著,朱宝宪、吴洪、赵冬青等译:《投资学》,机械工业出版社2003年版。

10. 任淮秀:《证券投资学》,高等教育出版社2003年版。

11. 朱叶、王伟:《公司财务学》,上海人民出版社2003年版。

12. 孔爱国:《现代投资学》,上海人民出版社2003年版。

13. 扬子江:《金融资产评估》,中国人民大学出版社2003年版。

14. 苏淑欢、朱健仪:《资产评估学》,中山大学出版社2003年版。

15. 滋维·博迪、亚历克斯·凯恩、艾伦·J. 马库斯等著,陈雨露、刘毅、胡波、郑艳文、张彬等译:《投资学精要》,中国人民大学出版社2003年版。

16. 陈永生:《投资学》,西南财经大学出版社2004年版。

17. 马丁·J. 普林格著,任若恩、马向前、沈沛龙、刘莉亚、邓云胜等译:《技术分析》,中国财政经济出版社2004年版。

18. 乔纳森·迈尔斯著,虞海侠译:《股市心理学》,中信出版社2004年版。

19. 史蒂文·阿基里斯著,应展宇、桂荷发译:《技术分析A—Z》,中国财政经济出版社2004年版。

20. 姜金胜:《股票操作指标精萃》,东华大学出版社2007年版。

21. 金永红、叶中行、奚玉芹:《价值评估》,清华大学出版社2004年版。

22. 俞明轩:《企业价值评估》,中国人民大学出版社2004年版。

23. 黄柏中:《江恩理论》,地震出版社2004年版。

24. 乔齐姆·高德伯格、鲁狄格·冯·尼采著,赵英军译:《行为金融》,中国人民大学出版社2004年版。

25. 毛羽:《价值投资》,上海人民出版社2008年版。

26. 拉斯·特维德著,周为群译:《金融心理学》,中国人民大学出版社2008年版。

27. 赵昌文、俞乔:《投资学》,清华大学出版社2012年版。

28. 杨朝军:《证券投资分析》,格致出版社2012年版。